DIE ZEIT

Welt- und Kulturgeschichte

DIE ZEIT

Welt- und Kulturgeschichte

Epochen, Fakten, Hintergründe in 20 Bänden

Mit dem Besten aus der ZEIT,
u. a. mit Beiträgen
von Andreas Sentker,
Urs Willmann
und Gerhard Prause

01 Anfänge der Menschheit und Altes Ägypten

Vor- und Frühgeschichte

Ägypten (3000 – 330 v. Chr.)

Zeitverlag
Gerd Bucerius GmbH & Co. KG

Herausgeber
Zeitverlag Gerd Bucerius GmbH & Co. KG
Pressehaus, Speersort 1, 20095 Hamburg
Bibliographisches Institut & F. A. Brockhaus AG

Projektleitung Dr. Hildegard Hogen
Redaktion Jürgen Hotz M. A., Klaus M. Lange, Mathias Münter-Elfner, Marianne Strzysch-Siebeck
Bildredaktion Dr. Eva Bambach (Leitung), Dr. Rainer Ostermann
Redaktionsleitung ZEIT Aspekte Dr. Dieter Buhl

Layout Sigrid Hecker
Einband- und Umschlaggestaltung Mike Kandelhardt
Herstellung Constanze Sonntag

Bibliografische Information der Deutschen Bibliothek
Die Deutsche Bibliothek verzeichnet diese Publikation in der Deutschen Nationalbibliografie; detaillierte bibliografische Daten sind im Internet über http://dnb.ddb.de abrufbar.

Satz A–Z Satztechnik GmbH, Mannheim (PageOne, alfa Media Partner GmbH)
Druck und Bindung GGP Media GmbH, Pößneck
Printed in Germany

ISBN Gesamtwerk: 3-411-17590-7
ISBN Band 1: 3-411-17591-5

Abbildungen auf dem Einband aisa, Archivo iconográfico, Barcelona: Afrika, Aksum, Konfuzius, Byzanz, China Kolonialismus, Erster Weltkrieg, Etrusker, Franken, Französische Revolution, Hausa, Huangdi, Mesopotamien, Mykene, Osmanisches Reich, Steinzeit, Zweiter Weltkrieg; akg-images, Berlin: Erster Weltkrieg, Jungsteinzeit, Stalin; Bibliographisches Institut & F. A. Brockhaus AG, Mannheim: Ägypten, Avignon, Gandhi, Minoer, Preußen, Taj Mahal; Farb- und Schwarzweiß-Fotografie E. Böhm, Mainz: Buddhismus; A. Burkatovski, Rheinböllen: Katharina II., Skythen; M. Gropp, Unterhaching: Maya; Image Source, Köln: Kolosseum; Istituto Geografico de Agostini, Novara: Napoleon, Römer; Dr. V. Janicke, München: Mogulreich; picture-alliance/akg-images, Frankfurt am Main: Afrika – Sklavenhandel, Amerika – Unabhängigkeit, Azteken, Heinrich IV., Indianer, Karolinger, Lenin, Ludwig XIV., Luther, Marx, Maximilian I., Metternich, Mittelalter, Ottonen, Sonnenwagen von Trundholm, Völkerwanderung, Wirtschaftswunder; picture-alliance/Bildfunk, Frankfurt am Main: Bronzezeit; picture-alliance/dpa, Frankfurt am Main: Clinton, Golfkrieg, Gorbatschow, Kennedy, Kohl, Mandela, Mauerfall, UN

Vorwort

Foto: Roswitha Hecke

In jedem meiner Büros, ob zu Hause, bei der ZEIT, in Berlin oder in meinem Häuschen am Brahmsee, stehen direkt in meinem Rücken, mit einer Handbewegung aus dem Regal zu greifen, die wichtigsten Nachschlagewerke. Denn die Erfahrung hat mich im Laufe meines Lebens gelehrt, dass man fast täglich in Situationen gerät, in denen man eine schnelle Antwort auf eine Frage benötigt. In den meisten Fällen brauche ich die Antwort, um gedanklich weiterkommen zu können, oder auch, um die Arbeit an einem Text fortsetzen zu können, an dem ich gerade schreibe, sei es für die ZEIT, sei es für einen Vortrag oder ein neues Buch. Manchmal fehlt mir auch im Englischen oder Französischen das richtige Wort oder ich stoße bei irgendeiner Lektüre auf einen Terminus technicus in diesen Sprachen, dessen Bedeutung sich mir erst mithilfe eines Nachschlagewerkes erschließt. Da ist es sehr hilfreich, dass man die gesuchte Information oder Antwort auf eine Fragestellung oder auch die erforderliche Übersetzung in relativ kurzer Zeit direkt an seinem Arbeitsplatz finden kann.

Die Vorträge, zu denen ich im Laufe eines Jahres eingeladen werde, befassen sich natürlich mehrheitlich mit politischen oder ökonomischen Fragestellungen – aber nicht ausschließlich. Ich muss immer wieder auch zu unterschiedlichsten Bereichen Texte verfassen, bei denen Fragen aus den Gebieten der Physik, Chemie, Geographie, Medizin, Politik, Ökonomie, Literatur, Musik und auch der Geschichte auftreten. Sofern ich viel Zeit zur Beantwortung meiner Fragen zur Verfügung habe, was hauptsächlich in den Sommerferien am Brahmsee der Fall ist, greife ich bevorzugt zu einem Buch, um noch einmal ganze Texte nachzulesen. Im normalen Alltag ist dies aber zumeist unmöglich. Außerdem benötige ich oft auch nur einzelne Fakten oder Daten, weil ich die weiteren Zusammenhänge kenne. Wäre ich Wissenschaftler, so hätte ich natürlich die Pflicht, mich für meine Forschungen mit allen Details auseinander zu setzen. Als ehemaliger Politiker und heutiger Publizist finde ich dazu aber leider nur selten die nötige Muße. Also greife ich zu einem Nachschlagewerk.

Die von der ZEIT in Zusammenarbeit mit dem Brockhaus-Verlag jetzt vorgelegte zwanzigbändige Welt- und Kulturgeschichte ist ein hervorragendes Beispiel für die Art von Nachschlagewerken, die ich ganz besonders schätze. Das Werk ist ausführlich genug, um meine Fragen zu beantworten. Ganz gleich, ob ich ein Detail aus den Anfängen der Menschheit, aus der Ära des Absolutismus oder über die Welt von heute erfahren möchte, ganz gleich, ob ich mich für Dinge interessiere, die zur Geschichte Europas, Asiens, Amerikas, Afrikas usw. gehören – auf all die möglichen Fragen finde ich präzise und von namhaften Wissenschaftlern entwickelte Antworten.
Die zwanzig Bände bestehen aus drei Teilen: Die Bände 1 bis 16 beantworten auf über 8 000 Seiten Fragen zu den Epochen der Welt- und Kulturgeschichte. Die Bände 17 bis 19 fassen alphabetisch auf 1 800 Seiten Einträge zu Personen, Ereignissen und Themen der Weltgeschichte zusammen. Der 20. Band bietet eine stichwortartige Chronik der Weltgeschichte sowie ein Gesamtinhaltsverzeichnis; er enthält außerdem Lesetipps.
Das an die 130 Autoren umfassende Team führender deutschsprachiger Wissenschaftler hat nach meinem Eindruck die einzelnen Epochen nach dem aktuellen Stand des Geschichtswissens umfassend dargestellt. Besonders interessant scheint mir, dass diese Weltgeschichte die politischen mit den kulturellen Entwicklungen der Menschheit verknüpft. Es kommt hinzu, dass die Informationen mit 5 600 Abbildungen und ca. 200 Karten illustriert sind.
Ich bin nach den ersten Erfahrungen von diesem Nachschlagewerk sehr angetan. Die ja immer wissensdurstigen ZEIT-Leser werden ihre Freude an der Nutzung dieses Werkes haben.

Helmut Schmidt
DIE ZEIT

Die Reihe im Überblick

Anfänge der Menschheit und Altes Ägypten
Vor- und Frühgeschichte
Ägypten (3000–330 v. Chr.) **Band 01**

Frühe Kulturen in Asien
Frühe Hochkulturen in Vorderasien
(3000–539 v. Chr.)
Persien (539–330 v. Chr.)
Frühe Hochkulturen in Süd- und Ostasien I
(3000–221 v. Chr.) **Band 02**

Frühe Kulturen in Europa
Frühe Hochkulturen in Süd- und Ostasien II
(3000–221 v. Chr.)
Frühe Kulturen der antiken Welt
(700 v. Chr.–500 n. Chr.) **Band 03**

Klassische Antike
Griechische Antike (1600–30 v. Chr.)
Römische Antike I (650 v. Chr.–395 n. Chr.) **Band 04**

Spätantike und Völkerwanderungszeit
Römische Antike II (650 v. Chr.–395 n. Chr.)
Völkerwanderung (395–565)
Vorderasien und Afrika I (850 v. Chr.–651 n. Chr.) **Band 05**

Aufstieg des Islam
Vorderasien und Afrika II (850 v. Chr.–651 n. Chr.)
Süd- und Ostasien (320 v. Chr.–550 n. Chr.)
Die arabische Welt (610–1492)
Europa im Mittelalter I (550–1500) **Band 06**

Europa im Mittelalter
Europa im Mittelalter II (550–1500) **Band 07**

Frühe Neuzeit und Altamerika
Europa in der frühen Neuzeit (1500–1648)
Altamerika (13 000 v. Chr.–1492 n. Chr.) **Band 08**

Zeitalter des Absolutismus
Süd- und Ostasien (550–1650)
Afrika (300–1800)
Europa im Zeitalter des Absolutismus I
(1648–1770) **Band 09**

Inhaltsverzeichnis

Was ist Geschichte?

Der Beginn der Geschichtsschreibung

Woher kommt der Mensch?

Die ersten Menschen

Die Steinzeit

Die Altsteinzeit

Die Mittelsteinzeit

Die Jungsteinzeit

* Nicht namentlich gezeichnete Texte liegen in der Verantwortung der Redaktion.

Was ist Geschichte?

Der Beginn der Geschichtsschreibung

Von den »Vätern« der Geschichtsschreibung: Altertum und Antike

Die Entwicklung des Begriffes »Geschichte« seit der beginnenden Neuzeit ist durch eine zunehmende Bedeutungsausweitung gekennzeichnet und spiegelt zugleich den Prozess der Verwissenschaftlichung wider. Abgeleitet von althochdeutsch scehan = geschehen, meint das Wort »gisciht«, »geschiht« (als Singular Neutrum; dann Plural: »die geschihte«, daraus Femininbildung) ursprünglich »Ereignis«, »Begebenheit«, auch »Tat«, »Werk«. Neben der deutschen Wortprägung aber existiert auch das vom lateinischen »historia« hergeleitete Lehnwort »Historie«. Die Klärung des Verhältnisses beider Begriffe zueinander ist ein Teil jener Reflexion, deren Ergebnis das wissenschaftliche Verständnis von Geschichte darstellt. Dass der Begriff zunächst und auf lange Zeit in der Pluralform verwandt wurde, lässt eine Geschichtsauffassung erkennen, die sich von der Summierung von Einzelgeschichten her bestimmte. Erst als sich gegen Ende des 18. Jahrhunderts der Kollektivsingular »die Geschichte« durchzusetzen begann, gewann der Begriff seine umfassende Bedeutung im Sinne der Gesamtheit des von Menschen in der Vergangenheit bestimmten und erlittenen Geschehens als einer objektiven Gegebenheit.

ZITAT

Ein Cicero zugeschriebener Satz zur Geschichte besagt:
Historia magistra vitae – Die Geschichte ist die Lehrmeisterin des Lebens.

Der Begriff »Geschichtswissenschaft« ist zum ersten Mal 1752 von Johann Martin Chladenius verwandt worden und kennzeichnete diese als eigenständige Wissenschaft, die sich nun von Rhetorik und Jurisprudenz emanzipierte. Die ursprünglich vorhandene – freilich auch nicht konsequent durchgehaltene – Unterscheidung

Herodot gilt seit Cicero als »Vater der Geschichtsschreibung« (Marmorkopie einer Büste aus dem 5. Jh. v. Chr.; Athen, Agoramuseum).

100264

INFOBOX

Der »Vater der Geschichtsschreibung«

Der griechische Geschichtsschreiber Herodot wurde um 490 v. Chr. in Halikarnassos an der Südwestküste Kleinasiens geboren. In seiner Vaterstadt war er am Sturz des Tyrannen Lygdamis beteiligt und lebte deshalb zeitweise auf Samos im Exil. Später verließ er wegen Parteikämpfen abermals seine Heimat und unternahm weite Reisen nach Asien, Afrika und Europa. Sein in ionischem Dialekt geschriebener »Forschungsbericht« (»Histories Apodexis«) umfasst die Geschichte Griechenlands bis 479 v. Chr. Vor allem für die Perserkriege kann er sich auf umfangreiche Zeugenbefragungen stützen. Zugleich gibt er ein farbenreiches Bild von den Ländern und Völkern der damals bekannten Welt. Glanzstücke seiner Erzähl- und Charakterisierungskunst sind die über das Werk verstreuten Anekdoten und Novellen. Trotz seiner noch weithin religiösen Weltsicht, die besonders in den eingelegten Reden entwickelt wird, war Herodot auch den neuen philosophischen Strömungen seiner Zeit gegenüber offen. Seine Zuverlässigkeit in den sachlich berichtenden Partien ist durch die neue Forschung vielfach bestätigt worden.

von Geschichte gleich objektives Geschehen und Historie gleich Erzählung, Darstellung vergangenen Geschehens war inzwischen weitgehend aufgegeben; beide Begriffe wurden austauschbar, wobei allerdings das Wort »Historie« mehr und mehr verdrängt wurde. Seit dem ausgehenden 18. Jahrhundert umfasst also in unserem Sprachgebrauch der Begriff »Geschichte« sowohl das Geschehen selbst als auch seine Darstellung und die mit dieser Wirklichkeit und den Problemen ihrer Erforschung befasste Wissenschaft. Hegel definierte: »Geschichte vereinigt in unserer Sprache die objektive sowohl und subjektive Seite und bedeutet ebensowohl die historiam rerum gestarum als die res gestas selbst, die eigentliche unterschiedene Geschichtserzählung als das Geschehen, die Taten und Begebenheiten selbst« (Die Vernunft in der Geschichte, [5]1955, 164).

ZITAT

Aus der Vorrede zu Herodots »Historien« (Übersetzung von J. Chr. F. Bähr):

Was Herodot von Thurioi erforscht, das hat er hier dargelegt, auf dass weder das, was durch Menschen geschehen, noch große und bewundernswürdige Taten, teils von Griechen, teils von Barbaren vollbracht, ruhmlos bleiben: Das alles hat er dargelegt, so wie auch, aus welcher Ursache sie einander bekriegt haben.

Die Geschichte des Begriffs reicht ins 5. vorchristliche Jahrhundert zurück. Bei Herodot (um 484–425 v. Chr.), dem von Cicero so apostrophierten »Vater der Geschichtsschreibung«, bezeichnet das Wort »historein« (historie) sowohl das Forschen als auch das Wissen und das Berichten darüber und umfasst thematisch vergangenes Geschehen ebenso wie geographische und ethnographische

Zusammenhänge, was etwa mit Völkerkunde umschrieben werden kann. Die Wahrheitsermittlung ist dabei auf Zeugen angewiesen, der Spielraum von Forschen und Wissen bleibt daher auf zwei oder drei Generationen beschränkt. Herodot fragt nach den Ursachen der Perserkriege, er sucht nach Erklärungen für das komplexe Geschehen. Dass er damit den Anstoß für die Entstehung einer neuen Form der Auseinandersetzung mit der Wirklichkeit gegeben hat, ist ihm selbst wohl nicht bewusst geworden.

Besondere Bedeutung für die Entwicklung des abendländischen Geschichtsdenkens hat Thukydides (um

ZITAT

Herodot über die Skepsis des Geschichtsschreibers:
Es ist meine Pflicht, alles, was ich höre, zu berichten, freilich nicht, alles Berichtete zu glauben.

ZITAT

Der schottische Philosoph David Hume über Thukydides:
Das erste Blatt des Thukydides ist der einzige Anfang aller wahren Geschichte.

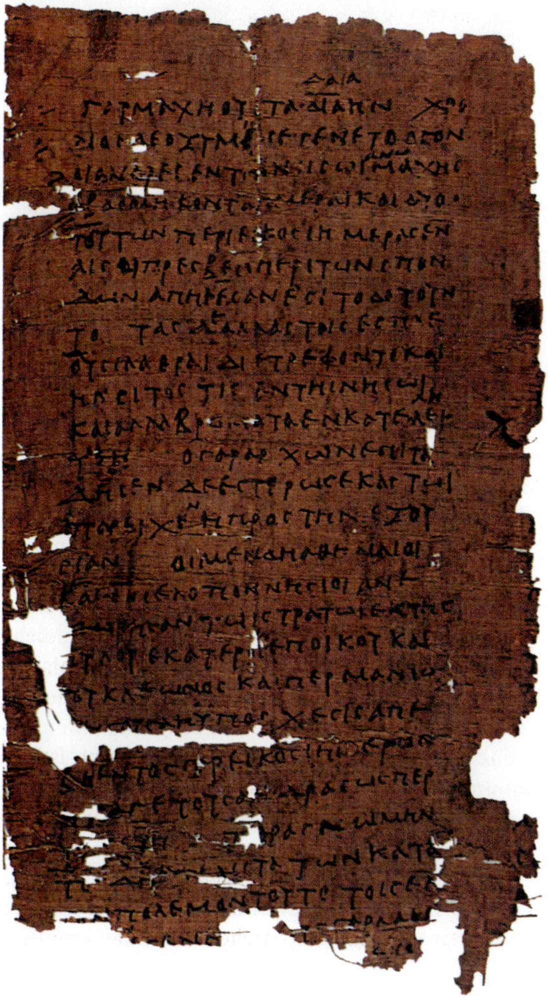

4072

Thukydides verfasste eine auf das Politisch-Militärische beschränkte Geschichte des Peloponnesischen Krieges, die mit dem Jahr 411 v. Chr. abbricht. Dieses Papyrusfragment (Universität von Pennsylvania, Philadelphia) setzt vermutlich den Text des Thukydides fort.

100563

Cicero definierte den Begriff Geschichte erstmals. Er ist aber für die Nachwelt auch selbst Teil der Geschichte: Seine Kampagne gegen den die Monarchie anstrebenden Marcus Antonius beschwor dessen Rache herauf (»Die Ermordung Ciceros bei Formiae 43 v. Chr.«, Kupferstich von Matthäus Merian d. Ä., 1630).

Im Römischen Reich diente die Darstellung von Geschichte der Verherrlichung, sei es einzelner Personen – etwa Feldherren oder Kaisern – oder des römischen Imperiums (»Adventus« des Vespasian, Relief; Rom, Vatikanische Sammlungen).

460–400 v. Chr.) gewonnen. Während Herodot noch die ganze Vielfalt der Erscheinungen, Geschehnisse und menschlichen Handlungen in den Blick zu nehmen versuchte, beschränkt sich der Historiograph des Peloponnesischen Krieges (431–404 v. Chr.) auf das politisch-militärische Geschehen dieses Konflikts. Die Ereignisgeschichte steht im Vordergrund; gefragt wird nach dem Nutzen, den die Beschäftigung mit ihr dem Einzelnen für das politische Handeln verschafft. Einen besonderen Begriff für seine Darstellungsweise hat Thukydides nicht. Das Wort »historia« verwendet er nicht, als literarischer Gattungsbegriff im Sinne von Geschichtsschreibung findet es sich erst bei Aristoteles. Geschichte ist hier aufgesplittert auf eine Vielheit von Ereignisabläufen und politischen Gebilden; die Geschichtsauffassung ist notwendig »multisubjektiv« (Christian Meier).

Anders war die Situation in Rom. Das historische Interesse war auf Rom konzentriert, die übrige Welt wurde in die Geschichtsbetrachtung lediglich in dem Maße und Umfang einbezogen, wie sie zu den Römern in Beziehung trat. Roms Größe darzustellen und Roms Herrschaft zu

100264

ZITAT

Thukydides schrieb in seiner »Geschichte des Peloponnesischen Krieges« (5,25) über sich selbst:
Ich bin Zeitgenosse dieses Krieges, habe ihn vom ersten Tage an miterlebt, habe seine Begebenheiten richtig verfolgen können, nicht nur wegen meines Alters, sondern weil ich genaue und authentische Nachrichten zu sammeln mich mühte. (Nach meiner Verbannung nach Amphipolis) habe ich mich bei den Unternehmungen sowohl der Spartaner wie der Athener in der Nähe aufgehalten, besonders aber wegen meiner Verbannung aus Athen bei den Peloponnesiern.

INFOBOX

Begründer der politischen Geschichtsschreibung
Thukydides, der um 460 v. Chr. in Athen geboren wurde, nahm als athenischer Flottenkommandant am Peloponnesischen Krieg teil. Da er den Fall von Amphipolis nicht verhindern konnte, wurde er von den Athenern verbannt. Sein Geschichtswerk schildert den Peloponnesischen Krieg, den er als die bis dahin gewaltigste Auseinandersetzung begriff. Die Darstellung der Ereignisse ist knapp, überall auf Tatsachen bedacht. Sie verwendet Augenzeugenberichte, Ergebnisse aus sprachlichen, ethnologischen, archäologischen Befunden und zieht Urkunden zum Teil im Wortlaut heran. Thukydides gilt damit als Begründer der politischen Geschichtsschreibung. Statt der Götter bestimmen für ihn die menschliche Natur, besonders das Streben nach Macht, und der Zufall den Gang der Geschichte. Die von Thukydides getroffene analytische Unterscheidung zwischen Anlässen und wirklichen Ursachen historischer Geschehnisse wurde zur Grundkategorie der Geschichtswissenschaft bis heute. 411 v. Chr. bricht die Darstellung ab; das Werk ist unvollendet. Thukydides starb nach 400 v. Chr.

legitimieren, war die eigentliche Aufgabe des Historikers. Die »historia« liefert die Beispiele (exempla) für die Leistungen und Tugenden der römischen Feldherren und Staatsmänner und erweist damit ihren erzieherischen Wert und Nutzen als Anleitung für das richtige politische Handeln. Der Begriff selbst umfasst das Geschehen wie seine Darstellung. Als ihre Funktion hat Cicero definiert, dass sie Zeugnis gibt von den Zeiten, Licht der Wahrheit und lebendiges Gedächtnis, Lehrmeisterin des Lebens ist und von der Vergangenheit Kunde überliefert (De oratore 2, 36); er hat damit eine Wesensbestimmung gegeben, die das abendländische Geschichtsdenken auf Jahrhunderte geprägt hat. *Egon Boshof*

Vorrang der Heilsgeschichte: Mittelalter

Das Mittelalter hat den griechisch-römischen Historia-Begriff wie überhaupt das antike Wissenschaftssystem übernommen. Die Geschichte war nicht eine selbstständige Disziplin im Lehr- und Wissenschaftsbetrieb, sondern in bestimmter Weise den »freien Künsten« (artes liberales), und zwar innerhalb des Triviums der Grammatik und der Rhetorik, zugeordnet. Beide Disziplinen bedienen sich ihrer; zugleich aber wird über diese artes historische Bildung vermittelt. Wichtig ist der Bezug zur Wahrheit; dass der mittelalterliche Geschichtsschreiber zur Darstellung der Wahrheit verpflichtet ist, wird als Forderung immer wieder artikuliert.

Die Vergegenwärtigung vergangenen Geschehens ist jedoch nicht Selbstzweck. Johannes von Salisbury (um 1115/20–1180) formuliert in seiner Kirchen- und Papstgeschichte als Aufgabe und Zielsetzung der Geschichtsschreiber, den Menschen Beispiele für Belohnung und Bestrafung vor Augen zu führen, sie auf diese Weise in der Furcht Gottes und der Pflege der Gerechtigkeit zu bestärken und letztlich auch etwas von den Plänen und dem Wirken Gottes begreifen zu lassen. Der bedeutendste Geschichtsschreiber des hohen Mittelalters, der Bischof Otto von Freising († 1158), wollte die Unbeständigkeit alles Irdischen und die Erbärmlichkeit alles Vergänglichen aufweisen, um sein Publikum durch vernünf-

100563

Das Jüngste Gericht ist in der mittelalterlichen Geschichtstheologie der Zielpunkt der Menschheitsgeschichte (»Das Himmlische Jerusalem«, Illustration zu Augustinus, »De Civitate Dei«, böhmische Buchmalerei, 12. Jh.; Prag, Hradschin).

100264

Die mittelalterlichen Weltchroniken setzten die biblische Erschaffung der Welt an den Anfang aller Geschichte (»Schöpfungsteppich«, 11./12. Jh., Ausschnitt; Girona, Tresor de Catedral).

tige Überlegung dahin zu bringen, nach dem Frieden des Reiches Christi und der ewigen Seligkeit zu streben. In diesem Sinne kann die Geschichte auch wiederum als Lehrmeisterin des Lebens verstanden werden.

Sie steht aber auch im Dienste der Exegese; denn für die Auslegung der Texte der Heiligen Schrift ist die Erschließung des buchstäblichen oder historischen Sinnes eine wesentliche methodische Forderung und eine Voraussetzung für die geistliche Deutung. Aus der Auffassung, dass alle Geschichte Heilsgeschichte ist, folgt schließlich auch, dass sie als Bestandteil und Aspekt der Theologie verstanden wird. Dass Gott als der Herr der Geschichte gesehen wird, bringt der Titel der Kreuzzugsgeschichte des Abtes Guibert von Nogent († um 1125) sehr schön zum Ausdruck: »Gesta Dei per Francos« – der Kreuzzug erscheint als das Unternehmen Gottes, der sich der Franken/Franzosen als seines Werkzeugs bedient.

Die mittelalterliche Geschichtstheologie ist entscheidend – freilich nicht ausschließlich – von Augustinus

(354–430) und seinem gewaltigen Werk »Über den Gottesstaat« (De civitate Dei) bestimmt worden. Darin wird die Weltgeschichte umfassend gedeutet und als der ständige Kampf zwischen Gottesstaat und Welt-/Teufelsstaat (civitas terrena/diaboli) interpretiert. Die beiden »civitates« sind dabei nicht einfach gleichzusetzen mit Kirche und irdischen Staaten, sondern sie sind eher spirituelle Gemeinschaften, deren endgültige Scheidung erst im Endgericht erfolgt. Die Geschichte der Menschheit verläuft in Richtung auf die Wiederkunft Christi und das Jüngste Gericht. Dazu gehören auch die Vorstellungen von der Herrschaft des Antichrist, vom Einfall der eschatologischen Völker Gog und Magog sowie vom Endkaiser und seiner Herrschaft in Jerusalem.

In den politischen Auseinandersetzungen konnten die eschatologischen Figuren sogar propagandistisch mit zeitgenössischen Personen gleichgesetzt werden – so etwa der Staufer Friedrich II. in der päpstlich-kurialen Agitation mit dem Antichrist –, aber bereits Augustinus hatte sich jegliche Spekulation über die Dauer des mit der Geburt Christi beginnenden letzten Weltalters versagt und damit eine scharfe prinzipielle Trennung von Geschichtsschreibung und Eschatologie vollzogen.

Mit der Chronik des Eusebius von Caesarea (ca. 264–340), die in der – bis zum Jahre 378 weitergeführten –

ZITAT

Augustinus prägte in seinen »Sermones« die berühmt gewordene Formel:
Crede ut intelligas; intellige, ut credas – Glaube, um zu erkennen; erkenne, um zu glauben.

INFOBOX

Kirchenlehrer des christlichen Altertums
Aurelius Augustinus (* 354, † 430) studierte in Karthago klassische Literatur und Rhetorik. Nach einem mit einer Audition verbundenen Bekehrungserlebnis, dem »Gartenereignis« von Mailand (August 386), ließ er sich in der Osternacht 387 taufen. 391 wurde er zum Priester und 395 zum Bischof von Hippo Regius geweiht. In seinen »Confessiones« legt er Zeugnis ab über seinen Lebensweg, seine Irrtümer, Sünden und seine Suche nach göttlicher Wahrheit.
Augustinus sieht im Gegensatz zur antiken Auffassung die Menschheitsgeschichte nicht als ewig sich wiederholenden Kreislauf, sondern als einmaligen Ablauf von der Weltschöpfung bis zum Weltgericht und begründete so eine neue Geschichtsphilosophie. Seine Gedanken prägten in hohem Maße die scholastische Theologie und beeinflussten wesentlich den Staatsbegriff der abendländischen Kirche.

lateinischen Übersetzung des Hieronymus (ca. 347/348 bis 420) zur Grundlage der mittelalterlichen Weltchronistik geworden ist, tritt uns die frühe christliche Geschichtsschreibung zum ersten Mal in ihrer Zielsetzung klar erkennbar entgegen. Unter heilsgeschichtlichem Aspekt kommt der jüdischen Geschichte als Voraussetzung der christlichen vor der Geschichte der anderen antiken Völker der Vorrang zu. Daher ist die profane Geschichte zur jüdisch-christlichen in Beziehung zu setzen, sind die chronologischen Zusammenhänge zu klären.

Im zweiten Buch seiner Chronik bringt Eusebius in Form von Zeittafeln den synchronistischen Kanon, der also zum Beispiel die auf der Abfolge von Dynastien oder auch anderen Ären (etwa Olympiaden) beruhende Zeitrechnung einzelner Völker zueinander und zur jüdischen in Beziehung setzt und dabei in besonderen Spalten die wichtigsten Tatsachen der jüdisch-christlichen neben bemerkenswerten Ereignissen der profanen Geschichte aufzeichnet. Er setzt ein mit der Geburt Abrahams, für die er als Termin das Jahr 2016 v. Chr. errechnet; die späteren Weltchroniken beginnen mit der Erschaffung der Welt, für die auf der Grundlage der im Alten Testament mit genauen Zahlenangaben – wenn

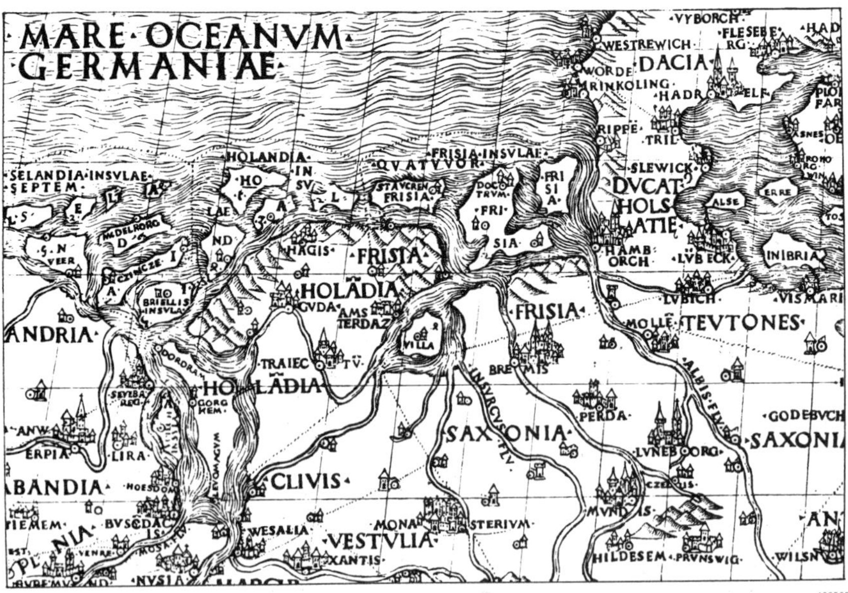

Der Holzschnitt von 1491 zeigt die von dem Theologen und Philosophen Nikolaus von Kues erarbeitete, erste flächentreue Landkarte (Ausschnitt). Das Heilige Römische Reich in seiner institutionellen Verbindung mit der römischen Kirche galt in der mittelalterlichen Reichsidee als allen anderen Staatenbildungen überlegen.

100563

auch zum Teil in widerspruchsvoller Überlieferung – aufgezeichneten Generationenfolgen ein fiktives Datum erschlossen wird.

Das Problem der Periodisierung

Darüber hinaus standen die Geschichtsschreiber vor dem grundsätzlichen Problem der Periodisierung, das heißt der sinnvollen Gliederung des Geschichtsablaufs. Aus der frühen Tradition der Kirchenväter wurde – mit weitreichenden Konsequenzen – die Einteilung der Weltgeschichte in sechs Weltalter übernommen, die zu den sechs Schöpfungstagen in Beziehung gesetzt werden konnten. Wenn man entsprechend Psalm 89, 4 und 2. Petrus 3, 8, wonach 1 000 Jahre vor Gott wie ein Tag sind, die Weltwoche mit 6 000 Jahren ansetzte, war die Wiederkunft Christi je nach Berechnung des Schöpfungstages um 500 oder um 1000 zu erwarten.

Großen Einfluss hat auch der Angelsachse Beda Venerabilis († 735) mit seiner Chronik und seinen chronologischen Lehrbüchern auf die mittelalterliche Historiographie ausgeübt: Er hat als Erster die Zählung nach Jahren seit Christi Geburt (Inkarnationsjahre) verwandt, wie sie im Jahre 525 von dem in Rom lebenden Mönch Dionysius Exiguus errechnet worden war.

Besondere Bedeutung aber hat als Periodisierungsprinzip die Vorstellung von der Aufeinanderfolge der vier Weltreiche gewonnen, die das Geschichtsdenken des Mittelalters entscheidend prägte. Sie beruhte auf dem Traum des Nebukadnezar – ein Bild mit goldenem Haupt, silberner Brust, erzenen Lenden, eisernen Schenkeln und Füßen teils aus Eisen, teils aus Ton wird durch einen Stein zermalmt – und bezog die Deutung, die Daniel diesem Traum gegeben hatte, auf die einander ablösenden Weltreiche der Assyrer, Babylonier, Meder/Perser, Makedonen und Römer.

Durch den Danielkommentar des Hieronymus war diese Auffassung Allgemeingut geworden. Sie barg weitgehende politische Konsequenzen in sich, insofern das Römerreich das letzte der Weltgeschichte sein sollte und sein Untergang demnach das Ende der Zeiten bedeuten musste. Zwangsläufig wurde damit die Frage nach der Kontinuität der folgenden Reiche – des Frankenreichs und des hochmittelalterlichen Kaisertums – zum Impe-

ZITAT

Cicero (»Gespräche in Tusculum«) über die Philosophie als Begründerin von Kultur und Zivilisation:
O Philosophie, Lenkerin des Lebens, o du Entdeckerin der Tugend, Siegerin über die Laster!... Du hast Städte gegründet, du hast die verstreut lebenden Menschen zu einer Lebensgemeinschaft zusammengerufen, du hast sie untereinander zuerst durch die Wohnstätten, dann durch die Ehen und schließlich durch die Gemeinschaft von Schrift und Sprache verbunden, du warst die Erfinderin der Gesetze, die Lehrerin der Sitten und der Ordnung...

INFOBOX

In der Nachfolge des Augustinus

Otto von Freising (* um 1112, † 1158) war der Sohn des Markgrafen Leopold III. von Österreich und Onkel Friedrichs I. Barbarossa. Er wurde 1134 Bischof von Freising und nahm 1147 am unglücklich verlaufenden 2. Kreuzzug teil.

Seine »Historia de duabus civitatibus« (»Geschichte der zwei Reiche«, 1143–46), die – in Anlehnung an Augustinus – alle Geschichte als Ringen zwischen Welt- und Gottesreich deutet, gilt als das bedeutendste geschichtsphilosophische Werk des Mittelalters. Den Aufstieg der Staufer und v. a. Friedrich Barbarossas Taten stellte er in den »Gesta Friderici I. imperatoris« dar, die sein Sekretär Rahewin 1158 fortsetzte. Die sprachliche Gestaltungskraft, v. a. sein Leitmotiv vom krisenhaften Wandel (Mutabilitas) in der Geschichte, verleihen beiden Geschichtswerken ihren einzigartigen Rang.

rium Romanum aufgeworfen. Für den aus Spanien stammenden Orosius (Historia contra paganos, 417/418) mündete die Weltgeschichte ein in das christliche Römerreich, das die gesamte Ökumene umfasste und somit eine heilsgeschichtliche Funktion übernahm.

Orosius hat mit seinem Werk die mittelalterliche Geschichtsschreibung womöglich noch stärker beeinflusst als Augustinus. Nach der Translationstheorie war das Reich von den Römern über Byzanz und die Franken auf die Deutschen übergegangen; erst das ausgehende 13. und das 14. Jahrhundert haben in Weiterführung staufischer Traditionen und gestützt auf einen bewussten Reichspatriotismus eine eigentliche, systematische Reichstheorie hervorgebracht. Das Reich stellte auch jetzt noch eine politisch-ideelle, in mancher Hinsicht sogar heilsgeschichtliche Realität dar, und von Dante über Marsilius von Padua bis hin zu Nikolaus von Kues wirken universalistische Vorstellungen fort.

Die historisch-politische Wirklichkeit des Abendlandes aber wurde von den aufsteigenden Nationalstaaten bestimmt, und mit dem Zerfall des universalen Geschichtsbildes ging ein allmählicher Wandel des historischen Denkens einher. In den Vordergrund trat die Geschichte der Einzelstaaten, und die Historiographie übernahm die Funktion, im Dienste der Juristen die Ansprüche des Staates zu legitimieren, sein Selbstverständnis historisch abzusichern. *Egon Boshof*

Vom Humanismus zum Historismus: Neuzeit

Der Humanismus hat die Notwendigkeit des Rückgriffs auf die Quellen betont, sein Interesse war dabei aber ausschließlich auf die Antike gerichtet. Daraus resultierte die Gliederung der Geschichte in Altertum, Mittelalter und Neuzeit, die durch den Hallenser Professor Christoph Cellarius (1638–1707) popularisiert wurde. Diese bis heute weithin maßgebende Dreiteilung beruht also auf dem Selbstverständnis einer Epoche, die die Antike als Ideal ansah und in der eigenen Zeit wiederzubeleben versuchte; der dazwischenliegenden Großepoche wurde jeglicher Eigenwert abgesprochen.

Allerdings hat der methodische Ansatz der Humanisten, der konsequente Zugriff auf die Quellen, der in der Sammel- wie in der Editionstätigkeit zum Ausdruck kam, auch die Kirchen- und Nationalgeschichtsschreibung befruchtet; erinnert sei nur an die Wirkung, die die Wiederauffindung der »Germania« des Tacitus in Deutschland gehabt hat. Im Übrigen behauptete in der Konsequenz der Reformation die Kirchengeschichtsschreibung einen gewichtigen Platz; sie trat ganz in den Dienst konfessioneller Polemik.

Der Verabsolutierung der Staatsgeschichte setzte die Philosophie der Aufklärung die Betonung der kulturellen Schöpfungen des Menschen entgegen; sie verstand Geschichte vor allem als Kulturgeschichte. Unter Verzicht auf die Transzendenz bemüht sie sich um eine Deutung der historischen Zusammenhänge ohne Rückgriff auf die göttliche Vorsehung; die mittelalterliche heilsgeschichtlich-teleologische Sicht wird säkularisiert zum Glauben an den Fortschritt – Fortschritt der Menschheit in eine bessere Zukunft, und dies im Bereich der Vernunft, des Wissens und der Freiheit ebenso wie auf dem Felde der Technik und der Zivilisation oder später aus der Sicht des historischen Materialismus hin zur Überwindung der Selbstentfremdung des Menschen in der klassenlosen Gesellschaft.

Als epochales Ereignis erscheint die Französische Revolution, die den Übergang in eine neue Zeit markiert. Bestimmend ist ein anthropologischer Optimismus, der Glaube an die unveränderlich gute Natur des Menschen, der zugleich den prognostischen Ausgriff der Historie in

ZITAT

Der Optimismus der Antike, die die Geschichte als »Lehrmeisterin« sah, wich später nicht selten einer ernüchterten Skepsis, wenn nicht einem Pessimismus, wie bei Mahatma Gandhi:
Die Geschichte lehrt die Menschen, dass die Geschichte die Menschen nichts lehrt.

ZITAT

Goethe lernte »den Cellarius« sogar auswendig (aus »Dichtung und Wahrheit«):
Mein Vater lehrte die Schwester in demselben Zimmer Italiänisch, wo ich den Cellarius auswendig zu lernen hatte. Indem ich nun mit meinem Pensum bald fertig war und doch still sitzen sollte, horchte ich über das Buch weg und fasste das Italiänische, das mir als eine lustige Abweichung des Lateinischen auffiel, sehr behende.

INFOBOX

Die Gliederung der Geschichte

Christoph Cellarius (* 1638, † 1707) wurde 1693 als Professor der Beredsamkeit und der Geschichte an die neu gegründete Universität in Halle berufen. Er gab die Werke lateinischer Schriftsteller heraus, u. a. von Cicero, Caesar und Plinius, und schrieb u. a. Lehrbücher zur alten, mittleren und neuen Geschichte, die er 1709 zu einer Gesamtdarstellung zusammenfasste: »Historia universalis, in antiquam, medii aevi ac novam divisa« (1709). Auf dieses Werk geht die noch heute übliche Einteilung der Geschichte in Altertum, Mittelalter und Neuzeit zurück.

die Zukunft möglich erscheinen lässt. Das leitende Interesse an der Geschichte ist ein ethisch-utilitaristisches: Sie liefert die nützlichen Beispiele für die Moral und Politik und erweist sich damit tatsächlich als Lehrmeisterin des Lebens.

Mit der Etablierung der Geschichte als Wissenschaft begann die intensive Diskussion um die Klärung der Bedingungen historischer Erkenntnis. Sie wurde im 19. Jahrhundert entscheidend von der Auffassung eines grundlegenden Unterschiedes zwischen naturwissen-

An Hesiod und Ovid orientiert ist »Das goldene Zeitalter« (um 1530; München, Alte Pinakothek) des humanistisch beeinflussten Malers Lucas Cranach d. Ä. Ohne ausdrückliche christlich-heilsgeschichtliche Bezüge beschwört es eine sagenhafte Zeit der Glückseligkeit herauf, in der das älteste Menschengeschlecht gelebt haben soll.

100563

100563

Die Französische Revolution wurde als Beginn eines neuen Zeitalters inszeniert (Wagen des Festzuges zum Fest der Anbetung des Höchsten Wesens, 8. Juni 1794; zeitgenössische Radierung).

schaftlicher und geisteswissenschaftlicher Methode geprägt, den der Philosoph Wilhelm Windelband mit den Begriffen »nomothetisch« (Gesetze aufstellend) und »idiographisch« (das Einzelne beschreibend) kennzeichnete. Das Verstehen ist die zentrale Kategorie geisteswissenschaftlicher Erkenntnis.

Freilich sind in der Gegenwart die Grenzen fließend geworden. In den Naturwissenschaften ist die Vorstellung von Gesetzmäßigkeit problematisch geworden, die Geschichtsforschung ihrerseits beschränkt sich nicht darauf, menschliches Handeln in seinen Intentionen zu verstehen, sondern fragt auch nach überindividuellen Regelmäßigkeiten, sucht Strukturen aufzuweisen und tritt mit den auf Generalisierung ausgerichteten Sozialwissenschaften in eine fruchtbare Methodendiskussion ein. Theodor Schieder hat bei aller Betonung der Einmaligkeit und Unwiederholbarkeit historischer Geschehnisse und Erscheinungen die Notwendigkeit und Möglichkeit der Typenbildung herausgestellt und dabei Strukturtypen (z. B. Staatsformen) und Verlaufstypen (z. B. revolutionäre Bewegungen) sowie, allerdings mit Vorbehalt, Gestalttypen (z. B. den Feldherrn) unterschieden.

100313

Der Historismus erfasste im 19. Jh. nicht nur alle Wissenschaften außerhalb der Naturwissenschaften, sondern auch Kunst und Architektur. Die lange Kolonnadenfront des Stuttgarter Königsbaus (errichtet 1855–59; heute u. a. Börse) zitiert die antike Stoa und den Portikus.

Geschichte als Wissenschaft: Der Historismus

Die neuen Fragestellungen der Gegenwart haben sich nicht zuletzt aus der kritischen Auseinandersetzung mit dem Historismus ergeben, der selbst eine glanzvolle Epoche deutscher Geschichtswissenschaft repräsentiert. Mit der Definition der historischen Erkenntnis als Verstehen und der Betonung der Individualität wandte sich der Historismus gegen die von der Aufklärung vertretenen Generalisierungstendenzen und ihre Orientierung an der einen Vernunft. Für Leopold von Ranke ist jede Epoche »unmittelbar zu Gott«, und es ist nicht Aufgabe des Historikers, »die Vergangenheit zu richten«, sondern »zu zeigen, wie es eigentlich gewesen« ist. Im Zentrum aller seiner Bemühungen stehen der Mensch und sein Handeln.

Jacob Burckhardt hat das so formuliert, dass alle historische Forschung auszugehen hat von dem »einzigen bleibenden und für uns möglichen Zentrum, vom duldenden, strebenden und handelnden Menschen, wie er ist und immer war und sein wird«. Er setzt also eine Konstanz der menschlichen Natur voraus, die im Übrigen die Bedingung der Möglichkeit des forschenden Verstehens ist, insofern der Historiker selbst als Mensch denkt und handelt. Dabei sind die handelnden Personen in eine bestimmte Epoche gestellt, von deren Wirklichkeit und Besonderheit der Historiker bei seinen Deutungsversuchen nicht absehen kann. Sein erkenntnisleitendes Interesse ist wesentlich von seinen eigenen, gegenwärtigen Erfah-

ZITAT

Die »Germania« (»De origine et situ Germanorum«) des Tacitus beginnt mit folgenden Worten:

Germanien wird als Ganzes von den Galliern, Rätern und Pannoniern durch die Flüsse Rhein und Donau, von den Sarmaten und Dakern durch gegenseitige Furcht oder Gebirge getrennt. Das Übrige umfließt das Weltmeer...

INFOBOX

Blick auf die Vorgeschichte
Vorgeschichtliche Überreste wurden vereinzelt bereits in der Antike beachtet, jedoch meistens mythologisch interpretiert. In Europa erregten entsprechende Funde erstmals im 16. Jh. unter dem Einfluss des Humanismus wissenschaftliche Aufmerksamkeit. Die systematische Erforschung der Vorgeschichte setzte im frühen 19. Jh. ein. Mit der Entdeckung der Pfahlbauten in den durch einen extrem niedrigen Wasserstand freigelegten Uferzonen der Schweizer Seen im Winter 1853/54 erwachte dann auch das Interesse weiter Kreise.

rungen und Vorstellungen bestimmt, von denen er jedoch abstrahieren muss, wenn er die Wirklichkeit des Vergangenen nicht verfehlen will. In welchem Umfang und in welcher Dichte aber Vergangenheit rekonstruiert werden kann, hängt vor allem von den Quellen ab, die dem Historiker zur Verfügung stehen.

Die Kategorie der Individualität ist vom Historismus ausgeweitet worden auch auf die menschlichen Gemeinschaftsgebilde, auf die Geschichte der Staaten, Völker und Nationen. Für Ranke barg »die Menschheit eine unendliche Mannigfaltigkeit von Entwicklungen« in sich. Es kommt nicht von ungefähr, dass er neben seinen Werken zur preußisch-deutschen und zur Papstgeschichte auch eine französische und eine englische sowie eine Weltgeschichte verfasst hat. Die theoretischen Grundpositionen des Historismus haben ohne Zweifel für eine gewaltige Ausweitung des Geschichtsbildes gesorgt.

Die Kritik setzte an der konservativen Grundhaltung des Historismus an und erhob den Vorwurf, dass er das Bestehende – sei es nun der Nationalstaat oder seien es die großen politisch-geistigen Bewegungen des 19. und 20. Jahrhunderts wie Nationalismus, Imperialismus, Sozialismus, Demokratie – rechtfertige und zu legitimieren suche. Sie machte darüber hinaus geltend, dass der Primat der Außenpolitik weite Bereiche der historischen Wirklichkeit ausgeklammert und die Auswahl der Quellen einen Zugang zu kollektivem Verhalten und Denken verhindert habe. Ins Zentrum der Kritik aber rückte der Begriff des Verstehens, und zwar zunächst unter einem moralischen Aspekt. Wenn ein historisches Phänomen aus seinem geschichtlichen Kontext gedeutet und in seiner geschichtlichen Bedingtheit gesehen werden muss,

Der deutsche Historiker Leopold von Ranke brachte die Methoden der Quellenforschung und -kritik maßgeblich voran. Als Historiograph des preußischen Staates war er politisch konservativ orientiert.

ZITAT

Der Kulturhistoriker Jacob Burckhardt über die Geschichte:
Das Wesen der Geschichte ist die Wandlung.

ZITAT

In seiner Rede zum Antritt des Rektorats der Kaiser-Wilhelms-Universität zu Straßburg am 1. Mai 1894 sagte Wilhelm Windelband:

... Für den Historiker besteht die Aufgabe, irgendein Gebilde der Vergangenheit in seiner ganzen individuellen Ausprägung zu ideeller Gegenwärtigkeit neu zu beleben. Er hat an Demjenigen, was wirklich war, eine ähnliche Aufgabe zu erfüllen, wie der Künstler an Demjenigen, was in seiner Fantasie ist. ...

besteht sicherlich die Gefahr, die Werteordnung und damit die Verantwortlichkeit des Einzelnen zu relativieren, etwa in dem Sinne, dass alles verstehen auch alles verzeihen bedeutet. Die letzte Konsequenz wäre ein ethischer Nihilismus.

Theodor Schieder hat dagegen geltend gemacht, dass die führenden Denker des Historismus selbst diese Folgerung im Allgemeinen nicht gezogen haben. Gleichwohl sind hier nun grundsätzliche Fragen nach den Prinzipien der hermeneutischen Methode aufgeworfen, die bis heute intensiv diskutiert werden: das Problem der Subjektivität, die Frage nach der historischen Wahrheit, die Bedingungen der Möglichkeit von Werturteilen. Historische Forschung steht immer in der Spannung zwischen dem objektiv Vorgegebenen, das heißt der Gesamtheit des vergangenen Geschehens, und dem subjektiven Zugriff des Historikers auf das geschichtliche Material.

Die Vergangenheit ist nicht in ihrer Totalität darstellbar; erst indem der Historiker ihn thematisiert, wird der Stoff verfügbar. Rankes Ausspruch »Ich wünschte, mein Selbst gleichsam auslöschen und nur die Dinge reden, die mächtigen Kräfte erscheinen zu lassen« verdeutlicht das Dilemma: Der Wunsch ist nicht erfüllbar. Vom Historiker ist Deutung verlangt. Indem er auswählt, bringt er sein eigenes, persönliches Interesse zum Ausdruck, indem er den Stoff unter bestimmten Kriterien ordnet, vollzieht er bereits einen Akt der Interpretation.

Jacob Burckhardt legte in seiner Darstellung von Geschichte den Schwerpunkt auf den Prozess der Bewusstwerdung des Individuums.

Er hat es stets mit der Zeit zu tun, aber historische Zeit ist nicht gleichzusetzen mit messbarer naturaler Zeit, da gestaltendes menschliches Handeln mit eingebracht wird. Die Gliederung des Geschichtsablaufs nach Epochen ist bereits ein Akt der Sinngebung, der sich auf historisches Urteilen und Werten gründet und letztlich voraussetzt, dass der Historiker eine Vorstellung vom Gesamtablauf der Geschichte hat. Indem er Sinnzusammenhänge aufweist, von denen her das Einzelgeschehen erst verständlich wird, schafft er recht eigentlich Geschichte.

Perspektivität des Urteils darf nicht mit Parteilichkeit verwechselt werden; unterschiedliche Auffassungen sind legitim, wenn sie von dem Bemühen um Objektivität getragen werden. Theorien haben sich im wissenschaftlichen Diskurs zu bewähren; der Historiker hat die Prämissen seines Urteils aufzudecken und damit überprüfbar zu machen. Bei aller Vorläufigkeit und Unvollkommenheit erscheint doch von unterschiedlichen Standpunkten her die Annäherung an die Wahrheit möglich. Dass in dieser Sicht Geschichte immer wieder neu geschrieben werden muss, hat bereits Goethe in unnachahmlicher Weise begründet: »Eine solche Notwendigkeit entsteht aber nicht etwa daher, weil viel Geschehenes nachentdeckt worden, sondern weil neue Ansichten gegeben werden, weil der Genosse einer fortschreitenden Zeit auf Standpunkte geführt wird, von welchen sich das Vergangene auf eine neue Weise überschauen und beurteilen lässt« (Farbenlehre, Hamburger Ausgabe 14, 93).

Egon Boshof

ZITAT

Der Historiker Leopold von Ranke über das Verhältnis von Zeitgeschichte und Geschichte:
Jedes Jahrhundert hat die Tendenz, sich als das fortschrittlichste zu betrachten und alle anderen nur nach seiner Idee abzumessen.

»Kapitulation vor der Geschichte?«: Geschichtswissenschaft heute

Nach dem großartigen Aufschwung im Zeichen des Historismus, dem das geschichtliche Wissen einen zentralen Platz im Bildungssystem verdankte, wurde die Geschichtswissenschaft in die durch den Nationalsozialismus verursachte Katastrophe der deutschen Geschichte mit hineingerissen. Der Bruch mit der Vergangenheit schien unheilbar; das historische Nachdenken kreiste um das Thema der »Kapitulation vor der Geschichte« (Hermann Heimpel) oder konstatierte den »Verlust der Geschichte« (Alfred Heuß). Für die Gestaltung der Gesellschaft und die Wegbereitung in die Zukunft konnte die Historie offenbar kaum etwas leisten, dazu schienen die Sozialwissenschaften, vor allem Soziologie und Politikwissenschaft, besser geeignet. Das Bild hat sich jedoch gewandelt, und dafür ist nicht nur das steigende Interesse an der Geschichte in der Öffentlichkeit ein Indiz. Die brennende Frage nach dem Sinn historischen Bemühens hat zu einer nüchternen Bestandsaufnahme der Aufgaben der Geschichtswissenschaft und ihrer gesellschaftlichen Funktion geführt.

Aufgegeben wurde die naive Zuversicht, aus der Geschichte lernen zu können. Aber die unbezweifelbare Historizität des Menschen hat ihre Konsequenzen: »Je mehr Vergangenheit wir überblicken, desto mehr erfahren wir vom Menschen« (Reinhard Wittram). Unbe-

ZITAT

Unter dem Eindruck von Weltkrieg und mörderischem Rassismus formulierte Konrad Adenauer:
Weltgeschichte ist auch die Summe dessen, was vermeidbar gewesen wäre.

100562

Die spontane Inbesitznahme der Berliner Mauer am Brandenburger Tor durch West- und Ostberliner Bürger am Tag nach der Öffnung der Grenzen am 9. November 1989 verdeutlicht den Stellenwert von Geschichte als identitätsstiftendem Element.

ZITAT

Auch Ingeborg Bachmann sah die Geschichte nicht als erfolgreiche Lehrmeisterin:
Die Geschichte lehrt dauernd, aber sie findet keine Schüler.

streitbar ragt die Vergangenheit in die Gegenwart hinein; in ihrer Erforschung, in der Aufdeckung von Fehlentwicklungen und der Rechtfertigung bewahrenswerter Traditionen dient die Historie einer Standortbestimmung in der Gegenwart. Sie stiftet Identität – eine Aufgabe, die nach den Umbrüchen von 1945 und 1989/90 gerade für das deutsche Volk von größter Bedeutung ist.

Geschichte hat ferner die Funktion, aufzuklären und das politische Urteilsvermögen zu schärfen. Historische Bildung macht vorsichtig und skeptisch, fähig zur Ideologiekritik und zur Entlarvung von Legenden und Mythen. Sie bietet damit eine Orientierungshilfe in der Gegenwart und für jeglichen Zukunftsentwurf, der sonst bloße Spekulation bleiben müsste. In dieser Sicht – und nicht als direkte Handlungsanweisung – behält die Formel von der Geschichte als Lehrmeisterin des Lebens ihren Sinn. Der Sachverhalt ist nicht besser als mit Jacob Burckhardts Diktum aus den »Weltgeschichtlichen Betrachtungen« zu umschreiben: »Wir wollen durch Erfahrung nicht sowohl klug (für ein andermal) als weise (für immer) werden«. *Egon Boshof*

Nach den moralischen Verheerungen des Nationalsozialismus waren naives Vertrauen in die menschliche Geschichte und der Glaube an eine stetige Höherentwicklung des Menschen nicht mehr möglich (Reichstagsbrand in Berlin, der den Nationalsozialisten als Rechtfertigung zur hemmungslosen Verfolgung von Regimegegnern diente).

100563

Woher kommt der Mensch?

Die ersten Menschen

»Lucy« und ihre Freunde: Die ältesten »Menschen«

Die Frage nach dem Ursprung der Menschheit gehört zwar kaum zu den wichtigen aktuellen Themen, wird aber immer wieder gestellt. Wer hat sich nicht schon beim Anblick spielender Schimpansen im Zoo gefragt, inwieweit der Mensch mit dem Affen verwandt ist und was uns vom Tier unterscheidet? Wer hat nicht beim Anblick der Rekonstruktion eines »vorzeitlichen Menschen« – vielleicht des bekannten Neandertalers – darüber nachgedacht, wie, wo und wann es zur Entstehung des Menschen gekommen ist und welche Entwicklung er bis heute nahm? Fast alle diesbezüglichen Fragen harren bis heute einer gesicherten Antwort, bleiben vielleicht für immer ungeklärt. Fest steht vorläufig nur, dass die Entwicklung des Menschen nicht geradlinig aufsteigend verlief und dass die »Wiege der Menschheit« in Afrika stand. Beleg für Letzteres ist die Tatsache, dass alle Hominidenfunde, die älter als zwei Millionen Jahre sind, vom »Schwarzen Kontinent« stammen.

Die Bedeutung des Neandertalers in der stammesgeschichtlichen Entwicklung des Menschen wurde erst zögernd erkannt und ist noch heute nicht restlos geklärt. Der während der letzten großen Kaltzeit lebende Homo sapiens neanderthalensis errichtete zeltartige Wohnbauten mit Feuerstellen, stellte Kleidung her und ernährte sich von der Jagd (Modell im Field Museum in Chicago).

Jahrhundertelang wurde die Frage nach der Herkunft des Menschen allein mit den Aussagen der biblischen Schöpfungsgeschichte beantwortet. Einen ersten Anstoß, mit dieser Tradition zu brechen, gab Mitte des 18. Jahrhunderts der schwedische Naturforscher Carl von Linné. 1766 stellte er in der zwölften Auflage seines Werkes »Natursystem« erstmals den Menschen unter der Bezeichnung Homo sapiens neben den Schimpansen und den Orang-Utan in die zoologische Ordnung der Primaten; sein System der Tiere und Pflanzen war jedoch noch

100914

INFOBOX

Das Kind von Taung

Der als »Kind von Taung« in die Paläontologie eingegangene grazile Australopithecus africanus wurde 1924 in einem Kalksteinbruch in Südafrika gefunden. An seinem frühen Tod ist vermutlich ein großer Greifvogel schuld. Die Knochenüberreste des etwa sechsjährigen Kindes lassen darauf schließen, dass es durch die kräftigen, scharfen Krallen eines Vogels getötet wurde. Fossilien eines erwachsenen Australopithecinen, etwa aus der Sippe des Kindes, wurden am Fundort Taung bisher nicht gefunden.

statisch gedacht und ging von einer Konstanz der Arten aus. Zu Beginn des 19. Jahrhunderts stellte als Erster der französische Naturforscher Jean-Baptiste de Lamarck die Unveränderlichkeit der Arten infrage. In seiner »Philosophie zoologique« entwickelte er eine Abstammungstheorie (»Lamarckismus«), die jedoch durch die spätere Forschung nicht bestätigt werden konnte.

Den endgültigen Beweis für die Veränderlichkeit der Arten erbrachte schließlich Charles Darwin 1859 in seinem Buch »Die Entstehung der Arten durch natürliche

Zahlreiche Fundstätten in Afrika, Europa und Asien dokumentieren die Anfänge der über 4 Mio. Jahre alten Geschichte der Menschheit.

Zuchtwahl«. Durch die Analyse des von ihm zusammengetragenen Forschungsmaterials dokumentierte er hinreichend die Wandlungsprozesse der Arten und wies überzeugend nach, dass diese allein durch die Abstammung ihre natürliche Erklärung finden. Schon früh war Darwin davon überzeugt, dass seine Evolutionstheorie konsequenterweise auch den Menschen einschließen müsse, doch kam er erst 1871 in seinem Werk über »Die Abstammung des Menschen« zu dem Urteil, dass Menschen und Menschenaffen von gemeinsamen Vorfahren abstammen.

Die darwinsche Lehre war lange Zeit heftig umstritten, die Vertreter der traditionalistischen Auffassungen bekämpften sie vor allem wegen der in ihr enthaltenen Ablehnung der biblischen Schöpfungsgeschichte sowie der daraus folgenden Tatsache, dass der Mensch biologisch keine Sonderrolle einnimmt. Durch neuere Forschungsergebnisse ergänzt und modifiziert, hat sich schließlich Darwins Evolutionstheorie in der Biologie durchgesetzt und ist seitdem unbestritten gültig.

Sich auf die Lehre Darwins stützend, vertraten bereits in den Sechzigerjahren des 19. Jahrhunderts der Engländer Thomas Henry Huxley und der Deutsche Ernst Haeckel die Anwendung der Evolutionstheorie auf den Menschen. Auf der Grundlage vergleichender morphologisch-anatomischer Untersuchungen wiesen beide auf die nahe Verwandtschaft des Menschen mit den heutigen großen Menschenaffen hin. Haeckel entwickelte die Vorstellung, dass zwischen den Affen (Pitheci) und den Menschen (Anthropi) eine Zwischenform, ein Bindeglied (»missing link«), existieren müsse, das er »Pithecanthropus« (Affenmensch) nannte und dessen Vorkommen er in der indonesischen Heimat des Gibbons vermutete.

ZITAT

Über den Zufallsfund im Neandertal 1856 schreibt Rudolf Pörtner:

In 60 cm Tiefe stießen sie (zwei Steinbrucharbeiter) auf Skelettteile, für die sie sich aber nicht sonderlich interessierten... Es heißt, dass dem Steinbruchbesitzer einige Knochenreste vor die Füße fielen. Er ... hielt sie für Reste eines Höhlenbären. Der hinzugezogene Forscher und Sammler Fuhlrott, ein Realschullehrer, kam jedoch zu folgendem Ergebnis: Das niedrige, weit zurückspringende Schädeldach..., die schweren, seltsam gekrümmten Oberschenkel, die ungewöhnlich kräftigen Oberarmknochen, ... konnten nur... einem urtypischen Individuum unseres Geschlechts angehört haben.

Skelettfunde als Basis der Wissenschaft

Bei Düsseldorf wurden 1856 im Neandertal Skelettreste gefunden, die der Realschullehrer Johann Carl Fuhlrott als Reste eines »vorhistorischen« Menschen erkannte. Die Experten bestritten jedoch die Ergebnisse Fuhlrotts und missdeuteten den Fund. Sie hielten die Knochen lange für das Relikt eines aus der Mongolei stammenden russischen Soldaten aus der Zeit der Napoleonischen Kriege oder eines »rachitischen Idioten«. Erst 1901 konnte der Straßburger Anatom Gustav Schwalbe dem Neandertaler zu seiner Anerkennung als fossilem Menschen in der Fachwelt verhelfen. Als unproblematisch erwies sich dagegen die Einordnung der 1868 von Eisenbahnarbeitern in der Höhle Cro-Magnon im südfranzösischen Vézèretal entdeckten Reste von fünf Skeletten. Der jungpaläolithischen Kulturstufe Aurignacien zugewiesen (um 30 000 v. Chr.), wurden die dortigen Funde zum Prototyp des bereits zur Art Homo sapiens sapiens gehörenden europäischen Cro-Magnon-Typus.

Auch der nächste Aufsehen erregende Fund war anfangs stark umstritten. Beeindruckt von der »Missing-Link-Theorie« Haeckels, suchte der holländische Militärarzt Eugène Dubois in Indonesien nach dem Bindeglied zwischen Mensch und Affe. 1891 entdeckte er auf der Insel Java bei Trinil am Solofluss das Schädeldach eines frühen Menschen, später auch Oberschenkelkno-

Dieser versteinerte Frauenschädel eines Homo neanderthalensis ist etwa 50 000 Jahre alt und wurde in Forbes Quarry in Gibraltar gefunden.

50558

chen, die den aufrechten Gang erkennen ließen. Dubois wies diese Reste einem Vorfahren zu, den er in Anlehnung an Haeckel »Pithecanthropus erectus« (aufrecht gehender Affenmensch) nannte.

Spätestens die ab 1936 durch Ralph von Koenigswald auf Java gemachten weiteren Funde vom Typ Pithecanthropus (vor allem bei Mojokerto und Sangiran) zeigten dann jedoch, dass es sich bei diesen Individuen keinesfalls um ein »Affe-Mensch-Bindeglied« handelte. Vielmehr erwies sich die Entdeckung des Holländers als das erste überhaupt entdeckte Exemplar eines Menschen der Art Homo erectus; die Homo-erectus-Unterart Pithecanthropus wird dementsprechend heute auch meist als »Javamensch« bezeichnet.

2782

Im thüringischen Bilzingsleben wurden Funde gemacht, die für die Erforschung der Frühzeit des Menschen in Europa bedeutsam sind. Die abgebildeten Schädelfragmente haben ein Alter von 350 000 bis 400 000 Jahren.

1907 entdeckte der Sandgrubenarbeiter Daniel Hartmann bei Mauer südlich von Heidelberg den berühmten Unterkiefer des »Heidelbergmenschen«, der mit einem Alter von 550 000 bis 630 000 Jahren lange als »ältester Europäer« galt. 1923 und 1927 wurden in altsteinzeitlichen Kulturschichten der Kalkhöhle von Zhoukoudian (50 Kilometer südwestlich von Peking) menschenähnliche Zähne gefunden, die der Anatomieprofessor Davidson Black als »Sinanthropus« (»Chinamensch«; heute auch als Homo erectus pekinensis oder »Pekingmensch« bezeichnet) beschrieb. 1933 tauchten bei Steinheim an der Murr, zwei Jahre später bei Swanscombe in Südengland Funde auf, die mit einem Alter von 300 000 Jahren als frühe Formen des Homo sapiens klassifiziert werden können.

Noch während die Wissenschaft mit den ersten Neandertaler- und Homo-erectus-Funden beschäftigt war, entdeckte 1924 der Anatom Raymond Dart bei Taung in Südafrika einen Kinderschädel, den er hinsichtlich seiner Merkmale zwischen Affe und Mensch einordnete. Der Fund erhielt den Gattungsnamen Australopithecus (»Südaffe«), weitere derartige Fossilien traten später in Südafrika bei Sterkfontein (1936), Kromdraai (1938), Swartkrans und Makapansgat (jeweils 1948) zutage. Das Ehepaar Leakey, das Anfang der Dreißigerjahre mit paläontologischen Arbeiten in der Olduvaischlucht in Tansania begann, legte dort 1959 den ersten in Ostafrika gefundenen Rest eines Australopithecinen, den »Zinjanthropus«, frei. Seitdem riss die Serie der Funde mensch-

s. ZEIT Aspekte Geochronologie S. 516

licher Fossilien unterschiedlichsten Alters nicht mehr ab, das Bild der frühmenschlichen Geschichte wurde immer dichter, aufgrund verschiedener Forschungsmeinungen gleichzeitig aber auch vielfältiger.

Weitere Fundgebiete kamen hinzu: die Umgebung des Turkanasees in Nordkenia, das Tal des Hadar in der Afarsenke (Nordostäthiopien), das Gebiet am Omofluss in Südwestäthiopien, neuerdings die Umgebung des Malawisees, verschiedene Stellen in Vorder-, Ost- und Südostasien sowie in Nordafrika. Bedeutend für die Erforschung der urmenschlichen Geschichte im europäischen Raum wurden Fundstellen wie beispielsweise Vértesszőlős in Ungarn, Bilzingsleben in Thüringen und Tautavel in den französischen Ostpyrenäen. Durch die in jüngster Zeit gemachten Entdeckungen bei Atapuerca in Nordspanien und Dmanisi in Georgien muss unter Umständen die Datierung der frühesten Besiedlung Europas durch den Menschen revidiert werden. Weltweit als ältester Vorfahr des Menschen galt seit 1974 der etwa 3,2 Millionen Jahre alte Skelettfund »Lucy«, seit 1994 wurden jedoch in Äthiopien, Kenia und im Tschad mehrere Australopithecinenreste entdeckt, deren Alter mit über vier Millionen Jahren angegeben wird.

Dietrich Mania

100674

Versteinerte Blätter und Blüten in einer Gesteinsplatte aus Utah – der Rückzug der wärmeliebenden Pflanzen im Verlaufe des Tertiärs führte zu offenen Landschaften und damit zur Herausbildung einer zweibeinigen Lebensweise.

Frühzeit der Evolution: Die Primaten

Im Rahmen der allgemeinen Säugetierentwicklung war die stammesgeschichtliche Entwicklung und Aufspaltung der Primaten (»Herrentiere«) an die zunehmend einschneidenden Klima- und damit Umweltveränderungen in der Zeit des Tertiärs (65 bis 2,5 Millionen Jahre vor unserer Zeit) und des sich anschließenden Quartärs gebunden. Diese spielten eine wesentliche Rolle im Ablauf von Änderungen im Bauplan der Organismen sowie für die Anpassungs- und Auslesevorgänge. Dies trifft natürlich auch auf die stammesgeschichtliche Entwicklung des Menschen zu, der im zoologischen System der Säugetierordnung Primaten zugeordnet wird.

Einen wichtigen Einfluss auf die Entwicklung, Wanderung und Ausbreitung der Primaten während des Tertiärs hatte die Veränderung der Gestalt des Erdbildes.

Noch zu Beginn des Tertiärs bildeten Nordamerika und Eurasien eine einheitliche Landmasse, die südlichen Kontinente waren hiervon durch die Tethys, einen breiten Meeresraum, getrennt. Während des Eozäns brach die Verbindung Nordamerikas und Eurasiens auseinander, Australien trennte sich vom antarktischen Kontinent, und die indische Tafel kollidierte mit Asien. Diese Vorgänge hatten eine alpidische Gebirgsbildung zur Folge. Während sich durch die zu Ende gehende Kontinentalverschiebung die Ozeane verbreiterten, verschwand die Tethys bis auf einen Rest, das heutige Mittelmeer. Gegen Ende des Tertiärs hatten die Kontinente und Meere etwa ihre heutige Lage erreicht.

Seit dem mittleren Tertiär kam es zu einer allgemeinen Abkühlung. Gemeinsam mit Kontinentaldrift und Gebirgsbildung führte dies zu ersten Vergletscherungen und zur Bildung der Eiskappen an den Polen. Im Quartär führte schließlich der relativ schnelle Wechsel von Kalt- und Warmzeiten zu mehrfachen einschneidenden Umweltveränderungen. Während der jüngeren Kaltzeiten kam es zu umfangreichen Gebirgs- und Inlandvereisungen sowie zu einer starken Absenkung des Meeresspiegels. Hierdurch entstanden wiederum Landbrücken, die Wanderungen ermöglichten.

Im subtropisch-tropischen Klima des frühen Tertiärs bildeten sich immergrüne Laubwälder heraus, die in den feuchten Tropen den Charakter von Regenwäldern annahmen. Die Abkühlung ab der Mitte des Tertiärs führte

Der Purgatorius hat vermutlich ähnlich ausgesehen wie das in dieser Zeichnung abgebildete heutige Spitzhörnchen.

Der Propliopithecus haeckeli hatte ein für die Menschenartigen typisches Gebiss.

100674

Die Gibbons (hier ein Weißhandgibbon) stellen eine eigene Evolutionslinie dar, die sich von den frühen Menschenartigen abspaltete.

zur Zurückdrängung der Wälder und zur Entstehung offener Landschaften mit lichter Bewaldung, Buschvegetation und Grasländern. In den kühleren Klimagebieten nahmen diese Landschaften den Charakter von Waldsteppen und Steppen an. Die Ausbreitung offener Landschaften war schließlich der entscheidende Grund für die Herausbildung der zweibeinigen Fortbewegungsweise und der damit verbundenen Entstehung der Art der Hominiden.

Affen und Menschen

Als Ausgangsform der Primaten werden primitive, baumlebende Insektenfresser (Insectivora) angesehen, die sich vor etwa siebzig Millionen Jahren am Ende der Kreidezeit entwickelten. Der älteste Kleinsäuger dieser Art, durch Funde in Ablagerungen des Paläozäns in Nordamerika bekannt geworden, ist der Purgatorius, der dem heutigen Spitzhörnchen ähnelt. Noch im Paläozän spalteten sich die archaischen Primaten auf in einen Zweig, der zu den heutigen Halbaffen (Prosimiae), und einen anderen, der zu den heutigen eigentlichen Affen (Simiae) führte.

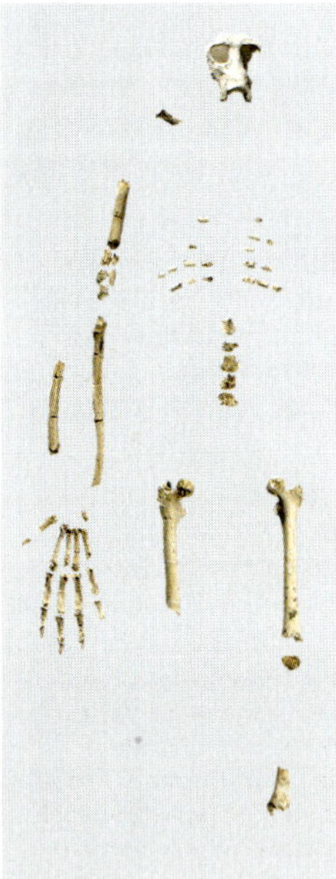

4503

In den Jahren 1992 bis 1994 wurden in Can Llobateres in Katalonien Skelettteile des etwa schimpansengroßen Dryopithecus laietanus gefunden.

Spätestens im unteren Eozän hatten sich dann im Zuge der bis dahin erfolgten Abspaltung Nordamerikas von Eurasien die Affen der Neuen Welt (breitnasige Platyrrhini oder Ceboiden) von denen der Alten Welt (schmalnasige Catarrhini) abgetrennt; für die weitere Entwicklung der menschlichen Stammesgeschichte bleiben nur die Letzteren von Interesse, da aus ihnen im weiteren Entwicklungsverlauf die Menschenartigen (Hominoidea) hervorgingen.

Die frühesten Catarrhinenfunde stammen aus einer Schichtenfolge der Oase Faijum in Ägypten, ihr Alter wird auf etwa 35 Millionen Jahre geschätzt. Der Lebensraum dieser frucht- und blattessenden Affen (Parapithecus, Propliopithecus und Aegyptopithecus) bestand aus einer subtropisch-tropischen Küstenlandschaft mit einem Flussdelta, das mit Sumpf- und Galeriewäldern aus Mangroven, Palmen und Lianen bestanden war. Als Vierfüßer konnten sie sich offensichtlich gleichermaßen in den Baumkronen und am Boden fortbewegen.

Während Parapithecus noch ein primitives Gebiss mit 36 Zähnen besaß, hatte der Propliopithecus bereits ein

INFOBOX

Menschen- oder Schimpansenschädel?
Die Schädel von Menschen und Schimpansen sind zwar ähnlich, lassen sich aber doch eindeutig unterscheiden: Der Mensch besitzt einen dünnwandigen Schädel ohne Augenbrauenwülste, die Stirn ist glatt und hoch. Das Kinn ist ausgeprägt, Ober- und Unterkiefer sind nicht vorgebaut, die Eckzähne nicht auffallend. Dagegen ist der Schädel des Schimpansen starkwandig mit niedriger Decke und dicken Augenbrauenwülsten, die Stirn ist fliehend. Das Kinn ist zurückgezogen, die Kiefer springen vor. Prägnant sind die hauerartigen Eckzähne.

Gebiss mit 32 Zähnen und einem Zahnhöckermuster, wie es für die Menschenartigen typisch ist. Vom Ast der oligozänen Catarrhinen spaltete sich spätestens am Ende dieser erdgeschichtlichen Epoche der Zweig der heutigen Hundsaffen (Cercopithecoidea) ab, während sich die übrigen Catarrhinen zu frühen Menschenartigen weiterentwickelten. Von diesen zweigten sich bereits im frühen Miozän die Gibbons (Hylobatidae, Kleine Menschenaffen) ab, sie bildeten von da ab eine selbstständige Evolutionslinie.

Vor etwa 22 bis 17 Millionen Jahren bildete sich schließlich die Linie der Menschenartigen im engeren Sinne heraus, allein aus Ostafrika sind zehn verschiedene Arten bekannt. Einige von ihnen bildeten die 1933 entdeckte Gattung der Proconsuliden, die als vierfüßige, relativ großwüchsige Kletterer in den Bäumen, aber auch am Boden lebten und sich von Früchten ernährten. Die Fähigkeit zum Leben am Boden wurde für sie zur Notwendigkeit, da der Regenwald infolge von klimatisch verursachten Umweltveränderungen mehr und mehr von der Feuchtsavanne und von Grasländern verdrängt wurde. Als noch unspezialisierte Hominoiden wiesen sie ein Gemisch von Merkmalen auf.

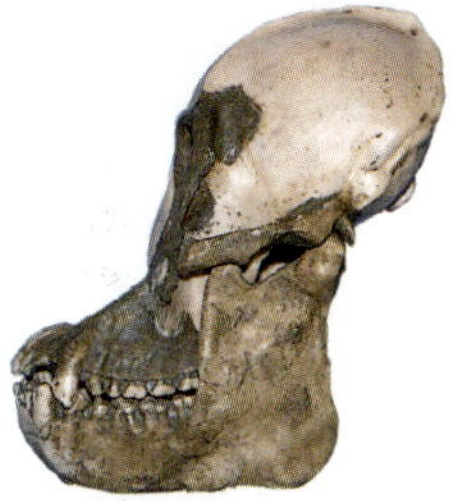
4503

Der Schädel von Sivapithecus indicus wurde 1980 in den Siwalik-Ketten in Nordindien gefunden. Sivapithecus galt manchen Forschern zunächst als gemeinsamer Vorfahre von Menschenaffen und Menschen.

Vor allem die rückgebildete, abgeflachte Nasenpartie, die nach vorn gerichteten Augenhöhlen, die hohe, gewölbte Stirn und das relativ große Gehirn weisen darauf hin, dass die Proconsuliden ein wichtiges Element in der Stammesentwicklung der Hominoiden darstellen. Evolutionär fortgeschrittener sind jedoch der etwa 15 Millionen Jahre alte Kenyapithecus aus Ostafrika und der gleich alte Dryopithecus aus Südeuropa, die nach heu-

Die Großen Menschenaffen – Gorilla, Orang-Utan und Schimpanse – sind die nächsten lebenden Verwandten des Menschen. Bei den Schimpansen etwa ist Werkzeuggebrauch zum Nahrungserwerb und zur Abwehr von Feinden verbreitet und sie können komplizierte Aufgaben durch Nachdenken lösen.

tiger Auffassung am ehesten als letzte gemeinsame Vorfahren von Menschenaffen und Menschen infrage kommen. Der teilweise als Ahnherr bezeichnete süd- und vorderasiatische, acht bis zwölf Millionen Jahre alte Sivapithecus gilt dagegen heute sicher als direkter Vorfahre der heutigen Orang-Utans. Der lange Zeit als Urvater geltende indische Ramapithecus bildet nach neueren Untersuchungen eine kleine Unterart des Sivapithecus.

Wie die weitere Entwicklung zu den sich brachiatorisch (das heißt in der Fähigkeit zum Hangeln) spezialisierenden Großen Menschenaffen einerseits und zu den bipeden (zweifüßigen) Vormenschen andererseits verlief, ist nach wie vor umstritten, da für die Zeit zwischen zehn und fünf Millionen Jahren vor heute eine große Fundlücke klafft. Als gemeinsamer Nenner der verschiedenen Erklärungsmuster lässt sich herausarbeiten, dass sich in diesem Zeitraum zunächst die (asiatischen) Orang-Utans abspalteten (über die Art Sivapithecus), später – vermutlich zwischen sieben und fünf Millionen Jahren – sich die afrikanischen Gattungen Gorilla und Schimpanse sowie die frühen Hominiden auseinander entwickelten. Als mögliche gemeinsame Urformen für die afrikanischen Großen Menschenaffen und die Menschen kommen die zehn Millionen Jahre alten, als Uranopithecus macedoniensis bekannten Funde aus Nordgriechenland sowie der neun Millionen Jahre alte Oberkiefer Samburu maxilla (benannt nach den Samburu Hills in Kenia) infrage.

Dietrich Mania

Homo habilis und Homo erectus: Phasen der frühen Menschheitsentwicklung

Vor fünf Millionen Jahren waren die Menschenaffen aus den sich immer weiter ausbreitenden Savannenlandschaften Afrikas verschwunden. An ihre Stelle traten in Süd- und Ostafrika allmählich die Australopithecinen, die »Vormenschen«, deren älteste Fundreste auf über vier Millionen Jahre zu datieren sind. Grundsätzlich unterscheidet die Forschung bei den Individuen dieser Art zwischen solchen mit einer grazilen und solchen mit einer robusten Form.

Die Australopithecinen

Die Körperlänge der Australopithecinen betrug nur 110 bis 130 Zentimeter bei den Männchen, die Weibchen waren noch etwas kleiner. Die grazilen Formen waren mit 30 bis 40 Kilogramm Körpergewicht leichter als die robusten Formen (40 bis 60 Kilogramm). Alle Australopithecinen gingen aufrecht. Das zeigen die Lage des Hinterhauptlochs unter dem Schädel, die Form des Beckens und die X-Bein-Stellung der Oberschenkel. Einige Merkmale erinnern noch an die Menschenaffen: die besondere Form des Ellenbogengelenks, der Kamm des Darmbeins und die gekrümmten Fingerknochen. Daraus ist zu erschließen, dass diese bodenbewohnenden bipeden Individuen noch zum Klettern und Hangeln in den Bäumen befähigt waren.

Der Stirnbereich der Vormenschen war nur wenig entwickelt, über die Augen griff ein kräftiger Wulst hinweg.

In der Olduvaischlucht im Norden Tansanias wurden seit den 1960er-Jahren zahlreiche Schädel, Zähne und andere Skelettfragmente von Homo habilis freigelegt.

100674

Indiz für eine kräftige Kaumuskulatur sind weit vorspringende breite Kiefer (man spricht hier von starker »Prognathie«) und breite Jochbeine; ein Kinn fehlte. Das Hirnvolumen, häufig als Maßstab der Evolution des Menschen benutzt, liegt über demjenigen der Großen Menschenaffen und beträgt etwa 450 bis 650 Kubikzentimeter. Die Form des Kieferbogens ist bereits der menschlichen Form angenähert, also parabolisch bis halbkreisförmig. Die Zähne, besonders die Backenzähne, sind den menschlichen Zähnen sehr ähnlich. Die Größe der Schneidezähne wurde reduziert, da das Freiwerden der Hände die Zähne von verschiedenen Aufgaben befreite. Bei den robusten Australopithecinen fand eine Verbreiterung der Backenzähne statt, gleichzeitig entwickelten sich sehr breite und starke Kieferknochen sowie Knochenleisten an den Muskelansatzstellen am

Schädel. Hierin dokumentiert sich eine Anpassung an die harte Pflanzenkost der offenen Graslandschaft.

Im Gegensatz dazu waren die grazilen Australopithecinen Allesesser. Sehr wahrscheinlich nahmen sie außer pflanzlicher Kost auch tierische Nahrungsmittel zu sich; entweder in Form von Kleintieren, die gesammelt oder gefangen, oder in Form größerer Tiere, die gemeinschaftlich gejagt und erlegt wurden. Außerdem stand das Fleisch von Tieren zur Verfügung, die von Raubtieren gerissen oder beim Verenden angetroffen wurden.

Die stammesgeschichtliche Stellung der Hominidengattung Australopithecus wird im Einzelnen unterschiedlich interpretiert. Seit Mitte der 1970er-Jahre galten die Individuen der Art Australopithecus afarensis (benannt nach den Funden in der äthiopischen Afarsenke) als deren älteste Vertreter. 1994 wurden jedoch in Äthiopien Australopithecinenreste mit einem Alter von rund 4,4 Millionen Jahren (Art »ramidus«), 1995 in Kenia solche mit einem Alter von rund 4,2 Millionen Jahren (Art »anamensis«) gefunden. Wichtigster Einzelfund der grazilen Art afarensis ist ein 1974 von einem Forscherteam unter Donald C. Johanson entdecktes, auf ein Alter von 3,2 Millionen Jahren datiertes weibliches Skelett, bekannt geworden unter dem Namen »Lucy«. Mindestens 3,5 Millionen Jahre alt sind die »Fußspuren von Laetoli« in Tansania, ältestes Zeugnis zweibeiniger Fortbewegung als »Lebensspur«.

Vor etwas mehr als drei Millionen Jahren entwickelte sich in Südafrika die durch Funde von Sterkfontein, Makapansgat und Taung nachgewiesene grazile Art »africanus« (ausgestorben spätestens eine Million Jahre spä-

INFOBOX

Erste Steingeräte

Um größere Tierkörper schnell und gut verwerten zu können, benötigte der Frühmensch Werkzeuge. Das älteste Verfahren zu deren Herstellung bestand offensichtlich in der »Hartschlagtechnik«, bei der mit Schlagsteinen kleinere Gerölle durch kräftige Streifschläge so behauen wurden, dass aus diesen einerseits unterschiedlich bearbeitete Kernstücke, andererseits einfache, aber scharfe Abschläge entstanden. Mit Abschlägen und scharfkantigen Kernstücken konnte den Tieren das Fell abgezogen, die Sehnen durchtrennt und das Fleisch zerteilt werden. Schwere Kernstücke dienten zum Zerschlagen der Knochen und der Schädel.

3048

Richard Leakey diskutiert mit seinem Vater Louis über einen neu entdeckten Fund vom Turkanasee in Nordkenia. Ebenso wie seinem Vater und seiner Mutter Mary Leakey verdankt die Forschung ihm wichtige Funde auf dem Gebiet der Vorgeschichte.

ter), kurz danach in Ostafrika die nur für einen relativ schmalen Zeitraum belegbare robuste Art »aethiopicus«. Vor etwas mehr als zwei Millionen Jahren trat in Ostafrika die robuste Art »boisei« auf (zum Zeitpunkt ihrer Entdeckung 1959 zunächst als Zinjanthropus bezeichnet), etwas später in Südafrika die Art »robustus« (Funde von Kromdraai und Swartkrans).

Während die beiden Letztgenannten, die auch als »Paranthropus« bezeichnet werden, mit Sicherheit eine entwicklungsmäßige »Sackgasse« darstellen – sie lassen sich ab dem Zeitraum vor 1,5 bis 1,3 Millionen Jahren nicht mehr nachweisen –, könnten sich aus nordwärts gewanderten Vertretern der Art africanus oder aus denjenigen der Art afarensis vor etwa 2,5 Millionen Jahren der Homo habilis und dessen Verwandter, der Homo rudolfensis (benannt nach dem früher als Rudolfsee bezeichneten Turkanasee), entwickelt haben.

Der Frühmensch: Homo habilis

In der Olduvaischlucht tauchten 1960 Hominidenreste auf, deren Alter auf 1,8 Millionen Jahre datiert wurde und die eine höher entwickelte Form als die zeitgleich noch existierenden Australopithecinen aufwiesen. Bei Koobi Fora am Turkanasee wurden weitere entsprechende Funde gemacht, deren Alter sogar rund 2,4 Millionen Jahre beträgt. Aufgrund der stark menschenähnlichen Anatomie und der Tatsache, dass diese Wesen mit Sicherheit bereits Geräte herstellten und nutzten, wurden sie von vielen Wissenschaftlern von den Vormenschen abgetrennt und der Gattung Homo als deren älteste Vertreter zugeordnet; als Bezeichnung für sie wählte man »Homo habilis« (»geschickter Mensch«).

Die heterogene Homo-habilis-Gruppe, die in die Zeit vor 2,5 bis 1,6 Millionen Jahren anzusetzen ist, umfasst verschiedene Formen. Einige der jüngeren können bereits als frühe Vertreter des Homo erectus angesehen werden. Die vor allem in Ostafrika gefundenen Frühmenschen hatten größere, höher gewölbte Schädel als die Australopithecinen, einen größeren Gesichtsschädel, weniger robuste Kiefer, kleinere Zähne und eine nicht mehr so starke Prognathie. Ihr Hirnvolumen betrug zwischen 600 und 800 Kubikzentimeter. Die Bipedie war perfekt entwickelt.

Wie die Australopithecinen, lebten die Frühmenschen vorwiegend in Feucht- und Baumsavannen. Dies waren Landschaften mit Galeriewäldern an den Flüssen, Niederungswäldern in Nähe der Seen, allgemein mit Baum- und Buschbeständen in Grasländern. Hier gab es neben

100562

Homo habilis wurde etwa 1,45 m groß und konnte einfache Steinwerkzeuge herstellen (wissenschaftliche Rekonstruktion durch W. Schnaubelt/N. Kieser für das Hessische Landesmuseum Darmstadt).

INFOBOX

Stand die Wiege der Menschheit im Tschad?

Im Juli 2001 entdeckten französische und amerikanische Paläontologen in der Sahelzone des Tschad den ersten bekannten Vorfahren des Menschen. Der Wind hatte einen fast 7 Mio. Jahre alten Oberschädel freigelegt, der sowohl äffische als auch menschliche Merkmale aufweist. Die Gesichtspartie dieses Sahelanthropus tchadensis zeigt einige Ähnlichkeiten mit den erst 3 Mio. Jahre später auftretenden Australopithecinen. Zu der Zeit, als der von den Entdeckern »Tourmaï« – einheimisch »Lebensmut« – getaufte Vormensch lebte, war die heute eher unwirtliche Region im Gebiet des prähistorischen Tschadsees eine üppige, grüne Landschaft mit reicher Tierwelt, wie die hier geborgenen fossilen Überreste von Säugetieren, Schlangen, Schildkröten und Fischen bezeugen. Der Fund hat dem weit verzweigten Stammbaum des Menschen ein bedeutendes Mosaikstück hinzugefügt.

Wasserstellen ein breites Nahrungsangebot: verschiedenste Früchte wie Beeren, Nüsse, Hülsen und Samen, Schösslinge, Knospen, Blüten, Blätter, unterirdische Knollen, Zwiebeln, Pilze, Amphibien und Reptilien, Eier, Nestlinge, Fische, Weichtiere, Insekten, Kleinsäuger, gerissenes und hinfälliges größeres Wild und dessen Jungtiere. Allerdings war zur Nutzung dieser Nahrungsquellen auch die Kenntnis ihres räumlichen und zeitlichen Auftretens notwendig.

Individuen, die über diese Kenntnisse verfügten und sie – mithilfe einfacher Geräte – nutzten, wurden durch die natürliche Selektion bevorteilt. Die aufrechte, zweibeinige Fortbewegungsweise, frei werdende Hände, Fingerfertigkeit und das Vorhandensein eines »Bewusstseins« waren hierbei von großer Bedeutung, wenn nicht sogar entscheidende Voraussetzungen. Die globale Abkühlung vor 2,5 Millionen Jahren hatte ebenfalls Bedeutung für die Entwicklung des Homo habilis. Sie führte zu einer Ausdehnung der Grasländer in den Baumsavannen und schuf damit die Voraussetzung für eine starke Zunahme der Pflanzenfresserherden. Die Nutzung dieses unermesslichen Nahrungsreservoirs führte beim Menschen aber auch zu größeren Anstrengungen. Zur notwendigen Abkühlung der Körper bildete sich deshalb das Schweißdrüsensystem heraus. Durch den Verlust des

INFOBOX

Lucy – Im Himmel und im Boden

Als besonders ergiebig für bedeutende Fossilienfunde von Vor- und Frühmenschen haben sich die Länder mit Anteil am Ostafrikanischen Grabensystem erwiesen. In der Danakil- oder Afarsenke in Äthiopien kam es 1974 zu einer spektakulären Entdeckung: Ein Forscherteam um Donald C. Johanson fand im Boden Fragmente eines Schädels sowie Teile von Wirbelsäule, Becken, Armen und Beinen, von denen sich herausstellte, dass sie 40 % des Skeletts eines einzigen Individuums ergaben. Die Knochen gehörten zu einem Australopithecus afarensis, einer Vormenschenart, die mit mindestens 3,2 Mio. Jahren damals als ältester Vertreter der Menschheitsgeschichte galt.

Registriert wurde der Fund unter dem Kürzel A. L. 288, aber weltweit bekannt wurde er als »Lucy«, denn am Abend seiner Entdeckung waren die Forscher entsprechend ausgelassen und ließen immer wieder das Lied »Lucy in the Sky with Diamonds« von den Beatles ertönen.

Aus Grabungsfunden gehen manche Hinweise über die Lebensweise des Frühmenschen hervor, etwa über die Nahrungskonkurrenz mit wilden Tieren. Dabei bleibt vieles jedoch auch im Bereich der Spekulation.

Haarkleides wurde die Transpiration über die Haut und über die gesamte Körperoberfläche möglich. Durch den höheren Flüssigkeitsbedarf entstand eine größere Abhängigkeit von Wasserstellen.

Homo habilis nutzte Aufenthaltsorte, die aufgrund von Grabungsbefunden als dauerhafte »Wohnplätze« gedeutet werden können. Hier bleiben in großer Zahl Steingeräte und Nahrungsreste in Form zerschlagener Tierknochen zurück. An einigen Plätzen wurden offenbar Großsäuger zerteilt (»Fleischverwertungsplätze«), wie das zum Beispiel eine 1,6 Millionen Jahre alte Fundstelle von Koobi Fora zeigt. Hier wurde mithilfe von Abschlägen aus Stein, die auch retuschierte, scharfe Kanten aufweisen, ein möglicherweise durch Trockenheit verendetes Flusspferd aufbereitet.

Besonders kennzeichnend für den ostafrikanischen Frühmenschen sind die 1,9 beziehungsweise 1,8 Millionen Jahre alten Geröllgerätfunde von Koobi Fora und aus der Olduvaischlucht, deren Herstellungsstil als »Olduvantechnik« (französisch Olduvanien) bekannt geworden ist.

Der Urmensch: Homo erectus

Etwa vor 1,6 Millionen Jahren traten in Afrika die ersten Hominidenformen auf, die der Art Homo erectus zugewiesen werden können. Homo erectus war vermutlich der Erste in der Entwicklungsreihe des Menschen, der ausgedehnte Wanderungen unternahm und sich in verschiedenen Regionen der Alten Welt ausbreitete. Er

INFOBOX

Schicksal unbekannt: Die Fossilien von Zhoukoudian

Im November 1941 vereinbarten chinesische Regierungsvertreter in Peking mit der amerikanischen Botschaft, die Fossilien von Zhoukoudian vor den Kriegswirren in die USA in Sicherheit zu bringen. Am 5. Dezember 1941 verließ ein Zug mit den verpackten Knochen die Stadt in Richtung Qinhuangdao, wo ein Schiff die Fracht aufnehmen sollte. Er wurde jedoch vor Erreichen seines Ziels von den Japanern gestoppt und geplündert. Hier verlieren sich die Spuren. Immer wieder wurde spekuliert, ob die Fossilien nach Japan gebracht oder irgendwo in China verblieben waren. Womöglich hatten die japanischen Soldaten den wissenschaftlichen Wert der versteinerten Knochen auch gar nicht erkannt und hatten sie kurzerhand weggeworfen oder sie als »Drachenknochen« an chinesische Händler verkauft.

durchlief eine relativ lange stammesgeschichtliche Entwicklung und verschwand erst vor etwa 300 000 Jahren. Sein Skelett unterscheidet sich von demjenigen des heutigen Menschen nur noch in wenigen Merkmalen, so im Fußskelett oder in der Haltung des Schädels nach vorn, die zeigt, dass der Schädel noch nicht vollständig senkrecht über der Wirbelsäule ausbalanciert war. Das führte zu einer starken Nackenmuskulatur und demzufolge zu einer charakteristischen Form des Hinterhauptes. Äffische Merkmale kommen nicht mehr vor.

Am stärksten vom heutigen Menschen unterscheidet sich noch der Schädel. Er hat einen zeltförmigen Querschnitt, ist lang gestreckt und niedrig, besitzt eine flach ansteigende Stirn, eine starke Einschnürung hinter der Augenregion, über dieser selbst einen kräftig vorspringenden Überaugenwulst (Torus supraorbitalis), der über der Nasenwurzel nicht unterbrochen ist. Das Hinterhaupt ist abgewinkelt statt gerundet wie beim modernen Menschen; es trägt einen kräftigen, quer verlaufenden Hinterhauptwulst (Torus occipitalis). Insgesamt ist der Schädel robust und dickwandig. Da noch kein Kinn ausgebildet ist, herrscht Prognathie vor. Der Zahnbogen und die Zähne haben die heutige Form, jedoch ist der Unterkiefer kräftiger und relativ breit. Einer starken Kaumuskulatur entsprechen seitlich am Schädel verlaufende Knochenleisten (Lineae temporales).

s. ZEIT Aspekte Hominiden S. 522

Die frühen Vertreter des Homo erectus haben weniger robuste und markant ausgeprägte Merkmale als die späteren. Die Körpergröße des Homo erectus schwankte um 170 Zentimeter. Das Hirnvolumen der Frühformen betrug etwa 750 bis 1 000 Kubikzentimeter, bei den späten Vertretern erreichte es bis zu 1 250 Kubikzentimeter. Parallel zur Vergrößerung fand eine zunehmende Spezialisierung des Gehirns statt, was mit der Herausbildung und Entwicklung geistiger Fähigkeiten, abstrakten Denkens und der Sprache gekoppelt war.

Parallel hierzu verlief die Weiterentwicklung der Kultur, deren Anfänge beim Homo habilis sowie bei späten Australopithecinen in Form ständiger Werkzeugherstellung und -nutzung festgestellt werden konnten. Es ist anzunehmen, dass Nahrungsgewinnung und Nahrungsteilung als gemeinsame Aktionen in verstärktem Maße soziale Beziehungen begründeten. Zur Olduvantechnik kam vor etwa 1,5 Millionen Jahren als weitere Herstellungstechnik die nach einem Faustkeilfundort in Frankreich benannte Acheuléen-Industrie hinzu.

Neben Steinartefakten als dem am besten erhaltungsfähigen Zeugnis menschlicher Kultur zeigen sich auf den Fundstellen mehr und mehr Siedlungsspuren. Diese enthalten in den Nahrungsüberresten in zunehmendem Maße zerschlagene Knochen von Großsäugern, ein Zeichen dafür, dass Homo erectus nun mit Sicherheit zur planvollen und gemeinschaftlich durchgeführten Jagd als einem effektiven Mittel der Nahrungsbeschaffung über-

100562

Der Homo erectus erreichte eine Größe von bis zu 1,65 m. Er nutzte das Feuer und stellte Faustkeile her (wissenschaftliche Rekonstruktion durch W. Schnaubelt/ N. Kieser für das Hessische Landesmuseum Darmstadt).

INFOBOX

Fundgrube für Paläontologen

Die Olduvaischlucht, ein etwa 50 km langes Schluchtensystem am Südostrand der Serengeti in Tansania, ist eine der weltweit bedeutendsten Fundstellen fossiler Hominiden. Die durch frühere Flussläufe freigelegten Hänge der Schlucht bestehen aus bis zu 100 m mächtigen Sedimenten, die auf einer etwa 2 Mio. Jahre alten vulkanischen Tuffschicht liegen. Neben Funden von Homo sapiens aus den jüngsten Schichten sind die Funde von Homo habilis und Australopithecus boisei aus den Tuffschichten von entscheidender Bedeutung für die heutigen Vorstellungen von der Evolution der Hominiden. Begleitfunde von primitiven Geröllgeräten bis hin zu zweiseitig klingenförmigen Steingeräten des Acheuléen belegen exemplarisch die Kulturstufen.

ging. Der Übergang zur Großwildjagd war später auch eine der Voraussetzungen, die dem Homo erectus die Erschließung kühlerer Klimagebiete ermöglichte.

Als Beleg gegen jene Hypothesen, die auch dem späten Vertreter des Homo erectus die Fähigkeit zum Jagen absprechen und behaupten, dass er sich nur mittels »Aasfressen« (scavenging) ernährt habe, kann die Erfindung und Verbesserung von zur Jagd geeigneten Gerätschaften angeführt werden. Außer auf die Spitze einer Eibenholzlanze, die bei Clacton-on-Sea in England gefunden wurde, sei hier auf die Aufsehen erregenden Neufunde von Schöningen im nördlichen Harzvorland hingewiesen. Dort wurden in etwa 350 000 Jahre alten Ablagerungen am Ufer eines Sees unter zahlreichen Skelettresten von Wildpferden und Schlachtmessern aus Feuerstein mehrere gut und vollständig erhaltene Jagdwaffen aus Holz gefunden. Es sind an beiden Enden zugespitzte Wurfhölzer mit etwa 75 Zentimeter Länge sowie 2,3 Meter lange, äußerst exakt und schlank auslaufend zugespitzte Wurfspeere, deren Funktion als solche durch die Schwerpunktlage unterhalb der Mitte bewiesen wird.

Sehr bald lernte Homo erectus auch das Feuer kennen. Spätestens ab 500 000 vor heute ist sein Gebrauch mit Sicherheit nachzuweisen, so bei Vértesszőllős (Ungarn), Zhoukoudian (China), Terra Amata in Südfrank-

Ein Speer aus Fichtenholz wurde inmitten eines Zerlegungsplatzes mit Wildpferdresten, die Homo erectus im Nordharzvorland vor 350 000 Jahren gejagt hat, in Schöningen gefunden.

2782

INFOBOX

Der älteste Mitteleuropäer

1907 wurde in altpleistozänenen Schichten in der Sandgrube Grafenrain bei Mauer südlich von Heidelberg der robuste, kinnlose Unterkiefer des Heidelbergmenschen (Homo heidelbergensis) gefunden und ein Jahr später in einer Monographie durch Otto Schoetensack bekannt gemacht. Die frühere Datierung des ältesten Mitteleuropäers auf 680 000 Jahre wird heute in der Forschung nicht mehr aufrechterhalten; man geht nun von einem Alter zwischen 660 000 und 630 000 Jahren aus.

reich, Bilzingsleben und Schöningen. Mit dem Feuergebrauch ist zum Teil auch der Nachweis von Strukturen auf den Lagerplätzen verbunden, die auf einfache kleine Wohnbauten zurückzuführen sind.

So treten in Bilzingsleben in Verbindung mit Feuerstellen, Arbeitsplätzen und Aktivitätszonen ovale bis kreisförmige Grundrisse von Behausungen auf, wahrscheinlich zeltartiger Hütten mit drei bis vier Meter Durchmesser. Sie bezeugen die Fähigkeit des Homo erectus, sich eine eigene künstliche Mikroumwelt zu schaffen, die ihn bereits in gewissem Maße von den natürlichen Verhältnissen unabhängig machte. Verstärkte Arbeitsteilung und ein engerer Zusammenschluss der menschlichen Gemeinschaft waren die Folge. Es handelte sich auch nicht mehr um nur saisonal genutzte Rastplätze, sondern um längere Zeit besiedelte Lager im Mittelpunkt eines Jagd- und Sammeldistrikts.

Spätestens ab jetzt spielte sich die menschliche Evolution mehr und mehr im Gehirn und in der soziokulturellen Sphäre ab. Mithilfe der neuen Erfahrungen und Erfindungen gelang es dem Menschen, sich in zunehmendem Maße an andere, ihm bis dahin fremde Umweltverhältnisse und Klimagebiete anzupassen (»kulturelle Adaption«). Zunächst erreichte er das gemäßigte Klimagebiet. Die genannte Fundstelle von Schöningen zeigt zum ersten Male die Anpassung an kühl-kontinentale Steppen.

Die höheren geistigen Fähigkeiten des Homo erectus sind in seinen zielstrebigen Handlungen zu erkennen. Sehr gut nachgewiesen werden konnten sie am Fundmaterial von Bilzingsleben, zum Beispiel bei bestimmten Arbeitsabläufen und Verfahrensweisen zur Herstellung

50558

Vom Turkanasee in Kenia stammen die bislang ältesten Funde von Homo erectus.

von Werkzeugen. Feststellen lässt sich hier eine funktionsgebundene Rohstoffauswahl und Formgebung der Werkzeuge. Arbeitsvorgänge zur Herstellung besonderer Geräte, beispielsweise eines hölzernen Speeres, liefen differenziert und komplex ab.

Die ältesten Funde vom Homo erectus stammen vom Turkanasee in Kenia. Der erste entsprechende Fund (KNM-ER 3733) ist ein kompletter Schädel aus Koobi Fora an dessen Ostufer, Mitte der 1980er-Jahre wurde bei Nariokotome am Westufer das fast vollständige Skelett eines Jugendlichen entdeckt. Die auf etwa 1,6 Millionen Jahre datierten Fossilien werden in der Forschung als »Turkana Newcomer« oder »Homo ergaster« bezeichnet. Während diese Funde weniger robuste Merkmale besitzen, sind sie bei einem Schädel aus der Olduvaischlucht, dessen Alter etwa 1,2 Millionen Jahre beträgt, besonders kräftig ausgebildet: mächtiger Überaugenwulst, starker Hinterhauptswulst, leistenförmig hervortretende Lineae temporales, starke postorbitale Einschnürung des Schädels; er ähnelt damit mehr den robusten asiatischen Formen.

Jüngere Funde vom Homo erectus wurden von Swartkrans (Südafrika), von Gomboré in Südäthiopien und aus den oberen Schichten von Olduvai bekannt. Sie sind zwischen 800 000 und 600 000 Jahre alt. Der Schädel von Ndutu aus Tansania hat ein Alter von 450 000 Jahren. Auch in Nordafrika existierte Homo erectus. Während die bei Ternifine in Algerien zusammen mit Faustkeilen gefundenen Fossilien (»Atlanthropus«) ein Alter von möglicherweise bis zu 900 000 Jahren besitzen, sind die Funde in Marokko (Sidi Abderrahman und Salé) erheblich jüngeren Datums.

Die asiatischen Formen des Homo erectus haben einige Merkmale, die sie von den afrikanischen Funden unterscheiden. So tritt allgemein eine größere Robustheit auf, die Überaugenwülste springen weiter vor, das Hinterhaupt ist flacher abgewinkelt, der Schädel länger gestreckt und ein Scheitelkiel ist ausgebildet. Nach der Entdeckung des Pithecanthropus wurden auf Java weitere Hirnschädel und Kieferfragmente geborgen. Überwiegend zwischen 750 000 und 450 000 Jahre alt, sollen einige Funde – so in den ältesten Schichten von Sangiran – etwas mehr als eine Million Jahre alt sein. Entsprechend werden die 1963/64 bei Lantian in der ostchinesischen Provinz Shaanxi entdeckten Homo-erectus-Reste datiert.

Jünger sind die Funde aus der bei Peking gelegenen Höhle von Zhoukoudian. Die hier zwischen 1928 und 1966 entdeckten Reste von mehr als vierzig Individuen des Homo erectus pekinensis sind sicher belegbar für die Zeit vor 500 000 bis 300 000 Jahre. Als späte Vertreter des Homo erectus anzusehen sind neben den Individuen

INFOBOX

Sprache und Evolution

In Bilzingsleben wurden Knochenartefakte entdeckt, in deren Oberflächen regelmäßige, sich rhythmisch wiederholende Strichgruppen eingraviert sind. Sie stellen auf symbolhaft-abstrakte Weise optisch wirksame Übermittlungen von Gedanken dar und können damit als Beweis für die Existenz einer menschlichen Sprache dienen, die sich zur Übermittlung abstrakter Vorstellungen der Sprachsymbole bedient. Die Herausbildung der Sprache als Kommunikationsmittel und zur Übermittlung von Denkprozessen auf zunehmend abstrakter Ebene läuft von Beginn an parallel zur Evolution des Menschen.

s. ZEIT Aspekte Hominiden S. 530

in den oberen Schichten von Zhoukoudian die Funde von Sambungmachan und Ngandong auf Java. Im indischen Gliedstaat Madhya Pradesh wurde am Narmadafluss bei Hathnor ein menschlicher Schädel entdeckt, der Merkmale eines Homo erectus zeigt.

Seit seiner Entdeckung 1907 galt lange Zeit allgemein der Unterkiefer von Mauer bei Heidelberg als der älteste europäische Fund eines Homo erectus. Das Alter dieses als Heidelbergmensch bezeichneten Individuums wird auf etwa 550 000 bis 630 000 Jahre datiert. 1995 wurden jedoch im nordspanischen Atapuerca Knochenteile von vier Hominiden gefunden, deren Alter auf 780 000 Jahre geschätzt wird, einige Jahre früher wurde – eine noch größere Sensation – im Kaukasus von einem deutschen Forscherteam ein Fund aufgedeckt, der, wenn seine Datierung von 1,6 Millionen Jahren stimmt, eine bereits sehr frühe Auswanderung des Homo erectus aus Afrika nachweisen ließe. Es handelt sich hierbei um einen Unterkiefer, der bei Dmanisi in Georgien zusammen mit relativ weit entwickelten Artefakten aus Abschlägen und Großsäugerresten gefunden wurde. Selbst wenn sich die Datierung dieses Fundes als zu früh erweisen sollte, so scheint es doch wahrscheinlich zu sein, dass Europa direkt von Afrika aus wie auch über die vorderasiatische Landbrücke besiedelt worden ist.

Um einiges jünger als die Funde von Mauer sind in jedem Fall diejenigen von Tautavel (Südfrankreich) und

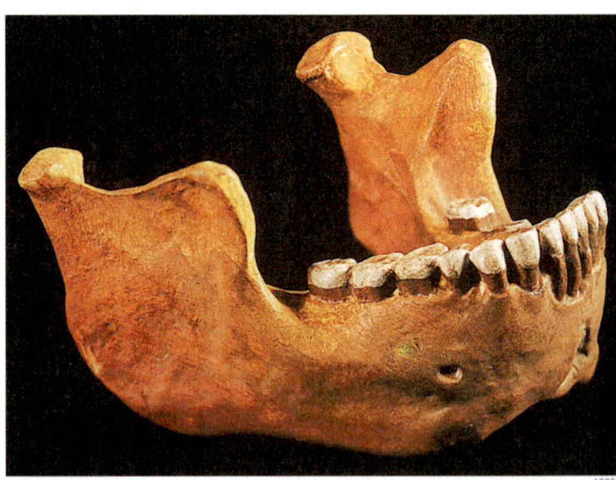

Dieser Unterkiefer eines Heidelbergmenschen wurde 1907 in altpleistozänen Schichten einer Sandgrube bei Mauer südlich von Heidelberg gefunden. Er ist 630 000 bis 660 000 Jahre alt.

100563

Vértesszőllős (Ungarn) mit einem Alter von etwa 450 000 Jahren. Aus der Zeit zwischen 400 000 und 350 000 Jahren vor heute stammen die Funde von Bilzingsleben (heute Kreis Sömmerda, Thüringen). Es handelt sich hierbei um insgesamt 23 Schädelfragmente und sieben Zähne. Alle diese Reste stammen von mindestens zwei Schädeln, die hier auf einem als Heimbasis gedeuteten Lagerplatz zertrümmert wurden. Die Funde von Bilzingsleben stimmen metrisch und morphologisch unter anderem mit den Schädeln Pithecanthropus VIII (Fundort Sangiran) und Sinanthropus III (Zhoukoudian) überein. Die Kultur, die Bilzingsleben mit Vértesszőllős, Tautavel sowie solchen Fundorten verbindet, bei denen sich keine menschlichen Reste fanden (z. B. Schöningen, Stuttgart-Bad Cannstatt, Isernia la Pineta in Italien), weist in ihren Besonderheiten nach Asien.

Dietrich Mania

Der erste »Verständige«: Der Homo sapiens

In den Verbreitungsgebieten des Homo erectus traten vor 300 000 bis 100 000 Jahren Formen des Menschen auf, die sich bereits in zahlreichen Merkmalen vom Homo erectus unterscheiden und dem heutigen Menschen näher stehen. Sie werden als frühe oder archaische Formen des Homo sapiens oder als »Präsapiens« bezeichnet. Die verbindenden allgemeinen Merkmale sind der nun relativ hoch gewölbte Schädel mit Hirnvolumina von etwa 1 150 bis 1 350 Kubikzentimeter, eine geringere Einschnürung des Schädels hinter der Augenregion, ein reduzierter Überaugenwulst und nur schwach ausgebildeter oder fehlender Hinterhauptswulst.

Hinsichtlich der kulturellen Erscheinungen sind diese frühen Sapiensformen mit Steingerätvorkommen der mittleren Altsteinzeit verbunden, so mit dem entwickelten Acheuléen in Afrika, Europa und Vorderasien sowie mit entsprechenden Abschlagkulturen in Asien. Alles, was über die Entwicklungshöhe des späten Vertreters des Homo erectus gesagt wurde, besonders hinsichtlich seiner Wirtschaftsweise und Kultur, seines sozialen Zusammenlebens und seiner Intelligenz, muss in noch stärkerem Maße auch für den frühen Homo sapiens gelten.

Das Tal des in den Turkanasee mündenden Omo in Äthiopien ist wegen der 2–3 Mio. Jahre alten Skelett- und Werkzeugfunde bedeutend und wurde zum Weltkulturerbe erklärt.

100264

Frühe Formen

Einer sehr frühen Gruppe scheinen die aus dem südlichen Afrika stammenden, 350 000 Jahre alten Funde von Broken Hill und Saldanha zuzugehören. Einerseits zeigen sie noch deutliche morphologische Merkmale, wie sie für den Homo erectus typisch sind, andererseits tendieren sie mit ihrem höheren Hirnvolumen zum Homo sapiens. Etwas jüngere Funde stammen von Eyasi und von Rabat (Nordafrika), ein Schädel von Bodo in Südäthiopien. Auch diese lassen neben Sapiensmerkmalen noch solche des Homo erectus erkennen, wie fliehende Stirn und starke Überaugenwülste.

Gleiches gilt für weitere Präsapiensfunde, die zwischen 150 000 und 100 000 Jahren vor heute einzuordnen sind und aus Südafrika (Cave of Hearth und Florisbad in Transvaal) sowie Ostafrika (Turkanasee, Laetoli, Omo) stammen. Es ist anzunehmen, dass sich aus diesen archaischen Formen der moderne Homo sapiens entwickelt hat. Dieser lässt sich immerhin bereits ab etwa 90 000 vor heute mit Schädel- und Skelettresten nachweisen, so im Omogebiet, in Südafrika (Klasies-River-

Mouth-Höhlen und Border Cave) und in Nordafrika (Djebel Irhoud).

Auch in Asien zeigen die frühen Sapiensformen noch Merkmale des Homo erectus. Das wird besonders anhand des Schädels von Dali (Nordchina) deutlich, der in die Zeit um 200 000 vor heute datiert wird. Er hat einen massiven Überaugenwulst, eine niedrige flache Stirn und ein abgewinkeltes Hinterhaupt. Dasselbe gilt für Schädel- und Kieferreste, die zusammen mit Steingeräten aus Abschlägen und zerschlagenen Tierknochen bei Xuiayao in Nordchina gefunden wurden und etwa 125 000 Jahre alt sind. Als Sapiensmerkmale dieser Schädel gelten zum Beispiel geringere postorbitale Einschnürung und ein relativ hohes Hirnvolumen. Ein weiterer wichtiger Fund ist der Schädel von Mapa in Südchina.

Funde des modernen Homo sapiens, die in die letzte Eiszeit datiert werden, kamen in der oberen Höhle von Zhoukoudian und an einigen anderen Fundorten zum Vorschein. Dass sich diese modernen Formen aus dem Homo erectus über die archaischen Sapiensformen entwickelt haben, zeigen einige ihrer Schädelmerkmale, die an den Homo erectus erinnern, so vor allem hohe Wangenknochen und schaufelförmige Schneidezähne.

In Südostasien ist die Entwicklung vom Homo erectus zum Homo sapiens noch deutlicher zu sehen. Die Schädelfunde von Ngandong, die bereits oben angeführt wurden, nehmen dabei eine vermittelnde Stellung ein. An sie schließt offenbar direkt der moderne Mensch an. Dieser ist durch die Funde von Wajak auf Java und die der Niah-Höhle auf Borneo vertreten. Jene sind etwa

INFOBOX

Frühe Werkzeuge

Die Neandertaler verfügten über eine recht hoch entwickelte Werkzeugindustrie, die nach der Fundstelle Le Moustier in der Dordogne als »Moustérien« bezeichnet wird. Sie ist durch eine Anzahl spezialisierter, fein retuschierter Steinwerkzeuge charakterisiert, die als Messer, Spitzen und Schaber dienten. Ihre Anfänge reichen mehr als 150 000 Jahre zurück. Die jüngsten Zeugnisse sind knapp 30 000 Jahre alt. Das Verbreitungsgebiet des Moustérien ging über das der Neandertaler hinaus – im Nahen Osten und in Nordafrika stellten auch Nichtneandertaler Moustérienwerkzeuge her.

100563

Der Neandertaler lebte in Europa und Vorderasien und war an das Leben in kühleren Regionen angepasst (Diorama, Szene aus der letzten Zwischeneiszeit; Hannover, Niedersächsisches Landesmuseum).

150 000, diese 40 000 Jahre alt. Die Funde von Wajak haben große Ähnlichkeit mit den Eingeborenen Australiens. Eine Besiedlung des australischen Kontinents durch den Homo sapiens wird für die Zeit vor etwa 40 000 Jahren angenommen, die ältesten Menschenfunde (Brandbestattungen am Ufer des verlandeten Mungosees) stammen jedoch erst aus der Zeit um 30 000 v. Chr. Es handelt sich hierbei um dünnwandige Schädel mit gerundetem Hinterhaupt, schwachen Überaugenbögen und prognathen Gesichtern.

Als frühe Formen des Homo sapiens kommen vor allem die Schädelfunde von Steinheim und Swanscombe in Betracht. Beide sind etwa 300 000 Jahre alt und stammen aus warmzeitlichen Ablagerungen. Sie unterscheiden sich in ihrer Form vom vorausgehenden späten Homo erectus durch den hohen, gerundeten Schädel. Doch kommen noch starke Überaugenbögen und die prognathe Form der Kiefer vor. Ein Scheitelbein aus der Grotte de Lazaret bei Nizza gehört ebenfalls in diese

Gruppe. Etwas jünger, nämlich etwa 200 000 Jahre alt, sind die Funde von Weimar-Ehringsdorf, von Biache in Nordfrankreich, Pontnewydd in Südostwales und Azych im Kaukasus.

In Ehringsdorf wurden in Kulturschichten mit Artefakten der mittleren Altsteinzeit Reste mehrerer Individuen gefunden, darunter der Torso eines Kindes. Nach neuen Untersuchungen sind diese Funde einem frühen Vertreter des Homo sapiens zuzuordnen. Eine umstrittene Stellung hat ein Schädel, der in der Höhle von Petralona bei Saloniki gefunden wurde. Er gehört etwa in die Zeit um 300 000 vor heute und hat trotz altertümlichen Aussehens Merkmale, die ihn in die Nähe der Gruppe der noch zu besprechenden Neandertaler bringen. Einer weit jüngeren Gruppe sind Schädel und Kiefer der Fundstellen Fontéchevade (französisches Département Charente), Gánovce in der Slowakei und Taubach bei Weimar zuzurechnen. Sie umfasst etwa den Zeitraum von 130 000 bis 100 000 vor heute.

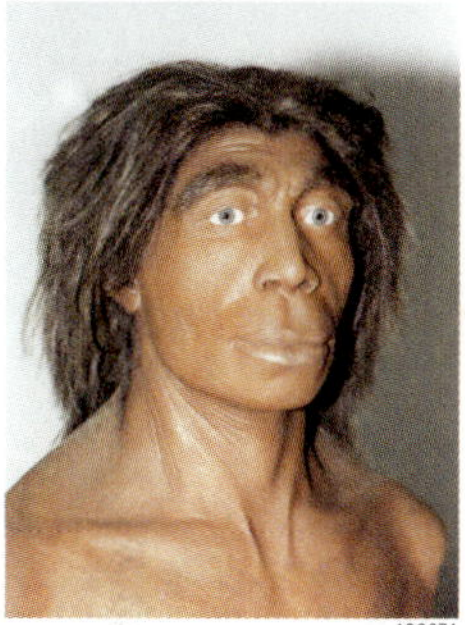

100674

Der Homo sapiens neanderthalensis wurde etwa 1,60 m groß, bei einem Gewicht von bis zu 80 kg. Sein Hirnvolumen war größer als das des heutigen Menschen.

Besondere Verhältnisse ergaben sich für die Entwicklung des Menschen und seiner Kultur im Kontaktgebiet Eurasiens mit den nördlichen, kühleren Klimazonen und ihrer Verschiebung nach Süden während der Kaltzeiten. Diese Klimaveränderungen beeinträchtigten besonders die mittleren und westlichen Teile Europas sowie die mittleren Breiten Asiens. Hier kam noch die Vergletscherung der Hochgebirge und des tibetischen Hochlandes dazu. Während der Kaltzeiten mit ihren Vereisungen waren weite Teile dieser Landschaften kaum bewohnbar. Frostschuttwüsten, Tundren und Kältesteppen boten keine günstigen Lebensbedingungen.

Ein Ausweichen der Menschengruppen war nur in die nördlichen Mittelmeergebiete, nach Südosteuropa und in die südlichen Teile Ostasiens möglich. Im Kontakt mit dieser Reizsituation gelang es dem Menschen, sich nach und nach auch an diese unwirtlichen und lebensfeindlichen Umweltverhältnisse anzupassen. Zum ersten Male lässt sich eine solche Anpassung an der Fundstelle von Schöningen nachweisen. Hier ging Homo erectus in kontinentale Wald- und Wiesensteppen und spezialisierte sich mit hölzernen Jagdwaffen auf die Wildpferdjagd. Kenntnis der Feuernutzung, Errichtung von Wohnbauten und sicher auch einfache Kleidung waren weitere

100914

Der Homo sapiens sapiens hat einen hoch gewölbten Schädel und eine geringere Einschnürung des Schädels hinter der Augenregion.

Voraussetzungen für eine solche Anpassung, die später teilweise sogar bis in die arktischen Klimaräume führte.

Der Neandertaler

In Europa bildete sich eine besondere Form des Homo sapiens heraus, der Neandertaler. Eine der Ursachen hierfür war sicher die isolierte geographische Lage des Kontinents. Unter den Präsapiensformen Europas gibt es verschiedene Funde, die auf diese Entwicklung hinweisen, so der Schädelfund von Petralona und jene oben genannte Funde aus der Zeit zwischen 130 000 und 100 000 vor heute.

An sie schließen Funde an, die als Präneandertaler bezeichnet werden, wie diejenigen von Saccopastore (Italien), Gibraltar und Krapina (Slowenien), wo über 600 menschliche Skelettreste gefunden wurden. Ihnen folgt in der Zeit von 70 000 bis 35 000 vor heute der »klassische« Neandertaler (Homo sapiens neanderthalensis), von dem vor allem in Westeuropa zahlreiche Funde, darunter auch vollständige Skelette, bekannt geworden sind; sicher auch deshalb, weil der Neandertaler zur Bestattung seiner Toten in Höhlen überging.

Wichtige Fundstellen außer dem Neandertal bei Düsseldorf sind La Chapelle aux Saints (entdeckt 1908), La Ferrassie, La Quina, Le Moustier (alle in Frankreich), Naulette, Engis und Spy (Belgien), Monte Circeo (Italien), Gibraltar und Bañolas (Spanien). Aber auch das östliche Mitteleuropa hat Funde geliefert, zum Beispiel Šipka und Ochoz in Mähren, Subalyuk in Ungarn, Vindija in Kroatien. Schließlich wurden Neandertaler-

ZITAT

Charles Darwin notiert 1871 zum Neandertaler:

... Nichtsdestoweniger muss zugegeben werden, dass einige Schädel von sehr hohem Alter, wie z. B. der berühmte Neanderthalerschädel, sehr gut entwickelt und geräumig sind ...

INFOBOX

Konnten die Neandertaler sprechen?

Als 1983 ein Forscherteam in der Kebarahöhle in Israel neben dem Skelett eines Neandertalmannes auch das erhaltene Zungenbein fand, war dies eine kleine wissenschaftliche Sensation. Damit galt als erwiesen, dass die Neandertaler sprechen konnten – wenn auch wohl mit einem anderen Lautrepertoire als wir. Und möglicherweise waren sie sogar musikalisch. Es wurden Pfeifen aus durchbohrten Fingerknochen und ein als Flöte gedeuteter Höhlenbärenknochen mit Löchern gefunden. Rekonstruktionen dieser »Flöten« lassen sich jedenfalls spielen.

100914

Für das Überleben in der Eiszeit war es wichtig, ein Feuer künstlich erzeugen zu können. Dazu benutzten die Neandertaler den Zunder – einen Baumpilz – und einen Feuerstein, mit dem sie Funken schlugen, bis der Pilz anfing zu glimmen.

bestattungen auf der Krim (Kiik-Koba, 1924) und in Usbekistan (Höhle von Teschik-Tasch, 1938) angetroffen. Aus der Levante stammen die umfangreichen Skelettfunde von Mugharet et-Tabun, Kebara und Amud (alle Fundstätten in Nordisrael), aus dem Irak die von Shanidar.

Insgesamt war der Skelettbau des Neandertalers robuster als beim modernen Menschen. Sein Hirnschädel war länger nach hinten gestreckt, die Stirn weniger hoch, was durch kräftige Überaugenwülste betont wurde. Typisch ist eine Vertiefung über dem Hinterhaupt (Lambda-Depression) sowie eine insgesamt deutliche Vorwölbung der gerundeten Hinterhauptsregion. An ihr ist noch eine leichte Torusbildung zu beobachten. Das Gesicht war lang und prognath, die Augenhöhlen groß, die Nasenöffnungen breit. Der Schädelinhalt (Hirnvolumen) erreichte relativ hohe Werte von 1 250 bis 1 650 Kubikzentimeter. Die Körperhöhe betrug 155–165 Zentimeter in Europa und 155–175 Zentimeter bei den Funden im Nahen Osten. Beim modernen Homo sapiens beobachten wir demgegenüber einen insgesamt kürzeren Schädel, dessen Rundung am Hinterhaupt noch höher und idealer ausgebildet ist, der eine hohe Stirn besitzt und dem die Überaugenbögen und die Prognathie fehlen. So ist ein Kinn ausgebildet, die Nasenöffnungen sind schmaler, die Augenhöhlen kleiner.

Der Neandertaler lebte während der letzten großen Kaltzeit. In den mittleren Breiten Europas entstanden Waldsteppen und offene Grasländer unter dem Einfluss kühleren, kontinentalen Klimas. Zeitweise führte die Klimaänderung zu Tundren und kalt-kontinentalen Lösssteppen. Diesen Verhältnissen passte sich der Neandertaler an. Die Feuernutzung wurde für ihn zur Selbstverständlichkeit. In den offenen Steppen errichtete er große zeltartige Wohnbauten mit Feuerstellen im Inneren, wie das Funde von Molodowa in der Ukraine zeigen. In Westeuropa besiedelte er die großen Schutz-

100674

In der Entwicklung des Menschen in Europa folgte dem Neandertaler vor etwa 40 000 Jahren der hier in einer Rekonstruktion abgebildete Cro-Magnon-Mensch. Seit dem ersten Skelettfund im Jahre 1868 hat man in Frankreich Hunderte von Wohnstätten des Cro-Magnon-Menschen gefunden.

INFOBOX

Multiregionales Modell und Eva-Theorie

Den Unterschied zwischen dem multiregionalen Modell und dem Monogenese-Modell (Eva-Theorie) verdeutlicht der amerikanische Anthropologe Milford H. Wolpoff wie folgt: »Multiregional entwickelt sich ein Wellenmuster, wenn mehrere Personen im selben Becken in verschiedenen Ecken schwimmen; zwar bewahren die Wellen, die jeder macht, eine gewisse Charakteristik, doch beeinflussen sie einander auch ein wenig. Dagegen entspräche der Eva-Theorie, dass ein neuer Badegast mit solcher Wucht ins Becken springt, dass alle anderen Schwimmer untergehen.«

dächer von Felswänden (Abris), die die Talhänge begleiten. Grundlage der Ernährung war die Jagd. Spezialisierung auf bestimmte Jagdtiere unter den großen Pflanzenfressern der Steppen war notwendig, so auf Wildpferde und Wildrinder, auch auf Mammute und Nashörner.

Die kulturellen Erscheinungen, vor allem die verschiedenen Artefaktgruppen, die der Neandertaler hinterließ, werden als »Moustérienkomplex« zusammengefasst. Dieser war, wie auch die Skelettfunde zeigen, von Westeuropa über Mittel- und Südeuropa bis nach Mittelasien hinein verbreitet, der Siedlungsschwerpunkt lag im westlichen und mittleren Europa. Innerhalb des Moustérien hebt sich eine Gruppe ab, die durch andere Gerätetypen und -ensembles gekennzeichnet ist, zum Beispiel die so genannten »Keilmesser«. Sie hat ihren Verbreitungsschwerpunkt im östlichen und südlichen Mitteleuropa sowie in Osteuropa. Möglicherweise ist diese Gruppe bereits mit Formen des modernen Homo sapiens verbunden. Der Fund eines Kinderschädels von Staroselje auf der Krim weist darauf hin. Möglich erscheint, dass seit Beginn der letzten Eiszeit von Vorderasien her die modernen Sapiensformen allmählich Europa besiedelt haben. Entsprechende Individuen treten bereits zwischen 100 000 und 80 000 vor heute auf, wie die grazilen Skelettfunde vor allem von Skhul und Djebel Kafza in Nordisrael zeigen.

Der Homo sapiens sapiens

Spätestens um 40 000 v. Chr. – zu Beginn der jüngeren Altsteinzeit (»Jungpaläolithikum«) – traten an allen Stellen der Alten Welt, wo Evolutionslinien des Menschen feststellbar sind, darüber hinaus etwas später auch in den nun durch »Einwanderung« erschlossenen Kontinenten Australien und Amerika, Menschen unserer heutigen Art auf. Die Theorie der so genannten »multiregionalen Entwicklung« des modernen Menschen geht davon aus, dass Homo erectus im Zuge einer frühen Verbreitung von Afrika aus das gleiche genetische Material in die verschiedenen Regionen gebracht und sich durch regional jeweils ähnliche evolutive Veränderungen (belegt durch entsprechende paläontologische Befunde) über späte Homo-erectus-Formen oder deutlich sich abzeichnende Präsapiensformen allmählich hin zum Homo sapiens entwickelt habe. Da zwischen den einzelnen Populationen ein permanenter Genaustausch stattfand, blieb der Mensch als einheitliche Spezies bestehen.

Eine andere Annahme (»Arche-Noah-Modell« oder »Monogenese-Modell«, »Eva-Theorie«) geht davon aus, dass der Homo sapiens etwa vor 200 000 Jahren in Afrika entstanden sei, sich von da über den Rest der Welt ausgebreitet und alle anderen Entwicklungsformen des Menschen verdrängt habe. Die Vertreter dieser Richtung folgern aus Genanalysen der heutigen Bevölkerung, dass das Evolutionsmuster der DNA von Mitochondrien (für den Energiestoffwechsel zuständige Zellorganellen) bis zu einer einzigen Frau (»Eva«) zurückzuverfolgen sei.

Das Felsbild eines zusammengekauerten Wisents aus der Höhle von Altamira ist ein eindrucksvolles Beispiel für die künstlerischen Hervorbringungen der jüngeren Altsteinzeit, die vermutlich in kultische Vorstellungen eingebunden waren.

100563

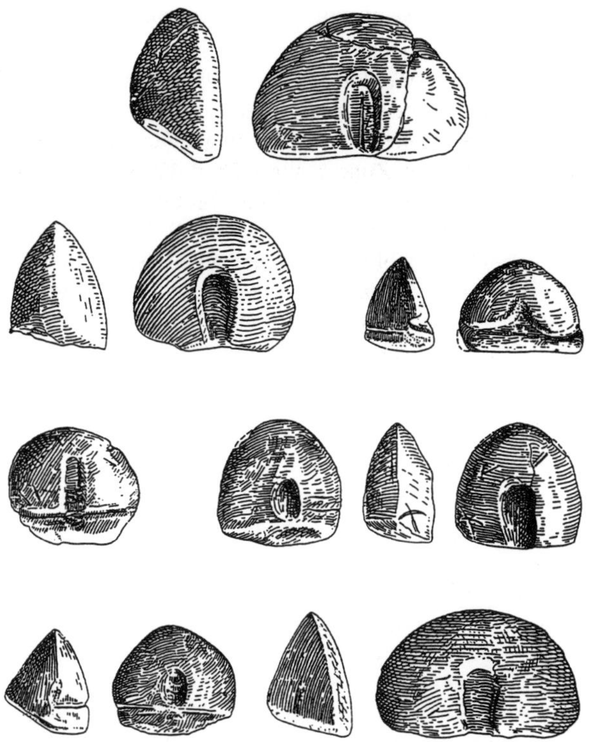

2730

Aus der jüngeren Altsteinzeit sind zahlreiche Darstellungen von einzelnen Körperpartien bekannt, etwa von Köpfen, Brüsten oder Unterkörpern. In Kostjonki wurden plastisch modellierte Schampartien gefunden, die deutlich die weibliche Vulva zeigen.

Wir geben hier der Annahme einer multiregionalen Entwicklung den Vorzug, da sie die kontinuierliche kulturelle und ökonomische Entwicklung in den verschiedenen Teilen der Welt einleuchtender erklären kann.

Da die Homo-sapiens-Funde – nun weltweit flächendeckend – unübersehbar sind, wollen wir uns abschließend auf die für West- und Mitteleuropa bedeutenden beschränken. Es sind diejenigen, die nach einem Fundort von Totenbestattungen im Vézèretal (Südwestfrankreich) als »Cro-Magnon-Menschen« bezeichnet werden. Derartige Bestattungen sind mit den verschiedenen Kulturen der jüngeren Altsteinzeit verbunden (in zeitlicher Reihenfolge Châtelperronien und Sungirkultur, Aurignacien, Gravettien und Solutréen, Magdalénien); neben dem Fund von Cro-Magnon sind besonders bekannt geworden: in Frankreich das auf 34000 Jahre geschätzte männliche Skelett von Combe-Capelle (Département

Dordogne) und das weibliche Skelett von Abri Pataud (ebenfalls Département Dordogne); in Italien die Funde in den Grimaldigrotten bei Mentone; in Deutschland Kelsterbach und Oberkassel bei Bonn; in der Tschechischen Republik Předmostí und Dolní Věstonice; in Russland Sungir (bei Wladimir) und Kostjonki (bei Woronesch).

Der jungpaläolithische Mensch erreichte während der kalt-trockenen Bedingungen gegen Ende der letzten Eiszeit die vollkommene kulturelle und ökonomische Anpassung an die arktischen Landschaftsräume. In der Bearbeitung von Stein, Knochen, Geweih und Elfenbein bewies er höchste Fertigkeit. Das fand dann auch seinen Ausdruck in zusammengesetzten Geräten, in Wurfspeeren und -pfeilen, die mit einer Speerschleuder geworfen wurden, in der Erfindung von Pfeil und Bogen, komplizierter Fallen und anderer Jagdmethoden. Die Jagd war die vorherrschende Methode zur Nahrungsbeschaffung.

Die Nahrung wurde mittels Kochsteinen gegart, einfache Konservierungsverfahren und Vorratswirtschaft wurden angewandt. Neben Zelten diente eine spezialisierte Kleidung mit Schmuckbesatz als Schutz vor den Klimaverhältnissen. Künstlerische Erzeugnisse wie mobile Kleinkunst und Felsmalereien dienten dem Kult, dem Ritus und der Magie. Mythologische Vorstellungen spielten bereits eine Rolle. Im Verlauf der jüngeren Altsteinzeit entwickelte sich eine auf Kleinfamilien und Sippen organisierte Gesellschaft. *Dietrich Mania*

Die Steinzeit

Die Altsteinzeit

Am Anfang war das Feuer: Die Umwelt des frühen Menschen

Die menschliche Geschichte folgt den Grundsätzen der Evolution; Auswahl (Selektion) und Anpassung bestimmen ihren Ablauf, durch Selektionsmechanismen sich ergebende Vorteile sind dabei ein entscheidendes Kriterium. Beim Menschen traten Selektionsvorteile zunächst vor allem durch die körperliche Entwicklung, später besonders durch die der eingesetzten Hilfsmittel auf. Diese Hilfsmittel können als »Technik« bezeichnet werden und sind das eigentliche Kennzeichen des Menschen. Für die Altsteinzeit ist unsere Kenntnis der Technik weitgehend auf die Gegenstände aus Stein und Knochen beschränkt.

Ein wesentlicher Faktor unserer frühen Geschichte war die Bevölkerungsentwicklung. Die Summe der gemachten Erfahrungen sowie deren Bewahrung und Weiterentwicklung sind in einer kleinen Menschengruppe geringer als in einer großen. Insofern ist die Zunahme der Bevölkerung ein Spiegel der Entwicklungsgeschwindigkeit. Die Zunahme der Bevölkerung ist aber auch eine Antwort auf die durch Selektionsvorteile geschaffenen

INFOBOX

Der »Maßstab« der Altsteinzeit

Die Altsteinzeit ist die bei weitem längste Epoche der Menschheitsgeschichte. Übertragen auf das Beispiel eines Meterstabs von genau 1 m Länge, brächte sie es auf 994 mm; 2,5 mm entfielen auf die Mittelsteinzeit. Die verbleibenden 3,5 mm würden die Jungsteinzeit und die historische (durch schriftliche Dokumente erschließbare) Epoche, die um 3000 v. Chr. mit den Hochkulturen Mesopotamiens und Ägyptens einsetzte und bis in die Gegenwart reicht, umfassen.

INFOBOX

Menschenformen der Frühgeschichte

Die Bedeutung der unterschiedlichen Menschenformen für unsere frühe Geschichte sollte nicht überschätzt werden. Einige Anthropologen vertreten die Auffassung, dass Homo habilis, Homo erectus, archaischer Homo sapiens oder auch wir, Homo sapiens sapiens, klar definierte Arten seien. Die einzelnen Menschenformen waren jedoch keine Konstanten. Sie entwickelten sich mit einer erheblichen Variationsbreite in Raum und Zeit. Sicher ist, dass die genannten Menschenformen auseinander hervor- und ineinander übergingen. Die Herausbildung einer neuen Form war vermutlich stets in einem Gebiet zentriert. Von hier breitete sie sich dann aus und verdrängte die ältere Form. Die jeweiligen Entstehungsräume müssen jedoch nicht immer im selben Gebiet gelegen haben.

Möglichkeiten, zum Beispiel durch Verbesserungen der Technik. Für eine Rekonstruktion der frühen Geschichte spielt die Erforschung folgender fünf Komplexe eine Rolle: Umwelt, Erwerb des Lebensunterhalts und Wirtschaftsweise, Werkzeuge und Waffen, Behausung und Siedlungsform, Religion und Kunst.

Der Mensch entstand in den tropischen Savannen. Die Hälfte seiner Geschichte hat er ausschließlich in dieser wildreichen, von einzelnen Bäumen durchsetzten offenen Graslandschaft gelebt. Die Eroberung anderer Biotope – die Waldsteppe des feuchtgemäßigten Klimas, die Steppen kühler Klimazonen – hatten jeweils eine verbesserte Umweltbeherrschung zur Voraussetzung.

Ein wesentlicher Teil des Lebensunterhaltes wurde während der Altsteinzeit durch Sammeln essbarer Pflanzen und Kleintiere bestritten. Zum Teil konnte auch das Fleisch größeren, frisch gefallenen Wildes »gesammelt« werden. Es ist heute sehr umstritten, ab wann und in welchem Maße die aktive Jagd auf Großtiere einen wesentlichen Beitrag zum Lebensunterhalt lieferte. Die Bewaffnung bestand zunächst aus hölzernen Lanzen und Speeren. Erst in der jüngeren Altsteinzeit brachten die Speerschleuder, dann Pfeil und Bogen einen entscheidenden Fortschritt.

Die Art der Behausung spiegelt zunächst die Anpassung an die jeweilige Umwelt wider, erst später ist sie ein Ergebnis der Sozialstruktur. Die schriftlosen Quellen der frühen Geschichte informieren zwar über die Ausrüstung

Die 11 cm hohe, vollkommen erhalten gebliebene Venus von Willendorf ist anatomisch realistisch gestaltet. Die Vernachlässigung der Füße war wohl funktionell bedingt, um die altsteinzeitliche Figur in den Boden oder in einen erhöhten Lehmsockel stecken zu können.

340

In der tropischen Savanne mit ihrer offenen Graslandschaft entstand der Mensch. Jede Anpassung an einen anderen Lebensraum erforderte erhebliche Leistungen zur Beherrschung der neuen Umwelt.

und Lebensweise, jedoch kaum über die Gedanken der Menschen. Die Vorstellungswelt, die Erklärung der Natur, von Geburt, Leben und Tod, können kaum und nur sehr indirekt erschlossen werden. Erst in relativ später Zeit geben uns die Bestattungen, noch später die Kunst Einblick in die Vorstellungswelt der Menschen.

Geologisch gesehen fällt die gesamte Geschichte des Menschen in das quartäre Eiszeitalter (Pleistozän), einen durch zyklische Klimaschwankungen mit Kalt- und Warmzeiten geprägten erdgeschichtlichen Abschnitt, der vor etwa 2,5 Millionen Jahren begann. Seit etwa 10 000 Jahren leben wir in einer Warmzeit, die wir hoffnungsvoll als »Nacheiszeit« (Holozän) bezeichnen.

Die Klimaschwankungen wirkten sich besonders in den höheren geographischen Breiten aus und beeinflussten besonders in Eurasien nördlich der Hochgebirge die Verbreitung des Menschen. Es ist heute weitgehend akzeptiert, dass die Klimaschwankungen durch astronomische Faktoren, vor allem durch Änderungen der Umlaufbahn der Erde um die Sonne und die dadurch wechselnde Sonneneinstrahlung, bedingt sind. Entsprechende Berechnungen stellte Milutin Milanković erstmals 1920 in einer »Strahlungskurve« graphisch dar. Die Klima-

INFOBOX

Paläomagnetische Epochen

Wichtig als chronologisches Hilfsmittel sind u.a. auch die paläomagnetischen Epochen und Ereignisse. Während des Zeitraums von 2,47 Mio. bis 780 000 Jahren vor heute (Matuyama-Epoche) war das magnetische Erdfeld im Verhältnis zu heute umgewendet ausgerichtet, Phasen »normaler« Ausrichtung innerhalb dieser Epoche waren das Olduvai-Ereignis (1,87–1,67 Mio. Jahre vor heute) und das Jaramillo-Ereignis vor 1,01–0,91 Mio. Jahren. Seit 780 000 Jahren ist das Magnetfeld der Erde normal ausgerichtet (Brunhes-Epoche).

zyklen – nach Milankovič Großzyklen von etwa 100 000 und Kleinzyklen von etwa 20 000 Jahren – äußern sich auch im Vordringen und Zurückweichen von Gletschern.

Dieses auffallende Phänomen, das aufgrund der verschiedenen, durch Moränen dokumentierten Eisrandlagen studiert werden kann, führte zu verschiedenen Gliederungen des Eiszeitalters. Am bekanntesten ist die alpine Gliederung mit den Eis- oder Kaltzeiten Günz, Mindel, Riss und Würm sowie dazwischen liegenden Warmzeiten; für das nördliche Mitteleuropa wurde eine Gliederung mit drei Eiszeiten (Elster, Saale, Weichsel)

Die Lebensbedingungen des altsteinzeitlichen Menschen hingen stark von den klimatischen Verhältnissen ab. Zwischen 600 000 und 10 000 v. Chr. reichte das Inlandeis zum Teil bis an die Alpen. Die Karte zeigt wichtige altsteinzeitliche Fundstellen in Deutschland und Frankreich.

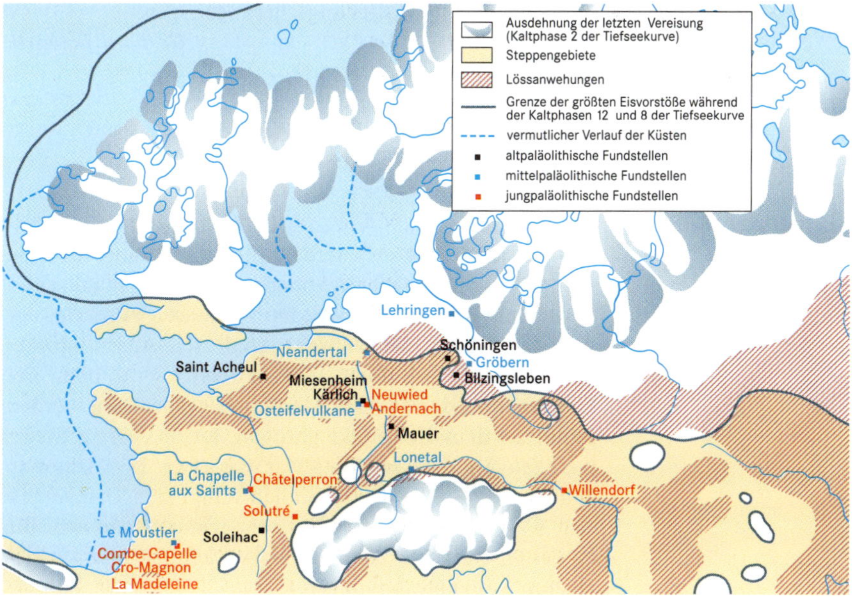

und drei Warmzeiten (Cromer, Holstein, Eem) erarbeitet. Neuerdings werden diese feiner unterteilt: So spricht man nun zum Beispiel vom warmzeitlichen Cromer-Komplex, der mehrere kleinere Kaltphasen umfasst, beziehungsweise vom kaltzeitlichen Saale-Komplex, der aus mehreren Eisvorstößen und dazwischen liegenden Warmphasen besteht.

Am vollständigsten sind die Klimaschwankungen jedoch in Bohrkernen aus der Tiefsee erfasst. Durch die Untersuchung des temperaturabhängig wechselnden Häufigkeitsverhältnisses der Sauerstoffisotope ^{16}O und ^{18}O in den kalkigen Schalen von Kleinlebewesen (vor allem Foraminiferen), die in Tiefseeablagerungen eingeschlossen sind, lässt sich die Veränderung der Temperatur an der Wasseroberfläche, wo die Kleintiere einst lebten, erschließen. Die sich ergebende Paläotemperatur- oder »Tiefseekurve« wird in Warm- und Kaltphasen eingeteilt, die Warmphasen werden (von heute an aufsteigend) mit ungeraden Zahlen bezeichnet (also 1, 3, 5 ...), die Kaltphasen entsprechend mit geraden Zahlen (2, 4, 6 ...). Da es oft nicht möglich ist, die »klassischen« Eiszeitaltergliederungen in den unterschiedlichen Gebieten miteinander zu vergleichen, wird heute vielfach die »Tiefseekurven-Gliederung« herangezogen.

Gerhard Bosinski

Der Beginn der »Geschichte« – Das Altpaläolithikum

Eine entscheidende Voraussetzung für die Herausbildung des Menschen war der aufrechte Gang, der die Hände für andere Verrichtungen verfügbar machte. So bewegten sich denn auch die unmittelbaren Vorläufer der Gattung Homo, die menschenähnlichen Australopithecinen, zweibeinig fort. Üblicherweise wird aber die Grenze, von der ab vom Menschen gesprochen werden kann, an dem Zeitpunkt gezogen, an dem erste Steinwerkzeuge auftreten. Dies war vor etwa 2,5 Millionen Jahren der Fall. Wahrscheinlich hängt das Erscheinen von Werkzeug mit einer Klimaänderung zusammen, die in weiten Gebieten zu größerer Trockenheit und schwierigeren Lebensbedingungen führte.

Die Zeit zwischen 2,5 und 1,5 Millionen Jahren vor heute
Wenn es uns vielleicht heute auch einfach erscheint, mit einem Schlagstein von einem Rohstück einen »Abschlag« abzutrennen, so war dies doch eine ganz wesentliche Erfindung, die vermutlich nur einmal gemacht wurde und sich dann als erlerntes Verhalten ausbreitete. Der große Vorteil der aus hartem, kieselsäurehaltigem Gestein bestehenden Abschläge waren die scharfen Kanten, mit deren Hilfe erstmals Fleischstücke aus größeren Tieren herausgetrennt werden konnten. Dies erschloss neue Möglichkeiten des Nahrungserwerbs und war damit ein wichtiger Selektionsvorteil. Die angeschlagenen Rohstücke (meist Flussgerölle) ließen sich ebenfalls verwenden, doch dürfte die Bedeutung dieser Geröllgeräte (»Pebble tools«) zunächst geringer gewesen sein als die der Abschläge.

Aus der Zeit vor mehr als zwei Millionen Jahren kennen wir bisher nur wenige Fundplätze mit solchen Steinartefakten, vor allem in Ostafrika. Aus der folgenden Zeit kennen wir mehr Fundplätze, die Zahl der Menschen hatte offensichtlich zugenommen. Bedeutend sind besonders die ältesten, auf 1,8 bis 1,6 Millionen Jahre vor heute datierten Funde aus der Olduvaischlucht in Tansania, die namengebend ist für das »Olduvan«, eine für den frühesten Abschnitt unserer Geschichte charakteristische Formengruppe mit Abschlägen und Geröllgeräten. Verbunden waren die Steinartefaktfunde mit Menschenresten, die dem Homo habilis zugeordnet werden, sowie mit Knochenresten von Flusspferd, Elefant, Nashorn, Rind, Schwein und Giraffe.

Bekannt ist auch das Fundgebiet am Turkanasee, früher Rudolfsee genannt. Die dort in Verbindung mit Steinartefakten und Tierknochen entdeckten Reste des Homo habilis haben ein Alter von etwa 1,9 Millionen Jahren. Etwas jüngere, auf etwa 1,6 Millionen Jahre datierte Menschenfunde in diesem Gebiet werden bereits als Homo erectus klassifiziert. Ein weiteres wichtiges Fundgebiet ist Südafrika. Zusammen mit Knochenresten des Homo habilis und Tierknochen wurden hier außer den üblichen Abschlägen und Geröllgeräten auch die bisher ältesten Faustkeile gefunden.

Der wichtigste Fundplatz dieser Zeit außerhalb Afrikas ist Dmanisi in Südgeorgien. Die dort gemachten

Funde – neben Tierknochen und Steinartefakten ein menschlicher Unterkiefer – liegen in Hochflutsedimenten unmittelbar über Lavaschichten, die in die paläomagnetische Zeit des Olduvai-Ereignisses (1,87 bis 1,67 Millionen Jahre vor heute) gehören. Die Fauna einer offenen Graslandschaft des warmen Klimas (Villafranchium) passt zu dem durch absolute Daten für den unterlagernden Basalt und die paläomagnetischen Untersuchungen bestimmten Alter des Fundplatzes. Der menschliche Unterkiefer von Dmanisi hat Ähnlichkeit mit afrikanischen Funden aus der Zeit vor 1,7/1,6 Millionen Jahren. Die Steinartefakte von Dmanisi sind aus Flussgeröllen gearbeitet, weit vorherrschend handelt es sich um kleinere Abschläge, deren Kanten manchmal Gebrauchsspuren tragen. Außerdem kommen Geröllgeräte und Kerne vor.

Erste Werkzeuge entstanden durch das Behauen von kleineren Geröllen mit Schlagsteinen. Auch die scharfen Abschläge konnten verwendet werden, etwa zum Abziehen von Fell oder zum Durchtrennen von Sehnen. Die schweren Kernstücke dienten zum Zerschlagen der Knochen.

100563

Funde vergleichbarer Zeitstellung sind aus Südchina (Longgupo) und Java (Sangiran) bekannt. Vielleicht war zu dieser Zeit auch bereits der Süden Europas besiedelt. Dies scheinen die Funde aus dem Becken von Orce in der südspanischen Provinz Granada zu belegen. Am dortigen Fundplatz Baranca León V wurden zusammen mit Tierknochen Steinartefakte entdeckt, die in eine Zeit kurz vor dem Olduvai-Ereignis gehören könnten und damit sogar älter als diejenigen von Dmanisi wären. Wie die bis ins Detail gehenden Übereinstimmungen in der Tierwelt und damit bezüglich der Umweltverhältnisse an den Plätzen Dmanisi, Longgupo und Orce zeigen, hatte der Mensch mit der Besiedlung des südlichen Eurasien in der Zeit zwischen 1,9 und 1,6 Millionen Jahren vor heute sein angestammtes Biotop, die Savanne, noch nicht verlassen.

Der Selektionsvorteil, der zu der offensichtlichen Bevölkerungszunahme und Ausbreitung des Menschen führte, dürfte im Besitz von Steingeräten gelegen haben. Es wurde bereits darauf hingewiesen, dass größere Tiere für den Menschen erst durch den Gebrauch von scharfen Abschlägen zur Nahrungsquelle wurden. Wie ebenfalls bereits erwähnt, wurden sowohl in Olduvai als auch in Koobi Fora am Turkanasee Teile von Skeletten sehr großer Tiere gefunden. Es wird diskutiert, ob diese Tiere von Raubtieren gerissen worden oder anderweitig verendet sind und vom Menschen nur verwertet wurden, oder ob sich der Mensch Elefant, Nashorn und Flusspferd, die kaum natürliche Feinde und daher keine Fluchtdistanz haben, nähern und sie auch erlegen konnte. Sicherlich hatte der Mensch in der frühesten Zeit ohne effektive Waffen kaum eine Chance, schnelle Herdentiere wie Pferd und Gazelle zu erlegen.

Die Erweiterung des Siedlungsraums

Über eine Million Jahre nach dem Auftauchen der ersten Steinwerkzeuge erfolgte mit der beginnenden Nutzung des Feuers die zweite große Erfindung des Menschen. In Chesowanga am Baringosee wurden Flecken von verziegeltem Ton freigelegt, die mit hoher Wahrscheinlichkeit von planmäßig angelegten Feuerstellen, nicht etwa von Steppenbränden stammen. Diese ältesten Feuerstellen wurden auf 1,42 plus/minus 0,07 Millionen Jahre datiert.

Schnelle Tiere waren von den ersten Menschen noch kaum zu erjagen. Mithilfe von Steinwerkzeugen konnten aber Tiere ohne Fluchtinstinkt – z. B. Flusspferde – erlegt und zerteilt werden.

Ein vergleichbares Alter könnten verbrannte Knochen haben, die in Swartkrans bei Johannesburg ausgegraben wurden.

Die Nutzung des Feuers kann kaum überbewertet werden. Das Feuer wärmte und ermöglichte damit auch die Besiedlung kühlerer Gebiete. Es erlaubte eine bessere Zubereitung der Nahrung und bot einen wirksamen Schutz vor großen Raubkatzen. Überdies bekam es eine enorme soziale Bedeutung, die Feuerstelle wurde zum Mittelpunkt der Gruppe und des Lebens. Der Besitz des Feuers unterscheidet den Menschen endgültig von den Tieren. So veränderte das Feuer das Bewusstsein des Menschen und erlaubte ihm, wie Avraham Ronen schreibt, sich einzigartig zu fühlen. Ebenso wie bei den Steingeräten dürfte es sich bei der Nutzung des Feuers um eine zunächst an einer Stelle gemachte Erfindung handeln, die sich dann von dort aus ausbreitete.

Etwa zeitgleich mit den ältesten Feuerstellen tauchten Faustkeile und Spalter, »Cleaver«, auf. Die Faustkeile entstanden aus den Geröllgeräten. Während bei diesen noch der größte Teil der Oberfläche von Geröllrinde bedeckt ist, sind die Faustkeile auf Ober- und Unterseite fast völlig behauen. Frühe Faustkeile sind lang gestreckt mit einem verdickten, kaum behauenen unteren Ende und einer sorgfältiger zugerichteten Spitzenpartie. Vermutlich dienten sie zum Zerwirken größerer Tiere.

Cleaver sind zum Teil aus großen Abschlägen hergestellte Geräte mit einer breiten Schneide und keilförmigem Querschnitt. Während die Schneide durch eine nicht weiter zugerichtete (»retuschierte«) Kante gebildet wird, sind die Längsseite und das Unterende behauen. Offensichtlich waren sie als Hacke oder Beil geschäftet gewesen, damit also für gröbere spaltende Arbeiten bestimmt. Wie meist auch die Faustkeile, bestehen die Cleaver fast immer aus einem gröberen, zäheren Gestein (Basalt, Quarzit), im Gegensatz dazu wurden für die kleineren Abschläge homogene, glasige Silices (Feuerstein, Obsidian) bevorzugt.

Fundplätze mit Faustkeilen und Cleavern werden nach dem französischen Faustkeilfundort Saint-Acheul, einem Vorort von Amiens, als »Acheuléen« bezeichnet. Daneben kommen in der Zeit ab 1,5 Millionen Jahren vor heute jedoch weiterhin Inventare vor, die vor allem Abschläge und Geröllgeräte beinhalten. Es gab eine Diskussion darüber, ob solche »faustkeilfreien« Fundstellen, deren Zusammensetzung weitgehend dem vorangegangenen Olduvan entspricht, eine besondere kulturelle Tradition darstellen und vielleicht sogar mit einer anderen Menschenform verbunden waren. Heute scheint es, dass dieses »Developed Olduvan«, das sich vom Acheuléen nur durch das (weitgehende) Fehlen von Faustkeilen und Cleavern unterscheidet, lediglich solche Fundplätze

INFOBOX

Die Umwelt zu Beginn der Altsteinzeit

Das Villafranchium ist der kontinentale Übergangsbereich Tertiär/Quartär in Europa und Vorderasien. Die Sedimente aus dem Altpleistozän enthalten eine reiche Säugetierfauna, die z. T. noch ein wärmeres Klima als heute anzeigt. In der Vegetation wurden die subtropischen Wälder des Tertiärs durch Nadel- und Laubhölzer des gemäßigten Klimas oder Steppenpflanzen verdrängt. Die in Dmanisi in Georgien ausgegrabenen Tierknochen weisen auf die Tiergesellschaft des Villafranchium hin und umfassen u. a. Reste von Wolf, Bär, Steppenelefant, Nashorn, frühem Pferd, Hirsch, Rind, Säbelzahnkatze und Hyäne.

kennzeichnet, an denen Faustkeile und Cleaver aus irgendwelchen Gründen nicht gebraucht wurden.

Acheuléen-Fundplätze und solche des Developed Olduvan sind vor allem aus Afrika bekannt. Wir finden sie aber auch schon früh im Südteil Eurasiens und im Nahen Osten. Ein wichtiger Fundplatz ist Tell Ubeidiya im Jordantal unmittelbar südlich des Sees Genezareth. Die hier entdeckten Faustkeile des Acheuléen gehören mit einem Alter von 1,4 Millionen Jahren zu den ältesten Vorkommen, die wir bisher kennen. Die Fundschichten von Ubeidiya liegen in Ufersedimenten eines ehemaligen Sees und enthalten zahlreiche Tierknochen. Biostratigraphisch ist die Fauna etwas jünger als Dmanisi, sie kennzeichnet jedoch ebenfalls die Savannenlandschaft eines warmen Klimas. Die Knochen der am häufigsten belegten Tiere – Flusspferd, Hirsch und Pferd – sind oft zerschlagen und dürften von der Jagdbeute der Menschen stammen.

Obsidian ist kieselsäurereiches Vulkanglas, das sich wegen seines scharfen Bruchs gut zur Herstellung von Stich- und Schneidewerkzeugen eignet.

Die Faustkeile des Acheuléen breiteten sich dann in recht kurzer Zeit aus. Noch vor dem paläomagnetischen »Jaramillo-Ereignis« (vor 1,01 bis 0,91 Millionen Jahren vor heute) erreichten sie Gongwangling im Gebiet von Lantian in Ostchina. Hier wurden in einer über eine Million Jahre alten Lössschicht neben Steinartefakten und Tierknochen ein dem Homo erectus zugeschriebenes Schädeldach und ein grob behauener Faustkeil gefunden.

Die Verbreitung der Fundplätze aus der Zeit zwischen 1,5 Millionen und 780 000 Jahren vor heute lässt die Ausbreitung der Menschen in das Gebiet nördlich der eurasischen Hochgebirge erkennen. Unsere Vorfahren eroberten nun Klimazonen, in denen es deutlich kühler und feuchter als in der Savanne war. Voraussetzung hierfür war der Besitz des Feuers. In den gemäßigten Zonen breiteten sich Waldsteppen aus, die großen Pflanzenfresser wie Elefant, Nashorn und Flusspferd sorgten jedoch dafür, dass die Landschaft relativ offen blieb.

Für die Ausbreitung des Menschen in das Gebiet nördlich der Alpen war anscheinend die Zeit des paläomagnetischen Jaramillo-Ereignisses von ausschlaggebender Bedeutung. In dieser Zeit, also vor etwa einer Million Jahren, erschienen in Mittel- und Westeuropa neue Tierarten, darunter das Flusspferd, das nur in Gebieten leben kann, in denen die Wasserflächen nicht zu-

INFOBOX

Die Faustkeile von Ubeidiya

Die Faustkeile von Ubeidiya sind meist aus Kalkstein und Basalt gearbeitet und haben im Spitzenteil einen dreieckigen Querschnitt. Ebenfalls aus Kalkstein oder Basalt sind die rundum zugearbeiteten Sphäroide, bei denen es sich möglicherweise um Schleuderkugeln handelt. Dagegen sind die angeschlagenen Gerölle meist aus Feuerstein und werden als »Geröllkerne« für die Herstellung von Abschlägen gedeutet. Die kleinen, an den Kanten manchmal retuschierten Abschläge sind in Ubeidiya weitaus zahlreicher als die vergleichsweise wenigen Faustkeile.

frieren. Dies zeigt, dass es in der Zeit des Jaramillo-Ereignisses in Mitteleuropa wärmer als heute war.

In der folgenden Zeit zwischen 780 000 und 500 000 Jahren vor heute kam es im Gebiet nördlich der eurasischen Hochgebirge zu einem Bevölkerungswachstum, das sich in einer deutlichen Zunahme der Funde widerspiegelt. Der Beginn dieses Zeitraums wird durch den letztmaligen Wechsel des irdischen Magnetfeldes vor 780 000 Jahren (Matuyama-Brunhes-Grenze) markiert, sein Ende durch den bald nach 500 000 einsetzenden ersten großen Vorstoß des Inlandeises, bei dem die Gletscher in Mitteleuropa bis an die Mittelgebirge vordrangen (Elster-Eiszeit, Stadium 12 der Tiefseekurve).

Am Fundplatz Soleihac wurden vom Menschen Steinartefakte (Abschläge aus homogenen Silices, Geröllgeräte und ein Faustkeil aus Basalt) sowie Tierknochen (unter anderem von Waldelefant, Pferd, Nashorn und Flusspferd) zurückgelassen. Andere Fundplätze liegen in Nordfrankreich und Südengland. Besonders wichtig sind hier die neuen Untersuchungen in Boxgrove an der südenglischen Küste. Auf einer Erosionsplattform des Meeres liegt hier ein durch ein Kalkkliff begrenztes Fundareal mit mehreren Fundschichten, aus denen eine umfangreiche Fauna, zahlreiche Feuersteinartefakte und neuerdings auch menschliche Knochen stammen.

In Deutschland ist der Unterkiefer des Homo heidelbergensis von Mauer bei Heidelberg der berühmteste Fund dieser Zeit. Die Fauna aus den Sanden von Mauer beinhaltet unter anderem Waldelefant, Waldnashorn, Pferd und Flusspferd. Es ist die Tierwelt einer Warmzeit, wobei das Vorkommen des Flusspferdes atlantischen

100880

Schädel des auf ein Alter von etwa 500 000 Jahren geschätzten Pithecanthropus erectus, der 1891 bei Trinil auf Java entdeckt wurde. Spätere Untersuchungen ergaben, dass er den ersten Fund eines Homo erectus darstellt.

Klimaeinfluss mit milden Wintern anzeigt. In die gleiche Warmzeit wie Boxgrove und Mauer gehören auch die Funde von Miesenheim I im Neuwieder Becken.

Wichtige zeitgleiche Fundplätze in Südeuropa sind besonders aus Spanien (unter anderem in den unteren Schichten des Höhlenfundplatzes Atapuerca) und Italien (z.B. Isernia und Venosa-Notarchirico) bekannt. Am Fundort Venosa-Notarchirico gibt es in einigen Schichten zahlreiche Geröllgeräte aus Kalkstein, einige Faustkeile aus Quarzit und Feuerstein sowie eine Anzahl kleinerer Feuersteinabschläge. In anderen Schichten herrschen dagegen die kleinen Feuersteinabschläge vor, während Geröllgeräte (aus Kalkstein) selten sind und Faustkeile fehlen.

Dieser Wechsel im Inventar ist wichtig, denn er zeigt nicht nur, dass Schichten mit Faustkeilen (Acheuléen) und faustkeilfreie Inventare (Developed Olduvan) gleichzeitig bestanden, sondern wohl auch, dass diese unterschiedlichen Inventare zur gleichen Menschenart gehören und dass der viel diskutierte Unterschied von Funden mit und ohne Faustkeile vermutlich nur durch die jeweils ausgeführten Arbeiten bedingt ist.

2782

Teil eines in Bilzingsleben gefundenen Knochengerätes mit eingeritzten Linien

Weitere Funde aus der Zeit zwischen 780 000 und 500 000 Jahren vor heute gibt es in Osteuropa (Petralona), Südasien - so der berühmte, von Eugène Dubois gefundene Pithecanthropus erectus von Java - und Ostasien (älteste Schichten der Höhle Zhoukoudian bei Peking).

Soweit sich den europäischen Fundplätzen der Zeit zwischen 780 000 und 500 000 Jahren vor heute Umweltdaten entnehmen lassen, ist fast immer eine Waldsteppe des gemäßigten Klimas zu rekonstruieren. Dies ist auch das typische Biotop der Fundplätze nördlich der europäischen Hochgebirge. Die offenen Steppen, die sich während der kalten Perioden dieser Zeit (Stadien 18, 16, 14 der Tiefseekurve) hier ausbreiteten, waren offensichtlich noch nicht bewohnt. Es scheint also, dass die Menschen das Gebiet nördlich der Hochgebirge nur in den Warmphasen (Stadien 17, 15, 13) aufsuchten und sich während der kalten Perioden wieder nach Süden zurückzogen.
Dies änderte sich in der Folgezeit. Belege für ein erstes Auftreten des Menschen in der kalten Steppe sind in Mülheim-Kärlich am Mittelrhein gemachte Funde. In der

Lössschicht Kärlich H, die dem Stadium 12 der Tiefseekurve (Elster-Eiszeit) gleichgesetzt wird, wurden neben Elefantenresten etwa fünfzig Steinartefakte entdeckt; Letztere lassen zum Teil die fortgeschrittene »bipolare« Abschlagtechnik erkennen, die ansonsten als charakteristische Herstellungsmethode des Altpaläolithikums in Ostasien gilt und durch die Funde in der Höhle von Zhoukoudian bestens belegt ist. Besonders wichtig für die folgende, auf etwa 400 000 Jahre vor heute zu datierende Warmphase (Stadium 11 der Tiefseekurve) sind die Fundplätze Kärlich-Seeufer, Bilzingsleben und Schöningen.

2782

Blick auf den gepflasterten Platz des vom Homo erectus genutzten Lagers von Bilzingsleben

Im nordthüringischen Bilzingsleben wurde in Travertinschichten ein außergewöhnlich reiches Fundmaterial (Tierknochen, Stein- und Knochenartefakte, menschliche Schädelteile) geborgen, daneben die Grundrisse von drei rundlichen Hütten freigelegt. In Schöningen im niedersächsischen Harzvorland werden gegenwärtig Fundschichten untersucht, in denen nicht nur Tierknochen und Steinartefakte, sondern auch mehrere hölzerne Lanzen sowie Handgriffe und andere Holzgegenstände erhalten sind.

In Südostasien gehören in den Zeitabschnitt zwischen 450 000 und 300 000 Jahre vor heute die Masse der Funde aus Zhoukoudian, wo neben Zehntausenden von Steinartefakten die Reste von mehr als vierzig Menschen entdeckt wurden. Im späten Altpaläolithikum waren schließlich auch die japanischen Inseln besiedelt, zu denen Mensch und Tier vermutlich während einer ausgeprägten Kaltzeit mit entsprechend abgesenktem Meeresspiegel (wohl Stadium 12 der Tiefseekurve) von Korea aus über eine Landbrücke gelangten. Jetzt, am Ende des Altpaläolithikums vor etwa 300 000 Jahren, war somit die gesamte Alte Welt von Menschen bewohnt.

s. ZEIT Aspekte Steinzeitjäger S. 538

Gerhard Bosinski

Von der Wiege zur Bahre: Die mittlere Altsteinzeit

Die mittlere Altsteinzeit, die man vereinfacht und nur teilweise richtig auch als die »Zeit des Neandertalers« bezeichnet hat, umfasst sehr unterschiedliche Umweltverhältnisse. In Mitteleuropa wechselten Kältewüsten während der kältesten Abschnitte, kalte Steppenland-

INFOBOX

Erkenntnisse aus der Luft

Etwa seit dem Ersten Weltkrieg versucht man in der Archäologie, durch Aufnahmen aus der Luft archäologische Tatbestände zu erforschen und zu klären. So zeichnen sich beispielsweise überwachsene Überreste von Mauern oder Straßen durch schwächeren Bewuchs (bei gleichartigen Bewuchsdecken) auf den Aufnahmen deutlich ab. Andererseits heben sich mit (z. T. organischem) Lockermaterial aufgefüllte Vertiefungen (Gruben, Gräben u. a.) durch stärkeren Bewuchs hervor, da sie das Wasser besser halten als die Umgebung. Dabei hat die Infrarotfotografie, die sich besonders dafür eignet, Kontraste hervorzuheben, die Methodik der Luftbildarchäologie erheblich verfeinert. Ebenso verbesserte die Fotogrammetrie (Vermessung und kartographische Aufnahme von Geländeabschnitten mit fotografisch aufgezeichneten Messbildern) die Detailerfassung.

schaften im längsten Teil der Kaltzeiten (Stadien 8, 6 und 4 der Tiefseekurve) und Waldsteppen im warmgemäßigten Klima der vergleichsweise kurzen Warmzeiten (Stadien 7 und 5) einander ab. Südlich der Hochgebirge war es dagegen nie sehr kalt.

Die Zeit zwischen 300 000 und 40 000 Jahren vor heute

Nachdem es offensichtlich erste Belege für den Aufenthalt des Menschen in Europa nördlich der Hochgebirge für die Kaltzeiten der Stadien 12 und 10 gibt – was aber sicher noch die Ausnahme war –, wird das Leben in den kaltzeitlichen Steppen nach 300 000 vor heute zur Regel;

Höhlenbär, Mammut und Wollnashorn waren während der in Mitteleuropa eiszeitlich geprägten mittleren Altsteinzeit verbreitet.

2730

Die Funde an den Siedlungsplätzen in den Kratermulden der Osteifelvulkane (z. B. Plaidter Hummerich, links) lassen auf kurze Aufenthalte kleiner Menschengruppen schließen.

ausgenommen natürlich der relativ kurze Zeitraum, während dessen weite Teile des Gebietes von Inlandgletschern bedeckt waren. Das Verbleiben der Menschen in der kalten, aber wildreichen Steppe erforderte eine verbesserte Umweltbeherrschung. Folge der nun dauerhaften Besiedlung war ein Anwachsen der Menschenzahl; die größer gewordene Bevölkerung ist durch die Zunahme der Fundplätze belegbar.

Kennzeichnend für das mit dem Einsetzen der zweiten großen Inlandvereisung (Saale-Eiszeit im nördlichen Mitteleuropa, Stadium 8 der Tiefseekurve) beginnende Mittelpaläolithikum ist die planmäßiger werdende Steinbearbeitung, unter anderem durch Anwendung der neuen »Levallois-Technik«, benannt nach der Fundstelle Levallois-Perret bei Paris. Hierbei wurde der Kernstein derart sorgfältig zugerichtet (präpariert), dass der dann gewonnene Abschlag bereits die gewünschte Form hatte.

Bei den Kernen lassen sich nun fertig präparierte Vollkerne und Restkerne nach dem Abtrennen des Levallois-Abschlags unterscheiden. Bei den Abschlägen gibt es jetzt »Präparationsabschläge« von der Zuformung des Kernes und »Zielabschläge« (Levallois-Abschläge) als beabsichtigte Endprodukte. Da sich die Levallois-Technik nur mit homogenen, gut spaltbaren kieselsäurehaltigen Gesteinen (Silices) durchführen lässt, suchten die Menschen des Mittelpaläolithikums geeignete Gesteinsvorkommen auf, die sie immer wieder

INFOBOX

Im Schutz der Vulkane

Die Siedlungsplätze in den Kratermulden der Osteifelvulkane bilden eine relativ junge Fundgruppe. Die meist kleinen Schlackenkegel entstanden durch aufsteigende Lavafontänen. Nach dem Vulkanausbruch befand sich auf dem neu gebildeten Berg ein schroff abfallender Krater, der dann unter anderem durch nachrutschende Lava und Lössanwegung zu einer Mulde wurde. Diese Mulde bildete schließlich für die Menschen einen geschützten Siedlungsplatz. Ihre Hinterlassenschaften blieben in den Hohlformen besonders gut erhalten. In den Kratermulden, die meist als Kurzsiedlungsplätze dienten, wurden Werkzeuge und humanoide Überreste gefunden.

frequentierten. Sich daraus entwickelnde regelrechte Steinbearbeitungswerkstätten kennen wir zum Beispiel an Obsidianvorkommen des Kaukasusgebietes, in Feuersteinschottern von Flüssen in Mittel- und Westeuropa oder an Quarzitkuppen in Mitteleuropa sowie in Quarzitschottern des Pyrenäenvorlandes.

Die Siedlungsplätze im Freiland (z. B. Ariendorf im Kreis Neuwied) weisen kleine Konzentrationen von Steinartefakten und Tierknochen auf, die jeweils auf einen zeitlich begrenzten Aufenthalt einer kleinen Menschengruppe schließen lassen. Dies gilt gleichermaßen für die kaltzeitlichen wie für die warmzeitlichen Fundplätze. Auch die Siedlungsplätze in den Kratermulden der Osteifelvulkane (z. B. Tönchesberg und Plaidter Hummerich), die in den geschützten Hohlformen besonders gut erhalten sind, lassen auf kurze Aufenthalte kleiner Menschengruppen schließen.

Neuere Arbeiten haben gezeigt, dass dies auch für die Höhlenfundplätze gilt. Die Fundplätze mit vielen Steinartefakten geben sich überall als das Ergebnis zahlreicher jeweils kurzer Aufenthalte zu erkennen. Im Freiland liegen die Hinterlassenschaften wiederholter Aufenthalte in benachbarten, aber oft abtrennbaren Konzentrationen. Es scheint, als sei der gleiche Platz von der gleichen Gruppe mehrfach aufgesucht worden. In Höhlen, in denen die Wände unverrückbar waren und der Siedlungsplatz damit vorgegeben war, sind die Hinterlassenschaften wiederholter Aufenthalte dagegen heillos vermischt und lassen sich meist nicht mehr trennen.

s. ZEIT Aspekte
Erste Kunst S. 543

Es ist davon auszugehen, dass es in den Steppenlandschaften der Kaltzeiten Behausungen gab, in denen sich die Menschen vor der Kälte schützten. Gefunden wurden die Grundrisse solcher Behausungen bisher nur selten. Ein bekanntes Beispiel hierfür ist der Fundort Molodowa I4, dessen Behausungsgrundriss im Südosten eine Wandöffnung aufweist, die auf einen Vorplatz führt, auf dem Steinartefakte und Tierknochen Arbeitsplätze rekonstruieren lassen. Im Löss von Rheindahlen bei Mönchengladbach und Ariendorf wurden Gruben entdeckt, deren Interpretation als Behausungsgrundrisse in der Forschung nicht immer akzeptiert worden ist. Während in Rheindahlen nur die Steinartefakte erhalten sind, wurden in Ariendorf auch zahlreiche Tierknochen, vor allem Elefanten- und Nashornknochen, gefunden.

Bei der Rekonstruktion des Siedlungsgebietes helfen manchmal die Steinartefakte weiter. In der mittleren Altsteinzeit war es üblich, Steinwerkzeuge mitzuführen. Möglicherweise waren diese Stücke als Messer oder Spitzen geschäftet. Die mitgeführten Steinwerkzeuge wurden mitunter an den Siedlungsplätzen ausgewechselt oder nachgeschärft. Manchmal lässt sich zeigen, dass die meisten retuschierten Werkzeuge von andernorts mitge-

ZITAT

In seiner Studie »Die Stadt« schreibt der amerikanische Soziologe Lewis Mumford 1961:

Inmitten der ziellosen Wanderschaft des vorgeschichtlichen Menschen waren die Toten die Ersten, die dauernde Wohnung fanden: eine Höhle, ein mit Steinen geschmückter Erdhügel oder ein Sammelgrab.

INFOBOX

Ein wichtiger Schritt: Die Gewalt über das Feuer

Die Erzeugung, Bewahrung und kontrollierte Verwendung des Feuers stellt einen entscheidenden Schritt in der kulturellen Entwicklungsgeschichte des Menschen dar. Das Feuer schützte nachts vor den Raubkatzen, den bis zu diesem Zeitpunkt gefährlichsten Feinden des Menschen; es wurde zum Mittelpunkt der Gruppe und erlangte dadurch eine enorme soziale Bedeutung innerhalb der allmählich besiedelten gemäßigten Klimazonen.

Über die Entdeckung des Feuers berichten zahlreiche Sagen, in denen fast immer das Motiv des Feuerraubes wiederkehrt. Das deutet darauf hin, dass der Gebrauch des Feuers nicht von allen Völkern selbstständig entdeckt, sondern von vielen Völkern nur »erlernt« wurde. Mit seinem zerstörenden, dem Menschen feindlichen, aber auch wärmenden und Licht spenden Charakter ist das Feuer eines der religiösen Ursymbole der Menschheit. Beispiele seiner symbolischen Verwendung sind noch heute Grablichter und das »ewige Licht«, das in katholischen und orthodoxen Kirchen wie auch in Synagogen als Zeichen der Gegenwart Gottes brennt.

bracht wurden, während die am Platz hergestellten Werkzeuge fehlen und wohl mitgenommen wurden.

Wenn das Gestein der zurückgelassenen Werkzeuge nur in bestimmten Gebieten vorkommt, wird deutlich, dass diese Menschengruppe sich zuvor in dem betreffenden Gebiet aufgehalten hatte. Auf diese Weise ist es manchmal möglich, etwas über die Größe des Gruppenterritoriums zu sagen. So wurden an den Fundplätzen in den Kratermulden der Osteifelvulkane Werkzeuge und Nachschärfungsabschläge aus Feuerstein des Maasgebietes gefunden. Dies weist darauf hin, dass die Menschengruppen Territorien mit mehr als hundert Kilometer Durchmesser nutzten. Wahrscheinlich wurden sie in einem festen, von den Sammel- und Jagdmöglichkeiten diktierten Rhythmus durchzogen.

Die wichtigste und vielleicht einzige Waffe des Mittelpaläolithikums war die hölzerne Lanze. Berühmt ist die fast 2,5 Meter lange Eibenholzlanze von Lehringen in der Lüneburger Heide, die zwischen und unter den Knochen eines Waldelefanten gefunden wurde. Die Lanze geriet beim Erlegen unter den Elefanten und konnte anschließend wohl nicht mehr geborgen werden. Bei den

Der Schnitt durch einen der Wannenkopfvulkane zwischen Ochtendung und Saffig im Kreis Mayen-Koblenz lässt die mit Löss ausgefüllte Mulde gut erkennen.

2730

INFOBOX

Feuer in Europa

Die älteste bekannte Feuerstelle in Europa wurde vor 450 000 Jahren im heutigen Ungarn entzündet. Dort, in der Höhle von Véresszőllős, verbrannte der Homo erectus Tierknochen. Viel älter noch sind die Reste von Lagerfeuern, die 1988 in der »Knochenhöhle« von Swartkrans in der Republik Südafrika nachgewiesen wurden: Sie reichen mehr als eine Million Jahre zurück. Mit der Technik des Feuermachens konnte der Mensch in unwirtlichere Gegenden vordringen; und bald lernte er auch, die Glut zu transportieren. Der Gebrauch von Wärme und Licht mag sogar das Entstehen sozialer Lebensformen gefördert haben. Vor 130 000 Jahren benutzten die Menschen in einer Grotte bei Nizza Glut, um einen Raum zu erwärmen.

Elefantenknochen lagen einige Abschläge von präparierten Kernen, die an Ort und Stelle zum Heraustrennen von Fleischstücken hergestellt worden waren und sich zum Teil wieder zusammensetzen ließen. Eine ganz ähnliche Fundsituation wurde in Gröbern bei Bitterfeld beobachtet. Auch hier lag das weitgehend vollständige Skelett eines Waldelefanten in der Uferregion eines ehemaligen Sees; dabei lagen Abschläge, die allerdings nicht aneinander passten und vielleicht in einiger Entfernung hergestellt worden waren.

Die Elefanten von Lehringen und Gröbern wurden nur teilweise verwertet. Das meiste, so fast alle Knochen, blieb am Jagdplatz zurück. Ähnlich verhält es sich mit anderen großen Tieren, die nicht transportiert werden konnten. In Neumark (bei Weimar) wurde in der Uferzone eines ehemaligen Sees das Skelett eines Nashorns, an anderer Stelle das Skelett eines Auerochsen gefunden. In beiden Fällen lagen bei den Knochen auch Steinartefakte, vor allem Abschläge, die zum Abtrennen der Fleischstücke gedient hatten. Kleinere Tiere wurden teilweise oder ganz zum Siedlungsplatz transportiert. Von Pferd, Hirsch oder Ren finden sich an den Siedlungsplätzen oft die Gliedmaßenknochen, während das Rumpfskelett am Jagdplatz zurückblieb.

Offensichtlich wurden aus den Herden der verschiedenen Tierarten jeweils nur einzelne Tiere erlegt, die Jagdbeute war gemischt. Dies könnte mit der einfachen Bewaffnung der Jäger zusammenhängen, die es nicht erlaubte, bei der Jagd auf eine Herde mehrere Tiere zu erbeuten. Vielleicht gab es auch noch keine Konservierungsverfahren für das Fleisch, sodass ein größerer Fleischvorrat sinnlos gewesen wäre. Erst im späten Mittelpaläolithikum der letzten Kaltzeit treffen wir auf Fundplätze, die auf eine Spezialisierung der Jagd schließen lassen. Dabei gilt die Spezialisierung ausgerechnet den wehrhaftesten Tieren, den Wildrindern. Ein großer Teil der Nahrung wurde gesammelt, ohne dass man dies heute sicher belegen könnte; Informationen hierüber sind äußerst dürftig.

Die frühesten Bestattungen der Menschheitsgeschichte

Die ältesten Gräber der Geschichte kennen wir aus dem späten Mittelpaläolithikum. Die sorgfältige Bestattung der Toten ist eine ganz unnütze Sache und bringt keinerlei Vorteil, wie Avraham Ronen schreibt. Die Anlage von Gräbern und Friedhöfen ist deshalb wohl nur in der Auseinandersetzung mit der menschlichen Existenz und mit der Vorstellung von einem Leben nach dem Tode denkbar. Alle bisher bekannten Gräber des Mittelpaläolithikums stammen aus Höhlen, es scheint, dass die Bestattung dort üblich war.

Berühmt ist das bereits 1908 gefundene Grab eines älteren Mannes von La Chapelle-aux-Saints im französischen Département Corrèze. Der Schädel des inmitten einer Höhle in einer Grube mit angezogenen Knien in »Schlafstellung« Bestatteten zeigt sehr deutlich Merk-

Wenn die Menschen der mittleren Altsteinzeit größere Tiere wie Nashörner, Elefanten oder Auerochsen erlegten, schnitten sie nur Teile von dem Fleisch mithilfe von Steinwerkzeugen heraus. Das meiste musste mit den Knochen am Jagdplatz zurückbleiben.

INFOBOX

Totenkult und Ahnenverehrung

Bereits in der Altsteinzeit wurden Tote durch Ausstattung mit Beigaben aller Art (etwa Nahrung) oder Einfärben mit Roterde für das Jenseits vorbereitet und so begraben. Feste Regeln für die Bestattung der Toten bestanden in der Jungsteinzeit; im Frühneolithikum herrschte überall die Bestattung in Hockergräbern vor, oft unterhalb des Hauses oder innerhalb der Siedlung, sodass die Ahnen den Lebenden nahe blieben.

Eine andere Form der Ahnenverehrung spricht aus der Ausgestaltung der Megalithgräber, die meist Kollektivbestattungen dienten. Bei der seit der Jungsteinzeit gebräuchlichen Brandbestattung wurde der Tote auf einem Scheiterhaufen verbrannt und der Leichenbrand anschließend beigesetzt.

male des Neandertalers. Unter dem Abri von La Ferrassie (Département Dordogne) wurden die Gräber von zwei Erwachsenen und vier Kindern entdeckt. Außer den Gräbern lagen hier kleine Gruben mit zerschlagenen Tierknochen. Solche Gruben gab es auch in La Chapelle und neben dem Kindergrab von Le Moustier (Département Dordogne); sie waren wohl ein Bestandteil des Grabbrauches und enthielten möglicherweise die Reste eines »Leichenschmauses«.

Wichtige Gräber des Mittelpaläolithikums im Nahen Osten sind diejenigen von Mugharet et-Tabun, Skhul, Amud, Djebel Kafza und Kebara in Palästina sowie von Shanidar in Irak. Die hier Bestatteten sind teilweise Neandertaler (Tabun, Amud, Kebara und Shanidar), teilweise frühe Vertreter des Homo sapiens sapiens (Skhul, Kafza). Im kulturellen Umfeld und im Grabbrauch ist jedoch keinerlei Unterschied zu erkennen. Manchmal sind Beigaben vorhanden. Besonders wichtig sind ein rotes Farbstück mit Abreibspuren aus dem Grab von Kafza sowie in einem Kindergrab aus der gleichen Höhle, in dem Straußeneischalen und ein Damhirschgeweih lagen. Sowohl die rote Farbe als auch das Hirschgeweih stellen Verbindungen zu späteren Gräbern aus dem Jungpaläolithikum her.

In dem Grab von Kebara waren das gut erhaltene Skelett, der Unterkiefer sowie ein einzelner Oberkieferzahn des Toten erhalten, der Schädel jedoch fehlte. Offensichtlich war er nach einer gewissen Zeit mit großer Sorgfalt aus dem Grab genommen worden. Dieser gut dokumentierte Befund lässt nun auch das schon seit längerer Zeit bekannte Grab von Regourdou in der Dordogne in einem neuen Licht erscheinen. Auch hier fehlt der Schädel, während der Unterkiefer vorhanden ist. Die in Kebara und Regourdou aus dem Grab entfernten Schädel zeigen, dass die sonst von mittelpaläolithischen Fundplätzen bekannten Schädelteile nicht unbedingt Belege eines Kannibalismus, sondern vielleicht Hinweise auf einen Schädelkult sind.

Die Knochen der in den mittelpaläolithischen Gräbern bestatteten Menschen lassen mehrfach Verletzungen und Behinderungen erkennen. Auch der im Neandertal bei Düsseldorf gefundene Mensch war in der Jugend am linken Arm verletzt worden und konnte den Arm weder vollständig beugen noch strecken. Teilweise waren diese Behinderungen so stark, dass die Betroffenen wohl nur durch die Fürsorge anderer leben konnten.

Steinartefakte sind in der mittleren Altsteinzeit nicht nur an den oben bereits erwähnten Steinbearbeitungswerkstätten, also am Ort der Rohmaterialvorkommen, sondern auch an den Siedlungsplätzen zahlreich. Deshalb stehen sie im Mittelpunkt des Interesses und bilden oft die Basis für die zeitliche und räumliche Gliederung der Funde. Die häufigsten Werkzeugformen sind Spitzen und Schaber. Die Schaber sind Abschläge mit einer meist leicht gebogenen oder annähernd geraden retuschierten Arbeitskante. Diese Werkzeuge wurden möglicherweise besonders zur Holzbearbeitung benutzt. Die gleichfalls aus Abschlägen hergestellten Spitzen haben zwei in einem spitzen Winkel zusammenlaufende retuschierte Kanten. Einige dieser Spitzen könnten tatsächlich an der Spitze einer hölzernen Lanze befestigt gewesen sein. Andere Stücke sind für eine solche Funktion zu dick oder auch asymmetrisch, sodass man an eine andere Verwendung denken muss.

Außer Schabern und Spitzen gab es unterschiedliche Messerformen und auch Faustkeile, die allerdings wohl nicht in der freien Hand geführt wurden, sondern geschäftet waren. Die Formen und das Typenspektrum der Steinwerkzeuge sind in Raum und Zeit unterschiedlich. Es gibt Inventare mit nur einflächig bearbeiteten Scha-

INFOBOX

Erste Gräber

Die ältesten bekannten Gräber der Geschichte stammen aus dem späten Mittelpaläolithikum. Die Anlage von Gräbern und Friedhöfen ist wohl nur in der Auseinandersetzung mit der menschlichen Existenz und mit der Vorstellung von einem Leben nach dem Tod denkbar. Alle bisher bekannten Gräber stammen aus Höhlen. Berühmt wurde das Grab eines älteren Mannes von La Chapelle-aux-Saints im französischen Département Corrèze. Der Schädel des inmitten einer Höhle in einer Grube mit angezogenen Knien in »Schlafstellung« Bestatteten zeigt deutlich Merkmale des Neandertalers. Unter dem Abri von La Ferrassie in der südwestfranzösischen Dordogne wurden die Gräber von zwei Erwachsenen und vier Kindern entdeckt. Außerdem fand man hier in kleinen Gruben zerschlagene Tierknochen – möglicherweise die Reste eines »Leichenschmauses«.

ber- und Spitzenformen und andere, in denen beidflächig bearbeitete, faustkeilartige Formen vorherrschen. Diese unterschiedlichen Formengruppen lassen sich kaum funktional erklären, sondern kennzeichnen vielmehr unterschiedliche Menschengruppen in unterschiedlichen Gebieten und Zeiten.

Die Bearbeitung von Knochen, Elfenbein und Geweih spielte im Mittelpaläolithikum nur eine untergeordnete Rolle, diejenige von Holz war dagegen sicherlich verbreitet; viele Steinwerkzeuge dürften hölzerne Griffe besessen haben. Gegenstände aus Holz sind jedoch kaum erhalten, am wichtigsten ist die bereits erwähnte Holzlanze von Lehringen. Schmuck aus dem Mittelpaläolithikum ist sehr selten. Vieles bestand wohl aus vergänglichem Material. Erhalten sind rote und schwarze Farbstücke. Bei der roten Farbe handelt es sich um Eisenoxide, meist Hämatit, bei der schwarzen Farbe um Mangan. Die Farbstücke tragen oft Abreibfacetten. Man hat die Farbe zu Pulver zerrieben und wahrscheinlich mit Wasser angerührt. Bemalte Gegenstände aus dieser Zeit sind jedoch nicht erhalten. Durchbohrte Knochen und Tierzähne sind nur von sehr wenigen Fundplätzen bekannt, so zum Beispiel aus der Höhle Bocksteinschmiede im Lonetal in Baden-Württemberg und aus La Quina im westfranzösischen Département Charente.

Gerhard Bosinski

s. ZEIT Aspekte
Frühe Künstler S. 548

Die große Zeit der Eiszeitjäger: Die jüngere Altsteinzeit

Im letzten Drittel des letzten großen Kaltzeitkomplexes erreichten die Jägerkulturen ihre höchste Ausprägung und maximale Entwicklung. Dieses Jungpaläolithikum (40 000 bis 12 500 Jahre vor heute), auch als jüngere Altsteinzeit bezeichnet, erscheint uns als die Zeit, in der der Mensch in bestmöglicher Symbiose mit seiner Umwelt eine Lebens- und Siedlungsweise entwickelt hatte, die seinen biologischen und physischen Möglichkeiten am ehesten entsprach.

Das frühe Jungpaläolithikum

Der Beginn des Jungpaläolithikums stellt keine deutliche Zäsur, sondern eine kontinuierliche Weiterentwicklung des Vorausgegangenen dar. So finden wir in Europa zunächst unterschiedliche kulturelle Erscheinungen, die jeweils aus dem späten Mittelpaläolithikum erwachsen sind. In Westeuropa taucht zunächst das nach der Ortschaft Châtelperron im zentralfranzösischen Département Allier benannte Châtelperronien auf. Dessen kennzeichnende Steingerätformen sind die »Châtelperron-Spitzen«, Klingen oder klingenförmige Abschläge mit einer gestumpften, im oberen Teil gebogenen Längskante. Dazu kommen Klingenkratzer und Stichel, im älteren Teil des Châtelperronien auch einige kleine Faustkeile.

In die Übergangszeit vom Mittel- zum Jungpaläolithikum gehört der noch der Gruppe der Neandertaler zugewiesene Menschenfund von Saint-Césaire im westfranzösischen Département Charente Maritime. In die Endphase des Châtelperronien wird meist der Fund des Homo sapiens sapiens von Combe-Capelle gestellt, sein Alter wird auf 34 000 Jahre geschätzt. Es ist jedoch möglich, dass eine aus höheren Schichten eingetiefte Grabgrube bei den Ausgrabungen 1909 nicht erkannt wurde, das Skelett dieses modernen Homo sapiens also jünger ist. Das früheste Jungpaläolithikum in Mitteleuropa, in der älteren Literatur oft als Szeletien bezeichnet, ist insgesamt noch unzureichend bekannt, kennzeichnend sind bereits in der Endphase des Mittelpaläolithikums auftretende, regelmäßig gearbeitete »Blattspitzen« mit dünnem Längs- und Querschnitt.

Der »Löwenmensch« aus dem Hohlensteinstadel im Lonetal bei Ulm ist eine ca. 28 cm hohe Elfenbeinfigur mit Tierkopf und menschlicher Körperhaltung aus dem Aurignacien (Ulm, Ulmer Museum). Die Kombination menschlicher und tierischer Attribute deutet auf schamanistische Vorstellungen hin.

100563

2730

Die vorherrschende Umweltsituation während des Jungpaläolithikums in Mitteleuropa war die Lösssteppe, eine relativ offene Graslandschaft mit großer tierischer Biomasse. Die hier abgebildete Landschaftsrekonstruktion zeigt das Neuwieder Becken mit dem Rhein.

In Osteuropa lässt sich das früheste Jungpaläolithikum relativ gut fassen. Die dortige Sungir-Kostjonki-Kultur ist durch flache, breitdreieckige Spitzen, kurze Kratzer, Bohrer und Stichel charakterisiert. Besonders aus Sungir kennen wir zahlreiche Elfenbein-, Geweih- und Knochengeräte sowie Perlen und Anhänger aus den entsprechenden Materialien. Die Elfenbeinbearbeitung ist weit entwickelt. Dies zeigen insbesondere die Gräber, in denen der jungpaläolithische Grabbrauch voll ausgebildet ist. Hierzu gehört die intensive Verwendung roter Farbe, eine reich mit Perlen aus Elfenbein, Schmuckschnecken und Tierzähnen besetzte Kleidung sowie Geräte und Waffen als Beigaben.

Besonders bemerkenswert sind die langen Elfenbeinlanzen im Grab zweier Kinder, die mit einem noch unbekannten Verfahren aus den gebogenen Mammutstoßzähnen hergestellt wurden. Aus diesem Grab sowie aus

INFOBOX

Die Jägerkultur des Magdalénien

Das Magdalénien, benannt nach der Fundstätte La Madeleine (Dép. Dordogne), bildet um etwa 18 000 bis 12 500 v. Chr. den Abschluss und Höhepunkt der altsteinzeitlichen Kulturentwicklung in West- und Mitteleuropa; sein Verbreitungsgebiet reichte von Spanien bis nach Böhmen. Siedlungen in Höhlen (z. B. Mas-d'Azil) und im Freiland (z. B. Gönnersdorf), reich ausgestattete Grabfunde (z. B. La Madeleine, Bonn-Oberkassel), zahllose Waffen und Geräte aus Stein, Rengeweih und Mammutelfenbein, Schmuck sowie eine kaum überschaubare Anzahl von Kunstwerken geben einen Einblick in diese Jägerkultur, deren wirtschaftliche Grundlage die Pferde- und Rentierjagd war. Berühmt sind die Höhlenheiligtümer des Magdalénien wie Altamira, Lascaux und Les Combarelles.

der dazugehörenden Siedlungsschicht stammen darüber hinaus Elfenbeinstatuetten. Diese summarisch geformten Tierfiguren, die manchmal mit eingebohrten Grübchen versehen sind, sind die ältesten bekannten Kunstwerke. Ihre Vorläufer waren möglicherweise figürlich geformte und vielleicht bemalte Steine; in Sungir gefundene, meist durchlochte und als Anhänger getragene Steine könnten in diesen Zusammenhang gehören.

Während das früheste Jungpaläolithikum in West-, Mittel- und Osteuropa unterschiedlich ist, bildet das nach dem Ort Aurignac (Département Haute-Garonne, Südwestfrankreich) benannte Aurignacien im zweiten Teil des frühen Jungpaläolithikums in Europa und im östlichen Mittelmeergebiet trotz lokaler Unterschiede eine Einheit. Die Steingeräte dieser Kultur bestehen aus Hoch- und Kielkratzern, Klingenkratzern, Sticheln und Spitzklingen. Dazu kommen die »Dufour-Lamellen«, kleine Klingen mit perlartiger Kantenretusche. Unter den Gegenständen aus Elfenbein, Geweih und Knochen sind besonders die breiten Knochenspitzen charakteristisch, die im älteren Aurignacien eine gespaltene Basis haben. Diese Knochenspitzen waren die Bewehrung hölzerner Lanzen.

Besonders in Mitteleuropa finden wir solche Knochenspitzen auch als Einzelfunde in Bärenhöhlen, was auf die Jagd des Höhlenbären im Winterschlaf schließen lässt. Der Schmuck des Aurignacien besteht wie zuvor aus Perlen und Anhängern aus Stein und Elfenbein, durchbohrten Tierzähnen sowie Schmuckschnecken. Zur Kunst gehören Elfenbeinstatuetten, die vermutlich aus den Statuetten der Sungir-Kostjonki-Kultur hervorgingen. Aus der Vogelherdhöhle im Lonetal und dem Geißenklösterle im Achtal bei Ulm kennen wir hervorragend modellierte Elfenbeinstatuetten von Mammut, Raubkatzen, Rind und Pferd. Wie bei den Statuetten aus Sungir sind auf der Oberfläche der Statuetten manchmal Grübchen eingebohrt, andere Darstellungen tragen Linien oder Andreaskreuze. Diese Symbole sind körperfremd und übermitteln eine Nachricht.

Von ganz besonderer Bedeutung sind das Halbrelief einer Menschenfigur auf einem Elfenbeinplättchen aus dem Geißenklösterle sowie der fast dreißig Zentimeter große »Löwenmensch« aus der Stadelhöhle im Lonetal. Aus dem Abri Blanchard in der Dordogne ist ein vom

50

Schädel des 1909 an der Fundstelle Combe-Capelle (Dép. Dordogne, Frankreich) entdeckten »Homo aurignacensis hauseri«. Mit einem Alter von etwa 34 000 Jahren gilt er als einer der ältesten Funde des modernen Homo sapiens in Europa.

Höhlendach gefallener Steinblock bekannt, auf dem der untere Teil einer gemalten Rinderdarstellung erhalten ist, was darauf schließen lässt, dass ursprünglich Wand und Decke des Felsdaches bemalt waren. Dies wurde durch die großartigen Bilder der jüngst entdeckten Chauvet-Höhle im Tal der Ardèche bestätigt. Nach den vorliegenden Datierungen gehört zumindest ein Teil der Bilder dieser Höhle in das Aurignacien.

50

Im Abri von Laussel im französischen Département Dordogne gefundenes Flachrelief auf einem Kalksteinblock. Das 46 cm hohe Kunstwerk aus der Zeit des mittleren Jungpaläolithikums zeigt eine Frau mit Bisonhorn (Bordeaux, Musée d'Aquitaine).

Das mittlere Jungpaläolithikum

Etwa um 28 000 v. Chr. traten deutliche Veränderungen auf, die Zäsur ist schärfer als der Übergang vom Mittel- zum Jungpaläolithikum. Dies betrifft die Stein- und Knochengeräte, die Siedlungsbefunde sowie die Kunst. Bei den Steinartefakten erscheinen nun Kleinformen (»Rückenmesser«, »Gravettespitzen«), die als Einsätze in Messern und Spitzen aus Holz dienten. Die kleinen rechteckigen Rückenmesser wurden aufgereiht eingesetzt und bildeten Schneiden, die Gravettespitzen waren vermutlich im Spitzenteil von Projektilen eingesetzt. Eine wichtige Rolle spielte die Gewinnung von Spänen aus Rengeweihen sowie deren Weiterverarbeitung zu Geschossspitzen. Die aus den Geweihspänen hergestellten Geschossspitzen waren an der Basis zur Schäftung an einem hölzernen Speerschaft oft abgeschrägt. Nach dem Basisdurchmesser der Geschossspitzen waren die Speere verhältnismäßig dünn, wahrscheinlich wurden sie mit der Speerschleuder geschleudert.

Diese neuartige Waffe bestand aus einem mit einem kleinen Widerlager am Ende versehenen Wurfstab, auf den der Speer gelegt wurde. Durch die Hebelwirkung des Wurfstabes erhielt der Speer eine größere Durchschlags-

INFOBOX

Die Spantechnik

Rentiergeweihe bestehen aus einer harten äußeren Schicht, der Kompakta, und einem porösen Gewebe im Inneren, der Spongiosa. Darauf basiert eine Technik zur Herstellung von Geschossspitzen, die so genannte Spantechnik: Zur Entnahme von Geweihspänen wurden auf der Geweihstange zwei Rillen durch die Kompakta bis in die Spongiosa eingetieft. Anschließend wurde der zwischen diesen Rillen stehende Span mithilfe von Keilen herausgetrennt. Für jeden weiteren Span war dann nur eine weitere Rille notwendig.

100563

Die vielleicht berühmteste Fundstätte paläolithischer Felsmalereien ist die 1940 entdeckte Höhle von Lascaux im französischen Département Dordogne. Die etwa 600 gut erhaltenen Malereien wie die hier zu sehenden Tierherden und die rund 1 500 Gravierungen lassen sich auf die Zeit um 16 000 bis 15 000 v. Chr. datieren.

kraft. Die später weit verbreitete Speerschleuder, die bei den Eskimo und in Australien noch heute benutzt wird, war eine deutliche Verbesserung der Waffentechnik und die Voraussetzung und Grundlage für die beeindruckende Entwicklung der Jägerkulturen im mittleren und späten Jungpaläolithikum.

Die Wohnbauten waren oft rund und mit einer Feuerstelle versehen, sie boten Platz für eine Familie. Außerdem gab es fünf bis sechs Meter breite und bis zu dreißig Meter lange Häuser, auf deren Mittelachse mehrere Feuerstellen aufgereiht waren. Hier lebte eine größere Gruppe unter einem Dach. Beeindruckend sind die großen Siedlungsobjekte der Kostjonki-Avdeevo-Kultur: Jeweils mehr als 35 Meter lange und 15 Meter breite Flächen mit intensiven Siedlungsspuren waren durch größere Gruben, darunter eingetiefte Erdhütten mit einer Feuerstelle, begrenzt. In der Mitte des abgegrenzten Siedlungsareals lagen Feuerstellen, darum herum kleine und größere Gruben und Arbeitsplätze. Die Menschen wohnten wahrscheinlich in den Erdhütten an der Peripherie.

Die Siedlungen, in denen sich eine größere Menschengruppe für eine längere Zeit aufhielt, lagen oft auf einer Geländestufe oberhalb eines Flusses. Eine solche Wahl des Siedlungsplatzes kennen wir aus dem Kostjonkigebiet am Don, von Dolní Věstonice sowie aus dem Rhein-

INFOBOX

Die Pferdejäger von Gönnersdorf

Am Ende der letzten Eiszeit, in einer gemäßigten Klimaphase vor 12 500 Jahren, lebten in der damaligen Steppenlandschaft des Rheintals Gruppen von Pferdejägern. Gegenüber der Stadt Andernach wurden am linken Rheinufer unter vulkanischen Ascheschichten die Reste einer Pferdejägersiedlung freigelegt. Die Pferdejäger lebten in unterschiedlich großen Zelthütten, die aus einem Holzgestell bestanden, über das Pferdefelle gebreitet waren. Auf dem gepflasterten Boden im Inneren der Zelte befanden sich Feuerstellen.

land (Linsenberg in Mainz, Koblenz-Metternich). Zu diesen dorfartigen Siedlungen gehören Jagdlager am Wanderweg der Tierherden. Die Gräber dieser Zeit enthalten viel rote Farbe, Schmuck (Kleidungsbesatz) und auch Beigaben. Berühmte Gräber liegen im Kostjonkigebiet, in Dolní Věstonice und in den Grimaldihöhlen.

Mehrfach gibt es Doppel- und Dreifachbestattungen, von Předmostí in Mähren kennen wir ein »Massengrab« mit zwanzig Bestatteten. In der Kunst und Vorstellungswelt sind die zahlreichen Frauenstatuetten (»Venusfiguren«) besonders auffallend. Diese aus Stein, Elfenbein

Höhlen der jüngeren Altsteinzeit in Südfrankreich und Nordspanien: Neben den Überresten von Skeletten legen Höhlenfunde das beste Zeugnis von der Existenz und der Kultur des altsteinzeitlichen Menschen ab.

100264

Die ausdrucksvollen Darstellungen an Decken und Wänden der Höhle von Lascaux zeigen v. a. Tierdarstellungen, aber auch Maskentänzer und symbolische Zeichen. Beim Ausräumen der Höhlensedimente fand man die für die Anfertigung der Felsbilder benötigten Werkzeuge: Feuersteinmeißel, Farbschalen mit Pigmenten und Steinlämpchen.

oder gebranntem Ton gearbeiteten Figuren betonen die weibliche Fruchtbarkeit. Bekannt sind auch Höhlenbilder aus dieser Zeit. Die eindrucksvollen Reliefs von Laussel im französischen Département Dordogne haben viel Ähnlichkeit mit den Venusfiguren und sind in gewisser Weise deren Umsetzung in die Felskunst. Andere Bilderhöhlen aus dieser Zeit sind Gargas im Pyrenäengebiet und Pair-non-Pair an der Gironde. Auch die ältere Phase der Cosquer-Höhle bei Marseille gehört in diesen Abschnitt.

Am Ende des mittleren Jungpaläolithikums wurde es sehr kalt. Dieses Kältemaximum der letzten Eiszeit etwa um 18 000 v. Chr. (Stadium 2 der Tiefseekurve) führte in Mitteleuropa und anscheinend auch in weiten Teilen Osteuropas zu einer kurzzeitigen Unterbrechung der Besiedlung. Im klimagünstigeren Südwesteuropa erschien in dieser Zeit das nach der Fundstätte Solutré (Département Saône-et-Loire) benannte Solutréen. Die dünnen, beidflächig bearbeiteten Blattspitzen und Kerbspitzen dieser Kultur gehören zu den Meisterwerken der Steinbearbeitung.

100563

Im Jahr 1994 wurde im Département Ardèche von Jean-Marie Chauvet und zwei Amateurforschern eine Höhle mit etwa 300 Felsbildern entdeckt, die durch Radiokarbonmessungen z. T. in die Zeit des Aurignacien datiert werden können und als die ältesten bislang bekannten Höhlenbildnisse angesehen werden.

Da die Formen von denen der Steingeräte zuvor und danach abweichen, wurden viele Vermutungen über Herkunft und Wesen des Solutréen angestellt. Fest steht, dass die Knochen- und Geweihbearbeitung sowie die Kunst innerhalb der jungpaläolithischen Entwicklung stehen und keinen Bruch erkennen lassen. In das Solutréen gehören einige berühmte Bildwerke, so die Reliefdarstellungen von Roc-de-Sers und die Höhlenbilder von Cougnac und Pech-Merle (ältere Phase). In mancherlei Hinsicht, so auch in der Proportionierung der Tiere, bereiten diese Darstellungen die Kunst von Lascaux vor.

Das späte Jungpaläolithikum

Schon bald nach dem erwähnten Kältemaximum um 18 000 v. Chr. wurde das Klima wieder etwas wärmer und erlaubte erneut die Besiedlung Mitteleuropas. In West- und Mitteleuropa bildete sich das nach der Fundstätte La Madeleine (bei Tursac im Département Dordogne) benannte Magdalénien heraus. Das Siedlungsmuster dieser Kultur entspricht weitgehend dem des mittleren Jungpaläolithikums. Die dorfartigen Siedlungen lagen in »Sessellage« oberhalb größerer Flüsse. Gute Beispiele hierfür sind Neuwied-Gönnersdorf und Andernach-

Martinsberg am Mittelrhein. In den Siedlungen standen mehrere runde Bauten, die über einen längeren Zeitraum hinweg bewohnt waren. Im Inneren lagen Feuerstellen und kleine Gruben, bei denen es sich teilweise um Kochgruben handelte. Zu diesen Siedlungen gehört umfangreiches Fundmaterial, neben Knochen der Jagdbeute Stein- und Knochenartefakte sowie Schmuck- und Kunstgegenstände.

Die Jagd erfolgte in einiger Entfernung, die Jagdbeute wurde zur Siedlung gebracht. Mitunter wurden am Wanderweg der Tierherden Jagdlager mit transportablen Stangenzelten errichtet. Das Fundgut in diesen Lagern ist wesentlich eingeschränkter als in den Siedlungen und beinhaltet vor allem für die Jagd verwendete Gegenstände.

Die Gräber des Magdalénien zeigen den jungpaläolithischen Bestattungsbrauch. Mehrfachbestattungen sind seltener als im mittleren Jungpaläolithikum. Nur in Oberkassel bei Bonn waren ein älterer Mann und eine junge Frau gemeinsam bestattet worden. In diesem Grab wurden ferner Knochen eines Hundes gefunden. Der Hund ist auch an einigen anderen Fundplätzen des Mag-

INFOBOX

Steinzeitliche Kunst

Die 1940 entdeckte, 140 m tiefe Höhle Lascaux bei Montignac an der Vézère (Dép. Dordogne) gliedert sich in mehrere Abschnitte: »Saal der Stiere«, »Gang«, »Schiff«, »Apsis« und »Schacht«. An ihren Felswänden befinden etwa 600 mit Eisenoxiden und Manganerde ausgeführte Malereien und rund 1500 Gravierungen aus der jüngeren Altsteinzeit (Magdalénien II, 16 000–15 000 v. Chr.). Die ausdrucksvollen Darstellungen an Decken und Wänden zeigen teils überdimensional Urrinder, Wildpferde, Hirsche und Steinböcke, ferner Wisente, Wildkatzen, Maskentänzer und symbolische Zeichen (Gitter, pfeilförmige Zeichen).

Beim Ausräumen der Höhlensedimente fand man u. a. die für die Anfertigung der Felsbilder benötigten Werkzeuge: Feuersteinmeißel, Farbschalen mit Pigmenten, Steinlämpchen. 1963 wurde die Höhle für den Publikumsverkehr geschlossen, nachdem eindringender Staub, Feuchtigkeit und zu starke künstliche Beleuchtung zu Algen-, Pilz- und Sinterbildung und damit zu ernsten Beeinträchtigungen der Malereien geführt hatten; in unmittelbarer Nähe der Höhle wurde ihr Hauptteil originalgetreu nachgebildet.

dalénien belegt, und wir können davon ausgehen, dass es dieses älteste Haustier bereits im späten Jungpaläolithikum gab. Ein für das Magdalénien bislang einmaliger Beleg für das Vorhandensein eines Schädelkultes ist der Schädel einer jungen Frau aus der Höhle von Le Mas-d'Azil im französischen Département Ariège. Es handelt sich um einen isolierten Schädel ohne Unterkiefer, in dessen Augenhöhlen Knochenplättchen eingesetzt waren.

Ein Charakteristikum des Magdalénien sind die zahlreichen Geräte aus Knochen und Rengeweih. Die Formen der aus Geweihspänen hergestellten Geschossspitzen sind wichtig für die Unterteilung des Magdalénien. Im jüngeren Magdalénien traten erstmals Harpunen auf. Hierbei handelt es sich um Spitzen mit Widerhaken und einem zapfenförmigen Fuß, der in einem Zwischenfutter saß und nicht fest mit dem Speerschaft verbunden war. Nach dem Treffer löste sich die Harpunenspitze vom Schaft, mit dem sie jedoch durch eine Leine verbunden blieb. Dieses Prinzip der Harpune ist bis heute üblich.

Die wichtigste Waffe war aber weiterhin die Speerschleuder. Die Widerhakenenden der Speerschleudern waren im Magdalénien mitunter aus Rengeweih geschnitzt und oft reich verziert. Die Form des Rengeweihs und die Notwendigkeit, die Widerhaken aus der massiven Kompakta des Geweihs zu schnitzen, beeinflusste die Art dieser Verzierungen. Die skulptierten Widerhakenenden der Speerschleudern gehören zu den berühmtesten Kunstwerken des Magdalénien.

s. ZEIT Aspekte Höhlenkunst S. 557

Schmuck und Kunst spielten überhaupt eine herausragende Rolle. Viele Gebrauchsgegenstände wurden reich verziert. Dies gilt auch für die »Lochstäbe«, die vermutlich zum Begradigen von Schäften dienten und deren vielfältiger Dekor in der Vergangenheit zu allerlei Hypothesen über ihre mögliche Verwendung führte (»Kommandostäbe«). Unverziert blieben nur solche Gegenstände, bei denen es die Funktion erforderte. Außer Geschossspitzen sind dies zum Beispiel die Nadeln mit Öhr, die neuerdings an vielen Fundplätzen gefunden werden. Am bekanntesten ist die Kunst des Magdalénien durch die Geweih- und Elfenbeinstatuetten sowie vor allem jedoch durch die berühmten Bilderhöhlen von Lascaux, Altamira, Niaux, Trois-Frères und Tuc d'Audou-

Aus der jüngeren Altsteinzeit stammen zahlreiche so genannte Venusstatuetten. Die »Venus von Lespugue«, eine 14,7 cm hohe Frauenstatuette aus Mammutelfenbein, wurde in einer Höhle bei Lespugue im Pyrenäenvorland gefunden und auf die Zeit von 30 000 bis 20 000 v. Chr. datiert (Paris, Musée de l'Homme).

100264

In den 1930er-Jahren wurde im Vogelherd bei Ulm eine Höhle mit Resten jungsteinzeitlicher Elfenbeinschnitzereien gefunden. Der Kopf dieser 7,2 cm langen Wisentplastik ist abgebrochen. Ihr Körper ist wie die meisten Tierdarstellungen aus dieser Höhle mit Punkten und Strichen markiert (Tübingen, Institut für Ur- und Frühgeschichte).

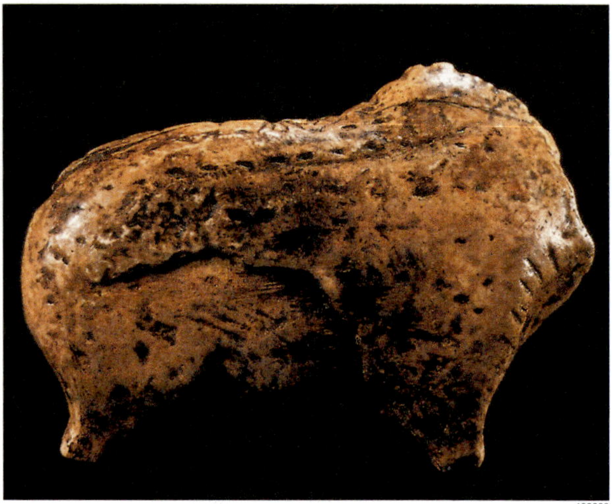

100880

bert. In diesen Höhlenheiligtümern sind die Überlieferungen der Menschen in regelrechten Bildergeschichten festgehalten.

In Osteuropa war im späten Jungpaläolithikum die in der Ukraine und am Don verbreitete Mezin-Mežirič-Kultur bedeutend. Ein auffallendes Charakteristikum für die bislang ausschließlich gefundenen Freilandsiedlungen dieser Kultur sind die unter Verwendung von Mammutknochen und -stoßzähnen gebauten runden Häuser. Deren Wandsockel bestand aus nebeneinander eingegrabenen Mammutschädeln, darüber folgten andere Knochen, die Kuppel wurde von Stoßzähnen gebildet. In den Häusern befanden sich Feuerstellen, daneben teilweise eingegrabene Mammutknochen als Träger einer Grillkonstruktion. Außen wurden die Bauten von großen Gruben begleitet, aus denen vermutlich Material zur Anschüttung der Wände entnommen wurde.

2730

Der »Lochstab von Gourdan« zeigt in seinen Ritzzeichnungen möglicherweise Ansätze eines in verschiedene Zonen eingeteilten Weltmodells – der abgebildete Abschnitt zeigt eine Antilope.

Abgesehen vom verwendeten Baumaterial (Mammutknochen) gleichen diese Häuser in Form und Größe denen des Magdalénien, die Formen der Stein- und Knochengeräte sind jedoch anders. So fehlen zum Beispiel die Harpunen und andere Formen der aus dem Magdalénien bekannten Geschossspitzen. Es gibt auch keine aus Rengeweih geschnitzten Widerhakenenden von Speerschleudern. Die Kunst war weit bescheidener als im Magdalénien. Gemeinsam sind nur die schematisier-

2730

Das »weidende Rentier« auf dem Griff eines Lochstabs aus dem Kesslerloch bei Thayngen in der Schweiz ist durch die Körperhaltung als brunftiger Renhirsch gekennzeichnet.

ten Frauenstatuetten. Bevorzugt wurden geometrische Motive wie Winkelstapel und Mäander, die als Gravierungen auf Knochen und Elfenbein und als rote Malerei auf den Mammutknochen der Häuser bekannt sind.

Im zweiten Teil des späten Jungpaläolithikums war im nördlichen Mitteleuropa die Hamburger Kultur verbreitet. Da dieses Gebiet während des letzten Kältemaximums vom Inlandeis bedeckt war, muss es sich bei der Hamburger Kultur um eine Neubesiedlung handeln. In ihrem Verbreitungsgebiet gab es keine Höhlen und keinen Löss. Deshalb sind entsprechende Fundplätze viel schlechter überliefert als aus der Mezin-Mežirič-Kultur oder dem Magdalénien. Die meisten Funde stammen aus Sand oder von der Geländeoberfläche. Knochenmaterial (vor allem vom Ren) ist nur an den saisonalen Jagdplätzen Meiendorf, Stellmoor und Poggenwisch erhalten. Wahrscheinlich ist es falsch, in den Trägern der Hamburger Kultur spezialisierte Rentierjäger zu sehen. Die Siedlungen dieser Menschen und auch ihre Gräber sind uns noch unbekannt.

Es sei in diesem Zusammenhang darauf hingewiesen, dass ein großer Teil des Verbreitungsgebietes der Hamburger Kultur im Bereich der heutigen Nordsee lag und durch den Anstieg des Meeresspiegels überflutet wurde. Unter den Steingeräten fallen besonders die »Kerbspitzen« auf. Wahrscheinlich waren dies Projektile, möglicherweise Pfeilspitzen. Wenn dies zutrifft, so wären Pfeil und Bogen in der Hamburger Kultur früher belegt als in den anderen Kulturen des späten Jungpaläolithikums. Unter den bisher nur von wenigen Fundplätzen bekannten Geräten aus Knochen und Geweih sind die »Rie-

100880

In der Höhle Trois-Frères bei Montesquieu-Avantes im französischen Département Ariège wurden zahlreiche Felsbilder des Magdalénien gefunden; am bekanntesten ist die hier abgebildete menschenähnliche Tiergestalt des »Zauberers von Trois-Frères«.

INFOBOX

Magische Hände

Eine sehr persönliche Hinterlassenschaft ist die Darstellung von Händen. »Positive« Hände – also den Abdruck der gefärbten Hand auf der Wand – findet man selten. Meist sind es »negative« Hände, die entstanden, indem die auf den Fels gelegte Hand mit Farbe übersprüht wurde; sie kommen v. a. im älteren Teil der altsteinzeitlichen Kunst vor. Das Vorherrschen linker Hände deutet wohl nur darauf hin, dass es sich um Rechtshänder handelte.

In Gargas im Pyrenäenvorland und in der Grotte Cosquer am Mittelmeer bei Marseille haben viele Hände unvollständige Finger. In diesen »verstümmelten« Händen hat man Belege für Krankheit oder Bestrafung sehen wollen. Viel näher liegender ist es jedoch, in den umgeknickten bzw. ausgestreckten Fingern bestimmte Gesten, also eine Art Zeichensprache, zu sehen.

menschneider«, das heißt gebogene Geweihgriffe mit eingesetzten Feuersteinklingen, eine besondere Form der Hamburger Kultur. Die in Meiendorf gefundene Harpune hat dagegen ihre Parallelen im Magdalénien. Dies gilt auch für das wichtigste Kunstwerk der Ham-

Das Musikinstrument des »Tiertänzers« aus der Höhle Trois-Frères ist unterschiedlich gedeutet worden – als Flöte, Musikbogen oder ein anderes Schallgerät, mit dem der jungsteinzeitliche Mensch seine Klangvorstellungen umsetzte.

100880

burger Kultur, den skulptierten Geweihstab von Poggenwisch. Die Stegornamentik dieses Stabes und das an seinem unteren Ende geschnitzte menschliche Gesicht haben ihre Entsprechungen in der Kunst des Magdalénien.

Gerhard Bosinski

Die Mittelsteinzeit

Die Krise der Nacheiszeit: Lebensbedingungen im Mesolithikum

Um 12 500 v. Chr. änderte sich das Klima abrupt. In der nun einsetzenden, etwa 1 700 Jahre dauernden Allerödzeit wurde es in weiten Teilen Europas schnell wärmer und bald auch feuchter. Die offene Graslandschaft wurde hier durch Gehölze abgelöst, was zu einer grundlegenden Änderung der Umwelt führte. Die großen Tierherden - Pferd, Ren, Wisent - verschwanden, Mammut und Wollnashorn starben aus. Die Menschen konnten sich bei der Jagd nicht mehr nach den Wanderungen der Herden richten, und es wurde für die im Jungpaläolithikum verhältnismäßig groß gewordene Bevölkerung schwierig, sich zu ernähren. Der Mensch musste auf die Veränderungen reagieren, er tat dies unterschiedlich, jeweils bezogen auf die neuen Umweltverhältnisse.

50

Diese Hirschgeweihmaske aus dem 7. Jahrtausend v. Chr. wurde in Berlin-Biesdorf gefunden (Berlin, Märkisches Museum).

Die Zeit von 12 500 bis 10 000 v. Chr.

Besonders nördlich der europäischen Hochgebirge lebten die mit Pfeil und Bogen bewaffneten Jägergruppen des Azilien (benannt nach der Fundstätte Le Mas-d'Azil). In den sich ausbreitenden Wäldern existierten Elch, Hirsch und Ur in kleinen Gruppen, das Nahrungsangebot war nun wesentlich geringer als in der offenen Graslandschaft. Es gab nur wenige essbare Pflanzen und insbesondere kein Wildgetreide. Das durch dorfartige Siedlungen und zugehörige Jagdlager gekennzeichnete Siedlungsmuster des Jungpaläolithikums ist nicht mehr

INFOBOX

Momentaufnahme aus der Steinzeit

Die Situation zur Zeit des Azilien ist am Mittelrhein unter dem Bims des Laacher-See-Vulkans in einer einzigartigen Momentaufnahme festgehalten. Durch die regelrechte Versiegelung der späteiszeitlichen Geländeoberfläche in diesem Gebiet mit ihrem ursprünglichen Relief, mit Vegetation und Tierwelt sowie mit den menschlichen Siedlungen wurden die archäologischen Befunde derart gut erhalten, dass die Lebensweise dieser Zeit hier besser als in anderen Gebieten erforscht werden kann.

anzutreffen. Auch die Höhlenbilder und die übrigen Erzeugnisse der jungpaläolithischen Kunst verschwanden.

In Mitteleuropa, das noch im Magdalénien zu den kulturellen Zentren gehört hatte, führten die eintretenden Umweltveränderungen nun zu einem Rückschritt. Im Azilien finden sich nur noch kleine, im Freien gelegene Fundkonzentrationen, die einen eher kurzfristigen Aufenthalt der jetzt weniger Personen umfassenden Menschengruppen bezeugen. Zu den Fundkonzentrationen gehören tierische Knochen vor allem von Elch, Hirsch und Ur. Die für die Steinwerkzeuge verwendeten Gesteine stammen mehrfach aus weiter entfernten Regionen und lassen auf die Nutzung eines großen Gebietes – zum Teil Territorien mit einem Durchmesser von mehr als 100 Kilometer – schließen. Die Zunahme der Mobilität der Menschen wurde durch die veränderten Umweltverhältnisse erzwungen.

Einfacher und weniger standardisiert als im Jungpaläolithikum ist die Steinbearbeitungstechnik. Auch die Werkzeugformen änderten sich; charakteristisch sind nun kurze Kratzer, die mitunter nicht größer als ein Daumennagel sind, meist mit weniger Sorgfalt gearbeitete Stichel sowie eine Variationsbreite von Pfeilspitzen mit einem abgestumpften, gebogenen, geknickten oder auch geraden Rücken (»Rückenspitzen«). Die Bewaffnung mit Pfeil und Bogen ist unter anderem durch Pfeilschaftglätter belegt, die stets aus grobkörnigem Sandstein bestehen und eine Längsrille zum Schmirgeln des Pfeilschaftes besitzen.

Im östlichen Mittelmeergebiet blieb das Klima im Gegensatz zu Mitteleuropa trockenwarm, etwa mit den heutigen Verhältnissen dort vergleichbar. In einer Steppenlandschaft lebten Damhirsch, verschiedene Gazellenarten, Steinbock und Wildschaf. Zu den Steppengräsern gehörten Wildformen des Weizens und der Gerste. Kennzeichnende Kulturgruppe des östlichen Mittelmeerraums wurde spätestens ab dem 11. Jahrtausend v. Chr. das nach der Fundstelle Wadi an-Natuf in Palästina benannte Natufien. Dessen Steingeräte ähneln zwar denen des Azilien in Mitteleuropa, anders als dort gab es hier jedoch zahlreiche Klingen – ursprünglich in Sicheln aus Holz oder Knochen eingesetzt –, auf denen die Kieselsäure der Wildgetreidehalme einen charakteristischen Glanz hinterlassen hat.

Ein Teil des Nahrungsbedarfs wurde im Natufien durch Wildgetreide gedeckt. Mörser und Reibsteine, mit denen das Wildgetreide zermahlen wurde, gehören zum Fundgut der Siedlungen. Gesammelt wurden Pistazien, Mandeln, Linsen und Erbsen. Weiterhin wurde Jagd betrieben, vor allem auf Gazellen. Daneben spielte der Fischfang im Meer eine bedeutende Rolle; Knochen von Meeresfischen wurden noch an Plätzen vierzig Kilometer landeinwärts gefunden.

Auf der durch die Umweltverhältnisse ermöglichten wirtschaftlichen Grundlage war die Entwicklung der Bevölkerung und des Siedlungswesens völlig anders, geradezu entgegengesetzt zum europäischen Azilien. Grundrisse leicht eingetiefter runder Häuser mit Wandsockeln

100880

Aus der Zeit des Natufien stammt dieser in Jericho gefundene, mindestens 10 000 Jahre alte menschliche Kopf aus Ton, bei dem die Augen mit Muscheln eingelegt sind (Jerusalem, Israel-Museum).

INFOBOX

Natufien-Kultur

Das mesolithische Natufien wurde nach dem Fundort Wadi an-Natuf in Judäa (Israel) benannt. Die Natufien-Kultur war vom 11. bis zum 9. Jahrtausend v. Chr. in der Levante, das heißt zwischen Sinai und Südostanatolien, mit Schwerpunkt im heutigen Israel und Jordanien, verbreitet. Gekennzeichnet ist diese Kultur, abgesehen von der intensiven Verwendung von Wildgetreide (dokumentiert durch zahlreiche Mörser, Mahlsteine und Feuersteinsicheln), v. a. durch zahlreiche Siedlungsplätze, von denen wohl die meisten im Vergleich zu früheren Zeiten nun dauerhaft genutzt wurden. An den Fundorten Ain Mallaha in Nordisrael, Wadi Hammeh im Jordantal und Beidha in Jordanien konnten aus Stein, Lehm und Schilfmatten errichtete Rundhäuser freigelegt werden. Zu den frühesten Siedlungen des Menschen überhaupt gehört auch die älteste Siedlungsschicht von Jericho.

100563

Die Befestigungsanlage von Jericho ist ein eindrucksvolles Zeugnis einer bereits entwickelten jungsteinzeitlichen Kultur. Die Mauern sind wohl in der Zeit um 8000 v. Chr. errichtet worden.

aus Steinen, Pfostenlöcher und sorgsam gesetzte Feuerstellen weisen auf eine sesshaftere Bevölkerung hin. Auch luftgetrocknete Lehmziegel, die das Bauwesen dieses Gebietes in der Folgezeit prägten, wurden bereits verwendet. In Beidha (Jordanien) ist auf einem Steinfundament der untere Teil einer solchen Lehmziegelmauer bis zu einem Meter hoch erhalten. Die dicht beieinander liegenden Häuser sprechen für eine starke Zunahme der Bevölkerung.

Dies zeigen auch die zahlreichen, meist innerhalb der Häuser angelegten Gräber, die überdies einen jeweils längeren Aufenthalt am Ort belegen. Schmuck ist aus Gräbern bekannt, typisch sind birnenförmige Knochenperlen, die paarweise getragen wurden. Bei diesen Knochenperlen handelt es sich um eine Imitation der im Jungpaläolithikum Europas und auch im Azilien weit verbreiteten Hirschgrandeln. Übereinstimmungen mit dem Azilien gibt es ebenfalls bei den Steinartefakten und im Bereich der Kunst. Für das Azilien charakteristische gravierte Kiesel finden sich auch am Fundort Mallaha in Palästina. Tierfiguren des Natufien haben neuerdings eine Parallele in der Bernsteinfigur von Weitsche im Hannoverschen Wendland. Dagegen sind menschliche Köpfe und verzierte Basaltgefäße bisher nur aus dem Natufien bekannt. Das Siedlungswesen, die Gräber und das vielfältige Fundgut des Natufien bezeugen relativen Reichtum dieser Gesellschaft. Zugleich sind hier in der Allerödzeit die Weichen für die weitere Entwicklung in diesem Raum gestellt worden. Die »Erntevölker« der Levante stehen am Scheideweg zwischen der aneignenden Wirtschaftsweise der Jäger und Sammler der vorangegangenen Zeit und der Nahrungsmittelproduktion, die die Geschichte in der Folgezeit bestimmen wird.

Auf die Allerödzeit folgt im 10. Jahrtausend v. Chr. die jüngere Dryaszeit, eine Kaltphase, in der die Gletscher ein letztes Mal vorrückten. Besonders deutlich wirkte sich dies im Norden Mitteleuropas aus und führte hier zur Ausbreitung einer weitgehend baumlosen Tundra, die von Rentierherden durchzogen wurde. In dem weiten Flachland im nördlichen Mitteleuropa und in Osteuropa entstand eine spezialisierte Rentierjägerkultur. Das Leben der mit Pfeil und Bogen bewaffneten Jägergruppen war ganz auf die Wanderungen der Rentierherden abgestellt.

Die charakteristischen Pfeilspitzen dieser Rentierjäger sind lang gestreckt-dreieckig und haben einen Stiel (»Stielspitzen«). Wohn- und Jagdplätze am Wanderweg der Rentierherden oder im Sommereinstand der Rentiere am nördlichen Mittelgebirgsraum vermitteln das Bild kleiner, sehr mobiler Menschengruppen. Im südlich anschließenden Mittelgebirgssaum Mittel- und Westeuropas sowie in Südeuropa blieb die Landschaft in der jüngeren Dryaszeit bewaldet. Hier blieb die Lebens- und Siedlungsweise weitgehend so wie in der vorangegangenen Allerödzeit. Im östlichen Mittelmeergebiet führte

INFOBOX

Großdörfer in Jordanien

Im Nationalmuseum der jordanischen Hauptstadt Amman sind die vielleicht ältesten menschlichen Statuen aufgestellt. Sie stammen aus der 1983 ausgegrabenen präkeramisch-neolithischen Siedlung Ain Ghasalo am nördlichen Stadtrand von Amman. Die ausdrucksstarken, aus Lehm geformten und fast 1 m hohen Skulpturen waren in einem eigenen Grab beigesetzt. Vom 8. bis zum 6. Jahrtausend siedelten hier Menschen in Großdörfern. Bei den Ausgrabungen hier und später in Beidha – einem frühen Beispiel für rechteckige Raumkonstruktionen –, der Höhensiedlung Baja und dem Riesendorf Basta stieß man auf kunstvoll aus Lehmziegeln erbaute Häuser.

Dem Kalksteinfragment einer kauernden Gazelle fehlt der Kopf des Tieres, das wohl beim Trinken dargestellt ist (gefunden in der Höhle Umm ez-Zuwetina in Jordanien, ca. 10. Jahrtausend v. Chr.; Jerusalem, Israel-Museum).

1841

die Kaltphase der jüngeren Dryaszeit zu einer Absenkung des Meeresspiegels und dadurch zu einer Verbreiterung der Küstenebene, Klima und Umwelt änderten sich jedoch nicht.

Die Zeit von 10 000 bis 5500 v. Chr.

Nach Ende der jüngeren Dryaszeit wurde das Klima schnell wärmer. In weiten Teilen Europas bildete sich im Praeboreal und Boreal (9.–7. Jahrtausend v. Chr.) ein Laubwald mit Eiche, Linde und Ulme sowie Haselhainen aus. Die Menschen lebten in dieser Umwelt als Jäger (vor allem von Hirsch, Ur und Wildschwein), Sammler und Fischer. In der ostspanischen Felsbildkunst ist dieses Leben in beeindruckenden Bildern festgehalten.

Unter den Steinartefakten sind besonders die »Dreiecksmikrolithen« typisch, die sowohl im Spitzenteil als auch an den Seiten hölzerner Projektile ein- oder aufgesetzt und mit Birkenpech befestigt wurden. Besonders im nördlichen Mitteleuropa gab es jetzt auch Kern- und Scheibenbeile aus Feuerstein. Die grob behauenen Kernbeile saßen in einem Zwischenfutter aus Holz oder Knochen, aus dem nur die Schneidenpartie hervorsah. In feuchten Ufersedimenten haben sich viele Gegenstände aus Geweih, Knochen und Holz erhalten, wichtige Fundplätze sind Star Carr in England, Duvensee, Hohenviecheln und Friesack in Norddeutschland sowie Bedburg-Königshoven im Rheinland.

Im Atlantikum (bis 5. Jahrtausend v. Chr.) wurde das Klima schließlich noch wärmer und feuchter. Erstmals breitete sich ein dichter Urwald aus, da die Großtiere – Elefanten, Nashörner, Flusspferde –, die die Landschaft bis dahin relativ offen gehalten hatten, nun nicht mehr hier lebten. Im dichten Wald fanden die Jäger kaum noch Beute. Ein Ersatz war in den Küstenregionen Europas das Sammeln von Meeresmuscheln, deren Schalen sich vielerorts an vielen Küsten Europas zu riesigen Abfallhaufen türmten. Diese Muschelhaufen enthalten Feuerstellen und manchmal auch Gräber, in denen auch menschliche Knochen mit eingeschossenen Pfeilspitzen gefunden wurden.

In einem Grab lag neben dem Schädel ein Hirschgeweih. Hier könnte ein Zusammenhang mit den etwas älteren »Hirschgeweihmasken« von Bedburg, Star Carr und Hohenviecheln bestehen und eine in den Bereich des Schamanismus weisende Vorstellungswelt belegt sein. Auch in den Gräbern von Vedbaek in Dänemark und Skateholm in Südschweden gibt es außer Beigaben und Schmuck mitunter Hirschgeweihe im Kopfbereich der Toten. In dieser Schlussphase der Jäger- und Sammlerkultur Europas sind »Vierecksmikrolithen« charakteristisch, deren Verwendung als Pfeilschneiden durch geschäftete Stücke sowie durch eingeschlossene Vierecke in Knochen belegt ist.

Ganz anders verlief die Geschichte im östlichen Mittelmeergebiet. Im Praeboreal und Boreal ging hier das Ernten des Wildgetreides über in den Anbau von Getreide, und zwar Emmer und Gerste. Die bald darauf beginnende Domestikation von Schaf und Ziege zeigt auch,

INFOBOX

Älteste Kultanlage der Welt?

Göbekli Tepe, der »Nabelberg«, liegt in Südanatolien, 15 km nordöstlich von Şanliurfa. 1995 begann der deutsche Archäologe Klaus Schmidt hier mit der Ausgrabung einer 11 000 Jahre alten Kultstätte: Tonnenschwere T-Pfeiler aus geglättetem Kalkstein sind in bis zu 20 m Durchmesser großen Kreisen mit Terrazzoböden aufgestellt. Bisher wurden vier solcher Kreisanlagen freigelegt. Die Steinpfeiler sind v. a. mit eingemeißelten Tiermotiven – wie Fuchs, Wildschwein, Stier, Löwe und Ente – verziert. Eine Phallusstatue, eine freizügige Frauendarstellung und eine in den Boden eingelassene Opferschale deuten auf einen Fruchtbarkeitskult hin. Hinweise auf eine Siedlung wurden bisher noch nicht gefunden; die Erbauer der Anlage waren vermutlich noch Jäger und Sammler.

wie weit sich diese Menschen hier jetzt von der Welt der Jäger entfernt hatten. Die auf der Nahrungsmittelproduktion basierende Wirtschaftsweise ernährte wesentlich mehr Menschen. In Jericho war die zehn Hektar große Siedlungsfläche dicht besiedelt und hatte etwa 2000 Bewohner.

Die stets am gleichen Platz errichteten Häuser aus Lehmziegeln führten zum Aufwachsen von Wohnhügeln, die eine vielfältige materielle Kultur, ein komplexes Siedlungswesen und ausgeprägte religiöse Zeremonien erkennen lassen. Die auf dem Anbau von Getreide und der Domestikation der Tiere basierende Wirtschaftsweise setzte sich in der Folgezeit auch in anderen Gebieten durch, im Atlantikum erreichte sie schließlich Mitteleuropa. Hier begannen die bereits als jungsteinzeitlich anzusehenden Bauern der Linearbandkeramischen Kultur etwa ab der Mitte des 6. Jahrtausends v. Chr. den Wald zu roden und die Lössgebiete landwirtschaftlich zu nutzen. Weiter im Norden und im Osten lebten dagegen für eine gewisse Zeit noch weiterhin Jäger und Sammler.

Gerhard Bosinski

Die Jungsteinzeit

Ein Samenkorn geht auf: Die Anfänge des Landbaus

Die Felsbilder aus dem heute algerischen Tassili N'Ajjer geben Zeugnis über Jahrtausende der menschlichen Geschichte. Die ersten Felsmalereien entstanden wie diese Mutter mit Kind etwa 6000 Jahre vor Christus.

Im Verlauf seiner langen Entwicklung begann der Mensch erst spät mit der Anwendung von Bodenbau und Tierhaltung, auch wenn uns diese beiden entscheidenden Errungenschaften als von der Natur vorgegebene Arbeiten erscheinen. Während der gesamten Altsteinzeit, von den Anfängen der Menschheit bis vor etwa 10000 Jahren, das heißt mehr als 99 Prozent ihres Daseins, waren unsere Vorfahren Jäger und Sammler; sie lebten in kleinen Gruppen, schlossen sich für seltene Unternehmungen – etwa für die Großwildjagd – zu größeren Verbänden zusam-

100264

2772

Mit der Einführung von Bodenbau und Tierhaltung begann der Mensch, die naturgegebene Landschaft tief greifend zu verändern – Siedlungsbild mit Feldern und weilerartigen Siedlungen des frühen Neolithikums im Merzbachtal, Kreis Düren, Nordrhein-Westfalen (Modell; Bonn, Rheinisches Landesmuseum).

men und ernährten sich mittels der »aneignenden Wirtschaftsweise« von wild wachsenden Pflanzen sowie einem reichhaltigen tierischen Angebot. Da die Bevölkerung sich nicht wesentlich vermehrte, bewahrte sie das Gleichgewicht der natürlichen Umwelt, war Teil der Natur.

Mit der Einführung von Ackerbau und Viehhaltung, das heißt einer »produzierenden Wirtschaftsweise«, veränderte sich vor etwa 10 000 Jahren das Dasein des Menschen grundlegend. Mit dem Wechsel von der aneignenden zur produzierenden Wirtschaftsweise, mit dem wir den Beginn der Jungsteinzeit, des Neolithikums, markieren, kam es zu der entscheidenden Veränderung in der gesamten Geschichte des Menschen überhaupt. Mit dem Anbau von Getreide konnte er nun planen, sein Leben steuern; er legte Vorräte an, war an den Ort der Äcker und der Vorratshaltung gebunden, musste nicht stets seine Lager wechseln, sondern konnte feste Siedlungen bauen; der Mensch wurde sesshaft. Diese umfassende Umstellung der Lebensweise hatte natürlich auch gewichtige Konsequenzen in der gesamten Kultur: Mit dem Pflanzenanbau war die Entwicklung zahlreicher neuer Werkzeuge verbunden, mit der festen Siedlungsweise entstanden neue Technologien für den Hausbau, und schließlich wurden jetzt auch feste Gefäße aus Keramik hergestellt.

Die produzierende Wirtschaftsweise konnte fast beliebig intensiviert und damit auch eine größere Bevölkerung ernährt werden, die wiederum größeren Landbe-

INFOBOX

Die »neolithische Revolution«

Der Begriff der »neolithischen Revolution« wurde von dem amerikanischen Altertumswissenschaftler Vere Gordon Childe (1882–1957) in Analogie zum Begriff der »industriellen Revolution« 1936 in seinem Buch »Man Makes Himself« eingeführt. Er bezeichnet die Übergangsphase von der aneignenden Wirtschaftsform der Alt- und Mittelsteinzeit (Paläo- und Mesolithikum) zur produktiven Wirtschaftsform der Jungsteinzeit (Neolithikum). Und er ist dank seiner eindrücklichen Pointisierung so populär wie unter Fachleuten umstritten.

darf hatte. Dies führte zu einer für damalige Verhältnisse schwerwiegenden Bevölkerungsexplosion, die wir archäologisch klar erkennen können. Da nun aber auch der Besitz des Bodens, nicht nur die Nutzung der darauf lebenden Tiere und Pflanzen wie in der Zeit davor wichtig war, kam es gewiss auch zu Konflikten zwischen größeren Gruppen. Die neue Siedlungsweise in festen Dörfern bedingte natürlich auch die Entstehung neuer sozialer Organisationsformen, vor allem von Dorfgemeinschaften, denen ein Dorfältester vorstand.

Es ist einsichtig, dass diese Veränderungen das gesamte kulturelle, aber auch kultisch-magische Leben prägten. Der Zyklus angebauten Getreides (Säen, Wachsen, Reifen, Ernten), der sich im Lebensablauf Geburt,

Die neue Wirtschaftsweise erforderte große Mengen an Vorratsgefäßen, die aus Ton gefertigt und in offenen Feuerstellen oder überkuppelten Brennöfen gebrannt wurden (Töpferei in Nizwa im Oman).

INFOBOX

Vorratshaltung
Erst die dem Wildbeuter noch unbekannte Fähigkeit, Getreidekörner nach der Ernte über einen längeren Zeitraum als Vorrat zu halten, machte eine sesshafte Lebensweise und eine produzierende Wirtschaft möglich. Mindestens seit dem 10. Jahrtausend v. Chr. verstanden es die Menschen, Getreide in Erdgruben und später, seit etwa 6500 v. Chr., in Tongefäßen aufzubewahren.

Werden, Tod wiederfindet, bestimmte das religiöse Denken. Davon zeugen nicht nur die üppigen Statuetten der »Großen Mutter«, deren Tradition noch in dem altorientalischen Kult weiterlebt, sondern auch zahlreiche Fruchtbarkeitssymbole.

Es ist nicht einfach, diese tief greifende Umwälzung, die oftmals irreführend als »neolithische Revolution« bezeichnet und in ihrer Bedeutung mit der industriellen Revolution des 18. und 19. Jahrhunderts verglichen wurde, zu bewerten. Auf der einen Seite scheint es uns undenkbar, dass die Einführung der produzierenden Wirtschaftsweise, die in der Folge für die gesamte Geschichte des Menschen die (Ernährungs-)Grundlage bildet, nicht als Erleichterung und Fortschritt zu bezeichnen ist; andererseits wissen wir, dass es sich um eine vom Klima ausgehende, von vielen Zufällen gelenkte, ungewollte Entwicklung handelte, in die der damalige Mensch wohl unwissend »hineinrutschte«.

Die Rekonstruktion zeigt das Innere eines neolithischen Hauses in Nordchina. Dort wurden aus der Zeit seit etwa 5000 v. Chr. große, z. T. befestigte Siedlungen nachgewiesen. Hirseanbau, Haustierhaltung, Seidenraupenzucht und reich bemalte Keramik bezeugen den hohen kulturellen Entwicklungsstand der Bevölkerung.

Diese Tonstatuette aus Çatal Hüyük wird als gebärende Göttin gedeutet. Als Armlehnen dienen auf beiden Seiten katzenähnliche Tiere (um 5800 v. Chr.; Ankara, Archäologisches Museum).

Pflanzenanbau bedeutet keineswegs eine Erleichterung des Lebens, denn der Jäger und die Sammlerin kannten wesentlich sicherere und vielfältigere Strategien der Nahrungsbeschaffung. Bei Naturkatastrophen konnten sie sehr viel wesentlich besser auf andere Nahrungsquellen ausweichen, während der Bauer von dem Gelingen der Ernte abhängig wurde. Auch bringt eine jägerische und sammlerische Bevölkerung weniger Zeit für die Suche nach der Nahrung auf, der Bauer arbeitet dagegen länger und auch härter.

Das Geschehen und das Umfeld, in dem sich die erste »Neolithisierung« abspielte, lassen sich heute in großen Zügen gut nachzeichnen, wenn auch die Gründe vielfach hypothetisch bleiben und wir von Modellvorstellungen ausgehen müssen. Diese Errungenschaften finden sich eingebettet in eine lange und einsichtige Entwicklung, deren Anfänge im Vorderen Orient, in einer Zone, die wir den »Fruchtbaren Halbmond« nennen, am

Rande der großen Flusstäler liegen. Wir kennen dort schon im 11. Jahrtausend v. Chr. mittelsteinzeitliche (mesolithische) Kulturen, die sich allein durch Sammeln der dort vorkommenden Wildgräser von den entsprechenden mitteleuropäischen Wildbeuterkulturen unterscheiden.

Sie entwickelten sich ohne wesentliche kulturelle Veränderungen kontinuierlich aus den jungpaläolithischen Kulturen. Wichtig ist dabei die Beobachtung, dass diese mesolithischen Kulturen im Bereich des Zagrosgebirges (Shanidar) und in der Levante (vor allem das Natufien) einen Trend zur Spezialisierung zeigen: Gejagt wurden vor allem Wildziege und Gazelle, die pflanzliche Nahrung bestand besonders aus gesammeltem Wildgetreide, dessen Verarbeitung durch die reichhaltige Reibsteinindustrie belegt wird.

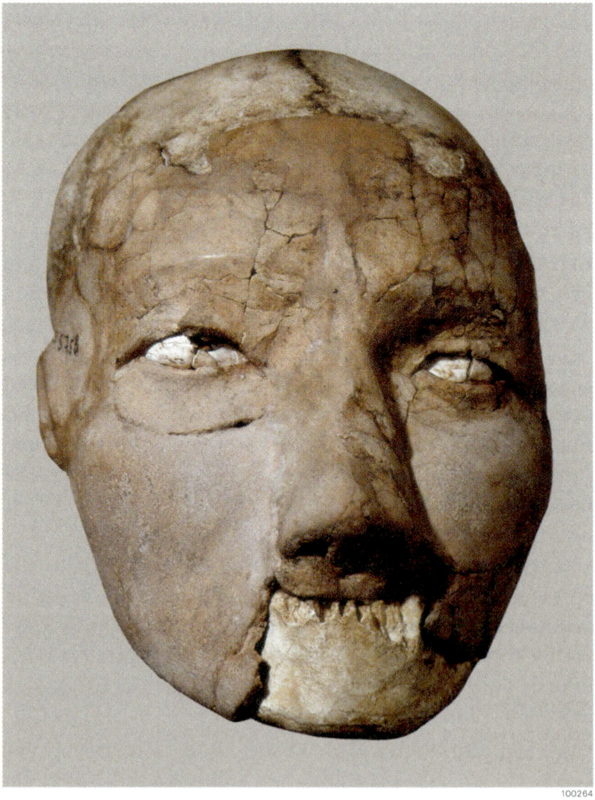

100264

In der vorkeramischen neolithischen Siedlung von Jericho wurden die Schädel Verstorbener mit Gips überzogen, in die Augenhöhlen wurden Muscheln eingesetzt. Die Schädel wurden möglicherweise in den Wohnräumen aufgestellt oder unter dem Haus vergraben.

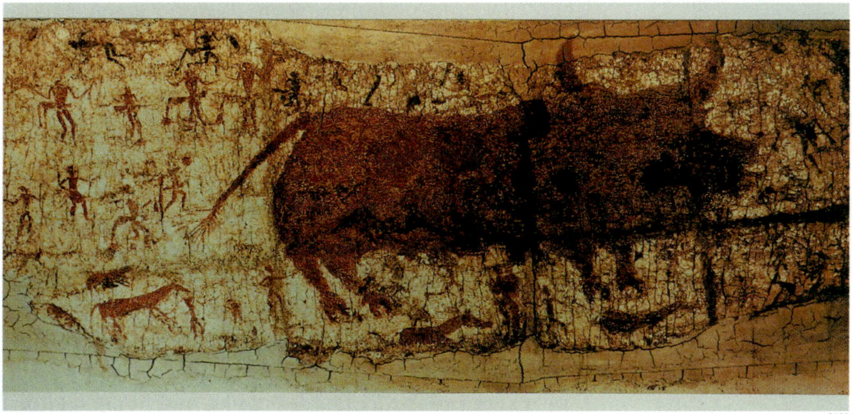

2400

Diese Malerei mit einer Jagdszene aus Çatal Hüyük (um 8000 v. Chr.) zeigt einen mächtigen Stier, der seine Jäger um ein Vielfaches überragt (Ankara, Archäologisches Museum).

Diese noch rein wildbeuterische Entwicklungsphase zeigt gerade im Bereich der Levante eine beachtliche kulturelle Entfaltung, die etwa durch ausdrucksvolle Plastiken dokumentiert wird. Es sind auch alle später domestizierten Tierarten belegt, jedoch konnte bis heute kein eindeutiger Beweis für einen planmäßigen Pflanzenanbau erbracht werden. Wir nennen diesen Abschnitt deshalb die Stufe der Erntekulturen.

Ihr folgt in der zweiten Hälfte des 9. vorchristlichen Jahrtausends eine Entwicklungsstufe, in der nun der

INFOBOX

Stadt ohne Straßen

In der stadtartigen Großsiedlung von Çatal Hüyük stand eng gedrängt Haus an Haus, gleichförmige, einstöckige Gebäude mit seitlichen Lüftungsschächten und Einstiegsluken in den Flachdächern. Straßenführungen oder Durchgänge konnten nicht festgestellt werden; vielmehr lehnten sich die Häuser unmittelbar an die Mauern der benachbarten Trakte an.
Noch überraschender als die Tatsache, in einer frühen Phase des Neolithikums eine derart große, wohl mehr als 6000 Einwohner zählende Agglomeration zu finden, war die Ausstattung der Häuser: Wandmalereien mit Geiern, die auf Menschen ohne Köpfe zusteuern, oder plastische Darstellungen von Stierköpfen. Besonders auffällig ist die Plastik einer thronenden Frau, vermutlich eine gebärende Göttin. Wenn auch die Einzelheiten dieser sicherlich kultische Szenen darstellenden Bilder im Einzelnen unverständlich sind, so ist doch gewiss, dass sie in den Bereich des Fruchtbarkeits- und Lebenszyklus gehören.

Übergang zum Anbau der ersten Getreidearten stattgefunden haben muss, die aber sehr schlecht belegt ist. Bekannt ist die viel zitierte Siedlung Jericho mit der eindrucksvollen Architektur, wovon beispielsweise der heute noch 8,5 Meter hohe Turm zeugt. Diese Phase wird als Proto-Neolithikum bezeichnet.

Erst in der zweiten Hälfte des 8. Jahrtausends v. Chr. wird die Entwicklung klarer. Durch neueste Ausgrabungen sind zahlreiche Siedlungen von erstaunlichen Ausmaßen bekannt geworden. Der Pflanzenanbau ist nun gut belegt, nachweisen lässt sich die Domestikation von Schaf und Ziege. Als Jagdtier dominiert weiterhin die Gazelle. Es fehlt aber noch die Keramik, sodass wir diese Entwicklungsphase als prä- oder akeramisches Neolithikum bezeichnen können. Die Bodenfunde belegen hier ein erstaunliches Kulturniveau. Die Siedlungen weisen ungewöhnliche Ausmaße auf; sie sind etwa in Abu Hureira oder Ain Ghazal über zehn Hektar groß, bargen also mehrere Zehntausend Einwohner. Eine Ahnung von den komplexen religiösen Vorstellungen der damaligen Zeit mögen die mit Lehm ausmodellierten Schädel geben, die einzeln oder in regelrechten Nestern in den Häusern bestattet wurden, oder lebensgroße Statuen, die in Gruben begraben waren.

Wir wissen heute, dass es neben dem Vorderen Orient auch andere Zentren der Neolithisierung gab, die andere Grundlagen hatten, aber weniger umwälzend waren und unabhängig von der Entwicklung im Vorderen Orient erfolgten. Lediglich in China und in Südostasien, wo die neolithische Umwälzung ebenfalls durch Anbau von Körnerfrüchten wie Hirse und Reis eingeleitet wurde, erfolgte ein vergleichbarer kultureller Ablauf, der später zu den dortigen Hochkulturen führte. Anderswo waren genügend Sammelfrüchte vorhanden, sodass man nicht vom Anbau abhängig wurde und trotzdem andere Errungenschaften des Neolithikums wie zum Beispiel Sesshaftigkeit und Keramik entwickelte, wie etwa in Japan oder im Neolithisierungszentrum in der Zentralsahara.

Die Werkzeuge der neolithischen, am Unterlauf des Jangtsekiang entdeckten Hemudukultur aus dem 5. Jahrtausend v. Chr. bestanden v. a. aus Stein, Knochen und Holz. Die Tierzucht und der Anbau von Wasserreis sicherten die Lebensgrundlage.

Die Ausbreitung der neolithischen Wirtschaftsweise

Die neolithische Wirtschaftsweise entwickelte sehr bald eine Eigendynamik und breitete sich gegen Ende des 8. Jahrtausends v. Chr. mit großer Expansionskraft nach

50558

Osten ins Industal und nach Westen ins anatolische Hochland aus. Eine weitere Welle führte von der südlichen Levante über Ägypten und den Mittelmeerraum bis nach Nordafrika. In Anatolien kennen wir die früheste Stufe nur ausschnittweise durch vereinzelte gut erforschte Siedlungen, unter denen Çayönü Tepesi (um 7000 v. Chr.) als ein besonders wichtiger Fundort herausragt. Die Ernährungsgrundlage bildete der einfache Anbau von Getreide sowie die Kleintierhaltung von Schaf und Ziege. Besonders überraschend war der Fund von Metallgeräten aus gediegenem Kupfer. Noch erstaunlicher als Çayönü ist die in die erste Hälfte des 7. Jahrtausends v. Chr. gehörende Siedlung von Çatal Hüyük in Südanatolien.

Mit dem keramischen Neolithikum, das überall im Vorderen Orient um 6500 v. Chr. begann, setzte schließlich eine ausgewogene bäuerliche Kultur ein, die nicht mehr durch einzelne herausragende Monumente repräsentiert wird; man lebte nun in gleichförmig gebauten Dörfern mittlerer Größe, wobei jedes Haus eine Wirtschaftseinheit darstellte. Die Keramik, zu Beginn noch formarm und schlecht bemalt, erreichte im 6. Jahrtausend v. Chr. eine hervorragende Qualität und einen einzigartigen künstlerischen Ausdruck, wie etwa in der Halafkultur im oberen Mesopotamien oder der Hacılarkultur in Westanatolien. Überall im Vorderen Orient finden wir jetzt voll entwickelte neolithische Kulturen mit allen dazugehörigen Elementen, nämlich Pflanzenanbau, Tierdomestikation, Sesshaftigkeit und Vorratshaltung. *Christian Strahm*

100641

Die ältesten Funde von Linsen stammen aus der Altsteinzeit. Im Laufe des Neolithikums nahm durch eine verstärkte Kultivierung die Größe der gefundenen Linsensamen zu.

Nicht nur Ackerbauern und Viehzüchter: Frühe Bauernkulturen in Europa

Die produzierende Wirtschaftsweise breitete sich anfänglich nur zaghaft aus. Zunächst drang, wie gesehen, das akeramische Neolithikum bis nach Anatolien vor, von dort wurde dann die voll entwickelte bäuerliche Kultur nach Griechenland und Südosteuropa übertragen. Zwar wurden für dieses Gebiet lange Zeit auch akeramische Stufen postuliert, doch dürfte es sich hierbei nach neuen Forschungen lediglich um fundarme vollneolithische Befunde handeln.

2932

Das Keramikgefäß aus Alzey-Dautenheim gehört zur La-Hoguette-Keramik, einer der frühesten keramikführenden Fundgruppen Europas – charakteristisch sind die Einstichverzierungen. Im Verbreitungsgebiet von Ostfrankreich bis Südwestdeutschland trafen die Menschen auf die aus dem Donaubereich vordringenden Bandkeramiker.

Anfänge in Südosteuropa

Als erste wichtige archäologische Kultur kennen wir aus Nordgriechenland die Protosesklokultur, der in Bulgarien die Karanovo-I- und in Serbien die Starčevokultur entspricht. Es handelt sich bei diesen um regionale Ausprägungen eines großen Kulturkreises, der in wirtschaftlicher und soziokultureller Hinsicht recht einheitlich ist. Die rein agrarische Struktur dieser Kultur wird vor allem durch die Lage der Siedlungen bezeugt. In fruchtbaren Schwemmlandbecken, deren Böden höchste Erträge erlauben, zeigt die an die Neuzeit erinnernde dichte Besiedlung eine intensive Nutzung. Die meist regelmäßig quadratisch und sehr eng gebauten Häuser hatten eine genormte Einrichtung. Dem Eingang gegenüber lag die Herdstelle mit Kuppelöfen und einer Handmühle zu jeder Seite sowie einem erhöhten Lehmpodest, das wohl als Schlafstelle diente. Die Häuser waren aus getrockneten Lehmziegeln gebaut und wurden oft erneuert, sodass das Dorf allmählich »hochsiedelte« und die charakteristischen, aus der flachen Ebene herausragenden Siedlungshügel entstanden, die im Vorderen Orient und in Bulgarien als »Tell«, in Griechenland als »Magula« bezeichnet werden.

100563

Statue einer thronenden Vogelgottheit, die der Vinčakultur zugeordnet wird. Die Beine und der Thron der Statue sind zerbrochen, der Status der Gottheit lässt sich an dem Medaillon ablesen, das sie an einer v-förmigen Kette trägt.

Die in den Ausgrabungen in diesen Tell-Siedlungen zum Vorschein gekommenen Funde sind größtenteils Keramikfragmente mit einem einheitlichen Formenspektrum, das letztendlich für den Archäologen das Kriterium darstellt, um die Zusammengehörigkeit der regionalen Gruppen zu beurteilen. Die flaschenartigen Gefäße sind alle nach einem klaren, einheitlichen Formprinzip gebildet. Besonders aufschlussreich ist die Bemalung der Keramik. Während in der Frühzeit um die Mitte des 7. Jahrtausends v. Chr. nur ein roter Überzug verwendet wurde, kam sehr bald eine reiche Bemalung mit weißer, auch dunkelbrauner Farbe hinzu. Es sind ausschließlich einfache geometrische Muster, die dem Gefäßaufbau folgen, verwendet worden.

Während die übrigen Funde wie Steinbeile, Silexgeräte, Knochen und Hirschgeweihwerkzeuge, die meist die agrarische Tätigkeit bezeugen, dem üblichen neolithischen Formenspektrum entsprechen, sind die zahlreichen weiblichen Tonstatuetten von größerem Interesse, geben sie doch Einblicke in das religiöse Denken des damaligen Menschen. Es sind meist schlicht gestaltete Figürchen mit großen Brüsten und breiten Hüften; der Kopf ist nur schemenhaft angedeutet. Ganz selten finden sich dazu auch männliche Figuren, die ebenso schlicht geformt sind. Auch diese Darstellungen gehören in den Zusammenhang mit einem agrarischen Fruchtbarkeits-

2772

Die Häuser der Bandkeramiker waren stets nach dem gleichen Muster konstruiert – Modell eines Siedlungsplatzes im Merzbachtal, Kreis Düren, Nordrhein-Westfalen (Ausschnitt); im Vordergrund ein typisches vierschiffiges Langhaus der Bandkeramik, im Hintergrund ein im Bau befindliches Haus (Bonn, Rheinisches Landesmuseum).

2938

Dieses mittelneolithische Trapezhaus ist auf 4700 v. Chr. zu datieren. Es wurde aufgrund archäologischer Feststellungen rekonstruiert (Oerlinghausen, Archäologisches Freilichtmuseum).

kult wie die schon erwähnten Statuetten aus dem Vorderen Orient.

Der Protosesklokulturkreis, den wir gesamthaft als Phase der bäuerlichen Kolonialisierung bezeichnen möchten, ist in sozioökonomischer Hinsicht recht einheitlich. Alle Belege deuten auf einen intensiven Anbau der einfachen Getreidearten Emmer und Einkorn sowie von Linsen und wenigen weiteren Hülsenfrüchten hin. An Tieren wurden vornehmlich Schaf und Ziege gehalten, das Rind kommt seltener vor. Die Jagd spielte nur eine untergeordnete Rolle. Die Häuser, in denen kaum mehr als eine Kleinfamilie lebte, sind alle einheitlich gebaut, sodass man von einer egalitären Gesellschaftsstruktur sprechen kann.

Anders wird das Bild dann in der nächsten Phase, die eine deutliche Regionalisierung des großen Kulturkreises zeigt. Sie gehört in die zweite Hälfte des 6. vorchristlichen Jahrtausends. Zwar ist auch in dieser Zeit die soziokulturelle Entwicklung in ganz Europa ziemlich gleichförmig, doch ist der innere Zusammenhang der verschiedenen Kulturen nicht mehr so deutlich, zu verschieden sind die regionalen Stile. So wächst, um nur die wichtigsten beiden archäologischen Kulturen dieser Phase zu nennen, im griechischen Raum aus der Protosesklokultur die eigentliche Sesklokultur heraus, im Gebiet des heutigen Serbien entsteht die Vinčakultur.

INFOBOX

Sesklokultur

Die Sesklokultur, benannt nach einem jungsteinzeitlichen Siedlungshügel in Nähe der Ortschaft Sesklo bei Volos in Südthessalien, war von der Mitte des 6. bis zur Mitte des 5. Jahrtausends v. Chr. im Gebiet des heutigen mittleren und nördlichen Griechenland verbreitet. Gekennzeichnet ist sie durch mit geometrischen Motiven rot oder braun auf hellem Grund bemalte Tonware, naturalistisch geformte weibliche Statuetten sowie Rechteckhäuser mit Steinsockeln und Lehmwänden.

ZITAT

Im Winter 1853/54 war der Wasserstand so niedrig, dass in schweizerischen und süddeutschen Seen vorgeschichtliche Funde zutage kamen. Es entstand die Vorstellung, dass die Pfahlbauern ihre Häuser auf Pfählen in Seen angelegt hätten. Ein wahres Pfahlbaufieber brach aus. Alle Welt kannte die Pfahldorfgeschichte und den Hymnus des Pfahlbürgers Massikomur und des Druiden Angus aus dem Buch »Auch einer. Eine Reisebekanntschaft« (1878) von Friedrich Theodor Vischer, der so begann:

Niemand soll die Nase rümpfen,
Dass wir zwischen Moor und Sümpfen,
Zwischen Schilf und Weidenstümpfen
Auf den Seen sesshaft sind …

Auch andere Regionen wiesen eine ähnliche Entwicklung mit selbstständigen, jedoch weniger bekannten archäologischen Kulturen auf, zum Beispiel der bulgarische (Veselinovokultur) und der rumänische Raum (Dudeşti- und Boiankultur). Überall zeigt sich, dass die agrarische Struktur gefestigter und die Organisation der Gesellschaft komplexer wird. Dies zeigt sich in erster Linie an den Plänen der größer gewordenen Dörfer. Es gibt nun Unterschiede im Aufbau, die Häuser sind auch größer und meist mehrräumig; oft zeichnen sich auch besondere Bauten ab, die als »Häuptlingshäuser« oder als Heiligtümer zu deuten sind. Die Dörfer wurden mit einer Befestigung von Wall und Graben umgeben.

Auch wenn Gräber, die durch ihre Beigaben die soziale Stellung des Toten und damit die Sozialstruktur der Gesellschaft erkennen lassen würden, immer noch weitgehend fehlen, so können wir doch aus dem Vorhandensein von unterschiedlichen Idolen, Prestigeobjekten oder aus dem strukturierten Siedlungsplan schließen, dass die Gesellschaft in dieser Zeit nun schon stärker gegliedert war.

Es muss kompetente Instanzen, zum Beispiel Häuptlinge oder »Chiefs«, gegeben haben, die sowohl die umfangreichen agrarischen wie auch die handwerklichen Tätigkeiten regelten. Diese Personen hatten auch den Bedarf, ihren Status zu manifestieren, das heißt, es entstand ein Bedarf an Prestige- und Machtsymbolen. Dies bedeutet aber auch, dass die Gesellschaft, wie wir weiter unten noch genauer sehen werden, nun derart differenziert worden war, dass sie auch für die Entwicklung der Metallurgie vorbereitet und ein Bedarf für die an sich schon bekannte und in wenigen Objekten belegte Kupferproduktion vorhanden war.

2942

Schmuck aus Muscheln, Knochen und Geweih ist seit dem Jungpaläolithikum bekannt. Als Inbegriff des neolithischen Schmucks gelten die Erzeugnisse aus der Schale der aus dem Meer stammenden Spondylusmuschel, die auch die weit reichende Handelstätigkeit des Neolithikums belegen (Spondylusschmuck von Bernburg, 2. Hälfte 6. Jahrtausend v. Chr.; Bernburg, Schlossmuseum).

Diese Phase der Regionalisierung ist auch in einer anderen Hinsicht für die gesamte Entwicklung von Bedeutung, denn sie ist Ausgangspunkt für die weitere Neolithisierung Europas. Im nordwestlichen Ausbreitungsgebiet des Protosesklokulturkreises, am Randbereich der Starčevokultur, entstand in Transdanubien, das heißt im Bereich des heutigen Westungarn, in der Zeit des Übergangs von der Starčevo- zur Vinčakultur zu Beginn der beschriebenen Phase der Regionalisierung die Linearbandkeramik.

Die Bandkeramiker in Mitteleuropa

Verantwortlich für die Neolithisierung des mitteleuropäischen Raumes ist die Kultur mit Linearbandkeramik, kurz »bandkeramische Kultur«. Mit ihr wurde die produzierende Wirtschaftsweise vom Donaubecken bis ins Pariser Becken gebracht. Ihre Entstehung, die wir in die Mitte des 6. Jahrtausends v. Chr. datieren, ist noch schwer zu verstehen. Für Südosteuropa haben wir oben den Protosesklokreis, der dort das Neolithikum eingeführt hat, kennen gelernt. Nun entwickelte sich an seiner

100264

Im Freilichtmuseum von Unteruhldingen am Bodensee wurden neolithische Pfahlbausiedlungen aus verschiedenen Epochen rekonstruiert. Dem Museum ist ein Forschungsinstitut angegliedert.

Peripherie eine neue, ebenfalls große und einheitliche erste neolithische Kultur, die Linearbandkeramik, die sich dann in sehr gleichförmiger Ausprägung in Europa verbreitete. Sie hat außer der neuen Wirtschaftsform wenig gemeinsam mit der Starčevokultur, aus der sie abgeleitet wird. Die weite Ausbreitung, die sehr schnell und mit großer Expansionsenergie erfolgte, war sicherlich auch mit Wanderungen von Menschengruppen verbunden, vielfach handelte es sich aber lediglich um eine Übertragung von Ideen, indem einheimische Bevölkerungen neolithisiert wurden.

Die Bandkeramik ist eine in ihrer weiträumigen Verbreitung sehr uniforme Kultur, deren Fundinventar zwischen Transdanubien und dem Rhein stets gleichförmig und in gleicher Zusammensetzung vorkommt. Es ist eine ungewöhnlich einheitliche Kultur. Ihre Verbreitung überzieht ganz Mitteleuropa und folgt den großen Flüssen

Donau, Rhein, Seine, Saale, Elbe und Weichsel. Dabei werden bevorzugt Löss oder gute Lehmböden besiedelt, also für Ackerbau günstige Landschaften. Dies bedeutet, dass man gezielt für die neue Wirtschaftsweise geeignete Gebiete ausgesucht hat, dass wir in den Bandkeramikern agrarische Pioniere sehen dürfen. Entsprechend ist auch der Siedlungsbau. Zunächst wurden Einzelhöfe gegründet, erst später entwickelten sich daraus Dörfer.

Die Häuser, im Wesentlichen aus mit Lehm verkleidetem Flechtwerk bestehend, waren alle nach einem festen Schema gebaut. Es handelte sich um zwanzig bis dreißig Meter lange, nach Nordwesten ausgerichtete Bauten mit drei Einheiten: einem Wohn- und Schlafbereich, einem Arbeitsbereich und einem Stall- und Speicherraum. Jedes Haus war damit eine selbstständige Wirtschaftseinheit. Wenn mehrere Dörfer zu einem Dorf zusammengeschlossen wurden, umgab man dieses mit Wall und Graben oder Palisaden. Es gab auch »Erdwerke«, mehr oder weniger rechteckige, mit Wall und Graben eingefasste Flächen, die man als Versammlungs- oder Kultorte deutet.

Zu jedem Dorf gehörte ein Friedhof – zum Teil umfassen sie bis zu 200 Gräber –, auf dem die Toten in so genannter Hocker- oder Schlafstellung, das heißt mit angezogenen Beinen, auf der linken Seite liegend bestattet wurden. Für den Weg ins Jenseits erhielten sie ihre persönliche Ausstattung, Schmuck, Waffen und einige Geräte mit, aber auch Nahrung, wie wir aus Tierkno-

INFOBOX

Pfahlbauten

Unter Pfahlbauten versteht man auf eingerammte Pfähle gestellte und damit frei über dem Untergrund stehende Wohn- und Speicherbauten. In der Urgeschichtsforschung wird der Begriff »Pfahlbau« seit den ersten entsprechenden Funden in den Uferzonen schweizerischer Seen 1853/54 diskutiert. Vom archäologischen Befund her gesehen handelt es sich stets um in heute offenem Wasser oder in Ufernähe von Gewässern wieder aufgefundene Pfahlfelder. Diese umfassen oft mehrere Tausend im Untergrund steckende hölzerne Fundamentgründungen aus oft ganz unterschiedlichen Bauperioden, teils aus der Jungsteinzeit, teils aus der Bronzezeit v. a. des westlichen Alpenraums.

INFOBOX

Vinčakultur

Die Vinčakultur hat ihren Namen von der Fundstelle Vinča, das heute ein Stadtteil von Belgrad ist. Mitte des 6. Jahrtausends v. Chr. aus der Starčevokultur hervorgehend, war sie im Bereich des heutigen Serbien, Westbulgariens und Westrumäniens verbreitet. Mitte des 5. Jahrtausends v. Chr. ging sie in die bereits chalkolithische jüngere Vinčakultur über. Charakteristisch für die ältere Vinčastufe waren Tongefäße mit Streifen-, Band- oder spiralähnlichen Mustern sowie zahlreiche Menschenfiguren.

chenresten wissen. In einigen Siedlungen wurden auch holzverschalte Brunnen entdeckt, die von großem handwerklichem Können zeugen. So hat der erst vor kurzem ausgegrabene Brunnen von Erkelenz in Nordrhein-Westfalen dank des vorzüglichen Erhaltungszustandes sehr detaillierte Angaben über seinen Aufbau und die Umwelt geliefert. Er war mehr als 15 Meter tief, bestand aus einer Art Blockbau und wurde mit Brettern verschalt. Diese erlauben mittels der Dendrochronologie eine Datierung auf 5090 bis 5050 v. Chr.

Die Keramik hat meist dunkles Aussehen, besteht aus einfachen Formen und weist eine eigenwillige, charakteristische Verzierung auf; auf der gesamten Oberfläche der Feinkeramik sind spiralförmige Bänder, oft punktgefüllt mit verschiedenen Randmustern eingeritzt. Daneben gibt es auch große Vorratsgefäße mit dicken Henkelösen, in denen wohl Getreide oder Wasser aufbewahrt wurde. Tier- und Menschendarstellungen deuten kultische Vorstellungen an, Gefäße mit Tierköpfen erinnern an die frühneolithischen Figuren auf dem Balkan und im Vorderen Orient.

Interessant sind außerhalb der Friedhöfe zu findende Ansammlungen von menschlichen Knochen. So konnte man in der Jungfernhöhle von Tiefenellern in Franken Knochen von 38 Individuen ausgraben, die Schnittspuren aufwiesen, also nach dem Tode in irgendeiner Weise bearbeitet worden sind. In Talheim bei Heilbronn hat man kürzlich ein Massengrab gefunden, in dem 34 Skelette lagen, die alle Spuren von Axt- und Beilhieben zeigten. Man kann diesen Fund kaum anders deuten, als dass hier bei einem Überfall oder in einer Strafaktion ein ganzes Dorf eliminiert wurde und die Überlebenden dann ihre Angehörigen bestattet haben. Wir kennen in der Urgeschichte zwar nur wenige derartige Beispiele von Aggression, es zeigt aber, dass wir diese Zeit durchaus nicht als harmonische, friedvolle Periode verklären sollten.

In Mitteleuropa verlief die Entwicklung insgesamt analog zu der in Südosteuropa. Auch hier folgte auf die einheitliche, frühneolithische bäuerliche Kolonisation eine Phase der Regionalisierung, in der die gemeinsame Formenbasis in verschiedenen Landschaften unterschiedlich variiert wurde. Dies kommt vor allem in dem Keramikstil zum Ausdruck, womit angedeutet wird, dass es sich um formale, regionale Unterschiede handelt, während die gesamte archäologische Kultur sich überall recht ähnlich äußert und als bandkeramische Nachfolgekultur zu erkennen ist. Dies zeigt sich schon am Hausbau: Es sind immer noch ungewöhnlich lange Bauten mit gleicher Bauweise, der Grundriss wird jetzt aber trapez- oder schiffsförmig, und der Innenraum ist nicht mehr unterteilt. Dies bedingt eine andere Lastenverteilung für das Dach, das nun im Wesentlichen von einer doppelten äußeren Pfostenreihe getragen wird. Auch die Dörfer

80656

Die lehmverputzten Rutenflechtwerkwände eines Kulthauses am Bodensee waren mit mehreren Paaren aus Ton geformter, weiß bemalter weiblicher Brüste geschmückt.

stehen ganz in bandkeramischer Tradition, doch ist eine weitere »Verdorfung« unverkennbar: Die Siedlungen werden größer und sind stärker konzentriert.

Größere Veränderungen deuten die Belege zur Wirtschafts- und Sozialstruktur an. Nach einer Krise in der Versorgung zum Ende der linearbandkeramischen Entwicklung erholte sich die Gemeinschaft relativ schnell und reagierte mit einer stärkeren inneren Struktur. Es bildeten sich herausgehobene Gruppen oder »Clans«, die sich durch ein reiches Grabgut, bestehend in üppigen Fleischbeigaben und Prestigeobjekten, auszeichnen. Bekannt sind vor allem die Gräber der Hinkelsteinkultur zu Beginn dieser mittelneolithischen Phase.

Es entspricht einer inneren Logik der beschriebenen Entwicklung, dass sich die keramischen Stile während der Phase der Regionalisierung immer mehr aufsplittern und wir am Ende des Mittelneolithikums eine Vielzahl von kleinen Gruppen vorfinden, die eine kennzeichnende gemeinsame Form, den Kugelbecher, aufweisen. Diese Kugelbechergruppen, die in der zweiten Hälfte des 5. Jahrtausends v. Chr. existierten, gehören zu den zwar viel diskutierten, aber kaum ausreichend belegten ar-

Nachdem die meisten Überreste von Pfählen zunächst als Stützkonstruktion für frei über dem Untergrund stehende Bauten gedeutet worden waren, erweisen sich nach heutigem Forschungsstand die meisten Pfähle als Reste der Untergrundsicherung ebenerdig angelegter Uferrandsiedlungen (wie hier in Fiavè, Dolomiten).

100762

INFOBOX

Spondylusschmuck – Ein Luxusgut

Seit dem Jungpaläolithikum ist Schmuck – bis zur Einführung der Metalle aus Muscheln, Knochen, Geweihen – bekannt. Geradezu als Inbegriff eines neolithischen Schmuckrohstoffes gelten die Erzeugnisse aus der Schale der essbaren Meeresmuschel Spondylus gaederopus. Die weiträumige Spondylusverbreitung ist ein Beispiel neolithischer Handelstätigkeit, wobei die Donau mit ihren Zuflüssen als die zentrale Verkehrsader bei der Ausbreitung dieses Muschelschmucks bis nach Mitteleuropa gilt.
Innerhalb der frühneolithischen bandkeramischen Gesellschaft scheinen jedoch nur einzelne Personen, die eventuell bestimmten Familien oder Familiengruppen zuzurechnen sind, das Recht oder die Möglichkeit besessen zu haben, diesen seltenen und kostbaren Schmuck zu tragen. Damit deutet sich eine erste Differenzierung der neolithischen Gesellschaft an, denn der Spondylusschmuck diente vermutlich anderen Zwecken als nur der Verschönerung. Macht und Rang einzelner Personen mögen an Menge und Art der Spondylusausstattung abzulesen gewesen sein.

chäologischen Kulturen. Wir kennen lediglich Abfallgruben und Gräber aus dieser Zeit.

Der Ablauf der Geschichte erfolgte nicht in langsamer, sich allmählich verändernder Differenzierung, sondern mit Fortschritts- und Stagnationsphasen. Es gibt nicht selten einen Kulturwandel, der sich zwar allmählich ankündigt, die fundamentalen Veränderungen aber relativ schnell vollzieht und damit neue Entwicklungsstufen einleitet. Einen derartigen Kulturwandel kann man zum Ende des 5. Jahrtausends v. Chr. beobachten. Nach einer nasskalten Phase änderte sich um 4200 v. Chr. das Klima, für wenige Hundert Jahre bestimmte nun ein wärmerer Abschnitt das Geschehen. In dieser Zeit wurde das mitteleuropäische Neolithikum auf neue Grundlagen gestellt.

Es fanden eine Anpassung und Konsolidierung der Wirtschaft und Kultur statt, es wurden neue Siedlungssysteme entwickelt und die weit reichende Kommunikation intensiviert. Angeregt durch Einflüsse aus dem Südosten, änderte sich die Keramik grundlegend. Ein neues vielfältiges Formenspektrum bestimmt das Bild. Es gibt jetzt auch Henkelgefäße und Krüge. Anfänglich waren die Gefäße zum Teil reich geometrisch verziert,

100562

Im August 2003 wurde im sächsischen Neukyhna-Zschernitz der bislang einzige männliche Torso aus der bandkeramischen Zeit entdeckt. Das Fragment des über 7 000 Jahre alten »Adonis von Zschernitz«, wohl ein Fruchtbarkeitssymbol, ist vom Nabel bis unterhalb des Gesäßes erhalten (Dresden, Landesmuseum für Vorgeschichte).

später dominierte die dunkle, gut geglättete Oberfläche, lediglich plastische Aufsätze zieren dann die Gefäße. Die neuen Formen sind natürlich nicht nur Ausdruck einer neuen Mode, sondern sind auch in neuen Essensgewohnheiten begründet. Dieser tiefer liegende, nicht nur als stilistische Veränderung zu verstehende Kulturwandel wird auch durch neues Symbolgut wie Kupferfunde oder Verzierungsmotive in Form weiblicher Brüste belegt.

Die Besiedlung erschloss jetzt neue Gebiete. Weiterhin wurden Dörfer in kleineren Tälern errichtet, erstmals nun aber auch die Seeufer belegt. Die dort angelegten, heute zum Teil noch gut erhaltenen Pfahlbauten prägen das Bild. Daneben sind auch Höhensiedlungen nicht selten, zusammen mit den zahlreichen belegten Erdwerken dokumentieren sie die Vielfalt der damaligen Siedlungsmöglichkeiten. Auch die Wirtschaft ging neue Wege. Zu den bisherigen charakteristischen Weizensorten kam Saatweizen hinzu, der überall dominant wurde.

Die Tierhaltung wurde vielfältiger, die Artenverteilung ausgewogener. All dieses bedeutet, dass die Wirtschaft nicht mehr nur wenige, ganz spezielle Arten kennt, sondern bewusst die Produktion den Gegebenheiten anpasst. Dies bedeutet auch eine intensive Auseinandersetzung und Nutzung der Umwelt. Dazu passt die gezielte Suche und Verwendung von bevorzugtem Rohstoff; so gibt es erst jetzt größere Abbaustellen von Silex, der weiträumig verhandelt wird. Das Gleiche gilt von besonderem, über Kulturgrenzen hinweg getauschtem Felsgestein.

Diese Zeit, gekennzeichnet durch erneute und breite Adaption der Wirtschaft an die Umwelt sowie durch eine Konsolidierung der mitteleuropäischen Kulturkreise, bildet eine deutliche Zäsur der kulturellen Entwicklung; man hat den Eindruck, dass erst jetzt die agrarische Produktion voll ausgenutzt und mit all ihren Möglichkeiten eingesetzt wird. Es erstaunt denn auch nicht, dass in dieser Phase erstmals Metallgeräte vorkommen. Zuerst wohl als Symbolgut und Prestigeobjekt verwendet, wird später dann auch eine selbstständige Verarbeitung entwickelt. Mit der Konsolidierung der beschriebenen Kultur scheint die Gesellschaft somit nun auf das Metall vorbereitet gewesen zu sein, es war jetzt offensichtlich ein Bedarf hierfür vorhanden. *Christian Strahm*

Metall verändert die Welt: Die Kupferzeit

Mit dem Beginn der Kupferzeit setzte eine neue, sich insgesamt schnell und progressiv entwickelnde Epoche ein, die durch technologische Neuerungen und die dadurch bedingten sozialen und ökonomischen Veränderungen geprägt wurde. Ursache für diese Umwälzung war letztendlich das Kupfer. Zwar bereits seit einiger Zeit bekannt, wurde es erst jetzt in einem solchen Umfang produziert, dass es wirtschaftliche und kulturelle Geltung erlangte. Die Bedeutung des Kupfers lag dabei weniger in den besonderen Eigenschaften des Materials selbst als vielmehr in den weit reichenden gesellschaftlichen Folgen, die seine Gewinnung und Verwendung verursachten.

Die Anfänge der Metallurgie

Die Herstellung von Kupferobjekten war an verschiedene Voraussetzungen gebunden und mit einschneidenden Veränderungen der Wirtschaftsweise verknüpft. Einige theoretische Überlegungen machen dies deutlich.

ZITAT

Bezüglich des engen Zusammenhangs zwischen Metallurgie und Hochkultur bemerkt der französische Vorgeschichtsforscher André Leroi-Gourhan:

Im Zusammentreffen der ersten Metallurgie mit der Entfaltung der ersten Städte sind bereits sämtliche Konsequenzen der Geschichte der großen Zivilisationen enthalten.

Zur Erkennung von geeigneten Lagerstätten waren Spezialisten (»Prospektoren«) mit großer Erfahrung und entsprechenden Kenntnissen nötig. Das entsprechende Gelände musste in Besitz genommen werden. Dieses war dann teilweise zu roden und für den eigentlichen Erzabbau vorzubereiten, unter anderem durch Anlage von Schächten.

Der Erzabbau schließlich erforderte einen fortgesetzten Ausbau der Stollen, verbunden hiermit waren Tätigkeiten wie Wasserbewirtschaftung und Köhlerei. Dies alles erforderte zahlreiche Arbeitskräfte und umfangreiche Materialmengen, vor allem Holz. Es folgte die Aufbereitung der Erze und deren Verhüttung, schließlich der Transport des Rohkupfers. Dessen darauf folgende Ver-

Im Chalkolithikum, der Kupfersteinzeit, wurde Keramik noch nicht auf der Töpferscheibe gedreht, sondern per Hand geformt (bemaltes Keramikgefäß aus Hacılar in Westanatolien, 5. Jahrtausend v. Chr.; Ankara, Archäologisches Museum).

2400

2400

Um 5000 v. Chr. spezialisierten sich einige Ansiedlungen in der Keramikherstellung und schufen Gefäße mit z. T. mehrfarbiger Bemalung. In den Brennöfen gelang vermutlich auch die erste Herstellung von Metallen (bemaltes Keramikgefäß aus Westanatolien, 5. Jahrtausend v. Chr.; Ankara, Archäologisches Museum).

arbeitung, die Produktion der fertigen Geräte und der nun stark intensivierte Handel erforderten zwar nur wenige, dafür aber hoch hochspezialisierte Arbeitskräfte.

Voraussetzung für die Einführung der Metallurgie waren somit die Verfügbarkeit ausreichender Materialmengen, durch Überlieferung über Generationen hinweg entwickeltes Spezialwissen, vor allem aber eine ausreichende Zahl an Arbeitskräften, die für die Erfüllung der neuen Aufgaben von der Subsistenzwirtschaft freigestellt werden mussten. Dies alles hatte immense Auswirkungen für die jeweilige Gesellschaft. Damit der beschriebene Aufwand auch geleistet werden konnte, waren tief greifende Veränderungen erforderlich. Zunächst musste

INFOBOX

Ein frühes Gebrauchsmetall

Kupfer ist nahezu beliebig verform- und gestaltbar, z. B. durch Hämmern. Defekte oder zerbrochene Objekte können jederzeit umgeschmolzen und erneuert werden. So erreicht ein Kupferbeil bei guter Verarbeitung und sorgfältigem Ausschmieden eine erstaunliche Härte; wenn es stumpf wird, kann es einfach nachgeschmiedet werden. Anders verhält es sich mit dem Rohstoff, dem erzhaltigen Gestein. Im Gegensatz zu den bisherigen Produkten menschlicher Arbeit, v. a. den angebauten und damit stets erneuerbaren Nutzpflanzen, stammt das Erz aus erschöpfbaren Lagerstätten, es ist nicht reproduzierbar.

Der Kupferzeit gehören in Europa auch die so genannten Megalithkulturen an, von denen noch heute deutlich sichtbar die Überreste eines differenzierten Totenkultes zeugen, wie z. B. das Dolmengrab Pentre Ifan im Pembrokeshire Coast National Park. Der Deckstein hat über 6 m Durchmesser (um 3500 v. Chr.).

die Produktivität der Nahrungsmittelhersteller erhöht werden, um die für die Erzgewinnung und -verarbeitung freizustellenden Arbeitskräfte ernähren zu können.

Schließlich mussten die Landnahme, der Bergbau selbst sowie der Handel organisiert werden. Hierzu bedurfte es leitender Personen oder Institutionen. Verbunden mit der Bildung von Berufsgruppen führte dies zur Schichtung der Gesellschaft. Früher uninteressante Gebiete wurden nun wegen der Lagerstätten bedeutungsvoll. Dadurch konnten Konflikte entstehen, die sicherlich oft nicht nur ein einzelnes Dorf betrafen, sondern ganze Stämme oder Regionen. Dies bedingte dann kompetente Institutionen für die Konfliktlösung, deren Bedeutung zum Beispiel die sehr mächtigen und unabhängigen Bergrichter des Mittelalters anschaulich zeigen.

Wie wir bis hierhin feststellen konnten, waren die Konsequenzen der Metallgewinnung und -verarbeitung für Gesellschaft und Kultur derart umwälzend, dass man den Beginn der industriellen Metallurgie als einen Einschnitt bezeichnen kann, seit dem die intensive Metallverarbeitung und alle damit zusammenhängenden Tätigkeiten die gesamte Kultur prägen.

INFOBOX

Frühe Kupfer führende Kulturen

Die ältesten bekannten Kupferbergwerke liegen auf der Balkanhalbinsel, auch wenn es Vermutungen über verschiedene andere, zum Tagebau geeignete und noch früher ausgebeutete Lagerstätten gibt. In Aïbunar im südlichen Bulgarien wurden bis 20 m tiefe Stollen und bis 100 m lange Kammern freigelegt. Als Betreiber sind die Führungsschichten der Vina-Pločnik-Kultur (Rudna Glava, Serbien) und der Karanovo-VI-Kultur (Aïbunar) anzusehen. Sie zeichnen sich nicht nur durch Kupfergegenstände und die ersten Goldschmiedearbeiten Europas (Warna) aus, sondern auch durch ihre Kultgefäße und Statuetten aus gebranntem Ton, was sie mit parallelen Kupfer führenden Kulturen (Gumelniţakultur in Rumänien und Cucuteni-Tripolje-Kultur in Nordostrumänien, Moldawien und der Ukraine) teilen.

Entwicklungsphasen der Metallurgie

Die tief greifende Veränderung der Gesellschaft, die die intensive Metallurgie bewirkte, war nicht die unmittelbare Konsequenz der ersten Kupferproduktion, sondern das Ergebnis einer langen wechselvollen Entwicklung. Zunächst muss man von den vereinzelt sehr früh auftretenden Metallobjekten, die im Vorderen Orient schon seit dem 9. Jahrtausend v. Chr. zu finden sind, absehen.

100880

Megalithgrab in der Ahlhorner Heide bei Visbek (Niedersachsen): In der Jungsteinzeit wurden die Toten z. T. in Grabbauten aus großen Steinblöcken oder behauenen Steinplatten bestattet, die ursprünglich noch mit einem Erdhügel überdeckt waren.

2743

In einem Experiment gelang es Archäologen, mit den Mitteln des Neolithikums einen 32 Tonnen schweren Block an Seilen über einen kurz zuvor stückeweise gebauten »rollenden Weg« aus Baumstämmen zu transportieren. Trotz technischer Hilfen war die Errichtung megalithischer Anlagen mit enormer – erzwungener oder freiwilliger? – Arbeitsleistung vieler Menschen verbunden.

Hierbei handelte es sich zunächst lediglich um aus gediegenem Kupfer gearbeitete Stücke, die durch Hämmern und Schlagen zu Schmuckformen umgestaltet wurden. Später verbesserte man dann zum Beispiel in Çayönü Tepesi die Verarbeitung gediegenen Kupfers durch Erwärmen und Schmelzen.

In dieser als »Initialphase« bezeichneten Periode erkannte man die Eigenschaften des neuen Werkstoffs und begann, ihn materialgerecht zu verarbeiten. In der folgenden »Experimentierphase«, die im Umfeld einer entwickelten, mit hohen Temperaturen arbeitenden Keramiktechnologie zu sehen ist, versuchte man es auch mit einer ersten Verhüttung von Erzen, wie wir dies aus Çatal Hüyük aus dem 6. und aus Südosteuropa aus dem 5. vorchristlichen Jahrtausend kennen. Diese ersten, sporadisch auftretenden Produkte hatten aber noch keine kulturverändernde Wirkung; sie deuten lediglich an, dass der Mensch zwar neue Techniken entwickelt hatte, für ihre breite Anwendung aber noch keine Notwendigkeit bestand und das Umfeld noch nicht dazu geeignet beziehungsweise darauf vorbereitet war.

Erst sehr viel später, als die wirtschaftlichen und sozialen Voraussetzungen gegeben und die sozioökonomische Entwicklung schon so vorangeschritten war, dass Metallprodukte in der Gesellschaft eine sinnvolle Funktion erfüllen konnten, stellen wir eine systematische Verarbeitung von Erzen und Rohkupfer fest. Zunächst aber setzte sich, wie schon erwähnt, die neue Technologie nur zaghaft durch. Man besorgte sich Erzbrocken, verhüttete sie vielleicht noch an einer einfachen Feuerstelle, und stellte nur wenige Typen her. Auffällig ist dabei, dass jetzt nicht mehr nur schwere Geräte, sondern auch kleine Beile, Dolche und Schmuck produziert wurden. In dieser Aufbauphase, die wir in der Abfolge der Entwicklungsstufen als Chalkolithikum (Kupfersteinzeit) bezeichnen, verharrte die weiterhin kaum gegliederte Gesellschaft fast ausschließlich auf einer noch jungsteinzeitlichen Kulturstufe. Die Metallverarbeitung kam nur ergänzend zur landwirtschaftlichen Tätigkeit hinzu. Sie veränderte weder die Sozialstruktur grundlegend, noch prägte sie das Kulturbild entscheidend.

Die vervollkommneten Kenntnisse und der verbesserte Zugang zu den Rohstoffen führten schließlich dazu, dass Werkzeuge und Waffen aus Metall hergestellt wurden, sofern dieses dazu geeignet war. Intensiv betrieben, bestimmten Erzabbau und -verarbeitung sowie alle damit zusammenhängenden Aktivitäten ab diesem Zeitpunkt das gesamte Kulturbild derart, dass wir von einer »industriellen Phase« sprechen können. Sie setzt im Vorderen Orient mit dem Auftreten der frühen Hochkultur in der zweiten Hälfte des 3. Jahrtausends v. Chr. ein, in Mit-

ZITAT

Der Historiker Arnold Toynbee bemerkt zur Erfindung der Metallurgie:
Sie hat die Menschheit auf eine neue Stufe gehoben, aber der Preis war einerseits die Arbeitsteilung, andererseits der allmähliche Verbrauch eines Rohmaterials, das knapp und unersetzlich ist. ... Die Geschichte der Metallverarbeitung ist die Geschichte eines unaufhörlichen Schürfens nach jungfräulichen Erzvorkommen, um neue Quellen für die zu finden, die schon erschlossen und erschöpft sind.

100880

Megalithgräber wie dieser jungsteinzeitliche Dolmen in Fontanaccia bei Sartène in Südkorsika wurden möglicherweise von ganzen Dorfgemeinschaften über mehrere Generationen genutzt.

Zur Zeit der Megalithkulturen treten innerhalb Europas kulturelle Neuerungen auf: Neben der Kupfermetallurgie und der Entwicklung des Bergbaus sind die erste Nutzung von Pflug, Wagen und Zugtieren sowie erste befestigte Siedlungen bezeugt (Dolmen von La-Roche-aux-Fées, Bretagne).

teleuropa mit der entwickelten Frühbronzezeit. Die unterschiedliche Begrifflichkeit dieser Zeitabschnitte überwindend, bezeichnen wir die neue entwicklungsgeschichtliche Stufe, die gemäß den gleichen ökonomischen Entwicklungen definiert ist, regional übergreifend mit dem Begriff Metallikum. *Christian Strahm*

Gesellschaftlicher Wandel: Die Metallkulturen in Europa

In Europa finden wir die ersten Metallkulturen auf der südöstlichen Balkanhalbinsel. Dort verlief die Entwicklung ähnlich wie im Vorderen Orient. Schon in frühneolithischer Zeit wurden kupferhaltige Mineralien bearbeitet, hatten aber keine kulturverändernde Wirkung. Erst als die Bedingungen für eine entwickelte Metallurgie geschaffen waren, als die Gesellschaft darauf vorbereitet war, die hiermit verbundenen soziokulturellen Folgen zu tragen, bildeten sich bedeutende Metallkulturen heraus. In Südosteuropa kam es dabei zu einer rasanten Entwicklung, indem die Gesellschaft sich innerhalb eines halben Jahrtausends von einer rein neolithischen Bodenbaukultur bis an die Schwelle zur Hochkultur entwickelte.

Südosteuropa als Vorreiter
Die jungsteinzeitlichen Kulturen, die um 5000 v. Chr. in Südosteuropa existierten, waren auf den überaus fruchtbaren Böden in den großen Flusstälern verbreitet und betrieben intensiven Ackerbau, der Grundlage für die dichte Besiedlung war. Man lebte in eng bebauten Dörfern, die so nah beieinander lagen, dass zwischen den Nutzflächen der Siedlungen kaum ungenutztes Land war. Dies bedeutete, dass jede Zunahme der Bevölkerung und die damit verbundenen Gebietsansprüche ein gewisses Konfliktpotenzial entstehen ließen.

Hier bedurfte es dann einer kompetenten, anerkannten und respektierten Institution, die als »Konfliktlösungsagentur« über mehrere Dörfer regierte und ihre Macht auch repräsentieren musste. Wir dürfen dementsprechend davon ausgehen, dass in den dicht besiedelten Flusstälern dieses Raums noch in neolithischer Zeit eine hierarchisch aufgebaute Sozialstruktur entstand. Für die schließlich um 4500 v. Chr. entstehenden Metallkulturen waren damit die kulturellen und sozialen Voraussetzungen gegeben, die die Erzgewinnung und -verarbeitung erst ermöglichten sowie die breite Verwendung von Metallgeräten sinnvoll werden ließen.

Unter den beschriebenen Voraussetzungen entstanden somit in Südosteuropa mehrere Kulturen, vor allem die Kodjadermen-Gumelniţa-Karanovo-VI-Kultur, die Sălcuţsakultur, die Cucuteni-Tripolje-Kultur und die jüngere Vinčakultur im Karpatenbecken sowie die Tiszapolgár-Bodrogkeresztúr-Kultur. Sie unterscheiden sich zwar deutlich in den stilistischen Merkmalen, doch sind sie alle mehr oder weniger klar von der Metallverarbeitung geprägt. Die Wirtschaft des gesamten Kulturkreises war hauptsächlich durch den Ackerbau bestimmt, weniger durch Jagd und Tierhaltung. Der Anbau früher Getreidearten wie Einkorn, Emmer und Nacktgerste sowie von Hülsenfrüchten muss sehr intensiv und durchdacht gewesen sein, finden sich doch viele artenreine Getreidereste, die einen getrennten und in geregelter Folge getätigten Anbau belegen.

100563

Diese qualitativ hochwertig gearbeitete Vase aus dem Bereich der Cucuteni-Tripolje-Kultur wurde in Trusesti in Nordostrumänien gefunden (um 4000 v. Chr.).

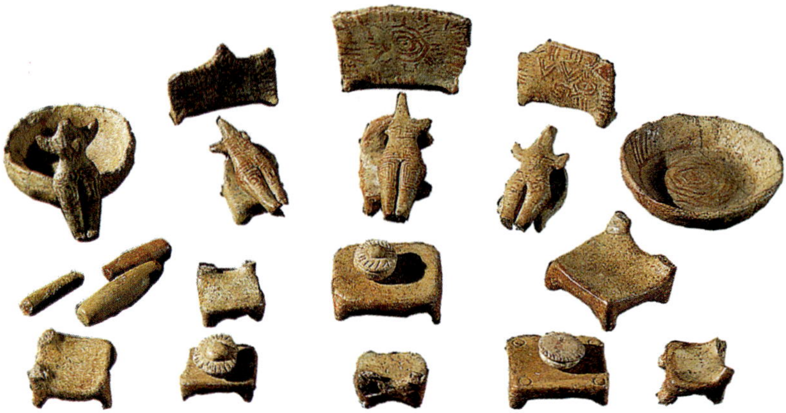

50

Verschiedene Idole und Modelle von Altären und Thronen aus dem Bereich der kupferzeitlichen Karanovo-VI-Gruppe in Südbulgarien (Terrakotta, Höhe der Figuren bis zu 5,7 cm)

Die herausragende Erscheinung ist die im Gebiet des heutigen nördlichen Bulgarien und südlichen Rumänien verbreitete Kodjadermen-Gumelniţa-Karanovo-VI-Kultur, kurz KGK-VI-Kultur genannt, die wir stellvertretend für den ganzen Kulturenkomplex beschreiben wollen. Die Bevölkerung lebte wie in der vorangegangenen jungsteinzeitlichen Phase in eng und dicht gebauten Dörfern, die zwanzig bis fünfzig Häuser umfassten. Sie waren aus Holzstangen gebaut, die mit Zweigen verflochten und dick mit Lehm verstrichen waren. War ein Haus baufällig oder eingestürzt, baute man auf dem Schutt ein neues Haus, sodass im Laufe der Zeit das gesamte Siedlungsareal allmählich immer höher wurde.

Auf diese Weise entstanden die markanten Wohnhügel oder Tells. In Nordostbulgarien wurden die Toten mit reichen Beigaben in großen Friedhöfen bestattet, in anderen Gegenden fehlen uns noch entsprechende Informationen. Die Funde beeindrucken durch ihre ungewöhnliche Schönheit und hervorragende Qualität. Die Keramik ist elegant geformt, reich mit geometrischen und geschwungenen Mustern bemalt und wirkt durch die starke Profilierung metallisch. Neben den üblichen Erdfarben wurde häufig metallisch glänzendes Graphit zur Bemalung verwendet.

Von gleich hoher Qualität sind auch die Steingeräte, vor allem die perfekt geschlagenen Silexklingen, die von

Spezialisten hergestellt worden sind. Sehr vielfältig sind auch die Geräte aus Hirschgeweih. Die zahlreichen, vor allem in Gräbern vorkommenden Metallobjekte zeigen durch ihre massiven Formen, dass man am Rohstoff nicht zu sparen brauchte. Es gab schwere Beile und große Äxte (so genannte Schaftlochäxte), die gewiss auch Rangabzeichen oder Statussymbole darstellten, daneben kleinere Werkzeuge wie Ahlen und Pfrieme. Schmuck wurde aus dem neuen Rohstoff seltener hergestellt. Dieser bestand vielmehr aus dem häufig verarbeiteten Gold. Der Kult spielte eine wichtige Rolle im damaligen Leben. Beleg hierfür sind außerordentlich viele Idole, die aus Knochen, Stein, Marmor oder Ton hergestellt wurden. Im Gegensatz zu den fettleibigen frühneolithischen Frauenstatuetten sind die Idole nun zwar immer noch überwiegend weiblich, doch ist die Darstellung meist schematisch und auf wenige Grundformen reduziert.

Aus der Vielzahl der Bodendenkmäler der insgesamt recht gleichförmigen KGK-VI-Kultur ragt ein Monument deutlich heraus. Es ist das einzigartige Gräberfeld von Warna an der bulgarischen Schwarzmeerküste. Dort wurden bis heute 281 Gräber gefunden, die die gesamte Spanne zwischen beigabenlosen und überreichen Prunkgräbern ausfüllen. Neben den üblichen Hockerbestattungen gibt es Teilbestattungen und auch »symbolische Gräber«, in denen nur die Beigaben lagen. Für einige Tote wurde offensichtlich ein komplizierter, zweistufiger Bestattungsritus vollzogen. Sie wurden zunächst an einem anderen Ort aufgebahrt oder in die Erde gelegt und dann später endgültig auf dem Gräberfeld bestattet.

Auffällig sind auch die sehr reich ausgestatteten Gräber, die einerseits zahlreiche Prunkwaffen und besondere

100563

Diese etwa 9 cm hohe Tonfigur wird der Karanovo-VI-Kultur zugeordnet (Ende 5. Jahrtausend v. Chr.; Targowischte, Historisches Museum). Die flächige Gestaltung erinnert stilistisch an Goldapplikationen aus der entsprechenden Zeit.

INFOBOX

Idole

In der vor- und frühgeschichtlichen Archäologie versteht man unter »Idolen« meist kleine, den menschlichen Körper abstrahierend oder auch naturalistisch wiedergebende Figuren aus Ton, Stein, Elfenbein oder Bronze, die für Grabbeigaben oder kultische Zwecke bestimmt waren. In den jungsteinzeitlichen Kulturen des Vorderen Orients und Europas handelt es sich meist um Frauenstatuetten, bei denen die Geschlechtsmerkmale besonders betont sind; sie gelten als Belege für einen Fruchtbarkeitskult.

Statussymbole enthalten, andererseits auch nur mit Idolen und ähnlichen Objekten ausgestattet sind. Die sich hinter diesen Erscheinungsformen verbergenden Riten und Standesunterschiede sind im Einzelnen kaum zu fassen, zu komplex sind Bestattungsformen und Ausstattung. Eines jedoch scheint klar: Es handelt sich bei der Nekropole von Warna um einen zentralen Bestattungsort für eine größere Gemeinschaft, die politische Führer mit eindeutigen Machtinsignien kannte, in der es aber auch religiöse Persönlichkeiten gab, die mit symbolischen Idolen bestattet wurden. Beiden Gewalten stand eine Gefolgschaft zur Seite, die in ebenfalls beigabenreichen Gräbern dokumentiert wird. Alle Indizien deuten somit an, dass hier eine stark differenzierte Gemeinschaft, die hierarchisch gegliedert war, existierte.

Diese Interpretation der Gesellschaft kann durch weitere Befunde belegt werden. Wie bereits ausgeführt, bedingte eine entwickelte Metallurgie ein straff aufgebautes, komplex organisiertes Gemeinwesen. In der Tat scheint die KGK-VI-Kultur zumindest an der Schwelle der Bildung eines Staates gestanden zu haben, wenn sie nicht sogar schon als Staat bezeichnet werden kann. Es gibt zahlreiche Indizien, die dafür sprechen. Für die verbreitete Metallverarbeitung standen zentrale Bergwerke zur Verfügung, wie sie in Ai Bunar und Rudna Glava entdeckt worden sind.

Die Siedlungen selbst waren zwar einheitlich gebaut, doch gibt es an einigen Fundplätzen besondere Häuser, die auf spezialisierte Werkstätten schließen lassen, sowie

INFOBOX

Das Gräberfeld von Warna

Mit dem Abbau und der Verhüttung von Erzen bildete sich eine Oberschicht heraus, die die Kontrolle darüber ausübte. Ein Gräberfeld der jungsteinzeitlichen Karanovokultur im Bereich des Warnasees westlich der Stadt Warna, Begräbnisplatz von Angehörigen dieser Oberschicht, erbrachte zahlreiche Goldfunde: Diademe, Armringe, Beschläge, Ohrringe, Tierfiguren, mit Goldblech beschlagene Prunkwaffen, daneben Keramik sowie Kupferwerkzeuge. Bei den aus dem 5./4. Jahrtausend v. Chr. stammenden Goldfunden handelt es sich um die weltweit ältesten Edelmetallfunde überhaupt. Zusammen mit den Funden aus gediegenem Kupfer beweisen sie die Ausbeutung von einheimischen Erzvorkommen.

In einem Gräberfeld im Gebiet des Warnasees in Bulgarien wurden die frühesten europäischen Zeugnisse der Goldschmiedekunst gefunden, darunter diese Stiere aus dünnem Goldblech und das goldene Schmuckplättchen.

Depotfunde mit serienmäßig hergestellter Keramik. Weiter sind einige Häuser aufgrund der darin gefundenen zahlreichen Idole und kultischen Darstellungen als Heiligtümer oder Repräsentationsbauten mit zentraler Bedeutung anzusprechen. Auch der Fernhandel und die weiträumig organisierte Rohstoffversorgung belegen die komplexe Struktur der KGK-VI-Kultur.

Schließlich weist das Gräberfeld von Warna darauf hin, dass hier die Vertreter der politischen und sakralen Oberschicht, nebst ihren Gefolgsleuten und einigen »gewöhnlichen« Individuen, bestattet waren. Genau dies ist aber die Struktur, die wir von einem frühen Staat erwarten. Für eine derartige Organisation wird schließlich auch die Kenntnis der Schrift vorausgesetzt. In der Tat wurden in Bulgarien einige Objekte gefunden, die zwar noch nicht echte Schriftzeichen aufweisen, aber variierende Zusam-

101414

Die jungsteinzeitliche Mondseekultur erhielt ihren Namen nach einem Hauptfundort mit Pfahlfeldern, Metallgeräten und Gefäßresten im österreichischen Salzkammergut.

mensetzungen von symbolischen Zeichen enthalten und damit eine Vorstufe zur Schrift bilden könnten.

Insgesamt sprechen also viele Anzeichen dafür, dass sich die KGK-VI-Kultur an der Schwelle zum Staat befand und eine ungebrochene Weiterentwicklung mit Sicherheit auch dazu geführt hätte, dass sich hier im 4. Jahrtausend v. Chr. ein Staat hätte bilden können. Allein so weit kam es nicht. Die differenzierte Entfaltung dieser Kultur bricht um 3800 v. Chr. ab, vermutlich durch eine Invasion von Nomadenvölkern aus der südrussischen Steppe. Das Schicksal der KGK-VI-Kultur ist aus universalhistorischer Sicht insofern von Bedeutung, als es zeigt, dass frühmetallzeitliche Entwicklungslinien nicht zwangsläufig zu einer Hochkultur führen müssen, es vielmehr auch Rückschritte gab.

Die Ausbreitung nach Mitteleuropa

Wichtig für den Prozess der Ausbreitung der Metallurgie zunächst im südlichen Mitteleuropa ist die gegen Ende des 5. Jahrtausends v. Chr. im Raum zwischen der Ungarischen Tiefebene und dem westlichen Österreich verbreitete Lengyelkultur. Zahlreiche Kupfergeräte – ausschließlich Schmuckgegenstände und Ahlen – belegen die Kenntnis der Metallverarbeitung, doch bewirkte diese noch keine ökonomisch grundlegende Umwälzung dieser Kultur. Im Wesentlichen noch neolithisch geprägt, kann sie deshalb bereits als chalkolithisch bezeichnet werden. Die Lengyelkultur ist nicht nur wegen ihrer weiträumigen Verbreitung, sondern auch wegen der einheitlichen Erscheinungsform interessant. Die zahlreichen, aus großen Häusern bestehenden Dörfer überdeckten oft eine Fläche von mehreren Hektar.

Ebenso gut erforscht wie die Siedlungen sind die Friedhöfe dieser Kultur. Es sind große Gräberfelder, die neben den Siedlungen liegen und aus einheitlich ausgerichteten Skelettbestattungen bestehen. Besonders auffällig ist die Keramik der Lengyelkultur. Die Gefäßformen sind stets stark gegliedert und verhältnismäßig kompliziert aufgebaut. Beeindruckend ist jedoch die auffällige Bemalung, die aus roten, gelben und weißen Bändern besteht und in breiten Streifen die Gefäße umschnürt oder sie in senkrechte Felder gliedert.

Statuetten aus Ton sind durch ihre lang gezogenen, geschwungenen Körper von einer bestechenden Eleganz und dürften wie andere Objekte dieser Art mit dem Ahnenkult zu tun haben. Insgesamt kann die Lengyelkultur als Mittler zwischen den südosteuropäischen Kulturen und den Kulturen am nordöstlichen Alpenrand betrachtet werden. Gerade im westlichen Verbreitungsgebiet sind aus ihr mehrere Nachfolgekulturen hervorgegangen, die für die spätere Ausbreitung der Metallurgie in Mitteleuropa als verantwortlich anzusehen sind.

Unter diesen Nachfolgekulturen gibt es eine wichtige Gruppe, die viele aus der Ungarischen Tiefebene importierte Kupfergeräte aufweist: die Jordanow- oder Jordansmühler-Kultur. Sie gehört in das nördliche Ausstrahlungsgebiet der Lengyelkultur und war von Niederösterreich bis in den polnischen Raum hinein verbreitet. Leider ist ihre Erforschung noch nicht weit vorangeschritten. So kennen wir zwar einige reiche Gräberfelder und eine Anzahl von Siedlungen, doch gibt es über sie noch zu wenige moderne Untersuchungen. Für das Verständnis der Kupferzeit ist sie aber durch die reichen Metallfunde von Bedeutung. Zu ihrem Fundinventar gehören aus Ostungarn importierte Kreuzhacken, aber auch einige eigenständige Schmuckformen, zum Beispiel Doppelspiralanhänger. Letztere bezeugen, dass in Mittel-

2924

Verzierter Gürtelhaken (Länge 15,1 cm) aus dem Bereich der Altheimer Gruppe vom Fundort Ergolding im Kreis Landshut. Links und rechts zwei Besatzstücke in Form von Pfeilspitzen (Bayerisches Landesamt für Denkmalpflege, Außenstelle Landshut).

europa zu Beginn des 4. Jahrtausends v. Chr. nicht nur metallene Beile und Äxte verhandelt wurden, sondern dass hier offenbar auch die Technologie der Metallherstellung übernommen wurde.

Der nordalpine Raum

Das nordalpine Jungneolithikum ist ein gutes Beispiel für die Ausbreitung des Metalls in unserer Gegend. Erstmals finden wir in den zu dieser Zeit hier verbreiteten Kulturen eine nennenswerte Kupferbearbeitung, wir können sie deshalb als chalkolithisch ansprechen. Es sind dies in erster Linie die Mondsee- und die Pfyner Kultur; die eng mit ihnen verwandte Altheimer Gruppe im nordöstlichen Bayern stand dagegen noch auf einer mehr jungsteinzeitlichen Stufe.

Die Mondseekultur war im Raum des heutigen westlichen Österreich verbreitet und bildete eine Verbindung zwischen dem Karpatenbecken und dem süddeutschen sowie schweizerischen Raum. Ihre Siedlungen lagen auf kleinen Anhöhen und – als Pfahlbauten – an den Ufern der Seen im Salzburger Land. Die Keramik umfasste doppelkonische Schalen, Krüge, Amphoren und hohe Töpfe mit verziertem Rand, die vermutlich als Wasser-

Die Wartbergkultur ist nach Siedlungen auf dem Wartberg im Schwalm-Eder-Kreis benannt. Die Bezeichnung überschneidet sich mit dem früher nach ihrem Bestattungsritual gebräuchlichen Namen Steinkistenkultur (Rekonstruktion eines Steinkistengrabes; Atteln, Nordrhein-Westfalen).

100762

INFOBOX

Chamer Gruppe und Wartberggruppe
Die nach der oberbayerischen Stadt Cham benannte Chamer Gruppe war um 3000 v. Chr. im Bereich des heutigen Ostbayern und Westböhmens verbreitet; enge Beziehungen bestanden zu anderen spätneolithischen Kulturen in Ostböhmen, Mähren und Österreich. Die zeitgleiche, nach dem Wartberg bei Niedenstein-Kirchberg (Schwalm-Eder-Kreis, Hessen) genannte Wartberggruppe hatte ihren Schwerpunkt zwischen den heutigen Städten Wiesbaden und Kassel.

und Vorratsgefäße dienten. Auffällig und typisch ist die Verzierung. Sie ist aus tiefen Ritzlinien hergestellt, wobei das die Furche ziehende Instrument in kurzen Abständen so in den Ton gedrückt wurde, dass eine unterschiedliche Ritztiefe entstand.

Man erreichte hierdurch eine bessere Haftung der weißen Masse, mit der man die Verzierung füllte. Die Muster, die sich auf diese Weise hell kontrastierend gegen die dunkel polierte Tonoberfläche abheben, lassen uns erahnen, dass jede Ornamentik nicht nur Zierde ist, sondern stets auch eine für uns jedoch wohl niemals zu erschließende symbolische Aussage beinhaltet. Durch diese markante Verzierung ist die Mondseekultur auch an kleinen Fragmenten zu erkennen, ihr Verbreitungsgebiet damit klar abzugrenzen. Auch die Werkzeuge bezeugen die Originalität dieser Gruppe. Neben den bekannten Steinbeilen wurden schön gearbeitete »Knaufhämmeräxte« gefunden, die Metallvorbilder nachahmen und bestenfalls als Kampfwaffe dienen konnten. Man glaubt deshalb, dass es Statussymbole einer gehobenen Gesellschaftsschicht waren.

80692

Die 31 cm lange Nachbildung eines Breitbeils der Horgener Kultur aus Sipplingen im Bodenseekreis hat einen Holm aus Holz, an dem mit einem Zwischenfutter aus Hirschgeweih ein steinernes Beil befestigt ist.

Von besonderer Bedeutung sind die Metallgeräte der Mondseekultur. In den Seeufersiedlungen wurden ungewöhnlich viele Objekte gefunden, vor allem Flachbeile, Dolchklingen, kleine Spiralen sowie die üblichen Ahlen und Pfrieme. Sie sind genau bestimmbaren, weit verbreiteten Typen zuzuordnen. Da in den gleichen Siedlungen auch Gusstiegel vorkommen, weiß man, dass die Geräte am Ort produziert worden sind. Allerdings war bis vor kurzem nicht bekannt, woher das Erz bezogen und wo es abgebaut wurde. Lange Zeit wurde vermutet, dass schon damals die großen Erzlagerstätten im Ostalpenraum ausgebeutet wurden, daneben unterstellte man Importe aus den fortgeschrittenen Kulturen des Karpatenraumes.

Vor kurzem entdeckte man jedoch am Götschenberg im Salzburger Land am Rande des erzreichen Mittelberges in den Siedlungsschichten der Mondseekultur auch Schlacken und Gusstiegel, die den Beweis erbrachten, dass dort auch Erz verhüttet wurde. Neueste Analysen der Kupferobjekte vom Mondsee zeigen zudem, dass nur hier eine bestimmte Kupfersorte verarbeitet wurde, aus der drei Viertel der dortigen Geräte bestehen. Sie kommt sonst nur noch in Einzelstücken im nordalpinen Raum und im nördlichen Mitteleuropa vor und weist einmal mehr auf die intensive Kommunikation in der damaligen Zeit hin. All dies zeigt, dass die Mondseekultur eine sehr entwickelte Gemeinschaft war. Ihr Reichtum beruhte auf dem offenbar sehr begehrten, da weit verhandelten Kupfer. Was jedoch hierfür eingehandelt wurde, ist unbekannt.

100563

Das Tongefäß in Form eines Wagens ist vermutlich die erste Darstellung eines Wagens in Europa. Fundort war das Gräberfeld von Budakalasz in Ungarn, das größte seiner Art im Bereich der zwischen 3600 und 2900 v. Chr. verbreiteten Badener Kultur.

Die Mondseekultur verdankt ihre Entstehung neuen kulturellen Impulsen aus dem Karpatenraum. Eine wichtige Vermittlerrolle spielte hierbei die in der Umgebung des ungarischen Plattensees verbreitete Balatonkultur. Zu deren Merkmalen gehörte unter anderem die Verwendung des Furchenstichs als Verzierungstechnik und schließlich die Anwendung einer fortgeschrittenen Metallurgie. Wie wir oben gesehen haben, sind bereits aus der Jordanow- oder Jordansmühler-Kultur Kupferfunde bekannt, jetzt aber verbreitete sich – wahrscheinlich aufgrund von Anregungen aus dem südosteuropäischen Raum – im südlichen Mitteleuropa eine neue Art der Kupferverarbeitung, nämlich die Verwendung von Arsenkupfer.

Zu den jungneolithischen nordalpinen Kulturen gehört auch die gut erforschte Altheimer Gruppe im heutigen Niederbayern. Sie hat viel mit der Mondseekultur gemeinsam, unter anderem die Form der Silexverarbeitung, die Knaufhammeräxte und die Krugformen. Trotz dieser Verwandtschaft kannten die Träger dieser Kultur weder die Furchenstichverzierung noch die Kupferverarbeitung. Da die Altheimer Gruppe an der Peripherie der vom karpatenländischen Raum ausstrahlenden Kulturströmung lag, wurde sie stärker als die südlich benachbarten Kulturen von einheimischen Überlieferungen geprägt. Beispiel hierfür sind Erdwerke wie dasjenige von Kothingeichendorf in Bayern, eine komplexe Anlage aus mehrfachem Wall- und Grabensystem. Offensichtlich hatten diese Erdwerke keine Schutzfunktion, sondern dienten als zentrale Versammlungsorte.

Die westlichste und zugleich am besten erforschte Gruppe des nordalpinen Jungneolithikums ist die Pfyner Kultur in der heutigen Ostschweiz. Ihre Ufersiedlungen zeigen, dass die Landnahme gegenüber dem Frühneolithikum erheblich erweitert worden ist. Die Dörfer bestanden nun aus 20 bis 50 Häusern, die jeweils eine Familie beherbergten. Ebenso wie die Mondseekultur kannte die Pfyner Kultur eine ausgeprägte Metallverarbeitung. Beleg hierfür sind zahlreiche Beilklingen, die die gleiche Form haben wie solche aus weiter östlich gelegenen Gebieten. Silexgeräte, Hammeräxte und ähnliche Funde weisen auf weite Handelsbeziehungen hin, und es ist anzunehmen, dass auf diesem Wege auch der Rohstoff für das Kupfer besorgt wurde.

Die Fertigprodukte waren sehr begehrt. So kennt man Kupferflachbeile aus der Pfyner Kultur als Importfunde in einigen Siedlungen der Gordayokultur der Mittel- und Westschweiz. Gräberfunde im Bereich der eben betrachteten Kultur fehlen. Vereinzelt auftretende eindeutige Bestattungen sowie Skelettteile aus den Gräben der Erdwerke können nicht auf damals gebräuchliche Grabriten hinweisen, sie sind eine Ausnahme. Wir müssen dementsprechend davon ausgehen, dass man die Toten in einer Weise beigesetzt hat, die im Boden keine Spuren hinterlassen hat.

Die Wirtschaft des Jungneolithikums unterscheidet sich von den vorangegangenen Zeiten durch einen differenzierteren Anbau, in dem vor allem der ertragreichere und auch anspruchslosere Nacktweizen deutlich zunimmt. Auch die Viehhaltung wurde wichtiger, das am meisten Fleisch liefernde Rind war dominierend. Belege über kultische Vorstellungen gibt es kaum. Wir wissen lediglich durch die Befunde in den Erdwerken, dass Stiergehörne eine entsprechende Bedeutung besaßen. Dieses sowie einige andere Indizien passen zu einem im Balkanraum in dieser Zeit bekannten, durch dualistische Vorstellung geprägten Kult, der sich differenzierter darstellt als der frühneolithische Fruchtbarkeitskult.

Das gesamte Jungneolithikum stellt sich uns als recht einheitlicher Zeitabschnitt dar, der in einige nach Keramikstilen unterschiedene archäologische Kulturen aufgegliedert ist. Die fließenden Übergänge zwischen diesen Kulturen, die vielen gemeinsamen Formen und die überregionale Verbreitung von Rohstoffen weisen darauf hin, dass die Kommunikation damals sehr intensiv war, dass regelmäßig Kontakte zwischen den Gruppen stattfanden und ein reger Handel herrschte. Als Beispiel dafür sei etwa die Kupferscheibe von Hornstaad am Bodensee erwähnt, die aus dem Balkanraum stammt und gewiss nicht nur Handelsgut darstellt, sondern auch Symbolträger war.

Die vorangehend am Beispiel des nordalpinen Jungneolithikums beschriebene, durch die Entfaltung großer mitteleuropäischer Kulturkreise gekennzeichnete Phase zwischen 4000 und 3300 v. Chr. war von einem kühlen Klima bestimmt, das in der Jahrtausendmitte merklich feuchter wurde und auch zu einem zeitweiligen Auflassen der Seeufersiedlungen führte.

Zwischen 3300 und 2800 v. Chr. bildeten sich in Mitteleuropa zahlreiche, in ihren Grundzügen einander sehr ähnliche regionale Gruppen (z. B. diejenigen von Cham und Wartberg), die ebenfalls auf südosteuropäische Kulturimpulse zurückgehen. Die Menschen siedelten in im Vergleich zur vorherigen Epoche kleineren, gut geschützten Dörfern auf Anhöhen in der Nähe günstiger Verkehrswege. Aufgrund des kühleren Klimas wurde in erster Linie der robustere und genügsamere Emmer angebaut, auch die Gerste nahm stark zu. Bei den Haustieren trat das den schlechteren Bedingungen besser angepasste Schwein in den Vordergrund.

Eine Ausnahmestellung innerhalb dieser mitteleuropäischen Gruppen nimmt die Horgener Kultur der Ostschweiz ein. Zwar ist ihre Wirtschaftsform mit derjenigen der benachbarten Kulturen identisch, doch ist das allgemeine, durch lokale Traditionen geprägte Erscheinungsbild wesentlich anders. Zunächst fällt die grobtonige, dickwandige Keramik auf. Die relativ geringe Qualität der Tonware bedeutet jedoch nicht, dass man die Keramikherstellung nicht besser beherrschte, viel-

s. ZEIT Aspekte Getrennte Gesellschaften S. 566

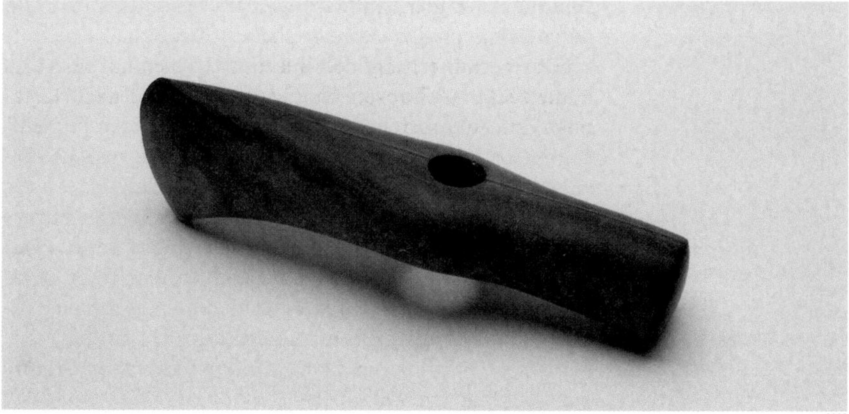

2925

Neolithische Äxte und Beile waren sehr wertvoll, weil Steinschliff und Durchbohrung mehrere Tage Arbeit in Anspruch nahmen. Die steinerne Streitaxt wurde in einem Grabhügel bei Werl in Westfalen gefunden (Mitte 3. Jahrtausend; Münster, Westfälisches Museum für Archäologie).

mehr bestand keine Notwendigkeit, bessere Ware herzustellen.

Die fraglichen Gefäße dienten nur als Kochgeräte, für die übrigen Zwecke bediente man sich bewundernswert gearbeiteter Holzgefäße. Die in den feuchten Böden der Ufersiedlungen mannigfaltig erhaltenen Werkzeuge und ihre Schäftungen bezeugen das große handwerkliche Geschick der Träger der Horgener Kultur. Es gibt elegant gearbeitete Axtholme, beeindruckende Messergriffe oder auch schöne Holzschalen. Durchbohrte Zähne, Steinperlen und Hirschgeweihanhänger bezeugen das Schmuckbedürfnis dieser Menschen.

Ein Rohstoff fehlte jedoch in der Horgener Kultur völlig und kam auch in den benachbarten Gruppen nur ausnahmsweise vor. Es ist dies das Kupfer, das in der vorhergehenden Phase immerhin so bedeutend war, dass wir die Kulturen des 4. Jahrtausends v. Chr. dem Chalkolithikum zuordnen konnten. Aus dem Bereich der mitteleuropäischen Gruppen der Zeit um 3000 v. Chr. sind nur ganz wenige Kupfergeräte erhalten. Sie besagen gerade so viel, dass man dieses Material zwar kannte, ansonsten aber Kupfer weder gewann noch verarbeitete, sodass wir diese Kulturen wieder ganz der neolithischen Entwicklungsstufe zuordnen müssen.

Wie ist aber dieser Rückgang zu deuten? Da das Kupfer unbestreitbare Vorteile besaß, kann man den Vorgang nicht als einfache Zeiterscheinung erklären, er muss vielmehr zwingende Ursachen gehabt haben. Einige Wissenschaftler sind der Auffassung, dass besonders traditionalistisch geprägte Gemeinschaften den neuen Rohstoff schlichtweg ablehnten und ihn zum Tabu erklärten. Möglicherweise ist aber der Grund darin zu suchen, dass es nach der Ausbeutung der leicht zu gewinnenden, bald erschöpften Kupfervorkommen sehr schwierig war, die unzugänglicheren Lagerstätten zu erschließen. Erst langsam, unter Zuhilfenahme neuer Technologien und Innovationen, konnte dann in der zweiten Hälfte des 3. Jahrtausends v. Chr. die Metallurgie allmählich wieder an Bedeutung gewinnen, bis sie schließlich ab der entwickelten Frühbronzezeit die gesamte Kultur prägte.

Christian Strahm

Eine neue Ideologie: Die Schnurkeramik

Zu Beginn des 3. Jahrtausends v. Chr. erschien auf der Bühne der Geschichte ohne Vorankündigung ein neues Phänomen, das ähnlich einer ideologischen Revolution die gesamte Kultur und ihre geistigen Grundlagen veränderte. Dieses Phänomen ist die weiträumig verbreitete, durch schnurverzierte Keramik gekennzeichnete Kultur. Das Verbreitungsgebiet der Schnurkeramik erstreckte sich vom Dnjepr bis an den Rhein, von den Alpen bis nach Südschweden. Innerhalb dieses Gebietes, das größer ist als jeder andere durch eine archäologische Kultur bis dahin in Anspruch genommene Raum, sind die Funde von einer außerordentlichen Einheitlichkeit.

Man fragt sich, welche innere Kraft eine Gemeinschaft so bestimmen konnte, dass sie ihre kulturellen Äußerungen in einer derartigen Art hervorbrachte. Es muss sich bei den Schnurkeramikern um eine Gemeinschaft mit strengen Normen gehandelt haben, die offensichtlich eine neue revolutionäre Ideologie, vermutlich ein neues religiöses Denken einführte und die dann auch nach diesen strengen Grundsätzen lebte. Ein Hinweis hierauf könnte auch die Normung der Grabsitten sein, die noch beeindruckender ist als die Uniformität der Funde und deren stereotype Zusammensetzung.

Die Schnurkeramiker bestatteten ihre Toten in Hockerstellung in Erdgruben oder auch in Baumsärgen unter einem Grabhügel. Sie lagen in West-Ost-Richtung, den Blick stets nach Süden gerichtet. Neu ist die geschlechtsspezifische Bestattungslage. Die Männer lagen auf der rechten, der »stärkeren« Seite, die Frauen stets auf der linken, der »schwächeren« Seite. Als Beigaben sind Trinkgefäß, etwas Werkzeug und Schmuck bekannt, die Männer erhielten oft noch die Streitaxt, ein damals verbreitetes Statussymbol. Bestattungen, die nicht dieser Norm entsprechen, erweisen sich aufgrund anthropologischer Untersuchungen als solche von Individuen, die eine Sonderstellung einnahmen. Die ausgeprägte Ritualisierung im Grabbrauch gibt Anhaltspunkte über den Inhalt der neuen Ideologie.

Gegenüber den vorhergehenden Kulturen spielte in der schnurkeramischen Kultur der Totenbrauch eine herausragende Rolle. Die Jenseitsvorstellungen und damit auch die religiöse Ideenwelt waren sehr ausgeprägt. Die geschlechtsdifferenzierte Bestattung weist auf eine deutliche Rollenverteilung im Leben hin. Gemeinsam mit der Hervorhebung männlicher Statussymbole dokumentiert sie stark patriarchalische Züge. Insgesamt scheint es, dass die schnurkeramischen Grabhügel die Hinterlassen-

2924

Die charakteristische, namengebende Verzierung der Schnurkeramiker wurde durch das Eindrücken von gedrehten Schnüren in parallelen Reihen in den feuchten Ton erzielt (Tongefäß aus Großmehring, Landkreis Eichstätt; 2. Hälfte des 3. Jahrtausends v. Chr.; München, Bayerisches Landesamt für Denkmalpflege).

100563

Der Totenbrauch spielte in der schnurkeramischen Kultur eine große Rolle und lässt auf eine komplexe religiöse Vorstellungswelt schließen (Rekonstruktion eines Hockergrabes in Backaskog, Südschweden; Stockholm, Historiska Museet).

schaften lediglich einer Oberschicht darstellen und dass wir vom »gemeinen Volk« kaum Spuren haben.

Im mitteleuropäischen Kerngebiet sind schnurkeramische Siedlungen bislang unbekannt geblieben. Lediglich in den Randzonen ihres Verbreitungsgebietes, im baltischen Raum, in den Niederlanden und der Schweiz fanden sich Siedlungsreste, die stets denjenigen der dort jeweils vorhergehenden Kultur glichen. Vermutlich haben sich hier die Schnurkeramiker einerseits an die vorhandenen Strukturen angepasst und hat andererseits die alteingesessene Bevölkerung schnurkeramische Kulturelemente aufgenommen.

Das Fundinventar der schnurkeramischen Kultur besteht also zum größten Teil aus Grabbeigaben. Aufgrund der Gebrauchsspuren wissen wir, dass es sich um Alltagsgeräte gehandelt hat. Die Keramik besteht aus wenigen Formen. Ebenso einheitlich ist die charakteristische Verzierung, die durch das Eindrücken gezwirnter Schnüre in den noch feuchten Ton erzielt wurde. Die Schnurverzierungen wurden in mehreren Reihen um den Hals oder die Bauchzone der Gefäße gelegt. Die übrigen Funde unterscheiden sich kaum vom üblichen jungsteinzeitlichen Geräteinventar, hervorzuheben sind nur die bekannten

Streitäxte, deren Bedeutung bereits oben erwähnt wurde. Sehr häufig verwendeten die Schnurkeramiker Schmuck: verzierte Scheiben aus Knochen oder Muscheln, durchbohrte Hundezähne, die zu Ketten aufgereiht wurden, zierliche Knochennadeln. Nicht selten findet sich in schnurkeramischen Gräbern auch Kupferschmuck, doch wissen wir noch wenig über dessen Herkunft.

Das Erscheinen der schnurkeramischen Kultur um 2900 v. Chr. wird als Ausbreitung einer neuen, von einer bestimmten Gruppe von Individuen getragenen Ideologie verstanden. Die Lebensweise dieser Gruppe kennen wir leider überhaupt nicht. Wir wissen nicht einmal, ob sie eine autonome Gemeinschaft bildete oder ob sie als spezifische Schicht innerhalb verschiedener anderer Kulturen existierte. Etwa um die Mitte des 3. Jahrtausends v. Chr beginnen sich dann eindeutig selbstständige lokale schnurkeramische Gruppen herauszubilden, die nun auch einige Gegenden dicht besiedeln. Erst jetzt dürfen wir von einer »vollen archäologischen« schnurkeramischen Kultur sprechen.

INFOBOX

Schnurkeramiker und Indogermanen

In den Trägern der schnurkeramischen Kultur sah die frühere Forschung ein sich sehr dynamisch ausbreitendes Volk, das aus der südrussischen Steppe nach Europa einwanderte. Aufgrund seiner Verbreitung sowie einiger Fundstücke wurde es für das »Urvolk der Indogermanen« gehalten. Diese Theorien sind heute überholt, da die zum Vergleich herangezogenen Befunde aus Südrussland nur schlecht mit denjenigen der schnurkeramischen Kultur vergleichbar und zudem jünger sind. Bezüglich der Indogermanen muss darauf hingewiesen werden, dass es nicht möglich ist, eine aus der Sprachverwandtschaft rekonstruierte Gemeinschaft mit einer archäologischen Kultur gleichzusetzen.

Anthropologische Untersuchungen weisen zwar noch heute darauf hin, dass in der angenommenen schnurkeramischen Bevölkerung ein besonders schmalgesichtiger und langschädeliger Typ dominierte, dies muss jedoch nicht automatisch auf ein in sich geschlossenes Volk hinweisen; es kann ebenso gut bedeuten, dass es im Rahmen der Gesamtbevölkerung eine Gruppe gab, die sich durch Endogamie (Heirat nur innerhalb der eigenen Gruppe) abgrenzte. Für diese Art von Geschlossenheit spricht die beeindruckende Gleichförmigkeit des schnurkeramischen Fundgutes.

INFOBOX

Glockenförmige Becher
Die in der ausgehenden Jungsteinzeit (Kupfer- oder Kupfersteinzeit) in Europa auftretende Glockenbecherkultur ist v.a. durch glockenförmige Becher aus Ton mit feiner, zonengegliederter Stempelzier gekennzeichnet. Charakteristisch sind ferner in bestimmten Formen gefertigte Armschutzplatten aus Stein oder Knochen für den Umgang mit Pfeil und Bogen, gestielte Pfeilspitzen aus Silex sowie kleine Dolche und Schmuck aus Kupfer (selten Silber oder Gold), Bernstein und Knochen. Bezeugt ist die Glockenbecherkultur im Wesentlichen durch Grabfunde. Ihr Ursprungsgebiet war mit großer Wahrscheinlichkeit das westliche Mittelmeergebiet, von wo aus sie sich in Mittel-, Nordwest-, West- und Südwesteuropa verbreitete. Besonders im Hinblick auf die Verzierungsmuster der Keramik und die Form der Totenbestattung weisen die einzelnen regionalen Gruppen der Glockenbecherkultur große Unterschiede auf.

In gewissem Sinne eine Reaktion auf die Ideologie der Schnurkeramiker war das Auftreten der Glockenbecherkultur. Auch in ihr finden wir Gleichförmigkeiten. Besonders in der östlichen Gruppe wurde streng geschlechtsdifferenziert bestattet, hier jedoch im Vergleich zur Schnurkeramik genau umgekehrt; die Frauen lagen auf der rechten, die Männer auf der linken Seite. Im Bereich der Glockenbecher führenden Gruppen lebten offensichtlich schnurkeramische Gemeinschaften weiter, ihre Existenz ist in den entsprechenden Regionen jedenfalls bis ins 23. Jahrhundert v.Chr. belegbar.

Während gegen Ende des 3. Jahrtausends v.Chr. in Mitteleuropa schließlich die ersten frühbronzezeitlichen Kulturen auftraten (z.B. die Aunjetitzer Kultur), lebte die schnurkeramische Tradition neben diesen bereits durch die Metallurgie geprägten Zivilisationen noch einige Zeit weiter. Eine besondere Spätwirkung entfaltete sie als »Epischnurkeramik« im ostmitteleuropäischen Raum, wo sie zwar zahlreiche frühbronzezeitliche Elemente aufnahm, im Kern aber jungsteinzeitlich blieb. Erst die entwickelte Frühbronzezeit setzte dieser Tradition ein Ende. *Christian Strahm*

Exkurs: Steinzeit heute?

Die »Naturvölker« der Gegenwart

Der Stein als adäquates Material: »Steinzeitliche« Lebensformen?

Ende Mai 1979 trafen Angestellte der brasilianischen Indianerbehörde auf der Pflanzung eines Siedlers nahe dem unteren Rio Xingu fünfzig Eingeborene, die dort Schutz vor Feinden suchten. Diese Menschen waren nackt, in den Händen hielten sie Steinäxte, und sie entfachten Feuer durch Quirlen von Holz auf Holz, wobei das entstandene Bohrmehl mithilfe von Zunder zum Glimmen gebracht wurde.

Von Zeit zu Zeit machen in der Weltpresse Meldungen wie diese Schlagzeilen. Meist stehen sie unter der Überschrift, man habe in einem vergessenen Winkel unseres Planeten ein Volk entdeckt, das »noch in der Steinzeit« lebe. Tatsächlich gibt es an entlegenen Orten, im brasilianischen Regenwald etwa oder im unwegsamen Innern der Rieseninsel Neuguinea, Stämme, deren Kulturen (fast) unberührt von äußeren Einflüssen bis in die Gegenwart überdauerten und die nun, im Zuge von Erschließungsmaßnahmen oder angesichts geopolitischer Umwälzungen, ins Rampenlicht der Geschichte treten. Aber sind jene Mitbürger wirklich Zeugen einer Epoche der Menschheitsentwicklung, die wir längst abgeschlossen glaubten? Ist die kulturelle Evolution an ihnen vorübergegangen? Kommen sie also aus der Steinzeit?

Landläufig gilt als Steinzeit jenes Zeitalter, in dem Stein das am häufigsten verwendete Material für die Herstellung von Werkzeugen und Waffen war. Diese Definition geht auf den dänischen Archäologen Christian Jürgensen Thomsen (1788–1865) zurück, der die menschliche Urgeschichte in drei Perioden einteilte: Steinzeit, Bronzezeit und Eisenzeit. Thomsens Gliederung ist, inzwischen mehrfach modifiziert und auf örtliche Gegebenheiten zugeschnitten, in der archäologischen Literatur eingebürgert und wird, wenn auch mit Vorbehalten, weltweit verwendet.

Dennoch ist die Einteilung nicht unproblematisch. So unterstellt sie, verhaftet in evolutionistischem Denken, ungebrochene Linearität, zielgerichteten Fortschritt vom Einfachen zum Komplexen, der keine Abweichungen und Sprünge duldet. Gerade der Blick auf regionale Entwicklungen zeigt uns aber, dass kulturelle Entfaltung oft Umwege einschlug, sich äußerer Einwirkung beugte, mithin sogar Rückschritte in Kauf nahm.

Auch die Umschreibung »Stein-Zeit« selbst gibt zu Missverständnissen Anlass, legt sie doch nahe, dass Stein die Hauptrohstoffquelle der fraglichen Epoche gewesen ist. Aus Stein gefertigte Geräte überdauern Jahrtausende naturgemäß besser als Werkzeuge aus organischem Material. Der archäologische Befund liefert uns also ein recht einseitiges, ausschnittartiges Bild möglicher Nutzungsstrategien. Immerhin wissen wir heute, dass die Verwendung von Gerätschaften aus Holz, Knochen oder (in Südostasien) Bambus in ähnlichem Umfang wie Stein bearbeitende Techniken zur Entwicklung früher Kulturen beitrug.

Wandel ist das hervorstechende Merkmal der Menschheitsgeschichte. So wie unsere Vorfahren Waffen und Werkzeuge erprobten, sie verwarfen oder verfeinerten, veränderten sie allmählich auch ihre Wirtschaftsform. Die Klimaveränderung am Ende der letzten Eiszeit hatte allenthalben neue Lebensräume entstehen lassen. Um den Anforderungen zu entsprechen, die die Natur nun an die Menschen stellte, sahen sich vielerorts Jäger und Sammler gezwungen, aktiv Nahrung zu produzieren, sie zu speichern und gegebenenfalls umzuverteilen.

Die ersten Bauern traten auf den Plan. Der breitere Ernährungsspielraum begünstigte eine sesshaftere Lebensführung. Damit einher gingen Bevölkerungswachstum und höhere gesellschaftliche Verzweigung. Aber

Eine Pygmäenfrau mit ihrem Kind im Iturigebiet (Nordwestkongo) transportiert ein großen Stück Elefantenfleisch. Der Austausch von Produkten mit Nachbarvölkern gehört heute zur Lebensweise der Mbuti-Pygmäen.

100264

nicht alle Gemeinschaften folgten diesem Trend. Angesichts verschlechterter Umweltbedingungen kehrten nicht wenige Bauern wieder zu Jagd und Fischfang zurück, doch behielten die meisten einige Elemente der früheren Landwirtschaft bei.

Dort, wo die Klimaverhältnisse agrarische Nutzung verboten, aber auch in Landstrichen mit einem Überangebot natürlicher Ressourcen bewahrten Jäger- und Sammlervölker die althergebrachte Lebensform ganz. Solche Volksgruppen sind in der Entwicklung nicht »stehen geblieben«, sondern haben sich dem Milieu in hoch spezialisierter und häufig raffinierter Weise angepasst. Eskimoverbände ersannen zum Beispiel ein ausgeklügeltes technisches Instrumentarium, das ihnen Seesäugerjagd bis hin zum Walfang in großem Maßstab erlaubte. Und den Mbuti-Pygmäen Innerafrikas gelang es erst, im

Wo die Umweltbedingungen Landwirtschaft unmöglich machen, sichert das Jagen und Sammeln nach wie vor die Lebensgrundlage (Buschmann der San mit Pfeil und Bogen).

100497

100264

Regenwald Fuß zu fassen, als sie sich in ein ökonomisches Netz einfügten, das den Austausch von Waldprodukten gegen die Erzeugnisse ihrer Feldbau treibenden Nachbarn vorsah.

Auch nach dem Kontakt mit der modernen Zivilisation versuchten viele Völker, ihre hergebrachte Lebensweise zu bewahren, weil sie sich als optimal an die Umgebungsbedingungen angepasst erwiesen hatte.

Anders, aber nicht primitiv – Die »Naturvölker«

Alle »Naturvölker«, also jene Kulturgemeinschaften, die unmittelbarer als Mitglieder von Industriegesellschaften mit der natürlichen Umwelt in Kontakt stehen und sie

INFOBOX

Ein umstrittener Begriff

Wissenschaftsgeschichtlich hat der von Johann Gottfried Herder erstmals verwendete Begriff »Naturvölker« – ursprünglich zur Vermeidung von Bezeichnungen wie »Primitive« oder »Wilde« erdacht – verschiedene konzeptionelle Umdeutungen erfahren. Während der Soziologe Alfred Vierkandt den Naturvölkern – im Gegensatz zu den »Vollkulturvölkern« – noch kulturelle Minderwertigkeit unterstellte, sah der Ethnologe Richard Thurnwald in ihnen »Völker geringer Naturbeherrschung«. Obwohl solche Konnotationen nicht zutreffen, wie überhaupt eine scharfe Trennung zwischen Naturvölkern und anderen ethnischen Formationen kaum möglich ist, wird die Bezeichnung Naturvölker beibehalten.

planvoll nutzen und in der Regel pfleglich behandeln, sind insofern keine lebendigen Zeugen der Steinzeit, selbst wenn sie Steingeräte verwenden. Vielmehr stellten sie sich immer wieder neuen Herausforderungen, gestalteten ihr Umfeld und veränderten mithin ihre Kultur. Zudem waren solche kulturellen Systeme nie vollständig geschlossen. Stets flossen, manchmal unter dem Druck des Stärkeren, äußere Anregungen ein. Diese beflügelten Entwicklungen, verbogen und zerstörten freilich auch Bewährtes.

Dass gewisse Völker bis in die Gegenwart an Artefakten aus Stein festhielten, ist kein Ausdruck von Primitivität. Jene Menschen waren nicht unfähig, ein höheres technisches Niveau zu erklimmen, sie sahen vielmehr für die Erfindung neuer Technologien schlicht keine Notwendigkeit. Normalerweise herrscht zwischen dem natürlichen Ressourcenangebot, der darauf abgestimmten Wirtschaftsform und der hierbei eingesetzten Technik ein ausgewogenes Verhältnis. Gerät dieses Gleichgewicht aus den Fugen, drohen ökonomische Einbußen.

So brechen Wildbestände zusammen, wenn die Jagd nicht mit angemessener, das heißt »angepasster« Tech-

100264

Diese Papua-Stammeskrieger mit Kriegsbemalung kommen aus dem unwegsamen Bergland der Insel Neuguinea. In diesem Teil Ozeaniens leben Hunderte verschiedene Stämme.

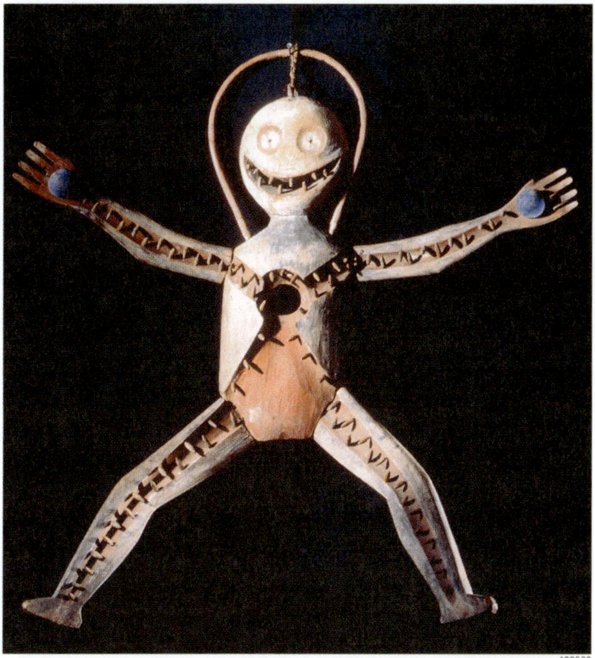

100563

Die Abhängigkeit der von der Jagd lebenden Völker von ihrer Beute und die ständige Beobachtung der Natur bestimmten die religiösen Vorstellungen (Figur eines Schamanen der Inuit, Alaska, 19. Jh.; George Terasaki Collection, New York).

nologie durchgeführt wird. Außerdem müssen Jäger und Sammler, aber auch Bauern in tropischen Wäldern wandern, wollen sie vorhandene Ressourcen optimal ausschöpfen. Metallgewinnung und -verarbeitung indes nötigen zu dauerhafter Ansiedlung. Dass einige Gruppen nach Eintreffen der Europäer bereitwillig Metallgeräte akzeptierten, hängt mit gewandelten ökonomischen und sozialen Voraussetzungen zusammen. Seuchenzüge und Kriege dezimierten die Bevölkerung, Siedler und kommerzielle Jäger rotteten das Wild aus oder beschnitten den Lebensraum der »Naturvölker«. Um in dieser Situation erfolgreich wirtschaften zu können, war man geradezu zur Übernahme effizienterer Werkzeuge und Waffen gezwungen.

Zu den Volksgruppen, die noch in historischer Zeit Steingeräte fertigten, zählen die Jäger, Fischer und Sammler Nordamerikas (Eskimos, Indianer der Subarktis, der Westküste, der Plains und der Rocky Mountains), Südamerikas (Indianer des Gran Chaco, Patagoniens, Feuerlands und der Savannengebiete Amazoniens), Afrikas (Pygmäen, Buschleute, Okiek, Hadza, Kwa'adzo, Aasáx), Vorder- und Hinterindiens (Gin, Birhor, Mrabri, Onge, Jarawa, Penan, Mani, Semang, Jakudn u.a.), Nordostsibiriens (Lygoravetlan, Nymylyn, Itel'men, Etel, Wadul, Niwxi, Nanai) sowie Australiens; ferner die Bauern des nordamerikanischen Ostens und Südwestens, Nordmexikos, der amazonischen Wälder und Ozeaniens.

Allein in Neuguinea, einem Teil Ozeaniens, werden etwa 900 verschiedene Sprachen gesprochen, leben ebenso viele Stämme. Jeder Versuch, diese atemberaubende ethnische Vielfalt in gedrängter Form abzuhandeln, muss scheitern. Es gab oder gibt eben keine »steinzeitliche Kultur«, sondern vielhundertfache Buntheit der Anpassungen an diverse Lebensräume, ein verwirrendes Mosaik höchst unterschiedlicher kultureller Entwürfe.

Was uns bleibt, ist der Blick auf Einzelfälle. Hier können wir beispielhaft nachvollziehen, wie sich die Bewohner ausgewählter Regionen in ihrer Umwelt einrichteten, welche Maßnahmen sie zur Bewältigung der Alltagsproblematik ergriffen und welche Sicht der Welt sie sich aneigneten. Für derlei vergleichende Betrachtung drängen sich zwei Bevölkerungsgruppen auf: Australiens Ureinwohner und die indianischen Bauern Amazoniens.

Wolfgang Müller

Schatten der Traumzeit – Die »Aborigines« Australiens

Durch unsere Medien geistert seit langem ein Klischee, das aus den Aborigines Bumerang schwingende Kängurujäger macht, nackte Wilde, die bar fester Behausung die Weiten des Fünften Kontinentes durchstreifen, geheimnisvolle Riten zelebrieren und mit angeblich übernatürlichen Fähigkeiten begabt sind. Selbst wenn wir einräumen, dass die meisten Ureinwohner gegenwärtig in Reservationen dahinvegetieren, abgeschnitten von den Traditionen, gezeichnet von Trunksucht und abhängig von staatlichen Almosen, bedürfen die gängigen Stereotypen früherer Lebensweise doch einer kräftigen Korrektur.

100001

Die vor etwa 40 000 Jahren nach Australien eingewanderten Menschen passten sich den unterschiedlichen Umweltbedingungen jeweils an und blieben ihrer jeweiligen Wirtschaftsform bis zur europäischen Landnahme treu (Aborigine auf der Jagd in einem Sumpfgebiet bei Darwin).

Nach dem, was derzeit bekannt ist, wurde Australien zwischen 40 000 und 35 000 Jahren vor heute besiedelt. Die Einwanderer kamen über den damals landfesten indonesischen Inselbogen, mussten aber die letzte Etappe über offenes Meer, vermutlich in floßartigen Wasserfahrzeugen, zurücklegen. In der neuen Heimat angelangt, sahen sich die Pioniere einem Spektrum unterschiedlicher Landschaften gegenüber: den kalten, sturmgepeitschten Küsten Tasmaniens, den Wüsten und Savannen des Landesinnern, den schwülen Regenwäldern Nordostaustraliens, der Sumpfwildnis des Nordens, den gemäßigten Wäldern des Südostens. Da die Neuankömmlinge wenig spezialisierte Fischer, Jäger und Sammler waren, lebten sie sich schnell ein und lernten, das reiche Nahrungsangebot in ökologisch verträglicher Weise auszubeuten. Bei Ankunft der Europäer Ende des 18. Jahrhunderts siedelten in dem Erdteil kaum mehr als 300 000 Menschen, aufgesplittert in Hunderte von Stämmen und ebenso viele Sprachgruppen. Binnen kurzem wurden etwa 200 000 Ureinwohner umgebracht oder gingen an Krankheiten zugrunde, gegen die sie keine Abwehrkräfte besaßen. So endete in nur einhundert Jahren ein einzigartiges kulturelles Experiment, wach gehalten

INFOBOX

»Traumzeit« – Der Beginn der Dinge

Das Geistes- und Kultleben der Aborigines wurzelt in der Vorstellung von einer mythischen Ur- und Schöpfungszeit, der »Traumzeit«. Nach den mythischen Überlieferungen wurde die urzeitliche Welt von Kulturbringern durchwandert, die aus der Erde kamen und dem Land seine heutige Gestalt gaben; ihr Denken und Handeln bestimmte die Normen für alle Sitten und Gebräuche. Kult und Zeremonialleben bestehen aus Wiederholungen des Urzeitgeschehens in Gesang und dramatischer Aufführung. Die Kultobjekte, die »Tjuringas«, sind Manifestationen der Lebens- und Schöpferkraft der mythischen Ahnen.

allein von einigen Unbeugsamen in entlegenen Rückzugsgebieten.

Obwohl die eingeborenen Australier bis zur europäischen Landnahme, da und dort sogar bis in unsere Tage, ihrer angestammten Wirtschaftsform treu blieben, kam es doch örtlich zu bemerkenswerten Entwicklungen. Küstenbewohner etwa verlegten sich auf das Einbringen von Seeigeln, Schnecken und Muscheln, sie sammelten Seetang, fischten und erbeuteten im Süden Robben oder Pinguine, im Norden Salzwasserkrokodile, Meeresschildkröten und Seekühe. In jahreszeitlichem Turnus suchten diese Populationen Gebiete weiter landeinwärts auf, wo sie Grassamen zupften, Wildfrüchte ernteten oder größerem Wild nachstellten.

Andere Aborigines stauten Bäche und bauten Erddämme, um über Wasserregulierung Wachstum und Verbreitung ihnen genehmer Wildpflanzen zu fördern. Anderswo hegte man Pflanzen dergestalt, dass ihr Massenvorkommen Forschungsreisende an Obstplantagen oder Gärten erinnerte. Wohlgemerkt, hier waren keine Bauern am Werk, sondern Jäger und Sammler, die die Nutzung der botanischen Reichtümer ihres Reviers durch Kultivierung bequemer, berechenbarer und risikoärmer gestalteten.

Im Stadium der Wildpflanzenkultivierung, das der Domestizierung vorausgeht, griff der Mensch bereits in den Lebensrhythmus der Arten ein, zum Beispiel durch Verbesserung der Wachstumsbedingungen (Niederhalten von Konkurrenz, Auflockern des Bodens) oder Ausbringen an erwünschten Standorten. Hätten die Massa-

50558

Die untergeordnete Stellung der Frau in der Gesellschaft der alten Australier entsprach nicht ihrem Beitrag zur Existenzsicherung durch das Sammeln wild wachsender Pflanzen. Nur etwa 20 % der Ernährung stammte aus der von den Männern betriebenen Jagd.

ker der Europäer hier keinen blutigen Schlusspunkt gesetzt, wären vielleicht aus solchen Anfängen einfache Agrarwirtschaften entstanden, wie wir sie auch aus anderen Erdteilen kennen.

Eine weitere Besonderheit ist das noch immer geübte partielle Niederbrennen überjähriger Vegetation. Die Aborigines fördern hiermit den Wuchs nutzbarer Gräser, legen Feuerschneisen gegen natürliche Brände an und verbessern die Äsungsbedingungen des Wildes. Mit der Zeit formte dieses kontrollierte »Landmanagement« ein Kaleidoskop unterschiedlichster Biotope, in denen we-

INFOBOX

Ahnengeister

Da die Gottheiten der Aborigines keine uneingeschränkte Macht besitzen, sind manche Religionswissenschaftler der Ansicht, dass die Aborigines lediglich Geister, Ahnen und Kultheroen verehren. Frühe Heroen der Traumzeit sind Baimane und Durumulan, der Mittelmann von Baimane. Baimane ist wie die Krähe Wagu ein mächtiges göttliches Himmelwesen. Im Gebiet um Melbourne wird Bunjil, der große Vater oder die »ewige Jugend«, verehrt. Er ist der Adlerfalke, ein Kultheroe, der die Menschen ihre Riten und Sitten lehrte. Bunjil ist mittlerweile von der Erde verschwunden und kann mit den Belangen ihrer Bewohner nicht behelligt werden. Bei den Ananda werden der große, emufüßige Vater Kngaritja, seine hundertfüßige Frau und ihre Kinder verehrt. Kngaritja hat die Erde, die Pflanzen und die Tiere nicht erschaffen, sondern lediglich in die rechte Ordnung gebracht.

sentlich mehr Pflanzen- und Tierarten vorkommen als im ursprünglichen Lebensraum.

Traditionen als Basis der Lebensgestaltung

Entgegen der früheren Ansicht, Fleisch habe den Speiseplan der alten Australier dominiert, stammten nach neueren Untersuchungen bis zu 80 Prozent der Nahrungsmittel aus dem Reservoir wild wachsender Nutzpflanzen. Den Hauptbeitrag zur Ernährungssicherung leisteten demnach nicht die jagenden Männer, sondern die Frauen, was in krassem Widerspruch zu deren gesellschaftlicher Position steht. In politischen wie religiösen Fragen gaben nämlich Männer den Ton an. Für gewöhnlich wanderten die Eingeborenen nach einem festgelegten, an den saisonal verfügbaren Ressourcen orientierten Plan durch ihr nach außen verteidigtes Territorium (Durchschnittsbevölkerung 450 Personen; Größe je nach Ertrag zwischen 100 und 4000 Quadratkilometer).

Gab es an einem Ort längere Zeit ausreichend Nahrung, ließ man sich dort häuslich nieder. In der Regel waren solche Lager Ansammlungen von Wetterschirmen, behelfsmäßigen Unterkünften aus Rindenschwarten, Grasbüscheln, Reisig oder Blättern über einer lose gefügten Rahmenkonstruktion, doch wurden auch festere Behausungen aus Holzstangen und Kängurufellen beschrieben. Im kühlen Süden stießen Archäologen gar auf die Reste steinerner Hütten. Ansonsten suchten die Menschen Unterschlupf in Höhlen, die Tasmanier im ausgebrannten Innern großer Bäume.

Die meisten Aborigines kamen und kommen mit wenigen Geräten aus. Bei den Stämmen der Wüsten und Halbwüsten genügten ein Speer mit Speerschleuder und ein Bumerang für den Mann sowie ein Kulamon (eine Holzschale mit vielfältiger Verwendungsmöglichkeit, zum Beispiel als Schüssel oder als Trage für Neugeborene) und ein Wühlstock, der zum Graben nach Wurzeln, Knollen und verborgenen Kleintieren diente, für die Frau. Steingeräte beschränkten sich auf schwere Mahlwerkzeuge (Handreibstein und Mahltrog beziehungsweise Reibplatte), keilförmige Äxte, Speerköpfe sowie Klingen als Widerhaken oder Projektilspitzen. Zum Schneiden verwendete man Messer aus Muschelschalen

Die Felsenmalerei im Naturpark von Kakadu zeigt anthropomorphe und zoomorphe Figuren. Die Bilder hatten kultische Bedeutung und veranschaulichten Schöpfungsvorgänge oder für die Stammesgeschichte bedeutsame Vorstellungen.

100264

2841

In außergewöhnlichen Naturformen sahen die australischen Ureinwohner Spuren der mythischen Traumwesen, die in der Urzeit die Erde bevölkerten. Die »Devil's Marbles« in den Davenport Ranges nördlich von Alice Springs stellen für die Aborigines die Eier der Regenbogenschlange dar.

oder Bambus. Manche dieser Geräte wurden neben Ocker, Pituri und dekorativen Schneckengehäusen auf Handelswegen quer durch den ganzen Kontinent verbreitet.

Ihre Abhängigkeit vom fluktuierenden und oft spärlichen Nahrungsangebot erlaubte den Aborigines nicht, in größeren Sozialverbänden zusammenzuleben. Wichtigste wirtschaftliche und politische Klammer war daher die Lokalgruppe, ein Kreis blutsverwandter Personen samt Ehepartnern, die von außen in die Gemeinschaft einheirateten. Mehrere Lokalgruppen bildeten den Stamm, der im Wesentlichen eine sprachliche Einheit darstellte. Stammesangehörige trafen sich höchstens einmal im Jahr, wenn es bestimmte Kultfeste zu feiern galt. Dann wurden Ehen angebahnt, man trieb Handel und tauschte Neuigkeiten aus. Nun setzten sich auch die Führer der Verwandtschaftsverbände zusammen, meist alte Männer, denen die Aufgabe zukam, über das strenge Reglement der bestehenden Sozialordnung zu wachen. Politische Legitimation bezogen sie aus dem Respekt, der ihnen kraft Erfahrung und religiösem Wissen zuwuchs.

Jeder Mensch stand früher in Beziehung zu einem Totem – einem Tier, einer Pflanze oder einem Naturphänomen, dem er sich brüderlich verbunden fühlte. Individuen mit gleicher Totemzugehörigkeit bildeten einen Klan, eine soziale Struktur, die über Stammesgrenzen hinausgriff und insofern überregionale Bedeutung hatte. Klanmitglieder pflegten gemeinsame mythische Traditionen und galten als fiktiv miteinander verwandt. Sie mussten Ehepartner aus anderen Klanen, die sich wiederum in Heiratsklassen gliederten, wählen.

Der Schritt vom Kind zum Erwachsenen vollzog sich bei Knaben in einer Reihe zeremoniell begleiteter Prüfungen und gipfelte in der Beschneidung des Geschlechtsteils. Am Ende dieser Initiation erhielt jeder Proband sein Tjurunga, einen mit Emblemen geschmückten Stein oder Holzstab, der ihn lebenslang begleitete. Durch ihn konnte er die Stimme seines Totemvorfahren hören, wenn er den Tjurunga an einer Schnur durch die Luft schwirren ließ. Nahezu alle Betätigungsfelder waren von der in Mythen gekleideten Weltsicht der Aborigines durchdrungen.

In schriftlosen Kulturen bildet das mythische Erzählgut bekanntlich den Speicher des Vorrats an Erfahrungen und Erkenntnissen sozioreligiöser Art, dessen Funktion darin besteht, die Weltordnung samt ihrer Genese zu deuten und zu bestätigen. Man glaubte, dass in der Urzeit lebende Traumwesen die Erde mit schöpferischer Kraft erfüllten. Jene übernatürliche Potenz blieb an besonderen Plätzen (in Bäumen, Felsen und an Wasserstellen) wirksam. Um dieser Schöpfungsenergie teilhaftig zu bleiben, wurden an den entsprechenden Orten heilige Handlungen vollzogen.

2841

Für die Rindenmalereien der Aborigines wird die Rinde während der Regenzeit von den Bäumen abgelöst, über Feuer erwärmt und dann mithilfe von Gewichten flach gepresst; die Farben bestehen vor allem aus Ocker (gelb und rot), Porzellanerde (weiß) und Holzkohle (schwarz).

INFOBOX

Die Wati Kujara

Die Wati Kujara sind ein männliches Heroenpaar: Kurukadi war ein emsiger Kängurujäger, der jüngere Mumba ein Müßiggänger, der lieber zu Hause blieb. Ihre beiden Frauen wurden vom Mondmann Kulu verfolgt und mussten sich vor ihm verstecken. Da zogen die Wati Kujara allein weiter und schufen die Inma, heilige Gegenstände und Kulthölzer. Zu Ehren der Wati Kujara gibt es Kultfeste mit Fadenkreuzen, Hölzern, die mit Fäden und Haaren umspannt sind. Mit diesen Instrumenten haben die beiden Heroen die Landschaft glatt gestrichen. Die Wati Kujara haben die Erde verlassen und sind als Sterne am Himmel sichtbar.

INFOBOX

Bumerang

Der Bumerang, in der Sprache der schwarzen Australier »woomera« – »Geräusch des Windes« – ist das wohl bekannteste Gerät der Aborigines. Das flache, gewinkelte oder leicht gebogene Wurfholz diente als Wurf- oder Schlagwaffe, Rhythmusinstrument und Sakralobjekt. Im Gegensatz zu einer verbreiteten Annahme kehren nur die Bumerangtypen zum Werfer zurück, die man für zeremonielle Zwecke nutzt oder Kindern zum Spielen gibt. Jagdbumerangs, »Kylies« genannt, stürzen nach geradliniger Flugphase zu Boden.
Bumerangs wurden schon vor 20 000 Jahren hergestellt und waren auch in anderen Gebieten der Erde verbreitet, jedoch in Australien am weitesten spezialisiert.

In kultischem Zusammenhang standen auch die berühmten Felsbilder, die von einigen Wissenschaftlern mit der eiszeitlichen Höhlenkunst Europas verglichen werden. In Australien dienten die Bildergalerien dem Verständnis legendärer Schöpfungsvorgänge, sie lieferten den Heranwachsenden Anschauungsunterricht in Stammeshistorie und bildeten den Hintergrund für die magische Sicherung und Vermehrung alles Lebendigen. Ebenso wie die bildenden Künste, zu denen wir auch Rindenmalerei und Holzschnitzerei zu zählen haben, wurzeln Tanzpantomimen (Korrobori) und Musik in religiösen Vorstellungen.

Im Tanz wird urzeitliches Geschehen nachempfunden, ein Chor rezitiert sakrale Texte. Der Klang von Musikstöcken, Baumtrommeln oder – im Norden – der Yidangi (Didjeridu), einer bis zu drei Meter langen Holztrompete, begleitet die Darbietungen. Manche Stämme besitzen einen Schatz Tausender Verse aus der »Traumzeit«. Dieses heilige Erbe ist vielen Aborigines die einzige Verbindung zu ihrer stolzen Vergangenheit, ein Halt, der die Symptome des Zerfalls geschundener, unterprivilegierter Gesellschaften lindert. *Wolfgang Müller*

»Historia von den nacketen, grimmigen Menschfresser Leuthen« – Die Amazonasindianer

Seit der Conquista, als die Berichte spanischer Eroberer über die Länder der Neuen Welt und ihre fremdartigen Bewohner die abendländische Fantasie beflügelten, haben in Europa die Kulturen Altamerikas stets großes Interesse hervorgerufen. Fällt der Name »Indianer«, assoziieren freilich die meisten von uns – gefüttert mit Karl-May- oder Lederstrumpfgeschichten und gefesselt von Heroen aus der Werkstatt Hollywoods – nur einen Ausschnitt dieses Spektrums: berittene, mit Federhauben geschmückte Krieger, die in Stangenzelten hausen und Bisons zur Strecke bringen. Hinter solchen Recken verkümmern die übrigen Ureinwohner des Doppelkontinents zu Zufallsbekannten.

In den »nacketen, grimmigen Menschfresser Leuthen« der tropischen Wälder des Südens sah man anfangs

Der kolorierte Kupferstich von Theodore de Bry illustriert die europäischen Vorstellungen von Menschen fressenden Indianern im 16. Jahrhundert.

100563

INFOBOX

Die ersten Südamerikaner

Der Zeitpunkt der ersten Besiedlung Südamerikas ist nicht geklärt. Die These, dass die Völker aus dem Norden des Doppelkontinents über die zentralamerikanische Landbrücke in den Süden kamen, war lange Zeit umstritten. Wenn die Menschen dort vor 20 000 Jahren auftauchten, musste die Besiedlung Südamerikas folglich zu einem späteren Zeitpunkt erfolgt sein.

Neue Forschungsmethoden und neue Fundstätten weisen aber auf sehr viel frühere Zeiträume: So werden die Siedlungsspuren – Holzkohlenfunde – in Nordostbrasilien auf 12 000 v. Chr. datiert. Auch der Übergang zum Pflanzenbau passt nicht in die These einer Nordbesiedlung: Im tropischen Tiefland Venezuelas lassen Untersuchungen an Überresten von Kürbissen vermuten, dass sie um 15 000 v. Chr. angebaut worden sind – 8 000 Jahre vor den ersten bekannten Pflanzungen in Mittelamerika.

gar einer verbalen Verständigung unkundige Kreaturen, gesetzlose Wilde, notorische und lustvolle Kannibalen; dann wieder Hüter unermesslicher Schätze, Paradieskinder und Tapfere, die sich der Sklaverei durch Freitod entzogen. Zwar wanderten die Zerrbilder nach und nach auf die Müllhalde der Geschichte, manche Fabel aber hielt sich hartnäckig und feiert nun in Gestalt des indianischen »Öko-Heiligen«, des Verkünders spiritueller Botschaften an Zivilisationsmüde und des ungebeugten Freiheitskämpfers Wiederauferstehung.

Der Zeitraum der frühen Besiedlung Amerikas ist noch immer umstritten, doch verdichten sich die Hinweise, dass gegen Ende der letzten Eiszeit, zwischen 18 000 und 13 000 vor heute, Menschen aus Nordostasien über die damals bestehende »Bering-Landbrücke« als Erste die Neue Welt betraten. Einige wanderten dann entlang der vom warmen Japanstrom bestrichenen nordamerikanischen Festlandkante südwärts, während andere die Passage zwischen der allmählich abtauenden Binnenvergletscherung im Bereich der heutigen Subarktis wählten.

Wann der Mensch in Amazonien Fuß fasste, ist ungewiss. Die großen Wälder sind jungfräuliches archäologisches Terrain, und das feuchtwarme Klima verhindert die Erhaltung von Gerätschaften aus organischem

Material, die gerade in diesem Lebensraum, wo es kaum Gestein gibt, von Bedeutung gewesen sein müssen. Auf dem Höhepunkt der Eiszeit gedieh feuchter Tropenwald nur an wenigen, niederschlagsreichen Stellen. In der darauf folgenden Wärmephase jedoch eroberte er die weiten Grasländer und Savannen zwischen den Refugien. Die Menschen, die damals auf der Fährte des Wildes kreuz und quer über die Savannen zogen, wurden vom Wald eingeschnürt und voneinander isoliert.

Zug um Zug passten sich die versprengten Gruppen ihrer veränderten Umwelt an. Jägern bietet der neuweltliche Tropenwald kein sonderlich gutes Revier. Amazoniens Säugetiere sind meist klein, und die Art der Nahrungssuche mit ihrer starken Ausrichtung auf fruchtende Bäume zwingt sie zu hoher Mobilität. Der Jäger kann sich also nicht darauf verlassen, standorttreue Bestände anzutreffen. Als Möglichkeiten blieben den Erstsiedlern im Regenwald daher nur die Sesshaftwerdung entlang der Flüsse und die damit verbundene Nutzung der dort vorhandenen Ressourcen sowie die Kultivierung

3046

In der Wärmephase nach der letzten Eiszeit breitete sich der feuchte Tropenwald aus und isolierte die Menschengruppen voneinander. Als Jagdrevier problematisch, zwang der Regenwald (hier im Amazonasgebiet) die Menschen zur Niederlassung entlang der Flüsse.

Yanomami-Indianer auf einem Stück Land, das sie durch Brandrodung für die landwirtschaftliche Nutzung vorbereitet haben. Die nährstoffarmen Regenwaldböden eignen sich nur kurzfristig für den Ackerbau. In der Regel zieht ein Dorf alle drei bis vier Jahre an einen neuen Ort.

100562

wild wachsender Pflanzen. Zu echten Bauern, die Gärten anlegten und darin domestizierte, das heißt zwecks Steigerung oder Stabilisierung der Erträge züchterisch veränderte Sorten zogen, wurden die Ureinwohner Amazoniens erst vor etwa 4000 Jahren.

Von den fruchtbaren Schwemmländern der Weißwasserflüsse abgesehen – diese entspringen in den geologisch jungen Anden und führen ausreichend gelöste Mineralstoffe (Nährsalze) mit – eignen sich die kargen, ausgewitterten Regenwaldböden nur für kurzfristige Nutzung. Da die verfügbaren Ressourcen bald erschöpft sind, muss das Wohn- und Wirtschaftsgebiet ständig gewechselt werden (Wanderfeldbau). Aus diesem Grund hat sich im Amazonasgebiet Brandrodung besonders bewährt: Agrarflächen werden durch Fällen, Ausreißen und Niederbrennen der ursprünglichen Vegetation gewonnen. Die anfallende Asche dient als Dünger, einzelne Bäume belässt man als Schattenspender in der Rodung. Die dünne Humusauflage wird so vor Austrocknung geschützt und durch Wurzelbindung gesichert. Da nachwachsendes Gestrüpp überhand nimmt, ist nach wenigen Jahren das Verlegen der Pflanzung nötig. Allzu starke Bodenbeanspruchung bleibt hier aus.

Einige Indianer im Übergangsbereich vom Wald zur Savanne bewirtschaften in zeitlicher Überschneidung mehrere Grundstücke einer Flur. Aufgelassene Parzellen nimmt man nach unterschiedlich langer Brachruhe wieder in Kultur. Dank derartiger Maßnahmen sind Mangelernährung oder Hunger unter normalen Umständen ausgeschlossen. Weil man jede Pflanze einzeln setzt und betreut, können auf engstem Raum verschiedene Arten gedeihen. Der Speiseplan wird so abwechslungsreicher. Manche Stämme ernten um fünfzig Sorten. Untersuchungen ergaben, dass Indianer der peruanischen Wälder am Tag 2 669 Kalorien – vorwiegend in Form von Maniokgerichten – zu sich nehmen. Dazu kommt pro Kopf eine Tagesration von 104,1 Gramm Protein, da diese Menschen außerdem viel Fleisch essen. Sie gehören demnach zu den besternährten Völkern der Erde.

Der Tropenwald ist nicht nur Ackergrund, Jagd- und Fischrevier, er liefert auch sonst alles Lebensnotwendige. Ob Kleidung, Haushaltsgerät, Werkzeug oder Bau-

Neben dem Anbau von Kochbananen und Maniok leben die Yanomami-Indianer im Amazonasgebiet von der Jagd, dem Sammeln von Früchten und dem Fischfang. Auch die Gegenstände des täglichen Bedarfs werden weitgehend aus dem Material gefertigt, das der Regenwald liefert.

100264

stoff – das Warenhaus der Natur befriedigt jede Nachfrage. An der Spitze der Nutzungsskala rangiert Holz, aus dem Bauteile, Mobiliar, Waffen, Kanus und viele andere Utensilien des täglichen Bedarfs entstehen. Daneben verarbeitet man Lianen, Pflanzenfasern, Bambus, hartschalige Nüsse, Häute, Felle, Zähne, Langknochen und Geweihe. Werkzeuge aus Stein waren in der amazonischen Kernzone rar und wurden eifersüchtig gehütet, kamen doch Rohmaterial oder Fertigprodukte über Stafetten eines weit verzweigten Handelsnetzes oft von weit her.

Über dieselben Verbindungen gelangten nicht wenige Waldbewohner schon früh in den Besitz von Äxten oder Macheten aus Stahl, ohne dass sie direkten Kontakt mit Weißen pflegen mussten. Behausung ist den Amazonasindianern selbstverständlich Obdach, aber auch Zuflucht in einer Umwelt, wo Gefahr nicht nur von Mitmenschen, Tieren oder Naturgewalten droht, sondern ebenso von dämonischen, im Wald lauernden Mächten auszugehen scheint. Das Dorf stellt so eine Zivilisationsinsel inmitten der Wildnis – der »Un-Kultur« – dar, die man kraft ritueller Vorbeugung nach außen abzuschirmen weiß.

Die Gesellschaftsordnung

Fundament indianischer Gesellschaftsordnung ist die Klein- oder Kernfamilie: Vater, Mutter und Kinder. Im wirtschaftlichen Bereich bildet sie die tragende produktive Einheit. Leben auch verwitwete Großeltern oder unverheiratete Geschwister eines Elternteils unter demsel-

INFOBOX

Das Schicksal der Indianer

Als der portugiesische Seefahrer Pedro Álvarez Cabral im Jahr 1500 als erster Europäer an der Ostküste Brasiliens landete, lebten dort zwischen 2,4 und 8 Mio. Indianer, die etwa 9 000 verschiedenen Völkern angehörten. Seitdem ist ihre Geschichte von Vertreibung, Gewalt und Tod geprägt: Die Europäer engten den Lebensraum der Indianer immer mehr ein und brachten darüber hinaus Krankheiten mit, an denen die Indianer aufgrund fehlender Abwehrkräfte starben. Heute gibt es in Brasilien noch rund 200 indianische Völkergruppen mit insgesamt 350 000 Angehörigen, darunter die Yanomami, die Guaraní und die Prakana.

100562

ben Dach, spricht man von einer erweiterten Kernfamilie. Meist aber fallen Hausgemeinschaften umfangreicher aus. So teilen sich üblicherweise mehrere, miteinander verwandte Kernfamilien, nicht selten über 100 Personen, eine Unterkunft. Von Region zu Region wechselnd, kann ein solches Großhaus (Maloca) isoliert stehen, oder es gruppiert sich mit anderen Gebäuden zu einer Dorfanlage. Das soziale Miteinander regelt in erster Linie der verwandtschaftliche Bezug, wobei Amazonasindianer – wie die Australier und andere »Naturvölker« – diesen Begriff weit über leibliche (biologische) Bindungen ausdehnen und eine Fülle künstlicher Kategorien schaffen.

Ein Hauptnahrungsmittel für die Amazonasindianer ist die Maniokfrucht. Sie wird in stundenlangen Prozessen geschält und gesäubert, gepresst oder getrocknet und zu Suppe, Mehl und – wie hier – zu Brot verarbeitet. Die Hütten werden aus Bambusstangen errichtet und mit Bananenblättern und Palmwedeln bedeckt.

In der Verwandtschaftssystematik, die den Platz eines jeden Individuums in der Gemeinschaft vorgibt, die Erbfolge bestimmt und den Weg zum »rechten«, vorgeschriebenen Heiratspartner weist, liegt wohl die wichtigste Organisationsebene in Gesellschaften vor, in denen zentrale Strukturorgane wie Staat, Markt oder festgeschriebene Rechtsnormen schwach ausgeprägt sind oder ganz fehlen. Häufig überlappen sich verwandtschaftliche Gliederungen in verwirrender Weise mit anderen Institutionen – Altersklassen, Kultverbänden und

INFOBOX

Bünde

Bünde sind meist exklusive, nichtverwandtschaftliche Vereinigungen, die in einer Gemeinschaft zweckgebundene Funktionen – Krankenheilung, Rituale – erfüllen, aber auch der Geselligkeit dienen oder im Dienst politischer Machtausübung stehen. In Amazonien treten sie v. a. als taktische Einheiten im Kriegsfall auf, bereiten Jagd- und Sammelexkursionen vor oder erfreuen die Stammesgenossen als zeremonielle Clowns, die mit Narretei und Possenspiel angestautem Ärger ein Ventil öffnen.

Bünden. Das Zusammenleben südamerikanischer Waldindianer ist überaus diffizil. Der Einzelne wird von einem Kanon teils recht einschneidender Beschränkungen – Heiratsvorschriften, Meidungsgebote, Verhaltensetikette – im Zaum gehalten.

Ein Ausbrechen verhindern Gruppenräson und soziale Kontrolle. Auf der anderen Seite schaffen solidarisches Handeln, Verpflichtung zu gegenseitiger Hilfe und zum Teilen sowie verwandtschaftliche Bindung Sicherheit und Geborgenheit. Gesellschaftliche Normen werden bereits den Jugendlichen vermittelt. Dies geschieht meist im Rahmen der Initiation. Die Weihe ist von Martern, Mutproben und psychischen Horrortrips begleitet, um einen Grenzbereich zwischen Leben und Tod zu simulieren, aus dem die Initianden als »Wiedergeborene« in die Gemeinschaft heimkehren.

Wiedergeburtsgedanke und komplexe Seelenvorstellungen spielen auch beim Kannibalismus, der freilich nicht überall vorkommt, eine Rolle. Hierbei erweist man Verstorbenen mit dem Verzehr des Leichnams einen letzten Liebesdienst. Kraft des Eingangs in einen fremden Leib wird die Lebensenergie des Hingeschiedenen konserviert, und man gedenkt seiner in pietätvoller Andacht. Von dieser affektiven Variante ist der so genannte »Wut-Kannibalismus« scharf zu trennen. Wut-Kannibalismus gilt als Ventil angestauter Aggression und Akt höchster Demütigung, da das Opfer symbolisch für die ganze feindliche Gruppe steht. Keinesfalls verzehrten Menschen Angehörige der eigenen Art aus kulinarischen Überlegungen.

Derjenige, der die kulturellen und gesellschaftlichen Ideale seiner Gemeinschaft beispielgebend zu verkör-

Der Schamane ist Vermittler zwischen Diesseits und Jenseits. In Trance nimmt er Kontakt mit den überirdischen Kräften auf (Schamane der Colorado-Indianer in Westecuador mit traditionell rot gefärbten Haaren).

420

pern hat, ist der Häuptling. Als »Erster unter Gleichen« herrscht er nicht unumschränkt, sondern führt aufgrund besonderer Erfahrungen und Fähigkeiten, kraft Prestige und Charisma. Ihm zur Seite stehen die älteren Männer. Dem offiziellen Anführer bleibt oft nur die Bündelung ihrer Anliegen und Anregungen, die er nach außen vertritt.

So wie der Häuptling den Ausgleich zwischen verschiedenen Gruppierungen seines Stammes anstrebt und Brücken zu Nachbarn schlägt, übt sich die schillernde Persönlichkeit des Schamanen als Moderator zwischen Diesseits und Jenseits. Das Betätigungsfeld des Schamanen ist der Kult, der feierliche Kreis der Riten, mittels deren er Kontakte zur übernatürlichen Welt knüpft und dort auf Weisungen und Beistand hofft. Ein religiöses Axiom der Amazonasindianer bildet die Annahme, dass unser gewöhnliches Leben nur eine Illusion darstellt, hinter der sich die Realität der Träume verbirgt. Durch Einnahme von Drogen löst man die Eintrittskarte in dieses Reich: Der Indianer erlebt in mystischer Sicht die Wahrheit seiner Legenden, er wird seiner Götter und Heroen gewahr. *Wolfgang Müller*

Götterdämmerung und Aufbruch: Die Zukunft der »Naturvölker«

Durch Völkermord, Vertreibung und Assimilierung an die Erobererschicht wurde die Zahl der Amazonasindianer Brasiliens von rund 1,5 Millionen um das Jahr 1500 auf 185 000 im Jahr 1980 reduziert. Anderen Bewohnern des indianischen Amerika erging es nicht besser. Aber auch in Australien oder im asiatischen Teil Russlands, kurz, überall dort, wo europäische Kolonisation sich mit Landgier, Glücksrittertum und missionarischem Eifer Bahn brach, mussten die Einheimischen bezahlen. Ihre Ländereien wurden verwüstet, ihre Siedlungen niedergebrannt, ihre Kinder verschleppt, ihre Kulturen verhöhnt. Regte sich Widerstand, verhalfen Schwert und Schusswaffe der »Zivilisation« zum Triumph. Dezimiert und vielerorts ihrer geistigen Kultur beraubt, wurden Überlebende zu Dienern einer fremdbestimmten Wirtschaftsordnung degradiert.

100562

Yanomami-Indianer protestieren anlässlich der 500-Jahr-Feier Brasiliens in Coroa Vermelha gegen die seit Jahrhunderten andauernde Ausbeutung und Unterdrückung ihres Volkes. Im Jahr 1980 betrug ihre Bevölkerungszahl nur noch gut ein Zehntel des Ursprünglichen.

Auch wenn die Methoden heute subtiler geworden sind, leiden die »kleinen Völker« weiter. Den Regierungen der meisten Drittwelt- und Schwellenländer ist ihre vermeintliche Rückständigkeit ein Dorn im Auge. Selbstgenügsame Bedarfsdeckungswirtschaft ist aus nationalökonomischer Sicht unproduktiv, Nacktheit und unverstandenes Brauchtum wecken moralische Bedenken, kratzen am Image aufstrebender, fortschrittsbeflissener Staaten. Nationale Integration heißt darum das Zauberwort, mit dem Politiker die Betroffenen »aus der Steinzeit« führen und in die moderne Gesellschaft eingliedern wollen – nötigenfalls unter Zwang.

Die Zerstörung der traditionellen Kultur ist hierbei unausweichlich. Neue Werte sollen Schulbildung, Bekehrung zu Islam oder Christentum sowie Einbindung in die Marktwirtschaft vermitteln. Ehrgeizige Projekte zur Infrastrukturverbesserung (Straßenbau, Hebung von Bodenschätzen, Stromerzeugung durch Wasserkraftwerke) und die Umsiedlung von Teilen der Mehrheitsbevölkerung vernichten darüber hinaus den Lebensraum der Eingeborenen.

Sollen die kleinen Völker nicht auf dem Altar einer nur materiell ausgerichteten Weltzivilisation geopfert werden, muss man ihre Sorgen ernst nehmen. Viele haben inzwischen Interessenvertretungen gegründet, auf das ihnen angetane Unrecht aufmerksam gemacht und Gehör gefunden. So wird jetzt in den neuen Verfassungen Brasiliens, Kolumbiens und Perus indianische Eigenart anerkannt. Man eröffnet den Ureinwohnern Möglichkeiten der demokratischen Teilhabe an politischen Entscheidungsprozessen. Rechtsschutzgarantien sollen den in der Vergangenheit üblichen Übergriffen einen Riegel vorschieben.

Es gehört zu unseren lieb gewonnenen Vorstellungen, dass »Naturvölker« Archivare der Menschheitsentwicklung sind. Dass sie ihre Kulturen der Umwelt anschmiegten, anstatt diese, wie allgemein üblich, zu unterwerfen, wurde ihnen als Mangel an »Zivilisationsfähigkeit« ausgelegt. In dem Maße aber, wie die Fortschrittsszenarien der Industrieländer an die Schranke des ökologisch Vertretbaren stoßen, erweist sich der angebliche Mangel als Segen. Vergegenwärtigen wir uns daher, dass jede Klangfarbe im vielstimmigen Weltkonzert der Kulturen, die verstummt, unwiederbringlichen Verlust bedeutet, uns alle ärmer macht! *Wolfgang Müller*

Die Bronzezeit und die Eisenzeit

3000 v. Chr. bis 800 n. Chr.

Die Bronzezeit

Pretiosen und erste Massenobjekte: Die ältesten Metallfunde

Die weitaus längste Zeit seiner Geschichte ist der Mensch ohne Metalle ausgekommen, hat er seine lebensnotwendigen Gerätschaften aus organischen (z. B. Holz, Knochen) und mineralischen Rohstoffen (z. B. Quarzit oder Silex) angefertigt. Seit Beginn der mittleren Altsteinzeit kannte er jedoch das im Pigmentfarbstoff Rötel enthaltene Mineral Hämatit, ein oxidisches Eisenerz. Die ältesten entsprechenden Funde stammen vom altsteinzeitlichen Höhlenfundplatz Terra Amata bei Nizza und werden auf etwa 300 000 Jahre datiert. Die Möglichkeit, aus Hämatit Metall zu gewinnen, wurde allerdings erst vor 3 500 bis 3 000 Jahren erkannt. Sämtliche Metallerze blieben die längste Zeit der Menschheitsgeschichte ungenutzt, auch wenn mancherorts die Lagerstätten, selbst solche mit gediegenen Metallvorkommen, sogar oberflächlich erkennbar gewesen waren. Auch das ausschließlich in gediegener Form vorkommende Gold, das sich teilweise aus Flüssen gewinnen und einfach verarbeiten lässt, taucht erst ab der späten Jungsteinzeit auf.

Das bisher älteste von Menschenhand geformte Objekt aus Kupfererz, ein 2,5 Zentimeter langer Schmuckanhänger aus Malachit, stammt aus einer Höhle bei Shanidar in Nordirak und datiert in das 9. Jahrtausend

v. Chr. Der Anhänger ist leider verloren gegangen, sodass nicht mehr zu überprüfen ist, ob er aus Malachit oder aber aus Kupfer, das im Laufe der Jahrtausende durchoxidiert ist, hergestellt wurde. Wie Funde im nordbulgarischen Lepenski Vir aus der Zeit um 6500 v. Chr. belegen, ist Malachit auch dort zur Herstellung von kleinen Schmuckanhängern genutzt worden. In Çayönü Tepesi, einem Siedlungsplatz im östlichen Anatolien aus der Zeit um 7000 v. Chr., wurden über hundert kleinere, aus gediegenem Kupfer sowie aus Malachit gefertigte Metallartefakte gefunden. Ebenfalls etwa 9 000 Jahre alt sind kalt gehämmerte Kupferperlen aus Ali Kosch in Westiran.

Die ältesten, die Verhüttung von Kupfer dokumentierenden Kupferschlacken stammen aus Çatal Hüyük im südlichen Anatolien; sie wurden in dortigen Siedlungsschichten des 6. Jahrtausends v. Chr. entdeckt. Aus der gleichen Zeit stammen einige Kupferartefakte aus Yarim Tepe im nordwestlichen Mesopotamien. Sie enthalten bis zehn Prozent Eisen und wurden daher wohl aus erschmolzenem Kupfer hergestellt. Der frühe Umgang des Menschen mit dem Werkstoff Eisen ist durch ein längliches Eisenobjekt aus Samarra im Zweistromland (um 4800 v. Chr.) und drei kleine Eisenkugeln aus der Siedlung Tepe Sialk in Zentraliran (4600–4100 v. Chr.) belegt. Ob jedoch dieses Eisen aus terrestrischem Erz erschmolzen wurde oder ob als Rohstoffquelle gediegenes Eisen enthaltende Meteoriten dienten, ist in der Forschung noch nicht entschieden.

Als sicher kann somit gelten, dass der Mensch bereits mit dem Beginn seiner Sesshaftwerdung damit begonnen hat, metallische Rohstoffe für sich zu nutzen. Dies geschah anfänglich sehr sporadisch, mit nur sehr geringen metallurgischen Kenntnissen und nur zur Herstellung von kleinen persönlichen Schmuckstücken oder von Kultobjekten. Die Auswirkung des Metallgebrauchs blieb insgesamt unerheblich. Wir haben es in der »metallurgischen Frühzeit« mit Initial- und Experimentierphasen zu tun, die im Vorderen Orient im ausgehenden 9. Jahrtausend v. Chr., in Südosteuropa im 7. Jahrtausend v. Chr. und in Mitteleuropa schließlich gegen Ende des 5. Jahrtausends v. Chr. einsetzten.

Diese Bronzehelme wurden auf der dänischen Insel Seeland gefunden (11.–10. Jh. v. Chr.; Frederiksborg, Nationalhistorisches Museum). Die mit ihrem gekrümmten Schnabel als Vogelhelm charakterisierten Hörnerhelme gehören in die auslaufende Nordische Bronzezeit.

100264

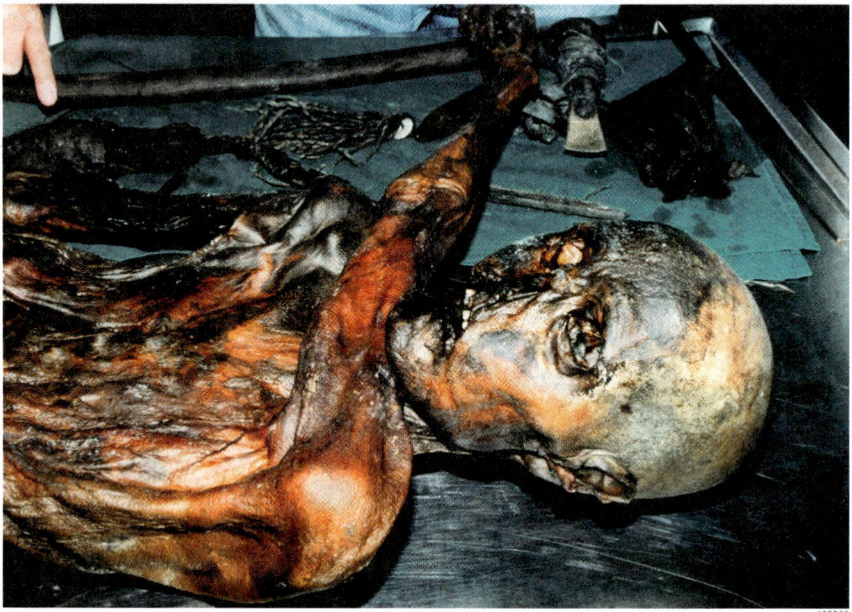

100562

Die 1991 gefundene Mumie des »Mannes vom Hauslabjoch« (populär »Ötzi« genannt) wurde mittels Radiokarbonmethode auf circa 3300 v. Chr. datiert. Rekonstruiert wurden seine Kleidung aus Fellen, die Gerätschaften aus Holz, Stein und Knochen, der Fellköcher mit Pfeilen, der Bogen sowie ein holzgeschäftetes Kupferbeil (Bozen, Archäologisches Museum).

Die frühesten Metallobjekte Europas

Die bisher ältesten Kupferfunde nördlich der Alpen (ein kleiner Meißel und ein Ring) stammen aus Schernau in Unterfranken und datieren an das Ende des 5. Jahrtausends v. Chr.; etwas jünger – aber immer noch jungsteinzeitlich – ist die Kupferscheibe von Hornstaad am Bodensee. Analysen des Metalls aus dieser Scheibe belegen mit einiger Sicherheit, dass das Kupfer oder aber das fertige Schmuckstück aus Osteuropa eingehandelt worden war. Während ab dem 5. Jahrtausend v. Chr. –

INFOBOX

Werkstoff für Künstler

Rötel, ein natürliches Eisenoxidpigment, ist ein erdiges, bräunlich- bis blutrotes, stark abfärbendes Gemenge von feinkörnigem Hämatit (Rotseisenstein) mit Ton oder Kreide. Es wurde vom Menschen schon früh zu verschiedenen Kultzwecken genutzt, da Rot als Farbe des Lebens angesehen wurde. So ist die »Venus von Willendorf«, eine in Willendorf in der Wachau (Niederösterreich) entdeckte altsteinzeitliche Statuette, aus Kalkstein geschnitten und mit Rötel eingefärbt.

wie wir später noch sehen werden – für den Vorderen Orient eine bereits entwickelte Metallurgie belegbar ist (untertägiger Bergbau, mechanische und thermische Aufbereitung der Erze, Verhüttung bis zum Rohkupfer und schließlich Guss von Kupferobjekten), können für diesen Zeitraum in Europa, abgesehen vom Fundort Warna in Bulgarien, keine aus legierten Metallen hergestellten Gegenstände nachgewiesen werden.

Die Metall nutzenden Kulturgruppen der europäischen Jungsteinzeit werden daher auch als »chalkolithisch« (kupfersteinzeitlich) bezeichnet. Zugleich die Vorteile nutzend, die der neue Werkstoff Kupfer den neolithischen Europäern bot, pflegten sie weiterhin die Tradition der Steinbearbeitung. Bis auf weiteres blieben Dolche, Beile und Äxte, Pfrieme, Perlen, Nadeln, kleine Schmuckscheiben, durchlochte Anhänger und Spiralen deren einzige Metallerzeugnisse. Das Wirtschafts- und Sozialgefüge dieser noch in der Steinzeit verharrenden Gruppen blieb von der Verwendung des Kupfers im Wesentlichen unberührt.

Ein erst über 5000 Jahre nach seinem Tod bekannt und berühmt gewordener Vertreter der europäischen Kupfersteinzeit ist die allgemein als »Ötzi« bekannt gewordene Gletscherleiche, die 1991 im Bereich der Similaungruppe in den Ötztaler Alpen von Touristen entdeckt wurde. Den ersten Radiokarbondatierungen folgend, ist der Mensch um 3300 v. Chr. bei der Überquerung der Alpen umgekommen. Aufgrund besonderer klimatischer

ZITAT

Der schwedische Altertumsforscher und Direktor am Nationalmuseum in Kopenhagen Sophus Müller bemerkt in seiner 1905 in deutscher Sprache erschienenen »Urgeschichte Europas«:
Es gab aber überhaupt sehr innige und weit verzweigte Verbindungen zwischen den Völkern des Bronzealters, wie aus zahlreichen Verhältnissen hervorgeht; ihre Produktion zeigt eine durchgehende Übereinstimmung; die Ausbreitung verschiedener Elemente von Land zu Land lässt sich im Einzelnen nachweisen… Andererseits aber hat das Bronzealter in gewissen großen Gebieten und innerhalb derselben in kleineren Kreisen ein Sondergepräge.

s. ZEIT Aspekte Ötzi S. 571

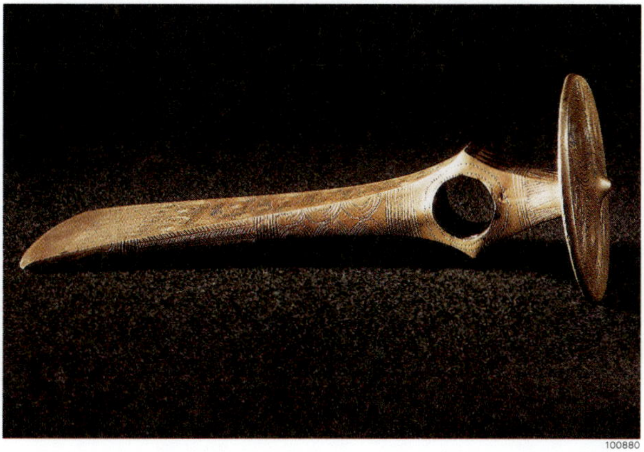

100880

Zu den typischen Produkten der frühen Bronzezeit zählten sehr flache, glatte Kupferäxte. Die abgebildete Nackenscheibenaxt aus dem Museum für Geschichte Rumäniens in Bukarest war vermutlich ein herrscherliches Hoheitszeichen.

Bedingungen trocknete sein Leichnam zunächst aus und geriet später zusammen mit seiner Ausrüstung unter das Gletschereis; bei sich hatte der Tote neben anderen Gegenständen eine geschäftete Beilklinge, die aus Kupfer gefertigt worden war.

Nachdem in der Mitte des 3. Jahrtausends v. Chr. in Mesopotamien und Anatolien die Vorteile, die eine Legierung des Kupfers mit Zinn zu Bronze erbringt, erkannt worden waren, verbreitete sich diese Kenntnis etwa um 2000 v. Chr. auch in Europa. Zu dieser Zeit setzten die gezielte Produktion von Legierungen, die bewusste Ausnutzung der günstigen Materialeigenschaften von legierten Rohstoffen beim Guss und die industrielle Massenproduktion von Metallobjekten für einen überregionalen Absatzmarkt ein. Zwar gab es bereits vorher vereinzelt Legierungen, zum Beispiel die so genannten Antimon- und Arsenbronzen, doch ist nicht mit letzter Sicherheit zu klären, ob diese Mischungen vom Men-

INFOBOX

Eine Berühmtheit aus der Kupferzeit

Am 19. 9. 1991 fanden Wanderer in Südtirol im Bereich der Similaungruppe der Ötztaler Alpen in 3 210 m Höhe eine Gletschermumie aus der späten Jungsteinzeit. Es handelt sich um einen 1,59 m großen Mann von ungefähr 46 Jahren, der um 3300 v. Chr. auf dem Weg über den Alpenhauptkamm von Süden nach Norden umgekommen ist. Aufgrund seines für die Jungsteinzeit relativ hohen Alters finden sich Verschleißerscheinungen an seinem Gebiss sowie am rechten Knie, an den Sprunggelenken und an der Wirbelsäule. Die siebte und achte Rippe waren zu Lebzeiten gebrochen und wieder verheilt. Der aufgefundene Fingernagel zeigt Zeichen von Wachstumsstörungen, wonach der Mann im letzten halben Jahr vor seinem Tod mindestens dreimal ernsthaft krank gewesen sein muss. Die endoskopischen Untersuchungen ergaben die Zusammensetzung der letzten Mahlzeit des Mannes: Brot und Fleisch.

Seit März 1998 ist »Ötzi«, auch »Gletschermann« oder »Similaunmann« genannt, im Archäologischen Museum in Bozen ausgestellt. Er gilt als archäologische Sensation, weil er der einzige vollständig erhaltene, auf natürlichem Weg konservierte und nicht bestattete Mensch aus vorgeschichtlicher Zeit ist und weil zusätzlich zahlreiche Ausrüstungsgegenstände konserviert wurden, aus denen sich eine komplette prähistorische Ausrüstung rekonstruieren ließ.

100880

Herausragende Prunkwaffen der frühen Bronzezeit waren die Vollgriffdolche, deren Griffe ganz oder zum größten Teil aus Bronze gegossen wurden. Sie wurden seit ca. 1600 v. Chr. durch die aufkommenden Schwerter ersetzt (Stralsund, Kulturhistorisches Museum).

schen mit Absicht herbeigeführt oder durch zufällige Erzmischungen entstanden sind.

Ab 2000 v. Chr. wurde also auch in Europa Bronze zu unterschiedlichsten Gegenständen gegossen, die zu vielfältigen Tätigkeiten genutzt wurden. Obwohl die Tradition der Herstellung und Nutzung von Steingeräten auch in den folgenden Jahrhunderten nicht abbrach, begannen nun Bronzegegenstände zunehmend das tägliche Leben der Kulturgruppen in Europa zu beherrschen – und dies sogar über den Tod der Menschen hinaus, wie die zahllosen aus Bronze gefertigten Grabbeigaben belegen. Europa trat damit unwiderruflich in das Stadium der Metallzeiten ein.

300 bis 400 Jahre nach der Bronze tauchte das Eisen auf. Ältester Beleg hierfür ist ein im nordslowakischen Ort Gánovce gefundener Dolchgriff. Aufgrund von Radiokarbonmessungen ist er sicher in die Zeit zwischen 1743 und 1676 v. Chr. zu datieren. Ob es sich hierbei um ein importiertes Stück oder aber bereits um das Ergebnis einer lokalen Eisenproduktion handelt, kann derzeit noch nicht entschieden werden. Ein weiterer sehr früher Eisenfund stammt aus Bargeroosterveld (Provinz Drenthe, Niederlande), wo während der Ausgrabung eines in die Zeit um 1350 v. Chr. anzusetzenden urgeschichtlichen Bohlenweges ein Eisenmeißel gefunden wurde.

Im nordalpinen Raum in seiner Art einzigartig ist ein aus der nordeuropäischen Frühbronzezeit stammender schmaler Fingerring aus Eisen, der in einem Grabhügel beim niedersächischen Vorwohlde gefunden wurde: Er zeigt stilistische Ähnlichkeiten mit einem etwa zeitgleichen Eisenring aus der minoischen Siedlung Archanes auf Kreta. Insgesamt sind gegenwärtig aus Mittel- und Nordeuropa über 160 Nachweise vorhanden, die den Umgang mit Eisen bereits während der Bronzezeit belegen. Doch kann erst ab etwa 800 v. Chr. in diesem Raum von einer beginnenden Eisenzeit gesprochen werden.

Wie wir bereits oben gesehen haben, liegen die Anfänge der Nutzung von Gebrauchsmetallen, sei es Kupfer, Bronze oder Eisen, eindeutig im ostmediterranen Raum und im Vorderen Orient. Für die Herausbildung der europäischen Metallzeiten besitzt dieses Gebiet dementsprechend größte Bedeutung. Durch Kulturkontakte im weitesten Sinne – dies können Handelsverbindungen ebenso wie kriegerische Auseinandersetzungen gewesen sein – sind die ersten Metallobjekte und dann vielleicht später auch das technische Know-how der

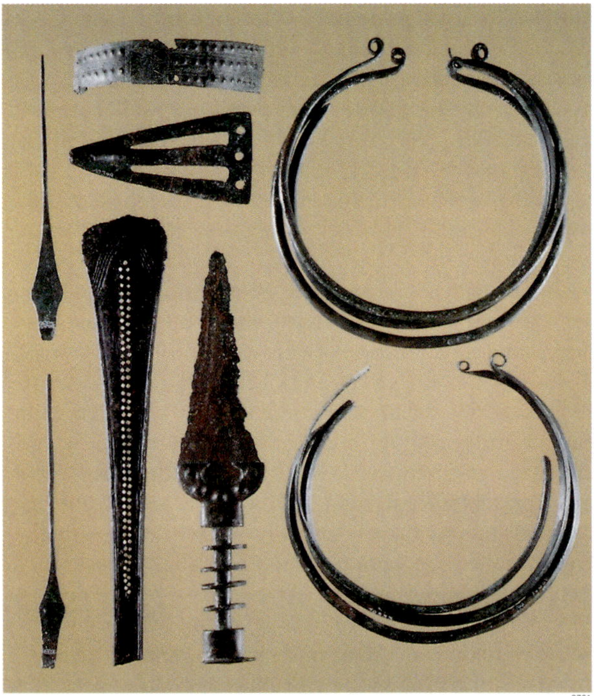

2761

Prunkwaffen wurden oft als Grabbeigaben gefunden. Neben dem einzigartigen, mit Goldstiften verzierten Prunkbeil enthielt das frühbronzezeitliche Grab I von Thun-Renzenbühl einen Vollgriffdolch, Ösenhalsringe, Rautenkopfnadeln, ein Armband und einen Gürtelhalter (Bern, Historisches Museum).

Metallherstellung von dort nach Mittel- und Nordeuropa gelangt.

Allerdings ist nicht auszuschließen, dass es auch eigenständige Entwicklungen außerhalb der eigentlichen Ursprungsgebiete gegeben hat. Solche Konvergenzerscheinungen sind dann möglich, wenn in zwei oder mehreren Regionen einige wesentliche Parameter ähnlich oder sogar identisch sind, das heißt, wenn in mehreren Regionen unabhängig voneinander Metall führende Erzlagerstätten zugänglich waren, wenn weiterhin ein dringender Bedarf für Metalle vorhanden war und wenn schließlich eine innovative und experimentierfreudige Gruppe von Menschen anfing, das Erz zu bearbeiten.

Ulrich Zimmermann

Kupfer, Zinn und Eisen: Rohstoffe und technischer Stand

Um uns über den »materiellen Hintergrund« der Metallzeiten Klarheit zu verschaffen, wollen wir an dieser Stelle die mineralogischen, lagerstättenkundlichen, chemischen und technischen Aspekte der Metallgewinnung und -verarbeitung näher betrachten. Wir werden hierbei unter anderem sehen, dass das heutige hohe metallurgische Wissen nur mit der kontinuierlichen, Jahrtausende währenden Anreicherung von Erfahrung erklärt werden kann, deren Anfänge bei den ältesten Metallfunden im Vorderen Orient zu suchen sind.

Metallische Rohstoffe sind nur dort dem Menschen zugänglich, wo entsprechende Elemente in Form von natürlichen Lagerstätten vorhanden sind. Die hier interessierenden Elemente Kupfer, Zinn und Eisen sind mit nur sehr geringen und unterschiedlichen Anteilen am Aufbau der Erdkruste beteiligt. Erst wenn diese Anteile in dem für den Menschen zugänglichen Teil der Erdkruste durch natürliche Prozesse so weit erhöht sind, dass mit den zur Verfügung stehenden Techniken die Metallerze gewonnen und zu Metall verarbeitet werden können, spricht man von einer Lagerstätte. Lagerstätten sind also lediglich Anreicherungen von metallischen Elementen. Sie müssen zugänglich sein, sei es in Form von Seifen (abbauwürdige Anreicherungen von spezifisch schweren

Mineralien in leicht verwitterndem Gestein), sei es in Form von Erzgängen, die an der Oberfläche ausbeißen und dann durch Tage- oder Tiefbau abgebaut werden können.

Der Begriff der Lagerstätte beinhaltet immer auch den Aspekt der Wirtschaftlichkeit. Eine Lagerstätte mit metallischen Erzen ist nur dann abbauwürdig, wenn Aufwand und Nutzen in einem für den Menschen sinnvollen Verhältnis zueinander stehen. »Sinnvoll« kann in diesem Zusammenhang definiert sein durch einen durch Gold- oder Bronzeschmuck zu erreichenden Prestigezuwachs oder aber durch einen erhofften kommerziellen Gewinn. Die Wirtschaftlichkeit einer Lagerstätte ist von vielen Faktoren abhängig und kann sich ändern. So sind beispielsweise die Lagerstätten von Ai Bunar in Südbulgarien, die im 5. Jahrtausend v. Chr. abgebaut wurden, heute wegen ihrer Kleinräumigkeit wirtschaftlich kaum noch nutzbar. Andererseits sind heute Lagerstätten im Abbau, die während vorgeschichtlicher Zeiträume aufgrund der technischen Möglichkeiten nicht zu nutzen waren. Die heutige Grenze der Wirtschaftlichkeit einer Kupferlagerstätte liegt immerhin bei 0,4 Prozent Kupfergehalt im Erz.

50558

Gediegenes Kupfer ist heute nur in sehr kleinen Mengen an der Erdoberfläche zu finden. Zu Beginn der Metallverarbeitung waren diese Vorkommen vermutlich größer.

Anreicherungsverfahren

Die Anstrengungen des Menschen, Metallerze an der Oberfläche zu sammeln oder in den Lagerstätten abzubauen, diese Erze dann mechanisch aufzubereiten und schließlich zu Rohmetallen zu verhütten, lassen sich unter dem Begriff der Anreicherung zusammenfassen. Lassen wir an dieser Stelle einmal die seltenen Vorkommen von gediegenem Kupfer außer Acht, so müssen Kupfer-, Zinn- und Eisenerze durch mechanische, physikalische und chemische Vorgänge lediglich so weit angereichert werden, bis das jeweilige Metall nahezu hundertprozentig rein vorliegt.

Eine erste Anreicherung erfolgt direkt nach dem Abbau durch Zerkleinerung und Sortierung des Erzes. Der Gang durch Erzmühlen reichert das Erz zu einem kleinkörnigen Konzentrat an. Für einige Erze kann nun ein Röstvorgang auf einem normalen Holzkohlen- oder Holzfeuer von Vorteil sein. Das Konzentrat trocknet, eventuell vorhandener Schwefel entweicht und die Ober-

INFOBOX

Verhüttung von Kupfererzen

Bei der Verhüttung von sulfidischen Kupfererzen bereiten v. a. das Eisen und der Schwefel Schwierigkeiten. Die Kupfererze müssen zunächst oxidierend behandelt werden, um den Schwefel zumindest z. T. »abzurösten« und als Schwefeldioxid in die Atmosphäre abzugeben. Gleichzeitig werden Teile des Eisens in Eisenoxide überführt. Für diesen Arbeitsgang sind offene Holzkohlenfeuer in »Röstbetten« nötig, über die durch natürlichen Windzug oder Blasebälge Luft zugeführt wird. Beim anschließenden reduzierenden Schmelzen in einem Schachtofen können nun die Eisenoxide zusammen mit den zugegebenen Quarzanteilen (»Zuschläge«) als Eisensilikatschlacken abfließen. Als Zwischenprodukte bleibt »Kupferstein« zurück, der einen deutlich höheren Kupfergehalt als das Ausgangserz aufweist, jedoch immer noch Eisen und Schwefel enthält. Letztere werden nun in einem zweiten oxidierenden Röstvorgang (»Totrösten«) als Schlacke oder Gas entfernt, sodass mit viel Können und etwas Glück reines Kupferoxid zurückbleibt. Dieses kann nun wiederum in einem Ofen zum Endprodukt, dem Schwarzkupfer, reduziert werden.

flächenstruktur der einzelnen Erzkörner wird vergrößert. Die eigentliche Verhüttung der oxidischen Erze besteht dann lediglich aus dem möglichst vollständigen Entzug des Sauerstoffs, wonach reines Metall zurückbleibt. Eventuelle Verunreinigungen können durch ein erneutes oxidierendes Schmelzen in eine Schlacke überführt werden.

Für die urgeschichtlichen Zeiträume, in denen diese Arbeitsschritte vom Erz bis zum Metall durchgeführt wurden, ist allerdings Folgendes zu berücksichtigen: Als Brennstoff war lediglich Holz oder Holzkohle verfügbar; für die Arbeit an den Blasebälgen konnte nur die Muskelkraft von Mensch und Tier genutzt werden; für den Bau der Öfen, Tiegel und Düsen standen nur mineralische Rohstoffe (Felsgestein, Ton, Sand, Kies usw.) zur Verfügung; unter diesen Umständen waren höchstens Temperaturen im Bereich zwischen 1 250 und 1 350 Grad Celsius zu erreichen.

80469

Die Möglichkeit, Malachit als Kupfererz zur Metallgewinnung zu nutzen, wurde vor etwa 9 000 Jahren entdeckt. Zuvor war das Mineral vor allem als Schmuckstein bearbeitet worden.

Kupfer

Wie wir bereits gesehen haben, zogen zunächst der grüne Malachit und das goldgelb glänzende gediegene Kupfer das Interesse auf sich. Vorkommen von Malachit und

100844

Azurit ist ebenso wie Malachit ein Kupferoxid.

100844

Kupferkies ist sulfidisches Kupfererz, das sehr viel schwerer zu verhütten ist als oxidisches Kupfererz, jedoch sind die Vorkommen erheblich ergiebiger.

von gediegenem Kupfer sind jedoch selten. In unverwitterten Lagerstätten mit primären Kupfererzen ist mit beiden nicht zu rechnen, dagegen aber in Gangerzlagerstätten, die an der Oberfläche ausstreichen und somit der physikalischen und chemischen Verwitterung unterliegen. Hier versickern die Schwefelanteile als wasserlösliche Sulfate bis zum Grundwasserspiegel. An der Oberfläche und bis zum Grundwasserspiegel, in der »Oxidationszone«, bilden sich unter Einfluss von Wasser, Sauerstoff und Kohlensäure neue, sekundäre Kupfererze, unter anderem der grüne Malachit und der leuchtend blaue Azurit. Gleichzeitig verwittern in diesem Bereich die Eisenanteile des Erzganges zu rostfarbenem oder schwarzem Eisenhydroxid.

Diese oxidischen Eisenerze können das oberflächlich erkennbare Bild eines Kupfererzganges vollständig überlagern; man spricht nun von einem »Eisernen Hut«, der hauptsächlich Eisenoxide und dazu etwas Malachit und Azurit enthält. Unterhalb dieser Oxidationszone reichern sich dagegen Kupfer, Silber und Gold in großen Mengen an. Hier ist gediegenes Metall zu finden. Schreitet nun die Erosion des Erzganges voran, so wird der »Eiserne Hut« abgetragen und die hoch angereicherten Erzvorkommen, zum Teil mit gediegenem, metallisch glänzendem Kupfer, Silber und Gold liegen offen zutage. In der Tiefe finden sich dann allerdings nur unverwitterte, primäre Kupfererze mit relativ hohen Schwefel- und Eisenanteilen.

Kupfer ist also in metallisch-gediegener Form überall dort an der Oberfläche leicht zu finden, wo die Erzgänge Kontakt mit dieser haben. Vorkommen dieser Art waren in der Vergangenheit durchaus verbreitet, sind heute aber weitgehend abgebaut. Neben den sehr großen Vorkommen im Gebiet der nordamerikanischen Seenplatte, von wo Kupferbrocken mit über einer Tonne Gewicht bekannt sind, kennen wir heute kleinere Vorkommen mit gediegenem Kupfer beispielsweise von der Halbinsel Cornwall im südwestlichen England, aus dem Karpaten- und dem Uralgebiet, aus der Türkei und dem Irak.

Gediegenes Kupfer kann durch Kaltverformung sofort zu Gerätschaften verarbeitet werden. Seine unangenehme Eigenschaft, als insgesamt sprödes Rohmaterial bei mechanischer Beanspruchung schnell zu reißen oder zu brechen, verliert sich teilweise, wenn das Kupfer in einem Tontiegel geschmolzen und in Formen gegossen wird. Erst mit der Durchführung dieses Prozesses trat der Mensch in das Entwicklungsstadium der pyrotechnischen Verarbeitung von metallischen Rohstoffen ein. Die zu Beginn dieser Abhandlung erwähnten Metallobjekte von Çayönü Tepesi sind nach neuen naturwissenschaftlichen Untersuchungen aus gediegenem Kupfer hergestellt worden, das während der Bearbeitung leicht erhitzt wurde, um ein Brechen des Materials zu verhindern. Erst ab 6000 v. Chr. ist nach heutigem Wissensstand (zum Beispiel Kupferschlacken von Çatal Hüyük) mit Hochtemperaturprozessen bei der Metallbearbeitung zu rechnen.

Hauptvertreter der oxidischen Kupfererze sind die bereits erwähnten Minerale Malachit und Azurit, die aufgrund ihrer auffälligen Färbung bereits früh die Aufmerksamkeit der Menschen auf sich gezogen haben müssen. Beide Minerale sind relativ leicht zu Kupfer zu verhütten, wobei dessen Schmelztemperatur von 1 083 Grad Celsius nicht erreicht werden muss. Notwendig sind lediglich Temperaturen bis 800 Grad Celsius, die in jedem Lagerfeuer zu erreichen sind, sofern durch entsprechend dichte Packung ein »Reaktionsraum« entsteht, in dem das oxidische Erz zu einem Metall reduzierend geschmolzen werden kann.

2936

In der jungsteinzeitlichen Wohnsiedlung von Çatal Hüyük lebten mehrere Tausend Personen. Hier wurden die nach heutigen Stand frühesten Schlacken aus der Kupfergewinnung gefunden.

Zuverlässiger lässt sich aber ein Reaktionsraum durch einen kleinen Schachtofen, eine Schmelzgrube oder einen Tontiegel erzeugen. Reduzierende, das heißt Sauerstoff entziehende Bedingungen und Temperaturen um 800 Grad Celsius bewirken, dass der Malachit zunächst zu einem schwarzen oder roten Kupferoxid und dann zu metallischem Kupfer verhüttet wird. Die Endprodukte dieser Verhüttung, Metall und Schlacke, können weiterverarbeitet werden, indem die Schlacke zerkleinert und nach Kupferresten durchsucht und das Kupfer durch erneutes Aufschmelzen und »Verbrennen« (Oxidieren) in Tiegeln raffiniert wird.

Archäologische Nachweise, die eine Verhüttung von oxidischen Kupfererzen während der Kupfer- und der Frühbronzezeit belegen, liegen aus Israel und Jordanien vor. Westlich und östlich des Wadi al-Araba, einer nördlichen Verlängerung des ostafrikanischen Grabenbruches zwischen dem Golf von Akaba im Süden und dem Toten Meer im Norden, häufen sich sowohl frühe Kupferfunde (z.B. der Fund aus der Höhle von Nahal Mishmar) als auch Nachweise für den Abbau und die Verhüttung von oxidischen Kupfererzen.

Den Forschungen in Timna (Israel) und im Fenan (Jordanien) folgend, ist anzunehmen, dass die Erze in unmittelbarer Nähe der Bergwerke aufbereitet und später in Siedlungen verhüttet wurden. Die Kupfergewinnung war hier zu dieser Zeit bereits durchorganisiert und wurde vielleicht auch schon zentral gesteuert. In Timna konnte sogar nachgewiesen werden, dass bereits im 4. Jahrtausend v.Chr. arbeitsteilig Kupfer gewonnen wurde. Am Fuße eines kleinen Berges befand sich ein mauerumgebener Platz, an dem offensichtlich das Erz

INFOBOX

Das erste Gebrauchsmetall

Gediegenes Kupfer bietet gegenüber mineralischen oder organischen Rohstoffen entscheidende Vorteile. So lässt es sich kalt verformen, z.B. durch Hämmern. Bis zu einem gewissen Grad ist auch eine Härtung bis zu 140 HV durch Schmieden möglich, obwohl gediegenes Kupfer als sprödes Material schnell reißen oder brechen kann. Durch Schmelzen in einem Tontiegel und Gießen in Formen verliert sich diese Eigenschaft, notwendig hierfür ist jedoch das Erreichen der Schmelztemperatur von 1083 °C.

Schon in der Bronzezeit trieb man zum Abbau von Erz mehrere Hundert Meter lange Stollen in die Erde, die man – nicht anders als hier in einer Goldmine in Ghana – mit Holzbalken abstützte.

100533

zerkleinert und sortiert wurde, die zugehörige Schmelzanlage – ein kleiner Schachtofen – wurde fünfzig Meter höher, auf der Kuppe des Berges betrieben.

Im Fenan sind für die Frühbronzezeit (3. Jahrtausend v. Chr.) regelrechte Verhüttungsanlagen nachgewiesen. Es handelt sich hierbei um kleine, etwa vierzig Zentimeter im Halbrund messende Öfen, die zahlreich nebeneinander kurz unterhalb von Bergkuppen in den Hang eingebaut waren. Da Düsen fehlen, nimmt man an, dass der aufsteigende Hangwind für die Verhüttung in den Öfen ausgenutzt wurde. Aus den rund 1 000 Tonnen Schlacken von 15 Schmelzplätzen (jeweils mit mehreren Öfen) im Fenan lässt sich eine ungefähre Kupferproduktion von 100 bis 300 Tonnen hochrechnen.

100844

Die Beimischung von Zinn zu Kupfer ergibt Bronze, die gegenüber reinem Kupfer erheblich bessere Produkteigenschaften hat. Das Foto zeigt zwei Zinnkristalle in unterschiedlicher Färbung.

Sulfidische Kupfererze, die in unverwitterten Kupferlagerstätten das hauptsächliche Erzmineral (z. B. Kupferkies) darstellen, sind weitaus schwieriger zu verhütten. Nötig ist hierzu ein mehrstufiges, das heißt fünf- bis sechsmal zu wiederholendes Verfahren, das mehrere Röst- und Schmelzvorgänge beinhaltet, bis schließlich ein Rohkupfer mit einem Kupfergehalt von 94 bis 96 Prozent vorliegt. Laufen die Prozesse nicht optimal ab, wobei auch das Luft-Gas-Gemisch und die Temperaturen in den Öfen, die Qualität der Holzkohle, die Menge der Quarzzuschläge sowie die Dauer der einzelnen Arbeitsschritte wichtig sind, bildet sich beispielsweise kein Kupferstein, und das Kupfer verschwindet in der eisenhaltigen Schlacke. Auch kann es zu einer zufälligen,

INFOBOX

Ein frühes Bergbauzentrum
Noch im 19. Jh. galt das Mitterberger Kupferrevier als das größte seiner Art in Mitteleuropa. Dies wird man auch für die Bronzezeit annehmen dürfen. Aufgrund der Vermessung der untertägigen Abbauräume des Mitterberger Hauptgangs lässt sich allein dessen Ausbeute auf mindestens 7000 t reines Kupfer schätzen, die bronzezeitliche Gesamtproduktion in diesem Gebiet dürfte wohl etwas über 20000 t betragen haben. Mit einer angenommenen Jahresförderung von rund 30 t konnte von Mitterberg aus zwischen 1700 und 1000 v. Chr. der gesamte Kupferbedarf in Mittel- und Nordeuropa vollständig abgedeckt werden.

nicht beabsichtigten Entstehung von metallischem Eisen kommen, da Kupferkies bis über dreißig Prozent Eisen enthält.

Gegenüber der vergleichsweise einfachen Kupfergewinnung aus oxidischen Erzen stellt die Kupferkiesverarbeitung sehr hohe Ansprüche an das metallurgisch-technische Verständnis der frühen Metaller. Im Gegensatz zu heute konnten sie weder die Temperaturen in den Öfen noch die Zeitdauer der Arbeitsschritte exakt messen; überdies fehlten auch genaue Analysemethoden zur wichtigen Bestimmung des Kupfergehaltes im Kupferstein. Der gesamte Ablauf der Kupfergewinnung aus Kupferkies beruhte vielmehr auf tradiertem Wissen, eigenen Erfahrungen, praktischem Können und einer genauen Beobachtungsgabe.

Der entscheidende Vorteil gegenüber der Verarbeitung von oxidischen Kupfererzen liegt jedoch in den fast unerschöpflichen Vorräten an Kupferkies in den unverwitterten Bereichen der Lagerstätten. Beherrschte man erst einmal die Schmelztechnik, konnte nur noch die Technik der Erzgewinnung, der Bergbau, hier Grenzen setzen. Waren schließlich auch die untertägigen Probleme (z. B. Luft, Grundwasser) gelöst, konnte durch Untertagebau der Nachschub an Kupferkies gesichert werden; auf diese Weise ließ sich in großen Mengen und mit industriellem Zuschnitt aus Kupferkies Kupfer erschmelzen.

Man nimmt heute an, dass im Vorderen Orient sowie – phasenverschoben – auch auf dem Balkan und in Mitteleuropa während der Kupferzeit Vorkommen mit gediegenem Kupfer und oxidischen Kupfererzen die Grundlage der Metallurgie bildeten. Als diese Vorräte erschöpft waren, war man ab Beginn der Bronzezeit – in Mitteleuropa ab etwa 2000 v. Chr. – gezwungen, auch sulfidische Erze zu verwenden. Um diese Zeit begann in Mitteleuropa ein erstes metallisches Industriezeitalter.

Das wohl weltweit bekannteste Revier, in dem während der Bronzezeit Kupferkies abgebaut und Kupfer hergestellt wurde, liegt südlich von Salzburg am Mitterberg bei Bischofshofen. Auf einer Länge von zehn Kilometern erstrecken sich hier zahlreiche Erzgänge, die zwischen 1700 und 1000 v. Chr. intensiv abgebaut wurden. Die weitläufigen Stollen- und Schachtsysteme der bronzezeitlichen Bergleute wurden erst vor hundert Jahren entdeckt und sofort als urgeschichtlich erkannt. Die Lage der Untertagebaue ist noch heute anhand trichterförmiger Vertiefungen an der Oberfläche erkennbar. Es handelt sich bei diesen »Pingen« um Spuren unterirdischer Sackungs- und Verdichtungsvorgänge, die auf die bronzezeitlichen Abbautechniken zurückzuführen sind.

Ausgrabungen haben gezeigt, dass man Stollen und Schächte schräg in den Berg vortrieb, wobei Stein-, Geweih- und Metallwerkzeug, aber auch Feuer benutzt wurde. Nachgewiesen sind bis zu 300 Meter lange Abbaustrecken, wobei man bis hundert Meter tief unter Tage arbeiten musste. Bronzezeitliche Kupfergewinnung

80692

Der größte Fund steinerner Gussformen aus Deutschland stammt aus Heilbronn-Neckargartach in Baden-Württemberg. Er wird auf etwa das 9./8. Jh. v. Chr. datiert (Stuttgart, Württembergisches Landesmuseum).

Rekonstruktionszeichnung der Heuneburg (im 6. Jh. v. Chr.). In der Südostecke der Burg hat man große Mengen an Eisen- und Bronzeabfällen gefunden. Macht und Einfluss der Herren der Heuneburg werden u. a. auf den Abbau von Eisenerz zurückgeführt.

dieser Größenordnung muss straff organisiert und auf eine ausreichende Infrastruktur gestützt gewesen sein. Im Umfeld der Abbaustellen konnten dann auch Werkstätten, kleine Handwerkersiedlungen und über fünfzig Plätze, an denen der Kupferkies geröstet und verhüttet wurde, lokalisiert werden. Ausgrabungen auf letztgenannten Plätzen zeigen stets dicht nebeneinander zwei kleine Schachtöfen, die in den Hang gebaut waren. Direkt oberhalb war immer ein größeres, steinumfasstes Röstbett eingerichtet. Die archäologischen Befunde vom Mitterberg lassen sich mit dem mehrphasigen Aufbereitungs- und Verhüttungsprozess von Kupferkies zu Rohkupfer bis in alle Details hinein in Einklang bringen.

INFOBOX

Zuerst als Bronze

Zinn wurde zuerst als Legierung mit Kupfer (Bronze) bekannt. Die Gewinnung von Bronze durch gemeinsame Verhüttung von Kupfer- und Zinnerzen im 3. Jahrtausend v. Chr. ging der Gewinnung von reinem Zinn voraus. In der Natur kommt Zinn nicht in gediegener Form vor, sondern meist als »Zinnstein« (Kassiterit), ein rötlich braunes Zinnoxid (SnO_2), das oftmals zusätzlich Eisen enthält. Zinnstein ist sehr schwer (7 g pro cm^3) und reichert sich daher wie Gold in den Flussablagerungen an, nachdem es aus dem Muttergestein (meist Granit) herausgewittert ist. Es kann dann als Waschzinn leicht gewonnen werden.

Zinn und Bronze

Legiert man Rohkupfer mit Zinn zu Bronze, sinkt der Schmelzpunkt bis unter 1 000 Grad Celsius und die Gusseigenschaften verbessern sich entscheidend. Zudem ist dieser neue Werkstoff sehr viel härter als Kupfer und kann durch Kaltschmieden noch verdichtet werden. Damit ist Bronze härter als kohlenstofffreies Schmiedeeisen, wie es bei der prähistorischen Eisengewinnung in Brennöfen anfällt. Die meisten prähistorischen Bronzen enthalten zwischen acht und zwölf Prozent Zinn, ein Legierungsbereich, in dem ein gutes Verhältnis zwischen zunehmender Härte und abnehmender Elastizität des Werkstoffs Bronze erreicht ist.

Zinnvorkommen sind in Europa recht begrenzt und meist nicht in der Nähe von Kupfervorkommen gelegen. Bekannt sind Lagerstätten und Zinnseifen in Cornwall, in der Bretagne, in den französischen Alpen, in Portugal, in der Toskana, auf Sizilien und auf Sardinien sowie im mitteldeutschen Erzgebirge. Seit 1992 wird in der Forschung zusätzlich ein Befund in Göltepe (Taurusgebirge in Anatolien) diskutiert, der eine bergmännische Zinngewinnung bereits im 3. Jahrtausend v. Chr. belegen könnte. Aus der Zeit um 2500 v. Chr. stammt auch das bisher älteste bekannte Zinnobjekt, ein aus zwei Zinnstreifen hergestellter Ring aus Thermi auf der griechischen Insel Lesbos. Insgesamt blieben aber Zinnobjekte auch während der europäischen Bronzezeit selten. Dies verwundert nicht, denn die Gewinnung von Zinn aus Zinnstein ist aufgrund von dessen hohem Schmelzpunkt von 1 900 Grad Celsius nicht einfach. Ein einfacheres Bronzeherstellungsverfahren ist es, der Kupferschmelze direkt Zinnstein zuzugeben, was auch die gängige prähistorische Methode gewesen sein wird.

100880

Die steinerne Grabstele von Hirschlanden bei Ditzingen wurde am Fuße des dortigen Grabhügels gefunden. Sie zeigt die lebensgroße, unbekleidete Gestalt eines Mannes, der mit Leibgurt, Halsring, Totenmaske, Kegelhut und in der rechten Hand einem Dolch als Statussymbol ausgestattet war.

Für den Guss der Bronzeobjekte standen den frühen Metallern mehrere Techniken zur Verfügung, wobei das Spektrum vom Guss in vorgefertigten Formen über das künstlerisch anspruchsvolle Wachsausschmelzverfahren bis hin zu technisch sehr aufwendigen Verfahren wie dem Überfang- und Kernguss reichte. Oft waren auch Reparaturen nötig, die in einer dem Schweißen ähnlichen Technik durchgeführt wurden.

Nach dem Guss waren in jedem Fall die Gussnähte zu entfernen, war die Oberfläche zu glätten und zu polieren,

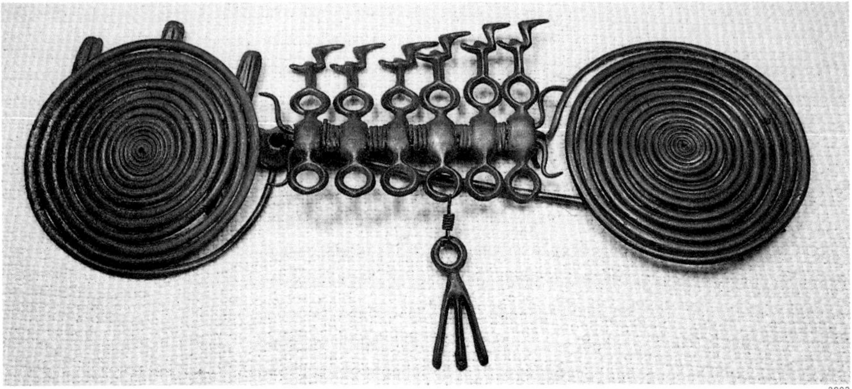

2893

Schmuckstücke aus Metall wie diese zweigliedrige Spiralplattenfibel aus dem Hortfund von Krumpa-Lützkendorf im Kreis Merseburg-Querfurt waren begehrt. Ihr Besitz bedeutete – ähnlich wie heute – die Demonstration von Einfluss und Reichtum (Urnenfelderzeit, um 1000 v. Chr.; Halle/Saale, Landesmuseum für Vorgeschichte).

waren Gravuren und Punzarbeiten erforderlich, bis schließlich ein goldgelb glänzendes Endprodukt vorlag. Dieses konnte nun dem Käufer angeboten werden, der es eine Zeit lang für seine Zwecke nutzte und in den überwiegenden Fällen schließlich auch »verbrauchte«. So gelangten die meisten Bronzen letztendlich als Grabbeigaben oder in Horten unter die Erde, wenn sie nicht umgeschmolzen wurden. Letzteres war mit Objekten aus Bronze jederzeit möglich, nicht aber mit solchen aus Eisen.

Eisen

Nach allem, was man über die prähistorische Eisentechnologie in Europa und in Vorderasien derzeit weiß, konnte die Schmelztemperatur von Eisen von über 1 535 Grad Celsius in den damaligen kleinen Ofenanlagen nicht erreicht werden. Aus den vorrömischen Metallzeiten sind dementsprechend keine Guss- oder Roheisenfunde mit einem Kohlenstoffgehalt von zwei bis fünf Prozent bekannt, alle Eisenfundstücke aus dieser Epoche sind durch Schmiedearbeit in die gewünschte Form gebracht worden.

Die Technologie zur Herstellung von schmiedbarem Eisen unterscheidet sich in einem wesentlichen Punkt von den dargestellten Verfahren der Kupfergewinnung. Anstelle eines flüssigen Metalls entsteht bei der Verhüttung von Eisenerzen in Schachtöfen eine so genannte »Luppe«, die schlacken- und holzkohledurchsetzt ist und die zusätzlich metallisches Eisen enthält. Bei der Nachbearbeitung dieser mehrere Kilogramm schweren Luppe gilt es, diejenigen Teile auszusondern, die am meisten Eisen enthalten. Diese werden dann ausgehämmert, um die Schlacke zu entfernen, und zu einem Eisenbarren zusammengeschmiedet. Es entsteht ein Eisen, das sehr wenig Kohlenstoff enthält und das daher sehr weich ist. Dieses Weicheisen erreicht nicht einmal die Härte von verdichtend geschmiedetem, reinem Kupfer und weniger als die Hälfte der Härte von geschmiedeter achtprozentiger Zinnbronze. Weicheisen ist aber – im Holzkohlefeuer erhitzt – mittels Amboss und Hammer verformbar. Durch einige heute bekannte Schmiedetricks (z. B. langsames Abkühlen des Weicheisens in Ölbädern) lassen sich diese Werkstücke etwas härten.

Die Technik der Herstellung von Stahl aus Rennofeneisen wurde erst im Verlauf der vorrömischen Eisenzeiten, vermutlich von den Kelten, entwickelt. Was aber die Menschen bereits ab etwa 800 v. Chr. in Mitteleuropa bewogen hat, Waffen, Handwerkszeug und Schmuck zunehmend auch aus Eisen herzustellen, das der Bronze an-

Im Innern der bedeutenden bronzezeitlichen Befestigungsanlage von Zambujal im heutigen Portugal wurden Metallprodukte hergestellt. Die hier verarbeiteten Materialien kamen z. T. von weit her, andererseits wurden die in Zambujal hergestellten Waren in entfernte Gebiete transportiert.

100762

fänglich qualitativ sogar unterlegen war, bleibt weitgehend unklar. Diskutiert wird beispielsweise ein zunehmender Mangel an Kupfer und Zinn im Verlauf der Urnenfelderzeit. Tatsächlich wurde ja das Kupferrevier am Mitterberg um 1000 v. Chr. aufgegeben.

Ferner ist zu beobachten, dass in einigen mitteleuropäischen Regionen urnenfelderzeitliche Brandgräber mit vergleichsweise nur sehr wenigen Metallbeigaben ausgestattet waren. Allerdings kann aus spärlichen Grabbeigaben nicht unbedingt auf einen Metallmangel geschlossen werden, da auch veränderte Jenseitsvorstellungen zu Änderungen im Grabritual führen. Nicht alles, was während der Urnenfelderzeit im täglichen Leben eine Rolle spielte, musste den Toten zwangsläufig als Beigabe in den Gräbern mitgegeben werden. In den urnenfelderzeitlichen Hortfunden ist jedenfalls sehr viel Bronze, meist in zerstückelter Form niedergelegt worden. Wichtiger als ein möglicher Kupfer-Zinn-Mangel scheint die universelle Verfügbarkeit großer Mengen von Eisenerzen und ihre relativ leichte Gewinnbarkeit gewesen zu sein. Vor allem die oxidischen und carbonatischen Eisenerze waren überall vorhanden und standen für die Verarbeitung zu schmiedbarem Eisen zur Verfügung.

Deshalb und weil es jedem Menschen offen stand, selbst zu versuchen, Eisen herzustellen, wird Eisen als das »demokratische Metall« bezeichnet. Es mag den Menschen der ausgehenden Bronze- und beginnenden Eisenzeit in Europa sehr entgegengekommen sein, durch die Kenntnis der Eisentechnologie allgemein vom Kupfernachschub und vielleicht auch vom Preisdiktat der »Kupfer-Zinn-Monopolisten« unabhängig zu werden. Damit wäre die Entwicklung vom Kupfer über die Bronze hin zum Eisen tatsächlich ein logischer Weg.

INFOBOX

Das wichtigste Gebrauchsmetall

Grundlage für die Eisengewinnung sind die Eisenerze, verhüttbare Minerale und Gesteine mit einem Eisengehalt von mindestens 20 %. Die wichtigsten Eisenerze sind Magnetit (Magneteisenerz), Hämatit (Roteisenerz, Eisenglanz) und Siderit (Eisenspat) sowie das v. a. aus Goethit bestehende Limonit (Rasen- oder Brauneisenerz). Pyrit (Eisen- oder Schwefelkies) ist nur sekundär, als Abröstrückstand, verwendbar.

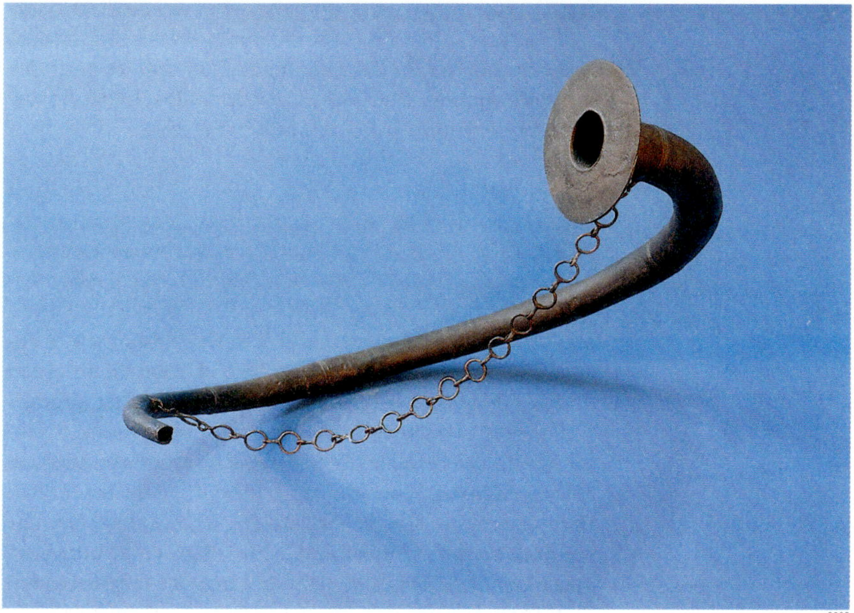

2893

Wohl im Kult eingesetzt wurde die spätbronzezeitliche Lure, ein aus einem über 2 m langen, gewundenen Bronzerohr bestehendes Blasinstrument mit posaunenähnlichem Klang (Lübstorf, Archäologisches Landesmuseum).

Zum einen, weil es sich um eine logisch aufgebaute technische Entwicklungsreihe handelt, zum anderen, weil es allgemein menschlichen Denkstrukturen entspricht, unabhängig wirtschaften und überschussorientiert produzieren zu können. Nicht umsonst werden die frühkeltischen Fürstensitze wie die Heuneburg und die reich ausgestatteten Fürstengräber wie das Grab von Hochdorf aus der Zeit zwischen 600 und 400 v. Chr. mit den wirtschaftlichen Möglichkeiten in Zusammenhang gebracht, die die umliegenden Eisenerzvorkommen in den Mittelgebirgen boten. *Ulrich Zimmermann*

Nicht ohne Folgen für Gesellschaft und Umwelt: Das Metall und der Mensch

Seien es Gold, Kupfer, Bronze oder Eisen – Metalle haben die Welt verändert, haben den Menschen zweifellos in seinen materiellen und moralischen Wertvorstellungen entscheidend beeinflusst. Es muss für den jungsteinzeitlichen Menschen ein immenser Prestigegewinn gewesen

INFOBOX

Begehrt seit der Jungsteinzeit
Neben Kupfer ist Gold eines der ältesten vom Menschen genutzten Metalle. Da es aber nicht zu den eigentlichen Gebrauchsmetallen gehört, spielt es in dieser Abhandlung nur ein Nebenrolle. Als »kalt«, das heißt ohne Hochtemperaturprozesse verformbares Metall wurde es seit dem jüngeren Neolithikum zu Schmuck, kultischen Geräten und Prunkwaffen verarbeitet und diente daneben vermutlich in der Form von »Ringgeld« auch als Tauschobjekt. Besonders für die Bronzezeit stellen Goldfunde eine wichtige Quellengruppe dar.

sein, ein Objekt aus Gold oder Kupfer zu besitzen. Ähnliches mag für Bronzen während der Kupferzeit und für Eisenobjekte in der Bronzezeit gelten. Bereits Tut-ench-Amun hatte, als er um 1325 v. Chr. kaum 19-jährig starb, mehrere kleinformatige Eisengegenstände und einen Dolch mit Eisenklinge für das Leben im Totenreich mitbekommen. Die besondere Wertschätzung für das neue, damals fast unbekannte Metall Eisen kommt hier durch die Lage der Gegenstände – in den Mumienbinden direkt am Körper des Pharaos – zum Ausdruck.

Während Gold immer und bis in unsere Tage hinein Schatz- und Schmuckmetall geblieben ist, durch das allenfalls äußerlich soziale Unterschiede erkennbar werden können, avancierten Kupfer, Bronze und Eisen zusätzlich auch zu Gebrauchsmetallen. Dabei blieb die sozial differenzierende Funktion meist erhalten. Während der späten Hallstattzeit, als in Mitteleuropa bereits allerlei Kleingerät, Werkzeug und Waffen aus Eisen hergestellt wurden, war beispielsweise der bronze- oder goldverzierte Eisendolch und nicht das Schwert Waffe und gleichzeitig Rangabzeichen für sozial herausragende Persönlichkeiten. Dies belegen zahlreiche Grabfunde und zum Beispiel auch die steinerne Grabstele von Hirschlanden. Metalle beziehungsweise Metallobjekte haben somit bereits bestehende oder in einer Entwicklungsphase befindliche Sozialstrukturen innerhalb einer Gesellschaft unterstützt und manifestiert.

Als Wirtschaftsgüter haben Metalle zudem Veränderungen in der Sozialstruktur direkt hervorgerufen. Die Produktion von Metallen und die Vermarktung der Produkte bis nach Nordeuropa ist sicherlich auch bereits während der mitteleuropäischen Bronzezeit ein teures und riskantes Geschäft gewesen. Entsprechend hoch sind wohl auch die Gewinnspannen ausgefallen, wollte man nicht zum Beispiel die bronzezeitliche Kupferindustrie am Mitterberg als ein damals allen zugängliches Allgemeingut verstehen.

Es wird Unternehmer gegeben haben, die auf eigenes Risiko die Lagerstätten am Mitterberg ausbeuteten, das Kupfer verhandelten und daran verdienten. Die Frage, ob im bronzezeitlichen Mitteleuropa aber bereits ein Währungssystem existiert hat – Anhaltspunkte hierfür bieten beispielsweise Markierungen auf Bronzesicheln – wird noch diskutiert. Geld in Form von Münzen hat es in Mitteleuropa mit Sicherheit erst während der La-Tène-Zeit gegeben. Mitgewirkt und verdient an der bronzezeitlichen Metallwirtschaft haben vermutlich auch Wanderhandwerker und Zwischenhändler. Die auffällige Häufung von frühbronzezeitlichen Horten mit kupfernen Spangen- und Ösenbarren entlang der Flüsse im nördlichen Alpenvorland lässt Handelswege von den alpinen Lagerstätten nach Norden erahnen.

Während der Bronzezeit sind – so kann man annehmen – ganz neue Berufe entstanden, zum Beispiel Unternehmer, Spezialisten im Bergbau und bei der Metallschmelzarbeit, Berufshändler und Fachhandwerker, die ihren jeweiligen Status in der bestehenden Sozialordnung finden und definieren mussten. Gesellschaftssysteme gerieten in Bewegung, neue Formen menschlichen Zusammenlebens entstanden und gipfelten in den großen stadtähnlichen Siedlungen (Oppida) der Kelten.

Letztlich rätselhaft bleibt die Schiffsszene mit zwei Äxte schwingenden Kriegern auf einem Felsbild der Nordischen Bronzezeit von Tanum (Bohuslän, Schweden). Nach den Funden waren die Äxte aus Bronzeblech und hatten einen Holzkern – sie waren nicht für den Zweikampf geeignet. Die Szene hat offenbar kultischen Hintergrund.

2743

Fast alles, was an metallischen Gerätschaften und Waffen während der vorrömischen Metallzeiten in Europa in Gebrauch war, wäre auch aus organischen Materialien oder aus Gestein herstellbar gewesen. Dies zeigen beispielsweise Dolche, die zu Beginn der Bronzezeit im Norden Europas aus Flintknollen geschlagen wurden, wobei bronzene Vorbilder aus Mitteleuropa als Vorlage dienten. Gleichwohl revolutionierten metallzeitliche Innovationen nicht nur das friedliche Zusammenleben der Menschen, sondern vor allem auch die Waffentechnik. Pferdegezogene, einachsige Streitwagen sowie Schwerter aus Bronze oder Eisen, beides Waffentypen, die vor den Metallzeiten unbekannt waren, boten hier ganz neue Möglichkeiten. Empfundene oder tatsächliche waffentechnisch-militärische Überlegenheit hat sicherlich auch in der Bronze- und Eisenzeit Europas zu allem anderen als zu einem fortwährenden friedlichen Zusammenleben beigetragen. Menschliche Schädel, die während der Ausgrabung des keltischen Oppidums in Manching geborgen wurden, zeigen Hiebverletzungen, wie sie bei Zweikämpfen mit Schwertern entstehen. Die Schädel besiegter Feinde pflegten die Kelten in Mauernischen oder auf Holzpfählen zur Schau zu stellen oder als Trinkgefäße zu nutzen.

Die Felszeichnungen aus der jüngeren Bronzezeit bei Tanum in Schweden (hier die Darstellung eines Jägers) geben Aufschluss über Alltagsgebräuche und die Verwendung von Werkzeug und Waffen.

100264

Die Herstellung von Metallobjekten stellte bereits ab der Frühbronzezeit zumindest regional eine schwerwiegende Belastung für Mensch und Umwelt dar. In den damaligen Produktionszentren und im weiteren Umfeld, zum Beispiel am österreichischen Mitterberg, ist die Landschaft durch Rodung und nachfolgende Bodenerosion verändert worden, gab es Luft- und Gewässerverschmutzung, wurde der Boden mit Schwermetallen angereichert, war die Gesundheit der Arbeiter und ihrer Familien durch giftige Gase und Schwermetallanreicherungen in der Nahrungskette erheblich gefährdet.

Die Gewinnung von Blei während der jüngeren Bronzezeit in Europa hatte sogar interkontinentale Auswirkungen. Untersuchungen an datierten Proben des Inlandeises auf Grönland zeigen, dass zwischen 800 v. Chr. und 1753 n. Chr. der natürliche Bleigehalt im Schnee um den Faktor 25 angestiegen ist. Bis in die Dreißigerjahre des 20. Jahrhunderts stieg dieser Wert weiter bis zum Faktor 150 des natürlichen Bleigehaltes. Von den Veränderungen der Gesellschaftsstrukturen über neue Möglichkeiten der Kriegführung und neue Einsichten in physikalisch-chemische Zusammenhänge durch die Metamorphose vom Erz zum Metall bis hin zu den ökologischen Konsequenzen: Die Folgen der Metallnutzung waren und sind für den Menschen vielfältig im positiven wie im negativen Sinne. *Ulrich Zimmermann*

Die Fragen der Wissenschaft: Datierung und Periodisierung

Zu Beginn des 18. Jahrhunderts begannen der Pastor Christian Detlev Rhode und sein Sohn Andreas Albert mit der Untersuchung alter Grabhügel in der unmittelbaren Umgebung ihres Wohnortes Barmstedt in Holstein; ein für die damalige Zeit sehr ungewöhnlicher Vorgang. Die von ihnen gemachten und 1719/20 in den wöchentlich erschienenen »Antiquitäten-Remarques« beschriebenen Funde hielten sie für Überreste der Kimbern, eines durch die antike Geschichtsschreibung namentlich überlieferten Germanenstammes im heutigen Jütland. Hinsichtlich des Fundtyps der so genannten Doppelknöpfe reimten sie zum Beispiel: »Denen Cim-

Auf den dänischen Althistoriker Christian Jürgensen Thomsen geht die weltweit gebräuchliche Einteilung der Urgeschichte in Steinzeit, Bronzezeit und Eisenzeit zurück.

Willard Frank Libby entwickelte in den 1960er-Jahren die Radiokarbonmethode. Anhand der Messung des Gehaltes an radioaktivem Kohlenstoff glaubte man zunächst, das Alter organischer Substanzen zweifelsfrei bestimmen zu können.

bern dienten auch / Hembdes-Knöpfe zum Gebrauch.« Beide Autoren waren der Meinung, dass diese Fundstücke von »Ertz (gemeint ist Bronze) mehrenteils in höheres Alter weisen als da waren die nächsten Jahre nach Christi Geburth«.

Dass ihre Funde jedoch, wie durch die Messungen moderner Altersbestimmungsmethoden belegt, zum damaligen Zeitpunkt bereits etwa 3 000 Jahre alt waren, haben die Rhodes nicht wissen können; überdies hätte eine derartige Annahme vollkommen dem damaligen Bild der europäischen Vorzeit widersprochen. Zwischen den fundorientierten Grabungen der Familie Rhode und den heutigen Forschungen zur europäischen Bronzezeit, die verstärkt exakte Datierungen, die Rekonstruktion der Umwelt und die sozioökonomischen Folgen der Metallnutzung zum Inhalt haben, liegen über 250 Jahre Forschungsgeschichte. Diese ist hier ohne Belang; lediglich zwei Aspekte, der des »Dreiperiodensystems« und jener der »kalibrierten Radiokarbondaten«, seien kurz angedeutet.

Dreiperiodensystem und Radiokarbonmethode

Anfang des 19. Jahrhunderts war in Kopenhagen Christian J. Thomsen zum Leiter einer Sammlung von Altertümern bestellt worden. Er entwickelte in den folgenden Jahren ein System von »verschiedenen Perioden, in welche die heidnischen Alterthümer gesetzt werden können«. Diese Perioden, gemeint sind die »Steinzeit«, die »Bronzezeit« und die »Eisenzeit«, verstand Thomsen »als zeitliche Abfolge«, wonach die Steinzeit unzweifelhaft als die älteste Periode gelten könne und die Eisenzeit als die jüngste, die »bis zur Einführung des Christentums hinuntergeht«. Zwischen die Stein- und die Eisenzeit setzte er die Bronzezeit, »in welcher die Waffen und schneidenden Gerätschaften von Kupfer oder Bronze waren. Nicht allein im Norden, sondern auch in den südlichen Ländern wird man finden, dass das Metall, welches zuerst erwähnt wird und gebraucht wurde, Kupfer oder Bronze ist…«. Dieses Dreiperiodensystem beinhaltet eine relativchronologische Periodisierung der Menschheitsgeschichte und kennzeichnet den Beginn der archäologischen Forschung als Wissenschaft.

Dass aus dieser Abfolge allerdings eine allgemeine und weltweit gültige Gesetzmäßigkeit nicht abzuleiten ist, ergibt sich beispielsweise schon daraus, dass die Ureinwohner Nordamerikas bis zu den Kontakten mit den europäischen Eroberern im 16. Jahrhundert keine Kupfer- oder Bronzetechnologie entwickelt hatten. Die Eroberung bewirkte hier einen Sprung von der Steinzeit direkt in die frühe Neuzeit mit den allseits bekannten Folgen für die Ureinwohner. Auch auf dem afrikanischen Kontinent südlich des mediterranen Küstenraumes fehlt eine Bronzezeit. Nach derzeitigem Kenntnisstand war hier Eisen - nicht Kupfer oder Bronze - das erste und hauptsächliche Gebrauchsmetall, das den Werkstoff Stein zumindest zum Teil ersetzt hat. Für die Alte Welt, das heißt für Nordafrika und für fast den gesamten eurasischen Kontinent, besitzt das Dreiperiodensystem als einfaches Gliederungsschema aber weiterhin Gültigkeit.

Die urgeschichtlichen Metallzeiten in Europa sind in der Folge Thomsens mittels geisteswissenschaftlich-archäologischer Methoden, zum Beispiel der Typologie, sowie aufgrund stratigraphischer Beobachtungen weiter untergliedert worden. Auf diese Weise entstand ein relativchronologisches Gerüst, das die zeitliche Abfolge der Epochen, Phasen und Kulturgruppen zueinander regelt; die absolutchronologische Einordnung dieses Zeitgerüstes gelang durch Stilvergleiche und vor allem durch die Importdatierung (»cross-dating«). Ausgehend von den historischen Daten zur Dynastienabfolge in Ägypten und unter Zuhilfenahme von im- und exportierten Gefäßen schien es möglich, absolutchronologische Zeitansätze für die Bronzezeit auf Kreta und Zypern sowie auf dem griechischen Festland zu erlangen. Stilvergleiche ermöglichten schließlich eine zeitliche Parallelisierung der mittel- und nordeuropäischen Frühbronzezeit mit den Schachtgräbern in Mykene. Bis in die Siebzigerjahre des 20. Jahrhunderts war es daher einhellige Forschungsmeinung, die Frühbronzezeit mit Funden aus legierten Zinnbronzen müsse in Mittel- und Nordeuropa zwischen 1600 und 1500 v. Chr. begonnen haben.

Aufgrund der Entdeckungen des Amerikaners Willard F. Libby (1908–80), der ein Verfahren zur Altersbestimmung organischer Substanzen aus ihrem Gehalt an radioaktivem Kohlenstoff entwickelte (Radiokarbon-

ZITAT

Der Prähistoriker Geoffrey Bibby schreibt über die Altertumsforschung im 17. und 18. Jh.:

Blicken wir aus der Höhe unsereres Wissens herab, ist kaum begreiflich, wie man früher verkennen konnte, dass die aus der Erde gegrabenen ... Gegenstände aus verschiedenen Epochen stammten ... Infolgedessen gehörten alle britischen Antiquitäten zu den Alt-Britanniern ... In Frankreich waren es die Gallier, in Deutschland die Germanen, in Skandinavien die Goten und in Russland die Skythen, die als Urheber aller prähistorischen Monumente betrachtet wurden. Europa war jedenfalls nicht sonderlich stolz auf seine wilden Urahnen ...

oder C-14-Methode; die Methode beruht auf der Halbwertzeit des C-14-Isotops von 5730 Jahren), war es in den Sechzigerjahren vermeintlich möglich geworden, archäologische Funde aus Holz oder Knochen und auch solche, die Holzkohle enthalten, auf einige Jahrzehnte genau zu datieren.

Im Laufe der Zeit zeigte sich aber, dass die Methode keineswegs unproblematisch ist, denn viele Radiokarbondaten stimmten nicht mit den archäologischen und dendrochronologischen Datierungen überein. Die physikalische Problematik der Methode an sich und diejenige des anfänglich leichtfertigen Umgangs mit den ersten Radiokarbondatierungen seien hier ausgeklammert; wichtiger ist die Erkenntnis, dass jedes Radiokarbondatum erst dann eine datierende Relevanz bekommt, wenn es mit den Ergebnissen der Dendrochronologie (Baumringchronologie) verglichen und entsprechend berichtigt worden ist. Auf diese Weise entstehen so genannte »kalibrierte« Radiokarbondaten (Abkürzung: »BC cal.«; für Daten nach Christi Geburt »AD«), die allein einen Anhaltspunkt für das tatsächliche Alter der archäologischen Funde und Befunde liefern. Immerhin kann die Fehlerspanne zwischen den Rohdaten und den kalibrierten Daten mehrere Hundert, in einigen urgeschichtlichen Zeiträumen auch mehrere Tausend Jahre betragen.

Aufgrund zahlreicher kalibrierter Daten sowie mittlerweile auch aufgrund vieler dendrochronologischer Datierungen urgeschichtlicher Hölzer steht heute fest, dass im nordalpinen Raum die ersten Zinnbronzen am

INFOBOX

Dendrochronologie
Das wissenschaftliche Kunstwort wurde zu griechisch »déndron« (Baum) gebildet, es bedeutet also Baumchronologie. Dies ist ein Verfahren zur Datierung von Holz unbekannten Alters durch Vergleich seines Jahresringmusters mit einem von der Forschung erstellten Baumringkalender.
Die Jahresringe, das Wachstum während eines Jahres, ist bei allen Bäumen eines Klimagebietes der gemäßigten Zonen ähnlich. Durch Verketten von Jahresringen von Bäumen, die sich zeitlich überschneiden, konnte beispielsweise für Mitteleuropa ein Baumringkalender für Eichen, der bis 6255 v. Chr. zurückreicht, aufgestellt werden.

750

An den Jahresringen kann man die im Laufe der Jahre wechselnden Wuchsbedingungen ablesen, die sich im Wachstum des Baumbestandes eines einheitlichen Klimagebietes gleichmäßig auswirken. Mit so genannten Baumringkalendern ist es daher möglich, Hölzer exakt zu datieren.

Ende des 3. Jahrtausends v. Chr., also kurz vor 2000 v. Chr. hergestellt wurden und in Gebrauch waren. Nördlich der zentraleuropäischen Mittelgebirge beginnt die Bronzezeit 200 Jahre später, also etwa um 1800 v. Chr. Bereits in der Bronzezeit wurde in kleinem Umfang auch Eisen genutzt und – wie der bereits oben erwähnte Fund im niederländischen Bargeroosterveld und Eisenschlackenfunde in Schweden zeigen – auch hergestellt. Doch erst ab 800 v. Chr. kommt dem Eisen in Mittel- und Nordeuropa als Material für Werkzeug und Waffen eine derart wichtige Rolle in Wirtschaft und Politik zu, dass im archäologischen Sinne von einer beginnenden Eisenzeit gesprochen werden kann.

Ulrich Zimmermann

Sonnenwagen, Schwert und Schmuck: Die Bronzezeit in Mittel- und Nordeuropa

Aufgrund großer geographischer und geologischer Unterschiede sowie einer hieraus folgenden naturräumlichen Differenzierung stellt der mittel- und nordeuropäische Raum während der vorrömischen Metallzeiten keine kulturelle Einheit dar. Es ist daher eine Vielzahl von archäologischen Gruppen und Kulturen in diesem Raum erkannt und beschrieben worden, die hier nicht in aller Vollständigkeit vorgestellt werden können.

Für die Bronzezeit erscheint wichtig, dass zwei Chronologiesysteme weiterhin in Gebrauch sind, die bereits Anfang des 20. Jahrhunderts aufgestellt wurden und sich als tragfähig erwiesen haben. Für das Gebiet vom Alpenraum bis zum nördlichen Rand der Mittelgebirge folgt man dem Grundgerüst von Paul Reinecke (1872–1958), einem deutschen Archäologen, der die Bronzezeit in die Stufen A bis D (Bz A–D) untergliederte und die ersten beiden Phasen der Hallstattzeit (Ha A und B) noch als endbronzezeitlich definierte. Für Nordeuropa unterschied der schwedische Vorgeschichtsforscher Oscar Montelius (1843–1921) sechs Perioden der Bronzezeit (Per. I–VI). Davon abgesehen ist es jedoch möglich, überregional eine Frühbronzezeit (etwa 2200 bis 1500 v. Chr.), eine mittlere Bronzezeit (etwa 1500 bis 1200 v. Chr.) und eine jüngere Bronzezeit (etwa 1200 bis 800 v. Chr.), die auch als Urnenfelderzeit bezeichnet wird, zu unterscheiden.

Die Art der Totenbestattung ist charakteristisch für die jeweilige Stufe der Bronzezeit. Die Abbildung zeigt die museal aufbereitete Ausgrabungssituation eines sandigen Flachgräberfeldes, wie es für die auch als Urnenfelderzeit bezeichnete jüngere Bronzezeit typisch ist (Schleswig, Archäologisches Landesmuseum Schloss Gottorf).

100880

2743

Frühbronzezeitliche Erdarbeiter schütteten über einer aus Eichenbohlen gefügten zeltartigen Totenhütte Steine und Erde zum mächtigen Leubinger Grabhügel auf; das Eichenholz konnte auf etwa 1900 v. Chr. datiert werden.

Wichtige Unterscheidungskriterien liefern die Totenbestattungen. In der Frühbronzezeit war es üblich, die Verstorbenen unverbrannt und in Hockerlage, das heißt auf der Seite mit verschränkten Armen und mit angezogenen Beinen liegend, zu bestatten. Nur vereinzelt wurden diese Gräber überhügelt. Erst in der mittleren Bronzezeit schüttete man große Hügel über den ebenerdig in Särgen und unverbrannt aufgebahrten Toten auf (Hügelgräberkultur). Die jüngere Bronzezeit ist schließlich durch große Friedhöfe gekennzeichnet, auf denen die Verstorbenen verbrannt und in Urnen beigesetzt wurden (Urnenfelderkultur). Aufgrund der unterschiedlichen Beigabentypen in allen diesen Gräbern können für alle Bronzezeitphasen mehrere kulturelle Regionalgruppen unterschieden werden. Abhängig von regional differierenden Jenseitsvorstellungen sowie unterschiedlichem wirtschaftlichem Potenzial und Sozialstatus wurden die Toten in ihren Gräbern mehr oder weniger reichhaltig mit Waffen, Schmuck, Werkzeug, Lebensmitteln, Tongeschirrsätzen und anderem mehr ausgestattet.

Am Beispiel der Aunjetitzer Kultur – Die Frühbronzezeit

Nach derzeitigem Kenntnisstand scheinen Zinnbronzen nördlich der Alpen erstmals in den Metallwerkstätten der während der Frühbronzezeit im östlichen Mitteleuropa weit verbreiteten Aunjetitzer Kultur (benannt nach dem

ZITAT

In seiner »Kulturgeschichte Schwedens« (1875–77, deutsch Leipzig 1906) schreibt der Vorgeschichtsforscher Oscar Montelius:

Viele Umstände beweisen, dass der Kultus des Sonnengottes, welcher ebenfalls in der vorhergehenden Periode nachweisbar ist, in der Bronzezeit allgemein bei uns fortbestand. Seine Symbole sind auch aus dieser Zeit häufig anzutreffen. Dazu gehörte ... vor allem die Axt ... Ein anderes Symbol des Sonnengottes war das Rad, gewöhnlich vierspeichig ... Da man sich die Sonne in einem Boot fahrend dachte, gehört auch das Boot zu den Sonnensymbolen ...

110

Fast tausend bronzezeitliche Horte sind in Europa gefunden worden. Sie werden als Dokumente reger Handelstätigkeit oder auch als Relikte kultischer Handlungen gedeutet (Bronzehort aus Wurchow bei Neustettin, um 900 v. Chr.; Berlin, Museum für Vor- und Frühgeschichte).

Fundplatz Únetice in Böhmen) hergestellt worden zu sein. Von hier aus sind diese Bronzen nach Süddeutschland und Nordeuropa gehandelt worden. Die Metallhandwerker der Aunjetitzer Kultur konnten Bronzen in großen Mengen herstellen und beherrschten bereits komplizierte Guss- und Verzierungstechniken. Die Prunkwaffen und Schmuckgegenstände in Horten und Gräbern dieser Zeit legen hierfür beredtes Zeugnis ab.

Die neben dem Metallhandel auch auf der Gewinnung und Vermarktung von Salz beruhende wirtschaftliche Kraft sowie die offensichtlich streng hierarchisch gegliederte Gesellschaftsform dieser Kultur zeigt sich vor allem in den so genannten Fürstengräbern. Zu diesen gehört beispielsweise der Leubinger Grabhügel nahe Erfurt, der aufgrund dendrochronologischer Daten sicher in der Zeit um 1940 v. Chr. angelegt worden ist und als Grablege eines Stammeshäuptlings oder eines Priesters interpretiert wird. Als Ausstattung für das Leben im Jenseits waren dem auf dem Rücken liegenden Toten zahlreiche Gegenstände mitgegeben worden, quer über seinen Hüften lag das Skelett eines etwa zehnjährigen Kindes.

Interessanterweise sind im Erzgebirge, das im Verbreitungsgebiet der Aunjetitzer Kultur liegt, sowohl hochwertige Kupfererze als auch die in Europa sehr seltenen Zinnerze in dichter Nachbarschaft zueinander zu finden. Obwohl archäologische Nachweise für einen frühbronzezeitlichen Bergbau im Erzgebirge noch fehlen, wird ein Zusammenhang zwischen dieser Lagerstättensituation und dem herausragenden Wirtschaftspotenzial der Aunjetitzer Kultur schon seit langem diskutiert.

Andere frühbronzezeitliche Kulturgruppen nördlich der Alpen (Singener Gruppe, Adlerberggruppe, Straubinger Gruppe) hatten keine oder nur geringe Erzressourcen und gehörten wohl zu den Abnehmern von Metall aus dem Aunjetitzer Kulturkreis. Was allerdings als Gegenwert verhandelt wurde, ist noch völlig unklar. Die Lagerstättensituation änderte sich natürlich auch in den folgenden Jahrhunderten nicht, wohl aber die Lage der Reichtumszentren.

Eine Vielzahl von Kulturen und Gruppen bestand im mittel- und nordeuropäischen Raum nebeneinander. Die Typen des Goldfundes von Eberswalde weisen enge Beziehungen zum Nordischen Kreis und zugleich zu den westeuropäischen Kegelhüten und Kappen auf.

Die mittlere Bronzezeit

Zu Beginn der mittleren Bronzezeit, ab etwa 1500 v. Chr., war die Bronzemetallurgie in Europa nach dem Zeugnis der vielen Metallbeigaben in den Gräbern flächig verbreitet. Entprechend wird auch ein durchorganisiertes

110

Handelssystem von den Lagerstätten und den Schmelzplätzen zu den Endabnehmern angenommen. Man denkt unter anderem an Wanderhandwerker, die die Rohmetalle oder Halbfertigprodukte zu denjenigen Siedlungen und Einzelhöfen brachten, die weitab von den Lagerstätten lagen und an Ort und Stelle nach den Wünschen der Kunden die Endprodukte herstellten. Diese »Theorie der Wanderhandwerker« kann helfen, die Vielzahl der mittelbronzezeitlichen Regionalgruppen in Mitteleuropa – zusammenfassend als Hügelgräberkultur bezeichnet – zu erklären.

In den Raum der Norddeutschen Tiefebene und bis hinauf nach Mittelschweden gelangten Bronzeobjekte in solchen Mengen und von solch herausragender Qualität, dass man sie heute zu den schönsten Produkten der Bronzezeit in ganz Europa rechnet. Zu den vielen Tausenden von Bronze- und Goldobjekten, die in Feuchtgebieten, Mooren, Flüssen und Seen Nordeuropas versenkt

Die Bronzezeit brachte technische, wirtschaftliche und soziale Veränderungen. Im Vorderen Orient und dem östlichen Mittelmeerraum entstanden städtische Siedlungen, dagegen gab es in Europa während der Bronzezeit eine Vielzahl dörflicher Gemeinschaften.

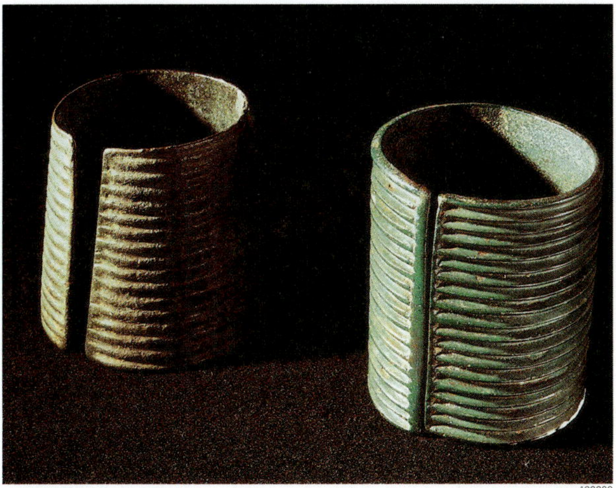

100880

Diese breiten, kannelierten Armreifen aus der frühen Bronzezeit sind typisch für die Hortfunde der Aunjetitzer Kultur. Sie werden im archäologischen Sprachgebrauch als Armstulpen oder Armmanschetten bezeichnet. Auffällig ist der hohe technische Standard der Verarbeitung (Wien, Naturhistorisches Museum).

wurden, gehört auch der sechzig Zentimeter lange »Sonnenwagen von Trundholm«, der 1902 in einem Moor auf der dänischen Insel Seeland gefunden wurde und in die Periode II der Nordischen Bronzezeit datiert (1500–1300 v. Chr.). Zu dieser Zeit bestattete man in Nordeuropa die Toten in Baumsärgen, über die mächtige Stein- und Erdhügel aufgeschüttet wurden. Zum männlichen Beigabenrepertoire aus Bronze – oft mit Goldverzierung – gehör-

INFOBOX

Der Goldfund von Eberswalde

Der Goldfund von Eberswalde gehört zu den größten und bedeutendsten Entdeckungen der Bronzezeit in Mitteleuropa. Bei Ausschachtungsarbeiten zu einem Wohnhaus in Eberswalde in Brandenburg stießen Arbeiter am 16. Mai 1913 in 1 m Tiefe auf ein bauchiges Tongefäß, das acht goldene Schalen enthielt, in denen sich wiederum 73 weitere Goldgegenstände befanden: Hals- und Armringe, Barren und Drähte. Vermutet wird, dass es sich bei dem 2,5 kg schweren, aus dem 10./9. Jh. stammenden Hortfund um das Depot eines Kaufmanns handelt.

Der nach seiner Bergung im Berliner Museum für Vor- und Frühgeschichte eingelagerte Fund verschwand zusammen mit dem »Schatz des Priamos« im Zuge der Kriegswirren 1945 spurlos und galt jahrzehntelang als verschollen. Nachdem in den 1990er-Jahren bekannt wurde, dass er sich im Moskauer Puschkin-Museum befindet, bemüht man sich um die Rückführung nach Deutschland.

100930

Nachbildung einer festlichen Frauentracht der mitteleuropäischen Hügelgräberzeit. Die Frau trägt eine mit Bronzeapplikationen besetzte Kappe mit einem Schleier, der zusätzlich mit einer Gewandnadel gehalten wird (Weimar, Museum für Ur- und Frühgeschichte Thüringens).

Die Deutung von vier in Europa gefundenen bronzezeitlichen Goldkegeln, darunter der »Goldene Hut« von Schifferstadt (Speyer, Historisches Museum), war lange umstritten. Heute neigt man dazu, die Objekte als zeremoniale Kopfbedeckungen im Rahmen eines Sonnenkultes zu interpretieren.

100562

ten Schwert, Dolch, Beil, Lanzenspitze und Fibeln. Den Frauen war vielfältiger Bronzeschmuck, ebenfalls oft mit Goldauflagen, ins Jenseits mitgegeben.

Aufgrund einer besonderen Bodenbildung sind in Norddeutschland und in Dänemark in vereinzelten Fällen auch die organischen Grabbeigaben komplett erhalten geblieben. So weiß man beispielsweise, dass die Baumsärge sorgfältig mit Rinderfellen ausgelegt waren, dass die Verstorbenen mit ihren gewebten Kleidungsstücken beigesetzt wurden, dass zusätzlich zum Metall auch zahlreiche Beigaben aus Holz oder Horn mitgegeben wurden. Einen Blumenstrauß als letzten Gruß in den Sarg zu legen war damals wie heute üblich. Reparaturstellen an Hosen, Röcken, Umhängen und Mänteln zeigen, dass es sich nicht um eine Totentracht, sondern um alltägliche Kleidungsstücke handelt. Auch an den Bronzeobjekten deuten Abriebspuren auf jahrzehntelanges

Tragen. An den Schwertern fehlen aber interessanterweise Kampfspuren (z. B. Scharten), sodass anzunehmen ist, dass es sich hier eher um Statussymbole als um Kampfwaffen gehandelt hat. Zu diesen Statussymbolen gehören sicherlich auch die zahlreichen Beigaben aus Gold.

Insgesamt scheinen die Grabhügel der mittleren Bronzezeit im Norden und auch diejenigen in Mitteleuropa die Begräbnisplätze einer sozialen Oberschicht zu repräsentieren. Wer diesen Reichtum erwirtschaftete und auf welche Weise – immerhin mussten fast alle Metalle eingeführt werden – ist weitgehend unklar. Die wenigen Siedlungen aus dieser Zeit lassen hierzu keine Schlussfolgerungen zu, die über Hinweise auf Landwirtschaft und Viehzucht hinausgehen. Möglicherweise waren aber die Rinderzucht und der Export von Bernstein und Vieh von Nord nach Süd wichtiger, als man heute nachweisen kann.

Die jüngere Bronzezeit

Im Verlaufe des 13./12. Jahrhunderts v. Chr., als im mediterranen Raum das Hethiterreich zusammenbrach, Ramses III. in schwere Auseinandersetzungen mit den

ZITAT

In Theodor Fontanes Roman »Vor dem Sturm« wird im 3. Kapitel (»Der Wagen Odins«) ein bronzezeitlicher Kesselwagen mit Vogelprotomen beschrieben: *Seidentopf zog den Deckel und nahm aus der Kiste einen kleinen Bronzewagen heraus, der auf drei Rädern lief und eine kurze Gabeldeichsel hatte, auf der, dicht an der Achse, sechs ebenfalls bronzene Vögel saßen, alle von einer Haltung, als ob sie eben auffliegen wollten ...*

Auch weitere bronzezeitliche Funde deuten auf einen Sonnenkult zu dieser Zeit in Europa hin. Die so genannte »Sonnenscheibe von Moordorf« wurde im Kreis Aurich in Niedersachsen gefunden (Hannover, Niedersächsisches Landesmuseum).

100563

100563

Der fast 60 cm lange »Sonnenwagen von Trundholm« (um 1400 v. Chr.; Kopenhagen, Nationalmuseet) bezeugt den bronzezeitlichen Sonnenkult. Die Sonnenscheibe auf dem Wagengestell ist auf einer Seite vergoldet, auf der anderen aus Bronze – wohl Symbol für den Wechsel von Tag und Nacht.

»Seevölkern« geriet und in Griechenland die mykenischen Paläste in Schutt und Asche fielen, fanden auch außerhalb der damaligen »zivilisierten« Welt umwälzende Veränderungen statt. Die bis dahin meist unbefestigten Siedlungen und jahrhundertealte Traditionen und Jenseitsvorstellungen wurden aufgegeben. Dafür entstanden als fast paneuropäisches Phänomen befestigte Siedlungen an strategisch günstigen Plätzen, vor allem auf Anhöhen oder an Seeufern. Die Verstorbenen wurden zusammen mit ihrem persönlichen Besitz verbrannt, die Asche in Urnen beigesetzt, Urnenfelder mit bis zu mehreren Tausend Gräbern angelegt.

Die Sitte, große Mengen wertvollster Metallobjekte als Horte in der Erde oder im Wasser zu versenken, nahm nach einem kurzen Rückgang gegen Ende der mittleren Bronzezeit seit dem Beginn der jüngeren Bronzezeit an Intensität wieder zu. Zu diesen Horten zählt beispielsweise der 1913 geborgene Goldfund von Eberswalde nordöstlich von Berlin. Aber auch Hieb- und Schutzwaffen aller Art, Bronzegeschirr, Luren und goldenes Kultgerät – vermutlich zur Huldigung heute unbekannter Gottheiten – gelangte in die Erde.

s. ZEIT Aspekte Bronzezeit S. 581

Religiöse und weltliche Macht sind in der jüngeren Bronzezeit in Europa besonders ausgeprägt. Nur so ist wohl der Bau von Burgen mit starken Befestigungsanlagen – zum Beispiel Biskupin in Polen oder Buchau am Federsee (Baden-Württemberg) – als Kollektivleistung einer Menschengruppe unter zentraler Leitung verständlich. Tatsächlich sind im Umfeld solcher Anlagen oft kleinere unbefestigte Siedlungen oder Einzelhöfe nachgewiesen, die zusammen genommen eine Wirtschafts- und Sozialeinheit gebildet haben könnten.

Als Beispiel eines jungbronzezeitlichen Fürstengrabes der Lausitzer Kultur in Ostdeutschland sei das Hügelgrab von Seddin im Landkreis Prignitz (Brandenburg) erwähnt. Bereits vor der Ausgrabung wurde es im Volks-

Die 1999 gefundene bronzene Himmelsscheibe von Nebra (Durchmesser ca. 32 cm) mit Applikationen aus Goldblech wird als Darstellung astronomischer Phänomene gedeutet. Die Scheibe wurde wohl um 1600 v. Chr. vergraben, jedoch schon weit früher hergestellt (Halle/Saale, Landesmuseum für Vorgeschichte).

101470

100562

Etwa 20 km entfernt von der Fundstelle der Himmelsscheibe von Nebra befindet sich das auf etwa 5000 v. Chr. datierte Sonnenobservatorium von Goseck, das astronomische Kenntnisse schon aus weit älterer Zeit belegt.

mund als »Königsgrab« bezeichnet. Im Zentrum des Hügels fand sich eine neuneckige Steinkammer, die im Innern vermutlich mit roten und weißen Farben ausgemalt sowie in der Art eines falschen Gewölbes mit Steinplatten abgedeckt war. In einer Urne aus getriebenem Bronzeblech, die wiederum in einem Tongefäß stand, lag

2893

Der Kesselwagen von Peckatel bei Schwerin ist ein Kultwagenmodell aus der jüngeren Bronzezeit. Solche Kesselwagen – meist aus reichen Gräbern – wurden europaweit gefunden (Gesamthöhe 38 cm; Lübstorf, Archäologisches Landesmuseum).

100264

Der mit feinen Details gestaltete Wagen mit der Szene einer Wildschweinjagd (Saint Germain-en-Laye, Musée des Antiquités Nationales) zeigt den hohen technischen und künstlerischen Standard der Metallkünstler in der Bronzezeit.

der Leichenbrand eines etwa dreißig- bis vierzigjährigen Mannes; daneben befanden sich zwei weitere Urnen mit den Überresten von zwei zwanzig bis dreißig Jahre alten Frauen. Das Grab war zusätzlich besonders reichhaltig mit Metallbeigaben (Waffen, Schmuck, Schalen und Kleinwerkzeug aus Bronze) ausgestattet. Die Anlage

110

In der Nähe der späteren Fundstelle des Goldschatzes von Eberswalde wurden diese Tüllen mit Wasservogelmotiv entdeckt, die vermutlich zu einem oder zwei bronzezeitlichen Kultwagenmodellen gehörten.

100401

Die auf einer Halbinsel des Sees von Biskupin (zwischen Gnesen und Bromberg, in Polen) angelegte Wallanlage aus Holz und Erde ist ein eindrucksvolles Beispiel für die Befestigungsanlagen der jüngeren Bronzezeit (Rekonstruktion im Freilichtmuseum Biskupin).

wurde ohne Zweifel für eine sozial herausragende Persönlichkeit angelegt, möglicherweise für einen Stammeshäuptling, der zwischen 1000 und 800 v. Chr. gelebt hat. Als besondere Kostbarkeit waren ihm zwei kleine Nadeln, die aus dem zu seiner Zeit noch weitgehend unbekannten Werkstoff Eisen hergestellt sind, mitgegeben worden.

Ulrich Zimmermann

Die Eisenzeit

»Salzherren« und »Fürstengräber«: Die Eisenzeit in Europa

Eisen bestimmt seit etwa 800 v. Chr. - zunehmend das tägliche Leben der Menschen im nordalpinen Raum. Während der vorrömischen Eisenzeiten werden aber bronzezeitliche, vor allem urnenfelderzeitliche Traditionen wie die Leichenverbrennung zunächst fortgeführt. Eine kulturelle Kontinuität erscheint hier wahrscheinlicher als ein regelrechter Kulturbruch, wie er für den Übergang von der mittleren zur jüngeren Bronzezeit anzunehmen ist.

Namengebende Fundplätze für die zeitliche Einordnung des archäologischen Fundmaterials in Mitteleuropa sind das Gräberfeld von Hallstatt (Oberösterreich) und ein Fundplatz bei La Tène am Neuenburger See (Westschweiz). Dabei ist die Hallstattzeit (Ha C und Ha D) in etwa zeitparallel mit der bronzezeitlichen Periode VI in Norddeutschland und Südskandinavien zu setzen, die eine Übergangsphase zur dort etwas später beginnenden Eisenzeit darstellt. In Ostdeutschland wurde die Lausitzer Kultur von der früheisenzeitlichen Billendorfer Kultur und von mehreren Regionalgruppen abgelöst.

INFOBOX

Reichtum durch Salz

Der Bedarf an Salz, das man in vorgeschichtlicher Zeit v. a. zur Fleischkonservierung einsetzte, wurde in Mitteleuropa seit Beginn des 1. Jahrtausends v. Chr. größer. Zur Hallstatt- und La-Tène-Zeit waren die Zentren der Salzgewinnung Hallstatt und der Dürrnberg bei Hallein, wo an den Umschlagplätzen wohlhabende Siedlungen entstanden. Der Dürrnberg ist Fundplatz eines der bedeutendsten vorgeschichtlichen Gräberfelder Mitteleuropas - es umfasst über 50 geschlossene Grabkomplexe. Der Reichtum der aus dem 6. bis 3. Jh. v. Chr. stammenden Grabausstattungen steht in ursächlichem Zusammenhang mit dem intensiv betriebenen, ertragreichen Salzbergbau, der seinerseits durch zahlreiche Funde belegt ist.

Erneut lassen sich Handelsverbindungen vom Alpenraum und dem Voralpengebiet nach Norden nachweisen. Eisen scheint Exportgut für Nordeuropa gewesen zu sein, was sicherlich mit den reichhaltigen Lagerstätten und mit der langen Tradition der Metallgewinnung und -verarbeitung in Mitteleuropa zusammenhängt. Insgesamt aber sind Metalle zu dieser Zeit im Norden selten, sodass eine wirtschaftliche Rezession und ein kultureller Niedergang nicht auszuschließen sind.

Im Süden dagegen, das heißt im Alpenraum und im Voralpengebiet, blühen Wirtschaft und Kultur zu Beginn der Hallstattzeit (Ha C; 8. Jahrhundert v. Chr.) nach einer kurzen Unterbrechung am Ende der Urnenfelderzeit erneut auf. Neben Metallen wurde Salz in großen Mengen und bergmännisch gewonnen, aufbereitet und gehandelt. Es entstanden – wie in Hallstatt nachgewiesen – Bergbausiedlungen in direkter Nähe der Salzbergbaue. Die Gräber der »Salzherren« sind außerordentlich reich ausgestattet und zeugen von Reichtum und Macht, von politischem und wirtschaftlichem Geschick. Die Bergleute selbst, die in einem Abhängigkeitsverhältnis zu den Minenbesitzern gestanden haben müssen, hatten dagegen erbärmliche Arbeitsbedingungen unter Tage, was durch archäologische Funde in dem konservierenden Salzmilieu der Gruben belegt ist.

Im 7. Jahrhundert v. Chr. entstanden dann auch in den süddeutschen Mittelgebirgsregionen neue Zentren politischer und wirtschaftlicher Macht. Man baute Burgen auf repräsentativen Höhenlagen und legte zu Füßen dieser Anlagen große Handwerkersiedlungen an. Politische und wirtschaftliche Beziehungen mit den griechischen Handelskolonien ermöglichten mediterrane Lebensart nördlich der Alpen. Auf der Heuneburg an der Donau wurde aus luftgetrockneten Lehmziegeln eine weiß getünchte, vier Meter hohe Burgmauer mit Bastionen errichtet, um dadurch weithin sichtbar Verbindungen zur zivilisierten Welt rund um das Mittelmeer, zur »oikumene« zu zeigen.

Die Gräber der »Burgherren« und diejenigen ihrer Familien und Gefolgschaften wurden reichhaltig mit Beigaben ausgestattet und überhügelt. Der Hohmichele, nur drei Kilometer von der Heuneburg entfernt gelegen, gehört mit 13 Meter Höhe und achtzig Meter Durchmesser

Das Auftauchen einer sozialen Elite ist Kennzeichen der gesellschaftlichen Entwicklung in der Hallstattzeit. Die Dolche sind Symbol für Reichtum und Macht und als Einzelstücke gearbeitet – kein Dolch gleicht dem anderen (Bern, Historisches Museum).

100264

100880

Zur Hallstatt- und La-Tène-Zeit entstanden an den Zentren der Salzgewinnung wohlhabende Siedlungen. Das Foto zeigt ein bei Hallstatt gefundenes Rinnwerk mit Soleversiedung aus einem Salzbergwerk der La-Tène-Zeit.

zu den größten Grabhügeln in Europa. Die zentrale Grabkammer war aber leider wie zahlreiche andere späthallstattzeitliche Grablegen bereits einige Jahre nach dem Hügelaufbau ausgeraubt worden.

Einen Eindruck vom Reichtum dieser späthallstattzeitlichen »Fürsten« bietet das unberührt gebliebene und 1978/79 fachmännisch ausgegrabene Grab von Hochdorf bei Stuttgart. Hier war um 550 v. Chr. ein etwa vierzigjähriger Mann bestattet worden, der zu Lebzeiten bereits durch Größe und Statur (1,87 Meter, sehr kräftiger Körperbau) seine Mitmenschen überragt haben muss. Seinem hohen gesellschaftlichen Rang entsprechend war sein Grab festlich geschmückt und mit allem ausgestattet worden, was man nach damaligem Denken für ein luxuriöses Leben im Jenseits brauchte. Dazu gehörten die persönlichen Rangabzeichen (unter anderem ein Halsreifen aus Gold und ein goldbeschlagener Dolch), eine reich verzierte Bronzeliege (Kline), Waffen, ein eisenbeschlagener Pferdewagen und persönliche Gegenstände (Angelhaken, Rasiermesser). Für ein großes Ess- und Trinkgelage im Jenseits waren ein Bronzekessel (ursprünglich mit über 300 Liter Honigbier gefüllt), neun Trinkhörner und neun Bronzeteller in der Grabkammer niederlegt.

Der Tote war vermutlich, wie es Herodot um 450 v. Chr. für die skythischen Fürsten überliefert hat, vor seiner Bestattung eine Zeit lang aufgebahrt gewesen, vielleicht sogar konserviert und auf einem Pferdewagen

3407

Der wieder aufgeschüttete Grabhügel von Hochdorf in Baden-Württemberg (Höhe 6 m, Durchmesser 60 m) vermittelt einen Eindruck vom Aussehen eines frühkeltischen Prunkgrabes der späten Hallstattzeit.

2585

Ausgrabung des Volutenkraters von Vix durch den Archäologen René Joffroy (links); gut zu sehen ist die Öffnung des Gefäßes. Der Volutenkrater ist mit einer Höhe von 1,64 m und einem Gewicht von 208 kg das größte erhaltene Bronzegefäß der Antike (Châtillon-sur-Seine, Museum).

zur Schau gestellt worden. Halbfabrikate und Werkstattreste neben dem Hügel zeigen, dass viele Beigaben für die Bestattung hergestellt wurden. Wie Gebrauchsspuren an der reich verzierten Bronzeliege und am Bronzekessel zeigen, waren diese aus dem ostmediterranen Raum stammenden Gegenstände bereits vor der Bestattung in Gebrauch gewesen. Ebenfalls aus dem östlichen Mittelmeergebiet stammt ursprünglich der 1953 entdeckte Volutenkrater von Vix (bei Châtillon-sur-Seine in Burgund), der vermutlich als Geschenk in den Norden gelangt und um 530 v. Chr. einer Verstorbenen ins Grab gestellt worden war.

Um 500 v. Chr. werden der nordalpine Raum und dessen Bewohner von griechischen Autoren erstmals erwähnt und treten damit in den Gesichtskreis der antiken Welt. Hekataios von Milet berichtet in seiner Erdbeschreibung von keltischen Siedlungen im Hinterland von Massalia, dem heutigen Marseille. Der »Vater der Geschichtsschreibung«, Herodot, schreibt um 450 v. Chr.: »Der Istros (gemeint ist die Donau) entspringt im Kel-

Die Möglichkeit zur Herstellung von Metallobjekten veränderte die Waffentechnik und damit auch die Politik erheblich (spätbronzezeitliche Schwerter, von oben nach unten: Dreiwulstschwert, Griffzungenschwert, Antennenschwert und Rundknaufschwert; Wien, Naturhistorisches Museum).

50

In grönländischen Eisbohrkernen lassen sich noch heutige die giftigen Niederschläge aus den Zeiten der frühen Metallverarbeitung nachweisen (Blick in ein Labor bei der Auswertung einer Bohrung).

tenlande bei der Stadt Pyrene und fließt durch Europa, indem er es teilt. Die Kelten aber wohnen außerhalb der Säulen des Herakles (gemeint ist Gibraltar); sie grenzen an die Kynesier an, die unter allen Bewohnern Europas im äußersten Westen wohnen.«

80506

Trotz dieser geographisch doch relativ ungenauen Angaben kann zum Beispiel der »Fürst von Hochdorf« dem Stamme der Kelten zugeordnet werden. In den folgenden Jahrhunderten sollten diese schließlich den gesamten Mittelmeerraum und Kleinasien in Bedrängnis bringen. Materielle Grundlage für ihre Kriegszüge waren Pferde sowie Waffen aus Eisen. Tatsächlich verstanden es die Kelten ab der La-Tène-Zeit, Eisen aufzukohlen, zu härten und zu hochwertigen Waffen aus Stahl zu schmieden, die den römischen Waffen zumindest ebenbürtig waren.

Ulrich Zimmermann

Übergänge zur Hochkultur: Annäherung an einen umstrittenen Begriff

Der Begriff »Hochkultur« wurde im 19. Jahrhundert geprägt. Damals diente er vornehmlich dazu, die höchste Stufe einer angeblich gleichförmig und unumkehrbar verlaufenden Menschheitsentwicklung zu benennen. Heute bedient man sich dieser Bezeichnung mit zunehmender Zurückhaltung: erstens, weil inzwischen zahllose archäologische Funde und Befunde eine differenziertere Betrachtungsweise nahe legen; zweitens, weil eine strikte Trennung in »Hochkulturen« und »Randkulturen« in der Regel kaum möglich ist; drittens, weil man Abschied nehmen musste von der Vorstellung einer gesetzmäßig und mechanistisch verlaufenden Geschichte; viertens, weil es nie gelang, eine auch nur annähernd konsensfähige Definition zu finden.

Diese Einwände gelten indes gleichermaßen für andere, mehr oder weniger bedeutungsgleich verwendete Begriffe (von »archaischer Staat« über »komplexe Gesellschaft« bis hin zu »Zivilisation«), sodass zumindest indirekt kaum eine Universalgeschichte ohne die Ausweisung verschiedener »Hochkulturen« auskommt. Letztlich ist diese Klassifikation aber auch durchaus legitim, trotz des festgestellten Mangels an wissenschaftlicher Fundierung und begrifflicher Präzision.

Voraussetzung für die Beibehaltung der Kategorie »Hochkultur« ist allerdings eine deutliche Begrenzung des Geltungsanspruchs; das bedeutet insbesondere eine Festlegung darauf, dass es sich lediglich um eine relative (bzw. relativierende) Größe handelt, die den weiträumigen und grobrastrigen Vergleich erleichtert; absolute Zuweisungen sind demnach von vornherein ausgeschlossen. Dadurch entfällt schließlich die zu stark vereinfachende Polarisierung in »Hochkulturen« und – um bei dem am wenigsten abfälligen Gegenbegriff zu bleiben – »Randkulturen«. Zudem wird die wissenschaftliche Argumentation nicht unnötig vom allgemeinen Sprachgebrauch abgehoben.

Im Folgenden werden nun einige Erscheinungen vorgestellt, die im Zusammenhang mit »Hochkulturen« auftreten können – aber keineswegs auftreten müssen. Es handelt sich also nicht um Kriterien, die, in ihrer Gesamtheit oder mehrheitlich, die Grundlage für einen (zum Scheitern verurteilten) neuerlichen Definitionsversuch bilden sollen. Auch eine kausale Verknüpfung ist nicht beabsichtigt, und die aufgezeigten Phänomene werden weder als Voraussetzungen noch als notwendige Folgen interpretiert.

Aus pragmatischen Erwägungen heraus erscheint überdies eine räumliche und zeitliche Einschränkung sinnvoll. Deshalb werden jene »frühen Hochkulturen der Alten Welt« in den Vordergrund gerückt, zu denen sich in diesem Band umfangreiche ergänzende Angaben finden lassen: insbesondere die Zentren eigenständiger Kulturausprägung in Ägypten, in Mesopotamien, im Industal und in China während des 3. und 2. Jahrtausends v. Chr. Kaum eingegangen werden kann hingegen insbesondere auf die sehr viel späteren »Hochkulturen« Mittel- und Südamerikas.

Das Satellitenbild zeigt den Übergang des Niltales ins Nildelta bei Kairo. Deutlich ist noch heute der Unterschied zwischen der unbelebten Wüste und dem durch den Nil bewässerten Gebiet zu erkennen. Als überholt gilt heute die lange verfochtene These, die aufwendige Administration der Flussregulierung hätte zur Bildung von Hochkulturen beigetragen.

Technologischer Fortschritt, aber keine Revolution

In einer archäologisch begründeten relativen Chronologie wird der behandelte Zeitraum gemeinhin der Kupfer- und Bronzezeit zugerechnet. Das bedeutet freilich nicht, dass die Mehrzahl der damals benutzten Werkzeuge aus den zur Benennung der Perioden herangezogenen Materialien gefertigt wurde. Vielmehr blieb die Verwendung von Metall in der Regel bestimmten Bereichen vorbehalten und war beispielsweise an eine herausgehobene soziale Stellung oder an einen Einsatz im Kult gebunden. Für die im Alltag verwendeten Geräte bediente man sich indes oft weiterhin anderer Materialien (unter anderem

6186

Stein, Muschel, Schnecke, Knochen, Horn, Geweih und Holz). Man tat dies aus gutem Grund, zum einen wegen des zumeist niedrigeren Herstellungsaufwands, zum anderen aber auch wegen der geringen Dauerbelastbarkeit des in den alten Kulturen überwiegend gegossenen Metalls.

Zudem waren bestimmte Gerätetypen, die man gern mit der Intensivierung der Landwirtschaft in Verbindung bringt, im ausgehenden 2. Jahrtausend v. Chr. keineswegs in allen »Hochkulturen« bekannt. So bediente man sich im China der Shangzeit offenbar nicht des Pfluges, sondern eines hölzernen Grabstocks, und trotz einer ausgereiften Bronzetechnologie waren dort auch die anderen Ackerbaugeräte wie im vorangegangenen Neolithikum vorzugsweise aus Holz, Stein und Muschel gefertigt. Eine mögliche neue Dimension der Naturbeherrschung – und davon abgeleitet ein entsprechender Überschuss in der Nahrungsmittelproduktion – kann also nicht allein auf die Einführung neuer Materialien oder den Fortschritt bei deren Bearbeitung zurückgeführt werden.

INFOBOX

Die Ursprünge der Schrift

Bereits von den frühesten Tagen der Menschheit an entstand immer wieder der Wunsch, etwas außerhalb des Gedächtnisses zu speichern. So dürften etwa altsteinzeitliche Steine oder Stöcke mit Kerbungen die Anzahl von Tieren oder von vergangenen Tagen festgehalten haben. Vom 7. Jahrtausend v. Chr. an finden sich im Alten Orient Zeichen für Zahlen sowie Markierungen auf Tonverschlüssen von Vorratsgefäßen oder Speichen, von denen der Besitzer abzulesen war. Beides diente dazu, wirtschaftliche Vorgänge aufzuzeichnen und wurde jahrtausendelang als ausreichend empfunden.

Im Zeitraum zwischen dem 6. und 4. Jahrtausend v. Chr. wurden die wirtschaftlichen Verhältnisse komplizierter und die entstehenden Verwaltungen benötigten immer leistungsfähigere Systeme der Informationsspeicherung. So wurde um 3100 v. Chr. in Babylonien die Keilschrift entwickelt, ein System mit abstrakten, aber auch bildhaften Zeichen. Etwa zur gleichen Zeit und wahrscheinlich von Babylonien angeregt entstand in Ägypten die Bilderschrift der Hieroglyphen. Vermutlich um 1200 v. Chr. wurde dann die Urform unserer Schrift, die phönikische Schrift mit nur 22 Zeichen, geschaffen.

4601

Dieses Idol wurde in der Bronzezeit aus Elchgeweih gefertigt. Andere Materialien als das namengebende Metall wurden damals in sehr viel größeren Mengen verarbeitet und waren viel weiter verbreitet als das wertvolle Metall, aus dem nur herausragende Stücke gefertigt wurden (gefunden im Gebiet Kostroma, 2. Hälfte des 2. Jahrtausends v. Chr.; Sankt Petersburg, Eremitage).

Es gab in der an das Neolithikum anschließenden Periode auch keine erneute »Revolution« im Hinblick auf die Nahrungsmittelproduktion. Das Fleisch von Schaf, Ziege, Rind und Schwein ergänzte nach wie vor einen Speiseplan, der in der Regel von verschiedenen Getreidesorten (insbesondere Weizen, Gerste, Reis und Hirse), Gemüse und Obst dominiert wurde. Im Hinblick auf die Kulturpflanzen kann lediglich von einer zunehmenden Erschließung von Nutzflächen, einer Verfeinerung der Anbaumethoden und einer Steigerung der Erträge ausgegangen werden. Vermutet werden auch Verbesserungen bei der Konservierung und Einlagerung von Nahrungsmitteln, doch sind Beweise hierfür oft schwer zu erbringen. So hat sich beispielsweise die Rekonstruktion von »öffentlichen Kornspeichern« in den Städten des Industals (Harappa und Mohenjo-Daro) wohl doch als Irrtum herausgestellt.

Unabdingbare Voraussetzung für die Schöpfung von Kunstwerken wie dieser Frauenstatuette aus dem Inanna-Tempel in Nippur mit ihrem Körper aus Aragonit, dem Gesicht aus Goldblech mit Muscheln und Lapislazuli war eine hoch entwickelte Handelsstruktur (um 2600 v. Chr.; ehemals Bagdad, Irak-Museum).

2400

Ein wichtiger Faktor in der Landwirtschaft war sicherlich die Bewässerung. Allerdings konnte die kontrollierte Ableitung von Flusswasser in einigen Regionen (etwa in Mesopotamien) bereits auf weitgehend ausgereifte Vorbilder zurückgreifen, während anderswo (etwa in China) erst sehr viel später – lange nach der Festigung der »Hochkultur« – vergleichbare Bewässerungsmethoden entwickelt wurden.

Dass die Zentren weit ausstrahlender »Hochkulturen« im Bereich von Flussläufen (Nil, Euphrat und Tigris, Indus, Hwangho) angesiedelt waren, hatte nicht nur bewässerungstechnische Gründe. Vermutlich ebenso wichtig war der verkehrstechnische Aspekt, denn ein Großteil des Transports wurde auf dem Wasserwege abgewickelt. So sind denn auch Boote für alle genannten »Hochkulturen« gleichermaßen nachweisbar; dies gilt zwar auch für Wagen, doch gibt es beispielsweise im China der Shangzeit bislang weder archäologische noch schriftliche Hinweise, die auf deren Nutzung bei der Güterbeförderung schließen lassen.

Ein ausgebautes Verkehrsnetz war Voraussetzung für den Fernhandel, der die unabhängig voneinander entstandenen, aber keineswegs völlig isoliert auftretenden »Hochkulturen« nicht nur mit den direkt beeinflussten »Randkulturen«, sondern auch untereinander verband. Dies bezeugen vor allem Funde von Schmucksteinen (darunter Türkis, Jade, Lapislazuli, Karneol), Erzen (namentlich Zinn) oder Konchylien (Kaurischnecke) in archäologischen Hinterlassenschaften, die weit

INFOBOX

Die Einteilung der Zeit

Seit dem Aufkommen der frühen Hochkulturen sind die meisten Lebensbezüge der menschlichen Gesellschaften von einer einheitlichen Zeitrechnung abhängig. Vermutlich ist in der Beobachtung der Erscheinungen am Himmel der Ursprung der Zeitrechnung zu suchen. Besonders die Mondphasen haben schon lange vor der Entstehung der ersten Hochkulturen die zeitlichen Lebensrhythmen der Menschen bestimmt. Uralt ist auch die Erfahrung, dass Sommer und Winter, Hitze und Regenzeit mit dem Sonnenlauf zusammenhängen. Es ist also das Phänomen der Periodizität, das der Mensch aus den Naturerscheinungen abgelesen hat, um es zur Einteilung des Zeitstroms zu nutzen.

Mesopotamien ist das Ursprungsland des auf Astronomie und Mathematik beruhenden Kalenders. Im 3. Jahrtausend v. Chr. hatten die einzelnen sumerischen Stadtstaaten noch jeweils eigene Kalender, doch zu Beginn des des 2. Jahrtausends setzte sich der Kalender der Stadt Nippur mit seinen Monatsnamen als Standardkalender des gesamten Zweistromlandes durch. Von den Anfängen der Menschheitsgeschichte bis in die Neuzeit hinein waren die Kalender eng mit der Religion verknüpft.

Vom Herkunftsort weit entfernte Funde von z. B. Schmucksteinen wie dem abgebildeten Karneol lassen Rückschlüsse auf die schon in früher Zeit stark entwickelten Handelstätigkeiten zu.

100844

entfernt von den jeweiligen Herkunftsgebieten entdeckt worden sind. Vor dem Ausbau des Fernhandels war aber eine Intensivierung des Binnenhandels nötig. Anders wäre es wohl kaum möglich gewesen, die neu erwachsenden Zentren, vor allem die Städte, ausreichend mit Nahrungsmitteln und mit Rohstoffen zu versorgen.

Soziale Differenzierung: Berufliche Vielfalt, hierarchische Schichtung

Von einem allgemeinen Bevölkerungszuwachs – wie früher häufig angenommen – ist indessen zunächst nicht unbedingt auszugehen, eher von deutlichen Bevölkerungsverschiebungen. Immerhin rechnet man damit, dass Städte wie Uruk (am Euphrat) und Mohenjo-Daro (am Indus) im 3. Jahrtausend v. Chr. mehr als 40 000 Einwohner hatten. Die Ursachen für großflächigere und komplexere Siedlungsformen, die sich in Ägypten und China erst im darauf folgenden Jahrtausend nachweisen lassen, liegen indes weitgehend im Dunkeln. Oft nur erahnen lassen sich bislang auch die jeweiligen Ausprägungen der Verstädterung.

Ohne die Möglichkeit, archäologische Befunde direkt mit Schriftquellen zu verknüpfen, ist nämlich die Funktion der freigelegten Gebäude nur schwer zu rekonstruieren. Dies gilt schon für die (nicht nur anhand der Grundfläche festlegbare) Unterscheidung von Wohn- und Repräsentationsbauten und erst recht für die Abgrenzung sakraler und profaner Einrichtungen, wenn eine derartige Kontrastierung denn überhaupt immer sinnvoll ist. Die Städte waren nicht unbedingt nur Erweiterungen befestigter Residenzen, florieren- der Märkte oder stark frequentierter Heiligtümer, die sich stets an neuen wirtschaftlichen, sozialen oder militärischen Notwendigkeiten zu orientieren hatten.

Stattdessen gewinnt man vielfach den Eindruck, ihre Planung hätte festen Prinzipien unterlegen und wäre einem Entwurf »auf dem Reißbrett« gefolgt. Die Anziehungskraft der Städte hing nicht zuletzt mit der wachsenden Vielfalt an Beschäftigungsmöglichkeiten zusammen: Archäologisch ist die zunehmende Differenzierung der Berufsfelder zunächst durch eine umfassendere, durch die Beigabenausstattung der Gräber illustrierte Produktpalette nachweisbar sowie durch die Existenz zahlloser Werkstätten, die sich gelegentlich zu eigenen Stadtvierteln gruppierten. Weitere Hinweise geben die Schriftquellen. So lassen sich aus den Piktogrammen (Bildzeichen) auf chinesischen Orakelknochen gleich mehrere Dutzend höchst unterschiedlicher Berufe erschließen.

Mit der zunehmenden Spezialisierung ging, ohne dass daraus freilich ein Kausalzusammenhang abgeleitet werden sollte, eine immer deutlicher ablesbare soziale Schichtung einher. Am eindrucksvollsten zeigt sich dies in der stark variierenden Form und Ausstattung der Gräber. Allerdings wurde dadurch nur ein relativ kleiner Ausschnitt aus der Gesellschaft erfasst; denn Angehö-

INFOBOX

Vom Tausch zum Geld

Die Ursprünge des Geldes sind im Dunkel der Frühgeschichte verborgen. Zunächst begann der Übergang von der Naturaltausch- zur Geldwirtschaft damit, dass man sich auf haltbare Waren wie Vieh, seltene Muscheln oder Gold als Zwischentauschgut und Bezugsgröße einigte. Erste Hinweise über die Verwendung von Geld geben die alten Schriftkulturen. Zahllose Quellen belegen, dass im Zweistromland zunächst Gerste, dann ab etwa 2700 v. Chr. Kupfer und bald darauf Silber als Wertmesser, Tauschvermittler und schließlich als Zahlungsmittel gebräuchlich waren. In Lydien wurde die Prägung von beidseitig gestempelten Münzen eingeführt, um das Abwiegen des Tauschmetalls bei jedem Geschäft entbehrlich zu machen.

Mit Zeichen versehene Säugetierknochen wurden im China der Shangzeit für die Weissagung verwendet. Dabei verwendete Piktogramme lassen auf verschiedene Berufe schließen.

50558

rige der zahlenmäßig dominierenden Unterschicht erfuhren in der Regel wohl kaum eine aufwendige (und so archäologisch leichter nachweisbare) Bestattung. Überhaupt lassen sich Status und Lebensbedingungen der Bevölkerungsmehrheit auch mithilfe der Schriftquellen nur schwer rekonstruieren – der Begriff »Sklaverei« wird in diesem Zusammenhang wohl gelegentlich überstrapaziert.

Die ethnische Herkunft ist nur in Ausnahmefällen Unterscheidungsmerkmal für die verschiedenen gesellschaftlichen Schichten. Eine verbreitete Hypothese, der zufolge »Hochkulturen« das Ergebnis von Eroberung und einer darin begründeten Trennung zwischen einheimischer »Unterschicht« und fremder »Oberschicht« sind, wird wohl inzwischen als überholt angesehen. Das Gleiche gilt für eine andere, ähnlich einseitig argumentierende Auffassung: die »Überlagerung« von Hackbauern durch von außen vordringende Viehzüchter.

Die Organisation des Staates

An der Spitze der gesellschaftlichen Hierarchie standen zumindest in Ägypten, Mesopotamien und China meist Herrscher, die ihre Position nicht nur durch Autorität und Wohlstand, sondern auch durch kosmologische Zuordnungen oder eine behauptete Abstammung von den Göttern legitimierten. Religion diente somit nicht zuletzt zur Schaffung, Rechtfertigung und Aufrechterhaltung von Macht. Damit ging vielfach das Bestreben einher, den Herrschaftsanspruch in der eigenen Verwandtschaftsgruppe weiterzugeben: Es wurden Dynastien begründet.

Für deren Machtfülle und für den Aufbau einer starren Bürokratie wurde lange Zeit eine Erklärung angeboten, die gleichzeitig für sich in Anspruch nahm, zumindest indirekt das Entstehen von »Hochkulturen« auf eine einzige Ursache zurückführen zu können. Diese »hydraulische Theorie« beruhte auf der Vorstellung, die Regulierung der Flüsse zur Abwehr von Flutkatastrophen und zur Bewässerung der Felder hätte eines administrativen Aufwands bedurft, der nicht mehr von schlecht organisierten Kleingruppen, sondern nur noch von einem regelrechten Unterdrückungsapparat bewältigt werden konnte. Auch diese These erscheint indes heute nicht mehr haltbar. Eine immer komplexer werdende Verwaltung bedurfte zwar einer gewissen räumlichen Konzentration bei der Koordinierung und Kontrolle der verschiedenen Aufgabenbereiche, doch sollte das Streben nach Zentralisierung nicht überbetont werden. Auch die verbreitete Vorstellung von einer als Mittelpunkt des gesamten Staatsterritoriums fungierenden Hauptstadt wird der Realität nicht immer gerecht.

Immerhin lag es wohl im Interesse der Herrscher, die Aktivitäten in ihren Reichen zu überwachen und zu bündeln. Unter anderem waren Steuern zu erheben, Tribute zu fordern, Ressourcen zu erschließen, Wege zu sichern, Baumaßnahmen zu planen, Qualitätskontrollen durchzuführen, Vorschriften durchzusetzen, Urteile zu fällen, Kriege vorzubereiten, Termine zu koordinieren, Bücher zu führen oder Riten abzuhalten. Zwar wurde dabei auch Spezialwissen gefordert, doch hat es den Anschein, als wäre eine strikte Ressortverteilung nicht überall erfolgt. Allerdings war es wohl doch eher die Ausnahme, dass

2852

Die Verwendung von Schrift erleichterte u. a. die Verwaltung eines Staates. Auf dieser Landschenkungsurkunde ist verzeichnet, dass ein Mann namens Pitchana vom hethitischen Großkönig Muwatalli mit verschiedenen Grundstücken beschenkt wurde.

eine einzige Person gleich zwei Dutzend Ämter innehatte, wie dies im Ägypten des 15. Jahrhunderts v. Chr. vorkam.

Stellungen bei Hofe waren mit allerlei Risiken behaftet, entstand doch häufig eine Konkurrenz zwischen verschiedenen Interessengruppen, vor allem zwischen der Nobilität, die teilweise durch verwandtschaftliche Beziehungen an das Herrscherhaus gebunden war, und den Karrierebeamten, die sich durch Kenntnisreichtum und Effizienz profilieren mussten; eine dritte »Fraktion« stellten zuweilen die Priester, denen die Abhaltung der Riten in immer komplexer werdenden Religionen oblag. Eine strikte Trennung zwischen den Gruppen ist indes nicht immer möglich, da es in und zwischen den Hierarchien gelegentlich ein hohes Maß an Durchlässigkeit gab.

Sehr unterschiedlich war der Umgang mit dem Recht. Während man in China bestenfalls indirekt auf verbindliche Normen schließen kann, sind in Mesopotamien und später auch in Ägypten Zeugnisse erhalten, die zumindest erahnen lassen, wie das Zusammenleben innerhalb eines Gemeinwesens geregelt wurde. Am bekanntesten ist sicherlich die Gesetzessammlung des Königs Hammurapi aus dem 18. Jahrhundert v. Chr., die, nunmehr in nicht weniger als 282 Paragraphen untergliedert, die verschiedensten Probleme aus dem öffentlichen wie aus dem Privatrecht behandelt.

Blüte in Literatur, Kunst und Musik, Frühformen von Wissenschaft

Zwar war das zunehmende Bedürfnis nach Informationsspeicherung wohl allen »Hochkulturen« gemein, doch fanden sie auf diese Herausforderung unterschiedliche Antworten. Eine davon war die Entwicklung der Schrift, also eines Mediums, mit dem letztlich nicht nur Namen, Maße oder Gewichte, sondern auch abstrakte Sachverhalte erfasst werden konnten. Bei der Verwendung und Verbreitung von Schrift, die in Ägypten, in Mesopotamien, im Industal und in China deutlich voneinander abweichende Formen annahm, mögen jeweils unterschiedliche Impulse im Vordergrund gestanden haben. Natürlich konnte man damit alle erdenklichen Verwaltungsvorgänge erleichtern. Anders als die Knoten-

Im allgemeinen Verständnis sind es weniger die politischen oder technischen Leistungen, die eine Epoche als Hochkultur auszeichnen, sondern die Schöpfungen der bildenden Kunst, die häufig auch als heute unerreichbare Vorbilder herangezogen werden (Kopf Amenophis' IV.; Luxor, Museum).

100264

schnüre, die im Inkareich vornehmlich dazu dienten, statistische Daten festzuhalten, vermochten diese Schriften jedoch mehr. Mit ihrer Hilfe gelang es, Recht zu kodifizieren, Verträge zu schließen, Abstammungen festzuschreiben, Götter zu konsultieren und endlich gar Geschichte zu schreiben.

Die Verwendung von Schrift ermöglichte nicht nur eine neue Dimension in der Speicherung von Informationen, sondern auch einen systematischeren Umgang mit Vorstellungen und Erkenntnissen. So entstanden, vornehmlich angelehnt an Naturbeobachtung und Religion, Frühformen von Wissenschaft. Auch lassen sich bereits unterschiedliche literarische Gattungen unterscheiden; die Entwicklung war in dieser Hinsicht freilich keineswegs einheitlich. Während aus Ägypten und Mesopotamien nicht wenige literarische Texte überliefert sind, dienten die frühen chinesischen Zeugnisse fast ausschließlich dokumentarischen Zwecken; die Schrift der Induskultur ist noch nicht überzeugend entziffert.

Besonders deutlich – und für die meisten Menschen zumindest subjektiv mit ihrer Vorstellung von »Hochkultur« verbunden – ist der Aufschwung in Architektur (häufig mit einem Hang zum Monumentalen) und bildender Kunst (mit Werken von nahezu »zeitloser« Schönheit); ähnlich verhält es sich wohl mit der Musik, deren Blüte allerdings nur indirekt durch die in Ausgrabungen entdeckten Instrumente und Darstellungen erschlossen werden kann. All diese Zeugnisse belegen indes zumeist nur das Repräsentationsstreben und den Geschmack der Oberschicht. Über die Lebensgewohnheiten und Zerstreuungen der Bevölkerungsmehrheit wissen wir immer noch erstaunlich wenig.

Fraglos lassen sich für die hier ausgewählten »Hochkulturen« einige Gemeinsamkeiten herausarbeiten; manche sind ohne Schwierigkeiten auch auf andere Regionen und Epochen übertragbar. Mithilfe eines Kriterienkatalogs kann die ungeheure Ausstrahlung der »Hochkulturen« – vermutlich die einzig wirkliche weltweite Gemeinsamkeit – jedoch nicht erklärt werden. Erst recht gibt es keine Regelhaftigkeit oder Gesetzmäßigkeit, die für ihr Entstehen oder für ihren Verfall verantwortlich gemacht werden kann. *Thomas O. Höllmann*

Ägypten

um 3000 bis um 330 v. Chr.

Im Land der Pharaonen

Mit den Augen des Ägyptologen: Die Erforschung des ägyptischen Altertums

Den Beginn ihrer Geschichte führten die Alten Ägypter auf die »Reichseinigung«, die »Vereinigung der Beiden Länder« (Ober- und Unterägypten), zurück und schrieben diese Tat dem König Menes zu. Davor lag eine Zeit, in der die Götter als Könige auf Erden regiert haben sollen.

Die Wissenschaft der Ägyptologie, die Geschichte und Kultur des Alten Ägypten erforscht, hat sich diesen Blickwinkel in gewisser Weise zu Eigen gemacht, indem sie mit ihrer Forschungstätigkeit um die Zeit der Entstehung des ägyptischen Staates etwa 3100 v. Chr. mit der Dynastie 0 (Null) einsetzt. Dies ist auch deshalb berechtigt, da um diesen Zeitpunkt herum die ersten schriftlichen Quellen erscheinen. Die schriftlose Zeit davor rechnet zur Vorgeschichte; sie wird in der Regel vom Fach der Vor- und Frühgeschichte abgedeckt.

Mit der Eroberung Ägyptens durch Alexander den Großen (332 v. Chr.) tritt das pharaonische Ägypten in eine Zeit über, in der die Kultur unter den ptolemäischen und römischen Herrschern zunehmend unter fremde Einflüsse gelangt. Für die Erforschung dieser Epoche ist die Ägyptologie nur noch zuständig, soweit es sich um in ägyptischer Schrift und Sprache abgefasste Texte oder um traditionell geprägte Denkmäler handelt. Dabei ist sie auf die Zusammenarbeit mit der Alten Geschichte, den Klassischen Altertumswissenschaften und der Papyrologie, der Wissenschaft von den griechischen und lateinischen Papyri, angewiesen. Mit der letzten Hieroglypheninschrift am Ende des 4. Jahrhunderts n. Chr. hört dann allerdings ihre Zuständigkeit insgesamt auf.

Geographisch gehört zum Alten Ägypten das Gebiet zwischen dem ersten Nilkatarakt im Süden und dem Mittelmeer. Allerdings werden auch die Gebiete Nubiens am mittleren Nillauf von der Ägyptologie mit behandelt, da Ägypten mit diesen Gebieten seit der Vorgeschichte in Verbindung stand und sie seit der Zeit des Alten Reiches zu beherrschen trachtete; im Neuen Reich unterwarf Ägypten das Gebiet bis zum vierten Katarakt beim Djebel Barkal als Kolonie – der ersten der Menschheitsgeschichte. Es errichtete dort zahlreiche Tempel und ägyptisierte die einheimische Bevölkerung zum Teil vollständig. Im 9. Jahrhundert v. Chr. entstand dann ein weiterhin von der altägyptischen Kultur stark beeinflusstes einheimisches nubisches Reich, dessen Könige als 25. Dynastie (Kuschiten oder »Äthiopen«) sogar das ehemalige Mutterland kurzfristig beherrschten; als Reich von Meroë bestand es bis ins 4. Jahrhundert n. Chr. weiter. Vorderasien hingegen, ebenfalls Ziel expansionistischer Bestrebungen Ägyptens, ist allein im Zusammenhang mit den betreffenden geschichtlichen Ereignissen und den sie beschreibenden ägyptischen Zeugnissen Thema der Ägyptologie.

Quellen und Zeugnisse

Innerhalb des genannten zeitlichen und geographischen Rahmens erforscht die Ägyptologie sämtliche kulturellen Hinterlassenschaften Altägyptens. Zu den Aufgaben der Wissenschaftler gehört dabei die Materialerforschung an sich, zum anderen geht es um Fragen zur geistigen, sozialen und politischen Welt der Alten Ägypter. Bei der Erforschung der materiellen Bestände, die in den archäologischen Hinterlassenschaften wie Pyramiden, Tempeln, Gräbern, Stelen oder Papyri sowie den auf diesen Trägern überlieferten Bild- und Textzeugnissen auf uns gekommen sind, handelt es sich zunächst einmal um Dokumentationsarbeiten. Die Funde müssen aufgenommen und bearbeitet, das heißt dokumentiert, datiert, kommentiert und in ihrem Bezug zur altägyptischen Kultur eingeordnet werden. Im Falle der Inschriften müssen die

Göttliche Legitimation war die Grundlage der unumschränkten Macht der altägyptischen Pharaonen. Hiervon zeugt etwa die Kolossalstatue König Ramses' II. im oberägyptischen Karnak, der einer der größten Bauherren Altägyptens war und in Abu Simbel und Luxor gewaltige Tempelanlagen errichten ließ.

Texte sprachlich klassifiziert, übersetzt, kommentiert und ebenfalls in ihrer Bedeutung für die altägyptische Kultur aufgeschlossen werden.

Das Gerüst für diese vielleicht eher als »handwerklich« einzustufenden klassifizierenden und interpretierenden Arbeiten hat sich die Ägyptologie bei der Bearbeitung des Materials zum Teil bereits geschaffen, etwa durch stilistische Untersuchungen zur Klärung von Datierungsfragen in Verbindung mit Grabungsbefunden; zum Teil müssen Raster noch verfeinert, gänzlich überarbeitet oder neu aufgestellt werden. Auch die Erforschung der Sprache, die seit der Entzifferung der Hieroglyphen durch den Franzosen Jean François Champollion 1822 möglich wurde und die Wissenschaft der Ägyptologie letztlich begründet hat, ist noch im Fluss, wenn auch das Textverständnis im Großen und Ganzen als befriedigend anzusehen ist.

Die über das Material hinausgehenden weiter reichenden Fragestellungen nach der Struktur der geistigen, religiösen, sozialen und politischen Welt müssen anhand des so aufbereiteten Materials erarbeitet werden, denn die Ägypter selbst haben sich zu solchen Themen nicht zusammenhängend geäußert. Die Masse des auf uns gekommenen Materials stammt jedoch aus Gräbern und Tempeln, das heißt, wir haben in den vorliegenden Dokumenten nur einen begrenzten Ausschnitt aus der damaligen Lebenswirklichkeit vor uns. Dazu kommt, dass diese Dokumente in der Regel nur aus offiziellen, also von den Herrschenden sanktionierten Aussagen bestehen. Wir können daher anhand der lückenhaften Materialbasis manche Fragestellungen nur unzureichend behandeln. Dies betrifft viele Bereiche des täglichen Lebens und insbesondere das Leben der

INFOBOX

»Ägypten«

Der Name Ägypten leitet sich vermutlich ab von »Chikuptach«, dem Namen des Haupttempels von Memphis und – ab dem Neuen Reich – auch der Bezeichnung von Memphis selbst. In der griechischen Überlieferung ist die Bezeichnung erstmals bezeugt als »aigýptios« (»Ägypter«) im 9. Gesang der »Ilias« Homers. Der alte einheimische Name Ägyptens war dagegen Kemt, »das Schwarze«, nach der Farbe des Nilschlamms.

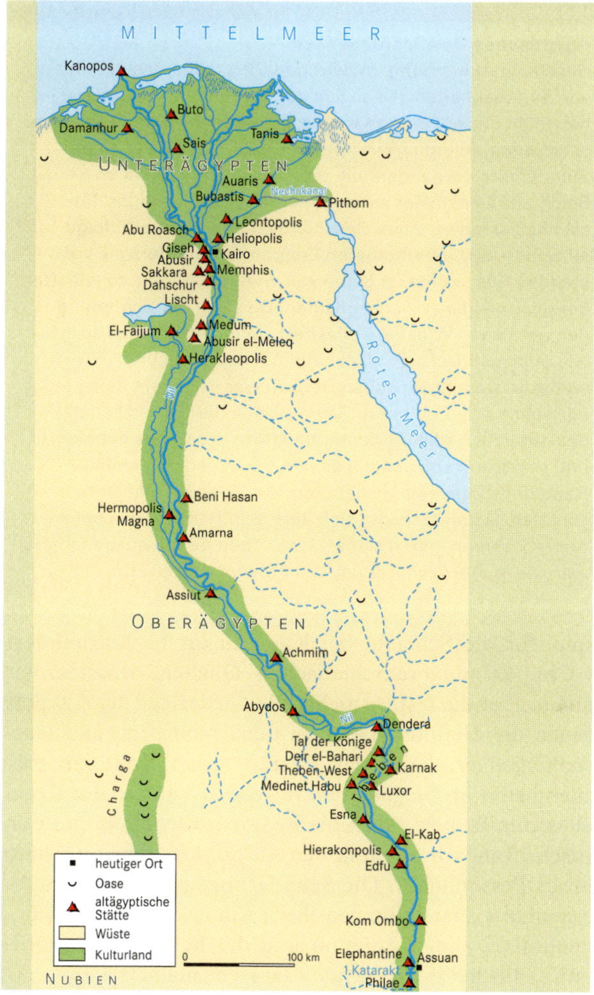

einfachen Bevölkerung, über die uns beispielsweise Darstellungen und Texte in den Gräbern der Oberschichten oder »Berufssatiren« tendenziös eingefärbt unterrichten.

Aber auch die offiziellen Darstellungen und Texte des Königs und der Beamtenschaft orientieren sich jeweils am Rollenverständnis des betreffenden Personenkreises und nehmen somit entsprechende Korrekturen bei der Beschreibung der Wirklichkeit vor. Hätten wir zum Bei-

INFOBOX

Ägyptisches Geschichtsdenken

Geschichtsschreibung im heutigen Sinn meint das Berichten von Begebenheiten, die sich in der Vergangenheit zugetragen haben. In diesem Sinne kannten die Ägypter keine Geschichtsschreibung. Allerdings verfügten sie durchaus über einen Sinn für ihre Vergangenheit, denn sie suchten etwa im Neuen Reich alte Denkmäler auf und restaurierten sie sogar. Tatsächlich erschien ihnen Geschichte nicht als eine Abfolge von einzelnen, unwiederholbaren Ereignissen, sondern sie verstanden Geschichte im Sinne von wiederholbaren, regelhaften Ereignissen, die zyklisch ablaufen. Da sie in der Schöpfung den göttlichen Willen manifestiert sahen, erschienen soziale wie auch politische Entwicklungen entbehrlich und unerwünscht. Dem ägyptischen Denken war in diesem Sinne jeder Fortschrittsglaube fremd. Wenn jedoch die Verwirklichung des göttlichen Willens durch die Kräfte des Choas behindert und sogar in Frage gestellt schien, waren entsprechende Handlungen des Königs geboten, um einen Ausgleich zu schaffen. Damit bewegte sich aber sein Handeln in einem festen Rahmen, der in seiner Gesamtheit darauf ausgerichtet war, die rechte Weltordnung auf Erden durchzusetzen.

spiel für die Schlacht bei Kadesch im 13. Jahrhundert v.Chr. keine vorderasiatischen Quellen, wüssten wir nichts über die fast vernichtende Niederlage der Ägypter gegen die Hethiter. Denn in den Inschriften und Darstellungen erscheint der Pharao seiner Rolle entsprechend stets als Sieger, steht in seinem Land in der Regel alles zum Besten. Auch die Beamten vermitteln in ihren Inschriften, vor allem in den »Idealbiographien«, kaum etwas Persönliches. Die Schilderungen sind eher schablonenhafte Darstellungen ihrer Ämterlaufbahn und Bekenntnisse zum Königtum und der herrschenden Ordnung, das heißt zur »Maat« (sprich: ma-at).

Von beispielhaftem Wert...

Manche Fragen, die sich den heutigen Forschern stellen – wie etwa solche nach dem Wie und Warum der Entstehung des ägyptischen Staates – hätten die Ägypter aufgrund ihrer andersartigen Konstruktion der Wirklichkeit und vor dem Hintergrund ihrer natürwüchsigen Gesellschaftsordnung zudem gar nicht stellen können. Denn erst in der griechisch-römischen Antike setzte das Nachdenken über Verfassung, Herrschafts- und Staatsformen ein. Und in der Moderne haben die Menschen mit der Verwissenschaftlichung die Möglichkeit geschaffen, die gesellschaftlichen, politischen und religiösen Strukturen, in denen sie leben, hinterfragen und bewusst verändern zu können.

Damit stellt sich für uns auch die Frage, welchen Sinn und Wert die Beschäftigung mit Altägypten denn haben könnte. Sicher werden wir aus der ägyptischen Kultur keine Anregungen für die Bewältigung moderner Lebensfragen und -umstände erwarten können. Aber die so andere Lebenswirklichkeit der Ägypter kann dazu beitragen, die Welt, in der wir leben, als eine von vielen möglichen Welten zu begreifen und zu relativieren sowie klarer und bewusster in ihrer Substanz zu erkennen. Darüber hinaus bietet die Ägyptologie als Wissenschaft vom Menschen zu einer Fülle verschiedenster Themen aus dem kultur-, sprach- oder sozialwissenschaftlichen Bereich Materialien für die Erforschung historischer Entwicklungen oder für vergleichende Studien und sich daraus herleitende Schlussfolgerungen. Denn Ägypten hat einen beispielhaften Wert insofern, als seine Kultur sich durch die geographische Isolation des Landes über fast 2000 Jahre in relativer Abgeschiedenheit mit der Folge einer gewissen Eigengesetzlichkeit entwickeln konnte und wir sie darüber hinaus über mehr als 3000 Jahre – zuletzt in intensiver Auseinandersetzung mit Fremdherrschern und dem Griechentum – kontinuierlich in ihrer Entwicklung und zeitlich länger als jede andere bekannte Kultur beobachten können.

Was heißt »ägyptische Geschichte«?

Was bedeutet es nun aber, wenn wir von »ägyptischer Geschichte« sprechen? Geschichtsschreibung meint heute das Berichten von Begebenheiten, die sich in der Vergangenheit zugetragen haben. In diesem Sinn kennen die Ägypter keine Geschichtsschreibung. Unsere historischen Quellen der einzelnen Könige beziehen sich immer auf deren Gegenwart. Wie sich aber aus den verschiedenen Quellen, etwa den Annalen, oder überhaupt aus der Tatsache einer schriftlichen Überlieferung ersehen lässt, verfügten die Ägypter durchaus über einen Sinn für ihre Vergangenheit. Denn sie suchten etwa im Neuen Reich alte Denkmäler auf und restaurierten sie sogar.

s. ZEIT Aspekte
Ägypten S. 589

Allerdings erscheint ihnen Geschichte nicht wie uns als eine Abfolge von einzelnen unwiederholbaren Ereignissen, sondern sie verstehen Geschichte im Sinne von wiederholbaren, regelhaften Ereignissen, die zyklisch ablaufen. Da sich in der Schöpfung, wie sie ist, der göttliche Wille manifestiert, sind soziale oder politische Entwicklungen entbehrlich und unerwünscht. Dem ägyptischen Denken ist in diesem Sinne jeder Fortschrittsglaube fremd. Allerdings kann die Verwirklichung des göttlichen Willens durch die Kräfte des Chaos behindert und sogar infrage gestellt werden. Entsprechende Handlungen des Königs sind dann geboten, um einen Ausgleich zu schaffen. Damit bewegt sich aber sein Handeln in einem festen Rahmen, der insgesamt darauf ausgerichtet ist, die Maat – die rechte Weltordnung – auf Erden durchzusetzen.

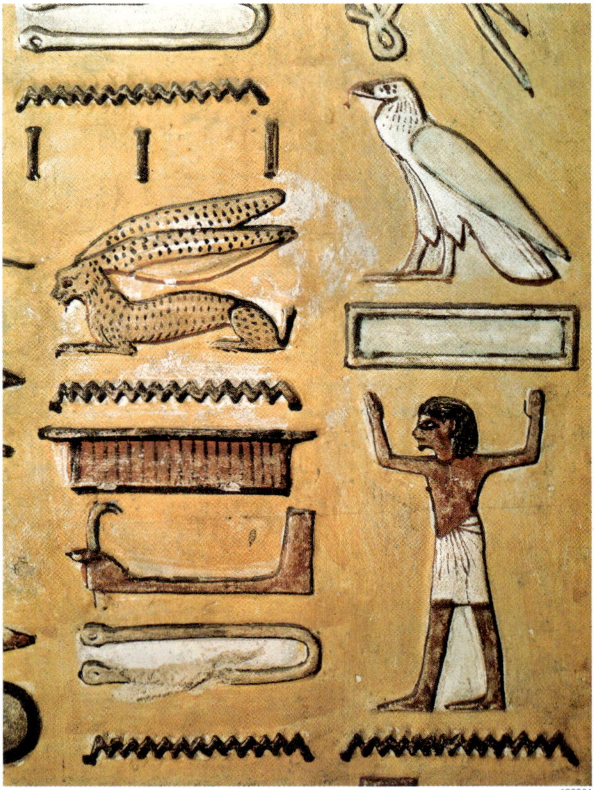

Die 1822 von Jean François Champollion vorgenommene Deutung des hieroglyphischen Schriftsystems musste bis heute nicht wesentlich revidiert werden. Das Prinzip der ägyptischen Bilderschrift beruht auf der standardisierten Zeichnung von Dingen.

100264

Die Wiederholbarkeit alles schon Geschehenen und die Rollengebundenheit des Königs können auch dazu führen, Taten als geschehen abzubilden und zu beschreiben, die sich niemals entsprechend zugetragen haben. So dekorierte König Sahure aus der 5. Dynastie seinen Totentempel mit der Abbildung von Gefangenen und der Beute eines Libyenfeldzuges. Die gleiche Szene findet sich später unter Phiops I., Phiops II. und sogar noch fast 2000 Jahre später in Nubien unter König Taharka, sodass man fragen muss, ob nicht auch schon Sahure seine Abbildung von einem älteren Denkmal kopiert hat.

Für Jean François Champollion (1790–1832), den Entzifferer der Hieroglyphen, wurde 1831 der erste ägyptologische Lehrstuhl am Collège de France in Paris gegründet (Gemälde von Léon Cogniet; 1831; Paris, Louvre).

Geschichte als »Taten großer Männer«?

Bis heute kennzeichnet der Kampf um Macht das Wesen jeder politischen Geschichte, wobei die Macht in der Regel ökonomische Vorteile für den oder die »Mächtigen« einschließt. Politische Macht, vor allem nach außen, ist aber eng verknüpft mit der Existenz des Staates als Organisationsform, weil nur er mit seinen Institutionen langfristig angelegtes Handeln von einiger Tragweite erlaubt. Die Befehlsgewalt und die Mittel zu ihrer Durchsetzung – beides ist zum Beispiel bei wenig strukturierten, egalitären Gesellschaften nicht vorhanden – sind die Kennzeichen »institutionalisierter« Macht.

Den Mitteln zum Zwang bei der Durchsetzung der Befehlsgewalt im Innern, etwa durch Polizei und Bestrafung, entspricht nach außen der Krieg, der eine Institutionalisierung von bewaffneten Auseinandersetzungen ist. Von Stammeskämpfen etwa unterscheidet sich der Krieg unter anderem grundlegend darin, dass die Gegnerschaft der Kombattanten nicht mehr aus ihrer unmittelbaren persönlichen Erlebenssphäre oder der ihrer Gruppe und ihrem persönlichen Willen zur Teilnahme am Kampf erwächst. Im Gegenteil wird das Individuum im Krieg zur anonymen Kampfkraft und kann sogar gegen seinen Willen und gegen seine Interessen von den staatlichen Autoritäten zum Kämpfen gezwungen und im schlimmsten Fall zum reinen Werkzeug und zum Opfer des Staatsinteresses werden.

100562

Der »Stein von Rosette«, ein Priesterdekret zu Ehren des Königs Ptolemaios V. aus dem Jahr 196 v. Chr., weist einen hieroglyphisch, demotisch und griechisch wiedergegebenen Text auf, der bei der Entschlüsselung der Hieroglyphenschrift eine entscheidende Rolle spielte.

Auch wenn die ägyptische Geschichte sich uns als eine Serie von »Heldentaten«, »kulturellen Leistungen« oder tief greifenden, weisen und weit reichenden Überlegun-

100563

Die Bildhaftigkeit der Hieroglyphen erstreckte sich auf ihre Farbgebung; auch bei dieser Wandmalerei folgt die Blickrichtung der Schriftzeichen den Personen, auf die sie sich beziehen (Theben, Grab der Königin Nefertari; 13. Jh. v. Chr.).

gen und politischen Entscheidungen einzelner aufeinander folgender Könige darbietet, wäre ein derartiges Verständnis der Zusammenhänge natürlich eine abwegige Verzerrung der realen Verhältnisse. Auch in Ägypten gab es, wie überall, wo »Macht« wirksam ist, gesellschaftliche Kräfte, die unterschiedliche politische Ziele verfolgten. Wenn wir dennoch die Ereignisse und den ägyptischen Geschichtsverlauf fast ausschließlich an den Namen von einzelnen Königen festmachen, so hängt dies mit der spezifischen Art der ägyptischen Quellen zusammen, die den König entsprechend dem Königsdogma in überragender, gottgleicher Stellung und Tatkraft als einzig Handelnden präsentieren. Ihm gegenüber schrumpft das Potenzial aller anderen am Geschichtsverlauf Beteiligten auf Zustimmung und Mithilfe bei der Ausführung seiner Pläne zusammen. Dies Bild der Texte hindert uns, die wirklichen Sachverhalte adäquat zu erfassen, denn alternative Darstellungen oder gar Bewertungen fehlen in der Regel. *Karola Zibelius-Chen*

»Ein Geschenk des Nils«: Die protodynastische Zeit

Ägypten – das war und ist ein lang gestrecktes Rechteck mit dem Nil in der Mitte und Wüstengebieten rechts und links davon. Der eigentliche Lebensbereich des Ägypters war so das Niltal. Er wird im Norden vom Mittelmeer und im Westen und Osten durch die Wüstengebiete klar eingegrenzt. Im Süden dagegen bildet zwar der erste Nilkatarakt, eine granitene Felsenbarriere im Fluss, einen gewissen Grenzpunkt, doch setzt sich die Flusslandschaft im Prinzip nach Süden hin in den nubischen und sudanischen Raum fort. Innerhalb Ägyptens besteht ein Gegensatz zwischen der schmalen Niltaloase Oberägyptens und dem weiträumigen Delta Unterägyptens, das die beiden Hauptarme des Nils formen, die heute bei Rosette im Westen und Damiette im Osten in das Mittelmeer fließen.

Beide Regionen unterscheiden sich sowohl klimatisch als auch landschaftlich. Das Delta gehört zum Einflussbereich des mediterranen Klimas, während Oberägypten zur saharischen Zone zählt, die kaum Niederschläge kennt. Allerdings reichen auch die Niederschläge des Deltas nicht für einen Regenfeldbau aus. Bei einer derart lang gestreckten Region von 950 Kilometer Länge zeigt auch die Temperatur Unterschiede in Nord-Süd-Abstufung: In Alexandria beträgt sie im Jahresdurchschnitt 20,2 Grad Celsius, in Assuan im Süden 25,8 Grad Celsius.

Spender von Leben und Wohlstand: Der Nil

Durch das Klima bedingt war Ägypten in seiner Fruchtbarkeit immer ganz vom Nil und seiner Hochflut, also seinem Hochwasser, abhängig. Diese erst seit der zweiten Hälfte der mittleren Altsteinzeit (90 000 bis 35 000 v. Chr.) auftretende Nilhochflut – auch Nilschwemme oder Nilschwelle genannt – mit ihren Schlammablagerungen aus dem äthiopischen Raum prägte die ägyptische Landschaft. In Oberägypten schüttete der Fluss einen Uferdamm aus gröberen Sedimenten auf und lagerte erst hinter ihm die tonigen Bestandteile des fruchtbaren Schwemmlandbodens ab, der heute etwa neun Meter dick ist. Die Schwemmlandschaft des Deltas hingegen ist von den hügeligen Resten gröberer Ablagerungen durchsetzt, die sich vorzüglich als Siedlungsplätze eigneten.

Zur Zeit der Herausbildung des altägyptischen Staates bis tief in das Alte Reich hat man sich das Klima feuchter als heute vorzustellen. Die seichten Nilufer waren mit Papyrus bewachsen, und auf den natürlichen Aufschüttungen des Nildammes gab es Sträucher und Gebüsche, während das Niltal selbst einen reichen Baumbestand aufwies. An tiefer gelegenen Stellen des Niltales fanden sich Dauersümpfe, und das Delta zeigte einen reichen Gras- und Krautwuchs, der sich vorzüglich als Weide eignete. Die heutigen Wüstengebiete im Westen und Osten bedeckte eine Savannenvegetation. Der große Artenreichtum der hier lebenden Tiere, zu denen mit Nashorn, Elefant, Löwe und Giraffe auch Großwild gehörte, wurde durch die zunehmende Trockenheit, vor allem aber durch die Aktivitäten des Menschen mit seinem Ackerbau und der Viehzucht zunehmend eingeschränkt. Allerdings darf man sich diese Entwicklung

Das fruchtbare Niltal ist Grundlage allen Lebens: Das Reliefbild zeigt üppige mannweibliche Wesen als Personifikationen der Fruchtbarkeit, die Gaben der Natur darbringen (Karnak, Chapelle Rouge der Königin Hatschepsut).

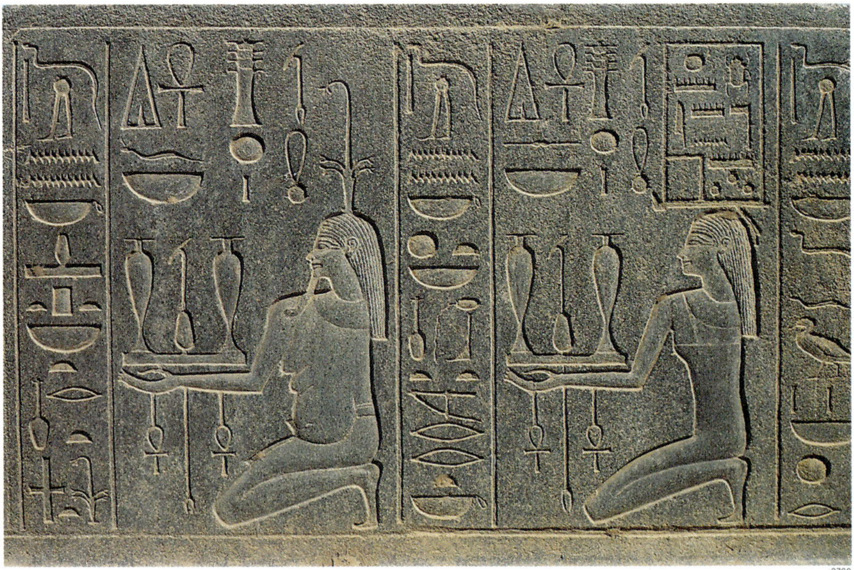

nicht zu geradlinig vorstellen, denn Amenophis III. beispielsweise konnte noch Ende des 14. Jahrhunderts v. Chr. eine Herde von 174 Wildrindern jagen, und zur Zeit von Ptolemaios I. gab es noch immer unbebautes Land in Ägypten.

Die regelmäßige Bewässerung durch die Nilhochflut und der dadurch angeschwemmte Nilschlamm machten den Ackerboden fruchtbar und ermöglichten solch gute Ernten, dass Ägypten einen beträchtlichen Überschuss erwirtschaften konnte. Verschiedene Getreidearten, Körner- und Hülsenfrüchte, Gemüse- und Obstsorten sowie Öle sind als Grundnahrungsmittel bekannt. Auch Futter für das Nutzvieh wurde angebaut oder fand sich auf weiträumigen Weiden, vor allem im Delta. Zum Nutzvieh gehörten Rinder, Schweine, Ziegen, Schafe und Geflügel sowie der Esel als Transporttier – das Kamel finden wir erst um die Mitte des 1. Jahrtausends v. Chr. in dieser Rolle.

Alle für das tägliche Leben und für das Handwerk notwendigen Rohstoffe gab es im Land, sodass die Befriedigung aller Grundbedürfnisse der Menschen sichergestellt war. Darüber hinaus war Ägypten reich an Baumaterialien und den verschiedensten Gesteinssorten, an Halbedelsteinen und vor allem an Gold. Bei den grundlegenden Rohstoffen ist allein ein Mangel an Holz festzustellen, der aber auf den Menschen selbst zurückzuführen ist. Dieser dezimierte nämlich den Baumbestand, als er das Niltal in eine Kulturlandschaft umwandelte. Kupfer, ein anderer wichtiger Rohstoff, kam zwar in der Ostwüste vor, wurde dort aber aus unbekannten Gründen erst während der 12. Dynastie abgebaut. So wurde es seit alters aus dem Sinai und aus Nubien beschafft.

Die Gestalt des Landes machte den Nil zur Hauptverkehrsstraße im überregionalen Verkehr. Für die Verbindung vom Nil ins Innere des Niltales wurden schon früh Kanäle angelegt. Meist lief dieser Verkehr aber als Lokalverkehr über Straßen. Für den Fernverkehr existierten eine Anzahl von Karawanenstraßen nach Vorderasien, ans Rote Meer oder Richtung Süden nach Nubien, sofern er nicht über den Seeweg oder den Nil abgewickelt wurde.

Erstaunlich ist für uns, wie wenig Menschen damals in Ägypten lebten und all die Leistungen erbrachten, für die

2400

Wie wichtig der Fischfang im alten Ägypten war, zeigen diese beiden Papyrusboote und das mitgeführte Schleppnetz. In einem Grab bei Deir el-Bahari wurden über 20 weitere Boote gefunden (um 2000 v. Chr.; Kairo, Ägyptisches Museum).

Ägypten heute steht. Da uns keine Ergebnisse etwaiger Volkszählungen überliefert sind und sich die erhaltenen Bestattungen nicht hochrechnen lassen, hat man versucht, die Bevölkerungszahl für die einzelnen Perioden anhand der Anbaufläche, der Produktivität des Bodens unter den damaligen Bedingungen sowie der Steuerveranlagungen zu schätzen. Man kommt dabei auf eine Bevölkerungszahl von 1,6 Millionen für das Alte Reich (2500 v. Chr.), auf 2 Millionen für das Mittlere Reich (1800 v. Chr.) und 2,9 Millionen für das Neue Reich (1250 v. Chr.) sowie auf 4,9 Millionen für die hellenistische Zeit (150 v. Chr.). Dass diese Zahlen nur mutmaßliche sind, versteht sich angesichts des Berechnungsverfahrens und seiner Grundlagen von selbst. Zum Vergleich seien aber die Bevölkerungszahlen von 4,5 Millionen unter den Mamelucken (1250–1517) und von 2,5 Millionen zur Zeit der ägyptischen Expedition Napoléon Bonapartes (1798–1801) angeführt, die einen gewissen Rahmen für die für das Alte Ägypten berechneten Zahlen abgeben.

Ackerbau und Sesshaftigkeit:
Kulturelle »Herkulesleistungen« der Frau?

Um 500 000 v. Chr. siedelten sich verstärkt Menschen im Niltal an und in den Pluvialzeiten, den Zeiten erhöhter Niederschläge, auch in der angrenzenden Sahara. Kulturell sind diese Menschen der Altsteinzeit, dem Paläolithikum (500 000–6000 v. Chr.), zuzuordnen. Ihre Wirtschaftsform war aneignend, das heißt, sie lebten als Jäger und Sammler. Möglicherweise lässt sich in der mittleren Altsteinzeit bei diesen Jägern und Sammlern eine kulturelle Scheidung zwischen einer grundsätzlich wüstenorientierten und einer grundsätzlich nilorientierten Tradition erkennen. Als dann in den Jahren zwischen 40 000 und 30 000 v. Chr. die Sahara austrocknete, reduzierte sich die Zahl der wüstenorientierten Gruppen stark.

Bei den am Nil lebenden Gruppen bildeten sich lokale Eigenheiten heraus, da die einzelnen Gemeinschaften aufgrund fehlender Transportmittel – es gab noch keine Schiffe – kaum Verbindung untereinander hatten. Diese kulturelle Vielfalt, die die Menschen der späten Altsteinzeit auszeichnete, erhöhte auch ihre Überlebenschancen bei Veränderungen ihrer Umwelt. Denn die Zeit nach 30 000 v. Chr. zeichnete sich allgemein durch eine Verschlechterung der Umweltbedingungen aus. Damit einher gingen technologische Neuerungen und die Heraus-

INFOBOX

Das Quellloch des Nils

So stellten sich die Ägypter die Herkunft der Nilüberschwemmung vor: In der »Höhle der Zeit« – die Zeit oder Ewigkeit wird durch die Schlange symbolisiert – sitzt der Gott des Nils (Osiris) und gießt aus zwei Krügen das Überschwemmungswasser aus.

Der in Ägypten im 4. Jh. n. Chr. geborene spätrömische Dichter Claudianus beschreibt diese Höhle in einem Gedicht:
»Fernab, unbekannt, unzugänglich unserem Geschlecht,
Fast auch den Göttern versagt, ist die dunkle Mutter der Jahre,
Die Höhle der grenzenlosen Zeit, die in ihrem endlosen Busen die Zeitalter
Hervorbringt und zurückruft. Rings um die Grotte liegt
Eine Schlange, die alles friedlichen Geistes verzehrt
Und an den Schuppen ständig jung bleibt, und ihren Schwanz im rückgewandten Maul verschlingt und mit lautlosem Gleiten an den Anfang zurückkehrt.«
(Relief aus griechisch-römischer Zeit; Philae, Isistempel).

bildung regionaler Merkmale bei den sozialen Gruppen. Alle diese Punkte stehen in Beziehung zueinander, bedingen einander möglicherweise sogar.

Zwischen der Endphase der Altsteinzeit und den frühen vordynastischen Kulturen (um 5500 v. Chr.) ist die Kenntnis der kulturellen Vorgänge in Ägypten für etwa tausend Jahre unterbrochen, sodass nicht klar ist, ob die neolithische (jungsteinzeitliche) »Revolution«, die Einführung des Ackerbaus, auf einer eigenständigen Entwicklung beruht oder aus dem Nahen Osten übernommen wurde. Es gibt, nebenbei gesagt, gute Gründe für die Annahme, dass die Einführung des Ackerbaus und die sich damit notwendigerweise entwickelnde Sesshaftigkeit des Menschen, die die Grundlagen für jedwede weitere Kulturentwicklung gewesen sind, als kulturelle »Herkulesleistungen« auf die Frau zurückgehen.

Der Beginn der jungsteinzeitlichen Periode in Ägypten setzt um 5500 v. Chr. ein. Sie zerfällt in zwei Hauptzweige, die Niltalkulturen Oberägyptens und die Deltakulturen Unterägyptens. Während in Unterägypten vornehmlich Siedlungen ausgegraben wurden, handelte es sich bei den oberägyptischen Fundkomplexen meist um Friedhöfe. Aber langsam beginnt sich heute diese Beleglage mit Funden von Siedlungen in Oberägypten und Friedhöfen in Unterägypten auszugleichen, sodass die alte Annahme, in Unterägypten seien die Toten innerhalb der Siedlungen, ja sogar in den Häusern bestattet worden, aufgegeben werden muss. Die aufgefundenen Gräber sind dort eher nach Auflassung der Siedlungen angelegt worden.

Die bekanntesten unterägyptischen Fundorte befinden sich im Oasenbecken des Faijum (Faijum A) am Karunsee, in Merimde am Westdeltarand sowie in Maadi und El-Omari südlich von Kairo. In Oberägypten sind vor allem Badari, Negade (Naqada) und Hierakonpolis als wichtigste Grabungsstätten zu nennen.

ZEITTAFEL
Kulturen der vorgeschichtlichen Zeit (um 5500–3200 v. Chr.)
Faijum A
Merimde
El-Omari
Maadi
(in Unterägypten)
Badari
Negade I
Negade II
(in Oberägypten)

Unterägyptische Fundorte

Die Menschen der Faijum-A-Kultur (um 5500–4700 v. Chr.) waren Ackerbauern und hielten daneben Vieh, jagten, fischten und sammelten. Da sich bislang keine festen Behausungen nachweisen ließen – auch Friedhöfe fehlen –, nimmt man an, dass diese Menschen eine halb-

100563

sesshafte Lebensweise hatten und in ihren Camps nur anlässlich von Aussaat und Ernte gewohnt haben.

Auch die Bewohner von Merimde, einem großen Dorf, betrieben Ackerbau und Viehzucht. In den jüngeren Schichten von Merimde, das vielleicht sogar in ältere Zeiten zurückreicht als die Kulturstufe des Faijum A, gibt es feste Behausungen, die halb unterirdisch angelegt und mit Lehmziegeln gemauert waren. Keines dieser Häuser besaß jedoch einen mehr als drei Meter großen Durchmesser, sodass sie allenfalls von einer erwachsenen Person und vielleicht ihren Kindern bewohnt werden konnten. Körbe mit einem Fassungsvermögen von etwa zwei Kubikmetern und Tonkrüge, die als Kornspeicher dienten, fanden sich in der Nähe der einzelnen Behausungen vergraben.

Das etwas jüngere El-Omari (um 4400–3500 v. Chr.) ist Merimde vergleichbar. Hier fanden sich Gatter für die Viehbestände. Auch halb unterirdische Behausungen

Das alte Ägypten war eine hoch entwickelte und sozial differenzierte Agrargesellschaft. Die Wandmalerei aus dem Grab des »Ackervorstehers des Amun« Menena in Theben-West (um 1400 v. Chr.) zeigt einen Landvermesser beim Vermessen eines Kornfeldes.

und Getreidesilos kamen zutage, und zwei Friedhöfe wurden aufgedeckt, in denen die Toten in einfachen Gruben mit angewinkelten Beinen auf der linken Seite lagen, den Kopf nach Süden und das Gesicht nach Westen ausgerichtet, also in Richtung auf die untergehende Sonne. Dies deutet auf einen Jenseitsglauben der Bevölkerung. Grabbeigaben waren selten, aber in einem Fall hatte ein Toter einen Stab bei sich. Wenn dieser wie in historischer Zeit als Autoritätssignum anzusehen wäre, dann könnte hier ein Oberhaupt beerdigt sein, und wir hätten damit einen Anhaltspunkt für eine sich jetzt entwickelnde soziale Schichtung.

Maadi, zehn Kilometer nordwestlich von El-Omari und jünger als dieses, unterscheidet sich von den anderen jungsteinzeitlichen Stätten dadurch, dass wir hier Handelsbeziehungen nach Südpalästina und Oberägypten feststellen können. Auch gibt es Anzeichen für den Gebrauch von Kupfer, ja vielleicht sogar für die Metallverhüttung. Da diese komplizierter zu handhaben ist als die Herstellung von Steinwerkzeugen und Fachkräfte für Abbau, Verhüttung und Herstellung von Kupferwerkzeugen voraussetzt, können wir in Maadi einen differenzierteren Gesellschaftstyp mit beginnender Arbeitsteiligkeit zugrunde legen.

Die Einführung des Ackerbaus war die Voraussetzung für die kulturelle Weiterentwicklung des Menschen. Auch im Jenseits musste harte Arbeit verrichtet werden: Die Wandmalerei aus Theben (13. Jh. v. Chr.) zeigt Verstorbene bei der Getreideernte.

50

Oberägyptische Fundorte
Im Bereich von Oberägypten fanden sich Überreste der Badarikultur (5500–4000 v. Chr.) zwischen El-Matmar und El-Oaw. Sie spiegeln eine halbsesshafte Lebensweise wider. Offenbar lebten die Bewohner in Zelten. Ihre Friedhöfe lagen unweit der Behausungen in der Wüste; die Gräber enthielten Beigaben von Nahrungsmitteln, Schminkpaletten, Elfenbeingegenstände wie Löffel und Gefäße, die vermutlich Schminkutensilien darstellen, daneben auch Kämme sowie Ton- und Elfenbeinfigürchen von Menschen und Tieren. Auch die Badarikultur scheint weitläufige Beziehungen nach außen gepflegt zu haben. Funde von Türkis könnten vom Sinai stammen, das wenige Kupfer vielleicht ebenfalls und Holz für Bauteile aus Syrien.

Die zeitlich auf Badari folgende Kulturstufe in Oberägypten, die Negade-I-Kultur, auch Amratien genannt, die bis etwa 3500 v. Chr. reicht, weist größere und reichere Fundstätten auf als das Badari. Zu diesen Fundstätten gehören sowohl Hierakonpolis als auch Negade selbst, das heißt Orte, die eine Schlüsselstellung in der folgenden Entwicklung Oberägyptens einnehmen.

In der anschließenden Negade-II-Kultur, auch Gerzéen genannt (etwa 3500–3200 v. Chr.), beschleunigte sich der kulturelle Fortschritt merklich. Die Arbeitsteiligkeit verstärkte sich, und die Spezialisierung nahm in einzelnen Arbeitsbereichen zu. Parallel dazu vermehrten sich auch die Statusunterschiede. Die bislang starke örtliche Eingeschränktheit der einzelnen Kulturen wich einer zunehmenden überregionalen Anpassung. Auch eine Ausdehnung der Handelsbeziehungen ist erkennbar. Größere Kupfergeräte werden in der Negade-II-Kultur häufiger; Gold wurde verarbeitet, dazu Silber und kostbare Steine, darunter Lapislazuli, der vermutlich über Zwischenhändler aus dem entfernten Afghanistan bezogen wurde.

Die großen Schminkpaletten erhalten die Form von Tieren, und Gefäße werden vermehrt aus harten Gesteinen hergestellt, während Keramikgefäße mit rotem Dekor auf hellem Grund auftreten. Alles dies sind Arbeiten von Spezialisten. In Negade selbst wurde ein rechteckiges Lehmziegelhaus ausgegraben. Die sich immer stärker abzeichnende soziale Schichtung der Gesellschaft wird

ZITAT

Die Ägypter verherrlichten den Nil als Quelle des Reichtums (J. Assmann, Ägyptische Hymnen und Gebete, Zürich 1975, S. 500 u. 506).

Sei gegrüßt, o Nil,
hervorgegangen aus der Erde,
um Ägypten am Leben zu erhalten!...
Der Menschen und Tiere am Leben erhält
mit seinen Gabe des Feldes!
Auf Verborgener, auf Verborgener!
Nil, auf Verborgener!

INFOBOX

Das Nilometer
Die Ägypter brachten dem Nil religiöse Verehrung entgegen. Jeder Tempel besaß ein Nilometer, dem ein Priester zugeordnet war. Er hatte die jeweilige Höhe der Flut aufzuzeichnen, denn mithilfe dieses Gerätes wurden die Abgaben auf die Ernte festgesetzt. In Syene etwa, dem heutigen Assuan, befindet sich ein berühmtes Nilometer mit einer Skala von 90 Stufen. Dort begann nach altägyptischen Glaubensvorstellungen die Flut, freigesetzt von den Sandalen des Widdergottes Chnum. Bereits der griechische Historiker Herodot aber mochte solchen Geschichten keine große Realität mehr beimessen. Er unternahm deshalb eine Exkursion nilaufwärts, um die wahren Ursachen der regelmäßig wiederkehrenden Fluten zu ergründen, hatte aber keinen Erfolg. Erst sehr viel später gelang es, aus den Angaben südwärts reisender Händler frühe und immer noch sehr ungenaue Karten dieses mächtigen Flusssystems zu erstellen.

auch an den Gräbern und ihren Beigaben sichtbar. Einige Gräber sind mit Holz verschalt und haben spezielle Nischen für die Beigaben. Im Friedhof T in Negade und in Hierakonpolis fanden sich auch aus Ziegeln gemauerte Grabkammern. Das Innere des als Fürstengrab anzusehenden Grabes 100 in Hierakonpolis war sogar bemalt.

Gegen 3300 v. Chr. begann sich die jüngere Negade-II-Kultur nach Unterägypten auszubreiten, wobei die gleichzeitige Maadikultur verdrängt und assimiliert wurde. Spätestens mit Beginn der Negade-III-Kultur (um 3200 v. Chr.) hat dann ganz Ägypten ein äußerlich einheitliches kulturelles Erscheinungsbild.

Staatsentstehung und Dynastie 0

Die Negade-II-Kultur leitet über zur »protodynastischen« Zeit, das heißt zur Negade-III-Kultur und zur Dynastie 0 (Null). Die Ausgrabungen in Umm el-Qaab bei Abydos haben vor kurzem ein sehr aufwendiges Grab erbracht, das zeitlich noch vor den vier uns bekannten Königen der Dynastie 0 und wenigstens 150 Jahre vor der 1. Dynastie liegt; die im Grab aufgefundenen Schilder von Warenlieferungen belegen die Existenz einer frühen Hieroglyphenschrift in der beginnenden Negade-III-Kultur. Dies zeigt, dass die Herausbildung des ägyptischen Staates, wie er uns mit der 1. Dynastie entgegen-

ZEITTAFEL

Protodynastische Zeit (um 3200–3000 v. Chr.)
Negade-III-Kultur, Dynastie 0:
Skorpion
Narmer u. a.

tritt, nicht das Werk der wenigen Generationen der bekannten Könige der Dynastie 0 ist, sondern eine wesentlich längere Entwicklung in Anspruch nahm, als bislang angenommen wurde. Ab wann wir allerdings in diesem Zeitrahmen einen gesamtägyptischen Herrscher voraussetzen dürfen, bleibt zurzeit offen.

Die »Vereinigung der Beiden Länder« Ober- und Unterägypten zu einem gesamtägyptischen Staat, die nach der historischen Erinnerung der Ägypter einen so einschneidenden Akt darstellte, dass ihn jeder König bei Regierungsantritt rituell wiederholen musste, ist entsprechend den neuen Erkenntnissen also nicht in der Zeit der Dynastien 0 und 1 festzumachen, sondern fand etwa 150 bis 200 Jahre vor der 1. Dynastie statt. Die vier bekannten Könige der ausgehenden Dynastie 0 herrschten jedenfalls bereits über ganz Ägypten.

In der Negade-II-Zeit zeichnet sich die Gefäßproduktion durch zunehmenden Formenreichtum aus. Das 21 cm hohe Gefäß aus Mergelton mit vier Ösen zeigt ein Boot mit zwei Kajüten und fünf Flamingos (Essen, Museum Folkwang).

1075

Den sich jetzt abzeichnenden altägyptischen Staat prägt eine neue Qualität der Geschichtlichkeit. Während sich die Vorgeschichte vor allem aus den Überresten der materiellen Kultur rekonstruiert, kommen nun zu diesen Hinterlassenschaften noch die schriftlichen und künstlerischen Erzeugnisse, die den religiösen und geistigen Bereich sowie die politischen und sozialen Verhältnisse in entscheidendem Ausmaß beleuchten.

Die zeitgenössischen Denkmäler dieser Könige, vor allem aber auch die Namen der letzten beiden Könige der Dynastie 0, »Skorpion« und »Schlimmer Wels« (Narmer), zeigen neben religiösen und rituellen Motiven vor allem Kampfdarstellungen und Siegesembleme. Dabei verweist die Prunkpalette des Narmer, eine Votivgabe für das Heiligtum von Hierakonpolis, klar auf die Unterwerfung des nördlichen Landesteiles, sodass wir annehmen dürfen, die Zeit von der Ausbreitung der Negade-II-Kultur nach Unterägypten bis zur 1. Dynastie sei eine Zeit wiederholter Kämpfe um die Macht in Gesamtägypten gewesen. Diese Kämpfe und vor allem der sich herausbildende Staat veranschaulichen aber auch, dass sich ein Maß an Machtstrukturen entwickelt hatte, für das das Fürstengrab von Hierakonpolis ein erstes prägnantes Beispiel darstellt.

Eine derartige Entwicklung findet aber nicht zwangsläufig statt, sondern wir müssen angesichts der Tatsache, dass in der überwiegenden Zeit der Vorgeschichte und

INFOBOX

Das Material des Königs

Der Beschreibstoff des Altertums wurde aus dem Mark der Stängel von Papyrusstauden gewonnen: Dünne, möglichst breit und lang geschnittene Streifen des Marks wurden in zwei Lagen rechtwinklig übereinander gepresst und gehämmert. Der dabei austretende stärkehaltige Pflanzensaft verband beim Trocknen die Streifen zu einem fast weißen, festen und elastischen Gefüge.

Wohl schon seit dem 4. Jahrtausend v. Chr. stellten die Ägypter Papyrus her. Wegen der großen Nachfrage im Ausland war die Ausfuhr, die ab dem 11. Jh. v. Chr. belegt ist, königliches Monopol. Dieser Umstand verlieh dem Papyrus seinen Namen: »Pápyros« ist die griechische Form des ägyptischen »papure«, was so viel wie »das (Material) des Königs« bedeutet.

100563

auch danach die weitaus meisten Menschen auf der Welt in weitgehend egalitären Strukturen lebten, die die Freiheit des Einzelnen im Verhältnis zu einem Staatswesen wenig beschnitten, die Frage stellen, wieso es überhaupt zur Herausbildung von politischer Macht und in ihrem Gefolge zur Staatsentstehung kommen konnte. Um es vorauszuschicken: Die Frage ist noch nicht befriedigend geklärt, es lohnt sich aber, auf einige damit in Zusammenhang stehende Probleme aufmerksam zu machen.

Narmer war einer der letzten ägyptischen Könige der protodynastischen Zeit (um 2900 v. Chr.). Die nach ihm benannte, 1894 in Hierakonpolis gefundene Prunkschminkplatte zeigt seinen Sieg über einen unterägyptischen König (Kairo, Ägyptisches Museum).

Ägypten gehört zu den sechs »pristinen« Staatenbildungen auf der Welt, das heißt zu den Staaten, die aus sich selbst, ohne Anstoß von außen, entstanden sind. Als Kennzeichen für einen Staat gelten im Allgemeinen: Territorialität (er muss ein Territorium haben), Arbeitsteiligkeit und soziale Schichtung (Stratifizierung) der Gesellschaft sowie ihre soziokulturelle Geschlossenheit, des Weiteren vor allem die Institutionalisierung von Macht und die Verwendung der Schrift (Ausnahme: Peru). Grundbedingungen, die daher für die Staatsentstehung erfüllt sein müssen, sind demzufolge zunächst Sesshaftigkeit und Nahrungsmittelproduktion. Eine Überschussproduktion an Nahrungsmitteln ist ihrerseits Voraussetzung dafür, Arbeitsteiligkeit zu ermöglichen. Denn die Menschen, die aus der Nahrungsmittelproduktion herausgehen, um andere Aufgaben zu übernehmen, müssen ja ernährt werden. Die Arbeitsteiligkeit wiederum führt zu größerer Produktivität und technischem Fortschritt.

Es sind nicht zuletzt aber die Umweltbedingungen und der davon abhängige demographische Faktor, das heißt die Bevölkerungszahl, die darüber entscheiden, ob eine solche Entwicklung stattfinden kann. Die Institutionalisierung der Herrschaft, also die Einrichtung von Ämtern, mit deren Hilfe Leitungsfunktionen auf Dauer wahrgenommen werden können, ist ein weiterer wichtiger Schritt bei der Staatsentstehung, denn sie gewährleistet die Erfüllung von Aufgaben für die Gemeinschaft unabhängig von der Lebenszeit einzelner Personen und ermöglicht so das Funktionieren der Gesellschaft über Generationen. Dagegen beruht in Häuptlingstümern oder kleineren sozial gegliederten Gesellschaften die Leitung auf der Autorität einer Führungspersönlichkeit, deren Entscheidungen in der Regel nur zu ihren Lebzeiten Bestand haben.

Hat sich ein Machtzentrum jedoch erst einmal etablieren können, so ist für diese archaischen Herrschaftssysteme eine Expansion unabdingbar. Denn sie müssen sich den Herausforderungen einer wachsenden Bevölkerung im Zentrum stellen, die durch Überschussproduktion, den Ausbau der Arbeitsteilung, die Güterproduktion und die Ausweitung des Handelsaustausches in seiner Nachbarschaft rasch zunimmt. Dies ist nur durch eine weitere Produktionssteigerung aufzufangen, die ih-

100880

Eine Votivpalette aus Kalkstein ist das bedeutendste Denkmal des Königs Skorpion, der nach dem Skorpion neben seinem Gesicht benannt ist. Der König, mit einer Hacke in den Händen, ist bei einem Ackerbauritual dargestellt (Oxford, Ashmolean Museum).

rerseits nur durch Intensivierungsmaßnahmen oder territoriale Expansion ermöglicht werden kann. Aber auch die politische Ebene erfordert eine Ausdehnung. Würdenträger müssen – in Ermangelung von Geld – mit Ländereien und Personal entlohnt, die Loyalität von Partnern muss durch Zuwendungen gesichert werden, und nicht zuletzt müssen die Angehörigen des sich vergrößernden königlichen Haushalts angemessen versorgt werden. Dies betrifft allen voran die königlichen Prinzen, die von der Erbfolge ausgeschlossen sind.

Die Faktoren, die unter diesen Bedingungen lange vor der Entstehung des Einheitsstaates und der Dynastie 0 zur institutionalisierten Herrschaft in Ägypten führten und dann den Anlass oder das auslösende Element für die schließliche »Staatsgründung« abgaben, mögen in der Entwicklung regionaler Königtümer zu sehen sein, die möglicherweise in Konkurrenzsituationen militärische Auseinandersetzungen hatten. Diese führten nach und nach zur Vereinigung größerer Gebiete und schließlich ganz Ägyptens und setzten damit die ägyptische Geschichte in Gang, die mit Menes, dem ersten König der ersten Dynastie und der »Thinitenzeit«, beginnt.

Karola Zibelius-Chen

Von der Person zur Institution: Die »Thinitenzeit«

Die archaische Periode oder »Thinitenzeit« umfasst die erste und die zweite Dynastie (etwa 3000–2700 v. Chr.). Nach Manetho stammten diese Könige aus der Stadt This in Oberägypten, von deren Namen sich die Bezeichnung Thiniten herleitet. Manetho, auf den die Einteilung der ägyptischen Geschichte in 31 Dynastien zurückgeht, war ein ägyptischer Priester, der unter Ptolemaios II. (305–285 v. Chr.) eine Geschichte oder, besser, Chronik Ägyptens in königlichem Auftrag verfasste. Leider ist uns sein Werk nur in Auszügen (Epitomen) in Schriften anderer Autoren des 1., 3., 4. und 8. Jahrhunderts n. Chr. erhalten.

50

Das 8,8 cm hohe Elfenbeinfigürchen eines Königs im Mantel des Jubiläumsfestes, der die Krone Oberägyptens trägt, wurde im Tempel von Abydos entdeckt (um 3100–2890 v. Chr.; London, British Museum).

Die Chronologie der ägyptischen Geschichte

Es bildet zusammen mit altägyptischen Annalen, Königslisten verschiedener Epochen und den datierten Denkmälern unsere Grundlage für die ägyptische Chronologie, die allerdings in vielen Punkten, insbesondere was absolute Jahreszahlen angeht, noch unsicher ist. Denn die Ägypter zählten, anders als wir, für die »Christi Geburt« Angelpunkt der Datierung ist, die Jahre nicht fortlaufend von einem bestimmten Fixpunkt an, der zum Beispiel bei ihnen die »Reichseinigung« hätte sein können, sondern sie rechneten zyklisch nach Regierungsjahren der einzelnen Könige. Dass die Angaben über Regierungslängen in den Epitomen Manethos, in den Annalen und Königslisten, die überdies ebenfalls unvollständig sind, oftmals differieren und auch von Angaben auf datierten Denkmälern abweichen können, ist dabei für unsere chronologischen Berechnungen ebenso problematisch wie die Tatsache, dass das Regierungsjahr eines Herrschers mit dem Kalenderjahr übereinstimmen kann wie im Alten und Mittleren Reich oder wie im Neuen Reich mit der Thronbesteigung beginnen kann.

2614

Die »Schenut el-Zebib« in Abydos aus der Zeit des Königs Chasechemui stellt eine Art Götterfestung mit Palast im Talbezirk für die jenseitige Nutzung durch den König dar. Das 65 × 125 m große Ziegelgebäude hat eine nischenartig gegliederte Umfassungsmauer.

Für die Ägypter selbst war dies unproblematisch, denn sie konnten für die Berechnung langer Zeitspannen auf Annalen zurückgreifen, in denen schon seit sehr früher Zeit Jahr für Jahr die Hauptereignisse während der Regierung der einzelnen Könige aufgeschrieben waren. Leider sind uns solche Annalen mit Ausnahme eines Bruchstücks aus dem Alten Reich - des »Palermosteins« - Fragment eines in der 5. Dynastie aufgerichteten Steins mit eingeritzten Annalen - nicht erhalten. Wäre der Palermostein vollständig überliefert, wüssten wir zum Beispiel auch besser über die vorgeschichtlichen Könige Bescheid, von denen dort nur Namen erhalten sind.

Aus derartigen Annalenaufzeichnungen speiste sich sicher auch der »Turiner Königspapyrus«, der in der 19. Dynastie abgefasst wurde und offenbar einem Beamten für Zeitberechnungen bei seiner Tätigkeit diente. Leider ist auch dieser Papyrus nur bruchstückhaft erhalten. Beginnend mit einer Epoche der Götter, enthält er eine Aufstellung sämtlicher Könige bis zur 19. Dynastie mit Angaben über die jeweilige Regierungsdauer in Jahren, Monaten und Tagen. Dabei sind die Pharaonen zu Gruppen zusammengefasst, für die jeweils die Regierungsjahre zusammengezählt werden. Diese Zusammenfassungen gleichen in etwa den Dynastien Manethos.

Wie dieser lässt auch der Turiner Papyrus die ägyptische Königsreihe mit Menes beginnen, dasselbe tut auch die Königsliste von Abydos, die Sethos I. mit seinem Sohn Ramses zeigt, wie sie 76 königlichen Ahnen, darunter Menes, Opfer darbringen. Auf zeitgenössischen Denkmälern ist der Name des Menes nicht auszumachen. Seit dem Alten Reich umfasste das königliche Protokoll nämlich neben dem Geburtsnamen vier weitere Namen des Königs, die bei der Thronbesteigung festgelegt wurden und in gewisser Weise ein politisches Programm ankündigten: Während die Listen den Thronnamen bevorzugen und Manetho lieber den Geburtsnamen nennt, treten die frühen Könige in Verkörperung des Himmels- und Königsgottes Horus gern mit ihrem »Horusnamen« auf, sodass die Gleichsetzungen der von den Denkmälern bekannten Könige mit denen in den Listen und bei Manetho oftmals sehr schwer zu leisten sind.

ZEITTAFEL
Thinitenzeit (um 3000–2700 v. Chr.)
1. Dynastie:
Aha (Menes?)
Djer u. a.
2. Dynastie:
Chasechemui u. a

Gemeinhin wird heute Menes mit dem Horus Aha (»der Kämpfer«) identifiziert, aber auch der schon genannte Narmer gilt als Kandidat. Jedoch zeigt der Übergang von der Dynastie 0 in den historischen Bereich einen Einschnitt eher bei Aha, für dessen Regierungszeit eine entwickelte Jahreszählung auf Jahreständelchen vorhanden ist. Menes soll nach dem griechischen Historiker Herodot, der Ägypten im 5. Jahrhundert v. Chr. bereiste, Memphis gegründet haben. Wenn dies auch wahrscheinlich unzutreffend ist, so war Memphis doch von der frühen 1. Dynastie an ein wichtiges Verwaltungszentrum. Außerdem wurde unter Aha im Nordteil von Sakkara bei Memphis ein großer Friedhof angelegt.

Dies wirft nun allerdings die Frage auf, wo die Könige der 1. Dynastie, die wie ihre Vorgänger der Dynastie 0 auch Gräber in Abydos besitzen, bestattet worden sind. In Abydos kamen mehr Funde zutage als in Sakkara, und auch die Tatsache, dass das Grab des Nachfolgers von Aha, Djer, in Abydos von der 18. Dynastie bis in die Spätzeit als Grab des Gottes Osiris angesehen wurde, scheint einer Annahme von Scheingräbern (Kenotaphen) in Abydos eher zu widersprechen. Vielleicht gehören die Gräber in Sakkara, wenn sie nicht als unterägyptische Gräber für die Könige der 1. Dynastie angelegt wurden, hohen Beamten dieser Zeit.

Die ersten beiden Dynastien

Die acht Könige der 1. Dynastie haben zusammen etwa 175 Jahre regiert; für die der 2. Dynastie ist vielleicht eine etwas kürzere Zeitspanne zu veranschlagen. Die Reihenfolge ihrer Könige ist nicht ganz sicher, und über ihre Regierungen wissen wir weniger als über die der 1. Dynastie. Das liegt besonders daran, dass die Grabanlagen dieser Könige nicht alle bekannt sind. Wahrscheinlich befanden sie sich in Sakkara, aber ihre Namen sind auch in Abydos belegt.

Von wirklichen historischen Vorgängen dieser Zeit, die unter Einschluss der protodynastischen Zeit etwa 500 Jahre dauerte, in denen Ägypten bereits als Staat existiert hat, ist jedoch nur wenig bekannt. Denn die schriftliche Überlieferung beschränkt sich auf Siegel und Siegelabdrücke, die Auskunft über Beamte und angelieferte Produkte geben, sowie die Jahrestäfelchen aus Elfenbein und Holz, die wie die erhaltenen Eintragungen des Palermosteins wichtige Ereignisse von Regierungsjahren nennen. Diese Ereignisse beinhalten in der Regel Angaben über religiöse Feste, Königsfeste, Tempelgründungen, die Herstellung von Statuen sowie auf dem Palermostein die Angabe der Nilhöhen während der Über-

Die Königsliste von Abydos im Totentempel Sethos' I. weist – beginnend mit Menes und endend mit Sethos I. – 76 Namen auf. Der Ausschnitt zeigt die Kartuschen von Königen der 4. Dynastie: Cheops, seine Söhne Djedefre und Chephren sowie Mykerinos.

2614

schwemmungen, die für die Festsetzung der Steuern maßgebend waren.

Wir haben also Aufzeichnungen, die primär wirtschaftlich-juristischer Natur sind. Natürlich hängt dies auch mit der Entwicklung der Schrift zusammen, die auf den Krugsiegeln und den königlichen Grabstelen zunächst nur Namen und Titel verzeichnet und sonst als Legende zu bildlichen Darstellungen dient. Wir wissen aber, dass es während der Thinitenzeit keine feste Residenz gab. König und Hof zogen wohl per Schiff von einer »Pfalz« zur anderen. Dabei besuchte der König regelmäßig die Tempel. Vermutlich dienten deshalb die größeren Tempel anfänglich auch als Verwaltungszentren des Landes. Solche Tempel gab es im Süden in Hierakonpolis, der Stadt des Reichsgottes Horus, dem die Könige Skorpion und Narmer Weihgeschenke übersandten, sowie auf der anderen Seite des Nils in El-Kab mit der oberägyptischen Kronengöttin Nechbet. Im Nordteil des Landes gehören die Orte Buto, die Stadt der unterägyptischen Kronengöttin Uto, das Heiligtum des Reihergottes Djebauti und das Heiligtum der Neith in Sais dazu.

Archäologische Befunde und Quellen des frühen Alten Reiches geben uns weiter Auskunft darüber, dass in der Thinitenzeit die Organisation des Deltas noch nicht abgeschlossen war. Im Süden wurde wohl unter Aha das Gebiet südlich von Djebel Silsila bis Elephantine, das bevölkerungsgeschichtlich noch zu Nubien gehört, an Ägypten angegliedert, sodass die bis zum Ende der ägyptischen Geschichte maßgebenden Grenzen des Landes erst mit dem Alten Reich festgelegt wurden. Darüber hinaus wissen wir von Handel mit Vorderasien. Auf den Elfenbeintäfelchen sind auch Kriegszüge gegen Asien erwähnt. Ob daraus aber eine Kontrolle Ägyptens über Südpalästina abzulesen ist, bleibt strittig. Ebenso sind die Beziehungen zu Nubien schwer zu beurteilen.

INFOBOX

»Die Schreckliche«

Neith oder Neret war die Göttin des Krieges, von den Griechen mit Athene gleichgesetzt. Sie wurde ursprünglich in Sais, im Nildelta, verehrt und daher mit der Krone Unterägyptens dargestellt. Die als Mensch dargestellte Neith galt als Mutter des Sonnengottes und als eine der vier Schutzgöttinnen der Toten.

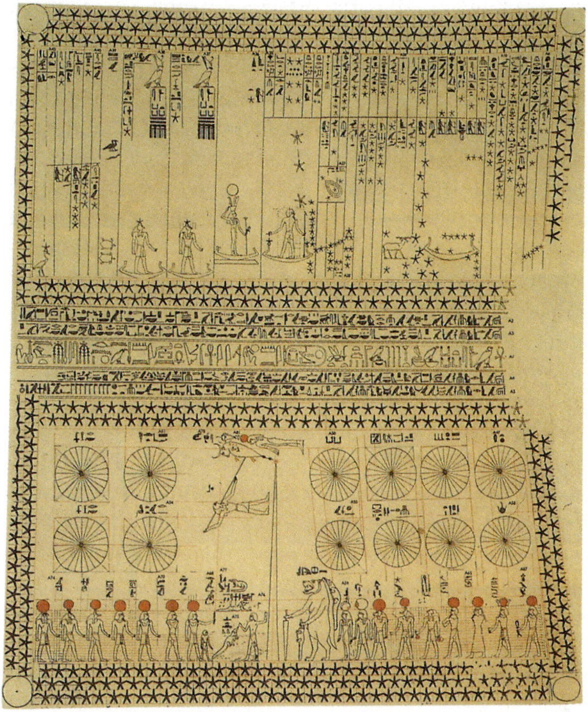

Astronomie interessierte die Ägypter v.a. im Zusammenhang mit der Zeitmessung; die meisten astronomischen Darstellungen sind daher Uhren und Kalender, wie bei dieser Deckendarstellung im Grab des Senenmut in Theben (15. Jh. v. Chr.).

Ägyptische Gebrauchs- und Luxusgüter in den einheimischen nubischen Gräbern deuten auf Handelskontakte. Im Laufe der 1. Dynastie ging aber die einheimische nubische Kultur zugrunde. Die Ägypter gründeten eine Niederlassung in Buhen am zweiten Katarakt, wahrscheinlich, um dort Kupfer abzubauen. Auch die Amethystminen bei Toschke wurden ausgebeutet, und König Djer, der zweite König der 1. Dynastie, hinterließ am Djebel Scheich Suleiman ein Relief, das auf einen Kriegszug gegen Nubien deutet. Ebenso scheinen die Thiniten Razzien gegen Libyen unternommen zu haben. Auch der letzte König der Thinitenzeit, Chasechemui (»es erscheinen die beiden Mächte«) hat in Nubien einen Kriegszug unternommen und vielleicht ebenso in Asien. Von ihm ist eine Sitzstatue erhalten, auf der der Niederwerfung eines unterägyptischen Aufstandes gedacht ist. Dies hat zusammen mit anderen Indizien zu der, allerdings nicht beweisbaren, Annahme geführt, vor diesem König sei das Land kurzfristig wieder geteilt gewesen.

Chasechemui symbolisiert den Übergang zum »eigentlichen« Ägypten, zur 3. Dynastie und der klassischen Zeit des Alten Reiches. Insgesamt ist die Thinitenzeit noch stark der Jungsteinzeit verhaftet. Nach Chasechemui ändern sich sowohl der Charakter des ägyptischen Königtums als auch die Art der Bestattung grundlegend. Erst jetzt richten sich Architektur und Kunst nach den Gesetzen des klassischen Kanons. Die 3. Dynastie zeigt enorme Fortschritte in der Entwicklung und im Gebrauch der Schrift, und das Konzept des göttlichen Königtums erscheint in seiner gültigen Form.

ZITAT

Plutarch zitiert in seiner Schrift »Über Isis und Osiris« die Inschrift auf dem »verschleierten Bild zu Sais«, einem in der Legende beschriebenen Abbild der Allgöttin Neith:
Ich bin alles, was war, ist und sein wird. Kein Sterblicher hat meinen Schleier gelüftet.

Eine wichtige Neuerung: Der Kalender

Zu den wichtigen Schöpfungen, die von der Thinitenzeit in das Alte Reich hinübergereicht wurden, gehört die Einrichtung des Kalenders, der vermutlich nicht, wie bisweilen angenommen wurde, bereits in der Vorgeschichte in Gebrauch kam. Denn den Menschen dieser Zeit, die als Ackerbauern ihr Leben nach den natürlichen Jahreszeiten richteten, konnte es gleich sein, wie viele Tage ein Jahr besaß. Da die Nilüberschwemmung regelmäßig alle Jahre ungefähr im Abstand von 365 Tagen eintrat, führte der Rhythmus in ihrem Ablauf und den damit verbundenen landwirtschaftlichen Tätigkeiten zu einem natürlichen Kalender auf der Basis von Mondmonaten mit der Einteilung des Jahres in drei Jahreszeiten, nämlich der »Überschwemmung«, ägyptisch achet, dem »Herauskommen (der Saat)«, ägyptisch peret, sowie der »Hitze« oder »Trockenheit«, ägyptisch schemu.

Ein solches an der Landwirtschaft orientiertes Naturjahr mit seinen unregelmäßigen Mondmonaten, das zudem gegenüber dem Sonnenjahr um elf Tage zu kurz war, erwies sich für Verwaltungszwecke als ungeeignet, sodass ein von den natürlichen Gegebenheiten unabhängiger »bürgerlicher« Kalender eingeführt wurde. Mit der Nilschwemme einher ging jedesmal ein astronomisches Phänomen, das auch die Ägypter beobachteten: Nach einer Periode von siebzig Tagen, in denen der Stern unsichtbar war, wurde die Sothis – der Sirius oder Hundsstern – zu Beginn der Überschwemmung bei Sonnenauf-

Festkalender setzten die Dauer der Feste und die Anzahl der Opfer fest. Der Ausschnitt aus dem Festkalender von Medinet Habu gibt Auskunft über die »Feste des Himmels« (Anfang 12. Jh. v. Chr.; Theben, Totentempel Ramses' III.).

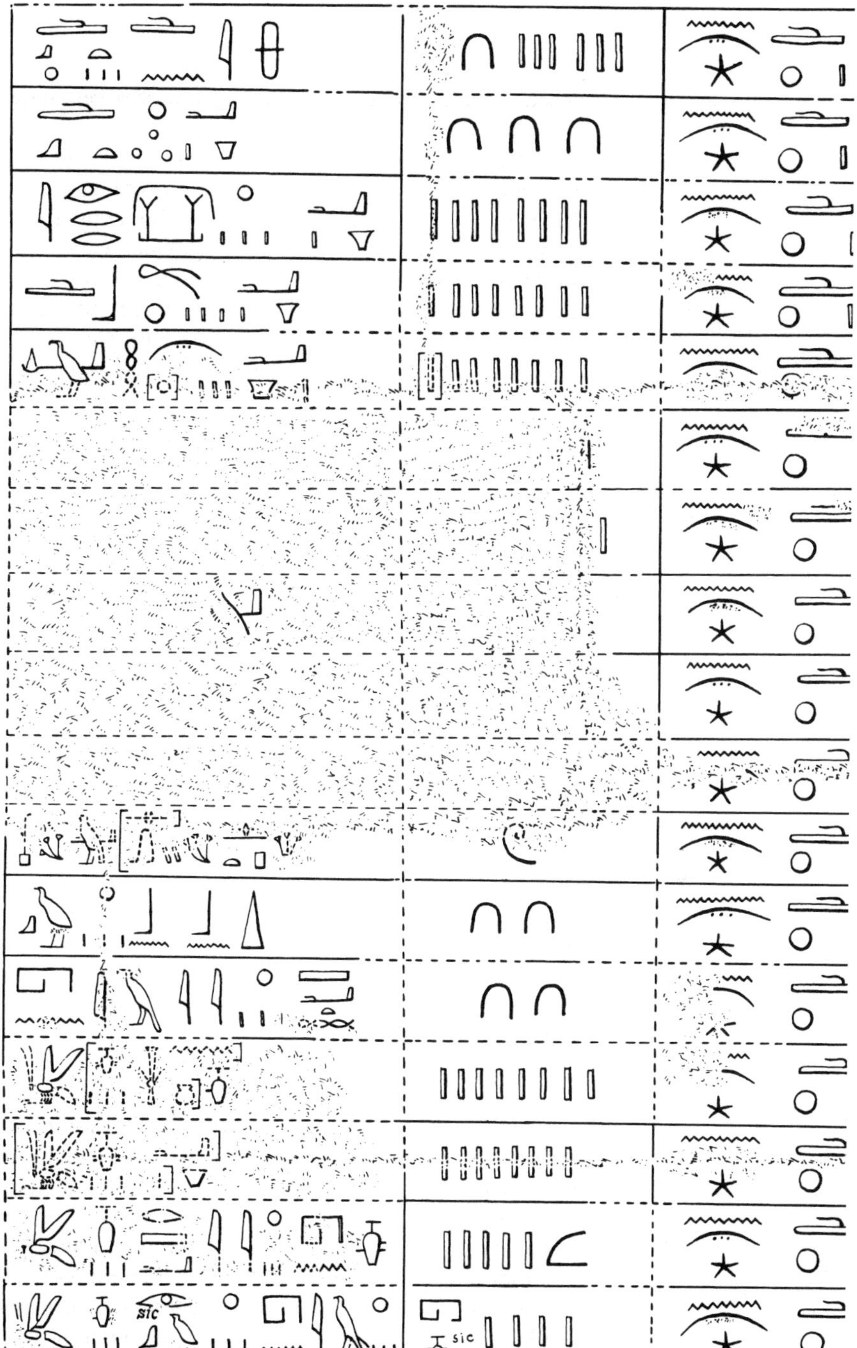

DER ÄGYPTISCHE KALENDER

Jahreszeit	Monatsname	theoretische Entsprechung
Achet (Überschwemmung)	Thot	Juli/August
	Paopi	August/September
	Hathor	September/Oktober
	Choinak	Oktober/November
Peret (Aussaat)	Tybi	November/Dezember
	Mechir	Dezember/Januar
	Phamenoth	Januar/Februar
	Pharmuthi	Februar/März
Schemu (Ernte)	Pachon	März/April
	Payni	April/Mai
	Epiphi	Mai/Juni
	Mesore	Juni/Juli

gang wieder sichtbar (Frühaufgang oder heliakischer Aufgang der Sothis). Dies markierte bei der Einführung des bürgerlichen, nun auf dem Sonnenjahr basierenden Kalenders zusammen mit der einsetzenden Nilüberschwemmung den Neujahrstag.

Das Jahr wurde in zwölf Monate zu dreißig Tagen eingeteilt, vier Monate pro Jahreszeit. Dazu kamen fünf Zusatztage, die Epagomenen, ägyptisch heriu-renpet (»die auf dem Jahr«). Damit war jedoch das bürgerliche Jahr etwa einen Vierteltag kürzer als das astronomische Sonnenjahr und verschob sich diesem gegenüber alle vier Jahre um einen Tag. Erst nach jeweils 1 460 astronomischen Jahren fielen Frühaufgang der Sothis und Neujahrstag wieder zusammen. Der Zeitraum von einem Zusammenfall zum nächsten wird als Sothisperiode bezeichnet. Anders als wir haben die Ägypter kein Schaltjahr eingeführt, sondern das Phänomen des Wandeljahres, in dem die kalendarischen Jahreszeiten nicht mehr mit den natürlichen übereinstimmen, belassen. Der Grund mag darin liegen, dass für die jahreszeitlich gefeierten Feste und den Tempeldienst der ursprüngliche Mondkalender weiterhin in Gebrauch blieb, während der bürgerliche Kalender in erster Linie Verwaltungs- und Regierungszwecken diente.

s. ZEIT Aspekte Ägypten S. 597

Die Schrift entwickelt sich

Den administrativen Erfordernissen des jungen ägyptischen Staates verdankt sich auch die Entwicklung der Schrift, von der wir erste Zeugnisse bereits um 3500 v. Chr. haben. Aus wirtschaftlichen Bedürfnissen heraus zur Kontrolle und Memorierung entwickelte die Thinitenzeit aus einem bescheidenen Zeichensatz eine reguläre Schrift. Dies zeigt ihre Verwendung zur Angabe von Beamten, Produkten und Mengen. Nur sekundär wurden religiöse oder historische Ereignisse schriftlich fixiert, und erst in der 3. Dynastie können längere Texte geschrieben werden. Der Gebrauch der Schrift hat also eine außerordentlich lange Phase der Entwicklung durchgemacht. Dies und auch die Tatsache, dass sich ihre Anfänge bis in die Vorgeschichte zurückverfolgen lassen, macht die Frage, ob sich die ägyptische Schrift

Schreibern kam in der Gesellschaftsordnung Altägyptens ein hoher sozialer Rang zu. Die oft angedeutete Fettleibigkeit verweist auf Wohlstand und Muße, so auch hier bei der Statue des Schreibers Maaniamen (Kalkstein; Mitte 15. Jh. v. Chr.; Sankt Petersburg, Eremitage).

4601

durch die Kenntnis der sumerischen entwickelt hat, überflüssig. Zudem unterscheiden sich beide grundlegend.

Voraussetzung für das Schreiben ist die Erkenntnis, dass sich die Wörter der gesprochenen Sprache in eine begrenzte Anzahl von Lauten zerlegen lassen und diese Laute in Zeichen umgesetzt und schließlich wieder in Wörter übertragen werden können. Als Zeichen benutzten die Ägypter zunächst Bilder von Dingen, die das, was sie darstellen, auch meinen. Die Ausdrucksmöglichkeiten einer solchen Schrift sind natürlich außerordentlich begrenzt, und man ging daher dazu über, den Lautbestand der Bilder von diesen abzulösen und ähnlich wie bei einem Rebus für Wörter zu verwenden, die den gleichen Lautbestand aufweisen, aber mit dem Bild nichts gemeinsam haben.

Dabei kam den Ägyptern entgegen, dass sie wie die Hebräer oder Araber keine Vokale schreiben. Nach diesen Prinzipien entstand bald ein Alphabet von 24 Konsonantenzeichen. Dazu kommen noch Zeichen, die zwei oder drei Konsonanten aufweisen. So setzt sich die Hieroglyphenschrift aus Laut- und Begriffszeichen zusammen. Sehr früh wurde für die »Bilder« der Hieroglyphenschrift schon eine vereinfachte Kursivschrift, das Hieratische, entwickelt, die übrigens wie die Hieroglyphen bis zum Ende der ägyptischen Geschichte in Gebrauch

INFOBOX

Memphis

Die auf dem linken Nilufer oberhalb von Kairo gelegene Residenz mit der Königsburg und einem Tempel des Ptah soll um 2900 v. Chr. von Menes gegründet worden sein. Während des Alten und – mit Unterbrechungen – auch während des Mittleren Reiches war Memphis Hauptstadt von Ägypten und im Neuen Reich ein wichtiges militärisches und Verwaltungszentrum. Von der einst prachtvollen Metropole blieben nur wenige Reste, da Memphis als Steinbruch für Kairo genutzt wurde, darunter der Ptahtempel, zu dem der Alabastersphinx aus der Zeit von Amenophis II. und eine Kolossalstatue von Ramses II. gehörten, und die Paläste der Könige Merenptah und Apries; eindrucksvoll sind die Reste eines Balsamierungshauses für Apisstiere. Die benachbarten Nekropolen Sakkara sowie Abusir und die Pyramiden von Giseh und Dahschur zeigen die Bedeutung von Memphis.

2769

Die bebilderte Kriegsberichterstattung über die Schlachten des Königs Sethos I. gegen Städte in Palästina und im Libanon sowie gegen Libyer und Hethiter ist eine historische Quelle ersten Ranges (Karnak, nördliche Außenwand des Hypostyls).

blieb. Um 700 v. Chr. kam eine weitere vereinfachte Kursive, das Demotische, hinzu. Alle Schriften wurden schließlich in christlicher Zeit durch die koptische Schrift ersetzt, die das Ägyptische, nun auch unter Einschluss der Vokale, mit griechischen Buchstaben und sieben Zusatzzeichen aus dem Demotischen schrieb.

Königsherrschaft als göttliches Prinzip

So hinterlässt die Thinitenzeit an ihrem Ende einen in seinem Kern gefestigten Staat, der, wenn auch in vielem noch dem Archaischen verhaftet, die Bedingungen für die großen Leistungen der nachfolgenden Zeit geschaffen hatte.

Das Selbstverständnis dieses Staates spiegelt sich vor allem in seiner Vorstellung vom Königtum wider. Nach ägyptischer Auffassung ist die Königsherrschaft ein göttliches Prinzip und reicht als Institution bis in die Zeit der Schöpfung zurück, ja, in der Vorzeit regierten die Götter selbst als Könige auf Erden. Die Legitimation des Königsamtes steht damit fest. Die Ramessidenzeit setzt zwei Dynastien von Göttern als Herrscher an den Anfang der ägyptischen Geschichte. Nach Herodot, der sich auf ägyptische Quellen beruft, steht am Übergang von den göttlichen Herrschern zu den menschlichen der Gott Horus. Er folgt nach der mythischen Überlieferung seinem Vater, dem Gott Osiris, auf den Thron, nachdem dieser von seinem Bruder Seth ermordet worden war, der selbst die Herrschaft anstrebte, aber Horus unterlag.

Kriege gegen ausländische Mächte durch den König sind ein zentrales Element der ägyptischen Kosmologie. Das Detail aus einem Relief an der Umfassungsmauer des Tempels Ramses' III. in Medinet Habu zeigt ägyptische Kämpfer in einer Seeschlacht.

100880

Dieser Mythos übernimmt praktisch die Rolle einer Staatslehre, indem jeder ägyptische König als irdische Erscheinungsform des Gottes Horus gilt, der seinem Vater im Amt folgt, während der tote König seinerseits zu Osiris, dem Totengott, wird. Das Königsamt ist demzufolge theoretisch ein rein männliches Amt, und der ägyptische König übt als Herrscher das Amt eines Gottes aus, dem er in seinem Königtum nachfolgt. Gleichzeitig ist er als Amtsträger der Idee nach Gott. Da es sich bei dem Königsamt um eine von den Göttern für die Menschen geschaffene Institution handelt, stellt es einen Teil des Ordnungsprinzips im Kosmos dar.

Auf der anderen Seite unterliegen sowohl Götter als auch Könige dem Ordnungsprinzip der Schöpfung, der Maat. Die Maat auf Erden zu verwirklichen und sich den Gesetzen der Maat konform zu verhalten, ist Pflicht des Königs; durch seine Tätigkeit wird die Beständigkeit des Geschaffenen gewährleistet. Seit der Ersten Zwischenzeit ist die Vorstellung belegt, dass sich der König, wie auch das einfache Volk, nach seinem Tod für sein Handeln vor dem Totengericht zu verantworten habe. Danach hatte das Totengericht nach Maßgabe der Maat das sittliche Leben des Toten zu überprüfen und reihte dann entsprechend dem Ausgang dieser Untersuchung den Verstorbenen entweder unter die seligen Toten ein oder gab ihn der vollständigen Vernichtung preis. Die Maat betrifft aber nicht nur das sittliche Verhalten der Menschen, sondern ganz konkret auch die – nach ägyptischer Auffassung unveränderbaren – Normen, nach denen sich das soziale Gefüge aufbaut. Was die Maat genau im Einzelnen beinhaltet, wissen wir nicht. Die Naturgesetze sind Teil der Maat, ebenso wohl die Gesetze, die der König erlässt.

Wenn auch die Aufgaben der Verwaltungstätigkeiten und der kultischen Funktionen nach Vorschriften und Gesetzen delegiert werden, bleibt der König der Theorie nach einziger Handlungsträger. Er ist der Idee nach alleiniger Eigentümer von Grund und Boden sowie der

2769

Im »Erschlagen des Feindes«, das zum programmatischen Motiv ägyptischer Kunst wird, zeigt sich das Selbstverständnis der Pharaonen, so auch hier an der Fassade des Horustempels in Idfu.

Produkte des Landes. So hat er allein das Recht, Expeditionen zur Beschaffung von Baumaterialien, kostbaren Steinen, Edelmetallen und Spezereien auszuschicken. Auch der Außenhandel gehört zu den Regalien. Mit diesen Monopolen hat der König aber nicht nur in ökonomischer Hinsicht die herausragende Machtposition, er ist auch im kultisch-religiösen Bereich einziger Mittler zur Götterwelt. Die überragende, gottgleiche Stellung des Herrschers lässt für den Kreis der Beherrschten nur eine passive Rolle und die Unterwerfung unter den herrscherlichen Willen zu. Wer sich dem verschließt, muss mit Sanktionen rechnen bis hin zur Grablosigkeit, die dem »Rebellen« sogar die Möglichkeit eines Weiterlebens nach dem Tode nimmt.

Nach dem Dogma erstreckt sich die Herrschaft des ägyptischen Königs auch über die Grenzen Ägyptens hinaus auf alle Fremdländer, die das Chaos versinnbildlichen und damit außerhalb der Maat angesiedelt sind. Der Erhaltung der Weltordnung dient daher auch der Kampf des Königs gegen das Ausland, und konsequent durchzieht die Thematik des Besiegens und Unterwerfens die ägyptischen Denkmäler. Krieg und ägyptischer Sieg entsprechen der Weltordnung. Einen bildlichen Ausdruck findet dies im Piktogramm des »Erschlagens der Feinde«, das über den Bezug zu einer historischen Handlung hinaus auch die Aufgabe und Rolle des Königs beinhaltet, die ihm im Rahmen der Schöpfung vorgegeben ist. Die Beherrschung der Welt gehört so zum göttlichen Auftrag des Königs, der in seiner Rolle als Erhalter und Ernährer seines Volkes das von außen andrängende Chaos in Gestalt der als »Abscheu der Götter« empfundenen Feinde zu vernichten hat.

Karola Zibelius-Chen

50

Kriegsgefangene erwartete die Sklaverei. Neben ihnen tauchten im Mittleren Reich auch die ersten ägyptischen Sklaven auf (Kopf eines Kriegsgefangenen; Relief des Palastes Ramses' III.; Wien, Kunsthistorisches Museum).

Die Zeit der Pyramiden: Das Alte Reich bis zu Schepseskaf

Die Zeit der ersten bekannten vordynastischen Könige in Ägypten und die der 1. und 2. Dynastie beträgt zusammen rund 500 Jahre, etwa genauso lange wie die Dauer des Alten Reiches von der 3. bis zur 6. Dynastie. Davon nimmt die Zeit der großen Pyramiden nur etwa 190 Jahre

100264

Bereits im alten Ägypten war das Zepter Sinnbild höchster Gewalt und Würde. Das Zepter Tutench-Amuns, der als Pharao recht unbedeutend war, aber durch sein Grab berühmt wurde, befindet sich im Ägyptischen Museum in Kairo.

ein, etwa siebzig Jahre während der 3. Dynastie (manche billigen ihr 138 Jahre zu) und 120 Jahre während der 4. Dynastie. Die Gründe für den Dynastiewechsel von der 2. zur 3. Dynastie sind strittig. Ihr Beginn liegt im Dunkeln, und die Namen der Könige und ihre Abfolge sind nicht eindeutig geklärt. Das hängt wieder mit den verschiedenen Namen in der Titulatur der Könige und ihrer unterschiedlichen Überlieferung auf den zeitgenössischen Denkmälern, in den Königslisten und bei Manetho zusammen.

Die Namen des Königs

Die Titulatur der ägyptischen Könige, die sich während des Alten Reiches herausbildete und uns in kanonischer Form, mit fünf Titeln und dazugehörigen Namen, zu Beginn des Mittleren Reiches entgegentritt, bleibt bis zum

Ende der ägyptischen Geschichte in formellen Inschriften in Gebrauch. Der König nimmt sie bei seiner Thronbesteigung an, bei der sie öffentlich bekannt gegeben wird. Dabei betonen die fünf Titel und Namen bestimmte Aspekte der göttlichen Natur des Königs und stellen seine Regierung unter ein gewisses Programm.

So lautet beispielsweise die vollständige Titulatur Thutmosis' III., des großen Eroberers der 18. Dynastie, in Übersetzung: »Horus: Starker Stier, erschienen in Theben; Die beiden Herrinnen: Dauernd an Königtum wie Re im Himmel; Goldhorus: Mit mächtiger Kraft, heilig an Diademen; König von Ober- und Unterägypten: Bleibend an Gestalt, ein Re; Sohn des Re: Thutmosis (Thot ist geboren), mit vollkommener Gestalt, geliebt von Amun-Re«. Die wichtigsten der fünf Namen sind die beiden letzten, die in den ovalen Königsring, die Kartusche, geschrieben werden, die ein Schutzsymbol ist. Diese beiden sind auch die Namen, die üblicherweise in den Inschriften genannt werden. Der erste Kartuschenname ist der Thronname des Königs, der ihn als Herrn der beiden Landeshälften Ägyptens ausweist, der zweite sein Eigenname, den er bei seiner Geburt erhalten hatte und den er auch nach der Thronbesteigung beibehält, ihn nun aber mit dem Titel »Sohn des Re«, des Sonnengottes, versieht.

INFOBOX

Der Schöpfergott

Re oder Ra war der altägyptische Name der Sonne und des Sonnengottes. Er wurde meist menschengestaltig, in seiner frühen Verbindung mit Horus zur Gestalt des Harachte aber auch falkenköpfig dargestellt. Re ist der eigentliche Schöpfergott, dessen Taten der König auf Erden wiederholt. In der 4. Dynastie nahm der ägyptische König den Titel »Sohn des Re« an, im Neuen Reich (ab 1543) galt er dazu als »Bild« des Re. Hymnen preisen die Fürsorge des Re für alle Lebewesen, andere Texte schildern seinen Hinabstieg in die Unterwelt, wo er für die Toten das Leben erneuert und den gefährlichen Kampf mit der Riesenschlange Apophis zu bestehen hat.
Das wichtigste Heiligtum des Re lag in Heliopolis, sein Kultsymbol war der Obelisk. Seine Gestalt verschmolz zeitweise mit anderen Gottheiten, so unter Amenophis IV. mit der Sonnenscheibe Aton. Andere Götternamen wurden mit dem des Re verbunden, um ihre Träger als Schöpfergottheiten auszuweisen (z. B. »Amun-Re«).

Von den übrigen Namen ist der bedeutendste der Horusname, der gern in eine von einem Falken gekrönten Palastfassade geschrieben wird. Er bezieht sich auf den König in seinem Aspekt als Himmels- und Herrschergott Horus. Mit den beiden Landeshälften wiederum in Verbindung steht der Herrinnenname, dessen Titel mit dem Bild der Kronengöttinnen, der oberägyptischen Geiergöttin Nechbet von El-Kab und der unterägyptischen schlangengestaltigen Uto von Buto geschrieben wird. Der Goldname erscheint mit einem Falken auf der Hieroglyphe für »Gold« im Titel. Während er später als Sinnbild des triumphierenden Königs angesehen wurde und im Namen oft eine außenpolitische Aussage enthält, scheint er sich ursprünglich auf den gleißenden Sonnenhimmel bezogen zu haben.

König Djoser und der Steinbau

Der bedeutendste König der 3. Dynastie, die insgesamt mindestens fünf Könige zählte, ist ihr zweiter, Djoser. Auf zeitgenössischen Denkmälern erscheint er gewöhnlich als Horus Netjeri-chet (»Der mit göttlichem Leib«), und seine Identität konnte erst durch die »Hungersnotstele« aus der Ptolemäerzeit gesichert werden, in der unter anderem berichtet wird, der König Netjeri-chet Djoser habe bei dem Weisen Imhotep wegen einer sieben Jahre währenden Hungersnot um Rat nachgesucht. Die Bedeutung, die Djoser für die Ägypter besaß, zeigt sich an der ungewöhnlichen Verwendung von roter Tinte für seinen Namen im Turiner Königspapyrus. Sie ist wohl auf den Umstand zurückzuführen, dass mit der Stufenpyramide des Königs in Sakkara zum ersten Mal in der Geschichte ein Bauwerk ganz aus Stein errichtet wurde. Die bekannten Gräber aller Könige der vorangegangenen Dynastien waren ja aus Ziegeln errichtete Mastabas, die – wenn überhaupt – Stein nur in geringem Umfang, etwa für Fußböden oder einige andere Bauteile, verwendeten.

Besucherinschriften (Graffiti) aus der Zeit des Neuen Reiches dokumentieren, dass der Pyramidenbezirk des Djoser in dieser Zeit als Sehenswürdigkeit und Stätte frommer Pilger galt, und ein Graffito in Sakkara gibt Djoser sogar den Beinamen »Erfinder des Steinbaus« (wörtlich: »der den Stein geöffnet hat«). Die umwälzende Entdeckung der Steinbauweise und der mit ihr verbundene Wille, Ewigkeit in Architektur zu bannen, geht aber vermutlich auf den Baumeister Djosers, Imhotep, zurück. Dieser war ein Prinz und hatte neben dem Amt eines Baumeisters, Bildhauers und Meisters der Steingefäßherstellung auch das eines Hohen Priesters von Heliopolis, der Stadt des Sonnengottes, inne. Er wurde in späterer Zeit vergöttlicht.

Ursprünglich war die Stufenpyramide des Djoser als Mastaba (arabisch »Bank«), das heißt als flacher rechteckiger Bau mit geböschten Wänden, geplant gewesen. Die endgültige Form einer sechsstufigen Pyramide von rund sechzig Meter Höhe erhielt sie durch nach und nach vorgenommene Änderungen im Bauplan. Wie sehr die Baumeister noch dem Ziegelbau verhaftet waren, lässt sich an den kleinen Maßen der Bausteine in den ersten Mastabastufen ebenso wie an denen der zum Komplex

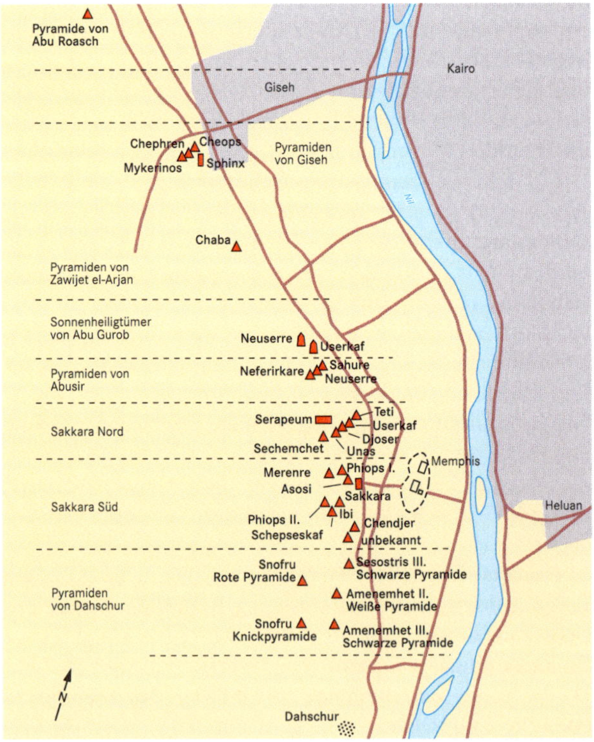

Beginnend mit König Djoser setzte – nahe des westlich von Memphis gelegenen Sakkara – der Pyramidenbau in Ägypten ein. Bis zu den frühen Herrschern des Neuen Reiches blieb die Pyramide die übliche Form königlicher Grabarchitektur.

2400

Die 60 m hohe Stufenpyramide des Djoser in Sakkara gilt als erster monumentaler Steinbau der Welt. Bautechnik und künstlerische Gestaltung der Pyramide war bereits von hoher Perfektion und vorbildlich für die folgenden Jahrtausende.

gehörenden Gebäude erkennen. In der Granitkammer unterhalb der Pyramide fanden sich in den Zwanzigerjahren des 20. Jahrhunderts noch Mumienteile, zu denen ein vergoldeter Schädel und vergoldete Fußsohlen, vermutlich Überreste des königlichen Begräbnisses, angehörten. Auch andere Personen des Königshauses waren in dem Komplex beigesetzt. Die verschiedenen Gänge und Magazine der Anlage waren mit rund 40 000 Steingefäßen und Keramiken angefüllt. Die gleiche Anlage wiederholt sich im Südgrab, das in der Südostecke des Pyramidenbezirks - allerdings mit anderem Oberbau - angelegt wurde. Seine Funktion ist nicht geklärt. Reliefs in beiden Bauten zeigen den König bei zeremoniellen Handlungen.

Im Areal um die Pyramide befinden sich an der Nordseite Räumlichkeiten, die für den täglichen Opferdienst und andere Kulthandlungen bestimmt waren. Hier liegt auch der »Serdab«, ein geschlossener Raum, der eine Statue des Königs enthielt. Durch zwei Öffnungen in der Wand in Augenhöhe konnte sie die Räucherungen wäh-

INFOBOX

Heliopolis

Heliopolis, im Nordosten des heutigen Kairo gelegen, wurde im Alten Reich zum wichtigsten Kultort des Schöpfergottes Atum und des Sonnengottes Re. Hier entstand das theologische System der »Götterneunheit«, an deren Spitze der Urgott Atum stand, der das Götterpaar Schu und Tefnut schuf. Diese beiden brachten ihrerseits den Erdgott Geb und die Himmelsgöttin Nut hervor. Deren Kinder sind Osiris und Seth mit ihren schwesterlichen Gemahlinnen Isis und Nephthys.

rend der Kulthandlungen empfangen. Ein großer Hof im Süden der Pyramide diente rituellen Läufen, während der im Osten gelegene mit seinen Scheinbauten, das heißt Gebäuden, die als unbegehbare Massivbauten angelegt und durch ihre Fassade zum Teil als Götterkapellen anzusehen sind, vermutlich der Feier des jenseitigen Sedfestes des Königs diente. Dieses Sedfest stellte in gewisser Weise ein Thronjubiläum des Königs dar, durch das sein Machtanspruch und seine Herrschaft auf Erden bekräftigt und bestätigt wurden. In der Regel wurde es das erste Mal nach dreißig Regierungsjahren gefeiert.

2769

Imhotep, der Baumeister der Stufenpyramide von Sakkara, wurde über Jahrtausende als Gott verehrt. In der Spätzeit wird er in zahlreichen Bronzefiguren als Weiser, der die alten Schriften studiert, dargestellt (Kairo, Ägyptisches Museum).

Auch die Nachfolger Djosers in der 3. Dynastie legten ihre Gräber in Form von Stufenpyramiden an, und als Form des königlichen Grabmals blieb die Pyramide bis ins Mittlere Reich bestimmend. Über die Bedeutung der Pyramide geben die zeitgenössischen Texte keine Auskunft. Jedoch lassen einige Anhaltspunkte vermuten, sie habe als eine Art Himmelsleiter dem König nach dem Tod den Aufstieg zum Himmel ermöglichen sollen. Insgesamt sollte die Anlage als riesige Kultbühne dem jenseitigen Leben des Königs dienlich sein.

Erstaunlich ist, dass sich die beiden umwälzenden Neuerungen der Djoserzeit – die monumentale Architektur in bearbeitetem Stein und die Errichtung einer Pyramide – in einem verblüffend kurzen Zeitraum vollzogen haben müssen, denn die Listen des Neuen Reiches billigen Djoser nur eine Regierungszeit von 21 Jahren zu. Materiell wurden diese gewaltigen Vorhaben dadurch ermöglicht, dass die administrative Durchorganisation des Landes jetzt abgeschlossen war und auf dieser Grundlage die benötigten Arbeitskräfte und Materialien zur Verfügung gestellt werden konnten.

Die Pyramiden werden größer

Wie sich der Übergang von der 3. zur 4. Dynastie vollzog, ist unbekannt, und trotz der Tatsache, dass die größten Pyramiden und auch viele Beamtengräber aus dieser Zeit stammen, ist weder die Anzahl der Könige der 4. Dynastie sicher, noch kennen wir die wichtigsten historischen Ereignisse aus dieser Zeit. Der erste König der Dynastie ist Snofru, der noch bis in die ptolemäische Zeit einen Kult genoss und schon im Mittleren Reich als Gott verehrt wurde. Er galt durch die gesamte ägyptische Geschichte als guter Herrscher. Er hat drei Pyramiden erbaut, die zusammen ein um ein Drittel höheres Gesamtvolumen aufweisen als die Cheopspyramide, deren Erbauer, Snofrus Sohn Cheops, bei Herodot gerade wegen ihrer Größe einen schlechten Ruf hatte. Er verdächtigt ihn nämlich, zur Finanzierung einer so gewaltigen Pyramide seine Tochter in die Prostitution geschickt zu haben. Den ägyptischen Quellen können wir eine derartige Einschätzung des Cheops jedoch nicht entnehmen, denn er besaß noch in der Saitenzeit einen Totenkult und wurde bis in römische Zeit als volkstümlicher König verehrt.

Die Pyramide von Medum, eine Stufenpyramide der späten 3. Dynastie (um 2600 v. Chr.), wird unter König Snofru zu einer echten Pyramide umgebaut. Die unterste Stufe ist durch abgerutschte Steinschichten der oberen Stufen verdeckt.

2400

2400

Bei Dahschur südlich von Kairo findet sich ein Pyramidenfeld mit der »Knickpyramide« des Pharaos Snofru (links). Diese hat zwei Eingänge, zu ihr gehört auch der erste mit Reliefs geschmückte Pyramidentempel.

Allein die Geschichte des Papyrus Westcar, eines in der Hyksoszeit aufgezeichneten Papyrus mit märchenhaften Geschichten, die der Rahmenerzählung nach von Prinzen am Hof des Cheops vorgetragen wurden, könnte einen grausamen Zug des Königs andeuten. Denn, als der König die Wunderkräfte des Zauberers Djedi erproben möchte, der einen abgeschlagenen Kopf wieder anzuzaubern vermochte, will der König dies an einem Gefangenen vorführen lassen. Das lehnt Djedi allerdings mit dem Hinweis ab, Derartiges dürfe man einem Menschen nicht antun. Der König fügt sich dem auch augenscheinlich, denn es wird stattdessen eine Gans gebracht, an der Djedi sein Können nachweist. Auch vom Hof Snofrus wird im Papyrus Westcar eine Wundergeschichte berichtet, die insofern von besonderem Interesse ist, als Snofru hier bildhafte Züge des Sonnengottes Re aufweist.

Der sich in dieser Zeit verstärkende Einfluss des Sonnenkults mag sich auch an der Umgestaltung der Stufenpyramide in die erste reine Pyramide unter Snofru zeigen. Von jetzt an sind uns die Namen aller Pyramidenanlagen der Könige überliefert, auch wenn wir sie zuweilen archäologisch nicht nachweisen können. Zu jeder Pyramidenanlage, die aus Taltempel, Aufweg und dem von einer Umfassungsmauer umschlossenen Pyramidenkomplex mit Pyramide, ihrem im Osten vorgebauten Totentempel und der Nebenpyramide besteht, gehört auch eine Pyramidenstadt, die der Verwaltung und dem Totendienst bei der Anlage diente.

Während die Pyramide von Medum von Snofru ursprünglich als Stufenpyramide geplant war und erst in einer späteren Baustufe mittels einer Umkleidung umgestaltet wurde, baute der König in Dahschur zwei »echte« Pyramiden, die dann für die anderen Anlagen des Alten Reiches Vorbildcharakter hatten. Wegen der Stufenform in Medum meinen manche Wissenschaftler, Snofru habe diese Pyramide vielleicht für seinen Vorgänger Huni fertig gestellt, doch spricht ihr Name dagegen, der »Snofru dauert« lautet. Die Frage, warum dieser König sich gleich drei Pyramiden erbaute, ist schwer zu beantworten. Die Annahme, dass die von Medum möglicherweise

ZEITTAFEL

Altes Reich
3. Dynastie (um 2700–2630 v. Chr.):
Djoser u. a.
4. Dynastie (um 2630–2510 v. Chr.):
Snofru
Cheops
Djedefre
Chephren
Mykerinos
Schepseskaf

INFOBOX

Die Göttin mit der Sonnenscheibe

Isis trägt meist das Schriftzeichen des Herrscherthrones auf dem Kopf, oft aber auch das Kuhgehörn mit der Sonnenscheibe, das eigentlich zu Hathor gehört. Da sie im Osirismythos das Kind Horus durch ihre Zauberkunst vor allen Gefahren bewahrt, wurde sie im Volksglauben als »zauberreiche« Göttin zur Hilfe gerufen.

In hellenistischer Zeit verbreitete sich der Kult der Isis nach Griechenland, nach Rom und in die Provinzen des römischen Weltreiches; an vielen Orten stand sie im Mittelpunkt von Mysterienkulten. Von ihren Heiligtümern ist das auf der Nilinsel Philae am bekanntesten; in Alexandria wurde sie als Beschützerin der Schifffahrt verehrt. Das häufig dargestellte Motiv der Isis, die auf ihrem Schoß den Horusknaben trägt und stillt, wurde zu einem Vorbild der Darstellung Marias mit dem Kinde.

als Königskultstätte diente und Snofru sie seiner Erscheinungsform als Horusfalke erbaute, hat einiges für sich. Die Anlage war noch im Mittleren Reich in Betrieb. Die südliche Pyramide von Dahschur (»Knickpyramide«), die in ihrem oberen und unteren Teil unterschiedliche Böschungswinkel und dadurch »geknickte« Kanten aufweist, wurde möglicherweise wegen Bauschäden aufgegeben, wenngleich man sie fertig stellte. Sie trägt den gleichen Namen (»Snofru erscheint«) wie die zuletzt erbaute nördliche »Rote Pyramide« in Dahschur.

Unter Snofru verstärkten sich Ägyptens außenpolitische Aktivitäten. Wurde Djoser bei den Türkisminen auf dem Sinai in der Pose des »Erschlagens der Feinde« abgebildet, womit neben »propagandistischen« Zwecken ägyptische Ansprüche in diesem Gebiet angezeigt werden sollten, sprach Snofru vom Bezwingen der Feinde. Er wurde übrigens später als Ortsheiliger des Minengebiets verehrt. Diese Szene des »Erschlagens der Feinde«, die nach neueren Untersuchungen sicherlich realiter in einem Ritual ausgeführt wurde, bleibt bis zum Ende der ägyptischen Geschichte eine für den König charakteristische Pose. Handel mit dem Libanon, von dem Ägypten wertvolles Holz bezog, ist dokumentiert. Nach den An-

Die Knickpyramide von Dahschur (um 2550 v. Chr.) ist die dritte der frühen Pyramiden. Der Neigungswinkel der Pyramide ändert sich ungefähr auf halber Höhe von 54°31′ zu etwa 43°. Der für die Pyramide namengebende Knick hat statische Gründe.

100563

2769

Die Cheopspyramide in Giseh, eines der sieben Weltwunder, steht am Beginn der altägyptischen Monumentalarchitektur. Um 2500 v. Chr. erbaut und ursprünglich 146 m hoch – heute noch 137 m –, ist sie weltweit bekanntes Symbol des Pharaonenreichs.

nalen fand auch ein größerer Feldzug nach Nubien statt, in dessen Gefolge Gefangene und Vieh nach Ägypten geschleppt wurden.

In Asien scheint Snofru ebenso gekämpft zu haben wie auch gegen die westlich wohnenden Libyer, bei denen man gleichfalls eine große Anzahl Gefangene und Vieh erbeutete. Die erheblichen Gefangenenkontingente wurden möglicherweise zum Teil in den königlichen Domänen angesiedelt, deren Einrichtung wir den Angaben des Palermosteins entnehmen. Zahlreiche Domänen des Königs sind auch in seinem Taltempel in Dahschur personifiziert als Bauern und Bäuerinnen abgebildet. Sie zeigen, dass ein Schwerpunkt ihrer Gründung im Delta lag. Offensichtlich diente die mit den Feldzügen Snofrus in Zusammenhang stehende Siedlungspolitik der Entwicklung des Nordens sowie der Abrundung des Staatsgebiets vor allem im Ostdelta.

Die hohen Beamten dieser Zeit waren meist Prinzen, die sich ihre Gräber in der Nähe der Pyramiden des Königs errichten ließen. Sie demonstrierten damit auch im Tod die Nähe zu ihm, bestimmte doch die Beziehung zum König Status und Bedeutung des Ägypters, bemaß sich, kurz gesagt, sein Lebenserfolg daran. Für das Gros der

INFOBOX

Der Totenrichter

Osiris, der älteste Sohn des Erdgottes Geb und der Himmelsgöttin Nut, trat in der 5. Dynastie in den Mittelpunkt des Totenglaubens: Zunächst wurde der tote König, seit etwa 2000 v. Chr. jeder Verstorbene zu einem Osiris, musste sich aber auch vor dem Gott, der die Funktion des Totenrichters hatte, verantworten. Darüber war Osiris mit der Nilflut, mit dem Wechsel von Vegetation und Gestirnen verbunden, im Neuen Reich galt er als nächtliche Gestalt des Sonnengottes und als Mond.

Hauptkultorte des Osiris waren die unterägyptische Stadt Djedu (das spätere Busiris, Abusir), wo er mit dem alten Ortsgott Anedjti verschmolz, Heliopolis, Memphis und v. a. das oberägyptische Abydos, wo er einem hundegestaltigen Totengott, dem »Ersten der Westlichen«, gleichgesetzt wurde. Hier suchte man später sein Grab und feierte jährlich Mysterienspiele.

Bevölkerung gab es im Tod wie im Leben keine Nähe zum Herrscher und seiner Umgebung; sie wurde in einfachen Grabgruben beigesetzt, ohne dass auch nur entfernt eine Mumifizierung des Körpers in Erwägung gezogen wurde.

Die Bedeutung der Sonne wächst

Nachfolger Snofrus war sein schon genannter Sohn Cheops, der in Giseh die größte je gebaute Pyramide – mit einer Seitenlänge von 230 Metern und einer Höhe von 146,59 Metern – errichten ließ. Um die Pyramide waren vier Schiffe beigesetzt, von denen eines nach der Ausgrabung wieder vollständig zusammengesetzt werden konnte. Es besteht zu großen Teilen aus Holz vom Libanon. Weihgeschenke mit dem Namen des Königs fanden sich ihrerseits in Byblos und zeigen so die engen Beziehungen zu dieser Region an. Die Schiffe sollten dem toten König die Fahrt durch die Himmelsgewässer gestatten.

Die Sphinx von Giseh, eine männliche Mischgestalt mit dem Körper eines Löwen und dem Kopf eines Menschen, ist 20 m hoch und 57 m lang. Sphingen sind eine Schöpfung des alten Ägyptens und wurden als Wächterfiguren an Tempeleingängen aufgestellt.

Möglicherweise geht zumindest die Planung des großen Sphinx in Giseh ebenfalls auf Cheops zurück, auch wenn sie oft seinem Sohn Chephren, dem Erbauer der zweitgrößten Pyramide in Giseh, zugeschrieben wird. Denn sie ist aus einem stehen gebliebenen Felskern in dem Teil der Steinbrüche gearbeitet, die der König zum

INFOBOX

Der Gott in Falkengestalt

Horus war schon in vorgeschichtlicher Zeit die wichtigste Gottheit Unterägyptens, in die alte Falkenkulte des Nildeltas eingegangen waren. In seinem ältesten Wesen war er Himmelsgott, der mit seinen Flügeln den Himmel überspannt und dessen Augen Sonne und Mond sind. Mit dem Sonnengott Re verband er sich zur Gestalt des Harachte (»Horus vom Horizont«), des Gottes der Morgensonne.

Horus wurde früh zum Königsgott, der sich in dem jeweils regierenden König verkörpert. Sein Name war daher Bestandteil der offiziellen Königstitulatur. Er galt als »Schützer seines Vaters« (Harendotes). Als Harpokrates war er bis in hellenistischer Zeit sehr populär. Dabei wurde das ägyptische Zeichen des Kindseins, der Finger am Mund, als Schweigegebot gedeutet.

2614

Die Kartusche des Cheops wird von einem Dauer verheißenden Djedpfeiler und einem Lebenszeichen mit zwei »lange Regierungszeit« symbolisierenden Jahresrispen eingerahmt. Die 1,37 m hohe Stele wurde bei Abu Simbel gefunden (Kairo, Ägyptisches Museum).

Bau seiner Anlage benutzt hat. Die Figur wird im Neuen Reich mit dem Gott Harmachis (»Horus im Horizont«) verbunden und als Bild des Sonnengottes Re-Harachte verstanden. Vielleicht geht auch der Sphinxtempel auf Cheops zurück. Da sich sein Plan am Sonnenlauf ausrichtet, stellt er wohl eine Art Sonnenheiligtum dar, und ein Sonnentempel des Cheops würde sich bestens in das Architekturganze einfügen. Auch der Name »Horizont des Cheops«, den die Pyramidenanlage trägt, spricht dafür.

Der Sonnengott Re, der in dem »Horizont«, das heißt in der Pyramide, ruht, ist Cheops selbst, und es wäre somit kein Zufall, dass der Nachfolger und Sohn des Cheops, Djedefre, als Erster den Zusatz »Sohn des Re« in seine Kartusche aufnimmt. Da unter Cheops die Söhne des Königs auch häufiger Namen tragen, die mit dem des Sonnengottes gebildet sind, dürfen wir berechtigterweise für die Regierung dieses Königs eine Intensivierung des Sonnenkults in Ägypten annehmen.

Auf Djedefre, der nur kurz regiert hat und den Begräbnisplatz nach Abu Roasch, acht Kilometer nördlich von Giseh, verlegte, folgte aus uns unbekannten Gründen sein Bruder Chephren, der wieder nach Giseh zurückkehrte und seine Pyramide in der Nähe derjenigen seines Vaters Cheops anlegen ließ. Sie heißt »Groß (oder: der Größte) ist Chephren«. Für seinen Totentempel verwendete Chephren die größten jemals in Ägypten nachgewiesenen Kalksteinblöcke; sie haben 200–400 Tonnen Gewicht. Sein Taltempel ist der am besten erhaltene Tempel des Alten Reiches. Im Innern ist er mit Granit verkleidet, und die erhaltenen Granitpfeiler bestehen aus mächtigen Monolithen. Der Fußboden war mit Alabasterplatten ausgelegt, auf denen ursprünglich 23 Statuen des Königs gestanden hatten. Sie waren aus Anorthositgneis, dem »Chephrendiorit«, gefertigt, der aus den Steinbrüchen bei Toschke in Nubien kam, wo auch schon Cheops tätig war. Eine Stele benennt die Brüche sogar nach Cheops, und auch eine Axt mit seinem Namen wurde dort gefunden.

Diese Aktivitäten weit im Süden in Nubien verwundern nicht, denn in Buhen am zweiten Katarakt bestand vielleicht schon seit der 2. Dynastie eine ägyptische Niederlassung zur Kupfergewinnung, und die Angaben über Kriegszüge nach Nubien in der Frühzeit und auch Felsinschriften in Nubien, die in die 4. Dynastie datiert werden und von kriegerischen Unternehmungen sprechen, zeigen deutlich, dass Unternubien unter ägyptischer Kontrolle stand.

Westlich des Pyramidenbezirks Chephrens lagen Magazine, und auch die Kasernen der beim Bau beschäftigten Arbeiter wurden entdeckt. Die über hundert Meter langen Räume für mehr als 5 500 Arbeiter lassen uns etwas von den Arbeitsbedingungen erahnen, unter denen so gewaltige Leistungen erbracht wurden.

INFOBOX

Gräber hoher Beamter

Mastabas, frei stehende, flache Grabbauten mit rechteckigem Grundriss und schräg anstehenden Seiten, wurden seit der 1. Dynastie gebaut. Sie bestanden in der Frühzeit aus Ziegeln und waren mit einer Nischengliederung versehen, die eine Palastfassade nachahmt, später wurden sie aus Steinquadern gebaut. Zur unterirdischen Grabkammer führte ein senkrechter Schacht. Die Opferstelle befand sich im oberirdischen Bau, in der Regel vor einer Scheintür im Osten. Die Zahl der Räume einer Mastaba nahm mit der Zeit zu. Berühmte Mastabas der 5. Dynastie sind die des hohen Beamten Ti und die des obersten Priesters Ranofer, der 4. Dynastie die des Priesters Kaaper, alle in Sakkara. Die Mastaba blieb die Grabform der hohen Beamten, bis sie von Felsgräbern abgelöst wurde.

Auf Chephren, den Sohn und zweiten Nachfolger des Cheops, gehen die mittlere der drei Pyramiden von Giseh – ursprünglich 143,5 m, jetzt 136,4 m hoch – und wahrscheinlich der große Sphinx von Giseh zurück.

Kleinere Pyramiden – Besondere Ursachen

Chephrens Sohn Mykerinos, der nach der kurzen Zwischenregierung eines anderen Königs auf den Thron kam, erbaute die dritte Pyramide von Giseh. Da sie nur etwa ein Drittel der Masse der Cheopspyramide aufweist, muss ihre geringe Größe im Hinblick auf die 18-jährige Regierungszeit, die der Turiner Königspapyrus dem König zubilligt, besondere Ursachen haben. Ein Grund dürfte darin zu sehen sein, dass die gewachsenen Ausmaße des Totentempels auch dessen gewachsene Bedeutung anzeigen. Auf der religiösen Ebene spiegelt sich diese Änderung in der Stellung des Königs wider, der vom »Weltgott« zum »Sohn des Sonnengottes« geworden ist und dabei an Absolutheit eingebüßt hat. Denn die

Gottessohnschaft ist auch im Sinne einer Verantwortlichkeit gegenüber der Gottheit zu verstehen.

Für uns heute sind der übersteigerte Anspruch des ägyptischen Königs und die totalitäre Ordnung, die das Prinzip der Gottessohnschaft nur relativiert, schwer nachzuvollziehen. Dabei ist zu bedenken, dass in vorstaatlichen Gesellschaften, etwa Häuptlingstümern oder Dorfgemeinschaften, alle politischen und gesellschaftlichen Funktionen über ein Geflecht von Verwandtschaftsbeziehungen ausgeübt werden. Im Staat kann dies schon allein aufgrund der angewachsenen Bevölkerungszahl nicht funktionieren; er muss daher die Macht der Gesellschaft vom Verwandtschaftsprinzip losgelöst organisieren. So werden die Verwandtschaftsbeziehungen des Königs vielleicht auf die Ebene der Götterwelt transponiert und dogmatisiert. Wenn der König jetzt zur Familie der Götter gehört, tritt mit dem Gottkönigtum und der Gottessohnschaft eine religiös fundierte Ordnung an die Stelle der Verwandtschaft, die für den Einzelnen einen höheren Rang einnimmt. Das Verwandtschaftsprinzip existiert auf der gesellschaftlichen Ebene natürlich weiter und berührt hier auch die politische Ebene, wie zum Beispiel die Ämtervergabe an die Prinzen des Königshauses zeigt.

Weiter zeigte sich auch im administrativen Bereich eine Akzentverlagerung unter Mykerinos. Hohe Würdenträger, die in der Provinz tätig waren, begannen nun damit, sich statt in der Residenz in ihrem Amtsbereich bestatten zu lassen, und demonstrierten so die wachsende Autonomie der Landesteile gegenüber der Zentrale.

Der letzte König der 4. Dynastie, Schepseskaf, bricht mit der Tradition der Pyramide und baut sich in Sakkara-Süd ein Grab in der Form eines gigantischen Sarkophags. In derselben Art wird auch in Giseh zwischen den Pyramiden von Chephren und Mykerinos ein Grabmal angelegt, das der Königsmutter Chentkaus I. gehört, die Mutter der ersten drei oder zwei Könige der 5. Dynastie war. *Karola Zibelius-Chen*

2614

Die Dioritstatue des Chephren gibt den Herrscher idealisierend als Gottheit wieder. Sie ist ein Meisterwerk ägyptischer Rundplastik und die vollendetste Darstellung des Gottkönigtums der Pyramidenzeit.

ZITAT

Aus der »Prophezeiung des Neferti« (Papyrus Leningrad E 1116 B):
Ein König des Südens wird kommen, Ameni mit Namen. Der Sohn einer Frau aus dem südlichsten Gau und ein Kind Oberägyptens ist er. Er wird die Weiße Krone nehmen, und er wird die Rote Krone tragen, o wird er die beiden Mächtigen (Doppelkrone) vereinen, und er wird die Beiden Herren (Horus und Seth) zufriedenstellen nach ihrem Wunsch…

Die Sonne versinkt: Das Ende des Alten Reiches und die Erste Zwischenzeit

Die 5. Dynastie räumte dem Sonnenkult einen noch größeren Vorrang ein als ihre Vorgängerin. Ihre Könige, die zusammen etwa 150 Jahre regierten, errichteten nämlich mit Ausnahme des letzten, Unas, außer ihrer Pyramide jeweils noch ein Sonnenheiligtum. Zwei wurden ausgegraben, von sechs anderen kennen wir die Namen und Priester, die an ihnen tätig waren.

Wie die Pyramiden bestanden diese Heiligtümer, die sich auch durch ihre Namen als Stätten des Sonnengottes zu erkennen geben, aus Talbau, Aufweg und Kulttempel, hinter dem sich auf einem hohen Sockel ein Obelisk erhob. Auf seiner Spitze sollten sich bei Sonnenaufgang die Sonnenstrahlen niederlassen. Außerhalb der Umfassungsmauer des Komplexes befand sich für die Reise der Sonne auf der Himmelsbahn eine gemauerte Barke, während im Hof auf einem offenen Altar die Opfer dargebracht wurden, an denen auch der König als Sohn dieser Gottheit Anteil hatte. Das Königsgrab verlor an Bedeutung, wie seine geringeren Dimensionen zeigen.

Totentempel für den Sonnengott

Die Lage der Sonnenheiligtümer am westlichen Wüstenrand, ihre Ausrichtung nach Westen wie auch ihre strukturelle Ähnlichkeit mit den Pyramidenanlagen lässt sie wohl als Totentempel des Sonnengottes Re verstehen, an dessen himmlischem Schicksal der König nach seinem Tod teilhaben wollte. Im archäologisch nachgewiesenen Sonnenheiligtum des sechsten Königs der Dynastie, Neuserre, war der Obelisk durch einen Zugang im Süden des Pyramidenstumpfes zugänglich. In der Kapelle dort sind das Sedfest des Königs und die Tempelgründung abgebildet. Die »Weltkammer« dahinter preist in bemalten Kalksteinreliefs das Wirken des Sonnengottes in der Natur. Typische Ereignisse der Jahreszeiten wie etwa Paarung und Wurf der Tiere, Nord- und Südwanderung der Fische im Nil, Ankunft der Zugvögel und die Ernte werden gezeigt.

Die schriftlichen Quellen werden in der 5. Dynastie zahlreicher. Von Userkaf, dem ersten König der Dynastie, wissen wir zum Beispiel, dass er drei Expeditionen

ZEITTAFEL

Altes Reich (um 2510–2350 v. Chr.)
5. Dynastie:
Userkaf
Sahure
Neferirkare
Neuserre
Menkauhor
Asosi
Unas

zum Brechen von Steinen nach Elephantine schickte. Im Totentempel seines Nachfolgers Sahure finden wir Reliefs, die die Rückkehr einer Seeflotte aus Asien, Abbildungen von syrischen Bären sowie Beute von einem libyschen Feldzug zeigen. Ob der Feldzug allerdings tatsächlich stattfand oder die Darstellung von einer älteren Vorlage kopiert ist, bleibt strittig. Immerhin erscheint die gleiche Abbildung, wie oben schon erwähnt, in der 6. Dynastie bei Phiops I. und II. sowie noch im 7. Jahrhundert bei Taharka tief in Nubien. Unter Sahure fand nachweislich auch eine Expedition nach Punt statt, das wohl bei Port Sudan an der Küste des Roten Meeres im heutigen

Der ägyptische Tempel ist der Begegnungsort zwischen Gott und Mensch. Repräsentativ für die ganze Menschheit tritt der König in Aktion, und die Götter nehmen als Partner des Königs menschliche Gestalt an (Karnak, Relief an der »Weißen Kapelle« des Königs Sesostris I.).

ZITAT

Brief des Königs Merenre an denselben Herchuf:

Du hast in diesem Deinem Brief gesagt, dass Du einen Zwerg der Gottestänze aus dem Land mitgebracht hast... Komme unverzüglich stromab zur Residenz! Lass alles andere im Stich und bring diesen Zwerg mit Dir, den Du aus dem Land der Horizontbewohner geholt hast...

Wenn er mit Dir an Bord geht, stelle zuverlässige Leute bereit, die um ihn sind auf Deck; pass auf, dass er nicht ins Wasser fällt! ... Meine Majestät wünscht diesen Zwerg zu sehen mehr als alle Erzeugnisse des Erzlandes und von Kusch!

Sudan anzunehmen ist. Sie erbrachte kostbare Myrrhe für kultische Zwecke sowie Heilmittel, Gold, Malachit und Wurfhölzer.

Im Pyramidenbezirk des dritten Königs, Neferirkare, in Abusir fanden sich Überreste von Papyri, Tempelakten, die aus der Zeit des vorletzten Königs der Dynastie, Asosi, stammen und bis in die 6. Dynastie fortgeführt wurden. Sie vermitteln ein Bild vom Opferdienst sowie von den Einkünften und dem Inventar des Tempels. Akribisch vermerken sie jedes Detail, selbst Beschädigungen an Gefäßen, und zeigen, wie auf vielfältige Weise die Welt der Lebenden und die der Toten ökonomisch ineinander griffen. Nach den Papyri von Abusir erhielt der Totentempel des Neferirkare die für den Totenkult des Königs notwendigen Opfer vom Sonnenheiligtum des Königs, hing also wirtschaftlich mit diesem zusammen. Die Opfer, in der Hauptsache Nahrungsmittel, wurden nach der Opferhandlung als Bezahlung an die Priester weitergegeben und von diesen verzehrt.

Eine Inschrift im Grab des Priesters Rawer aus der Zeit des Neferirkare gibt uns eine Vorstellung davon, wie machtvoll man sich den König und wie magisch aufgeladen man sich seine Beigaben dachte: Bei einer Zeremonie wird Rawer zufällig vom Zepter des Königs am Bein getroffen, und nur dank des unverzüglichen königlichen Segensspruches soll er unverletzt geblieben sein. Eine andere Begebenheit veranschaulicht die Fürsorge des diesmal eher menschlich erscheinenden Königs. Der Wesir Waschptah, der verantwortlich für die

INFOBOX

Das Goldland

In ägyptischen Inschriften wird das legendäre Goldland Punt häufig genannt, und bereits im 3. Jahrtausend v. Chr. unternahmen die Ägypter Handelsfahrten, bei denen sie Edelhölzer, Harz, Weihrauch, Elfenbein und natürlich Gold importierten. Die Königin Hatschepsut ließ ihre Expedition nach Punt im Jahre 1482 v. Chr. an der Wand der Pfeilerhalle des Tempels von Deir el-Bahari detailliert aufzeichnen, und auch König Salomo soll dem Alten Testament zufolge Handel mit dem Land getrieben haben. Wo genau aber Punt gelegen hat, ist unklar. Wahrscheinlich wurden mit Punt die Küstenländer am Horn von Afrika bezeichnet. Man vermutet es im Osten des Sudan, in Äthiopien oder an der Küste Eritreas und Djiboutis.

100563

Der erschlagene Osiris gewinnt durch die zauberkräftigen Totenliturgien der Isis seine Zeugungskraft zurück. Diese Kraft spendet auch dem Sonnengott Re, der jede Nacht in die Todeswelt des Osiris hinabsinkt, neues Leben (Basaltsarkophag aus Sakkara, 4. Jh. v. Chr.).

Bauarbeiten am Sonnenheiligtum des Königs war, erkrankte. Daraufhin konsultierte der König persönlich Ärzte und Bücher, ohne dass Waschptah aber zu retten war. So stiftete er eine Grabausstattung für seinen Baumeister.

Veränderungen kündigen sich an
Mit Menkauhor, dem letzten König, der ein Sonnenheiligtum anlegte, offenbart sich ein religiöser Wandel, der sich wiederum in einer veränderten Königskonzeption widerspiegelt. Der Gott Osiris tritt nun in den Vordergrund. Nach dem Mythos wurde Osiris, wie schon erwähnt, von seinem Bruder Seth getötet, weil dieser selbst nach der Königsherrschaft strebte. Nach seinem Tod wird Osiris zum Herrscher der Unterwelt, sein Sohn Horus jedoch besteigt den Thron, und so vereinigt sich von jetzt an der tote König im Sterben nicht mehr mit dem Sonnengott, sondern wiederholt das mythische Schicksal des Osiris.

ZITAT

Aus der Lehre für König Merikare (Papyrus Ermitage 1116 A verso):

Das Königtum ist ein gutes Amt.
Es hat (zwar) keinen Sohn, keinen Bruder, der deine Denkmäler bewahrte,
aber der eine erweist dem anderen Wohltaten, indem ein Mann zugunsten seines Vorgängers handelt,
auf dass das, was er geschaffen hat, erhalten werde…
Sieh, eine schändliche Tat geschah zu meiner Zeit,
verwüstet wurde der Gau von This.
Es geschah jedenfalls als meine Tat,
obwohl ich erst davon erfuhr, als es geschehen war.
Sieh doch, der Zwang ergab sich aus dem, was ich getan hatte:
Es ist schändlich zu zerstören.
Keinem nützt es, wieder aufzubauen, was er verwüstet hat.

Der ägyptische Gott Amun war zunächst nur ein Lokalgott, avancierte aber zu einem der wichtigsten Götter des Reiches. Hier opfert Sesostris I. dem Amun, der durch sein Attribut, die zwei langen Federn auf seiner Krone, zu identifizieren ist.

Unter Asosi, dem Nachfolger Menkauhors, wurde das Amt eines Gouverneurs von Oberägypten geschaffen, das offenbar eine bessere Kontrolle des Südens gewährleisten sollte. Denn es machte sich jetzt eine größere Selbstständigkeit der Provinzialbeamten bemerkbar, und Ämter gingen vom Vater auf den Sohn über. Aus der Regierung des Asosi ist uns eine Expedition in den Sinai bekannt, die wohl unter anderem der Beschaffung von Kupfer diente. Vermutlich wurden dabei auch ausländische Kräfte eingesetzt, denn ein »Vorsteher der Fremden« war dabei. Ein Feldzug, den ein Sohn des Königs leitete, ist ebenfalls bekannt. Da der Text lückenhaft ist, wissen wir leider nicht, ob er sich gegen Asien oder Nubien richtete. Jedenfalls wurde die Lebensgrundlage der Feinde nachhaltig zerstört, denn man verbrannte ihr Getreide und hackte die Obstbäume um. Viele Gefangene wurden nach Ägypten deportiert.

Aus der Inschrift des Herchuf in der 6. Dynastie wissen wir außerdem, dass Asosi auch eine Expedition ins Weihrauchland Punt schickte, von der der damit beauftragte Schatzmeister einen Zwerg, wohl einen Pygmäen, heimbrachte. Zwerge erfüllten in Ägypten kultische Funktionen und konnten zu hohen Ehren gelangen. Ein Relieffragment aus dem Totentempel des Königs nennt auch afrikanische Länder im Zusammenhang mit Goldlieferungen.

Unas, der letzte König der Dynastie, ist gleichzeitig der erste, der sich Spruchgut in die Wände der Kammern seiner Pyramide einmeißeln ließ. Diese Pyramidentexte sollten den Toten zu Osiris vergöttlichen, ihm andererseits aber auch einen ungehinderten Aufstieg in den Himmel, das Reich des Sonnengottes, gewährleisten. Vom Aufweg der Pyramidenanlage des Unas haben sich Texte und Darstellungen erhalten, die den Transport der granitenen Palmsäulen aus den Brüchen von Elephantine zum Totentempel beschreiben. Der Transport stand dabei unter der Leitung des Henu, wie wir aus dessen Mastaba wissen, und dauerte sieben Tage. Eine andere Darstellung, neben solchen der Jagd, Landwirtschaft und Marktszenen, zeigt hungernde Beduinen, eine weitere den Kampf der Ägypter gegen Nomadenvölker. Dargestellt ist auch, wie asiatische Gefangene mit Schiffen nach Ägypten gebracht werden.

ZEITTAFEL

Altes Reich (um 2350–2160 v. Chr.)
6. Dynastie:
Teti
Userkare
Phiops (Pepi) I.
Merenre I.
Phiops (Pepi) II.
Merenre II.
Nitokris (?)

ZITAT

Aus den Klagen des Ipuwer (Papyrus Leiden 344, Niederschrift in der 19. Dynastie), die wohl die Situation der Ersten Zwischenzeit reflektieren:
Wahrlich, das Lachen ist vergangen, man tut es nicht mehr; denn Trauer ist es, was das Land erfüllt, vermischt mit Wehklagen...
Wahrlich, Groß und Klein (sagen): »Ich wünschte, ich wäre tot!«, die kleinen Kinder sagen: »Hätte man mir doch nie das Leben gegeben!« Wahrlich, die Kinder der Beamten schlägt man an die Mauer, und die ersehnten Kinder setzt man in der Wüste aus.
Wahrlich, was man gestern noch sah, ist vernichtet...

Eine neue Zeit – Die 6. Dynastie

Nach Unas schiebt der Turiner Königspapyrus eine Gesamtsumme der Jahre von Menes bis Unas ein; die Zahl ist allerdings verloren. Die Ägypter machten also einen Schnitt nach der 5. Dynastie und ließen mit der 6. Dynastie ein neues Zeitalter beginnen. Manetho stimmt hierin überein, während wir für eine neue Epoche keine Gründe erkennen können. Allerdings setzte sich nun auf dem Verwaltungssektor verstärkt fort, was schon unter Mykerinos begonnen hatte: Die straffe Zentralisierung des Landes löste sich immer mehr auf und die Selbstständigkeit der Provinzialbeamten wuchs. Erstmals werden nun auch für alle Bereiche der ägyptischen Kultur und Geschichte Quellen mit größerer Aussagekraft greifbar. Sieben Könige und etwa 135 Jahre zählt die 6. Dynastie. Doch nur über vier Könige haben wir hinlängliche Informationen.

Der hohe Beamte Uni hat uns in seinem Grab in Abydos seine Biographie hinterlassen. Darin berichtet er, er sei unter Teti, dem ersten König der Dynastie, aufgewachsen und unter Phiops (Pepi) I. zum Vertrauten des Königs aufgestiegen. Als solchen habe ihn der König mit einem Geheimprozess gegen die Königin betraut. Gründe hierfür teilt Uni nicht mit. Vielleicht hat aber der Prozess etwas mit der kurzen Regierung des Userkare zu tun, der zwischen Teti und Phiops I. auf dem Thron saß, den Uni aber nicht erwähnt. Jedenfalls heiratete Phiops I. danach zwei Töchter eines Fürsten aus Abydos, die Mütter der folgenden Könige Merenre und Phiops II. wurden. Der Bruder Djau dieser Frauen bekleidete das Amt des Wesirs und war damit nach dem König die mächtigste Person im Land.

Aus der Zeit Phiops' I. erwähnt Uni auch einen Kriegszug gegen die »Sandbewohner« in Südpalästina. Da Uni dafür Truppen aus dem ganzen Land zusammenzog und auch ausländische Truppenkontingente – Nubier und Libyer – erwähnt, muss es sich um ein Unternehmen von großer Tragweite gehandelt haben. Unter dem Sohn und Nachfolger Phiops' I., König Merenre, wurde Uni zum Vorsteher von Oberägypten ernannt. In königlichem Auftrag begab er sich in die Nubische Wüste, um aus einem Steinbruch das Pyramidion (die Pyramidenspitze) und einen Sarkophag zu beschaffen. Für die Arbeiten einer weiteren Mission wurden Nubier

Die Nilinsel Philae war das Tor Ägyptens nach Nubien. Die rund 50 000 Blöcke der Isis geweihten Tempelanlage wurden 1972–78 auf die Nachbarinsel Agilkia versetzt, weil Philae bereits seit 1910 – nach dem Bau des ersten Assuanstaudamms – überflutet war.

verpflichtet, deren Häuptlinge dem ägyptischen König am ersten Katarakt huldigten.

Unter Merenre lebte auch der Gouverneur von Elephantine, Herchuf, aus dessen Grabinschrift wir wissen, dass er mehrere Expeditionen nach Obernubien, vermutlich in das Gebiet von Kerma am dritten Katarakt, unternommen hat. Dieses sollte sich im Mittleren Reich zu einem ernst zu nehmenden Rivalen Ägyptens herausbilden und stellte auch jetzt im Alten Reich schon ein einflussreiches Zentrum dar. Er brachte von hier Weihrauch, Ebenholz, Öl, Aromata, Pantherfelle und andere durch die gesamte ägyptische Geschichte begehrte Kostbarkeiten zurück. Von seiner letzten Reise, schon unter Phiops II., konnte er einen Zwerg an den Hof melden und erhielt daraufhin von dem noch jungen König einen Brief mit der Aufforderung, ja Acht zu geben, dass dieser lebend in die Residenz komme und nicht etwa auf der Schiffsreise ins Wasser falle.

Aus der überlangen, nach dem Turiner Königspapyrus mehr als neunzig Jahre dauernden Regierungszeit

INFOBOX

Zwerge

Zwergwüchsige Menschen spielten eine herausragende Rolle am Königshof, wo sie vielfältige Aufgaben hatten, etwa als Hofnarren, Hüter der Hunde oder als Verwalter von Schmuck und Kleidern. Besonders geschätzt waren zwergwüchsige Goldschmiede, weil sie mit ihren feingliedrigen Fingern die feinsten Arbeiten verrichten konnten. In Sakkara wurde die Statue des namentlich bekannten Zwerges Chnumhotep aus der frühen 6. Dynastie gefunden.

Phiops' II. sind uns darüber hinaus einige Kriegszüge bekannt geworden. So unternahm ein gewisser Pepinacht nach seiner Grabinschrift in Elephantine eine Vergeltungsaktion gegen Beduinen, die einen Expeditionsleiter und seine Truppe überfallen und umgebracht hatten, als diese am Roten Meer Schiffe für eine Puntfahrt bauten. Derselbe Pepinacht unternahm auch zwei Kriegszüge gegen unternubische Gebiete, von denen zahlreiche Gefangene und Viehherden nach Ägypten gebracht wurden. Nubien scheint demnach nicht mehr so fest in ägyptischer Hand gewesen zu sein wie zuvor, was möglicherweise mit einer neuen Bevölkerungsgruppe hier zusammenhing.

Die 6. Dynastie und namentlich auch noch Phiops II. sind in Byblos im Libanon belegt, hatten also weiterhin Handelskontakte zu diesem Gebiet. Umso erstaunlicher erscheint es daher, dass jetzt offenbar ein unaufhaltsamer Niedergang einsetzte, der das Alte Reich schließlich beenden sollte. Der Turiner Königspapyrus lässt auf Phiops II. noch acht Könige folgen, von denen uns nur vier namentlich erhalten sind, darunter eine regierende Königin Nitokris. In dieser Zeit gab es keine monumentale Baukunst mehr, und auch Königsverwandte wurden jetzt in wieder verwendeten Sarkophagen bestattet, was eine allgemeine Verarmung anzeigt.

Die Frage nach den Gründen für diesen Niedergang ist nicht einfach zu beantworten. Wahrscheinlich ist ein ganzes Bündel von Problemen die Ursache. Das zunehmende Selbstbewusstsein der Gauverwalter in der Provinz und ihre Bemühungen um mehr Unabhängigkeit wie ihre unzureichende Kontrolle durch die Zentrale spielten sicher ebenso eine Rolle wie der ständige Ausbau der Bü-

ZEITTAFEL

Erste Zwischenzeit
7./8. Dynastie (um 2160–2134 v. Chr.):
zahlreiche kurz regierende Herrscher
9./10. Dynastie (um 2134–2040 v. Chr.):
Merikare u. a.
11. Dynastie, in Theben (um 2134–2064 v. Chr.):
Könige vor Mentuhotep II.

rokratie und die vielen »steuerlichen« Ausnahmeregelungen für Pyramidenstädte und Totenstiftungen, die große Personenkreise von Abgaben und Arbeitsleistungen befreiten. All dies zehrte die Substanz der Zentrale auf, zumal außer diesen »Finanzbelastungen« auch der schrittweise Übergang von staatlichem Landbesitz an Kult- und Tempelstiftungen den Staat aushöhlte. Von alledem war zwar die landwirtschaftliche Produktion nicht betroffen, aber die gewachsenen Strukturen wurden aufgelöst und bewirkten so den Zerfall.

Für die kommenden 120 Jahre sollte es keine Zentralgewalt mehr geben, bis das Land nach der »Ersten Zwischenzeit« wieder unter einem König geeinigt wurde.

Das Chaos herrscht – Die Erste Zwischenzeit

Die 7. und die 8. Dynastie bestanden aus jeweils nur kurz regierenden Herrschern, deren Gesamtzeit möglicherweise nicht mehr als ein Vierteljahrhundert betrug. Die in dieser Zeit mehrfach ausbrechenden Unruhen und – in deren Gefolge – wirtschaftlichen Schwierigkeiten werden in der »Umsturzliteratur« oder der »Welt der Klagen«

Das Pyramidion – der Schlussstein – der Pyramide Amenemhets III. ist aus schwarzem, poliertem Granit, das mit der geflügelten Sonnenscheibe und dem Augenpaar des Königs dekoriert ist.

100663

ZITAT

Aus der Weisheitslehre des Ptahhotep. Der Verfasser soll als Wesir unter König Asosi in der 5. Dynastie gelebt haben (Niederschrift des Papyrus Prisse im Mittleren Reich; Bibliothèque Nationale, Paris):

Sei nicht stolz auf dein Wissen und verlasse dich nicht darauf, dass du ein Weiser bist, sondern berate dich mit dem Unwissenden wie dem Weisen. Denn die Grenzen der Kunst werden nie erreicht. Es gibt keinen Künstler, der seine Vollkommenheit besitzt. Versteckter ist eine gute Rede als ein Edelstein, und doch findet man sie bei den Müllerinnen über den Mahlsteinen.

aus dem Mittleren Reich reflektiert; beklagt werden Hungersnöte, die Auflösung aller Bindungen und die Umkehrung der sozialen Verhältnisse. Zeichen der geistigen Auseinandersetzung sind auch die Sargtexte, die jetzt in der Ersten Zwischenzeit die Pyramidentexte ablösen. Sie werden auf Holzsärge geschrieben und sollen den Toten im Jenseits mit der für sein dortiges Leben notwendigen Zauberkraft ausstatten. Ehedem ein ausschließliches Privileg des Königs, wird so mit der Zeit jeder Privatmann im Tode zu »Osiris N. N.«.

Um 2134 v. Chr. nahmen einige Gaufürsten von Herakleopolis südlich des Faijum den Königstitel an; diese »Herakleopoliten«, die nach Manetho die 9./10. Dynastie bildeten, scheinen aber nicht im ganzen Land anerkannt worden zu sein. Der letzte Herrscher der 10. Dynastie war Merikare, dessen Name uns auch in einer für ihn von seinem Vater verfassten »Lehre«, einer Art Fürstenspiegel und Regierungserklärung, begegnet. Neben Herakleopolis im Norden entstand zur gleichen Zeit ein zweites Machtzentrum im südlichen Theben, dessen Fürsten ebenfalls den Königstitel annahmen. Die Herrscher dieser 11. Dynastie standen von Anfang an in Verbindung mit Elephantine und vermutlich auch mit Nubien, sodass sie nubische Söldner verpflichten konnten, die in den späteren Kämpfen mit den Herakleopoliten um die Macht im Lande eine Rolle spielen sollten. Unter Mentuhotep II. wird der Sieg der Thebaner dieses Ringen um die Herrschaft besiegeln: Ägypten war nun wieder geeint. *Karola Zibelius-Chen*

Propaganda und Machtpolitik: Das Mittlere Reich bis Sesostris II.

Als Mentuhotep II. etwa 2064 v. Chr. an die Regierung kam, beherrschte die 11. Dynastie, deren fünfter König er war, nur den südlichen Teil Ägyptens, während der Norden, wie oben ausgeführt, zum Machtbereich der Herakleopoliten gehörte. Wie die Herrscher vor ihm stammte Mentuhotep aus Theben, wo auch alle uns bekannten Könige dieser Dynastie bestattet sind.

Trotz seiner 51 Jahre währenden Regierung und der etwa zwanzig Jahre andauernden Einigungsbemühungen haben sich verhältnismäßig wenige Denkmäler aus seiner Regierungszeit erhalten, die etwas über historische Ereignisse aussagen. Durch den Titel eines Beamten wissen wir nur, dass Ägypten im 41. Jahr des Königs bereits geeint war, denn er amtierte im 13. unterägyptischen Gau, also im Ostdelta. Um den Zeitpunkt der Einigung – oft wird das Jahr 2040 v. Chr. genannt – genauer fassen zu können, hat man die Titulaturen des Königs, die er verschiedentlich geändert hat, einer Analyse unterzogen. Jedoch ist man über eine allgemeine Benennung des zweiten Drittels seiner Regierung als Zeitpunkt für den endgültigen Sieg über die Herakleopoliten nicht hinausgekommen.

Einige Anhaltspunkte in Texten deuten darauf hin, dass der Einigung längere Kämpfe vorausgingen. Vor den entscheidenden militärischen Schritten gegen die Herakleopoliten hat der König offenbar zunächst nach Nubien ausgegriffen, wohl um sich den Rücken freizuhalten. Denn seit der Ersten Zwischenzeit übte Ägypten keine Kontrolle mehr über den angrenzenden Süden aus, der in der Folge seiner Unabhängigkeit politisch erstarkte. Einige Damen in der Umgebung des Königs, Dienerinnen einer seiner Frauen, vermutlich einer Nubierin, stammten mit Sicherheit aus Unternubien, denn sie wiesen Tätowierungen auf, wie sie von dort bekannt sind. Es scheint daher nicht abwegig anzunehmen, dass sich der König durch diese Heirat der Solidarität und der Soldaten des Südens versichern wollte.

2769

Mentuhotep II. (»der Gott Month ist gnädig«), der Begründer des Mittleren Reiches, ließ sich in Deir-el-Bahari seine Ruhestätte als Felsgrab anlegen, vor dem sich ein Terrassentempel erhebt. Hiermit begann Thebens Rolle als Totenstadt der Pharaonen.

Die Handelsbeziehungen nach Byblos erholten sich, und auch die Bautätigkeit kam unter Mentuhotep II. zu neuer Blüte. Der König legte für sich und die königlichen Frauen in Deir el-Bahari in Theben-West ein monumentales Grab an, in dem sich eine rituell bestattete Statue des Herrschers fand, bekleidet mit dem Gewand für das Sedfest.

Seine Nachfolger setzten die Politik Mentuhoteps II. fort. König Mentuhotep III. legte große Bauprogramme auf und schickte einen Beamten namens Henu mit einer Expedition, an der 3 000 Personen beteiligt waren, in die Steinbrüche des Wadi Hammamat in der Ostwüste. Eine weitere Reise führte den Beamten nach Punt; während dieser Reise legte Henu unterwegs auf der Route zum Roten Meer verschiedene Brunnen an.

Rohstoffexpeditionen – Eine organisatorische Leistung

In der Regel sind wir über solche Expeditionen, die die Ägypter zu allen Zeiten unternahmen, durch biographische Inschriften oder durch Felseninschriften am Ort beziehungsweise auf dem Weg zum Einsatzort unterrichtet. Bis zum Beginn des Neuen Reiches fiel die Organisation dieser Unternehmungen in das Ressort des Schatzmeisters, der den königlichen Privatbesitz verwaltete. Die Leiter, denen im Alten und Mittleren Reich die praktische Ausführung des Auftrags anvertraut war, bekleideten dagegen unterschiedliche Posten, ohne dass sich aus ihrer jeweiligen Ranghöhe Rückschlüsse auf die Wichtigkeit der Expeditionen ergäben. Die Anzahl der an einer Expedition beteiligten Personen hing von den gesuchten Materialien ab.

Wenn, wie zum Beispiel im Wadi Hammamat, größere Steinmassen zu bewegen waren, war die Zahl der Arbeiter naturgemäß höher als etwa bei der Edelsteingewinnung. Generell konnte den Quellen zufolge der beteiligte Personenkreis zwischen einigen Hundert und 17 000 Teilnehmern umfassen. Lokale Arbeitskräfte wurden dabei, wie sich aus Titeln von Beteiligten ergibt, immer wieder mit herangezogen. Aus der Ramessidenzeit, rund 900 Jahre später, sind Dokumente überliefert, die sich mit der Entlohnung einheimischer Nubier beschäftigen, die für die Sicherheit der Goldarbeiter im Wadi Allaki in Nubien zuständig waren und gerade einen Angriff von Nomaden aus der Gegend des Roten Meeres abgewehrt hatten.

Über die genauen Abläufe der Expeditionen schweigen die Inschriften leider. Gern behaupten sie, dass es keine Ausfälle bei den Arbeitern gab, aber Verluste werden durch Arbeitsunfälle, Krankheiten und Überfälle vermutlich immer sehr hoch gewesen sein, auch wenn spätestens beim Übergang zum Mittleren Reich eine medizinische Versorgung von Steinbrucharbeitern nachzuweisen ist. Nach einem Einzeltext, wiederum aus der Ramessidenzeit, starben bei einer Unternehmung im Wadi Hammamat von 8 368 Personen im Verlauf der Arbeiten 900. Für Todesfälle wurden übrigens auch eigens Balsamierer mitgenommen.

Der letzte König der 11. Dynastie, Mentuhotep IV., den die Liste des Turiner Königspapyrus aus unbekannten Gründen übergeht, ist uns fast ausschließlich aus Expeditionsinschriften bekannt. Eine dieser Expeditionen,

100880

König Sesostris I., Sohn und Mitregent Amenemhets I., eroberte Nubien bis zum 2. Nilkatarakt. Seine Pyramide steht bei Lischt. Hier ist der Pharao als Osiris dargestellt (bemalter Kalkstein und Gips; Luxor, Museum).

die einen Sarkophag aus dem Wadi Hammamat beschaffen sollte, stand unter der Leitung seines Wesirs Amenemhet, in dem wir wohl den Begründer der 12. Dynastie und des eigentlichen Mittleren Reiches zu sehen haben. Manetho allerdings zählt Amenemhet noch zur 11. Dynastie und lässt die 12. erst mit Amenemhets Sohn Sesostris I. beginnen.

Politische Wende – Ein neuer Gott tritt auf

Der Beginn der 12. Dynastie – für manche Wissenschaftler ist dies gleichzeitig der Beginn des Mittleren Reiches – wie auch ihre Dauer sind nicht ganz gesichert, da

Unklarheiten über die Länge der einzelnen Regierungszeiten ihrer im ganzen acht Könige bestehen. Auch über die näheren Umstände des Dynastiewechsels gibt es keine zuverlässige Überlieferung. In Unternubien sind durch Felsinschriften drei Könige vom Ende der 11. Dynastie bekannt, bei denen es sich um »Gegenkönige« handeln könnte, die sich nicht durchsetzten und auf Unternubien beschränkt blieben. Mit solchen Schwierigkeiten bei seiner Thronbesteigung in Einklang steht die Titulatur Amenemhets I. (um 1994–1964), die eine »Appeasement«-Politik verkündet. Andererseits bleiben die Beamten der 11. Dynastie im Amt; Amenemhet I. muss also in der Verwaltung einen gewissen Rückhalt gehabt haben, was vielleicht nicht weiter erstaunt, wenn er mit dem oben erwähnten Wesir des Königs Mentuhotep IV. identisch ist.

286

Sesostris I. ließ zur Absicherung des Handels in Obernubien die Festung Buhen anlegen. Die innere Festung war 150 × 170 m groß und mit rechteckigen Türmen sowie starken Eckbastionen bewehrt. Buhen wurde 1965 vom Nasser-Stausee überflutet.

Der spätere Horusnamen des Königs »Der die Schöpfung erneuert« bekundet deutlich die Absicht zu einer politischen Wende. So verlegte die 12. Dynastie die Residenz aus Theben nach Itsch-taui (der vollständige Name heißt übersetzt »Amenemhet, der die Beiden Länder [d. i. Ägypten] ergreift«), dem heutigen Lischt südlich von Memphis. Außerdem kehrte sie, indem sie sich am Alten Reich orientierte, zur traditionellen Gestalt des Königsgrabes zurück und errichtete Pyramiden, die allerdings in ihren Ausmaßen sehr viel bescheidener waren als die des Alten Reiches. Die Beamten ließen sich wieder in der Nähe der Königsgräber in Mastaben bestatten.

Amun, der schon unter Mentuhotep II. eine gewisse Prominenz einnahm, wurde jetzt zum Gott der Dynastie, und trotz der Verlegung der Residenz nach Norden blieb Theben Mittelpunkt der Amunverehrung. Amenemhet – sein Name bedeutet »Amun ist an der Spitze« – stiftete Statuen dorthin und einen Granitaltar. Aber auch Ptah, der Schöpfergott von Memphis, und auch Osiris gewannen an Bedeutung.

Dass Amenemhet nicht aus der königlichen Familie stammte, zeigt die Propagandaschrift mit den »Prophezeiungen des Neferti«; vielleicht kam er aus einer Gaufürstenfamilie in Elephantine. Die Schrift, die vorgeblich unter König Snofru in der 4. Dynastie, also etwa 800 Jahre früher, abgefasst ist, aber aus der Zeit Amenemhets I. selbst stammt, spricht von Wirrezeiten, die in den üblichen feststehenden Wendungen von Umsturz, Not und Chaos beschrieben werden. Darüber hinaus thematisiert sie ein »Asiatenproblem«, das auch in der »Lehre für Merikare« angesprochen wurde, die vielleicht in die 12. Dynastie, womöglich sogar in die Zeit Sesostris' I., gehört: Die Asiaten sickern über das Ostdelta nach Ägypten ein und setzen sich mit Gewalt im Land fest. Als Retter aus dieser Not wird Amenemhet, in der Schrift Ameni genannt, erscheinen, Asiaten und Libyer vertreiben und wieder geregelte innenpolitische Zustände schaffen sowie mit den »Mauern des Herrschers« die Grenze im Osten gegen Asien absichern. Offensichtlich sollten die »Prophezeiungen des Neferti« den Dynastiewechsel rechtfertigen und die politischen Ziele bekannt machen.

Im Inneren behielten die Gaufürsten, die die Erste Zwischenzeit überdauert hatten, ihre Machtpositionen. Nach dem Bericht des Gaufürsten Chnumhotep I. in Beni Hasan legte der König, als er ihn in sein Amt einsetzte, auch die Grenzen des Gaus fest. Auch sonst gibt es Hinweise, dass unter Amenemhet eine Gebietsreorganisation begonnen und das Land administrativ neu gestaltet wurde. Die Nordostgrenze sicherte der König, wie in den »Prophezeiungen des Neferti« beschrieben, durch einen Grenzkordon gegen Asien ab, dessen Funktion im »Sinuhe«, einem weiteren politischen Werk aus der Zeit seines Nachfolgers Sesostris I., eindrücklich beschrieben wird. Sein genauer Verlauf ist nicht bekannt, er scheint aber bis in die Gegend der Bitterseen (auf der Landenge von Suez) gereicht zu haben.

Offenbar dienten die »Mauern des Herrschers« aber nicht nur der Sicherung gegen Eindringlinge, sondern verhinderten auch, dass politische Gegner das Land verlassen oder Unzufriedene und Verzweifelte sich den

ZITAT

Aus der Lehre des Königs Amenemhet (Basistext: Papyrus Millingen). Der verstorbene König spricht aus dem Jenseits zu seinem Nachfolger, dem späteren König Sesostris I.:

Nimm dich in acht vor Untergebenen, die nichts geworden sind und auf deren Absichten man nicht achtet. Nähere dich ihnen nicht in deiner Einmaligkeit. Vertraue keinem Bruder, kenne keinen Freund, schaffe dir keinen Vertrauten, das gerät nicht. Wenn du schläfst, behüte dir selbst dein Herz, denn niemand hat Anhänger am Tage des Unheils…

Antef, Prophetenvorsteher des Min und königlicher Bote aus der Zeit Amenemhets I. berichtet auf einer der rund 400 Inschriften in den Felsen des Wadi Hammamat von Kulthandlungen zu Ehren Mins, des Gottes der Zeugungskraft.

2614

staatlichen Anforderungen und Arbeitsverpflichtungen entziehen konnten. Kontrollen waren offenbar im ganzen Land sehr rigide, und so rühmt sich der Beamte Kai in seiner Inschrift vom Beginn des Mittleren Reiches, dass er einen Flüchtigen bis in die Oasen verfolgt und alle Wege nach ihm durchforscht habe. Flüchtlinge, die sich den sie bedrückenden Verhältnissen entziehen wollten, wurden gesucht und bestraft.

Die Sinaihalbinsel mit ihren Türkis- und Kupferminen kam unter der Herrschaft Amenemhets I. ebenfalls wieder unter ägyptische Kontrolle.

Kämpfe nach außen

Nach Westen scheint die Sicherung gegen Libyen problematisch gewesen zu sein. In der Sinuhe-Erzählung befindet sich der Thronfolger Sesostris I. beim Tod des Herrschers auf einem Feldzug gegen die Libyer. Auch in Nubien fanden gegen Ende der Regierung Amenemhets I. militärische Auseinandersetzungen statt. Die »Prophezeiungen des Neferti« enthalten zwar keine Passage zu Nubien, aber die Schrift »Lehre des Königs Amenemhet«, die erst unter dessen Sohn und Nachfolger Sesostris I. abgefasst wurde, hält fest, dass Unternubien bezwungen wurde. Bei den Graffiti in Nubien selbst, die von Kämpfen berichten, ist oft nicht klar, ob sie nicht vielleicht eher in die Zeit Sesostris' I. zu datieren sind. Denn

In Dahschur wurde aus dem unberührten Grab der Prinzessin Chnumit, der Tochter Amenemhets II., ein Halskragen mit Falkenkopfschließen geborgen (Kairo, Ägyptisches Museum).

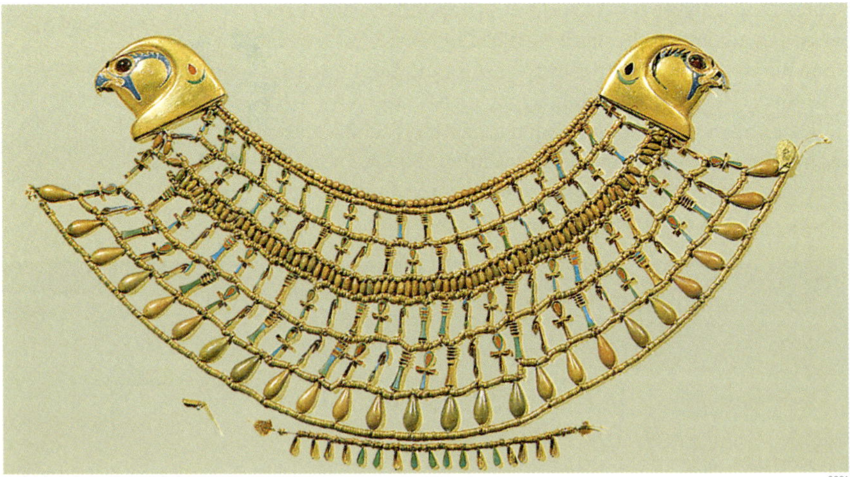

2001

4601

Amenemhet III. (»Amun ist an der Spitze«) vollendete durch Deich- und Schleusenanlagen die Seelandschaft des Faijum. Sein Totentempel vor der Pyramide von Hawara wird von dem griechischen Geschichtsschreiber Herodot als »Labyrinth« bezeichnet.

es ist strittig, ob nicht womöglich bereits Amenemhet und Sesostris eine Zeit lang gemeinsam regiert haben.

Derartige Doppelregierungen, deren Existenz aber teilweise infrage gestellt wird und die an sich der ägyptischen Königsideologie zuwiderlaufen, sind eine Neuerung der 12. Dynastie. In vorgeschrittenem Alter assoziiert der König den Kronprinzen zum Mitregenten, der dann die Macht faktisch ausübt. Datiert wird nach beiden Herrschern. Das Vorbild findet sich in der Beamtenschaft, wo der Beamte seinen Nachfolger, mit Vorliebe natürlich seinen Sohn, als »Stab des Alters« im Amt zu Hilfe nimmt und ihn gleichzeitig in der Amtsführung unterweist. Dies und einige andere Besonderheiten beim Königtum des Mittleren Reiches haben zu der Charakterisierung »Beamtenkönigtum« geführt.

ZITAT

Der Tod des Königs Amenemhet I. in der »Geschichte des Sinuhe« (Papyrus Berlin 10499, 3022):

Dreißigstes Regierungsjahr, 7. Tag der Überschwemmungsjahreszeit. Der König von Ober- und Unterägypten, Sehetepibre, er entfernte sich zum Himmel, indem er sich mit der Sonnenscheibe vereinigte, der Gottesleib vermischte sich mit dem, der ihn geschaffen hatte. Die Residenz war in Schweigen; die Herzen waren traurig, das große Doppeltor war geschlossen, der Hofstaat hatte den Kopf auf dem Knie, und das Volk war am Klagen.

ZEITTAFEL
Mittleres Reich
11. Dynastie (um 2040–1994 v. Chr.):
Mentuhotep II. u. a.
12. Dynastie (um 1994–1797 v. Chr.):
Amenemhet I.
Sesostris I.
Amenemhet II.
Sesostris II.
Sesostris III.
Amenemhet III.
Amenemhet IV.
Nofrusobek

Über Mord und Propaganda zu mehr Macht

Über den gewaltsamen Tod König Amenemhets am siebenten Tag des dritten Monats der Achet-Jahreszeit im Jahr 30 sind wir aus zwei der Schriften unterrichtet, die sein Nachfolger als Propagandaschriften verfassen ließ, um den Beamten des Landes seine Politik nahe zu bringen und sie zur Loyalität aufzurufen.

In der oben bereits erwähnten »Lehre des Königs Amenemhet«, die der Schreiber Cheti verfasst hat, wendet sich der tote König aus dem Jenseits an seinen Sohn Sesostris I., um dessen Machtergreifung zu legitimieren, indem er ihn als den von ihm selbst vorgesehenen Nachfolger anspricht. Er schildert auch die Umstände des Attentats, an dessen Vorbereitung offenbar auch Frauen des Harems beteiligt waren und das verübt wurde, bevor er Sesostris offiziell als seinen Nachfolger nominiert hatte.

Der »Sinuhe«, ein im Stil einer Biographie abgefasstes Werk, soll hingegen wohl in Aussöhnung mit den Gegnern eine Amnestie verkünden. Der Haremsbeamte Sinuhe befindet sich mit dem Prinzen Sesostris auf dem Feldzug gegen die Libyer, als diesem die Nachricht vom Tod Amenemhets I. überbracht wird, worauf er schnellstens in die Residenz aufbricht. Einem anderen Königssohn, in dem offenbar ein weiterer Thronprätendent zu sehen ist, wird die Nachricht gleichfalls überbracht, wobei Sinuhe unfreiwilliger Mithörer ist. Da er Kämpfe in der Residenz erwartet und um sein Leben fürchtet, flieht er nach Asien, wo sich offenbar auch andere Ägypter aufhalten. Im Schutz der Nacht gelingt es ihm, die »Mauern des Herrschers« zu passieren, ohne von den Dienst

INFOBOX

Götterkönig

Amun, »der Verborgene«, ursprünglich wohl der unsichtbare Wind, wurde seit der 11. Dynastie vor allem im Tempel von Karnak verehrt. Durch die Verbindung mit dem Sonnengott als Amun-Re wurde er zum Götterkönig und Weltschöpfer, als Min und Kamutef – »Stier seiner Mutter« – zu einer Verkörperung der Fruchtbarkeit. Dargestellt wird Amun als Mensch mit hoher Federkrone, seltener als Widder. Seine heilige Stadt war Theben. Noch den Griechen und Römern war Amun als Orakelgott der Oase Siwa vertraut und wurde mit Zeus bzw. Jupiter gleichgesetzt.

2400

Nahe Beni Hasan, einem Dorf in Oberägypten, fanden sich bedeutende Felsgräber von Gaufürsten des Mittleren Reiches (21. bis 19. Jh. v. Chr.). Die Wandmalereien – hier eine Vogeljagd – geben Aufschluss über die Vergnügungen der Lokalherrscher.

habenden Wachen entdeckt zu werden. Er verdurstet fast, wird von Asiaten gerettet und findet nach längerer Zeit des Herumwanderns bei einem Scheich in Palästina Aufnahme, wird sogar dessen Schwiegersohn und kann, als er alt ist, nach Ägypten zurückkehren und dort in der Gunst des Königs mit der Aussicht auf eine rituell vorschriftsmäßig vorgenommene, standesgemäße Bestattung bis an sein Ende leben.

Nicht allein diese beiden Texte, auch die anderen bekannten Propagandaschriften dieser Zeit lassen vermuten, dass Sesostris I. mit erheblichen inneren Schwierigkeiten zu kämpfen hatte. Eine Bauinschrift des Königs im Tempel von Tod bei Theben bestätigt dies. Dort ist konkret von Kämpfen gegen Rebellen die Rede. Sie werden verbrannt, eine für Ägypter unerträgliche Vorstellung, weil ohne den Körper das Weiterleben nach dem Tode unmöglich ist. Sesostris I. vernichtet also seine Feinde vollständig über ihren Tod hinaus.

Sesostris räumt auf – Eine Blütezeit beginnt

Nach den anfänglichen Schwierigkeiten und teilweise auch bürgerkriegsähnlichen Auseinandersetzungen zu Beginn seiner Herrschaft baute Sesostris I. (um 1964 bis

1919) in seiner mehr als vierzigjährigen Regierungszeit die Fundamente für einen gefestigten Staat des Mittleren Reiches weiter aus. Im Inneren scheint er die Verwaltung geordnet zu haben, denn seine »Weiße Kapelle« in Karnak führt eine Liste sämtlicher ägyptischer Gaue mit genauen Maßangaben zu ihrer Ausdehnung auf.

Die Verwaltungseinheiten waren jedoch bis auf einige traditionelle Gaue Städte mit ihren Distrikten, die unter der Leitung eines Bürgermeisters (Hati-a) standen. Die berühmten Gaufürsten, vornehmlich die in Elephantine und in Mittelägypten (Assiut, Meir, Bersche und Beni Hasan) behielten aber weiterhin ihre Ämter, die sich für diese Gebiete traditionell aus dem Alten Reich herleiteten. Sie sind mit reich ausgestatteten Gräbern belegt, und ihre Position blieb ihren Familien zunächst erhalten, vielleicht deshalb, weil sie Sesostris I. in seinem Kampf unterstützt hatten. Mit der zunehmenden Zentralisierung der Königsmacht und dem Wohlstand der königlichen Residenz übernahmen sie später jedoch außerhalb ihrer Gaue Funktionen, sodass das Amt des Gaufürsten unter Sesostris III. schließlich verschwand.

König Sesostris I. überzog Ägypten mit riesigen Bauvorhaben. Seine Pyramide legte er bei Lischt in der Nähe der Pyramide seines Vaters an, und die Tempel wurden mit reichen Opfern ausgestattet. Aus den Steinbrüchen des Wadi Hammamat brachte eine einzelne Expedition allein sechzig Sphingen und 150 Statuen zurück, was uns einen Anhaltspunkt dafür gibt, welch kleiner Teil des ehedem Vorhandenen selbst bei Werken aus Stein nur erhalten geblieben ist. Abydos profitierte ebenso von dem Bauboom unter Sesostris I.; hier wurden, seit der 11. Dynastie greifbar, die »Mysterien« des Gottes Osiris gefeiert, der an diesem Ort als Königsgott stirbt, mithilfe seines Sohnes Horus über seine Feinde triumphiert, zu Grabe getragen wird und wieder aufersteht. Tausende von Stelen, die Privatleute aufstellten, um sich die ewige Gegenwart bei diesen Feiern zu sichern und am Schicksal des Gottes teilzuhaben, säumten hier die Prozessionsstraßen.

Auch die Literatur kam nicht zu kurz. Voll ausgebildet waren nun die »Königsnovelle«, eine literarische Form, in der königliche Taten geschildert werden, und die literarischen Schriften, die die königliche Politik propagie-

2400

Die Wandmalereien und -reliefs in den Felsengräbern von Beni Hasan schildern – wie hier – Szenen vom Ringsport, aber auch von Tanz, Spiel, Handwerk und Jagd.

ren sollten. Eine Satire des Schreibers Cheti über Handwerksberufe, die zum »Studium« und zum Schreiberberuf und damit zur Beamtenlaufbahn auffordert, zielt darauf ab, loyalen Nachwuchs für die Bedürfnisse des wachsenden Verwaltungsapparates zu motivieren.

Eine aggressive Außenpolitik

Außer über den inneren Ausgleich und eine effektive Verwaltung kam ein Teil des Reichtums, den die Bauvorhaben und die sonstigen künstlerischen Hinterlassenschaften uns vermitteln, zweifellos aus den ausländischen Besitzungen.

Nach dem Zusammenbruch der frühbronzezeitlichen Strukturen waren ab 2000 v. Chr. entlang der palästinensischen Küste die ersten mittelbronzezeitlichen Städte (wieder)entstanden. Auf sie konzentrierte sich das Interesse der Könige der 12. Dynastie. Funde von Statuetten hoher Beamter in Tell el-Ajul, Geser und Megiddo bezeugen die Anwesenheit von ägyptischen Beamten dort. Auch andere Kleinfunde berechtigen zu der Annahme, dass Ägypten in der 12. Dynastie einen Anspruch auf die syrisch-palästinensische Küste erhob und ihn durch

Stützpunkte wie Tell el-Ajul, Geser, Byblos und Ugarit sowie Megiddo durchsetzte. Wenn man bedenkt, dass im »Sinuhe« davon die Rede ist, dass zwischen Ägypten und Retjenu, wohl Kanaan, regelmäßig Boten verkehrten und dass im Mittleren Reich eine große Zahl von Asiaten in Ägypten arbeitete und Funktionen bis hin zu Beamtenpositionen bekleidete, dann fühlt man sich an die Amarnazeit (Amenophis IV./Echnaton und die Nachfolger; rund 650 Jahre später) erinnert, als lokale Stadtfürsten unter ägyptischer Oberherrschaft das Land beherrschten. Dass der ägyptische Einfluss im Mittleren Reich aber weit ins Landesinnere Palästinas reichte, ist unwahrscheinlich.

Im Süden wurde Unternubien durch Festungen gesichert, und im 18. Regierungsjahr Sesostris' I. stellte General Mentuhotep in der Festung Buhen am Nordende des zweiten Katarakts eine Siegesstele auf, in deren Darstellung der Gott Month dem König eine Liste mit Gebieten südlich des zweiten Katarakts übergibt, sie also der Herrschaft des Königs unterstellt. An erster Stelle der Liste mit den Ländernamen steht das Reich Kusch, das für die nächsten 500 Jahre bis zu seiner militärischen Auslöschung während des Neuen Reichs Ägyptens Feind Nummer 1 bleiben sollte.

Der Rivale in Kerma und die anderen nubischen Stämme
Nachdem in Unternubien mit der Entstehung des ägyptischen Staates und seinen wiederholten Feldzügen in dieses Gebiet die Kultur der A-Gruppe – mangels überlieferter Namen hat sich für diese Kulturen die Bezeichnung mit Buchstaben eingebürgert – verarmt und die Bevölkerung so dezimiert worden war, dass sie keinerlei archäologische Überreste hinterließ, wanderte in der 6. Dynastie aus dem Südwesten eine neue Bevölkerungsgruppe ins Niltal ein und setzte sich zwischen dem ersten und zweiten Katarakt fest. Die Hochphase dieser C-Gruppen-Kultur verlief gleichzeitig mit dem Mittleren Reich und der Zweiten Zwischenzeit. Danach wurde sie vollständig von der ägyptischen Kultur aufgesogen.

Bei der C-Gruppen-Kultur handelte es sich wohl um Stammesgesellschaften, die während des Mittleren Reiches, ohne besonders beeinflusst zu werden, neben ih-

Ptah ist einer der ältesten menschengestaltigen Götter Ägyptens. Im Neuen Reich galt er als universaler Schöpfergott, als Bildner der Welt, der diese durch das schaffende Wort und das Werk seiner Hände ins Leben ruft (Ausschnitt aus einer Wandmalerei im Grab des Haremhab, um 1306 v. Chr.).

100264

100563

Die Bereitung von Wein war in Ägypten bereits im 4. Jahrtausend v. Chr. bekannt. Wein kam als Trankopfer für die Götter zum Einsatz, war aber auch ein beliebtes Getränk bei Festlichkeiten (Wandmalerei aus Theben, um 1420 v. Chr.).

ren ägyptischen Besatzern herlebten. Erst für die Zeit nach dem Rückzug der ägyptischen Truppen in der Zweiten Zwischenzeit lassen sich größere Häuptlingssitze nachweisen, und die südlich des zweiten Katarakts ansässige Kermakultur übte nun einen erheblichen Einfluss aus. Die C-Gruppen-Leute wurden in Tumulusgräbern beerdigt, deren Oberbau aus einem Ring aus aufgeschichteten rohen Steinen von 1,5 bis 4,5 Meter Durchmesser bestand, der um den Grabschacht gelegt war, mit Sand und Geröll aufgefüllt und bisweilen oben mit flachen Steinen abgedeckt wurde. Anbauten von Kammern an der Ostseite zeugen von einem Totenkult, bei dem Opfergaben niedergelegt wurden. Darstellungen von Rindern auf Grabstelen, Keramik und anderen Objekten zeigen, dass sie wohl religiös bedeutsam waren.

Während des Mittleren Reiches wanderten aus der Ostwüste auch die ersten Angehörigen der Pfannengräberkultur in das Niltal ein, Nomaden, die vermutlich mit den seit dem Alten Reich in den ägyptischen Texten genannten und vornehmlich als Söldner verwendeten

Medjaleuten identisch waren, und wurden sesshaft. Ein kriegerischer Zug der Pfannengräberleute zeigt sich vielleicht an den Waffenfunden in ihren Gräbern während der Zweiten Zwischenzeit. Allerdings stammen diese Funde hauptsächlich aus Ägypten selbst und könnten daher vielleicht auch mit der Söldnertätigkeit dieser Menschen in Ägypten in Verbindung stehen. Die Träger dieser Kultur unterscheiden sich nicht nur durch ihre pfannenförmigen Gräber von den nubischen Niltalbewohnern, sondern auch durch ihren Körperbau.

Archäologische Relikte ihrer Kultur fanden sich verstreut bis nach Kassala im Süden. Wie wir aus den Semnadepeschen wissen, traten die Ägypter der Zuwanderung von Medjaleuten ins Niltal energisch entgegen. Bei diesen Depeschen aus der Zeit Amenemhets III. handelt es sich um Meldungen, die die Festungen in Nubien über Vorkommnisse in ihrem Bereich machten. Sie wurden in einem Grab der 12. Dynastie beim Ramesseum (Totentempel Ramses' II.) in Theben-West gefunden. So gibt die Depesche Nr. 5 aus Elephantine an die anderen unternubischen Festungen die Meldung weiter, dass eine Gruppe von Medja, darunter Frauen, nach Elephantine

Die Ägypter vollzogen die Beschneidung als Übergangsritual zum Eintritt ins Erwachsenenalter. Trotzdem wird sie in medizinischen Texten nie erwähnt und auch nur selten dargestellt (Wandrelief am Grab des Arztes Anchmahor in Sakkara, 2350 v. Chr.).

100880

ZITAT

Aus der Stele des Sebekchu (Manchester Museum 3306):
Ich wurde im Jahr 27 unter der Majestät des Königs Nebukaure (Amenemhet II.), wahr an Stimme, geboren. Es erschien die Majestät des Königs Chakaure (Sesostris III.)… auf dem Horusthron der Lebenden…
Seine Majestät begab sich nach Norden, um die Mentjiu Asiens niederzuwerfen. Seine Majestät gelangte zum Fremdland, Sichem (?) ist sein Name… Sichem (?) fiel dann zusammen mit dem elenden Retjenu. Ich bildete die Nachhut des Heeres… Ich schlug den Asiaten und ließ seine Waffen von zwei Soldaten des Heeres wegnehmen…

gekommen sei und um Beschäftigung nachsuche. Obgleich bei den Medjaleuten nach ihrer Aussage eine Hungersnot herrschte, wurden sie nach einem Verhör in die Wüste zurückgeschickt. Andererseits bedienten sich die Festungskommandanten auch der Medjaleute als Fährtensucher, um die Bewegungen der einheimischen Bevölkerung zu kontrollieren. Sie wurden später auch gern als Polizisten eingesetzt, sodass die Bezeichnung Media schließlich allgemein in der Bedeutung »Jäger«, »Polizist« verwendet wurde, ohne Rücksicht auf die Bevölkerungszugehörigkeit.

Etwa zeitgleich mit der C-Gruppe in Unternubien war in Obernubien zwischen dem zweiten und dem vierten Katarakt die Kermakultur verbreitet, das Reich Kusch der Texte. Die ältesten nachweisbaren Kontakte zu den mächtigen, politisch bedeutsamen Häuptlingen von Kerma hatte Ägypten im Alten Reich, als Herchuf seine Expeditionen nach Jam unternahm, um von dort die kostbaren nubischen Produkte nach Ägypten zu schaffen. Das Zentrum dieser Kultur lag südlich des dritten Katarakts bei Kerma. Hier ist schon für die älteste Zeit eine befestigte Siedlung archäologisch nachgewiesen. Diese, wie auch die häufigen Waffenfunde in den Gräbern, deuten auf einen kriegerischen Charakter der Kermabevölkerung hin.

Der Standard des Kunsthandwerks war hoch. Kupfer wurde verarbeitet wie auch Gold und Silber. Die Hochphase der Kultur lag ebenfalls in der Zweiten Zwischenzeit, während der sie nicht mehr ständiger ägyptischer Bedrohung ausgesetzt war. Ihre Herrscher legten sich teilweise pharaonische Herrschaftsinsignien zu und hatten Ägypter in ihren Diensten.

In Kerma befindet sich ein großer Komplex religiöser Bauwerke, der noch nicht vollständig ausgegraben ist, und ein großer, aus Lehmziegeln errichteter Tempel ist auch heute noch weithin in der Ebene sichtbar. Gottheiten der Kermakultur sind zwar direkt nicht bekannt, aber nach Amuletten zu schließen, spielte der Falke eine Rolle, zumal der Herrscher von Kusch nach der Inschrift eines seiner ägyptischen Gefolgsleute den Horustempel in Buhen ausbauen ließ. Der Widder hatte ebenfalls große Bedeutung, und es scheint, dass der in Ägypten im Neuen Reich verehrte widderköpfige nubische Amun vielleicht auf eine Kermatradition zurückgeht.

Bestattet waren die Häuptlinge von Kerma auf Betten in riesigen Tumulusgräbern mit mehreren Kammern. Sie wurden von Menschenopfern begleitet, auch Widderopfer fanden sich. Große, ehemals ausgemalte Totenkapellen lassen auf einen Totenkult und damit auf den Glauben an ein jenseitiges Leben schließen.

Diesem dem Augenschein nach mächtigen und wehrhaften Reich sah sich Ägypten also gegenüber und führte wohl auch einen Konkurrenzkampf um die Ausbeutung

Grabbeigaben erlauben auch Rückschlüsse auf Alltag und Technik einer alten Kultur. Dieses Modell einer Spinnerei und Weberei fand sich südlich von Deir el-Bahari im Grab des Kanzlers Meketre (um 2000 v. Chr.; Kairo, Ägyptisches Museum).

2400

der begehrten nubischen Produkte. Unternubien wurde annektiert und seit Sesostris I. die Grenze nach Süden durch einen enormen Festungskordon am zweiten Katarakt abgeschottet, wobei die Grenzbefestigungen gleichzeitig als Brückenkopf für militärische Ausfälle nach Süden dienten.

Gegen die äußeren, das heißt die nubischen und asiatischen Feinde, aber auch gegen die inneren wehrte man sich nicht nur durch militärische Maßnahmen und Repression, sondern suchte darüber hinaus wirksame Hilfe in der Magie, indem man mit Namen von Feinden und feindlichen Ländern beschriftete gefesselte Feindfiguren oder Tonschalen rituell vernichtete. Diese Ächtungstexte sind seit dem Alten Reich bekannt und werden im Mittleren Reich zahlreicher.

Ein Depot solcher Figuren wurde zusammen mit anderen zum magischen Ritual gehörenden Requisiten in der Nähe der Festung Mirgissa, die Amenemhet II. gründete, beim zweiten Katarakt in Nubien gefunden, offenbar vergraben nach einem wirklich praktizierten Vernichtungsritual. Aus Texten wissen wir, dass Mirgissa den Endpunkt darstellte, bis zu dem Handel treibende Nubier nach Norden passieren durften, und so war das Depot wohl dazu bestimmt, illegale Einreisen magisch zu verhindern. Unweit der Gruben mit den Figuren und den anderen Utensilien fand sich das menschliche Gegenstück zu den zerbrochenen Feindfiguren: das zerstückelte Skelett eines Nubiers, dem mit einem ebenfalls aufgefundenen Steinmesser der Kopf vom Rumpf abgetrennt worden war.

Der Aufbau ist geschafft

Die letzten drei Jahre regierte Sesostris I. gemeinsam mit seinem Sohn Amenemhet II. Die Aufbauleistungen dieser Zeit waren enorm. Die Herrschaft der 12. Dynastie wurde gefestigt, und die ägyptische Präsenz in Unternubien mit der Anlage der Festungen Buhen, Ikkur, Aniba und Kuban konsolidiert; auch die Interessen in Vorderasien wurden gewahrt. Verglichen damit erscheint die Regierung Amenemhets II. (1919–1881) unspektakulär, aber die Interessensphären nach außen waren abgesteckt, und im Inneren konnten sich die Verhältnisse ohne Anstrengungen in den vorgegebenen Bahnen weiterentwickeln.

Die Vorlesepriester – hier eine Holzstatue des Kaaper, gefunden in einem flachen Grabbau, einer Mastaba – gehörten zur Oberschicht der Priesterschaft, da sie lesen und schreiben konnten. Im Rahmen der Kulthandlungen rezitierten sie die heiligen Texte (2400 v. Chr.; Kairo, Ägyptisches Museum).

100880

Auch Amenemhet II. hatte mit rund 38 Jahren Herrschaft eine lange Regierungszeit. Trotzdem ist aus seiner Zeit wenig bekannt. Als Kronprinz begleitete er den Gaufürsten des Antilopengaus, Ameni, auf eine Expedition nach Nubien, um von dort Gold zu holen. Aus seinem dritten Jahr stammt eine Reihe von Stelen, die vermutlich anlässlich des Beginns seiner Alleinherrschaft gestiftet wurden. Kisten mit dem Namen des Königs fanden sich im Tempel von Tod rituell vergraben. Sie enthielten einen Schatz von Edelmetallen und Halbedelsteinen, die zum Teil verarbeitet waren und einen mesopotamischen, syrischen und ägäischen Ursprung haben.

Lange Zeit war die Datierung dieses Funds strittig – man glaubte, die Objekte stammten frühestens aus dem Neuen Reich –, aber mittlerweile ist gesichert, dass sie in die Zeit der 12. Dynastie gehören und teilweise anatolischen Ursprungs sind. Sie zeigen, dass der Handel blühte und der Wohlstand immens war, wie auch der unlängst entdeckte Schatz im Grab der Königin Weret in Dahschur beweist. Die schon erwähnte Stele mit Annalen aus der Zeit Amenemhets II., die in Memphis gefunden wurde, veranschaulicht darüber hinaus deutlich, dass die kriegerischen Unternehmungen in Asien dazu beigetragen hatten, dass derartige Schätze Ägypten erreichten. Denn sie nennt auch eine lange Liste von Produkten, die aus Asien ins Land kamen.

In den Annalen sind auch Tribute aus dem Medjaland und von Kusch genannt, was die Weite des ägyptischen Einflusses widerspiegelt. In Unternubien inspizierte ein Beamter die Festungen, und im 28. Jahr des Königs kehrte eine Puntexpedition über den Hafen Marsa Gawasis am Roten Meer nach Ägypten zurück. Auch auf dem Sinai ist die Anwesenheit des Königs belegt. Als er etwa 1881 v. Chr. starb, kam nach mehrjähriger Mitregierung Sesostris II. auf den Thron. Dessen höchstes Regierungsjahr auf zeitgenössischen Denkmälern ist das Jahr 8.

Vielleicht hat dieser König seine Pyramide bei Lahun (Illahun) am Eingang zum Faijum errichtet, weil er dieser Region seine besondere Aufmerksamkeit widmete. Das Faijum ist eine große Senke in der Libyschen Wüste, in die sich der Jussufkanal, der einzige Nebenarm des Nils, ergießt und sie zu einem großen See (Karunsee, im

Altertum Mörissee) mit umliegenden Sumpfgebieten auffüllt. Durch Schutzdämme wurde ein Teil der Seefläche trockengelegt und für die Landwirtschaft nutzbar gemacht. Bei Lahun kam auch die große Pyramidenstadt mit ihren komfortablen Wohnbauten zutage. Sie war ein administratives Zentrum mit mehreren Tausend Einwohnern, in dem sich verschiedene Papyrusarchive mit den Kahun-Papyri fanden. Dabei handelt es sich um Dokumente administrativen und religiösen Inhalts. Einer der Papyri nennt ein Sothisdatum, das heißt ein Datum mit einem Frühaufgang des Sternes Sothis (Sirius), das bei den schwierigen und strittigen Berechnungen der absoluten Chronologie eine Rolle spielt.

Karola Zibelius-Chen

Ausdehnung und Stabilität: Das Ende des Mittleren Reiches

Mit Sesostris III. kam etwa 1872 v. Chr. wieder ein politisch äußerst aktiver Herrscher an die Macht. Sein 19. Jahr ist sein spätestes zeitgenössisches Datum, das in den Kahun-Papyri sowie auf einer privaten Stele genannt wird; seine Regierungsdauer bleibt aber unsicher. Im Inneren ging er daran, die Verwaltung des Landes weiter zu konzentrieren. Die Gaue wurden nun zentral von drei besonderen Büros in der Residenz verwaltet.

Ungeklärt bleibt dabei, ob es sich bei dieser von manchen Wissenschaftlern angenommenen »Abschaffung« der Gaufürsten um eine restriktive, gegen die Gaufürsten gerichtete Maßnahme des Königs handelt, um die Machtfülle dieser Personen zu beschneiden, die sich in ihren Gräbern teilweise Beinamen zulegten und Darstellungen anbringen ließen, die normalerweisen den Königen vorbehalten waren, oder ob die innere Reorganisation des Landes, wie bereits oben angedeutet, zu einer vermehrten Tätigkeit der Gaufürsten außerhalb ihrer Gaue führte und das Amt deshalb überflüssig wurde und verschwand. Chronologische Probleme lassen es darüber hinaus offen, ob einige Gaufürsten nicht sogar noch bis in die Zeit Sesostris' III. lebten. Innerhalb Ägyptens sind Aktivitäten Sesostris' III. an vielen Orten belegt, und auch Expeditionen in die Minengebiete fanden statt.

ZITAT

Aus einem Zyklus auf König Sesostris III. aus Lahun (Papyri Kahun):

Wie groß ist der Herr für seine Stadt! Er ist Einer und (zugleich) Millionen – gering sind die anderen Tausende von Menschen.
Wie groß ist der Herr für seine Stadt! Ein Kanal ist er, der den Strom abdämmt gegenüber seinen Wasserfluten.
Wie groß ist der Herr für seine Stadt! Ein kühler Raum ist er, der jedermann bis zum hellen Tag schlafen lässt.
Wie groß ist der Herr für seine Stadt! Eine Festung ist er mit Mauern aus Kupfer vom Sinai.

Der Arzt Hesire trägt das Werkzeug des Schreibers – Palette, Binse und Tintenfass – über der Schulter. Die Ärzte gehörten in Ägypten zu den wichtigsten Trägern der geistigen Überlieferung (um 2650 v. Chr.; Kairo, Ägyptisches Museum).

50

Auch für eine aggressive Außenpolitik häufen sich nun die Belege. Ein Sebekchu unterrichtet uns über einen Zug nach Asien, bei dem die Stadt Sekemem eingenommen wurde. Die Identifizierung mit Sichem in Palästina nahe Samaria ist aber nicht sicher. Ein Block im Tempel Sesostris' III. in Medamud bei Karnak macht aber deutlich, dass asiatische Produkte, ob als Beute, Tribut oder als Handelsware, weiter nach Ägypten flossen.

Die oben zitierten Worte hat Sesostris III. auf seiner Stele in der Festung Semna am zweiten Katarakt in Nubien gesprochen, und seine Politik konzentrierte sich so stark auf diese Gegend, dass er in dem von ihm gegründeten Semna, das ägyptisch »Mächtig ist Chakaure« heißt (Chakaure ist der Thronname Sesostris' III.), noch im Neuen Reich göttliche Verehrung wegen seiner Verdienste um die Sicherung Nubiens genoss. Denn hier schrieb er im 16. Jahr mit seinen Grenzstelen in Semna und auf der nahe gelegenen Nilinsel Uronarti die Grenze am zweiten Katarakt »auf alle Ewigkeit« fest – sie liegt da noch heute.

Das Südende des zweiten Katarakts befestigte er durch mehrere Festungen und stieß darüber hinaus nach Süden gegen Kusch vor. Seine eigene aggressive Außenpolitik legitimierte er dabei mit der Nichtswürdigkeit und angeborenen Angriffslust der Nubier. Beim Dal-Katarakt etwa 85 Kilometer weiter südlich finden sich zwei Inschriften aus seinem zehnten Regierungsjahr, die über die schwierigen Navigationsverhältnisse an diesem Ort Auskunft geben und offenbar auf der Rückfahrt von einem Zug gegen Kusch angebracht wurden. Zur Vorbereitung seiner Feldzüge hatte Sesostris III. bereits zu Beginn seiner Herrschaft den schon in der 6. Dynastie nachgewiesenen Kanal am ersten Katarakt ausbaggern lassen. Er trug den bezeichnenden Namen »Vollkommen

50

Seit dem frühen 3. Jahrtausend sind in Ägypten die Grundstoffe für die Herstellung von Fayencen bekannt. Auf diesem Brustschmuck (Fayence, um 1200 v. Chr.; Berlin, Ägyptisches Museum) ist die »Aufzucht« der Morgensonne (symbolisiert durch den Skarabäus) durch Isis und Nephthys dargestellt.

sind die Wege des Chakaure«. Auch aus dem 19. Jahr des Königs ist ein Feldzug gegen Kusch belegt, und Beute von diesem Zug, namentlich Gold, erwähnt der Beamte Ichernofret in seinem Bericht über die Osirismysterien in Abydos.

Hier in Abydos legte der König auch ein großes Grab mit Totentempel an, in dem er bis zum Ende der 13. Dynastie einen Kult genoss. Aber ob er hier wirklich bestattet war oder in seiner Pyramide in Dahschur, lässt sich vorerst nicht entscheiden.

ZITAT

Kleine Grenzstele Sesostris' III. aus der Festung Semna am zweiten Katarakt in Nubien, die der Festung Kumma am Ostufer gegenüberlag (Berlin 14753):
Südliche Grenze, errichtet im Jahr 8 unter der Majestät des Königs von Ober- und Unterägypten Chakaure, begabt mit Leben in Ewigkeit, um zu verhindern, dass irgendein Nubier sie überschreitet nach Norden auf dem Landweg, auf dem Schiff und (ebenso) jede Herde der Nubier, ausgenommen der Nubier, der kommt, um Handel zu treiben in Iken (Mirgissa), oder mit irgendeinem (offiziellen) Auftrag oder zu allem, was man (sonst) Profitables mit ihnen machen kann…

Ein wichtiges Projekt: Das Faijum wird erschlossen

Es scheint, dass es bei Sesostris III. und seinem um 1853 v. Chr. nachfolgenden Sohn Amenemhet III. keine Doppelregierung gegeben hat. Als höchstes Regierungsjahr nennen die Kahun-Papyri für Amenemhet III. das Jahr 46.

Da unter Sesostris III. die außenpolitische Situtation Ägyptens völlig stabilisiert worden war, hören wir aus der Zeit Amenemhets III. nur von einer militärischen Aktion in Nubien, und zwar im neunten Jahr des Königs in Kumma am zweiten Katarakt, der Semna gegenüberliegenden Festung am Ostufer des Nils. Aus der Zeit des Königs stammen die schon genannten Semnadepeschen, die zeigen, unter welch strenger Überwachung Nubien stand.

Bis zum Ende der Regierung Amenemhets III. (1809) fanden zahlreiche Expeditionen in die Minengebiete und Steinbrüche sowohl auf dem Sinai als auch in die Ostwüste und nach Nubien statt. Beim Djebel Zeit nahe dem Roten Meer lagen ausgedehnte Minen, in denen Galena, die schwarze Augenschminke der Ägypter, in verzweigten unterirdischen Galerien abgebaut wurde. Ein Heiligtum mit Votivgaben und -statuetten fand sich ebenfalls am Platz. Der älteste dort belegte Königsname ist der Amenemhets III., doch kann auch ein früherer Betrieb der Minen nicht ausgeschlossen werden.

In Ägypten selbst ist das wichtigste Projekt Amenemhets III. die Kolonisierung des Faijums. Durch die Errichtung von Dämmen wird weiteres Ackerland gewonnen. Nachdem seine erste Pyramide bei Dahschur durch Bewegungen im Baugrund beschädigt worden war, errichtete der König eine zweite größere im Faijum bei Hawara, die vermutlich mit dem berühmten Labyrinth Ägyptens der antiken Schriftsteller identisch ist. Gegen Ende seiner Regierung baute er noch einen Tempel in Medinet Madi, in dem neben dem Krokodilgott Sobek die Erntegöttin Renenutet verehrt wurde. Sicherlich ist diese Kultstätte mit Amenemhets Bemühungen im Faijum in Zusammenhang zu sehen. Erst die Ptolemäer in den letzten vorchristlichen Jahrhunderten konnten die Anbaufläche des Faijums noch einmal vergrößern, als die neuen Bewässerungsmethoden mit der Sakije, dem Schöpfrad, wieder einen Fortschritt ermöglichten. In dieser Zeit ist auch die Vergöttlichung Amenemhets III. in dieser Region belegt, die als ein Zeugnis für seine wohl schon damals als große Leistung empfundene Aktivität in dieser Region zu werten ist. Mit Amenemhet III. ist die seit dem Alten Reich greifbare innere Kolonisierung Ägyptens im Wesentlichen abgeschlossen.

In der Verwaltung war Ägypten zu einem Beamtenstaat mit einem Wesir als oberstem Beamten geworden. Eine große Anzahl von mittleren und kleinen Beamten gewährleistete den reibungslosen Ablauf aller Verwaltungsaufgaben, die so eingespielt waren, dass das System selbst nach dem Ende der Dynastie noch lange Zeit stabil blieb.

60

Diese vielfigurige Szene gibt bis ins Detail Einblick in die Schlachtungsmethode, bei der die Opfertiere geschächtet werden (München, Staatliches Museum Ägyptischer Kunst).

Ein abruptes Ende

Nach der langen Regierung Amenemhets III. bestieg Amenemhet IV. (1809–1800) den Thron. Der neue König hinterließ trotz seiner zehnjährigen Regierung kaum aussagekräftige Monumente. Eine Pyramide des Herrschers wurde nicht aufgefunden, aber Expeditionen in den Sinai sind belegt. Offenbar starb er ohne Erben, denn nach ihm bestieg mit Nofrusobek eine Frau den Thron. Sie scheint eine Tochter Amenemhets III. gewesen zu sein. Vier Jahre hat sie geherrscht und eine komplette Titulatur angenommen. Da sie auch der Turiner Königspapyrus aufführt, ist ihre Regierung wohl als legitim angesehen worden. Aber offenbar hatte auch sie keinen Erben, denn mit ihr endet die 12. Dynastie.

Die meisten Wissenschaftler lassen hier auch das Mittlere Reich enden und mit der folgenden 13. Dynastie die Zweite Zwischenzeit beginnen. Doch ist dies eine Frage der Beurteilung, denn in der folgenden 13. Dynas-

ZITAT

Charakterisierung des Nubiers auf der Großen Grenzstele Sesostris' III. bei Semna (Berlin 1157):

Denn der Nubier hört, und schon durch das Wort (allein) fällt er: Es genügt, ihm zu antworten, um ihn in die Flucht zu jagen.
Greift man ihn an, so zeigt er seinen Rücken, sagt man »Zurück!«, so hört er mit dem Angriff auf.
Es sind keine Menschen, die Respekt verdienen; Elende sind es, mit zerbrochenem Herzen.

50

Anstelle der im Grab darzubringenden Opfergaben tritt bereits im frühen 3. Jahrtausend die Opferliste, die vor dem Verstorbenen, in Hieroglyphen aufgezeichnet, Art und Menge der Opfer festhält (Paris, Louvre).

tie ist nicht wie im Alten Reich ein Zerfall zu konstatieren, sondern es fehlte ganz offensichtlich nur ein legitimer Thronfolger aus der Linie Amenemhets I. Diese hatte ungefähr 200 Jahre ohne Unterbrechung geherrscht, und die 13. Dynastie schloss sich direkt an die Vorgängerin an und regierte auch zunächst in Lischt. Papyri von Kahun und Theben dokumentieren den Fortbestand der Verwaltung, und auch in der Kunst unterschied sich die 13. Dynastie zunächst nicht von der 12., sodass es berechtigt scheint, zumindest die Zeit bis zur Eroberung von Memphis durch die Hyksos noch zum Mittleren Reich zu rechnen. Das Einzige, was für uns die 13. Dynastie von der 12. Dynastie unterscheidet, ist der rasche Wechsel der Könige und die Tatsache, dass wir nicht wissen, wer in der 13. Dynastie König werden konnte und wie.

Nun könnte man hier einwenden, die Frage nach der Person und ihrer Herkunft sei untergeordnet, solange das Amt gut besetzt wird. Aber die Verbindung des ägyptischen Königtums – im Sinne einer Staatslehre – mit dem Osirismythos, der sich mit der Erbberechtigung des Sohnes gegenüber dem Bruder auseinander setzt, zeigt, dass die Bedeutung, die hier der Erbfolg zugemessen wird, nicht etwa aus unseren kulturellen Zusammenhängen erwächst; für den Ägypter war damit die Legitimität einer Herrschaft dokumentiert.

Allerdings kennt die ägyptische Königsideologie neben der Legitimation durch das Erbe auch die durch den göttlichen Willen. Gott bestimmt die Person des Königs zum Herrscher bereits »im Ei«, das heißt, als dieser sich noch im Mutterleib befand, und als drittes Legitimationsprinzip tritt das der Wirksamkeit hinzu. Götter und auch König unterliegen dem Ordnungsprinzip der Maat. Richtet sich die Regierung eines Königs nicht nach den Prinzipien der Maat, zieht dies als Konsequenz den

100563

Thot, der paviangestaltige oder ibisköpfige Gott des Mondes, der Schrift und der Mathematik, war der Schutzpatron der Schreiber (14. Jh. v. Chr.; Kairo, Ägyptisches Museum).

INFOBOX

Der Osirismythos

Der Mythos von Isis, Osiris und Horus besaß im alten Ägypten den Rang eines Staatsmythos, da jeder König die Rolle des Horus verkörperte. Seth, der Gott der Wildnis und der Gewalt, hat seinen Bruder Osiris erschlagen, der als König über Ägypten herrschte, und die Teile des zerstückelten Leichnams verstreut. Isis findet die Glieder, setzt den Leichnam wieder zusammen und empfängt von dem vorübergehend Wiederbelebten ein Kind. Dieser Teil des Geschehens spiegelt die Vorstellungswelt des ägyptischen Totenkults, der der Überwindung des Todes dient. Nun muss Isis – versteckt vor Seth – das Kind, Horus, an einem versteckten Ort zur Welt bringen und aufziehen.

Der folgende Kampf zwischen Horus und Seth, der als Rechtsstreit ausgetragen wird, ist der Gründungsmythos des pharaonischen Staates. In einem ersten Urteil erhält Horus Unterägypten und Seth Oberägypten. Das endgültige Urteil aber spricht Horus ganz Ägypten zu und Seth die Wüste. Das Recht (verkörpert in Horus) siegt über die Gewalt (personifiziert in Seth). Im letzten Teil des Mythos, dem Triumph des Horus, sind wieder Osiris, Isis und Horus die Hauptgestalten: Isis setzt Horus auf den Thron des Osiris.

politischen Misserfolg bis hin zur Störung der allgemeinen Lebensgrundlagen wie Nilüberschwemmung oder Fruchtbarkeit nach sich. Fähigkeiten und notwendige Eigenschaften für die Ausübung des Königsamtes, also die Voraussetzungen für die Wirksamkeit, werden dem König von den Göttern verliehen, sodass die Prinzipien der Erwählung durch Gott und der Wirksamkeit die 13. Dynastie wohl auch in den Augen der Ägypter zur Herrschaft legitimierten. Für uns bildet sie einen Einschnitt; wir rechnen sie wegen ihrer Besonderheiten zur Zweiten Zwischenzeit. *Karola Zibelius-Chen*

Die Göttin Maat ist die Personifizierung der bestehenden Weltordnung; eine Straußenfeder, das Schriftzeichen für den Begriff Maat, ist ihr Attribut; hier ist sie auf einem Relief aus dem Grab Sethos' I. zu sehen (Florenz, Museo Archeologico).

Im Geflecht internationaler Beziehungen: Die Zweite Zwischenzeit

Manetho nennt für die 13. Dynastie (etwa 1797–1634) sechzig Könige, und mit den auf den zeitgenössischen Denkmälern überlieferten etwa 50 Königsnamen sowie den Eintragungen des Turiner Königspapyrus erscheint diese Anzahl glaubwürdig. Unsicher bleibt allerdings die

100264

Heliopolis war Hauptstadt des 13. unterägyptischen Gaus. Die Araber benutzten die Steine der bereits vor der Zeitenwende verfallenen antiken Metropole zum Bau von Kairo; erhalten blieb nur ein Obelisk Sesostris' I.

2400

Dauer dieser Dynastie, die sich generell aus dem Intervall zwischen dem Ende der 12. Dynastie und dem Beginn der 18. Dynastie errechnet.

Etwa 91 Jahre, gegenüber den 108 Jahren im Turiner Königspapyrus, veranschlagt die Wissenschaft heute für die Hyksoszeit (15. Dynastie), mit der die 16. Dynastie der Hyksosvasallen und die 17. Dynastie der thebanischen Könige in Oberägypten im Wesentlichen gleichzeitig sind. Die 14. Dynastie setzt sich aus lokalen Kleinkönigen zusammen, die mit der fortgeschrittenen 13. Dynastie im Ostdelta in Erscheinung treten. So sind für die 13. Dynastie mindestens 120, höchstens aber 160

Jahre anzunehmen, was eine durchschnittliche Regierungslänge von etwas mehr als drei Jahren pro Herrscher während der 13. Dynastie ausmacht.

Wer sind die Könige der 13. Dynastie?
Wenn in der 13. Dynastie auf der einen Seite ein häufiger Königswechsel erkennbar ist, so lassen sich auf der anderen Seite weder Belege für Machtkämpfe, einflussreiche Wesire, die als Königsmacher auftreten, oder gar für Soldatenkönige wie etwa im späteren Römischen Reich finden. Mutmaßlich kamen die zahlreichen Herrscher aus dem Umkreis des Hofes und gehörten einflussreichen Familien an, wobei wir allerdings nur einmal eine Familiengruppe sicher nachweisen können. Aber für diese Annahme spricht, dass die Residenz in Lischt während der 13. Dynastie beibehalten wurde, und auch, dass einige der Könige mit ihren Namen auf die 12. Dynastie Bezug nahmen und andere in ihrem Namen den des Krokodilgottes Sobek führten. Dieser genoss insbesondere im Faijum Verehrung, in dessen unmittelbarer Nähe Lischt ja liegt.

Von manchen Königen ist bekannt, dass sie aus der Beamtenschicht stammten. Andere waren asiatischer Herkunft. Ursprünglich gehörten diese Asiaten wohl zu der Gruppe der Kriegsgefangenen und Bediensteten, die im Mittleren Reich in die Tempel, großen Haushalte und wohl auch an den Königshof gekommen waren und infolge ihrer besonderen Kenntnisse und Fähigkeiten in führende Positionen gelangten. Einzelne Könige trugen auch Namen, die sich von Titeln herleiten, wie Mermescha »der General«.

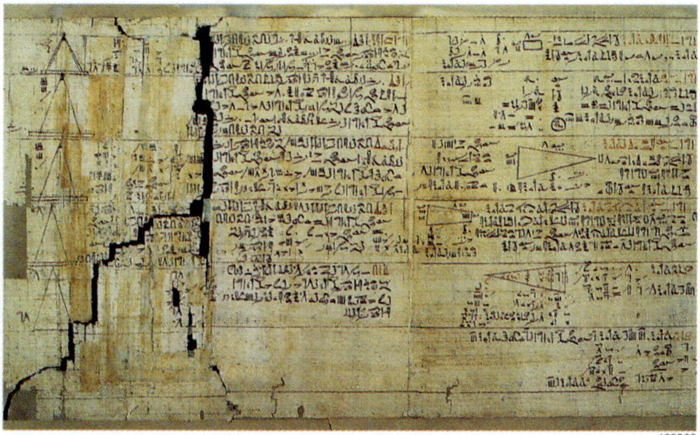
100563

In diesem Ausschnitt aus einem mathematischen Handbuch, dem so genannten Papyrus Rhind, geht es in der rechten Kolumne um die Flächenberechnung dreieckiger Landstücke, in der linken um die Neigungswinkel von Pyramiden (15. Jh. v. Chr.).

ZITAT

Aus dem Bericht vom Kriegszug des Kamose gegen die Hyksos auf der zweiten Kamose-Stele (Luxor, Museum):

Ich grüße meinen Sohn, den Herrscher von Kusch!... Hast du beobachtet, was Ägypten gegen mich getan hat? Der darin herrscht, der starke Kamose – dem Leben gegeben ist – bedrängt mich auf meinem Boden, ohne dass ich ihn angegriffen hätte, genauso, wie er gegen dich vorgegangen ist...
Komm, fahre nach Norden; zögere nicht!... Es ist keiner da, der sich dir in diesem (Teil von) Ägypten (entgegen)stellte. Sieh, ich werde ihm nicht den Weg freigeben, bis du gekommen bist! Dann werden wir (uns) die Städte von diesem (Teil von) Ägypten teilen.

Zu den Königen, die aufgrund der von ihnen erhaltenen Denkmäler erwähnenswert sind, gehört der Erste, der den bezeichnenden Thronnamen »Der die Beiden Länder (das heißt Ägypten) schützt, ein Re« angenommen hat und den Geburtsnamen Ugaf (Nr. 1; die Nummerierung bezieht sich auf die Reihenfolge der fünfzig überlieferten Könige der 13. Dynastie) trägt. Er hat ein Edikt erlassen, das das heilige Gebiet des Gottes Upuaut in Abydos vor weiterer Überbauung durch Grabstätten schützen sollte.

Eine ausländische Delegation

Aus der Regierungszeit Sebekhoteps II. (Nr. 16) stammt wahrscheinlich die Haupthandschrift des Papyrus Boulaq 18, die ein Rechnungsbuch des königlichen Hofes über zwölf Tage enthält. Der Papyrus wurde in Theben-West im Grab eines Schreibers des königlichen Harems gefunden. Akribisch vermerkt er sämtliche Einnahmen und Ausgaben. So erfahren wir nicht nur, dass der Amuntempel täglich hundert Brote liefern musste, sondern auch, dass eine Delegation von Medja mit Häuptlingen zu einem diplomatischen Besuch anreiste. Leider wissen wir nicht, aus welchen Anlass sie eintraf. Da die Anweisung zu ihrer Verpflegung dem Wesirbüro entstammte, muss es sich bei dem Besuch um eine Angelegenheit auf höchster Ebene gehandelt haben. Dies ist für uns von besonderem Interesse, da ein solcher diplomatischer Besuch den sonstigen offiziellen Inschriften entgegensteht, die Ausländer in der Regel nur in der Rolle von Feinden, Unterworfenen oder Gefangenen nennen.

Gegen Ende der 13. Dynastie lässt sich ein zunehmend militärischer Trend feststellen, und zwei Entwicklungen demonstrieren einen Bruch im Verlauf der 13. Dynastie: Im Ostdelta bildete sich die 14. Dynastie heraus, die die Einheit des Landes unter einem Herrscher zerstörte. Der uns namentlich unbekannte Vater eines Königs Nehesi gründete in Auaris (heute die Ruinenstätte Tell ed-Daba bei Kantir) im Ostdelta eine Residenz. Königsgott der neuen Dynastie wurde der nordsyrische Wettergott Baal-Zephon; er verschmolz mit dem ägyptischen Gott Seth zum »Seth von Auaris«, der in asiatischer Gestalt auftrat. Auch andere kanaanäische Gottheiten wurden verehrt. Offenbar stützte sich dieses

Kleinkönigreich auf dort lebende Asiaten und bildete so den Kern für das spätere Reich der Hyksos. Zweitens war eine starke Zuwanderung von Asiaten ins Delta zu verzeichnen, die schließlich zur Übernahme der Macht durch die Hyksos führte.

In dieser Zeit der späten 13. Dynastie bildeten sich zudem, nach der Herkunft der Quellen zu urteilen, in Abydos und Theben zwei Machtzentren in Oberägypten heraus. Die dort herrschenden Könige scheinen zeitgleich mit den ersten Hyksos und den ersten Königen der 17. Dynastie zu sein, die später den Befreiungskampf gegen die Hyksos aufnahm.

Die Hyksos – Herrscher der Fremdländer

Seit 1750 v. Chr. stießen immer mehr Asiaten ins Delta vor, und schließlich ging die Herrschaft auf sie über (um 1634 v. Chr.). Bei Manetho erscheinen sie unter der gräzisierten Bezeichnung »Hyksos«, einem Begriff, der auf das altägyptische heqa-chasut »Herrscher der Fremdländer« zurückgeht. Hyksos ist also nicht der Name eines fremden Volkes, sondern bezeichnet in engerem Sinn die fremden Herrscher, die sich auch selbst so titulierten. Nach Manetho handelt es sich bei den Hyksos um Eindringlinge, die das Land praktisch kampflos überwältigten, anschließend jedoch Städte und Tempel verwüsteten und die einheimische Bevölkerung drangsalierten. Von Verwüstungen durch diese Asiaten und einer Vernachlässigung der Tempel spricht auch die Königin Hatschepsut.

INFOBOX

Brudermörder

Seth war neben Horus der Schutzgott des ägyptischen Königs und in diesem gegenwärtig. Sein Hauptkultort war Ombos südlich des heutigen Kena in Oberägypten. Das heilige Tier, in dessen Gestalt er verehrt wurde, ist zoologisch nicht bestimmt. Als Gott der Wüste und Dürre, der Stürme und des Unwetters hat Seth ein unholdes, gewalttätiges Wesen; sein Herrschaftsgebiet liegt außerhalb Ägyptens. Im Bruderstreit des Seth mit Osiris verkörpert sich das ewige Werden und Vergehen in der Welt. Da er im Mythos Osiris ermordete, verfemte ihn die Spätzeit als Verkörperung des Bösen, sodass ihn die Griechen dem Typhon gleichsetzten. In der Kunst wird Seth in Menschengestalt mit dem Kopf eines Fantasietieres, auch mit Doppelkrone dargestellt

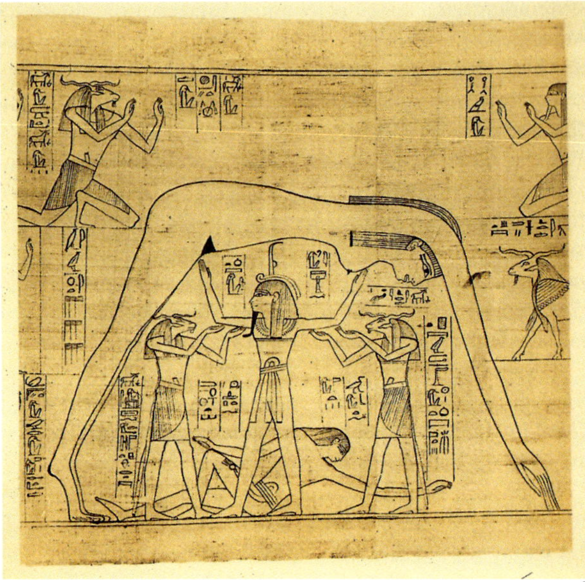

50

Das ägyptische Weltbild war mythologisch bestimmt: Die Himmelsgöttin Nut wölbt sich – gehalten vom Luftgott Schu – über den Erdgott Geb (11. Jh. v. Chr.; Papyrus Greenfield; London, British Museum).

Doch scheinen diese Darstellungen nach den wissenschaftlichen Befunden eher als Propaganda einzustufen zu sein. Denn unter den Hyksos blühten Literatur und Wissenschaften. Der schon genannte Papyrus Westcar ist in der Fassung der Hyksoszeit erhalten, und der Papyrus Rhind, ein wichtiger mathematischer Traktat, wurde im Jahr 33 des Hyksos Apophis niedergeschrieben. Es hat demnach nicht den Anschein, als ob die Hyksos die ägyptische Kultur wirklich zu unterdrücken versuchten.

Vermutlich waren die Asiaten im Ostdelta zum großen Teil westsemitische Amurriter (Amoriter), die aus Kanaan und von der syrischen Küste eingewandert waren. Ihre Kultur behielten sie auf ägyptischem Boden im Wesentlichen bei, und so lassen sie sich archäologisch im Delta östlich des Pelusischen (des östlichsten) Nilarmes nachweisen, in Tell el-Jahudije nördlich von Heliopolis sowie am Ostausgang des Wadi Tumilat. Im übrigen Delta und auch in Oberägypten fehlen entsprechende Fundplätze, sodass wir davon ausgehen müssen, dass die Hyksos diese Landesteile nur von einigen strategischen Punkten aus über Garnisonen oder durch ein Vasallensystem kontrollierten. Dass sie kriegerische Individuen waren, zeigen ihre Gräber, in denen viele Männer mit Streitaxt und Dolch bestattet waren. Pferd und Streitwagen brachten sie nach Ägypten mit, und der älteste Beleg des Krummschwertes (ägyptisch chepesch) stammt aus Tell ed-Daba.

Zumindest in der späten 15. Dynastie kam aber noch eine ägäische Komponente mit ins Spiel. Der Fund von minoischen Fresken mit Darstellungen von Stierspringern und Stuckreliefs in Tell ed-Daba, der ehemaligen Hyksosstadt Auaris, zeigt Verbindungen zwischen den Hyksos und der minoischen Welt.

Die wichtigsten der insgesamt sechs Hyksosherrscher waren Chajan und Apophis, von dem sich im Tempel von Gebelen (südlich von Theben) eine Inschrift fand. Da dieser König über eine ganze Anzahl von Schiffen aus Zedernholz verfügte, muss er an der phönikischen Küste ebenfalls Einfluss besessen haben. Generell dehnte sich der direkte Machtbereich der Hyksos in Ägypten im Süden bis Hermopolis aus. In Vorderasien lag der Schwerpunkt der Herrschaft in Südpalästina mit einigen Stützpunkten im Norden bis Kabri. Im südlichen Oberägypten, in der Thebais, scheint ihre Herrschaft nur schwach gewesen zu sein, sodass hier mit dem Haus des Ahmose in der 17. Dynastie ein starker Gegner heranwachsen konnte.

Ein Fürst fällt im Kampf

Zwar sind Kämpfe des vorletzten Königs der 17. Dynastie, Sekenenre Taa (»der Tapfere«), gegen die Hyksos nicht durch zeitgenössische Inschriften belegt, aber die volkstümliche, leider nur in ihrem Anfang erhaltene Geschichte des Papyrus Sallier I aus der späteren 19. Dynastie macht es sehr wahrscheinlich, dass schon dieser Herrscher gegen den Hyksos Apophis kämpfte. Die Handschrift nennt Sekenenre in Theben und Apophis in Auaris als Gegner in einem Streit mit religiösen Untertönen. Danach beschwerte Apophis sich, das Gebrüll der Nilpferde in Theben würde ihn um den Schlaf bringen. Das Nilpferd war ein Tier des Gottes Seth, den die Hyksos bekanntlich verehrten, während ägyptische Pharaonen rituelle Nilpferdjagden veranstalteten (sodass die Nilpferde vor Angst und Schmerz brüllten). Da der Pa-

ZEITTAFEL
Zweite Zwischenzeit
13. Dynastie (um 1797–1634 v. Chr.):
(1) Ugaf
(12) Sebekhotep I.
(20) Neferhotep I. u. a.
14. Dynastie:
Kleinkönige im Delta
15. Dynastie, Hyksos (um 1634–1526 v. Chr.):
Chajan
Apophis u. a.
16. Dynastie:
Hyksosvasallen in Unter- und Mittelägypten
17. Dynastie, in Theben (um 1634–1543 v. Chr.):
Sekenenre Taa
Kamose u. a.

50

Die Sängerin Iti und die Harfenistin Hekenu sind aus verschiedenen Zeugnissen bekannte Musikerinnen. Hekenu ist die erste namentlich erwähnte Harfenistin der Musikgeschichte (Relief, Sakkara, 5. Dynastie, Kairo, Ägyptisches Museum).

pyrus den historischen Hintergrund zu der Geschichte richtig präsentiert und die Mumie des Königs Sekenenre nicht nur tödliche Verletzungen aufweist, die auf einen asiatischen Streitaxttyp zurückzuführen sind, wie forensische Untersuchungen ergaben, sondern darüber hinaus auch Verletzungen von Keulenschlägen, erscheint es als sicher, dass der König im Kampf mit den Hyksos gefallen ist.

Von seinem Sohn und Nachfolger Kamose haben wir dann inschriftliche Nachricht über Kämpfe gegen die Hyksos. Kamose griff zunächst die Hyksosvasallen in Mittelägypten an und besiegte sie. Dann wandte er sich gegen Nubien, wo in der Nähe von Toschke zwei Inschriften des Königs gefunden wurden. Ebenso ist er in Buhen am zweiten Katarakt belegt. Er hat also vermutlich erst ganz Unternubien gesichert, um sich den Rücken freizuhalten, bevor er den direkten Kontakt mit den Hyksos wagte. Der Herrscher von Kusch hatte nämlich gegen Ende der 13. Dynastie sein Gebiet über ganz Unternubien ausdehnen und seine Grenze bis Elephantine vorschieben können, und gegen Ende der Zweiten Zwischenzeit war Kusch sogar mit einer Allianz aus unternubischen Stämmen, Bewohnern Obernubiens, den in der Ostwüste beheimateten Medjau und auch Punt nach Oberägypten eingefallen, konnte allerdings mit großen Anstrengungen vertrieben werden, wie eine unlängst entdeckte Inschrift mitteilt.

Auf der zweiten Kamose-Stele erfahren wir, dass der Hyksoskönig durch Boten einen Brief an den Herrscher von Kusch gesandt hatte, um diesen aufzufordern, Ägypten von Süden her anzugreifen, während er Kamose im Norden festhalten, ihn also in einen Zweifrontenkrieg verwickeln wollte. Anschließend sollte Ägypten zwischen dem Hyksos und dem Herrscher von Kusch in Kerma aufgeteilt werden. Ob eine solche Gefahr wirklich bestand oder Kamose nur einen Vorwand zum Angriff lieferte, wissen wir nicht. Jedenfalls kam es nicht dazu, denn Kamose fing den Boten mit der Nachricht in der Oase ab und schickte ihn zurück nach Auaris.

Dennoch konnte Kamose den Hyksos nicht besiegen und Ägypten wieder vereinigen. Dies gelang erst seinem Nachfolger Ahmose (Amosis), dem ersten König der folgenden 18. Dynastie und damit des Neuen Reiches.

Die Bedeutung der Zweiten Zwischenzeit
Im Rahmen der ägyptischen Geschichte ist die lange, rund 250 Jahre andauernde Zweite Zwischenzeit mit dem Zerfall der Einheit des Landes anders zu bewerten als die Erste Zwischenzeit.

Die Entwicklung war am Ende des Mittleren Reiches gewissermaßen zum Stillstand gekommen, und erst mit den Umbrüchen in der Zweiten Zwischenzeit kam neue Bewegung in die fest gefügten Strukturen. Die politischen Veränderungen, denen sich Ägypten mit der Hyksosherrschaft sowie dem Aufstieg des Reiches von Kerma gegenübersah, machten erstmals Kämpfe um die

100563

Die wichtigsten Kultorte des altägyptischen Gottes Thot waren Hermopolis Parva im Nildelta und Hermopolis Magna. Im Mythos schlichtet Thot den Streit zwischen Horus und Seth und heilt das verletzte Horusauge.

eigene Unabhängigkeit notwendig. Und da die fremden Könige der 15. Dynastie auch den größten Teil des ehemaligen Herrschafts- und Einflussgebiets des Mittleren Reiches in Vorderasien beherrschten, fand Ägypten im Anschluss an die Vertreibung der Hyksos auch dort eine veränderte politische Lage vor. Diese erzwang ständige Auseinandersetzungen mit den Hurritern und später den Hethitern über die jeweiligen Einflussgebiete und führte dazu, dass Ägypten nun in großem Stil ein Imperium errichtete, also Großmacht unter konkurrierenden Großmächten wurde.

Durch die direkte Einbeziehung von Palästina in den ägyptischen Machtbereich bekamen palästinische Erfindungen und Ideen jetzt leichteren Zugang nach Ägypten. Hier sind noch einmal Pferd und Wagen zu erwähnen sowie Dolch und zusammengesetzter Bogen, also Kriegswaffen, die die Schlagkraft des Heeres erhöhten. Aber noch etwas anderes kam hinzu: In den ägyptischen Königsinschriften legen seit Kamose die Könige immer häufiger vor Gott über historische Ereignisse Rechenschaft ab.

In einer ähnlichen Situation wie in Vorderasien befand sich Ägypten in Nubien, wo mit der Zurückdrängung des Rivalen in Kerma zunächst das Herrschaftsgebiet des Mittleren Reiches in Unternubien wiederhergestellt und später, nach Ausschaltung des Konkurrenten von Kusch, sein Machtbereich bis zum vierten Katarakt ausgedehnt wurde. *Karola Zibelius-Chen*

Auf dem Höhepunkt der Macht: Das Neue Reich bis Amenophis III.

Die Vertreibung der Hyksos – Die 18. Dynastie

Nach dem Tod des Kamose etwa 1543 v. Chr. wurde sein Bruder Ahmose noch als Kind König, vermutlich mit Unterstützung seiner Mutter Ahhotep und deren Mutter Tetischeri. Ihm gelang es schließlich – möglicherweise erst nach seinem 18. Regierungsjahr – Auaris einzunehmen. Auf der Rückseite des schon genannten mathematischen Papyrus Rhind, auf einem zur Verstärkung der Rolle aufgeklebten Stück Papyrus, findet sich aus dem elften Jahr

Im Neuen Reich (ab 1543 v. Chr.) erstreckte sich der Machtbereich von Pharaonen wie Thutmosis III. oder Ramses II. zeitweise vom Euphrat bis zum vierten Nilkatarakt. Ägypten führte Kriege gegen Syrer, Libyer, Hethiter und »Seevölker«.

eines ungenannten Königs, wohl des Hyksos Chamudi, eine Nachricht über die Einnahme der Grenzfestung Sile an der Mündung des Pelusischen Nilarmes am Ostrand des Deltas. Es scheint demnach, als ob Ahmose zunächst die Nachschubwege des Hyksos unterbrach, bevor er sich Auaris zuwandte. Denn erst danach belagerte er die Stadt selbst. Ein Offizier, der ebenfalls den Namen Ahmose trug, Sohn einer Abana, beschreibt dies in seinem Grab in El-Kab: Bei verschiedenen Feindberührungen zu Wasser und zu Lande habe er sich ausgezeichnet, indem er Gefangene machte und zum Zeichen, dass er Feinde getötet hatte, (abgeschnittene) Hände beibrachte. Dafür wurde er mit »Lobgold« belohnt.

Als Auaris fiel und zur Plünderung freigegeben wurde, machte er Beute. Drei Frauen und ein Mann wurden ihm als Sklaven überlassen. Die Hyksos zogen sich nach dem Fall von Auaris in ihre Festung Scharuhen zurück, dem heutigen Tell el-Ajul, sieben Kilometer südlich von Gaza. Sie musste drei Jahre lang belagert werden, bevor sie fiel. Überreste einer Darstellung von der Einnahme von Auaris fanden sich, leider nur noch fragmentarisch als Reliefsplitter, beim Pyramidentempel König Ahmoses in Abydos.

Reorganisation des Reiches und Großmachtstreben
Nach der Eroberung auch des Hyksosreiches in Südpalästina ging Ahmose gegen Nubien vor, indem er über den zweiten Katarakt hinaus vorstieß und die Insel Sai besetzte. Dieser Brückenkopf öffnete den Weg nach Süden gegen Kerma. Das eroberte Unternubien erhielt eine straffe ägyptische Verwaltung, durch die die Ausbeutung der Goldminen und der anderen damals kostbaren Rohstoffe sichergestellt wurde. Ahmose führte das Amt eines »Vorstehers der südlichen Fremdländer« ein und schuf den Titel »Königssohn«, aus dem später das Amt des »Königssohns von Kusch« entstand, der gleich einem Vizekönig nach der Annexion Gesamtnubien verwaltete.

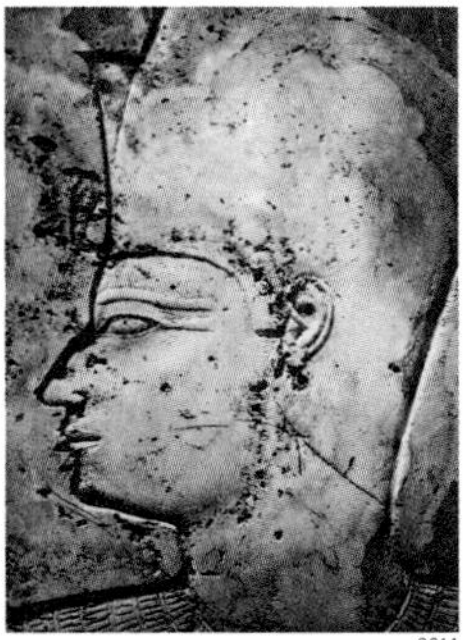
2614

Amenophis I. legte sich den Zusatznamen »Groß an Schrecken« zu und betrieb eine offensive Außenpolitik (Alabasterrelief im Freilichtmuseum in Karnak).

Ägypten lag nun wieder in seinen ursprünglichen Landesgrenzen wie im Mittleren Reich. Im Inneren wurde das neu geeinte Land geordnet. In Abydos ließ der König seine Großmutter Tetischeri verehren. Auch seine Mutter Ahhotep II., deren politische Verdienste um die Wahrung des inneren Friedens er auf einer Stele in Karnak insbesondere erwähnt, erhielt einen Kult, während er für seine Gemahlin Ahmose-Nefertari das Amt einer Gottesgemahlin einführte. Damit wurde zur weiteren religiösen Legitimation des Königtums die Fiktion von der Gottessohnschaft des Königs institutionalisiert, nach der der Gott Amun in Gestalt des regierenden Königs mit der Königin den Thronfolger zeugt. Der Gott Amun, der schon im Mittleren Reich an Einfluss gewonnen hatte, wurde nun zum unangefochtenen Staatsgott Ägyptens.

Der Sohn und Nachfolger Ahmoses, Amenophis I. (etwa 1517–1497) nahm als Horusnamen »Stier, der die Länder ergreift« und als Herrinnennamen »Groß an Schrecken« an und demonstrierte damit die Absicht zu einer offensiven Außenpolitik, die sich auch in dem als Ziel genannten Vorhaben äußerte, die Grenzen Ägyptens zu erweitern. Ein Kriegszug gegen Kusch fand statt, wobei der feindliche Führer inmitten seiner Truppen vom

König erschlagen wurde. Das Kermareich wurde aber dadurch nicht vernichtet, denn noch zu Beginn der 18. Dynastie legte sich dort ein Fürst ein unlängst entdecktes Grab an.

Im Inneren entfaltete Amenophis I. eine weitläufige Bautätigkeit in einer allgemeinen kulturellen Blütezeit. Der König und seine Mutter Ahmose-Nefertari genossen in Theben-West bis zum Ende des Neuen Reiches eine große Verehrung, die vielleicht damit zusammenhing, dass unter seiner Regierung das Unterweltsbuch »Amduat« (»Das, was in der Unterwelt ist«) in seiner endgültigen Fassung redigiert wurde. Es findet sich zuerst unter seinem Nachfolger Thutmosis I. in dessen Grab abgebildet. Das Werk beschreibt die Fahrt des Sonnengottes in der Nacht durch die Unterwelt mit ihren verschiedenen Regionen und Bewohnern, Seligen und Verdammten.

Mit Amenophis I. starb die Linie des Sekenenre aus. Über die Abkunft Thutmosis' I. (etwa 1496–1483 v. Chr.) weiß man außer dem Namen seiner Mutter nichts. Sein

ZITAT

Aus der Inschrift der Hatschepsut auf dem Sockel des stehenden nördlichen Obelisken im Tempel von Karnak:

Was diese beiden großen Obelisken angeht, die Meine Majestät mit Gold überzogen hatte für meinen Vater Amun, damit mein Name bleiben und dauern möge in diesem Tempel für immer und ewig, so sind sie aus einem Block festen Granits, ohne Fuge und ohne Flicken daran. Meine Majestät bestimmte die Arbeit dafür vom Jahr 15, 2. Monat des Winters, Tag 1, bis zum Jahr 16, 4. Monat des Sommers, letzter Tag; das macht sieben Monate für die im Steinbruch angeordnete Arbeit.

INFOBOX

Theben

Theben, auf dem Boden des heutigen Luxor beiderseits des Nils gelegen, war zu Zeiten der 18. Dynastie (um 1543–1292 v. Chr.) Hauptstadt des altägyptischen Reiches, behielt aber noch lange Zeit seine Funktion als kultisches Zentrum. Am Ostufer des Nils ließen die Pharaonen riesige Paläste und Tempelanlagen errichten, am Westufer lag die Nekropole mit den großen Totentempeln des Mentuhotep II. und der Königin Hatschepsut.

Ihr Totentempel im Deir el-Bahari, einem Talkessel von Theben-West, ist eines der eigenwilligsten Bauwerke der altägyptischen Architektur. Die weitgehend restaurierte, terrassenförmige Anlage fügt sich in drei Stufen harmonisch in das Gelände ein. Außer der toten Königin war der Tempel auch Amun, dem Stadtgott von Theben, geweiht sowie der in Theben als Totengöttin verehrten Hathor und Anubis, dem in Schakalgestalt erscheinenden Totengott.

In den Felsschluchten der Umgebung, v. a. im Tal der Könige und dem der Königinnen, finden sich eindrucksvolle Grabanlagen. Sie bestehen aus langen Korridoren, Sälen und der eigentlichen Grabkammer und sind in einer Länge von bis zu 200 m und einer Tiefe von bis zu 100 m in den Fels hineingetrieben. Bemalte Reliefs mit religiösen Darstellungen und Texten schmücken die Wände.

Thutmosis I. (»Thot ist geboren«) – hier in einer Sitzstatue gezeigt – drang als erster Pharao bis zum Euphrat vor und eroberte Nubien bis zum vierten Nilkatarakt; damit erhob er Ägypten zur Weltmacht. Sein Felsgrab ist das älteste im Tal der Könige.

100880

Der Totentempel der Hatschepsut in Deir el-Bahari ist mit seinen Terrassen und Pfeilerhallen einer der eigenwilligsten und bedeutendsten Bauten ägyptischer Architektur. Sein Statuenschmuck fiel der damnatio memoriae unter Thutmosis III. zum Opfer, wurde aber in einem nahe gelegenen Steinbruch wieder entdeckt und rekonstruiert.

Thronbesteigungsdatum und die Königstitulatur ließ er sofort nach seinem Regierungsantritt dem Königssohn und Vorsteher der südlichen Fremdländer, Turi, in Nubien zustellen, der sie auf drei Denksteinen in Assuan, Kuban und Wadi Halfa »veröffentlichte«. Ließen sich die außenpolitischen Aktivitäten der Vorgänger Thutmosis' I. noch als Maßnahmen im Rahmen des Befreiungskampfes gegen die Hyksos und die Bedrohung Ägyptens durch das eventuelle Bündnis der Hyksos mit Kusch einstufen, so brach nun eine Zeit an, in der Ägypten ganz bewusst eine Großmachtstellung im Geflecht der internationalen Beziehungen und in Nubien den Status einer Kolonialmacht anstrebte.

100001

ZITAT

Aus der Sphinxstele Amenophis' II., auf der er seine athletischen Leistungen schildert:
Als er ein Prinz im Knabenalter war, liebte er schon seine Pferde und hatte Freude an ihnen. Er war beharrlich, wenn er sie abrichtete, kannte ihren Charakter, war erfahren in ihrer Ausbildung und vertraut mit dieser Sache... Das Herz Seiner Majestät freute sich, als er es hörte, und er jubelte über das, was von seinem ältesten Sohn gesagt worden war, während er in seinem Herzen sprach: »Er ist es, der der Herr der ganzen Welt sein wird, ohne dass es einen (ebenbürtigen) Gegner für ihn geben wird...«

Durch den Befreiungskrieg hatte sich in Ägypten das Gewicht vom zivilen Sektor auf das Militär verlagert. Bildete ehedem die Schreiberlaufbahn die Voraussetzung für eine Karriere im ägyptischen Beamtenstaat, so konnte im Neuen Reich auch eine militärische Karriere Ausgangspunkt für hohe und höchste Staatsämter sein. Dies und auch die Möglichkeiten für einfache Soldaten, Beute zu machen oder ausgezeichnet und belohnt zu werden, dürften mit dem Reichtum, der durch die Eroberungen ins Land kam, weite Kreise der Bevölkerung der expansionistischen Politik gewogen gemacht haben. Militärische Auseinandersetzungen erhielten damit im Rahmen des staatlichen Handelns ein besonderes Gewicht, und vielleicht ist es daher sinnvoll, sich einige grundsätzliche Gedanken zum Phänomen »Krieg« zu machen, das durchaus nicht in allen historischen Epochen und Gesellschaftstypen präsent ist.

Die Vernichtung des Herrschers von Kusch und der Ausgriff nach Asien

Schon zu Anfang seiner mindestens 13-jährigen Regierungszeit wandte sich Thutmosis I. gegen das Reich Kusch am mittleren Nil, obgleich inzwischen ganz Unternubien der Südgrenze Ägyptens als Pufferzone vorgelagert war und es daher zweifelhaft erscheint, ob die Kuschiten in der Lage gewesen wären, Ägypten selbst anzugreifen. Thutmosis I. drang bis zum Felsgebiet des Hagar el-Merwa zwischen viertem und fünftem Katarakt vor, wo er eine Felseninschrift hinterließ, mit der er sein Interessengebiet offiziell absteckte. Der Anspruch wurde später von Thutmosis III., der daneben eine Inschrift anbrachte, gewissermaßen ratifiziert.

Nach der Tumbosinschrift nördlich von Kerma wurden die kuschitischen Truppen eingekesselt und niedergemacht. Ahmose, Sohn der Abana, abermals mit von der Partie, berichtet, der König selbst habe den feindlichen Fürsten getötet, dessen Leiche dann kopfüber am Bug des Schiffes aufgehängt und im Triumph nach Ägypten mitgeführt. Die Verweigerung des Begräbnisses verhinderte nach ägyptischer Vorstellung einen ordnungsgemäßen Übertritt des Toten ins Jenseits, während das »Auf-den-Kopf-Stellen« das Los der Verdammten im Jenseits mit einer entsprechenden Umkehrung der Kör-

INFOBOX

Der hundsköpfige Gott

Anubis, der Gott in Gestalt eines schwarzen Hundes (häufig auch als Schakal bezeichnet) oder eines Menschen mit Hundekopf, wurde seit der Frühzeit als Totengott verehrt, der vor allem für die Mumifizierung zuständig war. An dem Toten vollzieht er das Ritual der Einbalsamierung, das nicht nur den Körper konservieren, sondern die ganze Person wieder zusammenfügen und in die Götterwelt einführen soll. Er gilt auch als Schutzherr der Gräber und ist beim Totengericht am Weltende anwesend. In hellenistischer Zeit wurde er mit Hermes identifiziert und als Hermanubis zum Seelengeleiter.

perfunktionen vorwegnehmen sollte. Es scheint, als hätte dieser Feldzug das Reich von Kusch in seinem Kern getroffen. Doch Widerstand gegen die ägyptische Besetzung flammte insbesondere unter Thutmosis II. wieder auf, und erst mit Thutmosis III. kann Kusch als unterworfen gelten.

Auch in Asien drang Thutmosis I. sehr weit, nämlich bis an den Euphrat, vor, um ägyptisches Einflussgebiet zu sichern. Von ihm wissen wir, dass er auch am Euphrat eine Inschrift hinterließ, die Thutmosis III. wiederum mit einer eigenen bekräftigte. Mit den Grenzen Euphrat und Hagar el-Merwa sind die Interessensphären Ägyptens für die kommenden Jahrhunderte festgelegt.

Aus dem – wohl an der Küste Ostsudans anzusiedelnden – Land Punt bezogen die Ägypter wertvolle Güter. Von einer von der Königin Hatschepsut befohlenen Expedition (1482 v. Chr.) zeugen die Fresken im Tempel von Deir el-Bahari (Ausschnitt).

100880

2614

Königin Hatschepsut (um 1490–1468 v. Chr.) regierte zunächst als Vormund ihres Stiefsohns Thutmosis III., dann auch nominell als Königin. Hatschepsut ließ im Tempel von Karnak zwei 30 m hohe Obelisken errichten (Relief mit Darstellung der Königin auf einem der beiden Obelisken).

Der Vorstoß Thutmosis' I. gilt gewöhnlich als Abwehrreaktion gegen die südwärts drängenden Hurriter, die zwischen Euphrat und dessen linkem Nebenfluss Khabur in Nordmesopotamien das Reich Mitanni gegründet hatten. Sie nahmen starken Einfluss auf die nordsyrischen Stadtstaaten, allen voran Kadesch und Tunip, und schufen hier Abhängigkeiten. Die Pufferzone wie auch vor allem seine entfernte und geschützte Lage standen aber wohl einer Besetzung Ägyptens durch das hurritische Mitannireich oder später durch die Hethiter entgegen. Insofern waren, wie im Fall von Kusch, sicher auch andere Gründe als ausschließlich die Sorge um die eigene Sicherheit maßgebend für die ägyptischen Eroberungen. Neben dem Machtstreben im internationalen Spiel der Kräfte dürfen wir wohl den Profit, den Ägypten aus den Eroberungen zog, als einen Anreiz sehen. Die Öffnung nach außen und die Güter, die als Folge der Kriege ins Land flossen, setzten eine ganze Reihe von Prozessen in Ägypten selbst in Gang, die zu einer wesentlichen Entwicklung der Gesellschaft und zu Wohlstand für größere Kreise führten.

Konflikte unter Hatschepsut und Thutmosis III.

Thutmosis II., der mit seiner Halbschwester Hatschepsut, Tochter Thutmosis' I. und der Großen königlichen Gemahlin Ahmose, verheiratet worden war, regierte nur kurz. Als Erben hinterließ er nur den Sohn einer Nebenfrau, Thutmosis III. Wegen dessen jugendlichen Alters führte zunächst Hatschepsut als Regentin die Regierungsgeschäfte für den Stiefsohn, nahm dann aber auch selbst eine vollständige Königstitulatur an und trat, ohne Thutmosis III. zu verdrängen, zusammen mit diesem als Mitregenten auf.

In den Texten und Darstellungen ihres Totentempels in Deir el-Bahari beschreibt sie ihre göttliche Abstammung; als Tochter des Gottes Amun sei sie von diesem zur Thronerbin bestimmt worden. Nach demselben Denkmal hat auch ihr Vater Thutmosis I. sie anlässlich einer Thronsitzung vor dem Hof als Nachfolgerin designiert. Da Hatschepsut bereits während der Regierung Thutmosis' II. eine dominante Stellung einnahm und sie dem genannten Text zufolge ihren Vater auch bei offiziellen Anlässen begleitete, scheint es durchaus möglich, dass er sie unter-

Königin Hatschepsut, Tochter Thutmosis' I. und Gemahlin ihres Stiefbruders Thutmosis II., regierte 22 Jahre (1. Hälfte 15. Jh. v. Chr.; Granit; Berlin, Ägyptisches Museum). Ihr Nachfolger Thutmosis III. ließ ihren Namen auf den Denkmälern tilgen.

100880

ZEITTAFEL
Neues Reich (um 1543–1292 v. Chr.)
18. Dynastie:
Ahmose
Amenophis I.
Thutmosis I.
Thutmosis II.
Hatschepsut
Thutmosis III.
Amenophis II.
Thutmosis IV.
Amenophis III.
Amenophis IV./ Echnaton (Amarnazeit, um 1348–1318)
Semenchkare
Tut-ench-Amun
Eje
Haremhab (um 1318–1292)

stützte, die Tradition der ehedem einflussreichen Frauen des Hauses von Ahmose fortzusetzen.

22 Jahre saß Hatschepsut auf dem Thron der Pharaonen. Dass die späteren Königslisten Hatschepsut verschwiegen und dadurch als illegitim kennzeichneten und ihr Name in den späteren Jahren der Alleinherrschaft Thutmosis' III. von den Denkmälern gelöscht wurde, heißt wohl, dass Hatschepsut die zentrale Gestalt einer politischen Fraktion am Hof war. Zu den sie unterstützenden Persönlichkeiten gehörte Senenmut, der schon unter Thutmosis II. ein wichtiger Amtsträger war und seine Karriere unter Hatschepsut in außergewöhnlichem Maße fortsetzen konnte.

Möglicherweise handelte es sich bei den Befürwortern und Gegnern der Hatschepsut um Anhänger unterschiedlicher außenpolitischer Ziele. So hat sich Hatschepsut, die übrigens auch persönlich an einem Kriegszug gegen Kusch teilnahm und eine große Expedition ins Weihrauchland Punt veranlasste, anscheinend im Gegensatz zu den politisch-militärischen Vorstellungen des Kreises um Thutmosis III. in ihrer asiatischen Politik eher an der Außenpolitik des Mittleren Reiches orientiert. In ihren Texten erwähnt sie als asiatisches Gebiet nur Retjenu (Südpalästina). Damit verzichtete sie offenbar auf den großen Einflussbereich im Norden, den Thutmosis I. vorgegeben hatte, und unterließ jegliche Konsolidierungsmaßnahmen.

Diese Orientierung am Mittleren Reich zeigt auch ihr Totentempel in Deir el-Bahari in Theben-West, der sich in seiner äußeren Erscheinung dem daneben gelegenen Komplex Mentuhoteps II. anpasst. Nach ihrer Inschrift in Speos Artemidos nahe Beni Hasan galt ihr besonderes Augenmerk den inneren Belangen des Landes. Viele Neuerungen erscheinen unter ihrer Regierung, und vor allem hat sie neben vielen Bauten auch Restaurierungsarbeiten an den Tempeln vornehmen lassen, die in der langen Zeit der Hyksosherrschaft vernachlässigt worden waren.

Bedrohung von Norden

Das Nachlassen der ägyptischen Militärpräsenz in Vorderasien nutzte Mitanni, um seinen Einfluss über die syrischen Stadtstaaten auszudehnen. Kadesch und das nordwestlich davon gelegene Tunip expandierten, und schließlich war im 22./23. Jahr Thutmosis' III. – entweder nach der Entmachtung von Hatschepsut, ihrem Tod oder ihrem Rückzug von den Regierungsgeschäften – eine große Koalition von 330 Stadtstaaten, der viele ehemalige Verbündete Ägyptens angehörten, unter der Führung von Kadesch bei Megiddo in der Ebene Jesreel versammelt. Ob Ägpten selbst das Ziel dieser Allianz war, ist fraglich. Da sich aber ehedem von Ägypten abhängige Fürsten beteiligten, waren ägyptische Interessen aufs Schärfste tangiert. Thutmosis III. griff ein, und es folgte die erste von mindestens 14 Kampagnen, mit denen die ägyptische Vormachtstellung im asiatischen Raum wieder gefestigt wurde.

Entgegen den dringenden Empfehlungen seines Kriegsrates entschloss sich Thutmosis III. beim Vormarsch auf Megiddo zu dem risikoreichen direkten, engen Weg durch die Berge und konnte so die Feinde überraschen, die ihn am anderen Weg erwarteten. Sie flüchteten in die Stadt. Weil die ägyptischen Truppen, anstatt Megiddo im Sturm zu nehmen, mit Plünderungen Zeit verloren, musste die Stadt anschließend sieben Monate belagert werden. Den Belagerten – der Fürst von Kadesch war schon vorher geflohen – wurde freier Abzug gewährt. Aber sie mussten den Ägyptern ihre Waffen, Pferde und über 900 Streitwagen überlassen.

Die ägyptische Grenze verlief jetzt etwa entlang dem Litanifluss und wurde später an der syrischen Küste bis Ullaza und Ardata vorgeschoben. Aber Tunip und Kadesch blieben lange ein Problem, und Mitanni selbst konnte nicht besiegt werden, wenn auch letztlich die Grenze ägyptischen Einflusses im Norden an der Küste bis nach Ugarit und landeinwärts bis Nija am mittleren Orontes reichte.

Ägypten beherrschte nun ein Weltreich, das praktisch vom Euphrat bis südlich des vierten Katarakts in Nubien reichte. Die Nordausdehnung mit den politischen Wechselspielen der syrischen Stadtstaaten unter dem Einfluss des Mitannireiches erforderte ein ständiges Engagement, und auch der nubische Raum war nicht frei von Widerstand. Um der Bedeutung des Nordens Rechnung zu tragen, wurde Memphis zur zweiten Landeshauptstadt erhoben. Hier wurde ein militärisches Hauptlager eingerichtet, und hier befand sich auch der Hauptsitz der

ZITAT

Aus Thutmosis' III. Bericht über seinen ersten syrischen Feldzug auf der Djebel-Barkal-Stele im Amuntempel von Napata:

... Auf dem ersten Feldzug befahl er (Amun) mir die Länder von Retjenu (Palästina und Syrien) an, die gekommen waren, um mit Meiner Majestät zusammenzustoßen ... Als sie nun im Tal von Kina waren ..., da geschah durch mich eine erfolgreiche Tat an ihnen. Meine Majestät griff sie an, da flohen sie ... und gingen nach Megiddo hinein.
Meine Majestät belagerte sie einen Zeitraum von sieben Monaten, bevor sie herauskamen und Meine Majestät anzuflehten: »Gib uns deinen Atem, unser Herr! Die Bewohner von Retjenu werden nicht wieder rebellieren!«

Kronprinzen, die eine militärische Ausbildung erhielten und sich als Heerführer aktiv bewähren mussten.

Die Verwaltung des Imperiums und das Staatsdogma »Eroberung«

Neben der militärischen Besetzung unterstanden die nubischen und asiatischen Gebiete einer ägyptischen Verwaltung. An der Spitze Nubiens stand der »Königssohn von Kusch«, der als enger Vertrauter vom König direkt eingesetzt wurde und diesem auch allein verantwortlich war. Sein Amtssitz lag in Aniba in Unternubien. Ihm zur Seite standen zwei Stellvertreter, einer von Wawat (Unternubien) und einer von Kusch (Obernubien). Dazu kamen ein Truppenoberst sowie ägyptische Verwaltungsbeamte, Priester und Tempelpersonal. Daneben gab es eine Amtsebene, die von Häuptlingen der örtlichen Clans oder Stammesgemeinschaften gebildet wurde.

Schon aufgrund seiner geographischen und politischen Gliederung konnte Vorderasien nicht einem einzelnen Beamten an der Spitze unterstellt werden. Verschiedene ägyptische Gouverneure, die meist dem Militär entstammten, waren für die Abgaben der einzelnen Stadtstaaten verantwortlich, die ihrerseits weiterhin ihren einheimischen Fürsten und dem traditionellen hoch entwickelten Verwaltungssystem unterstanden.

ZITAT

Brief des Mitannikönigs Tuschratta an Amenophis III., der seine Schwester Giluchepa geheiratet hatte (Tafel British Museum 29792, EA 17):

... Weil Du mit meinem Vater ein gutes Verhältnis hattest, ... sende ich Dir einen Streitwagen, zwei Pferde, einen Jungen und ein Mädchen aus der Beute des Landes Hatti (Hethiterreich). Als Geschenk für (Dich), meinen Bruder, sende ich fünf Streitwagen (mit) fünf Pferdegespannen. Und als Geschenk für Giluchepa, meine Schwester, sende ich eine Garnitur Brustschmuck aus Gold, einen Satz (Ohr)ringe aus Gold, einen Ring (mit einer Götterfigur?) aus Gold und ein Parfümgefäß, das mit feinem Öl gefüllt ist.

Thutmosis III. hatte seiner von der ägyptischen Königsideologie vorgeschriebenen Rolle entsprochen und mit dem Triumph über die »Feinde« Ägyptens eine Verpflichtung gegenüber der Weltordnung Maat erfüllt. Seine Eroberungspolitik erhielt damit legitimatorisch das Wesen eines Ritualvollzugs für Gott. Während aber das religiöse Dogma und die politischen und wirtschaftlichen Interessen bei der Besetzung Nubiens zu einer Einheit verschmelzen konnten, gestalteten sich die Dinge in Asien weitaus schwieriger. Denn Ägypten kollidierte hier mit den Interessen ebenbürtiger Gegner.

Die Beziehungen zu den Hurritern und Hethitern

Als Amenophis II. (um 1424–1398) nach der 54-jährigen Regierung Thutmosis' III. den Thron bestieg, hatte er eine strenge militärische Ausbildung hinter sich. Seinen sportlichen Leistungen, seiner Geschicklichkeit, Kraft und Waffenkenntnis widmete er lange Passagen in seinen

Inschriften. Danach bekundete er schon als Kind großes Interesse für Pferde, das Symbol für Königtum und Sieg; sie galten als aristokratische »Kriegswaffen« schlechthin.

Nach Syrien unternahm er zwei Feldzüge, denn der Herrscher des hurritischen Mitannireiches hatte seinen Einfluss wieder ausgedehnt. Beim Zug nach Samaria konnte der König, dem Amun zuvor im Traum Kraft verheißen hatte, seine großen Fähigkeiten unter Beweis stellen: Die Gefangenen und die Kriegsbeute bewachte er nachts allein, und in der Region von Tachsi am oberen Orontes erschlug er eigenhändig sieben Fürsten, die umgekehrt aufgehängt am Bug seines Schiffes nach Ägypten transportiert wurden. Sechs stellte er an der Mauer von Theben zur Schau und einen zur Abschreckung an der von Napata am Djebel Barkal tief in Nubien. Jedoch scheint es, dass der König trotz seiner Aktionen kein wesentliches Territorium zurückerobern konnte. Aber die Massendeportationen, die er veranlasste, vermittelten seinen Gegnern vielleicht einen Eindruck von seiner Entschlossenheit, denn Mitanni, das Hethiterreich und Sangar übersandten Geschenke. In der Hauptsache aber war es wohl der Aufstieg des Hethiterreiches, der den Herrschern von Mitanni Sorgen bereitete und sie Ägypten gegenüber einlenken ließ. In Nubien hingegen waren die Strukturen wohl gefestigt, auch wenn sich der König genötigt sah, seinem alten Waffenbruder und jetzigen Königssohn von Kusch, Usersatet, einen Brief zu schreiben, in dem er ihn vor den Machenschaften der Nubier warnte.

In den letzten Jahren Amenophis' II. und während der Regierung seiner beiden Nachfolger Thutmosis IV. und Amenophis III. herrschte relativer Friede. Ägypten hatte seine imperialen Ziele erreicht, und das Erreichte blieb unangefochten, während die Gewinne aus den Besitzungen einen ungeheuren wirtschaftlichen und kulturellen Aufschwung in Ägypten auslösten.

Thutmosis IV. (um 1397–1387) war vielleicht nicht der ursprünglich vorgesehene Thronfolger Amenophis' II. Wie uns seine so genannte »Sphinxstele« vor der Großen Sphinx von Giseh berichtet, versprach ihm der Gott (»der« Sphinx von Giseh galt als Bild des »Horus im Horizont«), als der Prinz eines Mittags in seinem

2614

Der Granitkopf der fast 2 m hohen Sitzstatue Thutmosis' III., des Neffen der Königin Hatschepsut, mit Resten von Bemalung wurde bei polnischen Grabungen 1964/65 im Tempel des Königs in Deir el-Bahari entdeckt.

2614

Von dem 60 m langen Grab Amenophis' II. im Tal der Könige ist nur die Sargkammer dekoriert. Der Pfeiler zeigt Götterszenen mit Spuren von Bemalung.

2400

Um 1400 v. Chr. begann König Amenophis III. mit dem Bau der Tempelanlage Luxor zu Ehren des Reichsgottes Amun. Das Foto zeigt die Doppelkolonnaden des Säulenhofs innerhalb des Amun-Mut-Chons-Tempels (um 1380 v. Chr.).

Schatten einschlief, im Traum das Königtum und bat ihn, sein Bild vor der drohenden Versandung zu bewahren; dem ist Thutmosis IV., archäologisch nachweisbar, auch nachgekommen. Der eine Feldzug, den er nach Asien unternahm, blieb für die kommenden Jahre der letzte. Mit Mitanni wurde wohl ein Friedensvertrag abgeschlossen, der die wechselseitigen Einflusszonen absteckte.

Nach einer Bemerkung in den Amarnabriefen, der in Amarna gefundenen diplomatischen Korrespondenz des königlichen Hofes, heiratete Thutmosis IV. eine Tochter des Mitannikönigs Artatama. Solche politischen Heiraten dienten auch in der Folgezeit dazu, Gegner zu binden und Allianzen zu festigen. Auf diese Weise gelangte in Zeiten großer Machtfülle, zum Teil erst nach zähen Verhandlungen, eine Reihe asiatischer Frauen in den königlichen Harem. Bitten der anderen Seite um ägyptische Frauen wurden hingegen abschlägig beschieden. Allein in Zeiten politischer Schwäche wurden Frauen aus der ägyptischen Königsfamilie ins Ausland verheiratet. In der Regel wissen wir von solchen Ehen nur durch Keilschriftquellen; ägyptische Texte erwähnen diese Heiraten selten, und so finden wir derartige Heiraten für die nubische Kolonie nicht belegt.

War Amenophis II. bei seinem Tod etwa Mitte 40, so erreichte Thutmosis IV. ein noch kürzeres Lebensalter, sodass sein Erbe Amenophis III. (um 1387–1348) noch als Kind den Thron bestieg. Unter ihm erklomm Ägypten einen kulturellen und politischen Gipfel. Der König setzte ein ungeheures Bauprogramm in Gang, das bis nach Nubien reichte, wo er für sich in Soleb und für seine Hauptgemahlin Teje in Sedeinga (beide nördlich des dritten Katarakts) einen Tempel erbauen ließ. Sein Bauleiter war Amenophis, Sohn des Hapu, der vom König so geschätzt wurde, dass er ihm das eigentlich königliche Privileg eines eigenen Totentempels gewährte. Wie Imhotep genoss er als Weiser noch in ptolemäischer Zeit Verehrung.

Teje, die Tochter eines einflussreichen Beamten aus der Provinzstadt Achmim, besaß den Amarnabriefen zu-

In Theben, einer Weltstadt mit Palästen, Nekropole und Heiligtümern, wurde der Reichsgott Amun verehrt. Das Bild zeigt die so genannten Memnonkolosse von Theben, von denen einer bei Sonnenaufgang einen Ton erklingen ließ, der als Gruß an die Morgenröte galt.

Amenophis III., Vater des Ketzerkönigs Echnaton, ehelichte Teje, die entgegen der Tradition bürgerlichem Geschlecht entstammte. Der Pharao war neben Ramses II. der bedeutendste Bauherr Ägyptens.

100264

ZITAT

Aus der Amadastele Amenophis' II.:
Es kehrte aber Seine Majestät in der Freude seines Vaters Amun zurück, nachdem er sieben Häuptlinge mit eigener Keule erschlagen hatte, die sich im Gebiet von Tachsi (südlich von Kadesch am Orontes), befunden hatten ... Dann wurde der andere Feind nach Nubien transportiert und an der Mauer von Napata aufgehängt, um die Siege Seiner Majestät in allen Ländern und allen Fremdländern Nubiens für alle Ewigkeit sichtbar werden zu lassen. ...

folge erheblichen Einfluss auf die Staatsgeschäfte. Sie war die Mutter des Thronerben Amenophis IV./Echnaton und einiger Töchter, die in den letzten Jahren der Regierung Amenophis' III. den Titel von königlichen Gemahlinnen trugen; Sitamun wurde sogar »Große königliche Gemahlin« genannt. Ob es sich dabei lediglich um Ehrentitel der Prinzessinnen handelte oder ob sie wirklich mit ihrem Vater verheiratet waren, ist unsicher. Daneben heiratete der König mehrere asiatische Prinzessinnen, darunter die Mitanniprinzessinnen Giluchepa und später Taduchepa, Töchter von Schuttarna II. und dessen Sohn Tuschratta.

Für den Herrscher des Mitannireiches bestand besonderer Anlass, sich mit dieser Heiratspoliti der ägyptischen Freundschaft zu versichern, denn die Hethiter in Anatolien waren erstarkt und versuchten, ihren Einfluss auf die Vasallen Mitannis in Syrien auszudehnen. Mitanni kam unter die Oberhoheit der Hethiter, ebenso die Mitannivasallen in Syrien. Auch das ägyptische Kadesch fiel den Hethitern in die Hände. Für Ägypten war damit im Norden ein neuer, starker Feind entstanden, der sich in der Folge als unbesiegbar erwies.

Karola Zibelius-Chen

Revolution und Restauration: Das Ende des Neuen Reiches

Auszug aus Theben: Das Amarnazwischenspiel
Ob Amenophis III. seinen Nachfolger Amenophis IV., der vielleicht an die Stelle eines früh verstorbenen Kronprinzen Thutmosis rückte, in den letzten zwölf Jahren seiner Regierung zum Mitregenten erhob, ist stark umstritten. Amenophis' IV. höchstes zeitgenössisch überliefertes Regierungsdatum ist das Jahr 17.

Bereits zu Beginn seiner Herrschaft bevorzugte er den Sonnengott, der sich in der Sonnenscheibe Aton manifestierte. Mit großer Konsequenz entwickelte er die Vorstellung einer alleinigen Gottheit Aton, die als Schöpfergott vorgestellt und als Sonnenscheibe mit in Händen auslaufenden Strahlen abgebildet wurde. Der Amunkult wurde verboten, und auch die übrigen Kulte wurden unterdrückt. Im Wunsch, seinen Gott gegen den Staatsgott

INFOBOX

Re-Horus im Lichtland

Bei der Thronbesteigung Amenophis' IV. schien noch alles normal zu sein. Doch im sechsten Regierungsjahr kündigte sich die Revolution an: Eine neuartige monotheistische Religion, die ausschließliche Verehrung des Sonnengottes, sollte dem Reich verordnet werden. Deshalb fügte der Herrscher seiner Titulatur den Beinamen »Einziger des (Sonnengottes) Re« ein und nannte sich »Hoher Priester des Re-Harachte« (»Re-Horus im Lichtland«). Re-Harachte, einst mit Menschenkörper und Falkenkopf dargestellt, erscheint nun unter dem Bild der Sonnenscheibe, die ihr Licht in Form eines Strahlenfächers ausbreitet.
»Deine Strahlen umfassen die Länder, bis zum Ende alles dessen, was du geschaffen hast«, heißt es im »Sonnengesang«, gedichtet in Amarna, der Residenz des Pharao.

ZITAT

Howard Carter in seinem Entdeckungsbericht »Das Grab des Tut-ench-Amun« (1923–33):

... Zuerst konnte ich nichts sehen, da die aus der Kammer entweichende heiße Luft das Licht der Kerze zum Flackern brachte. Als meine Augen sich aber an das Licht gewöhnten, tauchten bald Einzelheiten im Innern der Kammer aus dem Nebel auf, seltsame Tiere, Statuen und Gold – überall glänzendes, schimmerndes Gold! Für den Augenblick ... war ich vor Verwunderung stumm. Als Lord Carnarvon die Ungewissheit nicht länger ertragen konnte und ängstlich fragte: »Können Sie etwas sehen?«, war alles, was ich herausbringen konnte: »Ja, wunderbare Dinge!«

ZITAT

Howard Carter in seinem Entdeckungsbericht »Das Grab des Tut-ench-Amun« (1923–33):

Leise weht die Wehmut des allzu frühen Hinscheidens durch das Grab. Der jugendliche, lebens- und genussfreudige König hatte im frühen Jünglingsalter vielleicht unter erschütternden Umständen seine letzte Reise aus der hellen, strahlenden ägyptischen Sonne in das Dunkel der ungeheuren Unterwelt antreten müssen. Der Schmerz um ihn findet einen zarten, anmutigen Ausdruck, der noch nach mehr als dreitausend Jahren unsere Teilnahme erregt.

König Amenophis IV. (Echnaton) setzte den monotheistischen Kult des Gottes Aton durch. Das Alabasterrelief (Ausschnitt) zeigt ihn mit Gemahlin und Tochter beim Opfer für Aton, der als Sonnenscheibe mit in Händen auslaufenden Strahlen dargestellt wird (14. Jh. v. Chr.; Kairo, Ägyptisches Museum).

Amun und dessen große Anhängerschaft kompromisslos durchzusetzen, ließ er die Tempel Amuns schließen und den Namen des Gottes überall von den Denkmälern entfernen. Beamtentum und Priesterschaft wurden gesäubert; nur wer sich dem neuen Kult anschloss, behielt seine Stellung. Aber nicht nur im religiösen Bereich erwies sich der König als Revolutionär, auch in der Kunst warf er alle Konventionen über Bord. Die Darstellung der menschlichen Figur wurde von der starren Form befreit und erhielt Bewegung und einen fast karikaturhaften Zug. An die Stelle der erstarrten künstlichen Schriftsprache trat die Umgangssprache.

In seinem fünften Jahr gründete der König beim heutigen Amarna (Tell el-Amarna) seinem Gott zu Ehren die neue Hauptstadt Achetaton, das heißt »Horizont des Aton«. Mit 14 Stelen legte er ihre Grenzen fest, und in seinem sechsten Jahr zog er in sie ein und versprach, sie nie mehr zu verlassen. Gleichzeitig änderte er seinen Namen von Amenophis (»Amun ist gnädig«) in Echnaton, das heißt »dem Aton wohlgefällig«. Mit seiner Hauptgemahlin Nofretete hatte er sechs Töchter, von denen drei starben. Ein männlicher Nachkomme ist unbekannt. Aus dem Harem seines Vaters übernahm er die bereits oben erwähnte Mitanniprinzessin Taduchepa, die womöglich mit seiner Gemahlin Kija identisch war, mit der er eine Tochter hatte.

Gegen Ende der Regierungszeit musste der König, dessen radikale Umgestaltung der traditionellen Werte große interne Schwierigkeiten hervorrief, seine extreme Position mäßigen. Etwa gleichzeitig erschien die Königin Nofretete aus uns unbekannten Gründen nicht mehr auf den Denkmälern, und die älteste Tochter des Paares, Meritaton, erlangte große Bedeutung, indem sie die Königin in den Zeremonien ersetzte. Die Königin mag damals auch gestorben sein. Ob in dieser turbulenten Zeit Echnaton in seinen letzten drei Lebensjahren Semenchkare zu seinem Mitregenten gemacht hat, wie man einer Darstellung in einem Privatgrab entnehmen möchte, ist unklar. Auf jeden Fall aber schob sich die sehr kurze Regierung des Semenchkare von höchstens drei Jahren zwischen das Ende Echnatons und die Thronbesteigung Tut-ench-Amuns. Mit Echnaton erloschen auch seine revolutionären Ideen. Die späteren Quellen übergehen ihn

100264

INFOBOX

»Die Schöne ist gekommen«

Nofretete oder Nefertiti – ihr Name bedeutet »Die Schöne ist gekommen« – war die Hauptgemahlin von Amenophis IV. und wurde bis zu dessen zwölftem Regierungsjahr häufig an seiner Seite dargestellt. Die herausgehobene Stellung der »Großen Königsgemahlin«, wie ihr offizieller Titel war, lässt sich auch an den Reliefs von Amarna ablesen: Sie zeigen Nofretete in der für Frauen sonst nicht üblichen Schrittstellung oder auch beim so genannten Niederschlagen der Feinde, einer üblicherweise Männern vorbehaltenen Betätigung.

Ihre um 1320 v. Chr. entstandene Marmorbüste aus bemaltem Kalkstein, die 1912 bei Ausgrabungen in Amarna gefunden wurde, wurde zum Inbegriff zeitloser Schönheit. Schon ihren Zeitgenossen galt Nofretete – ob an der Seite ihres Gemahls oder als Bildhauermodell – durch ihr perfektes Make-up und die Ebenmäßigkeit ihres Gesichts als Idealbild weiblicher Schönheit.

100562

Die Büste der Königin Nofretete gilt als Inbegriff zeitloser Schönheit. Nofretete, deren Züge geradezu modern wirken, diente häufig als Bildhauermodell (14. Jh. v. Chr.; Berlin, Ägyptisches Museum).

wie auch die folgenden »Amarnakönige«. Nur einmal wird, allerdings ohne ihn beim Namen zu nennen, im Rahmen einer Datumsangabe auf ihn als »Feind von Achetaton« Bezug genommen.

Das Ende der Epoche

Als Tut-ench-Amun (Tutanchamun) zunächst als Tut-ench-Aton den Thron bestieg, war er ein neunjähriges Kind, für das Eje (Aja), vielleicht ein Bruder der Königin Teje, die Regierungsgeschäfte führte. Er wurde mit Echnatons Tochter Anchesenpaaton verheiratet. Um die problematische innere Lage zu beruhigen, leitete man nun eine vollständige Abwendung von der Politik Echnatons ein. Die Restaurationsstele Tut-ench-Amuns gibt davon Zeugnis. Das Königspaar verließ Amarna und ersetzte den Gottesnamen des Aton in seinen Namen durch den des Amun, der damit vollständig rehabilitiert wurde. Aber Tut-ench-Amun starb schon nach neun Jahren, ohne einen Erben hinterlassen zu haben, und der alte Eje bestieg selbst den Thron. Dieser übernahm das für Tut-ench-Amun vorgesehene Königsgrab für sich selbst und ließ die Mumie seines Vorgängers in einem kleineren Grab bestatten. Dieses Grab, das eine Überfülle kostbarer Beigaben enthielt, wurde 1922 in fast unversehrtem Zustand im Tal der Könige entdeckt und erregte das

Staunen der Nachwelt. Wohl deshalb ist Tut-ench-Amun, der nur so kurz regierte, heute der vielleicht bekannteste Pharao des Alten Ägypten.

Die Schwierigkeiten dieser Zeit wurden von einem Vorkommnis begleitet, das sich unmittelbar nach dem Tod Tut-ench-Amuns oder auch schon während der unstabilen Lage nach dem Tod Echnatons ereignete. Von ihm wissen wir allerdings nur aus hetihischen Quellen. Die Königswitwe, in den hethitischen Quellen Dahamunzu genannt, was auf die ägyptische Form Ta-hemetnesut, »die Frau des Königs«, zurückgeht, richtete ein Schreiben an den Hethiterkönig Suppiluliuma I., in dem sie eine Eheschließung zwischen sich und einem seiner Söhne vorschlug. Der König sei tot, sie habe keinen Sohn

ZITAT

Aus dem Text der älteren Grenzstelen des Echnaton aus Tell el-Amarna (Achetaton):
Man baue mir ein Grab in dem Berg von Achetaton, wo die Sonne aufgeht, in welchem meine Bestattung erfolgen soll nach Millionen von Regierungsjubiläen, die Aton, mein Vater, mir zugewiesen hat. Man bestatte darin (auch) nach Millionen von Jahren die Große königliche Gemahlin Nofretete ... und man bestatte darin nach Millionen von Jahren die königliche Tochter Meritaton.

50

Echnaton legte seinen Namen Amenophis, der den des ihm verhassten Reichsgottes Amun enthielt, ab. Sein neuer Name bedeutet »dem Aton wohlgefällig«. Das versenkte Kalksteinrelief (Mitte 14. Jh. v. Chr.; Berlin, Ägyptisches Museum) stellt den König in fast karikierender Weise dar.

INFOBOX

Das Grab eines jungen Königs

Tut-ench-Amun, Pharao der 18. Dynastie, regierte etwa 1347–1339 v. Chr.; die Amtsgeschäfte des jungen, bei seinem Tod etwa 18-jährigen Königs nahm General Haremhab wahr. Obwohl er in seinem kurzen Leben keinerlei politische Bedeutung erlangte, wurde Tut-ench-Amun – sein Name bedeutet »lebendes Bild des Amun« – zu einem der bekanntesten Pharaonen: zum einen deshalb, weil mit der Entdeckung seines Grabes im Tal der Könige bei Theben 1922 ein viel beschriebenes Abenteuer der Archäologie verbunden ist, zum anderen, weil dieses eine bislang nicht gekannte Fülle an Schätzen – rund 5 000 Einzelstücke – barg.
Wie in jedes andere Pharaonengrab waren Grabräuber auch in die Ruhestätte dieses Pharaos eingedrungen und hatten wertvolle Kleinteile geraubt. Diese Räubereien müssen aber kurz nach der Grablegung stattgefunden haben und von den thebanischen Priestern bemerkt worden sein, denn sie räumten das Grab auf und versiegelten es wieder. In den nächsten 3000 Jahren blieb es unberührt und das trockene, heiße Klima Ägyptens konservierte die Gegenstände aus vergänglichem Material, wie etwa Holz. Spektakulärster Fund war der 225 kg schwere, massiv goldene Sarkophag mit der Mumie Tut-ench-Amuns, dessen Gesicht und Brust mit einer Maske aus Gold und Lapislazuli bedeckt waren.

ZITAT

Aus dem Dekret des Haremhab in Karnak. Der 4. Paragraph (Auszug) beschäftigt sich mit der Besteuerung von Rindern:
Wenn der Rindervorsteher Pharaos kommt, um die Rindersteuer im ganzen Land zu erheben, so ist er es, der die Häute der toten Rinder einsammeln soll... Jeder Militärangehörige, von dem man hört, dass er geht, um Häute zu beschlagnahmen, von heute an, auf den wende man das Gesetz an: Er soll mit hundert Hieben und fünf offenen Wunden geschlagen werden, und die Haut, die er widerrechtlich an sich genommen hat, soll konfisziert werden.

und würde niemals einen ihrer »Diener« heiraten. Der hethitische Prinz würde durch diese Heirat König von Ägypten werden. Suppiluliuma reagierte mit Ungläubigkeit und fürchtete eine Falle, denn nach ägyptischer Anschauung stellte dieses Angebot eine Ungeheuerlichkeit dar. Ein Gesandter überprüfte vor Ort die Sachlage und reiste mit einem ägyptischen Beamten an den hethitischen Hof, bevor schließlich ein Sohn geschickt wurde. Dieser kam allerdings unterwegs zu Tode – von den Ägyptern ermordet, wie die Hethiter unterstellten, was die Ägypter jedoch bestritten.

Auch wir fragen uns natürlich nach den Gründen für dieses ungewöhnliche Vorgehen. Als sicher kann wohl gelten, dass es sich bei der Offerte nicht um einen »Alleingang« der ägyptischen Königin gehandelt hat, sondern dass es sowohl einflussreiche Befürworter als auch Gegner dieses Schrittes gab. Dass der Grund in der militärischen Bedrängnis zu suchen ist, in die die Hethiter Ägypten in Syrien brachten und aus der sie sich durch das Heiratsangebot zu befreien suchten, können wir nur vermuten.

Das Restaurationswerk wird vollendet

Der neue König Eje setzte in seiner vierjährigen Regierung die Reform fort. Da er ohne Erben war, bestimmte er den Generalissimus Haremhab zu seinem Nachfolger, der vielleicht auch über seine Frau Mutnodjmet, womöglich eine Schwester der Nofretete, legitimiert wurde. Auch er bemühte sich in seiner langen Regierung zunächst, die Missverhältnisse der Amarnazeit weiter zu beseitigen und die innere Ordnung wiederherzustellen.

Die stark beschädigte Stele mit seinem Dekret in Karnak schildert die Maßnahmen, die er zur Durchsetzung des Rechts traf. Die Inschrift gibt eine gute Vorstellung

100563

Echnatons Monotheismus beruhte auf der Verehrung einer kosmischen Macht, die sich als Sonne, und zwar in Licht und Zeit, Strahlung und Bewegung, manifestierte. Das Stuckporträt (Mitte 14. Jh. v. Chr.; Berlin, Ägyptisches Museum) vermittelt die Spiritualität, von der der König und Religionsstifter beseelt gewesen sein muss.

INFOBOX

Die Sonnenscheibe

Aton wurde von Amenophis IV. (Echnaton) um 1350 v. Chr. zur alleinigen Gottheit erklärt und ist damit der erste bekannte Gott der Religionsgeschichte, der monotheistisch verehrt wurde. Durch den Pharao wird er auf ein einfaches, einleuchtendes Prinzip reduziert: Er ist das Licht, das Leben spendet, und ohne ihn herrschen Dunkelheit und Verzweiflung. Darstellungen zeigen den Gott als Sonnenscheibe, deren Strahlen in Hände auslaufen und dem König das Schriftzeichen »Leben« reichen. Die Strahlen symbolisieren das Licht, das überall eindringt.

von der Rechtsunsicherheit, der sich die Bürger des Landes ausgesetzt sahen: Die willkürliche Eintreibung von Forderungen beispielsweise konnte so weit gehen, dass man ganze Schiffe unrechtmäßig beschlagnahmte. Die Strafen, die jetzt für derartige Übergriffe verhängt wurden, waren für unsere Begriffe drakonisch. In schwersten Fällen wurden den Übeltätern die Nasen abgeschnitten.

INFOBOX

»Horizont des Aton«

Die von Amenophis IV./Echnaton im Zuge seiner Reformbestrebungen gegründete und der Sonnenscheibe (Aton) geweihte Residenz Achetaton (»Horizont des Aton«) wurde bald nach dem Tod des Königs wieder verlassen. Da sie nicht wieder besiedelt oder überbaut wurde, ist sie eine der wenigen gut erforschbaren Stadtanlagen des alten Ägypten. Stadtzentrum, Villen der Oberschicht, eine Arbeitersiedlung, mehrere Tempel und Paläste wurden durch Ausgrabungen freigelegt. Die 1887 entdeckten »Amarnabriefe«, ein Tontafelarchiv mit einer Korrespondenz in babylonischer Keilschrift, sind eine bedeutende historische Quelle für Syrien und Kanaan sowie für die ägyptische Politik in Vorderasien. In der Bildhauerwerkstatt des Thutmosis fand man vorzügliche Bildwerke und Bildhauermodelle, unter ihnen die bemalte Kalksteinbüste der Königin Nofretete. Die Skulpturen, Reliefs, Wand- und Fußbodenmalereien der Amarnazeit zeigen einen von der ägyptischen Kunsttradition abweichenden Stil (Amarnastil), der aus religiösen Gründen bei der Darstellung körperlicher Merkmale expressive Züge trägt.

Im Norden und Süden der Residenz lagen die Nekropolen: 25 Felsengräber (viele unvollendet), aus denen die meisten Funde stammen; die Bildthemen kreisen um die königliche Familie; vielfach werden Bauten in Amarna dargestellt.

Hundert Stockhiebe oder fünf offene Wunden waren Strafen für minder schwere Vergehen. Außenpolitisch musste Haremhab, wohl noch zu Zeiten Ejes, einen Zug nach Syrien gegen die Hethiter unternehmen, die den Tod ihres Prinzen rächen wollten. Durch eine Seuche im hethitischen Heer, der auch Suppiluliuma selbst zum Opfer fiel, kam es jedoch zu keinen weiter gehenden Konfrontationen. Auch eine Fahrt nach Punt scheint Ägypten unter Haremhab unternommen zu haben.

Für die Ägypter ist Haremhab der erste legitime König seit Amenophis III. Haremhab selbst rechnete sich, nach seiner Königstitulatur zu urteilen, noch zur 18. Dynastie.

Karola Zibelius-Chen

ZITAT

In späteren Abschnitten ermahnt Haremhab seine Beamten zur Unbestechlichkeit:

Verbrüdert euch nicht mit anderen Menschen! Nehmt keine Geschenke (zur Bestechung) von anderen an!... Seht, jeder von euch, der sich mit einem anderen einlässt, der sei für euch einer, der gegen die Maat unrecht handelt... Was aber irgendeinen Bürgermeister oder Priester angeht, von dem man Folgendes hört: »Er sitzt, um Recht zu sprechen im Gerichtshof, der zum Richten eingerichtet worden ist, und behandelt darin einen Verbrecher wie einen Unschuldigen!«, so wird das für ihn zu einem großen und todeswürdigen Verbrechen.

Ein neuer Anfang: Die Ramessiden bis Merenptah

Nach der Wiederherstellung des alten Glaubens finden wir das Ägypten der Ramessidenzeit – die Bezeichnung ist von dem Königsnamen Ramses, ägyptisch Ramesse (»Re ist es, der ihn geboren hat«) abgeleitet – in vielen Einzelheiten gegenüber der 18. Dynastie verändert. Dies betrifft zum einen den großen Bereich der Darstellungen, bei denen sich der Inhalt und vor allem auch der Stil wandelt. Große Schlachtenreliefs erscheinen jetzt auf den Tempelwänden. In den Gräbern konzentrieren sich die Abbildungen mehr auf das Jenseits und thematisieren nicht mehr das heitere Leben im Diesseits. Überhaupt macht sich eine größere Frömmigkeit breiterer Schichten bemerkbar. In die Schriftsprache findet, von Echnaton ehedem eingeleitet, das Neuägyptische immer mehr Eingang, und neue Wörter, vor allem Fremdwörter aus dem asiatischen Bereich, kommen auf. Sie sind ein Zeichen für das kosmopolitische Lebensgefühl dieser Zeit.

Die Ramessiden betonen ihre Familienverbindungen. Das Bewusstsein, zu einer langen Linie vorangegangener Herrscher zu gehören, lässt sie Denkmäler früherer Epochen restaurieren. In keiner anderen Epoche Ägyptens ist eine solche Hinwendung zum Ahnenkult zu beobachten, bei dem als Teil des Opferrituals im Tempel die Vorfahren angerufen werden. Offenbar geschah dies in einer chronologischen Anordnung, wie uns die schon

Haremhab – hier zusammen mit der Himmelsgöttin Hathor – legte außenpolitisch im Kampf gegen die vordringenden Hethiter, innenpolitisch mit Reformen in Verwaltung und Wirtschaft, die Grundlagen für den Wiederaufstieg Ägyptens.

2614

des Öfteren erwähnten Königslisten zeigen, die sich in solchen Zusammenhängen in den Tempeln erhalten haben. Die Ramessiden sahen sich in dieser Reihe und legitimierten sich von daher. Allerdings entsprang diese Auflistung der früheren Könige keinem historischen Interesse, sondern war kultisch begründet. Aber wir finden auch ein echtes Interesse an der Geschichte. Ramses II. etwa informierte sich in der Bibliothek über den Ursprung und die Bedeutung von Theben, Merenptah konsultierte die Annalen wegen des sich verschärfenden Libyerproblems, und Ramses IV. las archaische Texte zur »Urzeit«.

Die außenpolitische Lage zu Beginn der Ramessidenzeit
Durch den Ausbruch der Pest in ihrem Heer hatten sich die Hethiter nach der Affäre um den Brief der ägyptischen Königswitwe und den Tod des hethitischen Prinzen von größeren Kampfhandlungen zurückhalten müssen. Nachfolgende Unruhen im Hethiterreich selbst verhinderten dann neuerliche, entscheidende Angriffe in der Zeit von Haremhab, sodass Ägypten sich unbehelligt von den Hethitern in Palästina und Südsyrien hatte halten können. Aber auf diese Art war der Machtkampf um die Vorherrschaft in Syrien/Palästina unentschieden geblieben, und Ramses I. übernahm hier einen ungeklärten Machtbereich.

In Nubien war es zwar ebenso zu Auseinandersetzungen gekommen, aber der Kernbereich der nubischen Provinz, das Gebiet im Niltal, war zu Beginn der Ramessidenzeit noch fest in ägyptischer Hand.

Die neue Dynastie
Da Haremhab keinen Sohn hatte, der seine Nachfolge hätte antreten können, designierte er seinen General und Wesir Paramesse als Nachfolger, der zwar offenbar schon fortgeschrittenen Alters war, aber bereits einen erwachsenen Sohn und Enkel besaß, sodass bei ihm auch die weitere Nachfolge gesichert war. Dieser Paramesse, der dann unter dem Namen Ramses I. (um 1292–1291) den Thron bestieg und erster König der nun folgenden 19. Dynastie war, stammte nicht aus dem königlichen Haus, sondern aus einer Familie im östlichen Delta, die wohl zu den einflussreichsten der Nachamarnazeit gehörte. Sein Vater Seti war Truppenkommandant gewesen, ein Amt, das auch Paramesse in seiner Karriere durchlaufen hatte. Aus seiner kurzen, höchstens zweijährigen Regierung ist kaum etwas bekannt. Aber dass der König sich womöglich selbst als Begründer einer neuen Dynastie gesehen hat, zeigt vielleicht sein Thronname, der dem des Ahmose, des ersten Königs der 18. Dynastie, nachempfunden sein könnte.

Als sein Sohn Sethos I. um 1290 v. Chr. König wurde, hatte er bereits für Ramses I. militärische Aufgaben erfüllt. Sein Alter bei der Thronbesteigung lässt sich aber ebenso wenig bestimmen wie seine Regierungsdauer, die zwischen elf und höchstens 15 Jahren gelegen hat. Se-

100880

Das Grab König Haremhabs in Memphis enthält Szenen aus seiner Zeit als oberster Heerführer Ägyptens. Der Ausschnitt zeigt Gefangene des siegreichen Feldzugs gegen die Syrer (Leiden, Rijksmuseum van Oudheden).

INFOBOX

Ramses der Große

Ramses II. war einer der bedeutendsten Pharaonen Ägyptens. Zu Beginn seiner Regierungszeit versuchte er, die Hethiter aus Nordsyrien zu verdrängen, musste sich aber nach der Schlacht bei Kadesch (1275) zurückziehen. In seinem 21. Regierungsjahr beendete er die Kriege mit den Hethitern durch einen – in Hieroglyphen und Keilschrift erhaltenen – Bündnisvertrag, der das nördliche Syrien dem hethitischen Einfluss überließ. Seine Hauptgemahlin war Nefertari; neben ihr stand Isisnofret, die Mutter seines Sohnes und Nachfolgers Merenptah. 1257 heiratete Ramses II. eine Tochter des Hethiterkönigs Hattusili III., später eine ihrer Schwestern. Von Ramses II. sind mindestens 40 Töchter und 45 Söhne bekannt. Ramses II., unter dem das Land eine wirtschaftliche Blüte erlebte, war einer der wichtigsten Bauherren Altägyptens. Er baute unter anderem in Karnak, Luxor und Abydos und ließ die Felsentempel von Abu Simbel errichten. Seine Residenz war die »Ramsesstadt« im Nildelta, von der heute nur noch Spuren erhalten sind. Sein Grab im »Tal der Könige« ist stark zerstört; seine Mumie befindet sich im Ägyptischen Museum in Kairo.

thos I. fügte seinen Datierungen in den ersten Regierungsjahren gern den Ausdruck »Erneuerung der Schöpfung« (ägyptisch Wehem-mesut) hinzu und gab dadurch vielleicht zu erkennen, dass er sich als Begründer einer neuen Epoche sah. Möglicherweise sollte der Ausdruck aber auch auf den Beginn einer neuen Sothisperiode anspielen, die vielleicht in die Zeit Ramses' I. oder Sethos' I. fiel. In seiner Titulatur, insbesondere im Herrinnen- und Goldnamen, propagierte der König eine aktive Außenpolitik. Entsprechend unternahm er noch in seinem ersten Jahr einen Feldzug nach Asien. Dieser verfolgte das Ziel, in einer ersten Stufe die ägyptischen Vasallen wieder fest in den ägyptischen Herrschaftsbereich einzubinden.

Gleichzeitig dienten diese Konsolidierungsmaßnahmen der Vorbereitung einer zweiten Phase mit dem Ziel, die alten Besitzungen Kadesch und Amurru zurückzugewinnen, und am Ende sollte die Konfrontation mit den Hethitern selbst stehen, die durch den ägyptischen Sieg über Kadesch herausgefordert wurde. Quellen für die militärischen Vorgänge sind dabei die Reliefs, die Sethos I. auf den Außenwänden der Großen Säulenhalle im Tempel von Karnak hat anbringen lassen. Der Inschrift

ZITAT

Aus der Heiratsstele in Abu-Simbel. Im 34. Jahr heiratet Ramses II. die hethitische Prinzessin Schauska-Nu:

Man kam, um das Herz Seiner Majestät zu erfreuen, indem man sagte: »Siehe, der Großfürst von Hatti hat seine älteste Tochter mit zahlreichen Gaben gesandt... Zahlreiche Berge und schwierige Pfade haben sie überqueren müssen, und jetzt haben sie die Grenze Deiner Majestät erreicht. Lasst doch die Armee und die Großen gehen, um sie zu empfangen...

zufolge haben die Ägypter über Hatti, das Reich der Hethiter, gesiegt, doch ist ihre Sprache letztlich so konventionell, dass wir ihr nicht mehr entnehmen können, als dass Sethos I. irgendwelche Feldzüge auf hethitisches Gebiet unternahm. Spätestens in den ersten Jahren Ramses' II. wechselte Kadesch, das sich schon in der Vergangenheit wiederholt als unzuverlässig erwiesen und die Seiten gewechselt hatte, aber aufs Neue ins hethitische Lager, und der Fürst von Kadesch spielte eine herausragende Rolle bei den hethitischen Vorbereitungen für die berühmte Schlacht von Kadesch unter Ramses II.

Sethos I. festigte in Kämpfen gegen Hethiter und Libyer die ägyptische Herrschaft. Er ließ einen großen Tempel in Abydos und einen kleineren, für seinen Totenkult bestimmten, auf dem Westufer von Theben erbauen. Der Schmuck seines Grabes im Tal der Könige zählt zu den Höhepunkten ägyptischer Reliefkunst.

Der Totentempel Sethos' I. befindet sich, nahe beim Zugang zum Tal der Könige, am nördlichsten Ende von Theben. Sein Allerheiligstes ist wie in allen thebanischen Totentempeln dem Gott Amun-Re geweiht.

2769

Libyen kommt erstmals ins Spiel

Die Aufzeichnungen über den libyschen Krieg, die Sethos I. ebenfalls in Karnak hinterlassen hat, erlauben kaum Schlüsse über das Unternehmen; möglicherweise handelte es sich nur um eine Razzia. Unter Amenophis III. waren neue libysche Stämme, unter anderem die Meschwesch, aufgetreten, die später zusammen mit anderen libyschen Stämmen in den großen Libyerkriegen eine Rolle spielen sollten. Ihr Auftauchen mag auf Klimaveränderungen in der Sahara zurückzuführen sein, die durch eine Verarmung von Flora und Fauna die Lebensmöglichkeiten der Menschen dort reduzierten und das fruchtbare Niltal zum Anziehungspunkt machten.

In Nubien richtete sich ein Zug Sethos' I. gegen Irem, ein Gebiet, das in der Ostwüste in der Region der Goldminen des Wadi Allaki und Wadi Gabgaba anzunehmen ist. Offenbar behinderten die Bewohner von Irem hier den Goldabbau, und Sethos I. zerstörte verschiedene Wasserstationen dieser Bevölkerungsgruppe und deportierte eine Anzahl von Männern, Frauen und Kindern.

Sethos I. wurde im Tal der Könige bestattet. Sein Grab und sein Totentempel in Kurna auf dem Westufer von Theben wie auch sein Tempel in Abydos, hinter dem sich sein als Osirisgrab gestaltetes Kenotaph (Scheingrab) befindet, bestechen durch die Schönheit ihrer Re-

ZEITTAFEL
Neues Reich
19. Dynastie, Ramessiden (um 1292–1186 v. Chr.):
Ramses I.
Sethos I.
Ramses II. (um 1279–1212 v. Chr.)
Merenptah
Sethos II.
Amenmesse
Siptah
Tauseret

liefs. Durch das Nauridekret in Nubien wissen wir, dass sein Tempel in Abydos über große Ländereien und Einkünfte in Nubien verfügte. Dieses Dekret gibt uns auch einen Einblick nicht nur in die Strafpraxis im Neuen Reich, sondern auch in die Zahl der möglichen Übergriffe und Zuwiderhandlungen von Staatsbeamten und sonstigen Machthabern, die mit der Bekanntgabe der Strafen davon abgehalten werden sollen, die nubischen Einkünfte des Tempels von Abydos einzubehalten oder gar in die eigene Tasche zu stecken.

Der große Ramses

Als Ramses II. um 1279 v. Chr. seinem Vater folgte, dürfte er Anfang zwanzig gewesen sein und hatte bereits zwei Frauen zu Großen königlichen Gemahlinnen ernannt, Nofretiri (Nefertari), der der kleine Tempel von Abu Simbel geweiht ist, und Isisnofret, die für uns mehr im Hintergrund bleibt, aber deren Söhne Chaemwese und Merenptah (vierter und 13. Sohn Ramses' II.) historisch eine Rolle spielen. Chaemwese war Priester des Ptah und restaurierte alte Denkmäler, während Merenptah der nächste Pharao wurde. Über 66 Jahre, bis 1212 v. Chr., blieb Ramses II. an der Regierung. Er ist der König, der wohl am meisten gebaut hat. Sowohl Ägypten als auch Nubien überzog er förmlich mit Bauprogrammen. Im Hinblick auf das politische Gewicht der damaligen Weltmächte am Mittelmeer verlegte er seine Residenz ins Ostdelta und baute die Ramsesstadt mit dem Kern des alten Auaris als Hauptstadt aus.

ZITAT

Im so genannten Kadesch-Gedicht beklagt sich Ramses II. über den Ausgang der Schlacht:

Was ist mit dir, mein Vater Amun? Ziemt es einem Vater, seines Sohnes zu vergessen, und habe ich je etwas ohne dich getan, gehe und stehe ich nicht auf dein Geheiß? Denn nie habe ich einen Befehl von dir übertreten! Zu groß ist er doch, der große Herr Ägyptens, als dass Fremdvölker ihm entgegentreten könnten! Was sind diese Asiaten für dich, Amun, die Elenden, die Gott nicht kennen?

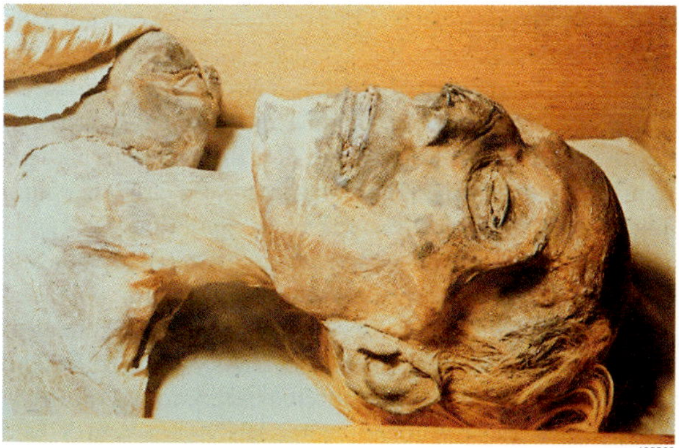

100563

Ramses II. (»Re hat ihn geboren«), Pharao der 19. Dynastie, Sohn von Sethos I., regierte 66 Jahre lang (1290–1224, nach anderer Chronologie 1279–1212 v. Chr.). Seine Mumie ist in Kairo im Ägyptischen Museum ausgestellt.

INFOBOX

Die Schlacht bei Kadesch

Kadesch am oberen Orontes war aufgrund seiner wichtigen Lage für den Nord-Süd-Verkehr mehrmals Streitgegenstand zwischen Ägyptern und Hethitern. 1275 v. Chr. fand zwischen den Ägyptern unter Ramses II. und den Hethitern unter Muwatalli erneut ein Kampf um Kadesch statt. Ramses, der einer Kriegslist aufsaß, konnte sich durch seine erbitterte Gegenwehr bis zum Nahen der Verstärkung halten. So endete die Schlacht unentschieden: Es war Ramses zwar nicht gelungen, die Festung einzunehmen, doch hatten ihn die Hethiter auch nicht besiegt.

ZEITTAFEL

Neues Reich
20. Dynastie, Ramessiden (um 1186–1075 v. Chr.):
Sethnacht
Ramses III.
Ramses IV.–XI.

Um die Goldproduktion im Wadi Allaki in Nubien zu intensivieren, verbesserte Ramses die Wasserversorgung auf dem Weg zu den Goldminen. Der Brunnen, den er graben ließ, konnte wieder entdeckt werden. Schon zuvor hatte Sethos I. hier erfolglos einen Versuch unternommen, nachdem er auch im Wadi Mija in der Ostwüste Ägyptens bei den Goldminen einen Brunnen und einen Tempel hatte anlegen lassen. Darüber hinaus wurde nochmals ein Feldzug gegen Irem nötig, das offenbar den Goldabbau weiterhin störte. Dabei wurden 7 000 Gefangene nach Ägypten gebracht.

Eine misslungene Schlacht und ein Staatsvertrag unter Ramses II.

Schon im vierten Jahr seiner Regierung unternahm Ramses II. einen Zug nach Asien. Dabei kam das mittelsyrische Amurru, das Vasall der Hethiter gewesen war, wieder unter ägyptische Herrschaft. Der Gegenschlag der konkurrierenden Großmacht war damit vorprogrammiert.

Die entscheidende Schlacht von Kadesch ein Jahr später hat Ramses vielfach beschrieben und auf den Tempelwänden dargestellt, sodass sich zusammen mit dem Kadeschgedicht die Vorgänge sehr gut zu einem Bild vervollständigen lassen. In seinem fünften Regierungsjahr (um 1275 v. Chr.) überschritt Ramses II. die ägyptische Grenze und erreichte einen Monat später Schabtuna südlich von Kadesch. Muwatalli, der Hethiterkönig, hatte ein sehr großes Aufgebot von hethitischen und alliierten Truppen unmittelbar bei Kadesch aufmarschieren lassen, darunter 2 500 Streitwagen und 37 000

Ramses II. – hier eine vier Kolossalstatuen, die ihn vor dem Großen Tempel in Abu Simbel zeigt – regierte 1279–1212 v. Chr. In seinem 21. Regierungsjahr beendete er die Kriege mit den Hethitern durch einen Bündnisvertrag, der das nördliche Syrien hethitischem Einfluss überließ.

100888

ZITAT

Aus dem im 21. Jahr geschlossenen Friedensvertrag Ramses' II. mit Hattusili III.:
Hattusili, der Großfürst von Hatti, soll niemals das Land Ägypten angreifen, um irgendetwas aus ihm wegzunehmen. Usermaatre Setepenre, der Großherrscher von Ägypten, soll niemals das Land Hatti angreifen, um irgendetwas aus ihm wegzunehmen…
Wenn ein anderer Feind gegen die Länder des Usermaatre Setepenre… zieht, und der zum Großfürsten von Hatti schickt, mit den Worten: »Komm mir zu Hilfe gegen ihn!«, so soll der der Großfürst von Hatti ihm zu Hilfe kommen…

Soldaten. Die Ägypter griffen in Schabtuna zwei Beduinen auf, die sich als Überläufer ausgaben, in Wirklichkeit aber Spione der Hethiter waren und den Ägyptern falsche Angaben über den Aufenthalt der hethitischen Streitmacht machten. Im Glauben, der Feind sei noch weit entfernt, warteten die Ägypter daher nicht, bis sich ihre vier Divisionen des Amun, Re, Seth und Ptah gesammelt hatten, sondern Ramses rückte allein mit einer kleinen Vorhut bis in den Nordwesten von Kadesch vor, wo dann die Division des Amun zu ihm stieß und das Lager aufschlug. Währenddessen wurden hethitische Kundschafter, die die Lage ausspionierten, festgenommen und gaben unter einer Bastonade den wahren Sachverhalt preis. Inzwischen trat die Division des Re in Erscheinung und wurde durch den nun einsetzenden, überfallartigen Angriff eines Teils der Hethiter versprengt. Ramses selbst preschte in die Schlacht, und Boten eilten, die nachrückenden Divisionen zu benachrichtigen. Nur der Ankunft einer Truppe von Spezialeinheiten, die den König von Amurru her entsetzten, war es zu verdanken,

INFOBOX

Die Rettung von Abu Simbel
Die beiden Felsentempel bei Abu Simbel wurden zur Zeit Ramses' II. zwischen 1290 und 1224 v. Chr. errichtet. Der kleinere war der Göttin Hathor geweiht und reichte 60 m tief in das Felsmassiv hinein. Seine 29 m breite und 22 m hohe Fassade war einschließlich der sechs Statuen von 10 m Höhe aus dem anstehenden Gestein herausgearbeitet. Doppelt so hoch sind die vier Sitzfiguren des Königs an der Fassade des großen Tempels. Ramses II. machte sich selbst zur Hauptgottheit des Heiligtums. Im Allerheiligsten sitzt er gleichrangig neben Ptah, Harachte und Amun, den Göttern der religiösen Zentren Memphis, Heliopolis und Theben.
Der ursprüngliche Standort der Tempel lag im Nassersee, der sich durch den Bau des Assuanstaudamms bildete. Um die Monumente vor der Überflutung zu bewahren, beschloss die UNESCO ihre Verlegung und vergab 1963 hierzu den Auftrag. 48 Nationen beteiligten sich an der spektakulären Aktion zur Erhaltung des Kulturdenkmals, und es dauerte vier Jahre, bis die Tempel in 1036 Blöcke mit einem Gewicht von 7 bis 10 t zersägt und 60 m über dem ursprünglichen Standort wieder aufgebaut waren. Die künstlichen Gewölbe, die nunmehr die Tempel umfassen, sind mit Feldbrocken und Sand abgedeckt, sodass sie als natürliche Hügel erscheinen.

INFOBOX

Der Bildner der Welt

Ptah ist einer der ältesten menschengestaltigen Götter Ägyptens. Bedeutung gewann er erst gegen Ende des Alten Reiches, zunächst lokal in der Königsresidenz Memphis; hier wurden der Stier Apis als Mittler oder Erscheinungsform und die Göttin Sachmet als Gemahlin des Ptah verehrt. Im Neuen Reich galt er als universaler Schöpfergott, als Bildner der Welt, der diese durch das schaffende Wort und das Werk seiner Hände ins Leben ruft. Ptah war der Berufsgott der Handwerker und Künstler; sein Oberpriester war der »Oberste Leiter der Handwerker«. In der Ramessidenzeit verkörperte sich für die Ägypter in der Trinität Ptah, Re und Amun die Gesamtheit der Götter.

dass die Schlacht von Kadesch nicht in einem Desaster für die ägyptische Armee, sondern mit einem Waffenstillstand endete.

In seinem achten und zehnten Jahr folgten weitere Züge Ramses' II. nach Asien. Daran schloss sich eine Friedensperiode von etwa sechzig Jahren an, die im 21. Regierungsjahr Ramses' II. durch den Staatsvertrag mit dem Hethiterreich abgesichert wurde. Durch die Heirat des ägyptischen Königs – in seinem 34. Jahr – mit einer hethitischen Prinzessin, die als Große königliche Gemahlin nach Ägypten kam, und eine spätere zweite Heirat wurde die Allianz zwischen den beiden ehedem verfeindeten Mächten weiter gefestigt.

Wie war es dazu gekommen? Muwatalli, Ramses' Kontrahent auf der hethitischen Seite, war etwa drei Jahre nach der Schlacht von Kadesch gestorben und hatte nur den von einer Nebenfrau stammenden minderjährigen Sohn Urchi-Teschup hinterlassen. Diesen entthronte sein Onkel Hattusili (III.) und schickte ihn ins Exil, wo er mit dem König von Babylon konspirierte; später, im 18. Jahr Ramses' II., floh er nach Ägypten. Hattusili verlangte die Auslieferung des Neffen und schloss, als sie ihm verweigert wurde, einen Beistandspakt mit dem König von Babylon. Doch der starb, bevor es zu Kampfhandlungen kam, und sein Nachfolger betrieb eine neutrale Politik. Inzwischen bereitete aber das Assyrerreich dem Hethiterkönig Hattusili Schwierigkeiten, sodass er nach Friedensmöglichkeiten mit Ägypten suchte.

100880

Die Granitstatue Ramses' II. stellt ihn mit Kriegshelm und Heka-Zepter dar. Sein nach innen gekehrter Gesichtsausdruck ist als Ergebung in den göttlichen Willen zu deuten.

Die Verhandlungen mündeten schließlich um 1259 v. Chr. in einen regelrechten Staatsvertrag. Ursprünglich auf Silbertafeln ausgefertigt, ist er uns in babylonischer und ägyptischer Abschrift erhalten. Er beendete auf Dauer die Auseinandersetzungen zwischen beiden Staaten, verpflichtete zu gegenseitiger Waffenhilfe bei Angriffen und Aufständen und regelte die Auslieferung politischer Flüchtlinge. Nach Abschluss des Vertragswerkes tauschten die Partner mit ihren Familien und hohen Beamten gegenseitig Briefe und Geschenke aus, die minutiös gegeneinander aufgerechnet wurden. Die Hethiter wünschten insbesondere immer wieder ägyptische Ärzte. Im Verhältnis zu der bombastischen Phraseologie ihrer Texte im Heimatland wirkt das ägyptische Gebaren, das in den hethitischen Dokumenten zum Vorschein kommt, bisweilen recht kümmerlich. Zu einem späteren Zeitpunkt besuchte der hethitische Kronprinz Ägypten. Hattusili wurde auch eingeladen, kam aber nicht, weil er offenbar an einer Fußkrankheit litt.

Als Ramses fast neunzigjährig im 67. Jahr seiner Regierung starb, wurde sein Sohn Merenptah neuer König. Den Titel eines Kronprinzen hatte er erst zu einem unbestimmten Zeitpunkt nach dem 55. Regierungsjahr

Vor der Fassade des größeren der beiden Tempel von Abu Simbel erheben sich vier bis zu 22 m hohe Sitzbilder Ramses' II. Der Tempel ist dem Amun von Theben, dem Re von Heliopolis und dem Ptah von Memphis sowie dem zum Gott erhobenen König selbst geweiht.

100888

286

Der ursprüngliche Standort der Tempel von Abu Simbel lag im Nassersee, der sich durch den Bau des Assuanstaudamms bildete. Um sie zu retten, wurden sie in Blöcke zersägt und auf der Hochfläche 60 m über dem ursprünglichen Standort wieder aufgebaut.

Ramses' II. erhalten, als seine älteren Brüder und designierten Kronprinzen gestorben waren. Bei seiner Thronbesteigung um 1212 v. Chr. dürfte er schon ein älterer Mann gewesen sein, der nur sein zehntes Regierungsjahr erreichte. Bereits in seinem ersten Jahr traf er Vorbereitungen zum Bau seines Grabes und Totentempels. In den Beziehungen nach außen setzte er die Bündnispolitik im Norden fort und lieferte in seinem fünften Jahr sogar Getreide an das Hethiterreich, das unter einer Hungersnot litt.

Im vierten Jahr Merenptahs fand, auf der Amadastele überliefert, eine Rebellion in Nubien statt, die blutig unterdrückt wurde. Die Widerständler wurden nach Ägypten geschleppt. Eine Anzahl von ihnen verbrannte man vor den Augen ihrer Genossen, eine Strafe für politische Widersacher, die deren Weiterexistenz nach dem Tod ausschloss. Anderen schnitt man bei lebendigem Leib die Hände ab, und wieder anderen wurden Ohren und Augen ausgerissen. Danach brachte man sie nach Kusch, wo sie in ihren Heimatorten »aufgehäuft«, also noch öffentlich zur Schau gestellt wurden. Da Verstümmelungen auch sonst bei Verbrechen gegen den Staat bezeugt sind, wird man diese brutalen Vollstreckungen als eher üblich ansehen müssen. Nur das Ausreißen der Augen stellte sicher eine außergewöhnliche Grausamkeit gegen die gefangenen Widerständler dar.

Etwa gleichzeitig mit diesem Aufstand – und womöglich in Verbindung mit ihm – griffen von Westen kom-

ZITAT

Aus der Stele des Merenptah. Da der Name Israel erwähnt wird, heißt sie auch »Israelstele« (Museum Kairo C.G.34025 verso):

Man erzählt von den Siegen, die Merenptah in Libyen errungen hat:
»Wie beliebt ist er, der siegreiche Herrscher, wie groß ist er, der König, bei den Göttern!«
Aufgelöst ist Libyen, Hatti ist befriedet, geplündert ist Kanaan ...; erobert ist Askalon, gepackt wurde Gezer, Janoam ist zu einem Nichtexistierenden gemacht. Israel liegt wüst und hat keinen Samen, Syrien ist zur Witwe für Ägypten geworden. Alle Länder sind befriedet, und jeder ... ist bezwungen vom König von Ober- und Unterägypten Baenre Meriamun.

mende Libyer mit ihren Alliierten, den Seevölkern, Ägypten an. Sie waren mit Sack und Pack, Frauen, Kindern und Viehherden gekommen, um sich in Ägypten niederzulassen. Sie sollten noch lange eine Bedrohung bleiben, wenngleich die Truppen des Pharaos sie vorerst in einer sechsstündigen Schlacht zurückdrängen konnten. Es war dies das erste Mal seit der Hyksoszeit, dass Ägypten sich einem Angriff auf eigenem Territorium ausgesetzt sah. Die Besorgnis des Königs um den Ausgang des Kampfes, an dem er selbst nicht teilnahm, zeigt uns die existenzielle Bedrohung, die von diesem Invasionsversuch ausging. 8 000 gefallene Feinde waren die Bilanz – und viele Gefangene, von denen manche gepfählt wurden. Danach scheint eine geraume Zeit Frieden geherrscht zu haben.

Seinen Triumph feierte Merenptah auch auf der poetischen »Israelstele«, in der, zum einzigen Mal in ägyptischen Texten, der Name des Volkes Israel genannt wird. Aber dass Merenptah der Pharao des biblischen Exodus,

Ramses II. ließ im 13. Jh. v. Chr. für seine Gemahlin Nefertari (Nofretiri) in Abu Simbel den der Göttin Hathor geweihten Kleinen Tempel anlegen – hier die Fassade des Felsentempels.

100001

des Auszugs der Israeliten aus Ägypten, gewesen war, wie man früher aufgrund dieser Stele glaubte, ist widerlegt. *Karola Zibelius-Chen*

Der Niedergang Ägyptens: Die letzten Ramessiden

Der designierte Thronfolger Merenptahs war Seti-Merenptah (Sethos II.), der zu Lebzeiten seines Vaters die Funktion eines Generalissimus und darüber hinaus eine Art Stellvertreterfunktion für den alten König ausfüllte. Trotzdem verlief die Thronfolge nicht reibungslos, sondern Sethos II. (um 1200–1194) wurde entweder vor seiner Thronbesteigung oder wenig nach seinem Regierungsbeginn von Amenmesse, einem anderen Thronprätendenten, vorübergehend verdrängt. Dies erstaunt vielleicht weniger, wenn man sich klarmacht, dass durch überlange Regierungszeiten wie bei Ramses II. nicht nur ältere Thronfolger mit bereits erwachsenen Nachfolgern zur Regierung kamen, die dann alle relativ kurze Regierungszeiten hatten, sondern dass auch durch das zwischenzeitliche Ableben designierter Thronfolger mehrere Thronprätendenten auftreten konnten und dadurch Legitimationsschwierigkeiten entstanden.

Bedrohung durch die Libyer

Auch bei der Nachfolge Merenptahs war dies offenbar der Fall, und das umschreibt die Probleme bis zum Ende der Dynastie, einem Zeitraum von etwa zwanzig Jahren. Amenmesse, ganz gleich auf welche Legitimation er sich berufen konnte, wurde von den Ägyptern selbst nicht als legitim anerkannt. Nicht nur verfolgte Sethos II. sein Andenken, sondern auch Ramses III. überging ihn in seiner Königsliste in Medinet Habu. Der Papyrus Salt 124 schreibt seinen Namen sogar mit dem Zeichen des gefallenen Feindes. Die verwandtschaftlichen Verhältnisse von Amenmesse zum Königshaus werfen Fragen auf, ebenso das Verhältnis von Siptah, dem letzten König der Dynastie, zu Sethos II. und Tauseret, seiner Großen königlichen Gemahlin, die als Regentin für Siptah fungierte und schließlich nach dessen Tod selbst als Pharao den Thron bestieg. Siptah starb als junger Mann von höchstens zwanzig Jahren. Sein linker Fuß war deformiert, vermutlich durch Kinderlähmung, wie seine Mumie verrät. Er wurde offenbar gestützt von dem aus Asien stammenden Bai, der die führende politische Kraft des Landes war und sich sogar ein Grab im Tal der Könige anlegte. Während dieser Zeit der Thronwirren und höchst instabilen Lage im Inneren Ägyptens überrannten die Seevölker das Hethiterreich, das zugrunde ging, ebenso wie Amurru und Zypern.

In diesen schwierigen Zeiten trieb in der Siedlung Deir el-Medina hinter dem Tal der Könige, in der die in den Begräbnisstätten (Nekropolen) von Theben-West am Bau der Königsgräber beschäftigten Arbeiter und Künstler wohnten, ein Mann sein kriminelles Unwesen; von ihm berichtet uns der schon genannte Papyrus Salt 124, der die Untaten dieses Verbrechers in einer Art Anklageschrift zusammenfasst. Vorgeworfen wurden dem Paneb, der durch Bestechung des Wesirs zum Vorarbeiter der Nekropolenarbeiter befördert wurde, zahlreiche kriminelle Vergehen, von denen Mord, Totschlag, Vergewaltigung, Grabraub, Bestechung und Majestätsbeleidigung nur einige sind. Geboren zur Zeit Ramses' II., wurde er schließlich im Alter von 50 bis 60 Jahren während der Regierungszeit von Siptah und Tauseret hingerichtet, sofern sich ein Ostrakon (eine Scherbe) mit der Aufschrift »Jahr 6, Hinrichten des Vorarbeiters« auf ihn bezieht. Außer aus dem Papyrus Salt ist Paneb auch aus einer Reihe von anderen Papyri und Ostraka bekannt, ohne dass hier allerdings seine verbrecherischen Umtriebe zur Sprache kämen.

Schon als Jugendlicher scheint er ein richtiges »Früchtchen« gewesen zu sein, das sich darin gefiel, die von einer Nachtschicht kommenden Leute des Arbeitstrupps immer wieder von einer Mauer aus mit Ziegelsteinen zu bewerfen und dadurch zu verletzen. In diesem Alter betätigte er sich bereits, wenn auch in noch bescheidenem Umfang, als Grabräuber – er stahl vom Begräbnis einer Tochter Ramses' II. eine Gans – und wurde in diesem Zusammenhang auch meineidig. Später wurde er noch gewalttätiger und unverfrorener. Nicht nur beraubte er das Grab Sethos' II. sozusagen vor aller Augen für seine eigene Grabausstattung, sondern begoss seinen Erfolg auch noch mit dem Wein aus dessen Grabbeigaben!

2614

Die Umfassungsmauer des Tempels von Ramses III. in Medinet Habu enthält zwei monumentale Torbauten mit bewohnbaren oberen Stockwerken in der Form eines Migdol genannten syrisch-palästinensischen Festungsbaus.

2400

Ramses III. besiegte die Libyer und die Seevölker in Land- und Seeschlachten, die er auf den Wänden seines Totentempels in Medinet Habu verewigen ließ. Die Fayence zeigt (von links) gefangene Nubier, Syrer und Libyer (Kairo, Ägyptisches Museum).

Die 20. Dynastie kündigt sich an

Nach Siptahs Tod nahm Tauseret die Königstitulatur an und zählte die Regierungsjahre Siptahs als eigene. Noch etwa zwei Jahre hat sie selbstständig regiert und ist auch in Asien belegt. Ob sie durch den schon genannten Bai, den großen Kanzler des ganzen Landes, gestützt wurde oder sich ihre Herrschaft gegen ihn richtete, lässt sich nicht sagen.

Nach dem Tod der Tauseret machte sich Bai möglicherweise selbst zum Herrscher. Denn im Großen Papyrus Harris, einer Staatsurkunde von 40,5 Meter Länge aus der Zeit Ramses' IV., steht in dem Abschnitt über die

100880

Ramses III. wehrte unter größten Anstrengungen eine Invasion der Philister ab. Das Foto zeigt den Kopf eines gefangenen Philisters mit Kopfschmuck (Relief vom Tempel Ramses' III. in Medinet Habu).

Vergangenheit, dass ein Syrer Irsu, das heißt »der sich selbst machte«, das ganze Land unter seiner Herrschaft tributpflichtig gemacht habe. Bei dieser verächtlichen Bezeichnung könnte es sich wohl um Bai gehandelt haben, gegen dessen Person wie den zunehmenden Einfluss der Asiaten im Land sich Sethnacht (um 1186–1184), der erste König der folgenden 20. Dynastie, als nationaler Retter profilierte. Nach seiner Stele in Elephantine konspirierten diese Feinde Ägyptens sogar mit den Asiaten im Ausland und gedachten, mit Gold ihre Unterstützung zu gewinnen. Dieses hätten sie aber unterwegs ablegen müssen. Vielleicht steht mit dieser Aussage eine Entdeckung in Bubastis in Verbindung. Hier wurden zwei nur wenige Meter voneinander entfernte und gleichzeitig angelegte Hortverstecke gefunden, die vorwiegend Gold und Silber enthielten. Als einzig gesicherter Name fand sich bei ihnen der der Tauseret, die sowohl als königliche Gemahlin wie als Pharao genannt wird, sodass der Schatz nicht vor der Zeit ihres sechsten bis achten Regierungsjahres dort abgelegt worden sein kann.

Über die Herkunft des Sethnacht wissen wir nichts; er hat höchstens zwei Jahre regiert und ist im Grab der Tauseret bestattet worden. Nachfolger war sein Sohn Ramses III., der letzte bedeutende Herrscher des Neuen Reiches. Er orientierte sich sehr stark an Ramses II., dessen Thronnamen und Totentempel er kopierte und von dem er auch Darstellungen und Inschriften übernahm.

ZITAT

Schilderung der Versorgungsmängel unter Ramses III. auf dem Turiner Streikpapyrus:

... Wegen des Hungers und Durstes sind wir hierher gekommen (in das Ramesseum). Es gibt keine Kleidung, keine Salbe, keine Fische und kein Gemüse. Meldet es dem Pharao, unserem guten Herrn, und schickt zum Wesir, unserem Vorgesetzten, damit uns unser Lebensunterhalt gegeben werde. Die Rationen für den ersten Monat der Winterzeit wurden ihnen an diesem Tag geliefert.

Der Einbruch der Libyer und Seevölker

In den archäologischen Hinterlassenschaften des 12. Jahrhunderts v. Chr. zeigen sich im gesamten Gebiet des Vorderen Orients weiträumige Zerstörungen. Für sie und die mit ihnen zusammenhängende Vernichtung ganzer Staatengebilde werden die Seevölker verantwortlich gemacht, die zusammen mit den Libyern unter Sethnachts Nachfolger Ramses III. (um 1184–1152) auch Ägypten existenziell bedrohten und möglicherweise der auslösende Faktor für den Niedergang in der 20. Dynastie waren.

Diese Seevölker setzten sich aus verschiedenen Völkerschaften zusammen, die zu unterschiedlichen Zeiten, zum Teil bereits in der 18. Dynastie, in den schriftlichen

Quellen genannt werden. Während die Frage ihrer Herkunft seit neuestem geklärt ist, können wir über die Gründe ihres Ausbruchs aus ihren angestammten Räumen nur spekulieren. Die in den Dokumenten genannten Stämme können über ihre Namen alle mit Landes- oder Landschaftsbezeichnungen der griechischen Welt verbunden werden. Auch die Philister sind aufgrund archäologischer Dokumentation als Angehörige der minoisch-mykenischen Welt auszumachen. Erstaunlich ist, dass sich diese Stämme schon unter Merenptah mit den Libyern verbanden; sie müssen demnach schon vorher über das Meer gekommen sein und sich an der nordafrikanischen Küste festgesetzt haben.

Vermutlich sollte der Festungskordon, den Ramses II. entlang der Mittelmeerküste errichtete – er endete 314 Kilometer westlich von Alexandria –, ihrer Abwehr dienen. Merenptah beschreibt die Seevölker als »Flüchtlinge, die alle Länder durchwandern«. Auch die Hethiter und ihre Vasallen hatten gegen Invasoren von See her eine Verteidigungsfront aufgebaut, die wohl zunächst noch hielt. Denn während Merenptah in seinem fünften Regierungsjahr noch Getreide an die Hethiter lieferte, besagen die Nachrichten aus dem achten Jahr Ram-

Der unter Ramses III. begonnene und unter Herihor vollendete Haupttempel des Mondgottes Chons in Theben (Karnak) ist fast vollständig erhalten. Die Dekoration stammt zum Teil aus ptolemäischer Zeit.

2614

Pylonen sind gewaltige Toranlagen vor ägyptischen Tempeln; zwischen zwei turmartigen, rechteckigen Gebäuden lag das eigentliche Eingangstor. Die Außen- und Innenwände waren oft mit Reliefdarstellungen geschmückt, so etwa hier beim Horustempel in Idfu.

ses' III., gute dreißig Jahre später, dass Hatti unterdessen zusammen mit anderen Mittelmeeranrainerstaaten vernichtet wurde.

Während unter den von Ramses III. genannten Völkern einige aus früheren Quellen bekannte nicht mehr auftauchen, kommen andere, zum Beispiel die Philister und die Zakkara, neu hinzu. Wir haben also seit dem 14. Jahrhundert v. Chr. eine zunehmende Bedrohung des Mittelmeerraums durch unstabile Völkerschaften zu verzeichnen, denen es schließlich um 1190/1180 gelang, die Staaten des östlichen Mittelmeeres zu zerschlagen. Allein Ägypten konnte sich mit großer Kraftanstrengung halten, musste aber dulden, dass sich ein Teil der Stämme wie die Philister, die dem Land den heutigen Namen Palästina gaben, und die Zakkara unter eigenen Fürsten auf ägyptischem Territorium in Palästina ansiedelten. Ein Teil setzte sich wohl auch in Ägypten selbst fest.

Gegen diese Seevölker hat Ramses III. in seinem achten Jahr einen Kampf geführt. Sie drangen sowohl auf dem Landweg von Osten her als auch auf dem Seeweg gegen Ägypten vor. Noch auf syrischem Gebiet gelang Ramses aber der Sieg über das feindliche Landheer und den Treck. Mit großen Anstrengungen wurde auch ihre Flotte, die in die Nilmündungen einzudringen versuchte, abgewehrt. Die Kriegsgefangenen aus diesen Kämpfen wurden zum großen Teil für die ägyptische Armee rekrutiert und in Ägypten angesiedelt. Im fünften und achten Jahr Ramses' III. griffen dann im Westen die Libyer erneut an. Zwar konnten auch sie zurückgeworfen werden, aber sie waren nicht besiegt. Zum Teil zogen sie offenbar in die Oasengebiete und nach Süden, versuchten aber auch weiterhin, über die Wüstenstraßen nach Oberägypten zu gelangen und beunruhigten dort das Niltal.

Innere Schwierigkeiten

Zusätzlich zu den Kraftanstrengungen nach außen hatte die Regierung Ramses' III. im Inneren große Probleme zu bewältigen. Die Quellen berichten von Preissteigerungen, Korruption, ausbleibender Entlohnung für die Arbeiter in Deir el-Medina und schließlich von Streiks und Unruhen. Doch trotz allem wurde die Bautätigkeit fortgesetzt. Mit seinen Ausmaßen erreichte das Königsgrab Ramses' III. einen Höhepunkt.

31 Jahre hat Ramses III. regiert. Im 29. Jahr kam es zu größeren Schwierigkeiten. Die Arbeiter, die mit Naturalien wie Getreide, aber auch Öl, Kleidung, Kupfer und Silber entlohnt wurden, bekamen die ihnen zustehenden Rationen häufig erst mit Verspätung, und oft genug blieb

ZITAT

Aus dem Papyrus Salt 124 aus Deir el-Medina (British Museum 10055) über einen Kriminellen namens Paneb:

Memorandum bezüglich seines (Panebs) Einsetzens der Arbeiter zum Steinebrechen über dem Steinbruch des Sethi-Merenptah (Sethos II.) und des Schleppens tagtäglich zu seinem Grab. Er stellte von diesen Steinen vier Säulen in seinem eigenen Grab auf. Er plünderte die Stätte Pharaos. Leute, die am Nekropolenbereich vorübergingen, sahen die Steinmetzen, als sie beim Arbeiten dastanden über dem Steinbruch Pharaos … Er benutzte die Meißel Pharaos und das Beil für die Arbeit in seinem (eigenen) Grab …

INFOBOX

Streik im alten Ägypten

Die Arbeiter, die mit Naturalien wie Getreide, aber auch Öl, Kleidung, Kupfer und Silber entlohnt wurden, bekamen die ihnen zustehenden Rationen häufig erst mit Verspätung, und oft genug blieb es bei Abschlagszahlungen. Offenbar versagte die Verwaltung, aber auch Unterschlagungen und Betrügereien waren an der Tagesordnung. Eine noch relativ milde Form des Betrugs war es, wenn die Arbeiter durch falsche Kornmaße um einen Teil ihres Lohns gebracht wurden. Schwerer wog, dass ihnen zum Teil die Lieferungen auch völlig vorenthalten wurden, sodass sie hungern mussten. 1156 v. Chr. legten die Arbeiter in Medinet Habu die Arbeit am Totentempel von Ramses III. nieder, weil sie zwei Monate lang nicht entlohnt worden ware. Es war der erste Streik der Geschichte.

es bei Abschlagszahlungen. Offenbar versagte die Verwaltung, und Unterschlagungen und Betrügereien machten sich breit. Noch eine mildere Form des Betrugs war es, wenn die Arbeiter durch falsche Kornmaße um einen Teil ihres Lohns gebracht wurden. Schwerer wog, dass ihnen zum Teil die Lieferungen auch völlig vorenthalten wurden, sodass sie hungerten. Sie wandten sich über den Nekropolenschreiber an den Wesir, aber die Missstände wurden nicht beseitigt. Schließlich verließen sie ihren Sperrbezirk und streikten, als der Lohn ganz ausblieb. Derartige Arbeiterunruhen wiederholten sich, denn selbst wenn die Verwaltung gezahlt hatte, unterschlug bisweilen auch der Bürgermeister von Theben noch Rationen, sodass keine generelle Besserung in Sicht war und sich die Missstände bis zum Ende der Ramessidenzeit fortsetzten.

Die thebanische Wandmalerei aus dem Grab des Hui, Vizekönig von Nubien, schildert die wichtigste Aufgabe seines Amts, die Überwachung der nubischen und afrikanischen Tributleistungen.

Eine Haremsverschwörung

Trotz seiner langen Regierung sind wir über die Familie Ramses' III. nicht gut informiert. Nur einmal wird als Große königliche Gemahlin Isis genannt, die die Mutter von Ramses IV. und Ramses VI. war. Die Papyri der Ha-

100880

100563

Re, der Sonnen- und Schöpfergott, hier mit der Sonnenscheibe auf dem Haupt, nahm seit dem Alten Reich die bedeutendste Stellung unter den Gottheiten der Ägypter ein (Wandmalerei aus dem Grab des Sennodiem in Deir el-Medina; 13. Jh. v. Chr.).

remsverschwörung nennen noch eine Teje, deren Sohn offensichtlich Ramses III. ersetzen sollte.

Zu dem Komplott, durch das der König aus dem Weg geräumt werden sollte, kam es in seinem 31. Regierungsjahr. Ein wahrscheinlich in den Tempelarchiven aufbewahrter Bericht, in dem die Aburteilung der Beteiligten festgehalten wurde, gibt uns davon Kenntnis. Über das Verhältnis der beiden Hauptfiguren, Teje und ihren Sohn Pentaweret, zu Ramses III. oder überhaupt über ihre Stellung am Hof erfahren wir nichts. Auch andere in den Unterlagen genannte Personen können wir nicht identifizieren, denn sie erhielten während des Prozesses neue, sie abwertende Namen wie etwa Mesedu-Re, »den Re hasst«, oder Bin-em-Waset, »der Schlechte in Theben«. Dadurch sollte ihre Persönlichkeit gebrochen werden. Da die an der Verschwörung Beteiligten aber ausnahmsweise mit ihren Funktionen genannt sind, können wir sehen, dass sie auch außerhalb des Harems, von dem das Komplott ausging, in einem weiten und hochrangigen Personenkreis Unterstützer hatten. Beamte des Schatzhauses, Hofmeister, Archivbeamte, Priester, Polizisten sowie Militärs in Nubien waren beteiligt. Wie die Verschwörung aufgedeckt wurde, erfahren wir nicht. Gegen die meisten der Beschuldigten wurde die Todesstrafe ver-

ZITAT

Lied auf die Thronbesteigung Ramses' IV. (Ostrakon Turin):
Oh schöner Tag! Himmel und Erde sind in Freude. Du bist der große Herr von Ägypten. Die geflohen waren, sind in ihre Städte heimgekehrt; die sich verborgen hatten, sind hervorgekommen. Die hungrig waren, sind satt und froh, die dürsteten, sind trunken. Die nackt waren, sind in feines Leinen gekleidet, die schmutzig (angezogen) waren, strahlen. Die im Gefängnis waren, sind freigelassen, die gefesselt waren, sind in Freude. Die Aufrührer in diesem Land, sie sind zu Friedfertigen geworden …

Die Vorstellung von Re, dem Sonnengott, verband sich mit der des falkenköpfigen Himmelsgottes Horus zu Harachte (»Horus vom Horizont«), dem Gott der Morgensonne. Dementsprechend wird dieser mit Falkenkopf und Sonnenscheibe dargestellt (Relief in Karnak, Neues Reich, 18. Dynastie).

hängt, auch gegen einfache Mitwisser, die durch irgendwelche Umstände Kenntnis davon erhalten hatten. Die hoch gestellten Persönlichkeiten durften sich selbst das Leben nehmen; nur eine Person wurde offenbar freigesprochen.

Wie schon dargelegt, war die Königsherrschaft in Ägypten ein göttliches Prinzip, das sich von der angeblichen Herrschaft der Götter auf Erden in grauer Vorzeit herleitete. Durch Erbe und Gottessohnschaft wie auch durch seine Herrschereigenschaften, die ihm die Götter zur Ausübung des Königsamtes eigens verliehen hatten, legitimierte sich der König. Damit lässt die pharaonische Staatsauffassung von der Konzeption her keinerlei Opposition zu. Da Opposition in der Realität aber immer ein Begleitumstand der Macht ist, erstaunt es nicht, Gegnerschaft und Widerstand gegen die Herrschenden und ihre Politik auch im pharaonischen Ägypten anzutreffen, wenn auch die offiziellen Quellen dies in der Regel unterdrücken.

Im Gegensatz zur Neuzeit finden wir in Ägypten freilich keine »institutionalisierte« Opposition vor. Opposition konnte hier nur als Widerstand und Umsturz fundamental gegen die Herrschenden gerichtet sein. Dabei war eine bewusste Umgestaltung des Herrschaftssystems oder eine qualitätsändernde Reform der gesellschaftlichen Verhältnisse für die Ägypter im wahrsten Sinne des Wortes nicht »denkbar«. Denn ihre nicht bewusst von Menschen geschaffene Staatsform konnten die Ägypter nicht hinterfragen; ihnen galten ihre Gesellschaftsform und die strenge hierarchische Gliederung des Pharaonenstaates als gottgegeben. So konnte im Rahmen oppositionellen Verhaltens allenfalls der Amtsinhaber ausgetauscht, die Verwaltung verändert oder der aktuellen Politik eine andere Richtung gegeben, nicht jedoch das System abgeändert werden.

Ramses III. scheint an den Folgen des von den Verschwörern verübten Attentats gestorben zu sein. Ein Resümee seiner ereignisreichen Regierung, während der auch eine Fahrt nach Punt stattfand, sowie seiner zahlreichen Opferstiftungen an die Tempel Ägyptens zieht der Große Papyrus Harris, der wohl unter Ramses IV. verfasst wurde, denn er schließt mit der Aufforderung an die Beamten und Offiziere, dem neuen König zu dienen.

100264

2614

Aus der flachen Landschaft unweit des Verwaltungssitzes Napata ragt das 97 m hohe Sandsteinmassiv des Djebel Barkal auf. Mit seinen Tempeln – die ältesten stammen aus der Zeit der 18. Dynastie – bildete er ein religiöses Zentrum.

Letzte Anstrengungen und Niedergang

Die nun folgenden 27 Jahre bis zu Ramses VIII. teilen sich unter fünf Königen auf, von denen drei Söhne Ramses' II. sind. Ramses IV. (um 1153–1147) hat trotz seines Wunsches nach einer langen Lebenszeit nur sieben Jahre regiert. Die Nachwirkungen der Haremsverschwörung mit einem anderen Thronprätendenten als Konkurrenten veranlassten ihn vielleicht besonders, in seinen Inschriften seine Legitimität zu betonen und sich dem Gott Osiris verbunden zu fühlen, dessen Sohn Horus als mythisches Vorbild ja ebenfalls in der Nachfolge seines Vaters Osiris bedroht worden war. Sein Herrinnenname enthält das außenpolitische Programm »Der Ägypten schützt und die Neunbogen (das heißt die Fremdländer) niederbeugt«. Aber von außenpolitischen Aktivitäten hören wir nichts. Dagegen hat er viele Bauprogramme aufgelegt und scheint große religiöse und geistige Interessen gehabt zu haben. Denn mehrfach unterstreicht er, er habe sich in Schriften des »Lebenshauses«, der Tempelschule, kundig gemacht, und betont seine enge Verbundenheit mit Thot, dem Gott der Weisheit und Schriftgelehrtheit.

Die folgende Zeit zeigte weitere Tendenzen zur Instabilität. Andererseits war sie jedoch auch ungeheuer schöpferisch. Unter Ramses VI. finden wir neue Texte und Darstellungen im Königsgrab und unter Ramses VII. neue Bildkompositionen über das Jenseits. Die älteste erhaltene Landkarte, die der Goldminen in der Wüste östlich von Koptos, gehört ebenso in diese Zeit wie ein Plan des Grabes von Ramses IV. oder die Liebeslieder des Papyrus Turin 1966.

Ramses V. (um 1147–1143), ein Sohn Ramses' IV., scheint jung an einer Pockenepidemie gestorben zu sein. Aus seiner Regierungszeit stammen Papyri, die die inneren Verhältnisse beleuchten. Der Große Papyrus Wilbour, das Original einer amtlichen Urkunde zur Vermessung von Feldern und zur Steuerschätzung, zeigt, dass die Verwaltung einerseits intakt war, aber aus anderer Quelle erfahren wir, dass gleichzeitig Korruption und Unregelmäßigkeiten blühten bis hin zu Rechtsbruch und lästerlichem Umgang mit dem Religiösen.

Im »Elephantineskandal« wurden schwere Beschuldigungen gegen mehrere Personen, darunter einen Vorlesepriester des Chnumtempels in Elephantine, erhoben. Ihm wurden verschiedene Diebstähle, Bestechlichkeit und sogar Tempelentweihung vorgeworfen. Er unterhielt ehebrecherische Beziehungen zu verheirateten Frauen, und ein für damaliges Empfinden besonders schandbares Verbrechen waren seine widerrechtlichen Verkäufe heiliger Mneviskälber (Kälber des heiligen Stieres Mnevis, der zum Kult des Sonnengottes in Heliopolis gehörte). Eine Untersuchung der Kleiderdiebstähle aus dem Schatzhaus des Tempels musste der König selbst anordnen, damit etwas geschah. Von den Lieferungen der zum Tempel gehörenden Ländereien hatte der mit dem Transport betraute Kapitän neun Jahre lang erhebliche Mengen veruntreuen können, wobei die Belegschaft des Chnumtempels natürlich behilflich gewesen war.

Unter Ramses VI. (um 1143–1136) beunruhigten wieder die Libyer Oberägypten. Aus diesem Grund mussten die Arbeiten im Königsgräbertal für mehrere Tage unterbrochen werden. So ist es nicht weiter verwunderlich, dass dieser König als seinen Herrinnennamen »Mit kraftvollem Schwert, der Hunderttausende angreift« gewählt hat. Er hinterließ als letzter König der Dynastie ein großes Siegesrelief; eine Statue zeigt ihn mit einem liby-

Nubische Pyramiden sind mit einem Böschungswinkel von 68 % steiler als ägyptische. Unweit von Djebel Barkal bei El-Kurru, flussabwärts von Napata, liegt der ältere Pyramidenfriedhof der 25. Dynastie.

286

ZITAT

Grabräuberprozess im 16. Jahr Ramses' IX. (aus dem Protokoll der Untersuchungskommission im Papyrus Abbott, British Museum 10221):
Das Pyramidengrab des Königs Sechemre-schedtaui, des Sohnes des Re Sebekemsaf: Es wurde von den Dieben erbrochen gefunden, die einen Tunnel in den innersten Raum seines Pyramidengrabes gebrochen hatten, (nämlich) von der Außenhalle des Felsgrabes des Nebamun, des Speichervorstehers des Königs Mencheperre (Thutmosis III.). Die Grabkammer des Königs wurde ihres Herrn beraubt gefunden ... Die Diebe hatten Hand an sie gelegt. Der Wesir, die Beamten und Truchsesse prüften den Tatbestand genau ...

schen Gefangenen. Auch Ramses VII., ein Sohn Ramses' VI., hat, nach seinem Herrinnennamen zu urteilen, Ägypten vor einem weiteren Invasionsversuch schützen müssen.

Das Herrschaftsgebiet des Imperiums war jetzt zusammengeschrumpft. Die asiatischen Besitzungen wurden um die Mitte des 12. Jahrhunderts spätestens unter Ramses VI. aufgegeben. Die nubische Kolonie verblieb zwar noch bei Ägypten, aber auch hier wurde im Zusammenhang mit den Kämpfen in den Goldminengebieten die Grenze bis zum zweiten Katarakt zurückgezogen. Das südlich davon gelegene Amarna blieb allerdings unter ägyptischer Herrschaft – aus strategischen Gründen und um die dortigen Goldvorkommen ausbeuten zu können.

Die letzten Ramessiden

Die Bautätigkeit der Könige, Indiz für den Wohlstand des Landes, nahm nun immer mehr ab. In den letzten rund 56 Jahren bis zum Ende des Neuen Reiches regierten drei Könige, Ramses IX., Ramses X. und Ramses XI. Ihre Beziehung zum Herrscherhaus der 20. Dynastie ist strittig. Ramses IX. ist vermutlich ein Enkel Ramses' III., während Ramses X. und Ramses XI. jeweils thronberechtigte Söhne sind.

Aus der Zeit Ramses' IX. (um 1122–1108) haben sich verschiedene Akten erhalten, die einen Einblick in die sich weiter verschlechternden Verhältnisse erlauben. So ist dem Nekropolentagebuch, Aufzeichnungen über die

1828

Bei der einer Gottheit gewidmeten Prozession wurden andere Götter in Form von Stabsymbolen, den heiligen Stäben, mitgetragen (frühes 13. Jh. v. Chr.; Theben-West, Relief am Totentempel Sethos' I. in Kurna).

täglichen Arbeiten im Königsgräbertal, zu entnehmen, dass die Libyer immer wieder die Grenze beunruhigten. Die Nekropolenarbeiter sahen sich darüber hinaus auch wieder zu Arbeitsniederlegungen gezwungen, weil ihre Rationen mehr als zwei Monate überfällig waren. Ein Aufstand der in Festungsgarnisonen untergebrachten fremden Truppen scheint auf das ganze Land ausgegriffen zu haben und ermöglichte, dass sich in seinem Gefolge weitere libysche Verbände in Oberägypten festsetzen konnten. In Mittel- und Unterägypten entstanden mittlerweile große libysche Kolonien bei Herakleopolis, in Bubastis und natürlich im Westdelta.

Durch die Verbindung mit dem Sonnengott Re als Amun-Re wurde Amun zum Götterkönig, seine heilige Stadt, in der ihm ein Tempel geweiht war (Bild), ist Theben gewesen. Um 1100 v. Chr. begründeten die Priester des Amun in Theben eine Theokratie.

In den letzten Jahren dieses Königs fanden dann die ersten Grabräuberprozesse statt, die sich bis in die Zeit Ramses' XI. hinzogen. In die Grabräubereien scheinen auch hohe Persönlichkeiten verwickelt gewesen zu sein; jedenfalls trugen sie vor diesem Hintergrund auch ihre persönlichen Rivalitäten aus. Insbesondere die Beamten der Ost- und der Westseite Thebens traten mit gegenseitigen Schuldzuweisungen an. Aufgrund einer Denunzia-

2001

Gesandte der nördlichen Völker liefern ihre Tribute ab, darunter Gold in Ringform. Der Ausschnitt zeigt je einen Syrer, Hethiter, Kreter und Libyer. Bemaltes Kalksteinrelief in Theben-West aus der Zeit Hatschepsuts und Thutmosis' III.

tion wurde eine Kommission eingesetzt, die die Gräber inspizierte. Das Resultat sah nicht gut aus, aber in der Nekropole der Privatleute und im Königinnengräbertal waren die Probleme noch größer. Es kam zu Durchsuchungen, und an einem einzigen Tag konnte die Untersuchungskommission etwa fünf Kilogramm Gold, 18 Kilogramm Silber, fast fünf Kilogramm Kupfer und Berge von Kleidungsstücken, Stoffen, Schmuck und Mobiliar sicherstellen.

An die vielleicht vierjährige Regierungszeit Ramses' X. mit weiterer Beunruhigung durch die Libyer schloss sich die 29 Jahre dauernde Herrschaft Ramses' XI. an, des letzten Ramessiden vor dem Beginn der Dritten Zwischenzeit. Die schwierigen Zeiten setzten sich auch unter seiner Regierung fort, ja, es scheint teilweise zu bürgerkriegsähnlichen Zuständen gekommen zu sein. Möglicherweise gegen die ständige Bedrohung durch die Libyer hatte man den Königssohn von Kusch, Panehesi, mit seinen Truppen in die Thebais gerufen.

Hier, im Umkreis von Theben, scheinen sich dann Beamte aus dem Tätigkeitsbereich des Panehesi an den Grabräubereien beteiligt zu haben. Die Verstrickung seiner Leute und vermutlich auch seine eigene brachte Panehesi womöglich in Schwierigkeiten mit dem Hohen Priester des Amun, Amenhotep, und der Verwaltung von Theben-West. Der Hohe Priester wurde eine Zeit lang aus dem Amt vertrieben, und es kam zu Verwüstungen und Übergriffen auf die Tempel. Das Heer des Panehesi rückte bis nach Mittelägypten vor. Eine Hungersnot im »Jahr der Hyänen« tat ein Übriges. Königliche Truppen unter dem vielleicht libyschen General Pianch, die wohl dem Hohen Priester zu Hilfe kamen, drängten Panehesi nach Nubien ab, wo Pianch aber noch Jahre später mit ihm militärisch zu tun hatte.

Ramses XI. versuchte noch einmal, Stabilität zu schaffen. Äußerlich ist dies daran sichtbar, dass er eine neue Ära, die Wehem-mesut, eine Renaissance mit neuer Jahreszählung, einführte. Aber der Versuch scheiterte, und sogar sein General Pianch äußerte sich in einem Brief abfällig über die verbliebene Befehlsgewalt des Königs. Nach Pianch wurde Herihor, ebenfalls ein Mann aus dem Militär und wohl libyscher Herkunft, der starke Mann in Theben. Er vereinigte in seiner Person die Ämter eines Hohen Priesters des Amun, eines Generalissimus und eines Vizekönigs von Kusch. So wurde Ägypten unter der Herrschaft Ramses' XI. praktisch zweigeteilt: Im Süden herrschte Herihor und im Norden Smendes, der vielleicht mit einer Tochter Ramses' XI. verheiratet war und nachfolgend zum ersten Herrscher der 21. Dynastie wurde. Nach dem Tod Ramses' XI. legte Herihor sich im Chonstempel in Karnak den Königstitel zu.

Für die nächsten 300 Jahre blieb die Teilung des Landes in verschiedene Machtbereiche, zwischen denen

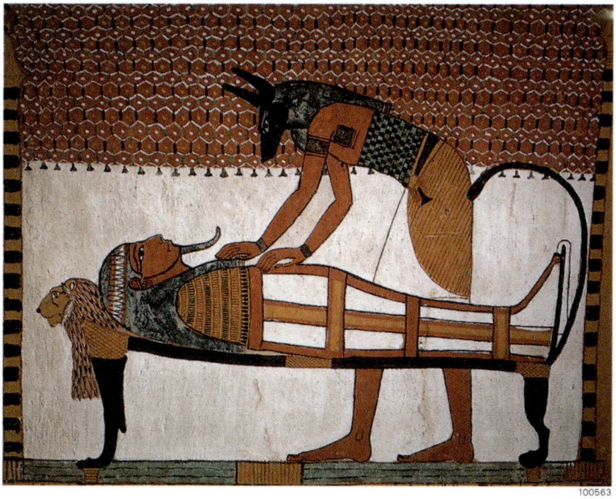

100563

Anubis, der Gott der Mumifizierung, vollzieht an einem Toten das Ritual der Einbalsamierung, das nicht nur den Körper konservieren, sondern den ganzen Menschen in die Götterwelt überführen soll (13. Jh. v. Chr.; Theben, Grab des Sennedjem).

100880

Die Abydosfahrt, die rituelle Scheinfahrt der Mumie bzw. einer Statue des Verstorbenen nach Abydos, um an den dortigen Osirisfestspielen teilzunehmen, gehörte zu den wichtigsten Vorbereitungen für das Leben nach dem Tod (Ende 15. Jh. v. Chr.; Theben).

durchaus freundschaftliche Beziehungen bestanden, das maßgebende politische Muster der die Dritte Zwischenzeit erfüllenden Herrschaft der Libyer. Erst die aus Nubien stammenden Herrscher der 25. Dynastie sollten das Land, wenn auch nur äußerlich, wieder unter eine einzige Herrschaft stellen und eine Renaissance einleiten.

Karola Zibelius-Chen

Im Zeichen der Fremdherrschaft: Die Dritte Zwischenzeit

Am Ende des Neuen Reiches war das ägyptische Imperium mit Ausnahme eines Teils von Nubien in die ursprünglichen Grenzen des Landes zurückgefallen, in einen nördlichen und einen südlichen Bereich aufgeteilt und verarmt. Diese Entwicklung ist sicher nicht mit den kurzen Regierungszeiten einzelner Herrscher, deren Unvermögen oder gar mit zunehmender Altersschwäche des nunmehr zweitausend Jahre alten ägyptischen Staatswesens zu erklären. Insbesondere das letzte Erklärungsmuster, das besonders gern im Hinblick auf Großreiche und deren Zerfall in kleinere Einheiten gebraucht wird, ist in Verbindung mit einem Staatswesen völlig verfehlt, weil es sich von biologischen Organismen herleitet und die Anwendung nur in Bezug auf diese einen Sinn macht.

2614

Dagegen trifft eher der folgende Erklärungsansatz zu: Die territoriale Expansion hatte Ägypten von einem Wachstum abhängig gemacht, das sich über Kriegszüge und die Abgaben der besiegten Völker finanzierte. Als die Expansion dann sowohl in Nubien als auch in Asien eine Grenze erreichte, über die hinaus keine weiteren Territorialgewinne mehr möglich waren, und die Kriegszüge in Asien mit dem hethitischen Frieden zu einem Ende kamen, sah sich das Land auf die eigenen, inneren Ressourcen zurückgeworfen, und der Wohlstand ging zu-

Der silberne Sargdeckel des Psusennes I. (»Der Stern, der in Theben erschienen ist«, um 1039–993 v. Chr.) stammt aus seinem Grab in Tanis, das besonders reich mit Silberobjekten ausgestattet war.

rück. Auch die destabilisierenden Kämpfe mit den Libyern und den Seevölkern, der Krieg unter Panehesi und vielleicht der Bevölkerungsrückgang durch die mutmaßliche Pockenepidemie unter Ramses V. zogen jeweils eine weitere Verarmung nach sich.

Die Rolle des Königtums wandelt sich

Neben diesen materiellen Veränderungen am Ende des Neuen Reiches fand auch ein Wandel im geistigen Bereich statt, der sich im Rahmen der nun folgenden Machtübernahme durch die Libyer vollzog. Diese Entwicklung spiegelt sich in der stark abgeschwächten ideologischen Rolle des Königtums wider, der auf der anderen Seite eine verstärkte persönliche Frömmigkeit der Menschen entsprach. Dazu kamen die gesellschaftlichen und kulturellen Veränderungen, die auf die fremden Einflüsse durch die vermehrt in Ägypten ansässigen Ausländer zurückgingen, vor allem auf die sich etablierenden Fremdherrschaften, von denen die libysche die erste war.

ZEITTAFEL
Dritte Zwischenzeit
21. Dynastie, in Tanis (um 1075–945 v. Chr.):
Smendes
Psusennes I.
Siamun
Psusennes II. u. a.

Insgesamt kann man die nun folgende, etwa 750 Jahre während letzte Epoche eigenständiger pharaonischer Geschichte folgendermaßen beschreiben: Im 11. Jahrhundert, als die Libyer mit der 21. Dynastie die Herrschaft im Lande antraten, veränderte sich die bislang tragende Rolle des ägyptischen Königtums. Mehrere Herrscher konnten jetzt gleichzeitig nebeneinander in verschiedenen Landesteilen auftreten, ohne dass dies zu Machtkämpfen führte. Dies wurde um 1080 v. Chr. eingeleitet, als sich die neuen Herrscher in ihrer neu erbauten Hauptstadt Tanis im östlichen Nildelta mit den Militärmachthabern und Hohen Priestern des Amun in Theben die Macht teilten.

Die Übernahme der Regierung in Theben durch den Gottkönig Amun selbst und die Ausübung der Regentschaft durch seine Hohen Priester, die teilweise ebenfalls den Königstitel annahmen, ist eine für diese Zeit charakteristische Erscheinung. In diesem Thebanischen Gottesstaat, der im eigentlichen Sinn eher einer Militärherrschaft gleichkam, finden wir eine Art Theokratie verwirklicht. Nachdem im Alten Reich der König Ägyptens das Amt eines Gottes ausgefüllt hatte und im Neuen Reich der Pharao als Sohn des Gottes Amun diesem verantwortlich geherrscht hatte, übernahm nun im Theben der 21. Dynastie, da ein Pharao nicht mehr vorhanden war, der das Amt entsprechend der ursprünglichen Königskonzeption hätte ausfüllen können, der Gott Amun selbst vorübergehend das Königsamt auf Erden, wobei er über Orakel seine Weisungen erteilte.

Diese Art der Herrschaftsausübung wurde später durch die der Gottesgemahlin abgelöst. Denn in Theben trat neben dem Amt des Ersten Amunpriesters zunehmend das der Gottesgemahlin des Amun in den Vordergrund. Diese übernahm schließlich die Machtposition des Hohen Priesters und erfüllte sie mit einem neuen politischen Charakter. Die Gottesgemahlinnen, Prinzessinnen aus dem Königshaus, die als irdische Gemahlinnen des Gottkönigs Amun auftraten, nahmen eine Königstitulatur an und waren Repräsentantinnen des sich im Norden des Landes aufhaltenden Königs in Theben. Sie blieben unverheiratet und regelten ihre Erbfolge über Adoption.

100563

Die 9 cm hohe Triade Osorkons II. aus massivem Gold stellt Osiris mit den Gesichtszügen des Königs dar. Der Gott hockt auf einer Lapislazulisäule in Erwartung der Wiedergeburt; Horus und Isis heben schützend die Hände (Paris, Louvre).

Später kamen im Nildelta und in Mittelägypten noch verschiedene Fürstentümer sowie mehrere den Königstitel tragende Herrscher hinzu. Die Zeiten der Lokalpotentaten und Deltakönige wurden aber immer wieder von gesamtägyptischen Dynastien abgelöst. Die Tendenz zur Zweiteilung des Landes in das Deltagebiet und Oberägypten mit der Thebais als Kernbereich blieb jedoch ein durchgehendes Charakteristikum dieser späten Zeit. Memphis, die alte Hauptstadt an der Grenze zwischen den beiden Regionen, gewann den Status eines Symbols für die Herrschaft über beide Landesteile.

Abgesehen von diesen grundsätzlichen Neuerungen in der Herrschaftsstruktur des Landes überlagerte die Libyerherrschaft, seit den Hyksos die erste in der Reihe der sich jetzt anschließenden Fremdherrschaften in Ägypten, die ägyptische Kultur mit weiteren Charakteristika. Wie aus den ägyptischen Quellen ersichtlich, formierten sich die Libyer aus Stammesgesellschaften. In ihren Heimatgebieten sind sie archäologisch kaum fassbar. In Ägypten selbst assimilierten sie sich im Gegensatz zu den auch in früheren Zeiten in Ägypten ansässigen Fremden keineswegs vollständig. So behielten sie zum Teil ihre fremden Namen bei. Sie siedelten insbesondere in Unterägypten im Delta, das nachgerade als Heimat

Von etwa 900 v. Chr. bis 300 n. Chr. bestand am Nil das Reich Kusch, dessen Hauptstadt die heutige Ruinenstätte Meroe war (zwischen Atbara und Khartum am Nil); aus dieser Zeit stammen die pyramidenförmigen Königsgräber. Kusch war einer der Hauptfeinde Ägyptens.

2769

100001

Osiris avancierte in der 5. Dynastie zur zentralen Figur des ägyptischen Totenkults. Der verstorbene Pharao erscheint im Neuen Reich als Osirispfeiler, so auch hier am Totentempel von Ramses II. in Theben.

der libyschen Fürstentümer angesprochen werden kann. Aber auch in Herakleopolis, der Hauptstadt des 20. oberägyptischen Gaus lebten sie seit Generationen, und das ebenfalls oberägyptische Hermopolis hatte um 730 v. Chr. mit Nimlot einen libyschen König.

Dass sich die Libyer eine gewisse kulturelle Eigenständigkeit bewahrten (wie in hellenistischer Zeit später die Ptolemäer), hat sicherlich auch damit zu tun, dass sie seit ihrem Auftauchen in Ägypten durch ihre militärische Stärke politischen Einfluss erringen konnten und so nicht gezwungen waren, sich zu ägyptisieren, um in der Hierarchie des Landes aufzusteigen. Andererseits unterschieden sie sich in ihrer materiellen Kultur nicht von den ägyptischen Einwohnern und wurden beispielsweise von Manetho auch nicht als Fremde angesehen wie vorher die Hyksos oder später die Perser. Im Vergleich zu der kuschitischen 25. Dynastie ist auch die bildliche Darstellung der libyschen Könige, etwa in den Tempeln, vollständig ägyptisch. Dies mag eine Konzession der Herrscherfamilien an Ägypten gewesen sein. Denn bis zum Ende des 8. Jahrhunderts v. Chr. behielten die Libyerfürsten trotz allem ihre einheimischen libyschen Titel und als Charakteristikum ihre Feder im Haar.

Sphingen wurden im alten Ägypten stets liegend dargestellt, so auch der Sphinx von Alexandria. Ein Sphinx verkörperte, sofern er die Züge des Pharaos aufwies, die Königsmacht, zuweilen auch Horus oder andere Götter.

100001

Merkmale der libyschen Zeit

Grundsätzlich unterscheidet sich die libysche Zeit in vier Merkmalen von der vorhergehenden pharaonischen Epoche. Sie betreffen die schon angesprochene politische Struktur des Landes, das Königskonzept, die Sprache und Schrift sowie die Begräbnissitten. Die Fragmentierung des Landes in selbstständige Bereiche unter Königen und Fürsten unterschied sich von der in den anderen Zwischenzeiten dadurch, dass jetzt offenbar kein Bedürfnis nach einer Machtkonzentration in einer Hand vorhanden war. Die verschiedenen Herrscherhäuser existierten friedlich nebeneinander, obgleich viele der libyschen Führer Militärtitel hatten. Das kann nur bedeuten, dass wir die Dezentralisation als eine gewollte Herrschaftsform vor uns haben. Die Libyer stellten sich offenbar bewusst gegen das konventionelle, streng zentralisierte ägyptische Königtum und setzten ihre eigene traditionelle politische Struktur von konföderierten Familienclans durch, auch wenn sie im Groben das äußere Bild des ägyptischen Königtums beibehielten.

Insbesondere bei den Begräbnissitten machte sich in der Libyerzeit ein radikaler Wechsel bemerkbar. Denn die königlichen Bestattungen, die nicht mehr in Nekropolen, sondern vornehmlich im Tempelareal vorgenommen wurden, zeigen eine Hinwendung zu Familienbegräbnissen. Anders als in den früheren Zeiten ägyptischer Kultur wurde kein aufwendiges Grab mehr zu Lebzeiten eines Individuums angelegt. In diesen Gebräuchen zeigen sich vermutlich Relikte eines ehemaligen Nomadentums der Libyer.

Die Quellen, die uns für diese Epoche zur Verfügung stehen, unterscheiden sich stark von denen des Neuen Reiches. Große Baudenkmäler gibt es nur noch ausnahmsweise. Beamtenbiographien von den zahlreichen Statuen sowie die vielen erhaltenen Särge erteilen weniger über historische Vorgänge Auskunft als über Titel und Genealogien. Daneben existieren hieratische und demotische Texte aus Archiven. Sie bilden zusammen mit wenigen Stelen von historischem Interesse die Grundlage für die folgenden Aussagen. Dazu kommen einige außerägyptologische Texte, etwa die Bibel, assyrische Texte, aramäische Dokumente sowie später die Werke der griechischen Schriftsteller.

Die Tempel, die sich im Neuen Reich zu riesigen Wirtschaftseinheiten mit Felderbesitz sogar im Ausland und eigenen Schürfrechten beispielsweise für Gold entwickelt hatten und daneben auch »Handelsagenten« (Schutiu) beschäftigten, verstärkten in der Spätzeit ihre politische Funktion. Dies ist zu Beginn der 21. Dynastie vor allem daran ablesbar, dass der Erste Amunpriester ein Militärmachthaber war. Eigentlich bahnte sich diese besondere Position der Tempel aber bereits in Neuen Reich an, als die Pharaonen zur Machtsicherung ihre Söhne mit hohen Funktionen in den Tempeln des Landes betrauten. In der Spätzeit setzte sich diese Politik fort, zumal auf diese Weise beachtliche Pfründen in den Familien konzentriert und über eine kluge Heiratspolitik noch vergrößert werden konnten. Daneben bildeten die Tempel aber auch die letzten Bastionen der pharaonischen Kultur. In den »Lebenshäusern« der Tempel spielten sich die wesentlichen intellektuellen Aktivitäten ab. Hier befanden sich die Bibliotheken und Archive, und hier wurde der Nachwuchs der geistigen Elite ausgebildet, sodass die Tempel als Stätten der Wissenschaft und der kulturellen Bildung den Fortbestand der kulturellen Identität Ägyptens im Wesentlichen mittrugen.

Das Gegenteil trifft für das Militärwesen in der Spätzeit zu. In der Dritten Zwischenzeit bekleideten oft Männer libyscher Herkunft die Posten der »Militärkommandanten«, die Truppenkontingente gleicher Herkunft oder andere Fremde wie etwa Nachkommen der ehemaligen Seevölker unter ihrem Kommando hatten. Dazu kamen ab Psammetich I. (664–610) zunehmend griechische Söldner ins Land, unter Apries (589–570) auch jüdische und phönikische. Diese Leute hatten oftmals auch Familie und erhielten Ackerland zum Unterhalt wie zuvor schon die Kontingente der Libyer und Seevölker in der 20. Dynastie.

Ägypten ist zweigeteilt

Nach dem Tod Ramses' XI. legte sich in Theben der Erste Amunpriester Herihor den Königstitel zu. Dabei nahm er auch die üblichen fünf Namen an; sein Thronname allerdings war einfach sein Titel »Erster Amunpriester«. Er schickte den »Ältesten der Halle« des Amuntempels, Wenamun, zum Libanon, um Bauholz für die große Amunbarke zu holen. Smendes, der schon genannte spätere Herrscher der 21. Dynastie, und seine einflussreiche Partnerin Tentamun in Tanis – die Ramsesstadt war am Ende der 20. Dynastie zugunsten von Tanis im Delta als Hauptstadt aufgegeben worden – unterstützten diese Mission auch materiell.

Innerhalb des ägyptischen Totenkultes nahm das Totengericht eine besondere Rolle ein. Im Angesicht des Totenherrschers Osiris führt der schakalköpfige Gott Anubis den Verstorbenen vor die Seelenwaage (Detailansicht einer Miniatur, 1070–945 v. Chr.; Kairo, Ägyptisches Museum).

Ob es sich bei diesem Papyrus mit der Geschichte des Wenamun nun um ein literarisches Werk oder den aktuellen Bericht des Reisenden handelt, sei dahingestellt. Jedenfalls zeigt die Geschichte dieser abenteuerlichen Reise in einer lebendigen Schilderung sehr deutlich die veränderten Machtstrukturen im Vorderen Orient und

100264

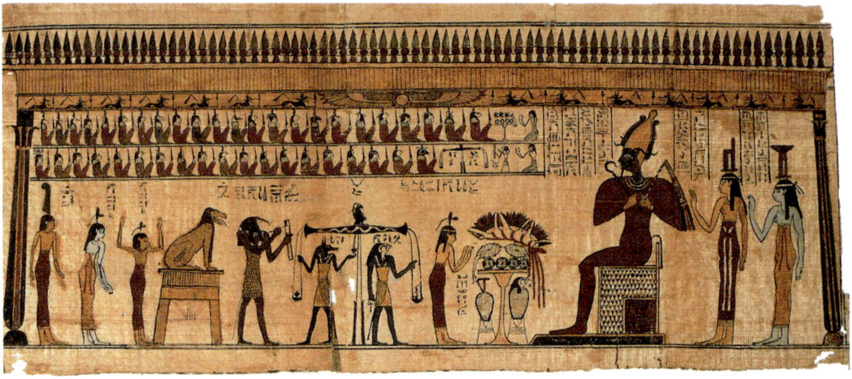

100563

In dieser Szene aus einem Totenbuch-Papyrus ist das Totengericht dargestellt. Unterhalb der 42 Totenrichter wird die Seelenwägung vorgenommen, bei der das Herz der Toten gewogen wird. Anubis und Horus bedienen die Waage (4. Jh. v. Chr.).

die hier inzwischen vollkommen fehlende Autorität des ägyptischen Staates. Die in Rede stehende Barke, für die Wenamun nach endlosen Schwierigkeiten schließlich das Holz bekam, findet sich übrigens im Chonstempel in Karnak abgebildet.

Zusammen mit dem Bericht des Wenamun wurde in El-Hibe, dem Sitz der Hohen Priester des Amun, ein weiterer Papyrus mit einem literarisch abgefassten Brief gefunden. Dieser Moskauer Literarische Brief, der erste seiner Art in der Weltgeschichte, könnte eine literarische Bearbeitung der Amenhotep-Affäre am Ende des Neuen Reiches darstellen und zeigt, ebenfalls mit viel Lokalkolorit, die unruhige, unter Korruption und Amtsmissbrauch leidende Zeit. Aus dem »Wenamun« und von einer Stele des Smendes in Gebelen wissen wir, dass zwischen beiden Landesteilen freundschaftliche Beziehungen bestanden. Aber weder über Herihors Herkunft noch über die des Smendes ist Genaueres bekannt.

Allerdings sprechen verschiedene Gründe für die Annahme, dass mit den neuen Machthabern der 21. Dynastie schon jetzt die Herrschaft der Libyer in Ägypten begann, die sich in den nachfolgenden Dynastien voll entfalten sollte. Smendes hat etwa 26 Jahre regiert und scheint in ganz Ägypten als König anerkannt worden zu sein, auch wenn der Nachfolger des Herihor im Amt des Hohen Priesters, Pinodjem I., ebenfalls den Königstitel annahm.

Der Hohe Priester Pinodjem I. war besonders aktiv bei der Umbettung der königlichen Mumien aus ihren

Gräbern im Tal der Könige in die »Cachette« bei Deir el-Bahari und ins Grab Amenophis' II. Die Sicherung der Mumien vor dem Zugriff der Grabräuber spielte bei dieser Verlagerung allenfalls eine untergeordnete Rolle. Es waren sicherlich eher wirtschaftliche Erwägungen dieser armen Zeit, die die Staatsorgane veranlassten, die in den Gräbern der Könige des Neuen Reiches aufgehäuften Wertgegenstände systematisch auszuforschen und zu konfiszieren. Schon der General Pianch am Ende des Neuen Reiches erteilte den Nekropolenbeamten den Auftrag, ein altes Grab zu öffnen, aber das Siegel zu bewahren, bis er nach Theben zurückgekehrt sei. Möglicherweise wollte er mit den aus dem Grab sichergestellten Wertgegenständen den Kampf gegen Panehesi in Nubien finanzieren.

Aber es wurden nicht nur die Edelmetallauflagen sowie die Gegenstände und Schmuckstücke aus der Grabausrüstung und von den Särgen des Neuen Reiches entfernt, sondern diese wurden auch vielfach umgearbeitet und wieder verwendet. So hat beispielsweise Pinodjem I. den Sarg Thutmosis' I. für sich aufarbeiten lassen, und ein Uschebti Rameses' II. wurde in eine Osirisstatue umgestaltet. Solche Figuren enthielten oft Totenpapyri.

Der Glaube an ein Leben nach dem Tod zeigt sich auch darin, dass man oft den Toten ein Abbild der Sonnenbarke des Gottes Re mit ins Grab gab, um ihnen einen Platz darin zu sichern (Seite aus dem Totenbuch; Kairo, Ägyptisches Museum).

100264

INFOBOX

Frauen in Ämtern

Ein besonderes Kennzeichen der libyschen Zeit ist die hervorgehobene Stellung der Frauen in den großen Familien. Sie erscheinen nicht nur häufiger neben ihren Männern auf den Denkmälern, sondern bekleiden auch selbst verschiedene Ämter, wenngleich vorwiegend im religiösen Bereich. Diese Ämter, die ihnen entsprechende Einkünfte sicherten, werden auf ihren Denkmälern neben ihren Rangtiteln aufgelistet. Ein gutes Beispiel ist das Amt der Gottesgemahlin mit ihrer dem König vergleichbaren Stellung. Aber auch die Frau des Psusennes, Mutnodjmet, die in seinem Grab mitbestattet wurde, verfügte durch verschiedene Priesterämter über ein beträchtliches Einkommen, während Neschons, die Frau des Hohepriesters Pinodjem II. in Theben, neben ihren Priestertiteln sogar den eines Königssohnes von Kusch trug, der ihr zumindest Einnahmen aus diesem Amt erbrachte, falls sie es nicht tatsächlich ausfüllte.

Vielleicht versprach man sich eine besondere Wirkung von den alten Stücken aus der Grabausstattung früherer Könige. Denn zwei Totentexte enthalten in ihren Titeln die Angabe, dass sie am Hals der Mumie Ramses' II. gefunden worden seien.

Streitigkeiten ums Priesteramt

Gegen die libysche Familie Pinodjems I. scheint es Widerstände bei den Alteingesessenen in Theben gegeben zu haben. Seine königlichen Darstellungen im Chonstempel wurden umgearbeitet. Darüber hinaus hatte sein Sohn und dritter Nachfolger Mencheperre Schwierigkeiten, das Amt des Hohen Priesters anzutreten. Eine Reihe von Gegnern war in diesem Zusammenhang in die Oase Charga verbannt worden. Die Opposition war aber offenbar so stark, dass Mencheperre, der von der Festung El-Hibe aus anreiste, die Verbannungen rückgängig machen musste. Jedenfalls bestätigte der Gottkönig Amun diese Maßnahme in einem Orakel, und ebenso wurden zukünftige Verbannungen untersagt.

In Tanis war Smendes bereits gestorben, ebenso sein Nachfolger Amenemnisu, der bei Regierungsantritt bereits bejahrt war, sodass zu Beginn der Amtszeit Mencheperres als Hoher Priester in Theben schon Psusennes I. (um 1039–993) in Tanis herrschte. Sein Name »Der

Der schakalköpfige Anubis wurde seit der Frühzeit als Totengott verehrt; er ist hauptsächlich für die Mumifizierung zuständig und gilt als Schutzherr der Gräber (Darstellung des Gottes auf einem Wandgemälde im Grab des Königs Haremhab; um 1306 v. Chr.; Theben, Tal der Könige).

100264

Djed ist das äygptische Wort für »dauern«. Die Aufrichtung des Djed-Pfeilers symbolisiert die Überwindung des Vergänglichen und die »Auferstehung« des Toten zu ewiger Dauer (Anfang 13. Jh. v. Chr.; bemaltes Relief; Abydos, Tempel Sethos' I.).

Stern, der in Theben erschienen ist« zeigt deutlich die Verbindungen zwischen den beiden Landeshälften, ohne dass wir diese aber genauer fassen könnten. Das überaus reiche Begräbnis Psusennes' I. in Tanis mit einem massiven silbernen Sarkophag und der massiven Goldmaske des Königs enthielt auch Beigaben aus Theben. Psusennes nahm auch den Titel eines Hohen Priesters des Amun, allerdings von Tanis, an. Vereinzelt nannte er sich auch Ramses-Psusennes, wodurch er vermutlich auf familiäre Beziehungen zu den Ramessiden anspielen wollte.

Von seinen Nachfolgern Amenemope, der neun Jahre regierte, und Osochor, Sohn eines Libyerfürsten namens Scheschonk, mit einer sechsjährigen Regierungszeit wissen wir kaum etwas. Ob König Siamun (um 978–959), Nachfolger des Letzteren, auch dessen Sohn war, ist unbekannt. Aus seiner über zwanzigjährigen Regierungszeit ist kaum etwas zu berichten. Sein Nachfolger war Psusennes II., der letzte König der 21. Dynastie (um 959–945). Dessen Tochter Maatkare heiratete Osorkon, den Sohn eines anderen Scheschonk, der ebenfalls Libyer und der starke Mann des Reiches war. Später sollte er der erste König der 22. Dynastie werden.

Über die außenpolitischen Aktivitäten in den 124 Jahren der 21. Dynastie erfahren wir in den Quellen praktisch überhaupt nichts. Unternubien verblieb im Macht- und Einflussbereich Thebens. In Asien verfolgte Psusennes I., nach seinem Goldnamen zu urteilen, möglicherweise eigene Ziele. Ob er aber einen Kriegszug nach Asien unternahm, muss dahingestellt bleiben. Während der 21. Dynastie war König David (um 1000–965) in Israel Herrscher aller hebräischen Stämme geworden und hatte Jerusalem zu seiner Hauptstadt gemacht. Während der ersten Hälfte seiner Regierungszeit hatte er Edom unterworfen, dessen Kronprinz Hadad nach der Erzählung der Bibel von Vertrauten nach Ägypten gebracht worden war, wo er aufwuchs und eine Schwester der ägyptischen Königin heiratete. Die Flucht Hadads nach Ägypten könnte unter Amenemope stattgefunden haben, seine Heirat mit der ägyptischen Prinzessin während der Regierung Siamuns.

Hathor, die ägyptische Himmelsgöttin weist ausgeprägte mütterliche Züge auf, als »Auge« des Sonnengottes kann sie aber auch Verderben bringen; sie wurde ebenfalls als Liebesgöttin, der griechischen Aphrodite entsprechend, und, v.a. in Theben, als Totengöttin verehrt. Hier ist sie zusammen mit Sethos I. abgebildet (Paris, Louvre).

100264

Das »Binsengefilde«, den Ort der Seligen, stellte man sich als einen von Kanälen durchzogenen Garten mit Feldern, Fruchtbäumen und Blumen vor (13. Jh. v. Chr.; Wandmalerei aus den Grab des Sennedjem in Theben).

100880

Siamun selbst hat vermutlich Krieg gegen die Philister von Geser geführt. Jedenfalls hat nach dem Bericht der Bibel ein ägyptischer König Geser verwüstet und dann seiner Tochter als Mitgift gegeben, als sie König Salomo (um 965–926) heiratete. Ein überliefertes Relief in Tanis zeigt Siamun, wie er Feinde erschlägt. Da die Axt, die der Feind hält, von den üblichen abweicht, könnte mit dem Relief ein Feldzug gegen die Philister und Seevölker in Südwestkanaan angedeutet sein.

ZEITTAFEL
Dritte Zwischenzeit
22./23. Dynastie, Libyer (um 945–724 v. Chr.):
Scheschonk I.
Osorkon I.
Scheschonk II.
Takeloth I.
Osorkon II.
Scheschonk III. u. a.
in Theben:
Takeloth II.
Pedubast I.
Osorkon III.
Takeloth III. u. a.
24. Dynastie, im Westdelta (um 740–712 v. Chr.):
Tefnachte
Bokchoris u. a.

Frauen in Ämtern

Ein besonderes Kennzeichen dieser von den Libyern geprägten Zeit war die betonte Stellung der Frauen in den großen Familien. Sie erschienen nicht nur häufiger neben ihren bedeutenden Männern auf den Denkmälern, sondern bekleideten auch selbst oft verschiedene, wenn auch in der Regel religiöse Ämter, die auf ihren Denkmälern neben ihren Rangtiteln aufgelistet wurden und ihnen entsprechende Einkünfte sicherten. Das augenscheinlichste Beispiel ist natürlich das Amt der Gottesgemahlin mit ihrer dem König vergleichbaren Stellung. Aber auch die Frau des Psusennes, Mutnodimet, die in seinem Grab mitbestattet wurde, verfügte durch verschiedene Priesterämter über ein beträchtliches Einkommen, während Neschons, die Frau des Hohen Priesters Pinodjem II. in Theben, neben ihren Priestertiteln sogar den eines Königssohnes von Kusch trug, der ihr zumindest Einnahmen aus diesem Amt erbrachte, falls sie es nicht tatsächlich ausfüllte. Ebenso wie ihre Männer hinterließen die Frauen der Hohen Priester des Amun mit ihren Namen gestempelte Lehmziegel in der Festung von El-Hibe, wo sie an der Mauer gebaut hatten.

Vereinigt unter den Libyern

Durch die geschickte Heiratspolitik der Libyer war der Übergang von der 21. zur 22. Dynastie äußerlich legitimiert worden: Wie oben berichtet, hatte Osorkon, der Sohn des späteren ersten Königs der 22. Dynastie Scheschonk I., eine Tochter Psusennes' II. geheiratet. Aber auch sonst war die Familie Scheschonks I. über ihre Verbindungen mit den Hohen Priestern des Ptah in Memphis mit dem Königshaus in Tanis verbunden gewesen. Nicht zuletzt zeigt die Statue, die Scheschonk mit dem Einverständnis Psusennes' II. für seinen Vater Nemrut ins heilige Abydos stiften durfte, dass er eine geachtete Persönlichkeit war. Mit seiner Thronbesteigung inaugurierte er nach der Periode der Konsolidierung die Libyerherrschaft im engeren Sinne, die mit ihren etwa 234 Jahren länger dauerte als die gesamte Ramessidenzeit.

Die chronologische Abfolge der Könige sowie deren Identität war lange Zeit unsicher und bleibt in einigen

Vorläufer des heutigen Buchs waren beschriebene Rollen aus Papyrus, der aus dem Mark der Papyrusstaude (einer Art Zypergras) hergestellt wurde. Abgebildet ist ein ägyptisches Totenbuch aus dem 13. Jh. v. Chr. (London, British Museum).

100264

Punkten auch heute noch strittig oder gar offen. Scheschonk I. nahm als Thronnamen den von Smendes an, dem Begründer der 21. Dynastie. Damit mochte er den Beginn einer neuen Dynastie andeuten wollen. Vielleicht wollte er mit diesem Namen aber auch auf die durch die Heirat geschaffene Verbindung zur vorhergehenden 21. Dynastie hinweisen. Smendes war über seine Frauen möglicherweise mit dem Haus der Ramessiden verbunden gewesen. Auch die anderen Namen der Titulatur Scheschonks I. lassen die Beziehung zu Smendes anklingen.

Im Gegensatz zu diesem bemühte sich der neue König allerdings verstärkt um die innere Einheit des Landes, indem er die Thebais, das Gebiet bis südlich nach Assuan, fester unter die königliche Autorität stellte. Dazu besetzte er die Ämter in der Amunhierarchie in Theben mit eigenen Familienmitgliedern. Sein zweiter Sohn Iuput erhielt so die Posten eines Ersten Amunpriesters, Generalissimus und Armeeführers. Heiraten von Frauen des Königshauses mit thebanischen Würdenträgern und Angehörigen der alten thebanischen Familien halfen der Familie Scheschonks I. weiter, sich zu behaupten. Einen Sohn Nemrut, der hauptsächlich militärische Titel trug, versetzte Scheschonk I. nach Herakleopolis, einem in dieser Zeit sehr wichtigen Ort von militärischer Bedeutung am Zugang nach Mittelägypten, der überdies eine längere libysche Tradition aufwies.

2614

Zwerge spielten am Königshof eine herausragende Rolle und fungierten z. B. als Hofnarren, Hüter der Hunde und Affen, Verwalter von Schmuck und Kleidern. Die Statue des Zwerges Chnumhotep aus der frühen 6. Dynastie wurde in Sakkara gefunden.

Erneute Eroberungsversuche

Ägypten war unter der Herrschaft Scheschonks I. so weit gefestigt, dass der König sich aktiv nach außen wenden konnte. Er stiftete eine Statue nach Byblos, die der dortige Herrscher Abibaal noch mit einer Inschrift versah. Auf dem Boden Palästinas, wo um 1000 v. Chr. die Eisen-I-Zeit endete, hatten sich inzwischen auch im Inland Städte entwickelt und Territorialstaaten gebildet. Im Kerngebiet Palästinas war das Reich Davids und Salomos erstarkt, und östlich des Jordans entstanden die Königreiche Aram, Ammon, Moab und Edom. Die archäologischen Schichten zeigen, dass viele dieser Städte nach nur kurzer Zeit zerstört wurden.

Vermutlich standen diese Verwüstungen in Zusammenhang mit einem Feldzug nach Palästina, den Scheschonk I. in der Bubastidenhalle in Karnak aufzeichnen ließ. Sein genaues Datum ist zwar unbekannt, mag aber um 930 v. Chr. gelegen haben. Die Bibel datiert ihn ins 5. Jahr Rehabeams, des Nachfolgers Salomos, und spricht davon, dass der königliche Schatz mit goldenen Schilden in Jerusalem dem Feind ausgehändigt werden musste. Die Liste mit über 150 unterworfenen Orten, die Scheschonk I. in Karnak niederschreiben ließ, nennt jedoch weder Jerusalem noch Juda. Allerdings sind die Gebiete, die in solchen in pharaonischer Zeit vielfach überlieferten Listen genannt werden, nicht unbedingt tatsächlich erobert worden. Ein Stelenfragment in Karnak nimmt die aus dem Neuen Reich gebräuchliche »Königsnovelle« auf und konstruiert einen militärischen Zwischenfall bei den Bitterseen, der den Anlass zu diesem Feldzug gegeben haben könnte. Jedenfalls handelte es sich bei diesem Unternehmen Scheschonks I. nicht nur um eine begrenzte Militäraktion, sondern vermutlich um einen groß angelegten Versuch, Äyptens Vorherrschaft in Palästina erneut zu begründen. Dass Scheschonk I. wirklich bis weit in den Norden Palästinas vorgestoßen ist, belegt ein in Megiddo gefundenes Stelenfragment mit dem Namen des Königs. In Palästina selbst markiert der Feldzug des Königs einen Einschnitt; man lässt mit ihm hier die Eisen-II-A-Zeit enden.

Der Nachfolger Scheschonks I., sein Sohn Osorkon I. (um 924–889), setzte die Politik seines Vaters fort. Die durch den Feldzug des Vaters erzielten Tribute erlaubten ihm offenbar, den Tempeln, vor allem in Heliopolis, grö-

1828

Die Befreiung der Kunst von den Fesseln der Tradition, ausgelöst durch Echnatons Erneuerung der Religion, verleiht in der Nach-Amarnazeit den Grabmalereien eine geradezu impressionistische Leichtigkeit (Grab des Nebamun und Ipuki, Theben-West).

ßere Geschenke zu machen. Das Hohepriesteramt in Theben besetzte Osorkon I. mit seinem Kronprinzen Scheschonk, wodurch er die Thebais noch enger an den Norden band. Auch Osorkon I. ist in Byblos mit einer Statue vertreten. Nach der Bibel rückte in seinem 28. Regierungsjahr seine Armee unter einem kuschitischen Befehlshaber gegen Juda vor, wurde aber geschlagen. Naturgemäß finden wir in den ägyptischen Quellen keinerlei Hinweise auf dieses erfolglose Unternehmen. Der Kronprinz Scheschonk II. wurde etwa 890 v. Chr. von seinem Vater zum Mitregenten ernannt, starb jedoch noch vor Osorkon I.

286

Uschebti sind kleine Figuren, die die Ägypter ihren Toten mitgaben. Sie sind als Abbild des Verstorbenen gestaltet und sollen ihn im Jenseits vertreten, wenn er dort zu einer Arbeit aufgerufen wird (Khartum, National Museum of Antiquities).

Über den sich anschließenden König Takeloth I. (um 889–874) ist fast nichts bekannt; er war im Grab seines Sohnes Osorkon II. (um 874–835) bestattet. Dieser knüpfte durch seine Titulatur an die imperiale Vergangenheit der Ramessiden an, doch scheint es Unternehmungen in Richtung Asien nur im Handel und möglicherweise in Form von diplomatischen Aktivitäten gegen das aufstrebende Assyrerreich gegeben zu haben. In Theben besetzte der König die Position des Hohen Priesters mit einem Sohn Scheschonks II. namens Harsiese und führte damit praktisch wieder die Erblichkeit des Amtes ein, die Scheschonk I. aus gutem Grund unterbunden hatte. Harsiese nahm denn auch den Königstitel an (um 870–860), wobei er die Titulatur Pinodjem I. nachahmte. Über die Thebais hinaus hat er aber keine Anerkennung besessen. In seinem 23. Jahr feierte Osorkon II. ein Sedfest, das er auf einem Tor in Bubastis aufzeichnen ließ. Nach einer auf Elephantine gefundenen Stele fand auch eine Inspektionsreise dorthin statt. Denn es waren Unregelmäßigkeiten beim Tempelbesitz vorgekommen, und Maßnahmen waren notwendig, ihn vor den Übergriffen anderer Verwaltungsbereiche zu schützen.

Schwäche und Auflösung

Für die Zeit bis Osorkon II. herrscht in der Wissenschaft generelle Übereinkunft über die Königsabfolge der 22. Dynastie. Im Anschluss an seine Regierung kam es aber wieder zur Teilung des Landes. Für die Teilungsperiode sind die Fragen der zeitlichen Abfolge, der dynastischen Linien im Einzelnen und der verschiedenen gleichzeitigen Herrscherhäuser, ja sogar die Existenz einzelner Herrscher teilweise umstritten und für die Schilderung der eigentlichen historischen Vorgänge unergiebig, sodass wir hier nur andeutungsweise auf sie eingehen.

Während der späten 22. und der 23. Dynastie etablierte sich in Theben ein lokales Königtum, dem in der Regierungszeit Scheschonks III. (um 835–783) unter dem thebanischen Lokalkönig Takeloth II. offenbar ein gewisser Pedubast Schwierigkeiten dadurch machte, dass er sich zum König (Pedubast I.) erklärte. Jedenfalls wurde der Hohe Priester des Amun, Prinz Osorkon, Sohn Takeloths II., in dessen elftem Regierungsjahr von einer thebanischen Fraktion nicht mehr anerkannt. Von El-Hibe, dem Sitz der Hohen Priester, begab er sich, wie wir aus seiner langen Inschrift im Amuntempel von Karnak erfahren, nach Theben. Auf dem Weg schon konnte er seine Gegner besiegen und auch in Theben selbst die Ordnung wiederherstellen. Allerdings kam es nach wenigen Jahren wieder zu Erschütterungen, und Osorkon und Takeloth II. zogen sich vielleicht nach Herakleopolis zurück, wo Osorkons Bruder Bakenptah General war. Die Kämpfe gingen hin und her, und Osorkon verschwindet nun für etwa zehn Jahre aus dem Blickfeld des Historikers, taucht dann aber im 39. Regierungsjahr Scheschonks III. zusammen mit seinem Bruder Bakenptah als Sieger über die Opposition in Theben auf. Danach nahm er vermutlich als Osorkon III. den Königstitel an.

50

Das ägyptische Menschenbild verstand den Einzelnen als Knoten in einem Netz von sozialen Beziehungen und stellt ihn zumeist in Gemeinschaft seiner Angehörigen dar, vorzugsweise seines Ehegatten (Sitzstatue; Northampton, Central Museum).

Ihm folgten in der Thebais noch weitere Lokalkönige. Daneben existierten die Deltakönige mit Sitz in Tanis sowie die verschiedenen eigenständigen, wenn auch oft untereinander verwandten und verschwägerten Fürsten in Mittelägypten. Was zu dieser erneuten Aufsplitterung Ägyptens geführt hat, die etwa achtzig Jahre andauerte, bevor das Land unter den kuschitischen Eroberern wieder geeint wurde, ist mit Ausnahme der Affäre um den Prinzen Osorkon unbekannt. Auf jeden Fall setzte sie unter Scheschonk III. ein, der mehr als fünfzig Jahre regiert hat. Bereits während der letzten Jahre Scheschonks III. begann außerdem der Aufstieg des Westdeltareiches mit der Hauptstadt Sais, der Heimat der späteren 26. Dynastie. Im letzten Jahr Scheschonks V. (um 777–740) herrschte dann Tefnachte aus der 24. Dynastie über das

Westreich. Auf Scheschonk V. folgte in Tanis Osorkon IV. In diese Zeit fiel die Expansion der Kuschiten vom mittleren Nil nach Ägypten. *Karola Zibelius-Chen*

Nubier auf dem Thron: Die Spätzeit bis zur ersten Perserherrschaft

Im Neuen Reich hatte die Südgrenze des ägyptischen Imperiums bei Kurgus nahe dem fünften Katarakt in Nubien gelegen. In Napata am Djebel Barkal existierte bereits unter Thutmosis III., im 15. Jahrhundert v. Chr., eine Festung. Der Ort, an dem sich in einer weiten Ebene das eindrucksvolle Felsmassiv des Djebel Barkal erhebt, des »Reinen (das heißt: heiligen) Berges« der Ägypter, wurde als Kultort des Amun ein wichtiges Zentrum und erhielt mehrere Tempel.

Aber wegen der Belastungen, die die großen Entfernungen und die Unwegsamkeit des Gebiets mit sich brachten, unterstand das obernubische Niltal vermutlich nie einer so umfassenden Kontrolle wie Unternubien, das Gebiet zwischen erstem und zweitem Katarakt, das noch heute zu Ägypten gehört. Die Ägypter beherrschten hier das Land wohl nur von einigen strategischen Punkten aus. Dies wird sehr einsichtig, wenn man bedenkt, dass ein zu Lande operierendes antikes Heer, sofern seine Versorgung mit Wasser und Nahrung nicht lokal sichergestellt war, sich nur maximal drei Tage aus eigenen Kräften am Leben erhalten konnte und einen Aktionsradius von höchstens neunzig Kilometern hatte.

Obernubien, Heimat der 25. Dynastie

Mit dem Rückzug der Ägypter aus dem obernubischen Gebiet in der Zeit zwischen Ramses III. und Ramses VI. wurden die ägyptischen Verwaltungsstrukturen, die sich in Nubien wie auch in Ägypten selbst auf die Tempelstädte stützten, durch die traditionellen einheimischen ersetzt, die während der Kolonialphase erhalten geblieben waren und auf Häuptlingstümern basierten. Der ursprüngliche, ländlich-dörfliche Charakter wurde wieder bestimmend. Weder Bautätigkeit noch ein Fortbestehen der Tempel lassen sich in den ehemaligen ägyptischen Ortschaften Obernubiens archäologisch nachweisen.

100563

Amarna – hier eine Teilansicht des Aton-Tempels –, von Echnaton im Zuge seiner Reformbestrebungen gegründet und der Sonnenscheibe (Aton) geweiht, ist eine der wenigen gut erkennbaren Stadtanlagen des alten Ägyptens.

Aber da die Namen der einzelnen Orte aus dem Neuen Reich später unter den aus Obernubien stammenden Kuschitenkönigen der 25. Dynastie noch erhalten waren, kann man annehmen, dass diese Gemeinschaften, auch wenn sie in der Zwischenzeit verarmten, nicht vollständig untergegangen sind. Wie neueste archäologische Forschungen in Hillat el-Arab nahe dem Gebel Barkal zeigen, existieren hier Führer, die sich einheimisch ausgestaltete Gräber anlegten und nach Funden, ebendort zu urteilen, Handel mit Ägypten trieben und für ihre Pferdezucht bis an den assyrischen Hof bekannt waren. Doch in dieser Zeit wird Nubien kaum mehr in ägyptischen Texten erwähnt und entgleitet damit dem Blick des Historikers.

Das kuschitische Reich entsteht

Um 850 v. Chr. entstand jedoch bei El-Kurru etwa 15 Kilometer stromab vom Djebel Barkal ein einheimisches Machtzentrum. Der Name Kurru leitet sich vermutlich von dem meroitischen Wort kur »König« ab, und nubische Herrscher ließen sich hier ab 850 v. Chr. (die Chronologie ist umstritten) für Generationen in einem dynastischen Friedhof bestatten. Die frühesten Gräber zeigen

s. ZEIT Aspekte Nubien S. 602

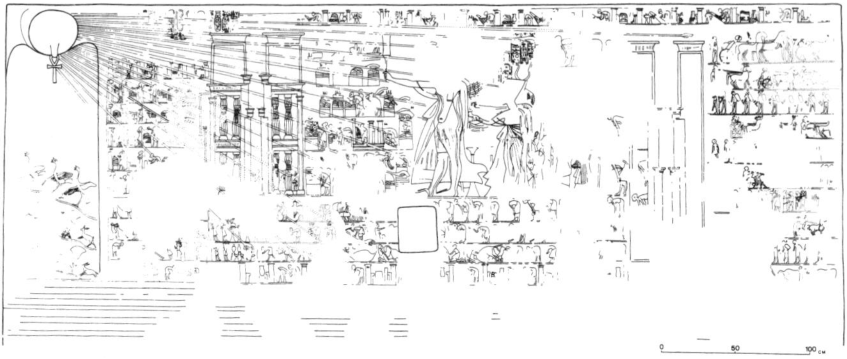

Aton, die »Sonnenscheibe«, wurde von Echnaton um 1350 v. Chr. als erste monotheistisch verehrte Gottheit der Religionsgeschichte durchgesetzt. Die Zeichnung gibt eine Darstellung des Sonnenaufgangs aus dem Grab Echnatons wieder.

noch rein einheimische Begräbnisformen mit Bettbestattung und Tumulusgrab. Nach und nach macht sich jedoch ägyptischer Einfluss bemerkbar, der auf entsprechende kulturelle Kontakte weist. Die Gräber nehmen schließlich eine Pyramidenform an, die bis zum Ende der meroitischen Geschichte die bestimmende Form für die Herrschergräber bleibt.

Die Beleglage macht deutlich, dass sich das kuschitische Reich in Kenntnis der ägyptischen Kultur und in Auseinandersetzung mit ihr entwickelte. Trotz des Ägyptisierungsprozesses, der sich in der Zeit der kuschitischen Herrschaft über Ägypten noch verstärkte, und trotz der Vorbildfunktion des ägyptischen Königtums richtete sich die Auswahl der Aspekte der ägyptischen Kultur, die die Kuschiten übernahmen, an ihren eigenen Gebräuchen und Glaubensinhalten aus oder wurde von ihnen entsprechend umgeformt. Dies betrifft insbesondere die Eigentümlichkeiten der kuschitischen Erbfolge. Diese ist zwar bislang noch nicht völlig geklärt, schloss aber unter anderem ein kollaterales Prinzip ein, das heißt die Erbfolge der Brüder vor der der Söhne, sowie die besondere Art der Legitimation des Königs, bei der auch eine Wahl durch Mitglieder des Hofes eine Rolle spielte, und die hervorgehobene Stellung der Königsmutter.

Bei dem Begräbnisplatz von El-Kurru befand sich auch eine befestigte Siedlung, deren Existenz erst kürzlich durch Grabungsnotizen vom Beginn des 20. Jahrhunderts bekannt wurde und die wegen ihrer Lage am Knotenpunkt von Karawanenstraßen wohl als Fernhandelszentrum anzusehen ist. Ob sich die 25. Dynastie hier am Ort selbst herausgebildet hat oder ob sich ihre Mitglieder hier, von Meroe (zwischen dem fünften und sechsten Katarakt) herkommend, niedergelassen haben, können wir nicht entscheiden. Aber die Tatsache, dass in Meroe bereits im 9. Jahrhundert v. Chr. eine Siedlung entstand und Mitglieder des kuschitischen Königshauses seit Pianchi (Pije) dort bestattet wurden, könnte darauf hinweisen.

Hatte vermutlich das unter der 22. Dynastie erstarkte Ägypten solche Machtakkumulation in Obernubien immer wieder militärisch behindert, so erlaubte die Fraktionierung Ägyptens mit der einhergehenden außenpolitischen Passivität in den letzten achtzig Jahren am Ende der Libyerzeit dem kuschitischen Zentrum in El-Kurru eine relativ ungestörte Entwicklung. Dabei förderte die zeitweilige Bedrohung durch Ägypten sowie auch durch Nomaden aus den angrenzenden Savannengebieten wohl auch den Aufbau einer schlagkräftigen Armee.

Warum Kusch expandiert

Schon kurz nach seiner Konsolidierung wird das Zentrum in El-Kurru expandiert haben. Sowohl der archaische Staat als auch das Häuptlingstum waren zur Expansion gezwungen. Denn die Ausweitung des Austausches, die sich verstärkende Arbeitsteilung und die damit in Verbindung stehende Überschussproduktion führten auf der sozialen Ebene zu einem Bevölkerungszuwachs in der Nachbarschaft des Zentrums. Dieser machte eine weitere Steigerung der Produktion notwendig, die aber nur über begrenzt mögliche Intensivierungsmaßnahmen und territoriale Expansion zu erzielen war. Aber auch die politische Ebene machte eine Ausdehnung notwendig. Würdenträger mussten, da Geldwirtschaft nicht bekannt war, mit Ländereien entlohnt, die Angehörigen des sich ebenfalls ausdehnenden königlichen Haushaltes angemessen versorgt werden. Alles dies begünstigte die Expansion mit der Bildung neuer Zentren, die ihrerseits wieder zu Ausgangspunkten neuer Ausdehnung wurden.

Um an der Spitze der Hierarchie unter den sich bildenden Subzentren zu bleiben, musste das Zentrum zu seiner Legitimation eine Herrschaftsideologie und im religiösen Bereich eine Monopolstellung zu seiner Legitimation entwickeln. Die Begründung eines Friedhofs für die Herrscherfamilie lässt auf ein originales dynastisches Konzept schließen, das über die Totenopfer Kontinuität zwischen Vergangenheit und Zukunft schaffen wollte und gleichzeitig Machtbewusstsein demonstrierte. Wann darüber hinaus im Einzelnen die Expansion der Herrscher von Kurru nach Norden eingesetzt hat und wie sie verlaufen ist, können wir angesichts der schlechten Beleglage mit nur wenigen Ausgrabungen in Obernubien nicht sagen. Auch außenpolitische Macht, die damit stets in Zusammenhang stehende ökonomische Nutznießung

Echnaton, ihm folgend seine Gemahlin Nofretete und die Prinzessin Meritaton, bringen dem Sonnengott Trankopfer dar (um 1350 v. Chr.; Alabasterrelief von der Balustrade eines über Stufen erreichbaren Altars; Kairo, Ägyptisches Museum).

50

und weiteres inneres Wachstum konnten im Entwicklungsstadium der damaligen Welt ebenfalls nur über die Territorialexpansion verwirklicht werden.

Das kuschitische Zentrum, das sich fernab von den Zentren der Welt entwickelt hatte, verfügte über wertvolle Rohstoffe und Waren, hatte jedoch keinerlei Zugang zu den Handelszentren der Welt um das Mittelmeer, es sei denn via Ägypten oder sehr viel umständlicher und kaum realisierbar durch die Nubische Wüste oder über das Rote Meer. Durch seine bevorzugte Lage hatte Ägypten den Kuschiten stets den Zugang zur Welt versperrt. Als Kolonialmacht hatte es sich die nubischen Güter einfach angeeignet und als Zwischenhändler stets über Gebühr und auf Kosten der Nubier profitiert. Dass Kusch sich daher in einem bestimmten Stadium seiner Entwicklung Einfluss in Theben zu verschaffen begann, was durch die politische Lage in Ägypten begünstigt wurde, ist so vermutlich zunächst vor allem mit dem Wunsch nach Teilhabe am Gewinn bringenden Mittelmeerhandel in Zusammenhang zu bringen. Dass die Kuschiten gleichzeitig eine erneute Machtkonsolidierung Ägyptens im Vorgriff zu verhindern trachteten, um die eigene Souveränität dauerhaft zu schützen, versteht sich vor dem Hintergrund der ägyptisch-nubischen Beziehungen von selbst.

Die Eroberung Ägyptens durch die Kuschiten

Als um 765 v. Chr. Kaschta in Nubien König wurde, füllte er einen Machtbereich bis Elephantine aus und hatte vielleicht schon die Thebais besetzt. Ob sein Vorgänger Alara bereits bis nach Elephantine vorgestoßen war und den letzten »Königssohn von Kusch«, Pamiu, aus Unternubien vertrieben hatte, wissen wir nicht. Wir können auch nicht sagen, wie der innenpolitische Rahmen in Theben aussah und unter welchem Widerstand der Thebaner – wenn überhaupt – sich hier die kuschitische Besetzung vollzog. Von Alara kennen wir nur den einheimischen Namen, aber Kaschta trug bereits eine der ägyptischen nachgebildete königliche Titulatur.

Lange dürfte er die Besetzung Ägyptens allerdings nicht überlebt haben, denn erst sein Nachfolger Pije ging dazu über, Tempel und einen Palast in ägyptischem Stil in Napata am Djebel Barkal zu errichten. Die große Siegesstele des Pije aus seinem 21. Regierungsjahr berichtet

ZITAT

Die Einsetzung der Gottesgemahlin Nitokris, der Tochter des Gründers der 26. Dynastie, auf der »Nitocris Adoption Stela« aus Karnak (Museum Kairo JdE 36327), die in das 9. Jahr Psammetichs I. (656 v. Chr.) datiert ist:

Ich (Psammetich I.) habe ihm (Amun) meine Tochter zum Gottesweib gegeben. Ich habe sie reicher ausgestattet als die, die vor ihr gewesen sind. Wahrlich, er wird mit ihrer Verehrung zufrieden sein und das Land dessen schützen, der sie ihm gegeben hat...

dann über die Kämpfe, die seine Herrschaft auch über die Thebais hinaus in Unterägypten begründeten. Zunächst ging er daran, Oberägypten als Militärbasis weiter auszubauen. Entweder er oder vermutlich bereits Kaschta setzte Amenirdais I., Tochter Kaschtas und Schwester Pijes, als Gottesgemahlin ein, um die Herrschaft der Kuschiten – der »Äthiopen«, wie die nubischen Könige von den antiken Schriftstellern genannt wurden – auch politisch in Theben abzusichern.

In der Zwischenzeit hatte sich Tefnachte, der Fürst von Sais im Nildelta, zum mächtigsten Herrscher im Norden entwickelt und drang nach Mittelägypten vor, wo er den Herrscher von Hermopolis veranlasste, von Pije abzufallen und der Allianz des Nordens gegen die Kuschiten beizutreten. Die Etappen der erfolgreichen Reaktion Pijes sind auf der genannten Siegesstele ausführlich geschildert. Nach dem Fall von Memphis unterwarfen sich ihm die maßgeblichen politischen Kräfte des Deltas sowie 15 Lokalherrscher mit Ausnahme von Tefnachte. Dieser unternahm noch einen Versuch, Gegenkräfte zu mobilisieren, scheiterte aber letztlich und leistete danach ebenfalls den Treueid.

Die assyrischen Feinde

Während der Entstehung des nubischen beziehungsweise kuschitischen Reiches und seines Vorstoßes nach Ägypten hatten sich die Assyrer seit dem 9. Jahrhundert in mehreren Etappen in Syrien und Palästina festgesetzt. Ihre Herrschaft belastete die Unterworfenen und Vasallen, denen sie Tribute, obligatorische Geschenke und Zölle auf Handelsgüter abforderten. Immer wieder formierte sich deshalb in Syrien und Palästina Widerstand, in den sich letztlich auch die Kuschiten einschalteten, da ihre Interessen durch das assyrische Vorgehen verletzt wurden.

So hatte der Assyrer Tiglatpileser III. vor 732 Ägypten und die Philister ausdrücklich vom Handel mit dem Holz des Libanon ausgeschlossen. Ägypten, das seit 2000 Jahren Holz vom Libanon für seine Götterbarken, Tempelausrüstung, Statuen und Särge bezog, konnte dies nur als feindlichen Affront auffassen. Die Häfen an der vorderasiatischen Küste wurden zunehmend assyrischer Aufsicht unterstellt und mussten Warenzölle ent-

Mit Echnaton, dem »Ketzerkönig«, erloschen auch seine revolutionären Ideen. Die späteren Quellen übergehen ihn. Nur einmal wird im Rahmen einer Datumsangabe auf ihn als »Feind von Achetaton« Bezug genommen (Skulptur; Paris, Louvre).

100264

1075

Königin Nofretete (»die Schöne ist gekommen«) war die Gemahlin von Amenophis IV. (Echnaton). Der 31 cm hohe Kalksteinkopf ist im Museum Folkwang, Essen, ausgestellt.

richten, und alle so aus den Unterworfenen herausgepressten Güter flossen nach Assyrien. Ägypten mit seinen bei den Assyrern begehrten Waren, vor allem Papyrus, Byssus (Gewebe aus feinem Leinen), Gold, kostbaren Steinen und anderen wertvollen Gütern, war wegen seiner abgelegenen Lage nicht leicht dazu zu zwingen, seine Waren sozusagen kostenlos nach Assyrien zu liefern.

Um sich aber dennoch einen profitablen Anteil daran ohne Gegenleistung zu sichern, bemühten sich die Assyrer, den Landhandel Ägyptens mit Vorderasien unter ihre Kontrolle zu bringen, wie dies mit dem Seehandel durch die Kontrolle der Häfen bereits geschehen war. Nach der Ausdehnung ihres Machtbereiches bis an die ägyptische Grenze gingen sie deshalb seit Sargon II. daran, den Landhandel abzuschöpfen, indem sie an den Handelsstraßen von Ägypten nach Vorderasien Handels- und Zollstationen einrichteten. Als um 716 v. Chr. die Assyrer nur noch etwa 140 Kilometer von der ägyptischen Grenzfestung Sile entfernt standen, sah sich Osorkon IV., einer der letzten Libyersprosse, in Tanis gezwungen, Sargon II. zwölf Pferde, wohl ein symbolisches Geschenk an den »Sieger«, zu senden.

Endlich am Mittelmeer

Im selben Jahr starb Pije. Sein Nachfolger Schabako musste im zweiten Jahr nach seiner Thronbesteigung einen erneuten Vorstoß nach Unterägypten unternehmen. Er marschierte in Memphis ein, und mindestens in seinem vierten Jahr wurde er auch in Sais anerkannt. Anders als Pije unterdrückte Schabako die Ansprüche der Regionalfürsten und wurde spätestens um das Jahr 712 v. Chr. alleiniger Pharao von ganz Ägypten und Kusch. Bokchoris, der Nachfolger des Tefnachte von Sais, wurde nach der Überlieferung Manethos lebendig verbrannt.

Mit diesem Sieg begann gleichzeitig auch das unmittelbare außenpolitische Engagement der Kuschiten in der Levante, das sie in kurzer Zeit wieder vom Zentrum an die Peripherie zurückwerfen und endgültig ihren traditionellen politischen Status besiegeln sollte, den sie mit der Annexion Ägyptens zu einem historisch günstigen Zeitpunkt einmal in ihrer Geschichte hatten ins Positive wenden können. Schabako, möglicherweise aber auch

ZEITTAFEL
Spätzeit
26. Dynastie, Saiten (664–525 v. Chr.):
Psammetich I.
Necho II.
Psammetich II.
Apries
Amasis
Psammetich III.

Pije – die Chronologie ist strittig –, vermied noch jede Konfrontation mit den Assyrern. Im Inneren verfolgte er in stärkerem Maße als Pije die Politik, Familienmitglieder und eigene Leute in Schlüsselpositionen in Ägypten zu setzen. Nach außen herrschte in den 15 Jahren seiner Regierung Frieden.

Als um 702 v. Chr. Schebitku den Thron bestieg, zeigte er bereits durch die Wahl seiner Titulatur seine Absicht, eine offensivere Außenpolitik zu betreiben. Die Gelegenheit bot sich schnell. Hiskia von Juda hatte den Herrscherwechsel in Assyrien, wo nach dem Tod Sargons II. im Jahr 705 v. Chr. Sanherib König wurde, dazu benutzt, den Tribut zu verweigern. Verschiedene andere syrisch-palästinensische Städte unterstützten ihn, und auch Schebitku schickte militärischen Beistand. Die alliierten Streitkräfte wurden jedoch geschlagen. Im assyrischen Heer brach nach der Erzählung der Bibel aber offenbar eine Epidemie aus, sodass sich die Assyrer nach Ninive zurückzogen und die letzten zehn Jahre der Re-

Howard Carter entdeckte 1922 das Felsengrab Tut-ench-Amuns und den unversehrten Grabschatz des Königs. Zudem fand er in Theben die Königsgräber von Hatschepsut, Thutmosis IV. und Siptah. Das Bild zeigt den Archäologen bei der Untersuchung des geöffneten Sargs Tut-ench-Amuns.

100563

gierung Schebitkus friedlich und mit entsprechendem Einfluss in Vorderasien verliefen. Um 690 wurde dann Taharka König.

Die Vertreibung der Kuschiten
Da die Assyrer in den letzten Jahren Sanheribs massive Grenzschwierigkeiten hatten und darüber hinaus mit anderen Problemen und hartnäckigen Kleinkriegen zu kämpfen hatten, konnten die Kuschiten ihren Einfluss in Syrien und Palästina behaupten. Dann verschlechterte sich jedoch die Lage. Der Assyrerkönig Asarhaddon hatte zwei Vergeltungsaktionen nach Syrien unternommen, und Taharka hatte die Aufstände zuvor unterstützt. Assyrien ging nun daran, den kuschitischen Einfluss definitiv auszuschalten und gegen Ägypten direkt vorzugehen.

Ein Versuch Asarhaddons, um 674/673 nach Ägypten einzumarschieren, blieb zwar zunächst erfolglos, aber 671 besiegte er Taharka, und es gelang ihm sogar, Mitglieder der kuschitischen Königsfamilie, darunter den Thronfolger und Taharkas Frau, in Memphis gefangen zu nehmen und nach Assyrien zu deportieren. Memphis wurde geplündert, die kuschitischen Beamten wurden aus ihren Ämtern entfernt und diese mit anderen Personen, darunter auch Assyrern, besetzt. 669 v. Chr. setzte sich Taharka aber wahrscheinlich wieder im Delta fest.

Bei einem neuerlichen Feldzug gegen ihn starb Asarhaddon unterwegs, sodass erst Assurbanipal 667/666 die Entscheidung herbeiführen konnte. Er besiegte erneut Taharka, der sich vermutlich nach Napata zurückzog. Die ägyptischen Fürsten und Lokalpotentaten unterwarfen sich den Assyrern, konspirierten dann aber mit Taharka. Das Komplott wurde aufgedeckt und die Schuldigen grausam bestraft. Auch der libysche Fürst Necho von Sais wurde deportiert, erlangte aber bald darauf die Begnadigung und durfte nach Sais zurückkehren. Sein Sohn, der spätere König Psammetich I., erhielt von den Assyrern die Stadt Athribis im Delta.

Als Taharka starb, unternahm sein Nachfolger Tanwetamani nach dem Bericht der »Traumstele« einen erneuten Versuch, Ägypten zurückzuerobern. Er tötete Necho, während Psammetich zu den Assyrern floh.

Unter Tut-ench-Amun, dem letzten Pharao der 18. Dynastie, wurde die Sonnenreligion Amenophis' IV. wieder aufgegeben und die Residenz von Amarna nach Memphis verlegt. Tut-ench-Amun hat weder politisch noch architektonisch nennenswerte Spuren hinterlassen.

Doch die Deltafürsten unterwarfen sich Tanwetamani. Als aber die assyrische Armee nach Ägypten vorrückte, fiel Memphis noch 664/663. Theben wurde schwer verwüstet und geplündert, aber es erkannte Tanwetamani noch weitere zehn Jahre an.

Nach dem kurzen Intermezzo der kuschitischen Herrschaft war Ägypten nun wieder geteilt. Im Norden regierte Psammetich als Vasall der Assyrer, ebenso die anderen Deltafürsten. Die Thebais hingegen wurde unter dem sehr einflussreichen Vierten Amunpriester und Bürgermeister von Theben, Montemhet, und der Gottesgemahlin Schepenupet II., Tochter König Pijes, fast selbstständig.

Selbstständigkeit unter den gewieften Saiten

Vielleicht mithilfe der assyrischen Garnison in Memphis wendete Psammetich einen weiteren Vorstoß Tanwetamanis gegen Memphis ab, der nach griechischen Quellen als wahrscheinlich anzunehmen ist. In den ägyptischen hören wir davon nichts, auch nicht, wie es Psammetich praktisch unter den Augen der Assyrer schaffte, als ihr Vasall Ägypten unter seiner Herrschaft zu einigen und damit die 26. Dynastie zu begründen. Nach ihrer Herkunft aus Sais werden ihre Herrscher »Saiten« genannt.

Der griechische Schriftsteller Herodot erzählt folgende Geschichte dazu: Zwölf gegeneinander Krieg führende Dynasten (Kleinfürsten) des Deltas verständigten sich auf einen Waffenstillstand, der jedes Jahr im Tempel des Hephaistos, das heißt im Tempel des Gottes Ptah in Memphis, durch ein Trankopfer erneuert werden musste. Ein Orakel hatte jedoch geweissagt, dass der zukünftige König Ägyptens die Darbringung des Trankopfers, die Libation, aus einem bronzenen Gefäß vornehmen würde, und deshalb hatten die Dynasten jegliche Bronzegefäße aus dem Tempel verbannt. Als aber eines Tages der Priester den Opfernden nur elf und nicht zwölf Gefäße reichte, nahm Psammetich, der am Ende der Reihe stand und kein Gefäß mehr bekam, seinen Helm (aus Bronze). Ein zweites Orakel weissagte, dass der König seinen endgültigen Sieg mit der Hilfe von »Bronzemännern« vom Meer erringen würde.

Tatsächlich gelang es Psammetich I. in seinem achten Jahr, mithilfe griechischer und karischer Söldner, die er aufgrund eines Freundschaftspaktes mit Gyges von Lydien in seine Dienste nehmen konnte, die Deltafürstentümer unter seine Herrschaft zu bringen. Die inzwischen durch die Kimmerier geschwächten und darüber hinaus anderweitig stark in Anspruch genommenen Assyrer intervenierten nicht; ihre in Memphis stationierten Truppen waren entweder bereits abgezogen worden oder wurden nun vertrieben. Herakleopolis mit der Schlüsselposition nach Mittelägypten, wo seit der späten 25. Dynastie Pediese herrschte, der vielleicht mit den Saiten verschwägert war, scheint die saitischen Einigungsbestrebungen von Anfang an unterstützt zu haben. Denn sein Sohn Sematauitefnachte, der in Sais aufgewachsen sein soll, begleitete Psammetichs Tochter Nitokris nach Theben, wo sie im neunten Jahr ihres Vaters als Gottesgemahlin eingesetzt wurde. Offenbar gab es keinen Widerstand vonseiten der Thebaner, als sie durch die kuschitischen Gottesgemahlinnen Schepenupet II. und Amenirdais II. adoptiert wurde. Die beiden Kuschitinnen beließ Psammetich I. im Amt, Amenirdais II. scheint jedoch später nach Nubien zurückgekehrt zu sein. Damit war Ägypten 656 v. Chr. wieder geeint.

Mehr Sicherheit für Ägypten

Um sich gegen erneute Vorstöße der Kuschiten zu schützen, befestigte Psammetich I. nicht nur Elephantine, sondern unternahm auch einen Feldzug nach Unternubien, vermutlich um die Kuschiten weiter nach Süden abzudrängen und eine Pufferzone zu schaffen. Wann in seiner langen, 54-jährigen Regierung (664–610 v. Chr.) dies gewesen sein könnte, ist fraglich. Eine Festung vom Beginn der Saitenzeit auf der Insel Dorginarti beim zweiten Katarakt zeigt jedoch, wie weit die Grenze wieder vorgeschoben werden konnte. Im zehnten Regierungsjahr wandte sich Psammetich I. gegen die Libyer.

In der ausgemalten Sargkammer Tut-ench-Amuns bargen vier ineinander gestellte Holzschreine einen Quarzitsarkophag; dieser enthielt zwei vergoldete Holzsärge in Mumienform (Bild: einer der beiden Särge) und als innersten einen aus massivem Gold.

100562

Dies geht aus dem Text einer Stele hervor, die an einer Wüstenpiste bei Sakkara-Süd, an deren Ende sich ein befestigtes Militärlager befand, entdeckt wurde. Nach einer Notiz bei dem griechischen Schriftsteller Diodor hatten sich die Gegner, die Psammetich bei den Kämpfen um die Alleinherrschaft in Ägypten bei Kom el-Hisn am westlichen Deltarand schlagen konnte, zu den Libyern geflüchtet. Jedenfalls sicherte der König, nachdem er durch die Einsetzung seiner Tochter Nitokris als Gottesgemahlin die Oberhoheit über Oberägypten gewonnen hatte, den Westteil des Landes gegen die Libyer.

Parallel zu diesen außen- und innenpolitischen Aktivitäten zu Beginn seiner Regierung reorganisierte Psammetich I. das Innere des Landes. Die Hauptstadt befand

100563

Als einziges Königsgrab im Tal der Könige blieb das Grab Tut-ench-Amuns nahezu unversehrt. Aus seinen Schätzen lässt sich auf die Ausstattung der anderen – durchweg ausgeraubten – Gräber schließen. Die Abbildung zeigt eine Wandmalerei mit Pavianen.

2400

Dieser Thronsessel aus der Grabkammer Tutench-Amuns, der den mit knapp 18 Jahren verstorbenen König mit seiner Frau Anchesenamun (»sie lebt für Amun«) zeigt, gehört zu den sensationellen Funden aus seinem Felsengrab im Tal der Könige.

sich jetzt in Sais mit dem Tempel der Göttin Neith. Aber das Verwaltungszentrum mag weiterhin Memphis gewesen sein. Die reichen, Land besitzenden Familien wurden politisch entmachtet, indem jetzt in jeder Stadt ein Gouverneur amtierte, der der Zentrale Sais direkt verantwortlich war. Ein zweiter Beamter war für den landwirtschaftlichen Bereich zuständig, und eine Art Einkommensteuer wurde erhoben. Auch der Handel wurde wieder belebt.

In der zweiten Hälfte seiner Regierungszeit engagierte sich Psammetich I. dann im asiatischen Bereich. Die Assyrer waren zu diesem Zeitpunkt durch aufreibende Kämpfe gegen die Skythen, die sie seit 670 bedrohten, innerlich geschwächt. Auch Psammetich I. musste 620 deren Angriff abwehren; sie waren bis an die ägyptische Grenze vorgedrungen. Nach seinem vielleicht eher diplomatischen Erfolg gegen die Skythen dehnte Psammetich I. seinen Einfluss in der Levante aus. Er nahm die Philisterstadt Aschdod ein und scheint gegen Ende seiner Regierung die gesamte Küste einschließlich Phönikiens kontrolliert zu haben.

Das Tal der Könige – hier ein Ausschnitt – befindet sich im Wüstengebirge auf dem westlichen Nilufer von Theben. Im Neuen Reich (18.–20. Dynastie) war es die Begräbnisstätte der ägyptischen Könige, auch einige verdiente Beamte sind hier begraben.

100880

Ägypten und Assyrien als Verbündete

Im Jahr 626 v. Chr. wurde Nabopolassar König von Babylon und befreite sich in den nächsten Jahren von der Herrschaft der Assyrer. Dadurch wurde die Machtbalance in Vorderasien gestört, und als um 616 Nabopolassar den mittleren Euphratbereich angriff, verbündete sich Ägypten mit den Assyrern. Es kam jedoch zu keiner entscheidenden Schlacht. Stattdessen nahmen 614 die Meder unter Kyaxares Assur ein, schlossen einen Pakt mit Nabopolassar und zerstörten gemeinsam mit diesem und den Skythen 612 Ninive. Ägypten griff diesmal nicht ein.

Nach dem Tod Psammetichs I. versuchte sein Sohn und Nachfolger Necho II. (610–595 v. Chr.) jedoch 609 noch einmal, den Assyrern bei ihren Auseinandersetzungen mit den Babyloniern und Medern zu Hilfe zu kommen. Er belagerte Harran (Karrhai) und verpflichtete sich die Fürsten von Syrien/Palästina durch Treueide. Aber Harran konnte nicht eingenommen werden, und Necho II. wurde 605 bei Karkemisch von Babylon besiegt und verlor ganz Syrien und Palästina an die Babylonier. Ein weiterer, aber unentschiedener Kampf folgte 601. Auch gegen Nubien wandte sich Necho II. Jedoch haben wir keine genaueren Nachrichten darüber. Im Inneren begann er den Bau eines Kanals – das Projekt ist als Nechokanal in die Geschichte eingegangen – durch das Wadi Tumilat zum Roten Meer und gründete dort die Stadt Pithom. Wie Herodot berichtet, wurde unter seiner Herrschaft offenbar auch Afrika umschifft.

Der entscheidende Kampf gegen die Kuschiten

Der Nachfolger Nechos II. war Psammetich II. (595–589 v. Chr.). Mit einem Heer aus griechischen, karischen und libyschen Söldnern unternahm er 593 einen größeren Feldzug gegen Nubien, auf dem wohl Napata erreicht und zerstört wurde. Neuere archäologische Untersuchungen am Ort zeigen weit reichende Zerstörungen durch Feuer, die in die Zeit des kuschitischen Königs Aspalta fallen. Sie illustrieren die Aussage einer Stele

Haremhabs 1908 entdecktes Felsengrab im Tal der Könige bildet einen Höhepunkt ägyptischer Reliefkunst und Wandmalerei. Hier ist der König mit seiner Gemahlin und dem schakalköpfigen Totengott Anubis zu sehen.

100562

Psammetichs II. in Tanis, nach der sein Heer hier Feuer gelegt und Bäume gefällt habe – militärische Maßnahmen zur Zerstörung der Lebensgrundlagen des Gegners, die seit dem Alten Reich zur Praxis der ägyptischen Kriegführung gehörten. Sogar das Andenken der Kuschiten in Ägypten verfolgte Psammetich II., indem er die Namen der Könige der 25. Dynastie von den Denkmälern des Landes tilgen ließ. Vielleicht hatten Nachrichten von der ägyptischen Niederlage in der Levante die Kuschiten unter Aspalta und seinem Vorgänger Anlamani zu einem erneuten Versuch herausgefordert, gegen Ägypten vorzugehen, jedoch haben wir keine

Montemhet, der 648 v. Chr. zur Zeit Psammetichs I. starb, war Bürgermeister und Statthalter der Kuschiten in Theben. Nach der Plünderung Thebens stellte er die Ordnung wieder her. Das Foto zeigt den Eingang zu seinem Grab sowie dessen Lichthof.

2614

Quellen aus dem kuschitischen Bereich, die dies belegen könnten.

Nach der kurzen Regierung Psammetichs II., der sich in der Levante vor allem im Kampf gegen die Babylonier engagierte, ohne dass es zu wesentlichen Veränderungen der politischen Lage kam, unternahm auch sein Sohn Apries (589–570 v. Chr.) gleich zu Beginn seiner Regierung Anstrengungen, die babylonische Bedrohung zu mildern. Mit einer Flotte, die bereits seine Vorgänger ausgebaut hatten, erreichte er Palästina, Phönikien und Zypern. Als aber 587 Jerusalem durch die Babylonier eingenommen, der judäische König Zidkija gefangen und ein großer Teil der jüdischen Bevölkerung ins Babylonische Exil verschleppt wurden, scheint er nicht eingegriffen zu haben. In Elephantine kam es während seiner Zeit zu einer Meuterei der Söldner, die sich nach Kusch absetzen wollten. Nes-Hor, der ehemalige Truppenchef Psammetichs II. von Mendes und jetzt »Vorsteher des Tores der Südländer« in Elephantine, konnte dies jedoch verhindern.

Auseinandersetzungen um die Griechenkolonie Kyrene kosteten Apries schließlich den Thron. Auf Bitten der Libyer kam er ihnen gegen die Griechen zu Hilfe, wurde aber vernichtend geschlagen. In seiner Truppe brach daraufhin eine Meuterei aus, und die Meuterer riefen Amasis zum Gegenkönig aus; Apries floh an den babylonischen Hof. Mit militärischen Mitteln versuchten die Babylonier, ihn 567 wieder einzusetzen. Dies misslang jedoch, und sie wurden von Amasis geschlagen. Apries fiel im Kampf und erhielt eine ehrenvolle Bestattung von Amasis, der sich dadurch als neuer Pharao legitimierte.

Amasis, der 570 v. Chr. zum König ausgerufen worden war und bis 526 regierte, war zweifellos der letzte große Pharao Ägyptens. Das Land blühte unter seiner Herrschaft im Wohlstand, fand sich außenpolitisch jedoch durch die babylonische Bedrohung und später durch die der Meder in einer ständigen Zwangslage. Von dieser Bedrängnis suchte sich Amasis durch Allianzen, unter anderem mit Krösus von Lydien und Polykrates von Samos, zu befreien und spendete auch den Tempeln der Griechen Opfer. Naukratis südwestlich von Sais wurde das bedeutendste Griechenzentrum im Delta.

Karola Zibelius-Chen

Perser und Makedonen: Die Spätzeit bis zum Hellenismus

Während der Regierung von Amasis hatten die Achämeniden unter Kyros II. (um 559–529 v. Chr.) das Königreich Medien unterworfen, und auch Lydien unter Krösus war 546 v. Chr. an die Perser gefallen, noch ehe Ägypten, Babylonien und Sparta Hilfe leisten konnten. 539 wurde Babylonien besetzt. Nach dem Tod des Kyros unterwarf sich Phönikien dessen Nachfolger Kambyses, und Zypern sagte sich von Amasis los.

Zu einer militärischen Klärung der Lage kam es jedoch erst unter Amasis' Sohn Psammetich III. (526–525 v. Chr.). Ob die Eroberung Ägyptens einem Plan von Kambyses entsprach oder nur durch den Verräter Phanes ausgelöst wurde, der die Verteidigungsanlagen des Deltas an den Perserkönig verraten haben soll, ist schwierig zu entscheiden. Jedenfalls standen die Perser 525 vor Pelusium, das sich ergeben musste. Bei der Einnahme von Memphis geriet Psammetich III. in Gefangenschaft, wurde nach Susa gebracht und getötet. So war das einst mächtige Ägypten für die nächsten 120 Jahre zu einer Satrapie des Persischen Reiches geworden.

Bei Manetho bilden die Perser die 27. Dynastie. In den ägyptischen Quellen sind die persische Invasion und der Aufenthalt des Kambyses in Ägypten auf der Statuette des Udja-hor-resnet kurz beschrieben, der im Kampf gegen die Perser Flottenkommandant gewesen war. Nach dem Sieg der Perser gelangte er in die Umgebung des Perserkönigs, wurde dessen Leibarzt, erläuterte ihm die ägyptische Kultur und stellte sogar eine ägyptische Königstitulatur für ihn zusammen. Ein Zug des Kambyses nach Nubien und einer zur Oase Siwa endeten nach der stark propagandistisch eingefärbten Erzählung Herodots als Katastrophe. 522 kehrte Kambyses mit Udja-hor-resnet in seinem Gefolge in seine Heimat zurück, während Ägypten unter die Verwaltung des Satrapen Aryandes gestellt wurde.

Nach fünf Jahren, 517 v. Chr., begab sich der Nachfolger des Kambyses, Dareios I. (522–486 v. Chr.) nach Ägypten, wo der Satrap Aryandes wegen eigenmächtiger Handlungen hingerichtet wurde. Den am persischen Hof aufgestiegenen Udja-hor-resnet – sein Grab wurde kürz-

ZITAT

Aus der Siegesstele des Pije (Pianchi) im großen Amuntempel von Napata (Kairo, Ägyptisches Museum, JdE 48862):
Er errichtete für sich ein Lager südwestlich von Hermopolis und schloss die Stadt Tag für Tag enger ein… Tage vergingen, und Hermopolis wurde zum Gestank für die Nase, aus Mangel an Wohlgeruch. Da warf sich Hermopolis nieder und bat um Gnade vor dem König… Dann ließ er seine Schiffe und seine Truppen ausziehen, um den Hafen von Memphis anzugreifen…
Da wurde Memphis wie in einem Wolkenbruch erobert. Zahlreiche Einwohner wurden getötet oder als Gefangene zum Aufenthaltsort Seiner Majestät geführt…

2614

Nektanebos I., der Begründer der 30. und letzten einheimischen Dynastie, ließ von Luxor eine 2,5 km lange Allee nach Karnak anlegen, die durch Sphingen gesäumt wird.

lich entdeckt – hatte Dareios I. schon 519 mit dem Auftrag nach Ägypten zurückgeschickt, das Lebenshaus, das oben beschriebene kulturelle Zentrum des Tempels, in Sais wieder einzurichten. Etwa gleichzeitig wies er den Satrapen an, die ägyptischen Gesetze zu kodifizieren. Dies ist durch aramäische Texte bestätigt. Auch das Geld soll er in Ägypten eingeführt haben. Dareios hat sogar in Ägypten gebaut. So stammt der Tempel von Hibis in der Oase Charga zum größten Teil von ihm. Die Stelen des Königs entlang dem Nechokanal bestätigen, dass er diesen ausbaggern ließ. Nach einer dieser Stelen fuhr eine Flotte von 24 Schiffen, beladen mit ägyptischen Tributleistungen, durch den Kanal nach Persien. Es scheint demnach, dass die Perser der ägyptischen Kultur relativ tolerant gegenüberstanden und der Satrapie eine gewisse kulturelle Eigenständigkeit in der nun ohnehin »multikulturellen« Gesellschaft beließen.

Nachdem die Griechen in der Schlacht von Marathon den Persern 490 v. Chr. eine empfindliche Niederlage beigebracht hatten, brach 486 in Ägypten ein Aufstand gegen die Perser aus. Dieser wurde aber von Xerxes I., dem Nachfolger des Dareios, der 486 starb, in seinem zweiten Jahr niedergeschlagen. Als Satrap herrschte der

Bruder des Xerxes, Achämenes, und das Aramäische wurde allmählich zur Verwaltungssprache. Auch das Demotische - die spätägyptische Sprache in der stark vereinfachten demotischen Schrift - setzte sich in Ägypten immer mehr durch.

Als Xerxes dann 465 v. Chr. ermordet wurde, kam es in Zusammenhang mit den darauf folgenden Wirren und der Thronbesteigung von Artaxerxes I. (464–424 v. Chr.) auch im Nordwestdelta zu Unruhen, in deren Verlauf ein gewisser Inaros die persischen Truppen unter Achämenes besiegen konnte. Der persische Satrap kam ums Leben, und Inaros besetzte das gesamte Delta. Aber Memphis und Oberägypten blieben in persischer Hand. Erst 454, nachdem die Athener die Ägypter noch bei der Teileroberung von Memphis unterstützt hatten, gewannen die Perser die Macht vollständig zurück. Inaros fiel in persische Hände, wurde nach Persien gebracht und dort gekreuzigt. Danach kam es zu keinen weiteren Befreiungsversuchen, zumal die Athener mit den Persern einen Frieden schlossen. Nur unter Dareios II. (424–404 v. Chr.) gab es einen Aufstand in Elephantine, der sich aber mehr gegen die dortigen Juden richtete, die als Kollaborateure der Perser galten. Ihr Jahwetempel wurde zerstört.

Als aber die Thronbesteigung von Dareios' II. Nachfolger Artaxerxes II. (404–359 v. Chr.) wiederum von Wirren im Perserreich begleitet war, gelang es Amyr-

Die glasierten und gebrannten Ziegel dieses Reliefs zeigen Bogenschützen des persischen Königs Dareios I., dessen Palast in Susa sie schmückten. Dareios I. ließ die ägyptischen Gesetze kodifizieren; er soll auch in Ägypten das Geld eingeführt haben.

100880

taios, einem Libyer aus Sais, mithilfe der Spartaner 404/402 v. Chr. die Perser aus Ägypten zu vertreiben. Manetho lässt mit Artaxerxes II. die 27. Dynastie enden. Mit ihm endete auch die erste persische Herrschaft in Ägypten. Dieses hatte als sechste Satrapie zum Persischen Reich gehört, und auch Nubien war von den späteren Jahren Dareios' I. an als Satrapie oder tributpflichtiges Land in den persischen Listen verzeichnet. Da die Befestigung von Dorginarti am zweiten Katarakt auch perserzeitliche Nachweise enthält, scheint die Einbeziehung von Kusch in das persische Weltreich zumindest bis zum zweiten Katarakt gerechtfertigt.

Letzte Anstrengungen um die Unabhängigkeit
Die 28. Dynastie bestand nur aus dem schon erwähnten König Amyrtaios, der nach Manetho sechs Jahre regiert haben soll. Unter den aramäischen Papyri in Elephantine ist ein Zahlungsversprechen erhalten, das in sein fünftes Jahr datiert ist. Ein weiterer Brief aus diesem Komplex nennt den Namen des Amyrtaios zusammen mit dem des Nepherites, des ersten Königs der 29. Dynastie, sodass die sechsjährige Regierungszeit zutreffen könnte. Bauten oder auch nur seinen Namen in hieroglyphischer Form hat Amyrtaios nicht hinterlassen. Die »Demotische Chronik« aus frühptolemäischer Zeit mit »Weissagungen« über die vergangenen Regierungen kennt ihn als ersten König in der Reihe der Könige bis zur 30. Dynastie.

Als im Jahr 399 v. Chr. Fürsten von Mendes als 29. Dynastie die Macht in Ägypten ergriffen, markierte dies das erfolgreiche Ende langer Befreiungsversuche von der persischen Herrschaft und leitete nochmals eine fast siebzigjährige politische und kulturelle Unabhängigkeit des Landes ein – die letzte seiner Geschichte bis zum 20. Jahrhundert n. Chr. Diese Zeit kannte einen erneuten Wohlstand mit reger Bautätigkeit. Im Streben nach einer Renaissance wurden sogar alte Kulte wieder belebt. Über diese letzte Unabhängigkeitsphase informieren vor allem griechische Quellen sowie einige dunkle Andeutungen in der »Demotischen Chronik«.

Natürlich hatten die Perser gegen ihre abtrünnige Satrapie Ägypten vorgehen wollen. Aber um 401 ließen dies innere Schwierigkeiten nicht zu, sodass 399 Nepherites I.

ZEITTAFEL

Spätzeit
25. Dynastie, Kuschiten (um 745–664/655):
Kaschta
Pije
Schabako
Schebitku
Taharka
Tanwetamani

ZITAT

Aus der Laufstele des Taharka an der Straße nach Dahschur:
Der König selbst war zu Pferd, um den Lauf seiner Truppen zu besichtigen. Er lief mit ihnen … in der Stunde »Sie-hat-zufriedengestellt« (9. Nachtstunde). Sie erreichten das »Große Grüne« (Faijum) in der Stunde »Sonnenaufgang« (1. Tagesstunde), und sie kehrten zur Residenz um in der Stunde »Die-ihren-Herrn-schützt« (3. Tagesstunde). Er zeichnete die Ersten von ihnen aus … Denn Seine Majestät schätzte die Kampfleistung, die für ihn erbracht worden war.

2614

Der Orakeltempel des Amun, das Ammoneion, in der Oase Siwa wurde vermutlich unter Amasis um 570 v. Chr. errichtet. Seine Priester begrüßten Alexander den Großen bei seinem denkwürdigen Besuch 331 v. Chr. als Sohn des Gottes.

(»Seine Großen gedeihen«) als erster König der 29. Dynastie sechs Jahre regieren konnte. Mit ihm erschien Ägypten wieder als selbstständig handelnde Macht auf internationaler Ebene. Um die nationale Eigenständigkeit weiter behaupten zu können, verfolgte auch er eine Politik gegen Persien gerichteter Allianzen. So schlug sich Nepherites I. auf die Seite Spartas, das sich zum Krieg gegen die Perser entschloss, um den kleinasiatischen Griechen beizustehen. Als Nepherites aber 393 v. Chr. starb, brachen in Ägypten Thronstreitigkeiten aus.

Die folgenden Könige hatten alle nur kurze Regierungszeiten, die die »Demotische Chronik« mit unrechten Handlungen der Könige erklärt. Fünf Herrscher der 29. Dynastie sind insgesamt bekannt. Der wichtigste nach Nepherites I. ist Hakoris, der 392 auf den Thron kam. Trotz seines fremden Namens war er wohl Ägypter und stammte aus Mendes. Er hat 13 Jahre regiert und zahlreiche Denkmäler, darunter eine Kapelle in Karnak, hinterlassen. Auch er verfolgte die Politik der Allianzen gegen die Perser und schloss 389 ein Bündnis mit Euagoras von Zypern und mit Athen. Dieser Politik lag eine einleuchtende Überlegung zugrunde: Solange Persien sich anderswo militärisch engagierte, bestand nur eine geringe Wahrscheinlichkeit, dass es gegen Ägypten vorgehen konnte. Hakoris dehnte seinen Machtbereich derweil auch nach Westen aus; der Herrscher von Siwa, Setechirdais, erkannte ihn als Oberherrn an. Als jedoch im Jahr 386 zwischen Griechen und Persern ein separater Frieden geschlossen wurde, waren Euagoras und Hakoris isoliert. Zwar konnte Hakoris mithilfe des athenischen Feldherrn Chabrias die in dieser Situation sofort militärisch reagierenden Perser 383 besiegen und möglicherweise sogar als Folge dieses Sieges wieder bis in die Levante vorstoßen, als aber die Perser gegen Euagoras vorgingen, erhielt dieser keine Hilfe von Hakoris, und 380 fiel Zypern. Kurz davor war Hakoris gestorben, sein Nachfolger Nepherites II. regierte nur vier Monate.

Im November 380 v. Chr. folgte ihm Nektanebos I. als erster König der 30. Dynastie. Er stammte aus Sebennytos im Delta, stand vielleicht in verwandtschaftlicher Beziehung zu Nepherites II. und war General gewesen. Nach dem Sieg über Euagoras von Zypern konnte sich Persien nun wieder auf Ägypten konzentrieren. Athen musste den Feldherrn Chabrias, der sich immer noch in ägyptischen Diensten befand, auf Verlangen der Perser abberufen. Diese nahmen sich lange Zeit für ihre Kriegsvorbereitungen; erst im Jahr 373 schickte Artaxerxes II., der immer noch regierte, ein persisches Heer sowie griechische Söldner unter Iphikrates. Als das Heer Pelusium erreichte und man sah, dass ein Angriff auf die starken Befestigungen hier sinnlos war, rückte man weiter nach Westen vor und griff bei Mendes an. Die Landung gelang, und Iphikrates wollte zum fast truppenfreien Memphis vordringen, konnte sich aber nicht mit dem persischen Heerführer einigen. So gelang es den Ägyptern, inzwischen wieder Kräfte zu sammeln. Die eintretende Nilflut, die das Delta unter Wasser setzte, kam ihnen zu Hilfe, und die Perser mussten sich zurückziehen. Da anderweitige Aufstände sie in den nächsten Jahren blockierten, blieb Ägypten unbehelligt.

ZITAT

Aus der Biographie des Oberarztes Udjahor-resnet auf einem Naophor im Museo Egizio des Vatikans:

Der große Fürst Kambyses, der Herr aller Fremdländer, kam nach Ägypten, während die Ausländer aller Fremdländer mit ihm waren. Er beherrschte das ganze Land. Sie ließen sich darin nieder; er war der große Herrscher von Ägypten, der große Fürst aller Fremdländer. Seine Majestät übertrug mir das Amt des »Oberarztes«. Er ließ mich neben sich als »Freund« und »Palastvorsteher« sein. Er ließ mich seine Titulatur als König von Ober- und Unterägypten Mesuti-Re machen. Ich ließ Seine Majestät die Größe von Sais erkennen …

411

Ptolemaios I. Soter (»Retter«), erhielt von Alexander dem Großen 332 v. Chr. die Satrapie Ägypten, die er zielbewusst zum selbstständigen Territorialstaat ausbaute (Porträt auf einem griechischen Tetradrachmon, Durchmesser 26 mm).

Nektanebos I. zeigte eine rege Bautätigkeit und hinterließ viele Denkmäler, darunter die ältesten Bauteile des Tempels von Philae. Dies zeigt den Wohlstand des Landes unter der unabhängigen Herrschaft. Auch der Handel blühte. In der griechischen Handelsstadt Naukratis im Westdelta wurden die ein- und ausgeführten Waren mit einem zehnprozentigen Zoll belegt. Der Gewinn sollte nach der Naukratisstele an den Tempel der Neith von Sais fließen.

Als Nektanebos im Jahr 363 v. Chr. starb und ihm sein Sohn Teos folgte, der vielleicht schon zwei Jahre Mitregent seines Vaters gewesen war, gab es überall im Perserreich Aufstände der Satrapen, die Ägypten im Rahmen seiner politischen Doktrin sämtlich unterstützte. Ab 361 rüsteten auch die Ägypter verstärkt auf. Teos scheint

4601

Arsinoe II. heiratete 278 v. Chr. ihren leiblichen Bruder Ptolemaios II., dessen Politik sie stark beeinflusste. Beide wurden schon zu Lebzeiten als »Geschwistergötter« verehrt (Basaltstatue, 3. Jh. v. Chr.; Sankt Petersburg, Eremitage).

Königin Kleopatra regierte zunächst mit ihrem Brudergemahl Ptolemaios XIII. Von ihm vertrieben, wandte sie sich an Caesar, der nach dem Tod des Pompeius in Alexandria landete und ihr nach schweren Kämpfen zusammen mit ihrem Bruder Ptolemaios XIV. die Herrschaft zurückgab.

darüber hinaus schon ab 365 die Spartaner unter Agesilaos II., der 361 persönlich mit 1 000 Hopliten in Ägypten eintraf, mit Geldmitteln unterstützt zu haben. Auch Chabrias trat wieder in ägyptische Dienste.

360 marschierte das Heer nach Palästina. Agesilaos hatte Teos geraten, in Ägypten zu bleiben, aber dieser bestand auf dem Oberbefehl seiner Truppen. Das Heer gelangte schnell nach Phönikien, und Nektanebos, ein Neffe Nektanebos' I. und Cousin von Teos, sollte weiter nach Syrien vorrücken. Da revoltierte der Vater des Nektanebos, der als Statthalter in Ägypten geblieben war. Nektanebos wurde zum Pharao ausgerufen, und Teos floh ins persische Exil, wo er starb. Damit brach das Unternehmen in sich zusammen, zumal Nektanebos II. sofort nach Ägypten heimkehren musste, weil dort ein Gegenkandidat auftrat. Dies zeigt, wie wenig gefestigt

ZITAT

Aus der Hermopolisstele Nektanebos' I.:
Seine Majestät kam nach Heseret in der Zeit des Königs, der vor ihm war... Seine Majestät wurde zum Retter, der seine Feinde niederwarf; der Einzige, er wurde zum Herrscher...
Nachdem er unter die Feinde geraten war, errettete er die Großen der Stadt und hielt die Kleinen am Leben in der Unglückszeit des Königs, der vor ihm war, der Sohn des Re, der Herr der Kronen, Nechtnebef, begabt mit Leben wie Re...
Seine Majestät gründete das Haus seines Vaters Thot, des zweimal Großen, des Herrn von Hermopolis... in trefflicher Arbeit für die Ewigkeit.

ZEITTAFEL
Spätzeit
27. Dynastie (525–404 v. Chr.):
Persische Herrschaft
28. Dynastie (404–399 v. Chr.):
Amyrtaios
29. Dynastie (399–380 v. Chr.):
Nepherites I.
Hakoris u. a.
30. Dynastie (380–342 v. Chr.):
Nektanebos I.
Teos
Nektanebos II.
31. Dynastie (342–332 v. Chr.):
erneute Perserherrschaft
332 v. Chr.: Eroberung Ägyptens durch Alexander den Großen

die innenpolitische Lage in Ägypten trotz des Wohlstandes doch gewesen sein muss. Nektanebos II. (360–342 v. Chr.) regierte 18 Jahre. Auch unter seiner Herrschaft erlebte Ägypten weiterhin eine Blüte, wie seine zahlreichen Baudenkmäler dokumentieren.

Inzwischen gelang es Artaxerxes III. Ochos, das Perserreich wieder zu ordnen, und so unternahm er 350 v. Chr. einen Feldzug gegen Ägypten, das in den Augen der Perser weiterhin nur eine abtrünnige Satrapie war. Der Zug verlief jedoch ergebnislos, und in seiner Folge erhoben sich sowohl die Phöniker als auch Zypern gegen die Perser. Ägypten schickte allerdings nur geringfügigen Beistand. 343 zog der Perserkönig abermals gegen Ägypten, konnte diesmal ins Delta einbrechen und errang einen überwältigenden Sieg; Nektanebos II. floh nach Nubien. Damit wurde Ägypten erneut zur persischen Provinz.

Alexander der Große – Eine neue Epoche beginnt

Nach dem Sieg Alexanders gegen die Perser bei Issos im Jahr 333 v. Chr. übergab der Satrap Mazaces Ägypten kampflos an den Makedonen, der nach seinem Einzug in Memphis und der Huldigung des Apisstieres am 14. November 332 als Pharao Ägyptens gekrönt worden sein soll. Bei dieser Krönung als Pharao scheint es sich jedoch um Fiktion zu handeln. Zwar hat Alexander eine ägyptische Titulatur erhalten. Sie kann aber wohl eher als Hinweis auf seine Akzeptanz durch die Priester denn als Zeichen für seine Krönung gelten, zumal in manchen Titeln sein Thronname identisch mit seinem Eigennamen ist.

Mit Alexanders Machtübernahme endet die pharaonische Geschichte Ägyptens. Das Land wird nun von den griechischen Ptolemäern beherrscht und tritt unter ihnen in eine neue Epoche der politischen Unabhängigkeit ein, die kulturell stark vom Griechentum geprägt ist. Sie bescherte dem Land noch einmal eine große Blütezeit, bevor es zur Provinz des Römischen Reiches wurde und mit der Einführung des Christentums und schließlich des Islams seine pharaonische Prägung aufgab.

Karola Zibelius-Chen

Sittenstrenge und Musikalität: Gesellschaft und Kultur in Ägypten

Die ägyptische Kultur ging aus verschiedenen regionalen Kulturen durch Überlagerung oder Eroberung hervor. Der Übergang aus der vorgeschichtlichen Lebensform zur Hochkultur vollzog sich in nur wenigen Jahrhunderten. Durch fremde Bereiche im Wesentlichen unbeeinflusst, konnte die ägyptische Kultur ihren Formenschatz in großer Eigenständigkeit entwickeln; sie darf daher als Modellfall einer Kulturentwicklung gelten. Die Ägypter kannten keinen Begriff für »Staat«; sie identifizierten ihn mit dem Königtum, das sich von Gott herleitete und so auf göttlichem Willen beruhte. Die göttliche Legitimation war damit die Grundlage der königlichen Macht, die sich auf Priester- und Beamtenschaft stützte.

60

Frauen genossen in Ägypten volle Rechtsfähigkeit, trugen Titel und nahmen in bedeutendem Umfang am Leben des Mannes teil (Büste einer Prinzessin; um 1350 v. Chr.; Paris, Louvre).

Die Gesellschaft war anfangs grundsätzlich offen, auch einfachen Leuten war der Aufstieg zu höchsten Ämtern möglich; dies blieb allerdings vermutlich eher die Ausnahme, da für diese Ämter die Schriftkenntnis Voraussetzung war. Erst im Neuen Reich gelang weiteren Kreisen der Aufstieg, über die Militärlaufbahn. Erbliche Stände wurden erst durch Psammetich I. geschaffen. Sklaven gab es zunächst nicht; die notwendigen Gemeinschaftsarbeiten, zum Beispiel Kanal- und Dammbau sowie der Pyramidenbau, wurden von der dazu verpflich-

INFOBOX

Bastet und die Katzen

Die Göttin Bastet tritt in Gestalt einer Frau mit Katzenkopf, Halskragen mit Löwenkopf, Sistrum und Henkelkopf auf. In der Spätzeit wird sie auch ganz als Katze in Bronze dargestellt. Für die Ägypter stand sie als milde und gütige Göttin der gefährlichen Löwengöttin Sachmet gegenüber. Ihr Hauptverehrungsort Bubastis war für die fröhlichen Feste zu Ehren der Göttin berühmt. Dort befanden sich auch große Friedhöfe für Katzen.

Die ägyptische Sitte, die toten Katzen in die Tempelstadt Bubastis zu bringen, sie einzubalsamieren und in heiligen Grabkammern beizusetzen, wird auch von Herodot erwähnt. Möglicherweise hatte er auf seinen Reisen eine der zahllosen Bronzekatzen gesehen, die dort von den Gläubigen den Katzenbestattungen beigegeben oder im Tempel der Bastet geweiht wurden.

teten Bevölkerung während der Trocken- und Überschwemmungszeiten gemeinschaftlich geleistet. Erst im Mittleren Reich tauchten neben Kriegsgefangenen Ägypter als Sklaven auf. Für den Pyramidenbau bildete sich zusätzlich eine ständige und spezialisierte Facharbeiterschaft heraus.

Zur Versorgung der ständigen Arbeiter wie der »Saisonarbeiter« wurden königliche Güter eingerichtet, deren Verwaltung bei der Beamtenschaft lag. Neben den Staatsdomänen besaßen vor allem Tempel und hohe Beamte Land. Grundlage des Einkommens des Pharaos bildete neben seinem Landbesitz die zweijährliche, später jährliche Steuererhebung, bemessen nach Viehbestand sowie Größe und Qualität der bebauten Felder. Die Steuern wurden rigoros eingetrieben. Gold kam, neben der Gewinnung aus ägyptischen Minen, wohl bereits seit dem Alten und dem Mittleren Reich, vor allem aber im Neuen Reich aus Nubien, das während der 18. Dynastie zur ägyptischen Kolonie wurde.

Die Kleidung folgte bereits im alten Ägypten wechselnden Moden: Eine Wandmalerei aus dem »Grab des Sennedjem« zeigt den ägyptischen Handwerker Sennedjem im Schurz, seine Frau Ineferti im Wickelgewand (um 1280 v. Chr.; Nekropole von Theben).

100264

INFOBOX

Musikalische Feste

Das alte Ägypten verfügte über ein reiches Musikleben. Man weiß, wie die Instrumente, die nach Abbildungen und archäologischen Überresten rekonstruiert wurden, geklungen haben, kennt ungefähr ihren Tonumfang und ist über die Art und Weise, sie zu spielen, informiert. In der Ramessidenzeit zum Beispiel war das solistische Harfenspiel, ausgeführt von männlichen Musikanten auf Riesenharfen, als Begleitung zum Gesang beliebt. Auf Wanddekorationen erscheinen auch ausgelassene Freiluftfeste, bei denen lebhaft musiziert und getanzt wurde. Das wildeste Fest war der katzengestaltigen oder -köpfigen Göttin Bastet gewidmet. Noch Herodot äußerte sich über dieses Fest, das alljährlich in Bubastis im östlichen Niltal unter den Klängen von Klappern und Rasseln, Oboen, Gesang und Handklatschen mit Tanz und Opferhandlungen begangen wurde.

Da die ägyptische Sprache nur Bezeichnungen für die Kernfamilie, jedoch keine für die entferntere oder angeheiratete Verwandtschaft besitzt, kam der Sippe für die gesellschaftliche Struktur offenbar keine besondere Bedeutung zu. Umso größer war dagegen die Bedeutung der »Haushaltsfamilie«, die auf der Grundlage der üblicherweise früh und durch freie Vereinbarung geschlossenen Ehe beruhte. Die Frauen genossen größere Rechte als in anderen frühen Gesellschaften, sie konnten zum Beispiel eigenständig, ohne Einverständnis des Mannes, Rechtsgeschäfte abschließen. Polygamie war im Königshaus üblich, daneben auch die Geschwisterehe, in den unteren Gesellschaftsschichten waren diese Eheformen dagegen nur selten anzutreffen.

Die ältere Zeit ist durch große Sittenstrenge gekennzeichnet. Erst im Neuen Reich kam es, ausgelöst durch die zahlreichen Kontakte zum Ausland, zu einer gewissen Lockerung. Erziehungsziele waren Anpassung an die gesellschaftlichen Normen und, in der Persönlichkeitsbildung, Selbstbeherrschung.

Emanzipation vom Kult: Die Musik

Wie bei allen alten Hochkulturen sind von der frühen ägyptischen Musik nur das Instrumentarium und Angaben zur Aufführungspraxis bekannt. Quellen sind Bildzeugnisse und einige Funde; Notationen, Anhaltspunkte

100880

Besonders beliebt in Ägypten war die schon bei den Sumerern nachzuweisende Bogenharfe; noch heute wird sie in der Volksmusik eingesetzt (Wandmalerei aus dem Grab des Nacht, Theben; 15. Jh. v. Chr.).

zum Tonsystem und zur Melodie- und Rhythmusbildung sind nicht überliefert. Damit sind auch Klangvorstellungen nur schwer zu gewinnen.

In vorgeschichtlicher Zeit begegnen uns auf Zeichnungen figürlich verzierte Klappern und Längsflöten als Begleitinstrumente kultischer Tänze. Im Alten Reich kommen neue Klapperarten, einfache Gefäßtrommeln, mundstücklose Flöten, Doppelklarinetten, im Totenkult verwendete Trompeten und Bogenharfen hinzu. Bis heute hat sich das Sistrum erhalten, eine antike Rassel, bestehend aus einem an einem Handgriff befestigten u-förmigen Metallrahmen mit beweglichen Metallstäben oder Querstäben mit losen Metallscheiben. Gebraucht wurde das Sistrum vor allem im Hathorkult; später fand es auch in den Isiskult Eingang. Es verbreitete sich im gesamten griechisch-römischen Kulturraum und wird heute noch in der koptischen Liturgie verwendet.

Seit der 4. Dynastie kann man deutlich zwischen kultischer Musik und profaner Hofmusik unterscheiden. Die kultischen Gesänge werden solistisch mit Instrumentalbegleitung oder unter Mitwirkung von Einzel- oder Doppelchören sowie Vorsängern vorgetragen, die mit Handzeichen den Instrumentalisten Spielanweisungen gaben. Sehr alte kultische Lieder zu Ehren Hathors, der Göttin der Liebe und der Musik, sind ausschließlich vokalisch.

Mithilfe der erhaltenen Instrumente, wie sie zum Beispiel im Grab des Tut-ench-Amun gefunden worden waren, versuchte man das Tonsystem zu erschließen. Die Flöten ergaben offenbar großstufige, das heißt zumindest ganztönige Intervalle, während die Lauten halbtönige Skalen ermöglichten. Die Praxis, bei Doppelblasinstrumenten einzelne Grifflöcher eines Rohres mit Wachs zu verstopfen, lässt auf Bordunspiel schließen. Noch im Alten Reich wird der erste historisch bekannte Berufsmusiker, Chufu-Anch, erwähnt. Für die folgenden 2000 Jahre sind die Namen einer nahezu lückenlosen Reihe von Instrumental- und Vokalvirtuosen überliefert.

Im Mittleren Reich wurden die Musizierformen klangfreudiger und die Tänze bewegter. Leier, Röhrentrommel und die zierlichere Schulterharfe traten als Instrumente hervor. Um 2000 v. Chr. begegnet erstmals die Laute. Im Laufe der Jahrhunderte wurden die Instrumente weiter entwickelt und durch Importe aus anderen Kulturen bereichert. Aus dem Neuen Reich kennt man größere, reicher besaitete Harfen (Standharfen), viereckige Rahmentrommeln sowie die Doppeloboe. In ptolemäischer Zeit wurde Ägypten auch musikalisch zunehmend hellenisiert, allmählich bildete sich der altkoptisch-byzantinische Stil heraus.

Gänzlich neue Impulse erhielt die ägyptische Musik nach der Eroberung Ägyptens durch die Araber im

Die wohlhabenden Frauen und Männer trugen im alten Ägypten Perücken, deren Formen seit dem Neuen Reich immer kunstvoller wurden (Porträtkopf der Teje aus Eibenholz mit einer Perücke aus Leinwand (Berlin, Ägyptisches Museum).

INFOBOX

Himmelsgöttin

Hathor, die Himmelsgöttin, besaß als »Auge« des Sonnengottes ausgeprägte mütterliche Züge, konnte aber auch Verderben bringen. Sie wurde ebenfalls als Liebesgöttin, der griechischen Aphrodite entsprechend, und besonders in Theben als Totengöttin verehrt. Hathor wird meist als Frau mit Kuhgehörn und Sonnenscheibe oder ganz als Kuh dargestellt, taucht aber auch in Gestalt einer Löwin oder Schlange auf. Von ihren Tempeln ist vor allem der in Dendera noch gut erhalten; daneben gab es Heiligtümer der Hathor auch auf dem Sinai und in Byblos.

7. Jahrhundert n. Chr. Von nun an war sie Teil der verhältnismäßig einheitlichen, aus arabisch-persischen Wurzeln entstandenen Musik des islamischen Raumes. *

Von der Funktion bestimmt – Die ägyptische Kunst

Die ägyptische Kunst war vorwiegend funktional. Ihre Anfänge stehen in Zusammenhang mit den Jenseitsvorstellungen: dem Glauben an ein Fortleben nach dem Tod unter bestimmten Voraussetzungen. Bereits in der Jungsteinzeit des 4. Jahrtausends v. Chr. wurden den Verstorbenen Beigaben mitgegeben: farbig verzierte Keramikgefäße, Schminkpaletten aus Stein, Zeugnisse der ältesten Reliefkunst sowie Bildwerke aus Ton oder Knochen (Menschen- und Tierfiguren). Die vorgeschichtliche Keramik stellt einen Höhepunkt der ägyptischen Keramikkunst dar, die Verzierung wurde eingeritzt und weiß gefüllt, zunächst geometrische Ornamentik: in der Negade-I-Kultur Tiere, Tanz- und Jagddarstellungen, in der Negade-II-Kultur Schiffe, Naturelemente und anderes (rot auf hellem Grund). Am Beginn des Bauens mit Ziegeln und Steinen standen Grabbauten aus der spätesten Vorgeschichte.

Schon in der Frühzeit der ägyptischen Geschichte, also etwa zwischen 3000 und 2200 v. Chr., fand die Kunst ihren eigenen, unverwechselbaren Stil. Regeln wurden festgelegt, die 3 000 Jahre Gültigkeit behielten; die Darstellungen wurden mithilfe von Standlinie, Register, Proportionskanon und Bedeutungsmaßstab der Figuren gegliedert. Schrift und Bild formten eine Einheit; zu der Darstellung gehörten meist Beischriften, die oft Elemente der Darstellung in die »Lesung« mit einbezogen. In der Abbildung von Menschen, Tieren und Gegenständen legten die Ägypter Wert darauf, alle wesentlichen Teile und Ansichten unverkürzt (ohne Perspektive), in ihrer typischen Form wiederzugeben; es entstanden Kompositgebilde, die das Auge in der Natur so nicht wahrnimmt, etwa die gleichzeitige Darstellung einer Person in Frontalansicht (Oberkörper, Auge) und Profil (Arme, Beine, Gesicht). Dennoch gelang es, komplizierte Sachverhalte in einfachen Bildern überzeugend zu gestalten.

Die Geierhaube steht für den Geier als Wappentier von Oberägypten und ist in die ägyptische Königssymbolik eingegangen. Das Bild zeigt Königin Nefertari, Gemahlin Ramses' II., mit Geierhaube (links), geleitet von der Göttin Isis (Malerei aus dem Tal der Könige, Luxor, Neues Reich).

100264

Ostraka – irdene Täfelchen oder Reste zerbrochener Gefäße – sind in Ägypten massenhaft gefunden worden. Maler benutzten sie für Skizzen und Entwürfe. Das Bild der Tänzerin stammt aus dem frühen 15. Jh. v. Chr. (Turin, Museo Egizio).

50

In der Architektur der Frühzeit wurde Stein kaum verwendet, das bevorzugte Material waren Lehmziegel. Auf den königlichen Friedhöfen von Abydos und Sakkara entstanden repräsentative Grabbauten. Die Kultstelle am Grab kennzeichnen zwei Stelen aus Stein, die den Namen des Königs tragen. Die Schminkpaletten und die für die Vorgeschichte typische bemalte Keramik verschwanden mit dem Beginn der 1. Dynastie. In der Plastik entstanden erste Statuetten von Göttern, Königen, Beamten und Tieren aus Stein, daneben wurde auch Holz, Elfenbein und Metall (Kupfer) verarbeitet.

Den Beginn des Alten Reiches kennzeichnet das erste Königsgrab in Pyramidenform, die Stufenpyramide des Djoser in Sakkara, Zentrum einer 545 mal 280 Meter großen, ganz aus Stein erbauten Anlage. Zugleich ging man zur lebensgroßen Steinplastik über (Grabstatue des Djoser) und zur Ausschmückung von Grab- oder Kulträumen mit Reliefs. Seit König Snofru wurden dann Pyramiden in ihrer klassischen Form als Kultbauten errichtet, zu denen ein Talbau, der Aufweg und der Totentempel gehörten. Ihren Höhepunkt erreichte die monumentale Baukunst mit den gewaltigen Pyramiden der Könige Cheops (fast 147 Meter hoch), Chephren und Mykerinos in Giseh; hier und bei den dazugehörigen Kultbauten prägen große, völlig glatte und ungegliederte Flächen das Gesamtbild. Um diese königlichen Bauten entstand ein Beamtenfriedhof, dessen Gräber nun auch massive Oberbauten aus Stein erhielten (Mastaba).

Plastik, Relief und Malerei fanden sich fast ausschließlich im Bereich der Gräber und ihrer Kultanlagen sowie in den stark zerstörten Sonnenheiligtümern der 5. Dynastie. Die Statue diente dem Fortleben des Menschen im Jenseits und bildete ihn daher so ab, wie er seinem zeitlosen Wesen und seiner sozialen Funktion nach gesehen wurde, unabhängig von Lebensalter, Bewegung, Tätigkeit und allen Zufälligkeiten des Augenblicks. Mann und Frau wurden durch ihre Tracht sowie durch unterschiedliche Grundstellungen und Bemalung (Männer rotbraun, Frauen gelb) unterschieden. Da man von einem zeitlosen Idealalter ausging, fehlen Kinder- und Altersbildnisse, überhaupt Porträts, obwohl zum Beispiel die »Ersatzköpfe« (Darstellung nur des Kopfes eines Toten mit noch ungeklärter Funktion) der 4. Dynastie sehr realistisch gearbeitet sind. Vom hohen sozialen Rang eines herausgehobenen Berufsstandes zeugt der Statuentyp des Schreibers in seiner charakteristischen Haltung mit untergeschlagenen Beinen; die stilisierte Fettleibigkeit deutet auf Wohlstand und Muße.

80423

Die Goldschmiedekunst war im alten Ägypten hoch entwickelt: Amulett-Siegelring mit der Namenskartusche Thutmosis' IV. (Karneol, Gold, 1,6 cm; um 1400 v. Chr.; Pforzheim, Schmuckmuseum).

Die während der 5. und 6. Dynastie entstandenen Privatgräber zeigen immer reicher gestaltete Dekoration: Säulen und Kapitelle (Pflanzenkapitelle) sind bunt bemalt. Heitere Farbigkeit beherrscht das Relief und trägt diesseitige Lebensfülle in die Welt des Grabes, zum Beispiel im Grab des Ti in Sakkara. In der 6. Dynastie ent-

INFOBOX

Eine Frage der Datierung

So leicht es dem Laien fallen mag, altägyptische Kunstwerke als »ägyptisch« zu identifizieren, so schwierig ist es bisweilen sogar für den Fachmann, ihr genaues Entstehungsdatum zu bestimmen. Umfangreich ist die Liste der Statuen und Statuenköpfe, die im Lauf der Geschichte der Ägyptologie ihre Datierung geändert haben. Dabei drehte und dreht sich die Diskussion nicht nur um Feindatierungen, sondern es stehen Jahrhunderte oder gar Jahrtausende zur Debatte. Diese in der Kunstgeschichte ungewöhnliche Situation liegt in einem Charakteristikum der altägyptischen Kunst begründet: in ihrer Kontinuität, die mehr als drei Jahrtausende umspannt.

standen wahre Grabpaläste, so der des Wesirs Mereruka in Sakkara mit 32 Räumen. In der Plastik wurden Familiengruppen beliebt. Hinzu traten Dienerfiguren, die, bedingt durch ihre reine Funktionalität, in den verschiedensten Tätigkeiten dargestellt wurden; sie sollten den Verstorbenen im Jenseits versorgen und ihm eigene Arbeit ersparen. Plastik, Relief und Malerei des späten Alten Reiches bevorzugten übertrieben schlanke Proportionen; die Malerei trat gegenüber dem Relief wieder stärker hervor. Die Kleinkunst fertigte Rollsiegel aus zum Teil kostbaren Materialien, doch beschränkte sich die Dekoration auf Titel und Namen des Königs oder seines Beamten.

Nach dem Auseinanderbrechen des Reiches sank die ägyptische Kunst in der Ersten Zwischenzeit auf einen provinziellen Zuschnitt herab. Nur die Gaufürsten konnten sich größere, in den Fels getriebene Grabanlagen leisten. Als positive Entwicklung ist in dieser Zeit die Tendenz zu freieren Formen und Motiven anzusehen, vor allem in der Siegelkunst trat eine Fülle von neuen figürlichen Motiven hervor; das Rollsiegel wurde weitgehend vom Stempelsiegel verdrängt.

Die Wiedervereinigung des Landes durch Mentuhotep I. kennzeichnet den Beginn des Mittleren Reiches. Es entstand eine neue höfische Kunst, die in kurzer Zeit an

INFOBOX

Das höchste Bauwerk der Welt

Keine andere Kulturleistung der Ägypter hat die Nachwelt mehr fasziniert als die Pyramiden. In technischer und logistischer Hinsicht sind diese Denkmäler antiker Baukunst den modernen Höchstleistungen der Ingenieurkunst durchaus ebenbürtig: So wurden für das 2500 v. Chr. erichtete Grabmal des Königs Cheops bei Giseh – mit einer Höhe von ursprünglich 146,6 m, einer Seitenlänge von 230 m und einem Volumen von 2,5 Mio. Kubikmetern die größte der Pyramiden – rund 2 Mio. Kubikmeter Stein verbaut. Die bis zu 40 t schweren Granitblöcke, die die Grabkammer umschließen, wurden vom rund 800 km entfernten Assuan herbeigeschafft. Wie diese Leistung möglich war, ist noch nicht restlos geklärt. Vermutlich waren für den Bau der Cheopspyramide rund 20 000 Arbeiter im Einsatz, und das über 20 Jahre hinweg. Die Cheopspyramide zählte zu den sieben Weltwundern und war bis ins 19. Jahrhundert das höchste Bauwerk der Welt.

die Höhepunkte der Kunst im Alten Reich heranreichte. An ihrem Anfang steht das Grabdenkmal Mentuhoteps im Talkessel von Deir el-Bahari, das in seiner architektonischen Anlage Elemente des Pyramiden- und des Felsgrabes vereinigt. Die Könige der 12. Dynastie kehrten zur Grabform der Pyramide zurück, die jetzt über einem Lehmziegelkern errichtet wurde. Neben die Totentempel traten die Göttertempel, die nun ebenfalls häufiger in Stein errichtet wurden, so der älteste Teil des Amuntempels von Karnak. In der Plastik kamen neben den Grabstatuen (wie der Sitzstatue des Mentuhotep) Tempelstatuen auf, deren Funktion es war, den Dargestellten am täglichen Kult und an den Opfern für die Götter teilnehmen zu lassen.

Ihren Höhepunkt erreichte die Kunst dieser Zeit mit den Königsbildnissen der späten 12. Dynastie (Sesostris III., Amenemhet III.). Ihre Lebensnähe und Ausdruckskraft sind jedoch nicht als Porträt in unserem Sinne anzusprechen, sondern spiegeln eine gegenüber dem Alten Reich gewandelte - weltlichere - Auffassung vom Königtum wider. Die Privatplastik der Beamtenschaft zeigt eine Vorliebe für geschlossene Formen, wie Mantelstatuen und Würfelhocker (in einen Mantel gehüllte hockende Figur in Blockform, aus der oft nur der Kopf herausgearbeitet ist). Aus den Dienerfiguren entwickelten sich vor allem in der 11. Dynastie ganze Modelle von Wirtschaftsbetrieben. Zunehmend ging die Dienerfunktion auf die Uschebti über.

Die Reliefkunst entfaltete sich, neben der Dekoration der Göttertempel, auf unzähligen Stelen, die vor allem an der Prozessionsstraße des Osiris in Abydos aufgestellt wurden.

Das Kunstgewerbe ist durch mehrere Funde von Schätzen von Prinzessinnen der 12. Dynastie gut vertreten, vor allem durch reich gestaltete Pektorale und andere Schmuckteile. Nilpferde und andere Tierfiguren aus glasiertem Ton verkörperten die Hoffnung auf Regeneration im Jenseits; dem gleichen Zweck diente der Skarabäus, das Abbild eines Käfers, der jetzt zum bevorzugten Siegelamulett wurde. In der Folgezeit wurde er eine wichtige Grabbeigabe, vielfach mit dem Namen des Beamten versehen, der so sein Weiterleben sichern wollte.

100563

Isis ist die Mutter des Horus, den sie von dem für kurze Zeit wiederbelebten Osiris empfing. Das Bildmotiv der säugenden Isis lebte in der christlichen Kunst fort (Spätzeit; Berlin, Ägyptisches Museum).

ZITAT

Die Zweinaturenlehre des Kultbilds – der Mensch stellt es her und »gebiert« es, aber der verborgene Gott wirkt durch es hindurch – kommt in der Schöpfungslehre des »Denkmals memphitischer Theologie« (nach 1250 v. Chr.) zum Ausdruck. Der Schöpfer »gebar« die Götter und

...machte ihren Leib ihnen ähnlich, wie sie es wünschten.
So traten die Götter ein in ihren Leib
aus allerlei Holz, allerlei Mineral, allerlei Ton
und jeglichen Dingen, die auf ihm wachsen,
in denen sie Gestalt angenommen haben.

Die monumentale Kunst ging während der Zweiten Zwischenzeit zurück, die größtenteils durch die Fremdherrschaft der Hyksos geprägt war.

Auf die Vertreibung der Hyksos um 1550 v. Chr. folgte eine allgemeine Erneuerung des geistigen Lebens und ein neues Aufblühen der bildenden Kunst. Im Zentrum standen jetzt die großen Göttertempel, vor allem jener des Amun in Karnak. Sie wurden als Prozessionstempel gebaut, die die Festteilnehmer durch Sphinxalleen, Pylonen und Säulenreihen zum Allerheiligsten führten. Die Gräber und Kultstätten der Könige wiesen zunächst sehr bescheidene Ausmaße auf; die Pyramidenform wurde aufgegeben und durch das königliche Felsengrab im Tal der Könige ersetzt. Mit dem Terrassentempel der Königin Hatschepsut in Deir el-Bahari, der sich vollendet in die Felslandschaft einfügt, begann die Reihe der großen königlichen Totentempel auf dem Westufer von Theben, zu denen vor allem noch das Ramesseum und Medinet Habu gehören. Auf den großen Wandflächen der Tempel fand die Reliefkunst ein neues Aufgabenfeld und schuf, neben immer neuen Kultszenen, ganze Reliefzyklen (wie in Deir el-Bahari).

In den Gräbern der Könige und ihrer Beamten herrschte die Malerei vor; mit Gräbern wie denen des Beamten und Astronomen Nacht oder des Katasterschreibers und Feldmessers Menena wurde unter der Regierung Thutmosis' IV. der Höhepunkt ägyptischer Grabmalerei erreicht. Auch aus der unmittelbar folgenden Zeit sind hervorragende Beispiele der Wand- und Fuß-

INFOBOX

Ein Fabelwesen

Der Sphinx, eine männliche Mischgestalt mit dem Körper eines Löwen und dem Kopf eines Menschen, ist als ungeflügelter Sphinx eine Schöpfung des Alten Reiches. Er war eine Wächterfigur an Tempeleingängen und Pyramiden und wurde liegend dargestellt. Die Sphingen der Tempelalleen haben einen Tierkopf, der mit dem Gott des jeweiligen Tempels in Verbindung steht, z. B. in der Widder-Sphinx-Allee vor dem Tempel von Karnak. Teilweise verkörperte der Sphinx mit königlichem Porträt auch die Königsmacht und Horus oder auch andere Götter. 20 m hoch und 57 m lang ist der Sphinx von Giseh mit dem Haupt des Königs Chephren (oder Cheops); vor ihm liegt der von Chephren erbaute »Sphinxtempel«.

2769

Das Ramesseum, der Totentempel von Ramses II. in der Totenstadt von Theben, war zugleich dem Gott Amun geweiht und mit einem Königspalast verbunden. Reliefs zeigen neben religiösen auch historische Szenen wie Kämpfe mit den Hethitern.

bodenmalerei aus den königlichen Palästen erhalten (Molgata, Amarna). Die allgemeine Bildfreudigkeit des Neuen Reiches führte zur Entstehung einer Buchmalerei mit einer Fülle von illustrierten Texten, vor allem in der religiösen Literatur (Jenseitsführer, Totenbuch). Die gewachsene Bedeutung des Götterkultes lässt sich nicht nur an den großen Tempelanlagen, sondern auch an der zunehmenden Zahl von Götterstatuen ablesen. Die Königsplastik bevorzugte unter Hatschepsut und Thutmosis III. elegante, feingliedrige Formen, seit Thutmosis IV. wird eine Tendenz zum Kolossalen spürbar (Memnonskolosse Amenophis' III., Kolossalstatuen der Ramessidenzeit).

Dieser Tendenz wirkte die Amarnazeit entgegen, die allgemein einen tiefen Einschnitt bedeutete. Amenophis IV./Echnaton kehrte zu menschlicheren Dimensionen in den Maßen zurück, verbunden mit einer höchst expressiven Gestaltung des menschlichen Körpers. Der König wurde nicht mehr in erhabener Göttlichkeit, sondern in der Intimität seines Familienlebens, im Umgang mit Gattin und Töchtern dargestellt; die Fülle der Götterdarstellungen verschwand zugunsten des einen, im Symbol der Strahlensonne verkörperten Gottes Aton. Die Befreiung von bisher geltenden Konventionen bewirkte eine Lockerung der Formen und des Ausdrucks, die über die Amarnazeit hinaus fortwirkte. Zeugnis für eine gemilderte, weniger expressive Phase der Amarnakunst ist vor allem der Grabschatz des Tut-ench-Amun.

INFOBOX

Der heilige Pillendreher

Der Skarabäus ist ein Kotkäfer, der große Dungkugeln formt, die er jeweils mit einem Ei versieht, mit den Hinterextremitäten fortrollt und in die Erde eingräbt. Dieses Verahlten wurde religiös gedeutet: das Rollen der Mistkugel als Hervorbringen des Sonnenballs und das scheinbare Entstehen des Käfers aus dem Erdboden als ungeschlechtliche Zeugung. Der Skarabäus als »der aus der Erde Entstandene« galt daher als Gestalt des Urgottes Chepre – gleichgesetzt mit dem Sonnengott Re. Häufig schiebt er in Darstellungen die Sonnenscheibe (auch die Mondsichel) und hilft so der Sonne wieder aufzugehen. Nachbildungen von Skarabäen benutzte man als Schmuck oder Amulette. Seit dem Mittleren Reich erhielten Siegel die Form eines Skarabäus von 1,5 cm, aber auch 7–10 cm Länge. Sie bestanden aus Stein oder Fayence. In ihre Unterseiten waren Namen, besonders von Königen, und symbolische Bilder graviert.

Schon seit Ahmose (Abydos) – in größerer Zahl erhalten aber erst seit Sethos I. – wurden historische Szenen in das Bildprogramm der Tempel aufgenommen, so unter Ramses II. Darstellungen der Schlacht von Kadesch (gegen die Hethiter), unter Ramses III. der Kämpfe gegen Libyer und Seevölker. Dagegen wurden die Szenen des täglichen Lebens in den Gräbern durch eine rein religiöse Thematik verdrängt. Die immense Bautätigkeit Ramses' II. (Großer Säulensaal von Karnak, Ramesseum, Felstempel von Abu Simbel) und die massenhafte Herstellung von Königs- und Götterstatuen führten in der späteren Ramessidenzeit zur Nachahmung älterer Bauwerke und Plastiken.

In der 21. Dynastie (um 1070–945 v. Chr.) zwangen die bescheideneren wirtschaftlichen und politischen Möglichkeiten zu einer Neubesinnung. Diese Zeit wird als Dritte Zwischenzeit bezeichnet. Man gab die Anlage dekorierter Gräber auf, als Ersatz wurden aber die Särge vollständig bemalt, wobei man die Fülle religiöser Motive aus der bisherigen Grabmalerei weiterverwendete. In der Plastik wurde der Stein durch Metall ersetzt; die Werke aus der Blütezeit der Großbronzen (22. Dynastie) leiteten zur Fülle der Götter- und Tierbronzen der Spätzeit über. Die wirtschaftliche Schwächung, verbunden mit dem politischen Wandel in der Libyerzeit, hatte auch die

Aufgabe der Steinbruchexpeditionen zur Folge, wodurch der Bau mit Lehmziegeln wieder zunahm. Erst die 25. Dynastie der Kuschiten baute wieder in größerem Ausmaß aus Stein und verwendete ihn für eine neue, ausdrucksstarke Plastik, die den Menschen mehr vom Charakteristisch-Physiognomischen her zu begreifen suchte, ihn also stärker als Individuum darstellte.

Hatte die ägyptische Kunst schon bisher immer wieder versucht, sich in ihrer Formgebung an früheren Blütezeiten zu orientieren, so steigerte sich diese Tendenz in der Spätzeit, vor allem in der 26. und 30. Dynastie, bis zur vollendeten Nachahmung älterer Werke (Archaismus). Auch uralte Textvorlagen wurden mit großer Treue kopiert. Besonders in den vielräumigen Grabpalästen,

2400

Anubis wurde seit der Frühzeit Ägyptens als Totengott verehrt. Als Schutzherr der Gräber war er auch beim Totengericht anwesend. In hellenistischer Zeit wurde er mit Hermes identifiziert und als Hermanubis zum Seelengeleiter (3. Jh. v. Chr.; Hildesheim, Pelizaeus-Museum).

INFOBOX

Wohnort der Seele

Skulpturen aus bemaltem Stein oder Holz sollten der Seele eines Verstorbenen als bleibende Wohnung dienen. Aus Angst, der einbalsamierte Leichnam könne eines Tages zerfallen oder von Räubern zerstört werden, ließen Angehörige der Oberschicht ein idealisiertes Bildnis von sich selbst an oder bei ihrer Grabkammer aufstellen. In der Zeit des Mittleren Reiches gelangten diese Porträtskulpturen zu besonderer Individualität des Ausdrucks.

die während der 26. Dynastie erneut in Theben entstanden, sind noch einmal alle großen religiösen Themen der Vergangenheit überliefert. Aus dem Nildelta, dem politischen Schwerpunkt der 26. bis 30. Dynastie, haben sich infolge des hohen Grundwasserspiegels nur wenige Baudenkmäler erhalten. Dagegen zeigen die in großer Zahl überlieferten Werke der Bildhauerkunst, wie sich die neuen Impulse der Kuschitenherrscher in den Priesterköpfen und Herrscherbildnissen fortsetzten und fast bruchlos in die Porträtköpfe der hellenistischen und römischen Zeit übergingen. Daneben stehen sehr traditionsgebundene Bildwerke, Würfelhocker, Götter- und Tierbronzen (besonders Katzen).

Die Zeit der persischen Herrschaft (525–404 v. Chr.) hinterließ in der ägyptischen Kunst nur wenige Spuren. Aber nachdem die Perser mithilfe griechischer Söldner vertrieben worden waren, kam es im 4. Jahrhundert v. Chr. zu Versuchen, ägyptisches und griechisches Formempfinden zu verschmelzen; dieser Mischstil begegnet in den hellenistischen Grabbauten etwa von Tuna el-Djebel (bei Hermopolis Magna; Petosirisgrab) und später in der neuen Metropole Alexandria. In der ptolemäischen und römischen Zeit Ägyptens wurden Bau- und Bildwerke je nach Bedarf auch in rein hellenistischem oder rein ägyptischem Stil angefertigt. Die Priesterschaft als Hüterin der Traditionen versetzte die neuen Fremdherrscher in die religiös notwendige Rolle des Pharaos und baute in ihrem Namen weiter an den Tempeln des Landes; noch die römischen Kaiser ließen sich im uralten Ornat der Pharaonen abbilden.

Die Tempelanlagen der ptolemäischen und römischen Zeit (Idfu, Dendera, Kom Ombo, Philae, Isna und an-

Die Göttin Isis trägt meist das Schriftzeichen des Herrscherthrones auf dem Kopf. Von ihren Heiligtümern ist das auf der Nilinsel Philae am bekanntesten; in Alexandria wurde sie als Beschützerin der Schifffahrt verehrt (Theben, Tal der Könige, Neues Reich; Kairo, Ägyptisches Museum).

100264

dere) wirken nicht nur durch ihren besonders gut erhaltenen Zustand, sondern auch durch die Harmonie ihrer Proportionen, die Buntheit ihrer Reliefs und die reizvollen Pflanzensäulen mit ihren Kompositkapitellen aus unterschiedlichsten Elementen (Mischstil).

Die Bedeutung der Spätzeit, der Ptolemäerherrschaft und der Römerzeit für die Kunst liegt vor allem in ihrer Vermittlerrolle. Ägyptische Formen und Motive wirkten, wie vorher schon auf die syrische Kunst, jetzt auf Griechen und Römer und schließlich auf die frühchristliche Kunst der Kopten. Schöpfungen Ägyptens wie Pyramide, Obelisk und Sphinx sind aus der allgemeinen Kunstgeschichte nicht mehr fortzudenken, und Prägnanz der Form sowie Abkehr vom reinen Sehbild gaben noch der modernen Kunst neue Impulse.

Die koptisch-byzantinische Kunst blieb über die Spätantike hinaus bis ins 9. Jahrhundert n. Chr. eine eigenständige Erscheinung ägyptischer Kunst, bis die islamische Kunst sie mit der Verdrängung des Christentums durch den Islam nach 900 bald ganz überlagerte. *

Ein das Leben begleitender Schatz – Die ägyptische Literatur

Die Fülle des erhaltenen ägyptischen Schrifttums ist sehr groß. Auf Stein, Papyrus, Holz, Leder, Leinen und Scherben sind Urkunden des öffentlichen und privaten Lebens aus allen Zeiten erhalten. Sie zählen zur Gebrauchsliteratur (kultisches, wissenschaftliches und administratives Schrifttum); ihr gegenüber ist der Anteil der eigentlichen (oder schönen) Literatur (edukatives und unterhaltendes Schrifttum) verhältnismäßig gering und zweifellos nur ein Bruchteil des einst Vorhandenen. Nur bei Texten, die in der Schule gelehrt und abgeschrieben wurden, kann man durch Schülerarbeiten eine dichterische Überlieferung erwarten. Daneben lässt sich eine mündlich tradierte Literatur nachweisen, die Arbeits-, Jubel-, und Trauerlieder, aber auch Tiergeschichten, Märchen, Mythen, Anekdoten, Zaubersprüche und vielleicht auch Kultsprüche umfasste.

Der größte Teil des Schrifttums wurde in hieratischer Schrift auf Papyrusrollen oder Kalksteinscherben aufge-

Üblicherweise war die Darstellung von Emotionen bei den Grabbildern Altägyptens ein Tabu; ausgenommen sind Abbildungen von Trauerzügen, in denen Klagefrauen mit lebhaften Gebärden und schmerzverzerrten Gesichtern gezeigt werden (Theben-West, Grab des Ramose).

schrieben, manche Textart jedoch, vor allem religöse Literatur, findet sich in Hieroglyphen auf Tempel- oder Grabwänden. Träger der Tradition war das an den Tempel angeschlossene »Lebenshaus«, in dem Texte aufbewahrt, abgeschrieben und komponiert wurden. Erst im letzten Jahrtausend v. Chr. trat die Priesterschaft als Traditionsträger der Literatur hervor. Davor waren es Beamte.

Ihrem Wesen nach besteht die ägyptische Literatur in künstlerischem Zusammenfügen, aber auch zeitgemäßem Verändern bewährter, tradierter Elemente, also aus Kompositionen, bei denen Geist, Humor und Einfall hoch geschätzt waren. Dichternamen sind nur für die Lebenslehren überliefert, doch auch hier lassen sich Persönlichkeiten kaum fassen. Literarische Formen und Gattungen, zum Teil aus Sprechsitten entwickelt, haben sich erst allmählich herausgebildet, da die ägyptische Literatur als älteste, auf keiner Tradition aufbauen konnte.

Aus dem ägyptischen Totenglauben heraus zu verstehen ist die Sitte, dem Verstorbenen Texte mit ins Grab zu geben, sei es als Inschrift auf den Grab- oder Sargwänden, sei es auf Papyrusrollen. Die Gräber der hohen Beamten blieben in Teilen für Besucher zugänglich und waren mit Szenen und Inschriften dekoriert, unter denen

INFOBOX

Schutzpatron der Schreiber

Der Mondgott Toth galt als Erfinder der Schreib- und Rechenkunst, als Schutzpatron der Schreiberbeamten und Kenner aller Rituale und Zaubersprüche. Darüber hinaus schrieb man ihm zu, alle menschlichen Sprachen erfunden zu haben. Seine wichtigsten Kultorte waren Hermopolis Parva im Nildelta und Hermopolis Magna im 15. oberägyptischen Gau, seine bevorzugten Erscheinungsformen der Ibis und der Pavian. Im Mythos schlichtet er den Streit zwischen Horus und Seth und heilt das verletzte Horusauge.

die biographischen Selbstdarstellungen des Grabherrn als bedeutend hervorragen. Darin verantworten sich die Beamten im Hinblick auf die hohen Ideale der Tugend und Gerechtigkeit (»Maat«) vor dem Tribunal der Nachwelt, um in deren Gedächtnis einen dauernden Platz zu erringen. Verschiedene Gattungen der eigentlichen Literatur, insbesondere Lehren und Erzählungen, sind aus dieser Tradition erwachsen.

2614

Auf dem Relief aus dem auch »Millionenjahrhaus« genannten Kulttempel des Sethos I. in Abydos hält der falkenköpfige Sonnengott Re-Harachte dem König das Lebenszeichen an die Nase.

Die älteste Spruchsammlung, die für den Gebrauch des Toten im Jenseits zusammengestellt wurde, sind die Pyramidentexte, die seit dem Ende der 5. und während der 6. Dynastie in den Sargkammern der Pyramiden aufgezeichnet und zum Teil später auch von Privatleuten übernommen wurden. Sie umfassen Sprüche zur Einbalsamierung, Beisetzung und zum Opferkult des toten Königs und befassen sich meist mit seinem Himmelsaufstieg und jenseitigem Schicksal. Die Sargtexte auf den Särgen des Mittleren Reiches sind nicht mehr an den König gebunden, während das Neue Reich mit den Unterweltsbüchern (»Amduat«, »Pfortenbuch« und andere) neue königliche Totentexte schafft, die der Beschreibung des Jenseits dienen. Das »Totenbuch«, seit dem Neuen Reich dem Toten in Form einer Papyrusrolle mitgegeben, ist eine erst später kanonisierte Spruchsammlung gegen Gefahren und Entbehrungen im Jenseits mit etwa 200 einzelnen Sprüchen. Der 125. Spruch enthält das Bekenntnis vor den Totenrichtern und dabei auch das ethisch-kultische Ideal des Ägypters.

Der tägliche Tempeldienst und der Festdienst erforderten ein reiches Textmaterial, dessen Grundbestand zahlreiche Rituale bildete, zu denen Hymnen und Lieder traten. Nur gelegentlich sind mythische Erzählungen erhalten, da sie im Allgemeinen nicht in den Tempeln fixiert waren. Religiös bestimmt waren auch die Texte zu Dramen, genauer zu kultischen Spielen. Erhalten blieben nur Fragmente, die die Sprechenden, die Requisiten, die Szene und den Beginn der Reden angeben. Ob solche Aufführungen auch außerhalb des Kultes zur Unterhaltung stattfanden, lässt sich nicht sicher sagen, nur vermuten.

Die eigentliche Literatur hatte ihren Ort in der Erziehung und diente der Bildung im weitesten Sinne. Bücher wurden als ein lebensbegleitender Schatz auswendig gelernt. Unter den Erzählungen ragt die »Geschichte des Sinuhe« hervor, die nach dem Modell einer autobiographischen Grabinschrift von Flucht und Heimkehr eines Beamten nach der Ermordung von Amenemhet I. (1962 v. Chr.) berichtet. Andere sind märchenhaft, wie die Erzählung eines auf eine Insel verschlagenen Schiffbrüchigen oder die Wundererzählungen vom Hof des Königs Cheops. Dem Neuen Reich entstammt das »Märchen von den zwei Brüdern«, in dem das Joseph-Potiphar-Motiv mit dem Mythos vom sterbenden und wieder auferstehenden Gott verwoben ist. Der »Streit zwischen Horus und Seth« spielt sich in der Welt der Götter ab und gibt ihre menschlichen Schwächen der Lächerlichkeit preis.

Auf ägyptische Quellen gehen sicher die Geschichten von ägyptischen Königen bei Herodot und Diodor zurück. Der im Demotischen überlieferte »Sagenkreis des Königs Petubastis«, in zwei Handschriften der römischen Kaiserzeit erhalten, und die Zaubergeschichten um den Prinzen Setna und seinen Sohn Si-Osiris sind

ZITAT

Der Nachruhm der Schreiber auf dem Papyrus Chester Beatty IV verso aus Deir el-Medina (Papyrus British Museum 10684):

Jene weisen Schreiber seit der Zeit, die nach den Göttern kam, die verkündeten, was kommen werde, deren Name dauert bis in Ewigkeit, auch wenn sie dahingegangen sind…
Man hat ihnen Tore an ihren (Grab-)Bauten errichtet – sie sind verfallen, ihre Totenpriester dahingegangen; ihre Denksteine sind mit Erde bedeckt, ihre Gräber vergessen. Aber man nennt ihre Namen wegen ihrer Bücher, die sie geschrieben haben, als sie noch lebten. Gut ist die Erinnerung an den, der sie verfasst hat, bis in alle Ewigkeit.

50

Im thebanischen Gottesstaat finden wir eine Art Theokratie verwirklicht, dem Priesteramt kam also eine herausragende machtpolitische Bedeutung zu (Betender Priester; um 1000 v. Chr.; Bronze; Paris, Louvre).

INFOBOX

Führer durch das Jenseits
Unterweltsbücher sind eine Gruppe von reich illustrierten Texten aus der Zeit des Neuen Reiches. Sie beschreiben – meist in zwölf Abschnitte eingeteilt – die zwölfstündige nächtliche Unterweltsfahrt der Sonne, bei der sie sich regeneriert und den toten Osiris und mit ihm die Toten durch ihre Strahlen zu neuem Leben erweckt. Daher ließen die ägyptischen Könige des Neuen Reiches ihre Gräber im Tal der Könige bei Theben mit Abschriften der Unterweltsbücher ausschmücken. Die wichtigsten Unterweltsbücher sind das »Amduat«, das »Pfortenbuch« und das »Höhlenbuch«.
Das »Amduat« – »was in der Welt ist« – ist das älteste durchgehend illustrierte Buch der Literaturgeschichte und wurde seit etwa 1500 v. Chr. auf den Wänden der Gräber im Tal der Könige, später auch auf Papyri und Särgen aufgezeichnet.

griechisch beeinflusst. Neben den Erzählungen stehen Autobiographien, die zwar nur wenige persönliche Einzelheiten aus dem Leben der Verstorbenen bringen, aber die tradierten Elemente eines dem Ideal entsprechenden Lebens kunstvoll auswählen und individuell aneinanderfügen. Besonders im letzten Jahrtausend v. Chr. wurden sie künstlerisch geformt und persönlich abgewandelt.

Bedeutend ist der religiöse und geistige Gehalt der so genannten Auseinandersetzungsliteratur, die in der Notzeit des Zusammenbruchs nach dem Alten Reich aufblühte. Fragen nach der Theodizee und der menschlichen Verantwortung für diese Welt, Probleme der Willensfreiheit, des Wertes von Riten, der Wahrheit des Totenglaubens sind es, die Werke wie die »Mahnworte des Ipuwer«, das »Gespräch eines Lebensmüden mit seinem Ba« und andere aufwerfen. Die »Reden des Chu-en-Anup« dagegen beschäftigen sich mit dem Verhältnis zur Macht. Alle diese Gedanken werden in kräftiger, bildreicher Sprache vorgetragen.

Die Poesie formt einfache Lieder, die bei der Arbeit, bei Gastmählern oder Begräbnissen vorgetragen werden, aber auch kompliziert aufgebaute Hymnen, wie zum Beispiel den »Sonnengesang des Echnaton«, Lieder über die Vergänglichkeit des Lebens (die so genannten Harfnerlieder), Lieder auf den König und – besonders reich erhalten – Liebeslieder, die von frischer Naivität bis zu raffinierter Artistik reichen.

Hohe Bedeutung haben für Ägypten selbst wie auch für die Forschung die Lebenslehren. Sie zählen zur »Weisheitsliteratur« und sind vom Mittleren Reich bis zur römischen Kaiserzeit erhalten. In ihnen unterweist ein weiser, älterer Mann einen jüngeren, oft seinen Sohn in der richtigen Lebensführung. Die Verfasserzuschreibungen sind fiktiv. Die älteste vollständig erhaltene Lehre wird einem Wesir Ptahhotep der 5. Dynastie zugeschrieben und gibt Anweisungen für das rechte Verhalten, wie es sich aus Erfolg und Misserfolg erkennen lässt. Die »Lehre für Merikare« (ein König der Ersten Zwischenzeit) bezieht das Jenseits mit ein, die späteren Lehren (des Ani, des Amenemope) sehen im Willen Gottes die Richtschnur des Handelns. Der Meister, der die tradierten Lehren kennt und seine Lebenserfahrung ergänzend oder korrigierend hinzufügt, zeigt dem Schüler das dem Menschen gebotene Verhalten in den einzelnen Lebenssituationen, wie es sich bei aufmerksamem Beobachten der Weltläufe erkennen lässt. Im letzten Jahrtausend v. Chr. traten Glück und Unglück als Maßstab zurück hinter einem reinen Begriff von Gut und Böse als Gott wohlgefällig oder missliebig.

In der Schule wurde dem Unterricht außer diesen Lebenslehren, die auswendig gelernt werden mussten, Lesestoff zugrunde gelegt, der möglichst viele Wörter, deren

Der Pharao, obwohl selbst ein Gott, musste vor dem Betreten des Allerheiligsten von den Göttern – hier Thot und Horus – gereinigt werden (Wandrelief griechisch-römischer Zeit in Kom Ombo).

100880

INFOBOX

Die Geschichte von Sinuhe

Sinuhe, der »Sohn der Sykomorengöttin«, ist der Titelheld einer altägyptischen politischen Erzählung. Geschildert wird die Flucht des jungen Hofbeamten Sinuhe nach der Ermordung Amenemhets I., sein Aufenthalt bei den Nomaden Palästinas und Syriens und seine Rückkehr an den ägyptischen Königshof. Die Geschichte wird in der Form einer Autobiographie erzählt, doch enthält sie auch zahlreiche andere literarische Gattungen, so etwa Hymnen. Die Sinuhe-Erzählung ist in vielen Abschriften erhalten; die ältesten stammen aus dem 18. Jh. v. Chr.
Auf der Grundlage dieser altägyptischen Geschichte schrieb der finnische Schriftsteller Mika Waltari 1945 einen groß angelegten historischen Roman »Sinuhe der Ägypter«.

Schreibung zu erlernen war, aber auch viele Sachinformationen enthielt. Dabei schwankt die Form von trockenen Wortlisten bis zu geistreichen, humorvollen und sogar satirisch-bissigen Darstellungen. Das Buch »Kemit« (11. Dynastie) ist das älteste Schulbuch der Welt. Es vermittelt dem Schreibschüler Formeln des Briefstils, klischeehafte Wendungen und dergleichen. Die »Lehre des Cheti« (12. Dynastie) zählt eine Anzahl von Berufen auf und schildert ihre Schattenseiten, um den Schreiberberuf umso erstrebenswerter erscheinen zu lassen. Diese Art von »Berufssatire« war auch im Neuen Reich beliebt.

Für Mathematik und Medizin sind einige zum Teil stark spezialisierte Lehrbücher erhalten. Das »Namenbuch (Onomastikon) des Amenope« aus der Ramessidenzeit enthält mit 610 Namen eine Art Katalog des Universums und zielt auf eine den Gesamtbestand des Seienden klassifizierende Enzyklopädie. Eine eigentliche

INFOBOX

Das »Märchen von den zwei Brüdern«

Diese Erzählung aus der Zeit um 1200 v. Chr. berichtet von den göttlichen Brüdern Anubis und Bata. Die Frau des älteren Bruders verleumdet Bata, sodass Anubis ihm nach dem Leben trachtet. Bata wird jedoch gerettet und geht nach Asien, wo die Götter ihm eine Frau schaffen. Diese lässt ihn töten, doch Anubis belebt Bata neu. Nach zwei Inkarnationen – Stier und Baum – besteigt Bata den Pharaonenthron.
Das Märchen zeigt starke mythische Züge und enthält Motive, wie sie dann auch in jüngeren Märchen anderer Völker vorkommen.

2400

In Tuna el-Djebel, einer Nekropole der Ruinenstätte Hermopolis Magna, wurde im Grabtempel des Petosiris, eines Hohen Priesters des Thot von Hermopolis, die abgebildete Wandmalerei mit Grabtexten freigelegt (um 300 v. Chr.).

Geschichtsschreibung hat sich nur in Ansätzen entwickelt (Annalen Thutmosis' III.).

Alle literarischen Gattungen inklusive der Totenliteratur und der Steininschriften sind metrisch abgefasst; die Unterschiede zwischen Poesie und Prosa sind fließend. Die Verse sind locker gebaut und fügen sich zu Versgruppen und Strophen zusammen. Man liebte die doppelte Wiedergabe eines Gedankens, Refrains und Wortspiele. Einfache Gesänge begleiteten die Arbeit auf dem Felde, kunstvolle Harfner- und Liebeslieder priesen den Genuss des Daseins. Während Kultlyrik, wie Götterhymnen, zur Gebrauchsliteratur zählte, gehörten anspruchsvolle theologische Hymnen (»Kairener Amunshymnus«, »Sonnengesang Echnatons«) und Gebete auch zur eigentlichen Literatur. *

Leben für das Jenseits – Die ägyptische Religion

Die ägyptische Religion umfasst einen Zeitraum von über 3 000 Jahren. Aus vorgeschichtlichen Wurzeln entfaltete sie sich in der Frühzeit (1. und 2. Dynastie) und im Alten Reich einschließlich der Ersten Zwischenzeit (3. bis 10. Dynastie), erfuhr entscheidende Wandlungen im

Der Tempel für den Reichsgott Amun ist das Haupttheiligtum in Karnak am Ostufer des Nils (bei Luxor); viele Pharaonen sahen es als ihre heilige Pflicht an, diesen Tempel zu erweitern und mit Standbildern, Obelisken u. a. auszustatten.

2769

Mittleren Reich und der Zweiten Zwischenzeit (11. bis 17. Dynastie), brachte in der Zeit des Neuen Reiches und vor allem in der Amarnazeit (18. bis 20. Dynastie) einen großartigen Entwurf hervor, um dann noch in der Dritten Zwischenzeit und in der Spätzeit (21. bis 31. Dynastie), bis zur christlichen Missionierung, weiterzuwirken.

Schon in vorgeschichtlicher Zeit haben sich in städtischen Zentren lokale Kulte mit verschiedenen Götterhimmeln entwickelt; auch nach der Reichsbildung blieben diese Pantheen bestehen, beeinflussten sich aber vielfältig gegenseitig. So konnten die Kulte einiger Städte (zum Beispiel Memphis oder Heliopolis) zeitweise gesamtägyptische Geltung erlangen. Bereits zu Beginn der geschichtlichen Epoche treten uns ägyptische Götter teils in Menschengestalt, teils in Tiergestalt, teils in Mischformen, teils auch mit Pflanzen oder Gegenständen verbunden gegenüber. Der alte tierische Aspekt bleibt als Attribut erhalten und wird bevorzugt an die Stelle des Kopfes gesetzt; so entstehen die typischen Mischwesen aus Menschenleib und Tierkopf wie der falkenköpfige Horus, der widderköpfige Amun, die löwenköpfige Sachmet. Die Attribute sagen etwas aus über den Namen und das Wesen der Gottheit. Die Federn auf dem Kopf des Amun beispielsweise weisen diesen als Luftgottheit aus, der Falkenkopf des Horus diesen als Gott des Himmelsraums, das Schriftzeichen des Throns auf dem Kopf einer Göttin diese als Isis.

Die großen Götter wurden im ganzen Land verehrt, auch wenn diese einen Tempel als Hauptkultort hatten. Ein wirklicher Hauptgott fehlt in der älteren Zeit, wenn auch der Sonnengott Re seit der 4. Dynastie eine bevorzugte Stellung hat und sich später mit Amun zum »Reichsgott« Amun-Re verbindet. Nur Amenophis IV./ Echnaton versuchte, die alleinige Verehrung eines Gottes (Aton) durchzusetzen und ihn nicht mehr menschen- oder tiergestaltig, sondern durch ein abstraktes Symbol (Sonne mit Händen) darzustellen. Unbegrenzt war die Fülle lokaler Gottheiten. Jede Gottheit ist einem Lebensbereich zugeordnet, zum Beispiel der falkenköpfige, mit Sonnenscheibe und Federn ausgestattete Month dem Krieg, die kuhköpfige Göttin Hathor dem Liebes- und Weinrausch, der mit ungegliedertem Körper und einer Kappe dargestellte Ptah dem Kunstschaffen und dem Handwerk.

Mehrere Götter fasste man zu Familien oder zu Systemen zusammen, wenn ihr Wesen dies gebot. So enthält die »Neunheit von Heliopolis« in ihrer Genealogie eine ganze Schöpfungsgeschichte: An der Spitze steht der Schöpfergott Atum (oder Re), der aus sich heraus das erste Götterpaar und damit die Zweigeschlechtlichkeit in die Welt setzt: Schu und Tefnut, Luft und Feuchtigkeit.

INFOBOX

Die kosmische Gerechtigkeit

Der Begriff »Maat« ist im Ägyptischen gleichermaßen geistig-abstrakt wie bildlich-konkret gefasst. Er verknüpft die kosmische Ordnung mit dem menschlichen Handeln und ist damit der zentrale Begriff der altägyptischen Kultur, der auch als Göttin personifiziert wurde. Er ist der Oberbegriff für alle Bindungen und Verpflichtungen des Menschen gegenüber den Göttern, der Sitte, dem Staat und den Mitmenschen. Im sozialen Bereich meint er vor allem die Gerechtigkeit, die die Ordnung der Welt und die Gemeinschaft der Menschen bewahrt.

Die Texte aus der Zeit des Mittleren Reiches bezeichnen besonders die Trägheit und das Vergessen des Vergangenen als Sünden wider die Maat. Denn das soziale Gedächtnis gilt als Grundlage der Solidarität. Die ›Taubheit‹ gegenüber der Maat führt zum Verlust aller Freundschaften. Der allumfassende Charakter der Maat, die sich der Mensch geradezu »einverleibt«, kommt in der Maat-Litanei des Amun-Rituals zum Ausdruck:

»Du isst von Maat du trinkst von Maat dein Brot ist Maat dein Bier ist Maat du atmest Weihrauch ein als Maat die Luft deiner Nase ist Maat.«

ZITAT

Aus einer Weltentstehungslehre:

Und so wurden alle Götter geboren,
das ist Atum und seine Neunheit.
Es entstanden aber alle Hieroglyphen
durch das, was vom Herzen erdacht und von der Zunge befohlen wurde.
…
Und so wurden alle Handwerke geschaffen
und alle Künste,
die Bewegung aller Glieder gemäß seiner Anweisung
dieser Worte, die vom Herzen erdacht und von der Zunge
geäußert wurden und die die Versorgung von allem schaffen.…

Diese zeugen Geb und Nut, die (männliche) Erde und den (weiblichen) Himmel. Dieses Paar zeugt Osiris und Isis sowie Seth und Nephthys. Osiris verkörpert die periodische Fruchtbarkeit der Erde, Seth die Dürre der Wüste; Isis ist die liebende Gattin und Mutter. Isis und Osiris zeugen Horus, der sich im herrschenden König inkorporiert. Damit wurde die Schöpfungsgeschichte bis zur jeweiligen Gegenwart fortgeführt und die Welt gedeutet.

Andere Vorstellungen setzten an den Anfang Wasser und Finsternis, aus denen der Urhügel als Basis der Schöpfung auftauchte. Die Trennung von Himmel und Erde durch Schu schafft den Raum, den das Licht der Sonne ausfüllen und gestalten kann. Die anfängliche Vollkommenheit der Schöpfung geht durch das Altern des Sonnengottes verloren; die Menschen empören sich und werden zum Teil durch Feuer vernichtet, die Götter ziehen sich von der Erde in den Himmel zurück (Mythos von der Himmelskuh).

Die zahlreichen und nur teilweise bis heute überlieferten Mythen setzen die Kenntnis des Wesens der Gottheiten voraus. Sie deuten durch deren Handeln in Form von Geschichten Welt und Leben, Natur und menschliche Ordnungen. Die Vorstellung vom Schöpfungsvor-

INFOBOX

Gerüstet für das Jenseits

Schon im 3. Jahrtausend v. Chr. begann man in Ägypten, die Körper vornehmer Toter vor dem Verfall zu bewahren. Dies geschah durch Behandlung mit Natron und nach etwa 40–70 Tagen durch Einbalsamieren und Ausfüllen der Körperhöhlen mit harzgetränktem Leinen oder Sägemehl. Gehirn und Eingeweide entfernte man vorher, behandelte sie und setzte sie gesondert in Kanopen bei. Das Herz wurde meist in der Mumie belassen, der Körper bandagiert. Über das Gesicht und den Kopf bis zum Nacken wurde eine Mumienmaske aus Leinwand und Papyrusmaché gebildet, z. T. mit Stuck überarbeitet und bemalt. Die Mumie legte man in einen der menschlichen Gestalt angenäherten, bemalten Sarg, der in dem eigentlichen Sarkophag ruhte. Seit etwa 1000 v. Chr. kam die Mumienhülle aus Leinen und bestucktem Papyrusmaché auf; sie wurde bemalt und mit Ritualtexten beschrieben. In der mehrere Tage dauernden Zeremonie der Mundöffnung durch Priester in der Maske des hundköpfigen Gottes Anubis wurde die Mumie belebt. Die Mumie galt als Übergangsgehäuse für den neuen Leib im Jenseits.

100264

Die mit Holz aus dem Libanon gefertigte Sonnenbarke des Cheops ist eines der vier fast vollständig erhaltenen Totenschiffe, die man im Bereich der Cheopspyramide ausgegraben hat. Cheops' Herrschaft hat vom Libanon bis nach Nubien Spuren hinterlassen.

gang ist wichtig, weil in ihm auch die Normen für die Welt gesetzt wurden. Mehrere Versionen laufen über ihn um, die einander scheinbar ausschließen, tatsächlich aber nur verschiedene Aspekte darstellen. Schöpfung durch das Wort, aus einem Urei, durch Masturbation des Urgottes, Erheben der Sonne aus dem Urmeer durch Frösche und Schlangen, die die Welt vor der Schöpfung darstellen: Unsichtbarkeit, Lichtlosigkeit, Endlosigkeit.

Totenglaube und -kult

Das Problem des Verhältnisses von Leben und Tod, nahe gelegt durch den täglich erfahrenen Kontrast zwischen fruchtbarem Land und Wüste, spielte im Leben der Ägypter eine hervorragende Rolle. Dem Alter und dem Tod sind in Ägypten auch die Götter unterworfen. Osiris, der von seinem Bruder Seth getötet und zerstückelt wurde, verkörpert das Todesschicksal in besonders grausamer Form. Der Tod bedroht den Menschen mit der Vernichtung seiner Existenz; diese ist einerseits an die Materie (Essen und Trinken) gebunden, sodass die materielle Versorgung und die Mumifizierung unentbehrlich sind. Andererseits aber gehört die Existenz zur Schöpfung und ist damit an die Grenzen örtlicher und jahreszeitlicher Einteilung ebenso geknüpft wie an die Periodizität (Jahr, Nilschwelle, Fruchtbarkeit des Landes).

So bindet sich die Hoffnung auf ein Weiterleben nach dem Tod an den diese Kräfte verkörpernden Gott Osiris. Der Mythos berichtet, dass Osiris von seinem Bruder Seth getötet, aber durch seine liebende Schwestergemahlin Isis rituell beklagt und dadurch zu neuem, freilich nicht mehr irdischem Leben erweckt worden sei. Vor al-

ZITAT

Nach dem Glauben der Ägypter lebt der Tote in drei Bereichen weiter – im Himmel, in der Erde und in der Unterwelt, was der Totenkult auf folgende Formel bringt:
... verklärt im Himmel bei Re,
machtvoll in der Erde bei Geb
und gerechtfertigt in der Unterwelt bei Osiris.

lem der Sonnenkult und der Isis-Osiris-Mythos fanden weite Verbreitung. Darüber hinaus faszinierte die Vorstellung von der »Maat«, einem kosmischen Weltgesetz, das über Götter und Menschen waltet.

Durch gewaltige Grabbauten, die man seit dem Alten Reich errichtete (Pyramiden, Mastabas; später Felsgräber), durch die sorgfältige Einbalsamierung der Toten (Mumifizierung) und durch reiche Grabbeigaben sollte die Fortsetzung des irdischen Lebens im Totenreich ermöglicht werden. Das ägyptische Jenseits umgriff Himmel und Unterwelt, wobei sich der Akzent immer stärker auf die Unterwelt (Duat) verlagerte, die der Sonnengott Re jede Nacht durchfährt, um sich mit Osiris zu vereinen und die Toten durch sein Licht und sein Schöpferwort zu neuem, verjüngtem Dasein aufzuwecken. Der Leib der Toten bleibt in der Unterwelt, während sich ihre Seele (Ba) frei bewegen und mit der Sonne auch zum Himmel emporsteigen kann. Durch die Vereinigung von Körper und Ba kann das Leben immer wieder erneuert werden.

Seit dem späten Alten Reich ist die Vorstellung von einem allgemeinen Totengericht zu belegen, dem sich jeder Verstorbene vor Osiris oder vor dem Sonnengott Re zu unterwerfen hat; hier werden sein Tun und seine Gesinnung auf ihre Übereinstimmung mit der Maat, der richtigen Ordnung der Welt, überprüft. Mit der 5. Dynastie begann man stärker zwischen Gott und dem König zu differenzieren. Der Zerfall des Reiches und die vorübergehende Fremdherrschaft bewirkten, dass die Einzelnen auf sich zurückgeworfen wurden. Neben dem Begräbnis des Pharaos, der inzwischen nur noch als »Sohn Gottes« betrachtet wurde, galt die Sorge der Vornehmen dem eigenen Fortleben. Daher wird in den ausführlichen Schil-

INFOBOX

Die Seelen

Der Ägypter unterschied drei, zum Teil auch vier Seelen – Körperseele (Sah), Vaterseele (Ka), Freiseele (Ba) und Lichtseele (Ach) – sowie ein »Selbst«, als dessen Repräsentant das Herz galt. In allen diesen Formen wollte er weiterleben, wozu noch der »Name« und der »Schatten« kamen. Der Name war sogar besonders wichtig; fast möchte man ihn als »Sozialseele« den anderen Seelenbegriffen hinzufügen. Die Einbalsamierung galt der Überführung des Leichnams in eine machtvolle Körperseele, die »Mumie«.

INFOBOX

Der Sohn, den er liebt
Der Totenkult oblag dem Erben, in der Regel dem ältesten Sohn, der zu diesem Kult aufgrund seiner besonderen »Herzensbindung« berufen ist. Er vermag sogar beim »Statuenritual« während einer Art Inkubationsschlaf im Traum die Gestalt des Vaters zu schauen und sie für die Bildhauer einzufangen. Als Totenpriester trägt er den Titel »der Sohn, den er liebt« und handelt für den Vater »mit liebendem Herzen«. Eine Formel besagt: »Heilswirksam ist ein Vater für seinen Sohn, heilswirksam ist ein Sohn für seinen Vater.« Vom Toten erhofft sich eine Familie auch vom Jenseits aus Schutz und Hilfe. Man legte ihm einen Brief ins Grab, um ihn zu besänftigen oder zu Hilfe zu rufen.

derungen der Unterwelt (besonders in den »Unterweltsbüchern« des Neuen Reiches) neben dem glücklichen Los der seligen Toten, die mit allem Nötigen versorgt sind, auch die vielfältige Bestrafung der Verdammten beschrieben, die vor allem durch Feuer geschieht und bis zur völligen Vernichtung ihrer Existenz reicht.

Vor einem solchen Schicksal und vor manchen anderen Gefahren des Jenseits suchte man sich durch Ritual- und Zaubersprüche zu schützen, wie sie vor allem im »Totenbuch« zusammengestellt sind. Durch die Macht des gesprochenen und geschriebenen Wortes sollte der Tote zusätzlich gesichert und vom Fortbestand der Beigaben und Opfer unabhängig gemacht werden; Zaubersprüche garantierten ihm Schutz, Versorgung, Atemluft und freie Bewegung.

Der Zauber spielte auch für die Lebenden eine wichtige Rolle, um Gefahren zu bannen und bestimmte Ziele zu erreichen. Bei den Völkern der Antike stand die ägyptische Zauberkunst in hohem Ansehen; sie spiegelt sich

INFOBOX

Der heilige Stier
Apis wurde seit der Frühzeit in Memphis als Erscheinungsform des Gottes Ptah verehrt. Seit dem Neuen Reich wurde ein verstorbener Apis einbalsamiert und in den Grüften des Serapeums beigesetzt. Zahllose Weihgaben aus Bronze zeigen den Apis als Stier mit der Sonnenscheibe zwischen den Hörnern. Durch seine Verbindung mit Sarapis stand er noch in der hellenistischen Welt in hohem Ansehen.

INFOBOX

Hoch verehrt: Die Katze

Im Neuen Reich erlangte die Katze als Erscheinungsform des Sonnengottes Re, der als »Großer Kater« die Apophis-Schlange vernichtet, auch religiöse Bedeutung. Dazu wurde sie mit Hathor, Bastet, Mut und anderen ursprünglich löwengestaltigen Göttinnen verbunden, bei denen sie nun im Gegensatz zur Löwin den gnädigen, besänftigten Aspekt der Gottheit verkörperte, den man durch besondere Rituale beschwor. Die Katze spielte daher eine große Rolle im Tierkult der Spätzeit, wovon neben Amuletten in Katzenform v. a. die zahlreichen Statuetten aus Bronze zeugen; in Bubastis, Heliopolis und vielen anderen Orten gab es Friedhöfe mit Katzenmumien, die z. T. in eigenen Särgen aus Bronze oder Holz beigesetzt wurden.

noch im 20. Jahrhundert im Aberglauben an einen »Fluch der Pharaonen«. Gern wurde der Zauber durch machtgeladene Gegenstände (Amulette) unterstützt, wie auch der Tempelkult die symbolische Bedeutung bestimmter Gegenstände nutzte.

Erst in einer späteren Entwicklung zur »persönlichen Frömmigkeit« trat der Mensch direkt und spontan mit Gottheiten in Verbindung, um sie durch Gebet und Opfer zum Beispiel als Nothelfer anzurufen. In der älteren Zeit verließ man sich auf den König als Mittler, der durch Opfer und Rituale die Götter gnädig stimmte und die richtige Ordnung der Welt garantierte. In den Tempeln wurde immer nur der König vor den Göttern dargestellt; denn der Kult war staatlich, die Priester handelten im Auftrag des Pharaos. Dieser wurde trotz seiner göttlichen Herkunft nur in Ausnahmefällen selber als Gott verehrt. Da die Götter im Himmel oder in der Unterwelt gedacht wurden, verehrte man sie im Inneren der Tempel in Gestalt ihres Kultbildes, einer Statue aus kostbarem Material. An den großen Festen wurde das Götterbild in den Hof des Tempels und zu anderen Heiligtümern getragen und war dann nicht nur für die Priester, sondern für alle Menschen ansprechbar; bei solchen Anlässen konnten ihm auch Orakelfragen zur Entscheidung vorgelegt werden.

Durch das Schwinden der königlichen Macht traten schon im späten Neuen Reich andere Mittlerwesen in den Vordergrund: vergöttlichte »Weise« und heilige Tiere. So entstand als Spätform der ägyptischen Religion ein Tier-

Vor dem Eingang des in ptolemäischer Zeit im oberägyptischen Idfu erbauten Horustempels steht diese Statue des Horus, eines Gottes in Falkengestalt. Horus wurde früh zum Königsgott, der sich in dem jeweils regierenden König verkörperte; sein Name war daher Bestandteil der königlichen Titulatur.

Dieses an die Heilige Familie erinnernde Relief aus dem 14. Jh. v. Chr. zeigt König Echnaton (Amenophis IV.), seine Gemahlin Nofretete und drei seiner Töchter unter dem Schutz des Gottes Aton, der als Sonne dargestellt ist (Kairo, Ägyptisches Museum).

100880

kult, der nicht nur einzelne Exemplare (wie den Apis und andere heilige Stiere), sondern alle Tiere bestimmter Gattungen als Mittler zwischen Göttern und Menschen verehrte, zum Beispiel Katzen, Ibisse, Krokodile, die nach ihrem Tod wie Menschen mumifiziert und in Friedhöfen beigesetzt wurden. In ihnen als lebendigen Bildern stand die ferne, unsichtbare Gottheit den Menschen vor Augen, wie in ihren Kultstatuen und im göttlichen König. In der Spätzeit erhielten auch die lokalen Traditionen und Besonderheiten stärkeres Gewicht; griechischer Einfluss führte zur Entstehung von Mysterienkulten vor allem um Isis, Osiris, Sarapis und Hermes Trismegistos, die in der gesamten hellenistischen Welt verbreitet waren.

Die Wirkung der ägyptischen Religion war bedeutend. Manche Züge ägyptischer theologischer Reflexion haben auf das Alte Testament eingewirkt, vieles (zum Beispiel Isis und Osiris) gewann in der hellenistischen Welt hohe Bedeutung und beeinflusste auch die christliche Theologie (zum Beispiel das trinitarische Denken). *

Die Bilder an der Wand: Ägyptische Schrift und Sprache

Das Bedürfnis nach schriftlicher Aufzeichnung von Sachverhalten entwickelte sich in Ägypten seit dem ausgehenden 4. Jahrtausend v. Chr. aus wirtschaftlichen Notwendigkeiten im Güterverkehr. Wortzeichen als Beischrift zu wirtschaftlichen Transaktionen treten um 3150 v. Chr. auf, zu symbolhaften geschichtlichen Darstellungen auf Kultgegenständen aus Nechen (Hierakonpolis) und auf Annalentäfelchen aus Abydos und Sakkara erst später um 3000 v. Chr.

Das Prinzip beruht darauf, dass zunächst zeichenbare Dinge standardisiert gezeichnet wurden und mit dem Dargestellten auch das bezeichnende Wort verkörpern. Hieraus entwickelt sich eine Konsonantenschrift (Hieroglyphen), deren Zeichen zunächst die dargestellten Dinge selbst im Wortlaut ausdrückten, dann jedoch davon abgelöst auch für Wörter mit gleichem Konsonantenbestand eingesetzt wurden. Ein Zeichen konnte daher für gleiche Konsonantenlaute verschiedener Wörter eintreten, da die ägyptische Schrift keine Vokale berücksichtigt. Deshalb kennt man nur das Konsonantengefüge der ägyptischen Sprache. Vokale lassen sich zum Teil aus der Umschrift von Namen in zeitgenössischen Keilschriftannalen und bei den Griechen ermitteln oder aus den noch im Koptischen erhaltenen Wörtern erschließen.

Steht das Bildzeichen für das Ding selbst (Ideogramm), fügte man einen »Deutestrich« bei. So wurde mit dem Hausgrundriss nicht nur pr »Haus«, sondern auch prj »herauskommen« sowie die Lautfolge p-r weiterer Wörter geschrieben. Da Halbkonsonanten wie j, w oft vernachlässigt wurden, entstanden schon früh Einkonsonantenzeichen. Sie wurden aber nur als Lesehilfen zu Wort- oder Mehrkonsonantenzeichen gestellt oder damit abwechselnd geschrieben. Wörter, für die kein zeichenbares, ähnlich klingendes Wort zur Verfügung stand, wurden »buchstabiert«, also zusammengesetzt, zum Beispiel nht »stark« aus der n lautenden Wasserlinie und dem ht lautenden Ast.

Damit war die ägyptische Schrift nicht nur Bilderschrift, sondern auch eine Lautschrift, die die Phoneme der Sprache festhält und zum Beispiel auch Konjugati-

Die Kolossalstatuen Ramses' II. tragen oft Inschriften, die sie als Darstellungen des schon zu Lebzeiten vergöttlichten Herrschers, der nach seinem Tod in den Kreis der Götter eingehen wird, ausweisen (Theben-West, Ramesseum).

2769

onsendungen wiedergibt. Dennoch wurde die ägyptische Schrift nie zur reinen Buchstabenschrift vereinfacht; die 3 000-jährige Schreibtradition war übermächtig. Eine andere Lesehilfe sind nachgestellte Determinative, sinndeutende Zeichen, die das Wort einer Gattung unterordnen (zum Beispiel »Buchrolle« für Begriffe wie Abstrakta).

Zweikonsonantenzeichen mit Deutezeichen oder lautlichem Komplement werden in einer Weise zur Schreibung von fremdem Sprachgut verwendet, die wie die Nachahmung einer Silbenschrift anmutet (syllabische oder Gruppenschreibung). Ob hier und wenn ja inwieweit Vokale angedeutet werden, ist strittig. In der Ptolemäerzeit tritt ein neues System der Vokalschreibung in fremden Namen auf, was Jean François Champollion das Entziffern erleichterte. Er fand die Lautwerte kleopatra-t in einer »Kartusche«, dem lang gezogenen Oval, das den Königsnamen einschließt. Zuvor hatte er den Namen Ptolemaios entziffert.

Früh hat man die Hieroglyphen so normiert, dass sie in ein Rechteck gruppiert werden können. Bei der Reihenfolge haben Götter und heilige Symbole den Vorrang (»Vorrangstellung aus Ehrfurcht«). Ebenso stehen entgegen der Lautfolge kleinere Zeichen vor der Brust von Vögeln und liegen beispielsweise in spielerischen Schreibungen auf der geöffneten Hand. Gefährliche Zeichen (wie Schlangen) werden in den Jenseitstexten verkehrt gesetzt oder sogar verstümmelt. Die Schriftrichtung ist in der Regel von rechts nach links, aber auch umgekehrt. Die Zeichen blicken jeweils zum Zeilenanfang hin. Die Hieroglyphen halten die Wörter trotz der fehlenden Vokale hinreichend genau fest, sodass heute nur selten Zweifel an der Bedeutung auftauchen. Verwendet wurden die Hieroglyphen unter anderem auf den Steinwänden der Tempel und Gräber, auf Grabsteinen, Stelen, aber auch auf Gegenständen der Kleinkunst und sogar auf Gebrauchsgeräten sowie in der Malerei. Da die Schriftzeichen immer die Form von Bildern beibehalten haben, sind sie auch eng mit dem jeweiligen Kunststil verbunden und finden in der Bildkomposition oder auf Statuen ihren künstlerisch bestimmten Platz.

Sobald man die Schriftbilder nicht in Stein meißelte, sondern sie mit einer Binse und Tinte auf eine Krug- oder Kalksteinscherbe (Ostrakon), auf Papyrus oder Leder schrieb, ging ihr Bildcharakter mehr und mehr verloren. Diese Entwicklung setzte schon mit dem Ende der 2. Dynastie ein. Neben den Hieroglyphen als Monumentalschrift und in geschriebenen religiösen Texten (»Kursivhieroglyphen« im Totenbuch) entstand so die hieratische

INFOBOX

Die Entzifferung der Hieroglyphen

1822 publizierte Jean François Champollion seine Entzifferung des in Ägypten gefundenen »Steins von Rosette«, die endgültig das Rätsel der Hieroglyphen löste. Bis dahin hatte man Ägypten als das Land geheimnisvoller, ja magischer Weisheiten betrachtet, da man in die als Schrift dienenden Bildzeichen Rätsel und symbolische Aussagen hineindeutete (so im 3. Jh. n. Chr. der Philosoph Plotin: »Jedes einzelne Zeichen ist für sich schon ein Stück Weisheit.«) Der italienische Humanist Marsilio Ficino kommentierte diese Passage 1492 folgendermaßen: »Unsere Denkweise über den Begriff ›Zeit‹ ist komplex und schillernd ... Bei den Ägyptern war er in einem einzigen bestimmten Zeichen enthalten: einer geflügelten Schlange, die ihr Schwanzende im Maul hält.«

Schrift als Alltags- und Gebrauchsschrift. Sie blieb im sakralen Gebrauch noch in griechisch-römischer Zeit erhalten, als man im täglichen Leben schon lange (seit dem 7. Jahrhundert v. Chr.) die stark abgeschliffene demotische Schrift benutzte. Die letzte demotische Urkunde stammt aus dem Jahre 476 n. Chr. Doch schrieb man schon seit Einführung des Christentums (3. Jahrhundert n. Chr.) die ägyptische Sprache mit griechischen Buchstaben (koptische Schrift).

Die Kenntnis der Hieroglyphen ging bald verloren. Bereits in dem in griechischer Übersetzung erhaltenen Werk »Hieroglyphica« des Ägypters Horapollo (zweite Hälfte des 5. Jahrhunderts n. Chr.) finden sich neben richtigen viele groteske Erklärungen von Zeichen. Durch ihn kam auch Athanasius Kircher (17. Jahrhundert) zu der Annahme, die Hieroglyphen enthielten in symbolischer Form religiös-philosophische Geheimlehren. Erst der »Stein von Rosette« (aufgefunden 1799), der einen Text in drei Sprachen enthält, ermöglichte 1822 die erfolgreiche Entzifferung durch Champollion. Der Stein enthält ein Priesterdekret aus dem Jahr 196 v. Chr. in zwei Sprachen und drei Schriftarten (hieroglyphisch, demotisch, griechisch). Nur noch wenige der über tausend Schriftzeichen sind heute ihrem Lautwert nach unbekannt.

Die weltgeschichtliche Bedeutung der ägyptischen Schrift liegt darin, dass sie vielleicht auch einige der äußeren Schriftformen, vor allem aber das System der Vo-

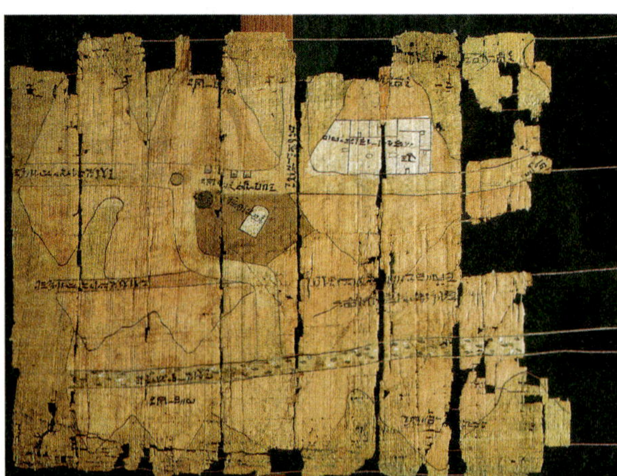

100880

Die einzige erhaltenen altägyptische Landkarte gibt vermutlich den zentralen Teil des Wadi Hammamat mit seinen Goldminen und Basanitgruben wieder (Papyrusfragment aus der 20. Dynastie, Höhe 41 cm; Turin, Museo Egiziano).

INFOBOX

Gottesworte

Die Hieroglyphen galten als »Gottesworte«, als die Sprache und Schrift der Götter. Sie zu verändern, hätte ihre Lesbarkeit für die Götter aufs Spiel gesetzt. Das hatte der neuplatonische griechische Philosoph Iamblichos im Sinn, als er in seinem Buch über die Mysterien der Ägypter schrieb, dass sie ihre altehrwürdigen Gebetstexte wie »heilige Asyle« betrachteten und keinerlei Änderungen zuließen. Er begründete dies mit der Unveränderbarkeit der Götter. Das Heilige verändere sich nicht, also dürfe in den symbolischen Formen, die es vergegenwärtigten, keine Veränderung zugelassen werden.

kallosigkeit an die Nordwestsemiten weitergegeben hat. Von ihnen wurde die Alphabetschrift über die Phöniker zu den Griechen weitergereicht, die sie mit Vokalen bereicherten.

Entwicklung der Sprache

Die Sprache Altägyptens gehört zur Gruppe der afroasiatischen Sprachen. Sie hat im Wortschatz und in der Grammatik viele Gemeinsamkeiten mit anderen Sprachen dieser Gruppe, etwa mit den Berbersprachen und den semitischen Sprachen Äthiopiens in Afrika, mit dem Akkadischen, Hebräischen und Aramäischen in Vorderasien; doch tritt vor allem beim Verbalsystem auch eine starke Eigenständigkeit hervor. Der straffe Zentralismus sorgte in der älteren Zeit für eine große Einheitlichkeit der Schriftsprache, Dialekte sind vor dem Koptischen schwer nachzuweisen. Von den ersten schriftlichen Zeugnissen um 3000 v. Chr. lässt sich die ägyptische Sprache über rund 4 500 Jahre verfolgen; in diesem langen Zeitraum der sprachgeschichtlichen Einheit unterscheidet man trotz der Kontinuität der Entwicklung mehrere Stufen der Sprachbezeugungen.

Die während der Zeit der 1. und der 2. Dynastie verfassten kurzen Inschriften in frühägyptischer Sprache sind nur schwer verständlich. Die Schriftsprache des Alten Reiches war das Altägyptische, in dem seit der 3. Dynastie religiöse und historische Inschriften geschrieben wurden. Durch Eindringen der gesprochenen Sprache in die Schriftsprache entstand nach dem Zusammenbruch des Alten Reiches das Mittelägyptische, die später als klassisch empfundene Sprache des Mittleren Reiches. Sie

738

Der obere Teil der Sandsteinstatue des Pharao Osorkon I. wurde in Byblos gefunden. Sie weist neben der hieroglyphischen Kartusche mit dem Thronnamen auch Zeilen der frühen phönikischen Alphabetschrift auf (Paris, Louvre).

INFOBOX

Schrift und Kunst

Der Kunstwert der Hieroglyphen ergibt sich aus ihrer Funktion als Inschriften- oder Denkmälerschrift. Die Hieroglyphen bildeten damit eine Gattung der Kunst, nicht der Schrift. Der Schreiber brauchte sie nicht zu lernen. Aktive Beherrschung der Hieroglyphenschrift wurde nur vom Künstler, insbesondere vom Vorzeichner gefordert. Die ägyptische Kunst ist in einem Ausmaß schriftbezogen, zu dem es in anderen Kulturen keine Parallele gibt. Zum einen sind so gut wie alle Denkmäler beschriftet; es gibt kaum ein Flach- oder Rundbild, das nicht irgendwo eine Inschrift aufweist. Zum anderen ist auch die Formensprache der Kunst so festgelegt, als handele es sich um Schriftzeichen. Schrift und Kunst stehen sich also in Ägypten näher als anderswo und gehen oft geradezu ineinander über. Es gibt Bilder, die gelesen werden können, und es gibt Inschriften, die wie ein Bild komponiert sind.

ist noch die in den Urkunden des Neuen Reiches verwendete Sprachform und wird als neomittelägyptische Kunstsprache bis in die ptolemäisch-römische Zeit für offizielle und religiöse hieroglyphische Texte verwendet. Durch die Reformation Amenophis' IV./Echnatons wurde die Sprache des Neuen Reiches, das Neuägyptische, schrift- und literaturfähig. Es handelt sich hierbei insbesondere um die Sprache der nichtliterarischen Texte, aber auch anderer Texte, die allerdings mehr oder weniger klassisch-ägyptische Einflüsse aufweisen.

Seit der Spätzeit wurde das Ägyptische in der sehr verkürzten demotischen Schrift geschrieben und lebte als Sprache der Urkunden, als Demotisch bezeichnet, bis ins 5. Jahrhundert n. Chr. fort. Die Sprache der christlichen Ägypter war das Koptische. Seit dem 2. Jahrhundert n. Chr. wurde es mit griechischen Buchstaben geschrieben und durch die Bibelübersetzung literaturfähig. Diese koptische Schriftsprache erscheint nicht mehr einheitlich, sondern zerfällt in eine Vielzahl von Dialekten; seit dem 10. Jahrhundert wurde sie immer stärker vom Arabischen verdrängt, das heute in Ägypten gesprochen wird. Heute wird das Koptische nur noch in der Liturgie verwendet.

Zu den ägyptischen Wörtern, die in andere Sprachen eingedrungen sind und bis heute fortleben, gehören unter anderem »Natron«, »Oase« und »Papier«. *

ZEIT ASPEKTE

Das Beste aus der ZEIT zu ausgewählten Themen dieses Bandes.

Erste Menschen

Frühe Kunst

Steinzeitjäger

Pharaonen ...

DIE ZEIT

ZEIT Aspekte

Geochronologie

Alles war ganz anders

Veränderte Datierungsmethoden stellen die Theorien der Urgeschichte infrage: Wo begann alle Kunst? Woher kam der erste Asiate? Wer war zuerst in Amerika?

Von Andreas Sentker

Die Verfeinerung von Datierungsmethoden hat in den vergangenen Jahren so manches prähistorische Gedankengebäude zum Einsturz gebracht: Plötzlich findet sich beispielsweise der Ursprung aller Kunst nicht mehr in Europa, sondern im fernen Australien. Statt nur einer amerikanischen Urkultur bewerben sich nun zwei um das Siedlungsvorrecht. Und ein Mensch in Java lebte noch zu einer Zeit, in der er nach der gültigen prähistorischen Hypothese längst ausgestorben sein sollte.

Da ist es kaum verwunderlich, dass bei jeder neuen Sensationsmeldung die Kollegenschar zunächst einmal über ungenaue Messungen spottet, bevor sie ihre Thesen korrigiert. Die Geochronologen, Forscher auf der Spur vergangener Zeitalter, leben in einem Spannungsfeld zwischen Hightech und Kulturgeschichte. Ihre Arbeit hilft Archäologen und Paläontologen bei der Einordnung ihrer Funde. Nüchterne Zahlenreihen entscheiden darüber, ob ein Fossil in die Galerie wissenschaftlicher Sensationsfunde eingereiht wird oder ohne großes Aufsehen in einer Schublade verschwindet.

So manches Datenbeben erschütterte seit Mitte der Neunzigerjahre die prähistorische Welt. Die eigentlichen Eruptionen aber finden an ganz anderer Stelle statt und dauern oft nur Bruchteile von Sekunden. In der Bundesforschungsanstalt für Geowissenschaften und Rohstoffe in Hannover etwa stieben gleißende Funken durch die Luft. Wo eben noch festes Gestein war, zischt jetzt eine rot glühende, flüssige Masse. Gaswolken steigen auf. Eine Naturkatastrophe im Labormaßstab. Die Urgewalt tobt unter dem Objektiv eines Stereomikroskops. Der Kristall, der im Strahl des Lasers dahinschmilzt, ist nur

100979

Durch Ausnutzung der Kernspaltung in Reaktoren (hier die Forschungsneutronenquelle in Garching bei München) zerfallen viele Isotope unter Aussendung unverwechselbarer Gammastrahlung. So kann das Alter geologischer Schichten bestimmt werden.

wenige Millimeter groß. Vor Jahrmillionen hatte er sich in erkaltender Lava gebildet. Nun wird er im Dienst der Wissenschaft wieder verflüssigt.

Michael Kraml stellt den Laser ab. So plötzlich, wie es dahinschmolz, erstarrt das Mineral. In einer entfernten Ecke spuckt ein Drucker lange Zahlenreihen aus. Kraml ist Geochronologe. In Hannover hat der 34-Jährige eines der modernsten Datierungslabors der Welt eingerichtet.

Kristalle wie die unter Kramls Stereomikroskop sind Zeugen eines prähistorischen Vulkanausbruchs. In ihrem Innern tickt eine geochemische Uhr. In weiten Teilen Afrikas findet man vulkanische Ascheschichten vermengt mit winzigen Kristallen. Wird ein Fossil aus einer solchen Schicht geborgen, dann lässt sich sein Alter mühelos bestimmen. Die Kristalle enthalten große Mengen des Elements Kalium. Bei seinem natürlichen Zerfall entsteht unter anderem das Edelgas Argon in einer bestimmten Form, dem Argon 40.

100562

Wirklich alt oder modern? Wichtige Hinweise zur Datierung eines Fundes gehen aus der naturwissenschaftlichen Analyse geologischer Schichten hervor - Mitarbeiter des Landesamtes für Archäologie Dresden bergen im Frühjahr 2004 Reste des mittelalterlichen Marktes in Leipzig.

Aus der glutflüssigen Lava kann das Argon entweichen. Hat sich das Gestein jedoch verfestigt, ist das Gas gefangen. Mit dem Ausbruch des Vulkans und dem Erkalten der Lava wurde also eine Stoppuhr gestartet, die Kraml jetzt ablesen kann. Aus der Laserschmelze entweicht das gespeicherte Edelgas. In einem Gewirr von Röhren wird es gereinigt und schließlich auf seine Zusammensetzung untersucht.

In den Anfängen der Kalium-Argon-Datierung wurden die Proben geteilt. In einer Hälfte bestimmte man den Kaliumgehalt, der Rest wurde auf Argon untersucht. »Ein unsicheres Verfahren«, erklärt Kraml. »Das Kalium muss nur ungleich in der Probe verteilt sein, schon ist das Ergebnis falsch.« Der Geochronologe lässt daher seine Kristallproben in einem Kernreaktor mit Neutronen beschießen. Schnelle Neutronen lassen aus Kalium das Isotop Argon 39 entstehen. Je mehr Argon 39 nachgewiesen wird, desto höher war zuvor der Kaliumanteil im Mineral. Ist die Probe abgekühlt, kann Kraml den Gehalt an Argon 40 und Kalium in einem Messschritt untersuchen.

Paläontologen und Archäologen machen sich viele solcher Zerfallsprozesse zunutze, um das Alter geologischer

Schichten zu bestimmen, damit sie hernach Fundstücke und Fossilien bestimmten Epochen des Erdzeitalters zuordnen können. Die wohl bekannteste geologische Uhr ist auf die Umwandlung von Kohlenstoff 14 (C14) in Stickstoff 14 geeicht. Das seltene Kohlenstoffisotop bildet sich unter dem Beschuss kosmischer Strahlen. Lebende Organismen bauen es wie den normalen Kohlenstoff in ihre Zellen ein. Eines von einer Billion Kohlenstoffatomen in einer organischen Verbindung ist ein solches radioaktives C14. Seine Halbwertszeit beträgt 5 730 Jahre. Eine Probe, die ursprünglich 10 000 radioaktive Kohlenstoffatome enthielt, weist nach dieser Zeit also nur noch die Hälfte, 5 000 solcher Atome auf. Nach weiteren 5 730 Jahren ist die Zahl nochmals halbiert und so weiter.

Je mehr Zeit vergeht, desto geringer wird der Anteil an Radiokohlenstoff in der Probe und desto ungenauer werden die Messungen. Die Kohlenstoffuhr reicht daher nur etwa 50 000 Jahre in die Vergangenheit zurück. Die Kalium-Argon-Uhr tickt dagegen sehr viel behäbiger. Immerhin 1,25 Milliarden Jahre vergehen, bis sich die Hälfte des Kaliumisotops 40 in Argon 40 verwandelt hat. Das Kalium-Argon-Verhältnis verrät selbst das Alter von Meteoriten, die lange vor der Entstehung der Erde das All durchstreiften.

In den vergangenen Jahren hat die Datierungstechnik gewaltige Fortschritte gemacht. Mit der zunehmenden Präzision der Messungen aber bricht so manches prähistorische Szenario zusammen. So nahmen Paläontologen lange Zeit an, der letzte archaische Vertreter der Gattung Homo, der Homo erectus, sei auf Java bereits vor 250 000 Jahren ausgestorben. Nach ihm habe sich der moderne Mensch, der Homo sapiens, ausgebreitet. Einige Wissenschaftler glauben gar, der Sapiens sei nicht aus Afrika gekommen, sondern in Asien direkt aus Erectus hervorgegangen.

Nun wurden die Java-Funde erneut datiert. Und siehe da: Plötzlich waren sie mehr als 200 000 Jahre jünger. Homo erectus hat – wenn die Daten stimmen – noch vor 53 000 bis 27 000 Jahren auf Java gelebt, in mehr oder weniger friedlicher Koexistenz mit dem Homo sapiens.

Ein Forscherteam um den Geochronologen Carl Swisher hat diese Daten im Dezember 1996 veröffentlicht, und sie sind heftig umstritten. Swisher bediente sich nämlich einer sehr jungen Methode, der so genannten Elektronen-Spin-Resonanz, um den Fossilien ihr Alter zu entlocken. Der Geochemiker Henry Schwarcz und der Geologe Jack Rink haben im Auftrag von Swisher an der kanadischen McMasters University in Hamilton den Zahnschmelz prähistorischer Antilopenzähne untersucht, die gemeinsam mit den Erectus-Überresten geborgen worden waren.

Das Prinzip der Messungen ist relativ einfach: Treffen natürliche radioaktive Strahlen auf das Zahnmineral, werden Elektronen im Kristallgitter des Zahnschmelzes energetisch angeregt. In den meisten Fällen kehren die Teilchen von ihrem erhöhten Energieniveau bald wieder in ihren Grundzustand zurück. In manchen Mineralien – wie auch im Zahnschmelz – können sie jedoch Jahrmillionen in diesem Zustand verharren. Je älter das Material ist, desto mehr energiereiche Teilchen stören die regelmäßige Gitterstruktur. Werden die Proben einem starken Magnetfeld ausgesetzt und mit Mikrowellen bestrahlt, lassen sich die Elektronen direkt nachweisen.

Auch in alten Keramiken tickt die Elektronenuhr. Beim Brennen der Tonwaren geben die angeregten Elektronen ihre Energie ab. Die Uhr wird auf null gestellt. Ähnliches geschieht, wenn bestimmte Mineralien intensiver Sonnenstrahlung ausgesetzt sind. Werden sie unter Gesteinsschichten begraben und damit der Sonne entzogen, so nimmt die Zahl der energiereichen Teilchen im Lauf der Zeit wieder zu. Werden die Proben im Labor erhitzt, geben sie ihre Energie in Form von winzigen Lichtblitzen wieder ab. Thermolumineszenz wird dieses Leuchtphänomen genannt.

Die Thermolumineszenz-Methode stürzte kürzlich die steinzeitlichen Künstler Europas vom Sockel. Ein Felsmonolith in der Steppe oberhalb der Coornamusümpfe in Australien ist über und über mit filigranen Ritzungen versehen. 75 000 Jahre alt ist das Muster laut jüngsten Messungen. Werkzeugsplitter am Fuße des Monolithen wiesen gar ein Alter von 100 000 Jahren auf. Findet sich der Ursprung der Kunst also auf dem fernen Kontinent jenseits des Äquators? Erste Spuren künstlerischen Schaffens in Europa sind nämlich gerade einmal

40 000 Jahre alt. Die Bilderhöhlen von Altamira und Lascaux wurden vor etwa 15 000 Jahren ausgemalt. Die erst 1994 entdeckte Chauvet-Höhle weist mit 30 000 Jahren die ältesten bekannten europäischen Bildwerke auf.

Auch eine andere Hochkultur bekommt jetzt Konkurrenz. Die so genannte Clovis-Kultur in Nordamerika galt bisher mit 10 900 bis 11 200 Jahren als älteste Kultur Amerikas. Anna Roosevelt vom Field Museum in Chicago ist im vergangenen Jahr in Brasilien in einer mit alten Malereien geschmückten Höhle bei Monte Allegre auf Steinwerkzeuge, Holzkohle und Überreste von Lebensmitteln gestoßen. Die Radiokohlenstoffdatierung ergab ein Alter zwischen 10 000 und 11 200 Jahren. Eine eigenständige Kultur dieses Alters hatte kein Experte erwartet.

Der Kohlenstoff veränderte auch die überlieferte Siedlungsgeschichte Neuseelands. Richard Holdaway von der Canterbury University in Christchurch datierte Rattenskelette neu. Bevor der Mensch Neuseeland betrat, gab es hier keine Ratten. Sie kamen womöglich als blinde Passagiere in den Booten der Maori auf die Insel. Bisher waren Historiker davon ausgegangen, dass Neuseeland erstmals vor rund 800 Jahren besiedelt worden war. Die Rattenknochen aber waren mehr als 2 000 Jahre alt.

Sollten die hervorragenden Nautiker Polynesiens also schon zu jener Zeit die Gestade Neuseelands erreicht haben? Ohne menschliche Hilfe hätten die Nagetiere niemals die Insel erreichen können, gibt Holdaway zu bedenken. Doch vermutlich seien die ersten Siedler wenig erfolgreich gewesen – im Gegensatz zu den Ratten, die unter den flugunfähigen Vogelarten Neuseelands gründlich aufräumten. Keine einzige Art hat den Nagerangriff überlebt.

Die wenigen führenden Datierungslabors in aller Welt basteln unterdessen weiter an der Verbesserung ihrer Methoden. Die technische Evolution wird wohl noch so manches Mal das Bild der menschlichen Stammesgeschichte erschüttern. Wer eroberte Europa, wer Amerika? Woher kam der erste Asiate? Aller Präzision neuer Methoden zum Trotz: Die Antworten der Paläontologie haben kurze Halbwertszeiten. *28. Februar 1997*

3066

Neue Methoden bringen neue Erkenntnisse. Bislang hielt man den Clovis-komplex für die älteste amerikanische Kultur – im Bild eine typische Clovis-Speerspitze aus Obsidian.

Hominiden

Der Alte

Ein erstaunlicher Hominidenfund stellt die Geschichte der Menschwerdung auf den Kopf

Von Andreas Sentker und Urs Willmann

Der Wind ist der beste Freund der Paläoanthropologen. Im Norden des Tschad fegt er mit 60 Stundenkilometern über die Wüste. Er trägt Sand durch die Luft, schiebt Dünen umher und modelliert die Landschaft immer wieder neu. Ab und an bringt er verborgene Gegenstände ans Licht: Steine, Äste, Gebeine. Jeden Sommer macht sich eine Gruppe einheimischer Kundschafter der Mission paléoanthropologique Franco-Tchadienne, einer Kooperation französischer und afrikanischer Forscher, im Norden des Landes auf die Suche nach den Dingen, die der Wind befreit hat.

»Wie Nomaden«, sagt Mackaye Hassane Taïsso, Assistenzprofessor an der Universität Ndjamena, »fahren wir mit unseren Geländewagen durch die Wüste.« Dabei suchen die Expeditionsteilnehmer nach erfolgversprechenden Fundstellen. In jedem Frühjahr kehren sie mit den französischen Kollegen an jene Orte zurück, an denen sie hoffen, der Entstehungsgeschichte des Menschen ein neues Kapitel hinzufügen zu können.

»Letztes Jahr hat der Wind besonders gut geblasen«, sagt Taïsso. Am Grabungsplatz Toros-Menalla 266 stieß sein junger Kollege Djimdoumalbaye Ahounta plötzlich im Sand auf einen kugeligen Gegenstand. Er musste »nur ein bisschen kratzen«, um ihn ganz freizulegen. Ahounta umfasste die gewölbte Platte, hob das Fundstück vorsichtig auf und drehte es um. Sein Blick fiel erst auf Zähne, die aus einem weißlichen Knochen ragten, und dann in die leeren Augenhöhlen eines Wesens, das vor sechs bis sieben Millionen Jahren die Welt erkundet hat.

Das Fossil aus dem Tschad, in einer Ausgabe des Wissenschaftsjournals Nature präsentiert, stellt die gängigen Theorien zur Menschheitsgeschichte auf den Kopf. Der Schädel ist nicht nur das älteste bisher geborgene Gebein eines menschlichen Urahnen. Auch beendet er den Traum der Forscher von der Wiege der Menschheit in Ostafrika. Und er zwingt sie, von ihren geliebten Stammbäumen Abschied zu nehmen. Denn Sahelanthropus tchadensis ist eine Schimäre, ein bizarres Puzzle aus äffischen und menschlichen Merkmalen.

Toumaï – übersetzt: Lebensmut – haben die Entdecker ihren Fund getauft, ein Name, der in dieser Wüstenregion im Norden des Tschad jenen Kindern gegeben wird, die kurz vor Beginn der Trockenzeit zur Welt kommen.

Mehr als sechs Millionen Jahre lang lagen die Knochen im sandigen Sediment des prähistorischen Tschadsees. Und Toumaï war nicht allein. Unzählige Säugetierknochen, Überreste von Schlangen, Fischen und Schildkröten haben die Ausgräber in seinem Umfeld geborgen. Mit ihrer Hilfe lässt sich das Alter der Fundschicht bestimmen. Denn in Kenia sind zwei Fossilienlager bekannt, sechs bis sieben Millionen Jahre alt, die eine ganz ähnliche Tiergesellschaft bergen.

In diesem Zeitraum, das belegten schon in den Siebzigerjahren genetische Untersuchungen, haben sich ver-

Michel Brunet entdeckte 2001 in Zentralafrika einen Schädel, Unterkiefer und Zähne einer Primatenart, deren Alter auf 6 bis 7 Millionen Jahre geschätzt wird. Das Hirnvolumen liegt unter dem der späteren Australopithecinen. Die Augenbrauenwülste des »Sahelanthropus tchadensis« entsprechen etwa denen der Gorillas, die untere Hälfte des Gesichtes ist menschenähnlich aufgebaut.

100562

mutlich die Entwicklungslinien von Mensch und Schimpanse getrennt. War Sahelanthropus einer der letzten gemeinsamen Vorfahren?

Expeditionsleiter Michel Brunet lässt diese Frage offen. Dennoch übertreffen sich die Kommentatoren schon jetzt mit Superlativen: »Der wichtigste Fund seit dem Taung-Baby, mit dessen Entdeckung Raymond Dart vor 77 Jahren die Paläoanthropologie in Afrika begründete«, schreibt Nature-Autor Henry Gee. »Eine kleine Atombombe in der Evolutionstheorie der Menschwerdung«, sagt der Harvard-Anthropologe Daniel Liebermann. Und Bernard Wood, Anthropologe von der George Washington University, schwant schon: »Ein einzelnes Fossil kann unsere Vorstellung vom menschlichen Stammbaum ganz grundsätzlich verändern.«

Dass Sahelanthropus in diese Kategorie der Revolutionäre gehört, ist unstrittig. Der Schädel ist erstaunlich gut erhalten. Zwar haben ihn die Sedimentschichten im Laufe der Jahrmillionen ein wenig zusammengedrückt und seine rechte Gesichtshälfte zerquetscht, aber er offenbart noch immer unzählige überraschende Details.

»Anfangs dachte ich, das ist ein Schimpanse«, schildert Daniel Liebermann seine erste Begegnung mit dem Urahn aus dem Tschad. »Als ich jedoch näher hinsah, zog es mir die Schuhe aus.« Der Schädel von Sahelanthropus erscheint wie ein wildes Mosaik aus dem Atelier der Evolution. Der Hinterkopf gleicht dem eines Schimpansen und bot einem Hirn von nur 320 bis 380 Kubikzentimeter Volumen Raum. Aus der großen Stirn treten markante Augenwülste hervor, wie sie heute bei männlichen Gorillas zu finden sind. Die untere Hälfte des Gesichts ist dagegen vergleichsweise zart gebaut. Die Zähne sind klein, die Eckzähne deutlich unauffälliger als bei den äffischen Verwandten.

Manche von Toumaïs Merkmalen sind einige zehntausend Jahre später, bei den frühen Vormenschen der Gattung Australopithecus, schon wieder verschwunden. Sie tauchen erst wieder bei der Gattung Homo auf. »Von vorn sieht Sahelanthropus aus wie ein 1,7 Millionen Jahre junger, fortschrittlicher Australopithecine«, sagt Bernard Wood. Wenn aber die ersten Australopithecinen affenähnlicher waren als der deutlich ältere Sahelanthropus, wo in unserer Ahnenreihe sind sie einzuordnen? Gehören sie überhaupt dazu?

Wood wehrt sich vehement gegen Versuche, den menschlichen Stammbaum voreilig zu stutzen, um wieder Ordnung in den Garten der Evolution zu bringen. Hominiden- und Affenarten, sagt Wood, hätten sich vermutlich immer wieder vermischt und dabei ein ganzes Set prähistorischer Eigen- und Errungenschaften stets aufs Neue kombiniert.

Schon vor einigen Jahren hatte der südafrikanische Paläoanthropologe Phillip Tobias die These von der »Evolution im Mosaik« aufgestellt. 1995 fand er den ersten fossilen Hinweis darauf: einen Fuß, dessen Zehen affenartig, dessen Mittelfußknochen aber überraschend menschlich waren. Die Evolution, so lautet Tobias' Theorie, erfasst nicht alle Körperteile gleichzeitig, manches entwickelt sich überraschend schnell, anderes verharrt lange Zeit im ursprünglichen Zustand. Manches Merkmal, so kann man jetzt ergänzen, verschwindet im Lauf der Evolution, um manchmal Jahrmillionen später erneut aufzutauchen.

Toros-Menalla 266 ist ein unwirtlicher Ort. Verteilt auf vier Quadratkilometer, liegen hier die Gebeine von Vormenschen und Urtieren im Staub. Knapp 300 Kilometer Luftlinie sind es zum nächstgelegenen Dorf, Kouba Olanga. Wüste, wohin das Auge reicht. Als aber Sahelanthropus tchadensis in seiner Jugend hier umherstreifte, kreuchte und fleuchte um ihn herum eine reiche Fauna. In den Flüssen und Seen tummelten sich zehn verschiedene Arten von Süßwasserfischen. Schildkröten und amphibische Säuger schoben sich über den Strand, Schlangen lauerten im Unterholz. Im Sumpf dösten die Krokodile. Über Grasland und Baumsavanne zogen die Ahnen von Giraffe, Elefant, Pferd und Rind. Und grunzend erschnüffelte das Urschwein die Wälder, in denen Primaten regierten.

Noch können die Forscher nicht sagen, ob Toumaïs Clan auf allen Vieren die Gegend erkundete oder bereits den aufrechten Gang übte. »Es fehlen uns Skelettteile, um ihn auf die Hinterbeine stellen zu können«, sagt Mackaye. Gewiss ist, dass der Alte in einer Zeit lebte, in der der tropische Regenwald stark zurückwich. Mit den Lichtungen und Waldsavannen entstanden neue Lebensräume. Doch die alte Theorie, wonach der aufrechte Gang erst mit der Besiedelung der Savanne entstand, ist inzwischen überholt. Verschiedene Primatenarten haben unabhängig voneinander neue Fortbewegungsformen ausprobiert, die Zweibeinigkeit gleich mehrfach erfunden.

Neue Fenster in die Vorzeit

Von weiteren geliebten Theorien müssen sich die Forscher verabschieden. Lange vermuteten sie die Wiege der Menschheit in Ostafrika. Der zentralafrikanische Sahelanthropus aber ist älter als alle ostafrikanischen Fossilien. »Es wird niemals möglich sein, genau zu wissen, wann oder wo die erste Hominidenart entstanden ist. Aber wir wissen jetzt, dass Hominiden schon vor sechs Millionen Jahren über die Sahelzone verbreitet waren«, sagt Michel Brunet.

Zu erklären, wie und warum sich die Entwicklungslinien von Mensch und Schimpanse trennten, wird immer schwieriger – Karikatur aus dem Jahr 1874 zu Charles Darwins Evolutionstheorie.

Zu erklären, wie und warum sich die Entwicklungslinien von Mensch und Schimpanse trennten, wird damit aber noch schwieriger. Denn bisher nahmen die Forscher an, der afrikanische Grabenbruch, eine lange Naht längs des Kontinents, an der zwei Platten der Erdkruste zusammenstoßen, habe die beiden Populationen voneinander getrennt. Vor etwa acht Millionen Jahren soll es dort kräftig rumort haben. Die seitlichen Schultern des Grabens hoben sich und bildeten eine Klimabarriere. Im Westen des Grabensystems regnete es weiterhin regelmäßig. Im Osten dagegen wechselten sich Regen- und Trockenzeiten ab. Während sich die Ahnen der Affen im Westen dem feuchtwarmen Regenwaldmilieu anpassten, entwickelte sich bei einer kleinen Gruppe in der Savannenlandschaft des Ostens der aufrechte Gang.

Da passt Sahelanthropus gar nicht mehr ins Bild. Viel zu weit westlich, mitten im vermeintlichen Schimpansengebiet, haben die Forscher ihn gefunden. »Wir brauchen ein gesamtafrikanisches Szenario auch für diese frühen Entwicklungsphasen«, glaubt der Frankfurter Paläoanthropologe Friedemann Schrenk. »Die Funde, die wir bisher hatten, haben uns über die wahre Verbreitung der Hominiden getäuscht.«

Lange Zeit gab es nur zwei Fenster, die sich in die afrikanische Prähistorie öffneten: in Südafrika, wo 1925 die ersten Fossilien bei Bergbauarbeiten zum Vorschein kamen und Raymond Dart Darwins These von einem afrikanischen Ursprung der Menschheit belegte. Und in Ostafrika, wo Geologen in den Sechzigerjahren auf die ersten Fossilien stießen.

Daneben existierten lange nur noch zwei Stellen, die in Afrika menschliche Spuren ahnen ließen: Malawi und der Tschad. »Das waren eher Schlüssellöcher als Fenster«, beschreibt Bernard Wood die mühsame Suche nach neuen Hominidenfundstellen. Inzwischen sind jedoch in Malawi wie im Tschad jeweils die Überreste zweier menschlicher Urahnen geborgen worden: Homo rudolfensis und Paranthropus aethiopicus an den Ufern des Malawisees, Australopithecus bahrelghazali (Brunets erster Fund dort) und nun Sahelanthropus tchadensis in der Wüste des Tschad.

Forscher warnen allerdings davor, die Wiege der Menschheit nun einfach von Ostafrika in das Wüstenland zu verlegen. Schließlich sind in den vergangenen Monaten einige vormenschliche Überreste geborgen worden, die die fossile Geschichte weiter erhellen: Ardipithecus ramidus aus Äthiopien ist etwa 5,2 bis 5,8 Millionen Jahre alt. Orrorin tugenensis aus Kenia hat vor nahezu sechs Millionen Jahren gelebt. Übrig geblieben sind von ihm leider nur ein paar Zähne und Knochensplitter. Auf die Datierung aber mag sich kaum ein Forscher festlegen. »Die Funde repräsentieren nur einen Ausschnitt, einen Augenblick der Menschheitsgeschichte. Wann Ardipithecus, Orrorin oder Sahelanthropus erstmals die Erde betraten und wie lange sie gelebt haben, wissen wir nicht«, sagt Schrenk.

Buschwerk statt Stammbaum

Eines jedoch macht auch der neue Fund deutlich: Homo sapiens ist erst seit kurzer Zeit der einzige Vertreter seiner Gattung. In all den Jahrmillionen zuvor haben immer mehrere Vor- oder Urmenschenarten nebeneinander existiert. Konkurrenz und Koexistenz bringen die Theorie der Menschwerdung gründlich durcheinander. Noch in den Sechzigerjahren herrschte die Vorstellung, ein gebeugter, geistig umnachteter Vorfahre habe

Die Vorstellung einer linearen Ahnenreihe ist nur schwer auszurotten – die Schädel eines Homo erectus, eines Homo rudolfensis und eines Australopithecus (von oben) im Neanderthal Museum in Mettmann.

100562

Stufe für Stufe die Leiter der Evolution erklommen, um als begabter und begnadeter Mensch in der Gegenwart zu enden. »Das ist immer noch das Märchen, in dem ein Frosch zwangsläufig zum Prinzen geküsst wird«, schimpft der Anthropologe Ian Tattersal vom American Museum of Natural History in New York.

Doch die Vorstellung einer linearen Ahnenreihe ist nur schwer auszurotten. »Abraham war der Vater von Isaak, Isaak von Jakob, Jakob von Juda und seinen Brüdern« – so geht es im Matthäusevangelium immer weiter, bis zur Geburt Jesu. Dieses biblische Stammbaumdenken prägt die Menschen offenbar seit je.

Dabei weist immer mehr darauf hin, dass wir es bei der Stammesgeschichte der Menschheit nicht mit einem beständigen Fortschreiten zu tun haben – mit einigen Opfern links und rechts des Weges, Arten, die sich zu sehr spezialisierten und später ausstarben –, sondern mit einzelnen Evolutionsereignissen, die ein unübersichtliches Geflecht von Entwicklungswegen bilden. Das Mosaikgesicht des Sahelanthropus tchadensis ist dafür der beste Beleg.

»Das ist doch ganz beruhigend«, sagt Friedemann Schrenk. »Je mehr Fossilien wir finden, desto deutlicher wird, dass der Mensch auch nur ein Tier ist. Eine Sonderstellung hätte mich eher beunruhigt.«

Jetzt sehen jene Forscher ihre Chance, die schon immer davor gewarnt haben, die Geschichte der Menschheit vorschnell zu vereinfachen. Lange Zeit wurde mit jedem neuen Fund der Stammbaum des Menschen niedergerissen und ein neuer gepflanzt: jedes Fossil ein neuer Zweig, jeder Knochen eine neue Art. Drohte der Stammbaum zu stark zu wuchern, fanden sich Forscher, die die dünnen Zweige zu dicken Ästen bündelten. Man stritt über Zuordnungen, mancher Urahn wurde mehrfach umbenannt, immer neue Verwandtschaftsverhältnisse wurden diskutiert. Jetzt klettern die Forscher von den Bäumen. Dichtes Buschwerk statt starker Eichen, das könnte das neue Modell der Evolution des Menschen kennzeichnen.

Nun gilt es, das Bild zu verfeinern. Die Chancen dazu stehen nicht schlecht. In Afrika haben sich in manchen Ländern die politischen Verhältnisse inzwischen so beruhigt, dass die Forscher vor Ort arbeiten können. »Der Kontinent wird zugänglicher«, sagt Friedemann Schrenk. »Die Paläoanthropologie steht ganz am Anfang. Es wird noch viele Überraschungen geben.« *11. Juli 2002*

Hominiden

Auf den Spuren der ersten Menschen

Der Gral der Paläontologie ist noch nicht gefunden

Von Andreas Sentker

An der Ipyana-School in Karonga im Norden Malawis herrscht große Aufregung. Mitten auf dem Schulhof wird ein Camp aufgeschlagen. Die Muzungus, die Weißen, sind wieder da. Tagsüber umstehen die Schulkinder den Platz, beobachten neugierig, was sich im Lager tut. Am Abend sitzt der Direktor der Schule am Lagerfeuer und berichtet von seinen Problemen. Von den viel zu großen Klassen und dem fehlenden Geld, von der Malaria redet er und der Immunschwäche Aids, die sich in dem kleinen ostafrikanischen Staat erschreckend schnell ausbreitet. Seine Gäste, Wissenschaftler aus Europa und den Vereinigten Staaten, erzählen den Kindern im Unterricht von ihrer Arbeit, der Suche nach den Spuren unserer Vorfahren.

Im Sommer 1991 hatten der Darmstädter Paläontologe Friedemann Schrenk und sein Kollege Tim Bromage von der City University of New York ganz in der Nähe einen Unterkiefer geborgen, die Überreste des ältesten bisher bekannten Vertreters der Gattung Homo, 2,5 Millionen Jahre alt. Der von Schrenk zu Ehren seiner Gastgeber »Ipyana-Mann« genannte Homo rudolfensis eröffnet zwar den Reigen der Urmenschen, seine afrikanischen Nachfahren interessiert der Fund jedoch kaum. Der Platz an der »Wiege der Menschheit« mag ehrenvoll sein, die Kinder aber beschäftigen ganz andere Dinge als das prähistorische Kulturerbe – Alltag in Afrika.

Charles Darwin vermutete schon 1871, die Frage, wie der Mensch zum Menschen wurde, lasse sich nur in Afrika beantworten. Der unterentwickelte Schwarze Kontinent als Ursprung der Menschheitsgeschichte, diese Vorstellung bereitete seinen Zeitgenossen mehr als Unbehagen. Als 1911 aus einer Kiesgrube in England ein

100562

Den afrikanischen Alltag prägen andere Sorgen als die Frage nach dem Ursprung des Menschen.

nahezu vollständig erhaltener Schädel geborgen wurde, war nicht nur das wissenschaftliche Weltbild wieder zurechtgerückt. Die traditionsbewussten Briten hatten es schon immer geahnt: Die Wiege der Menschheit stand nahe dem Königshaus. Die Geologische Gesellschaft in London feierte im Dezember 1912 den ersten versteinerten Europäer als Boten der ruhmreichen Vergangenheit westlicher Zivilisation. Der so genannte Piltdown-Schädel erwies sich erst vier Jahrzehnte später als geschickte Fälschung. »Nichts ist je so faszinierend wie ein in Ehren gealtertes Rätsel«, kommentierte der Evolutionsbiologe Stephen Jay Gould den Piltdown-Fall. Das Rätsel war gelöst, doch jeder Einblick in das fossile Geschichtsbuch der Menschheit fordert immer wieder neue Debatten und neues Rätselraten heraus.

Die Geschichte der Paläontologie ist eine Geschichte der Zufälle. 1924 entdeckte ein Minenarbeiter im südafrikanischen Taung den Schädel eines Affenmenschenbabys. Raymond Dart, Anatomieprofessor in Johannesburg, beschrieb den Fund als »afrikanischen Affen der Südhalbkugel«. Dieser Australopithecus africanus lebte vor mehr als zwei Millionen Jahren. Die Australopithecinen bilden als Vormenschen das Bindeglied zwischen den Affen und den ersten Homo-Formen, den Urmenschen. Im Osten begaben sich Mary und Louis Leakey auf die Suche nach den Urahnen des Menschen. Mit den Arbeiten des kenianischen Ehepaars in der Olduvaischlucht in Tansania begann 1959 eine außergewöhnliche Serie von Hominidenfunden – und die Erbmonarchie der Hominidenforscher: Richard Leakey setzte mit seiner Frau Meawe die Arbeit seiner Eltern fort.

Sein Vater Louis gilt als der entscheidende Initiator der systematischen Suche im afrikanischen Riftsystem. Das riesige Tal mit seinen mal flach abfallenden, dann wieder steil zerklüfteten Hängen verdankt seine Entstehung den Bewegungen in der Erdkruste und den sie begleitenden vulkanischen Phänomenen. Feiner Staub bedeckt die fossilen Überreste urgeschichtlichen Lebens. Nach den frühesten Spuren der Menschheitsgeschichte wird nur in Ausnahmefällen gegraben. Zu selten sind die Hominiden, ihre Überreste über weite Flächen verstreut. So gilt es, die Fossilien an der Oberfläche der Millionen Jahre alten Sedimentschichten zu finden, eine Aufgabe, die sehr viel Übung und Geduld erfordert. Stundenlang schlendern die Wissenschaftler mit gesenktem Blick durch die Mondlandschaft des ostafrikanischen Grabens. Ein wertvolles Fossil oder nur ein Kieselstein, organische Strukturen oder die Spuren von Verwitterung – in Bruchteilen von Sekunden muss die Entscheidung gefallen sein.

100562

Louis und Mary Leakey – ihre wichtigsten Funde machten sie in der »Olduvai«-Schlucht in der Serengetisteppe.

Im November 1974 stößt eine amerikanische Expedition unter Leitung von Donald Johanson in Äthiopien auf die bis dahin ältesten Fossilien der Menschheitsgeschichte. Johanson und sein Kollege Tim White bezeichnen die Spezies als Australopithecus afarensis – nach dem Volk der Afar, das die äthiopische Hadar-Region bewohnt. In der Nacht nach dem Fund in der Wüste zwischen Addis Abeba und Dschibuti kann im Camp niemand schlafen. Aus dem Kassettenrekorder dudelt immer wieder der Beatles-Song »Lucy in the Sky with Diamonds«. Am nächsten Morgen hat die Hominidenfrau einen Kosenamen: Lucy. Erst Ende 1993 wird ein Schädel der Lucy-Sippschaft gefunden, das Puzzle um ein weiteres Stück ergänzt.

In Afrika wurden seit den ersten zufälligen Entdeckungen Abertausende Fossilien entdeckt. Suchte man lange Zeit vor allem im Umfeld der Fundorte, so wird jetzt systematisch gearbeitet. Satellitentechnik unterstützt die

Die Millionen Jahre alten Sedimentschichten verbergen ihre Schätze gut vor den Augen der Paläontologen. Hinweise auf mögliche Funde sind nur schwer zu erkennen.

Arbeiten im unwegsamen Gelände. Fotos aus dem All offenbaren die Lage interessanter Sedimente, die Lücken zwischen den Fundorten im Süden und Osten Afrikas werden langsam, aber sicher aufgefüllt. Die künstlichen Himmelskörper erleichtern die Orientierung: Per Satellitennavigation lässt sich eine fossile Lagerstätte auf dreißig Meter genau bestimmen und wiederfinden.

Das systematische Vorgehen hat Erfolg. In immer kürzeren Abständen müssen die Alterspräsidenten in der Versammlung menschlicher Vorfahren noch älteren Funden Platz machen. Ein halbes Jahrhundert lang galt der in den Minen von Taung gefundene Kinderschädel der Art Australopithecus africanus als frühester bekannter Vorfahre des Menschen, mehr als zwei Millionen Jahre alt. Keine zwanzig Jahre währte die Sonderstellung, die »Lucy«, Australopithecus afarensis, und ihre 3,6 Millionen Jahre alten Verwandten in der Ahnengalerie innehatten. Dann fanden Tim White und sein internationales Forscherteam im Dezember 1992 im Gebiet der Afar noch ältere Spuren der Menschheitsgeschichte.

Die Wissenschaftler sind sich schon nach den ersten oberflächlichen Analysen sicher: Es handelt sich bei den 4,4 Millionen Jahre alten Skelettbruchstücken um die Überreste einer neuen Art, Australopithecus ramidus. Der Name stammt aus der Sprache der Afar, wo ramid

Wurzel bedeutet. Die Ereignisse überschlagen sich. Der letzte Fund: Am Westufer des Turkanasees in Kenia stieß Meawe Leakey auf die Überreste menschlicher Vorfahren in einer 5,2 Millionen Jahre alten Schicht!

Diese Funde werden ausgewertet. Bei der Altersbestimmung hilft den Paläontologen die Physik. Die bekannteste Datierungsmethode ist die 14C-Bestimmung. Der Zerfallsprozess des Kohlenstoffisotops dient den Wissenschaftlern als physikalische Uhr. Sie reicht aber nur etwa 40 000 Jahre in die Vergangenheit, dann hat sich die Anzahl der 14C-Atome etwa siebenmal halbiert, und der Zeitmesser wird ungenau. Der Umwandlungsprozess von Uran in Radium und Blei lässt sich dagegen immerhin rund 500 000 Jahre lang verfolgen. Bei der Datierung noch älterer Sedimentschichten nutzen die Paläontologen eine physikalische Uhr mit äußerst behäbiger Gangart: die Umwandlung von Kalium zu dem Edelgas Argon. Zwischen 100 000 und 10 Millionen Jahre lassen sich auf dem Kalium-Argon-Chronometer ablesen.

Ein gewaltiges Stück näher an die Wurzeln unseres Stammbaums sind die Forscher mit den Aufsehen erregenden Funden gerückt. Der Zeitraum, in dem sich die Stammlinien von Mensch und Menschenaffe trennten, ist jedoch nicht durch Fossilfunde belegt, der Gral der Paläoanthropologie noch nicht gefunden. An die Stelle des physikalischen Zeitmessers tritt eine biologische Uhr. Vergleicht man zwei Arten, bei denen der letzte gemeinsame Vorfahre sicher bekannt ist, so stellt man fest, dass die Veränderungen in der molekularen Ausstattung ihrer Zellen einen deutlichen Zusammenhang mit der Zeit aufweisen, die seit der Trennung der Arten verstrichen ist. Ganz ohne Zweifel ist diese molekulare Uhr für prähistorische Zeiträume kein Präzisionsinstrument, nur selten jedoch zeigt sie vollkommen falsche Zeiten an.

So ergab etwa die Messung der Aminosäureunterschiede bei Menschen und afrikanischen Menschenaffen eine Differenz von weniger als einem Prozent. Allan Wilson und Vincent Sarich, die mit diesen Ergebnissen in den Sechzigerjahren die Fachwelt überraschten, schätzen den Zeitpunkt der Trennung zwischen Menschen und Menschenaffen auf fünf bis sieben Millionen Jahre vor unserer Zeitrechnung – schließlich geht die Uhr nicht ganz genau, und eine Million Jahre sind im evolutionären Weltbild eine recht kurze Zeitspanne.

Die Spuren menschlicher Geschichte sind stark verwischt. Ein gefundener Schädel, so vermuten die Paläontologen, repräsentiert etwa 100 000 Individuen. Spekulationen über die Lebensweise unserer Vorfahren stützen sich auf einige wenige Indizien. Einzig eine Öffnung im Hinterkopf, die Verbindung zwischen Rückenmark und Gehirn, gibt Aufschluss über die Gangart der fossilen Arten. In der Affenlinie liegt dieses Foramen magnum sehr weit hinten, beim Menschen findet man die Hinterhauptsöffnung unter dem Gehirn. Das lässt auch bei den Funden in Äthiopien darauf schließen, dass sich das Rückgrat unter dem Kopf befand, Australopithecus ramidus sich also aufrecht bewegen konnte. Der Beleg ist alt: Raymond Dart hatte diese Beweiskette bereits 1924 entwickelt, als der erste Australopithecinen-Schädel in Südafrika entdeckt wurde. Nicht das große Gehirn, der aufrechte Gang ist also das erste Zeichen der Menschwerdung.

Der Darmstädter Paläontologe Friedemann Schrenk nimmt wie viele seiner Kollegen an, dass sich die erhabene Fortbewegung im Wald entwickelt hat. Nicht unsere im Vergleich zu Affen langen Beine ermöglichten den ersten Menschen, sich zu erheben. Im Gegenteil: »Die haben entsetzlich kurze Beine gehabt, und ihr Gang war wohl alles andere als elegant«, vermutet Schrenk. Die langen Arme der an Bäumen hangelnden Waldbewohner ermöglichten jedoch die ersten Schritte: Als Stütze sorgten sie dafür, dass dem urzeitlichen Hochmut nicht gleich der Sturz folgte.

Das Zurückweichen der Wälder ließ weite Steppenlandschaften entstehen, in denen sich der aufrechte Gang als probates Mittel der Fortbewegung erwies. Mit der zunehmenden Trockenheit aber veränderte sich auch die Nahrung. Die vegetarische Kost wurde härter. Die Vormenschen der Gattung Australopithecus entwickelten robustere Formen mit einem kräftigen Gebiss – eine Sackgasse der Evolution. Als erfolgreicher erwies sich eine Entwicklung, die den Urmenschen, den ersten Homo, kennzeichnet. Er lernt den Umgang mit Werkzeug und wird – viele Merkmale weisen darauf hin – zum Aasfresser.

So wie der Stammbaum der Vormenschen, der Australopithecinen, immer länger wird, vervollständigt sich das Bild, das die Wissenschaftler von den Urmenschen, der Gattung Homo, zeichnen können. Zwischen den ostafrikanischen Fundstellen und den fossilen Belegen der Menschheitsgeschichte im Süden klaffte lange Zeit eine große geografische Lücke. Einige Paläontologen vermuteten eine Wanderroute der Vormenschen entlang der Seen in Ostafrika. Ein Satellitenfoto brachte Friedemann Schrenk und seinen New Yorker Kollegen Timothy Brommage auf die Spur der prähistorischen Umzugsunternehmungen. Am Rande des Malawisees entdeckten sie ausgedehnte Sedimentzonen, damit stand der Ausgangsort für ihre Untersuchungen fest. 1983 riefen sie das »Hominid Corridor Research Project« ins Leben, um den Wanderkorridor unserer Urahnen zu ergründen.

1991 wird endlich der Kiefer eines frühen Hominiden geborgen. Er erhält die Bezeichnung UR 501 (nach der legendären Levi's-Jeans 501). Schrenk und seine Kollegen ordnen den Kiefer einer bereits 1986 beschriebenen, bisher jedoch wenig beachteten Art zu, dem Homo rudolfensis. Der robuste Knochen des Kiefers verweist auf eine Verwandtschaft mit Lucy, die Feinstruktur des Zahnschmelzes aber offenbart überraschend Ähnlichkeiten mit dem bis dahin ältesten Urmenschen Homo habilis. Der Unterkiefer stellt ein echtes paläontologisches Bindeglied dar.

Die Geschichte der Menschheit ist eng verknüpft mit den Lebensbedingungen, die in Afrika am Ende des Tertiärs herrschten. »Afrika ist als Kontinent eine Einheit. Daher sollte sich das Interesse nicht nur auf Einzelfunde oder Einzelfundstellen, sondern auch auf großräumige Entwicklungstendenzen richten«, hatte der südafrikanische Paläontologe Phillip Tobias bereits 1980 gefordert.

Hominidenforscher wie Friedemann Schrenk arbeiten an Szenarien, die Vorkommen und Verbreitung der Fossilien mit ökologischen Entwicklungen in Einklang bringen. Vor etwa 2,5 Millionen Jahren begann in Afrika eine heiße Trockenphase, die sich im Süden viel stärker auswirkte als im feuchteren Osten. Die Menschen versuchten, der Dürre zu entkommen. Der Vormensch Australopithecus africanus wanderte damals in Ost-

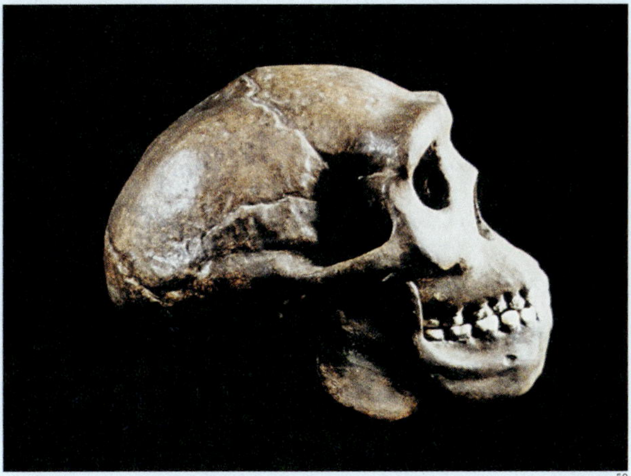
50

Ein Bindeglied zwischen den Affen und den Menschen hoffte man in Indonesien zu finden, als man 1890/91 auf fossile Reste des später so genannten Pithecanthropus stieß, die man heute dem Homo erectus zurechnet. Nach wie vor gibt es in der Paläontologie keine Gewissheit, sondern es gilt das jeweils Wahrscheinlichste.

afrika ein und entwickelte sich dort vor etwa zwei Millionen Jahren zum »geschickten Urmenschen« Homo habilis. Bisher hatte man geglaubt, Lucy sei der Vorfahre dieser grazilen Hominidengattung. Von Australopithecus afarensis aber, so vermutet Schrenk, leitet sich der robuste Homo rudolfensis ab. Als die nächste Generation unseres Stammbaums, der Homo erectus, die afrikanische Szene betritt, streift auch sein entfernter Verwandter Homo habilis noch durch die Savanne. So stammen unsere Vorfahren wohl nicht, wie bisher angenommen, vom Homo habilis, sondern vielmehr vom robusteren Homo rudolfensis ab.

Solche Gedankenspiele aber bleiben bruchstückhaft. Schrenk kennt die Grenzen seines Metiers: »Mehr als 99,9 Prozent der Menschheitsentwicklung sind nicht durch Fossilienfunde abgedeckt, statistisch steht uns zur Rekonstruktion von hundert Generationen nur ein Individuum zur Verfügung.« »Das Elend des Historizismus« hatte Karl Popper das Dilemma der Geschichtswissenschaften genannt: das Bemühen der Forscher, Fakten und Vorgänge zu rekonstruieren, ohne je dabei gewesen zu sein oder gar einen Zeugen zu kennen. »Auch die Paläontologie ist eine historische Wissenschaft«, erklärt Schrenk. »Wir kennen kein Wahr oder Falsch, sondern immer nur ein Wahrscheinlich oder Unwahrscheinlich.«

18. November 1994

Steinzeitjäger

Wunderwaffe der Steinzeit

Sportler testen den Speer des Homo erectus – und werfen damit erstaunlich präzise

Von Kai Michel

Die Schrebergärtner am Stadtrand von Schöningen pusten mit dem Haarföhn in den Kugelgrill und ziehen stattliche Fleischfetzen aus der Marinade. Wissen die Grillmeister wohl, was für ein Jagdgemetzel sich nur einen Speerwurf von ihrem Zaun entfernt dereinst ereignet hat? Dort, wo das gigantische Loch des Braunkohletagebaus klafft, lag vor rund 400 000 Jahren ein See. Was damals an seinem Ufer geschah, lässt sich nur erahnen: Im Gebüsch verbarg sich ein Trupp Vormenschen, Typ Homo erectus. Ob sie die Wildpferde in einen Hinterhalt getrieben oder tagelang auf der Lauer gelegen hatten, bis die Pferde zur Tränke kamen – man weiß es nicht. Man kann sich urmenschliches Gebrüll dazudenken, stellt

Im Tagebau bei Schöningen im Landkreis Helmstedt fand der Archäologe Hartmut Thieme Jagdwaffen aus der Frühgeschichte der Menschheit.

100562

Im Nachbau erwiesen sich die Speere von Schöningen modernen Wettkampfspeeren fast ebenbürtig. Die hölzernen Präzisionswaffen aus der Steinzeit revidieren das Bild von unseren Vorfahren als tumben Aasfressern.

man sich vor, wie sie aus der Deckung sprangen und sich über ihre Beute hermachten.

Über das Ende des Jagddramas allerdings ist kein Zweifel möglich: Knochen und Schädel von zwanzig Pferden fand der Archäologe Hartmut Thieme, dazwischen acht Speere aus Fichtenholz – die ältesten vollständig erhaltenen Jagdwaffen der Menschheit.

»In 400 000 Jahren Speerwerfen hat sich nicht viel geändert«, scherzt der Sportschau-Veteran Dieter Adler, der heute einen sehr speziellen Wettbewerb kommentiert. Im Schöninger Stadion, unweit der archäologischen Stätte, haben sich Schaulustige eingefunden, um Speerwerfern zuzusehen, wie sie mit dem Jagdwerkzeug früher Hominiden zurechtkommen. Am Absperrband hängen Schilder: »Spielfeld nicht betreten – Lebensgefahr«. Dahinter stellt Adler den Speerwerfer Raymond Hecht vor, der mit 92,60 Meter den deutschen Rekord hält. Zwar will der sich heute wegen einer gerade auskurierten Verletzung nicht richtig ins Zeug legen und verzichtet auf die Spikes. Doch als Oliver Willand, Seniorenmeister von 2001, mit dem nachgebauten Schöninger Speer mächtig ausholt, packt ihn der Ehrgeiz. »Der feuert ihn ganz schön raus«, kommentiert Dieter Adler Hechts prähistorischen Wurf: 64,91 Meter. Mit dem modernen Carbon-Speer schafft er es auch nur einen halben Meter weiter.

Einer, der bereits früher Nachbauten der Schöninger Speere durch die Gegend schmeißen ließ, ist Hermann Rieder, der emeritierte Direktor des Instituts für Sport und Sportwissenschaft der Universität Heidelberg. Rieder war in den 1950ern selbst Deutscher Meister im Speerwerfen und trainierte später den Olympiasieger von 1972, Klaus Wolfermann. Er erzählt von seinen Erfahrungen in Sachen experimenteller Archäologie: »Die mittlere Länge der gefundenen Speere entspricht dem heutigen Damen-Wettkampfspeer von 2,20 Meter, auch das Gewicht von rund 600 Gramm kommt hin.« An Gelatineblöcken hatte er die Eindringtiefe der Speere getestet: Das moderne Geschoss schaffte 29 Zentimeter, sein prähistorischer Ahn sechs weniger.

Die Originale liegen wohlbehütet im niedersächsischen Landesdenkmalamt in Hannover, der Arbeitsstelle von Hartmut Thieme, ihrem Entdecker. Genauer gesagt, schwimmen sie dort in lichtdichten Edelstahltanks, die mit destilliertem Wasser gefüllt sind. Die kleine Stadt Schöningen aber, zehn Kilometer von Helmstedt im ehemaligen Zonenrandgebiet gelegen, leidet unter Phantomschmerzen. Nur der Abdruck, den ein Speer im paläolithischen Schlamm hinterlassen hat, ist in der kleinen Ausstellung Archäologische Spurensuche am Rande des Tagebaus zu sehen. Auch wenn man daran erkennt, wie sorgsam der Speer gearbeitet ist, wie vorzüglich seine Spitze aus dem Holz getrieben wurde und wie das Holz sich unter dem Sedimentationsdruck leicht verbog, verirren sich am Tag gerade mal zehn, selten dreißig Besucher ins ehemalige Schöninger Gefängnis. Wer will schon etwas ansehen, was gar nicht da ist?

Hominiden im Sportdress

Stephan Lütgert möchte das ändern. Als Geschäftsführer des Fördervereins »Schöninger Speere. Erbe der Menschheit« entwickelte der promovierte Archäologe eine Vision, die der strukturschwachen Region neue Identität verleiht: Ein »Forschungs- und Erlebniscenter« soll den Touristen die Speere präsentieren und was tapfere Archäologen sonst den mehr als dinosauriergroßen Baggern vor der Schippe wegschnappten. »Wenn Sie berühmte archäologische Fundstätten wie Lascaux oder Neandertal besuchen«, sagt Lütgert, »dann wird Ihnen dort auch etwas geboten. Warum soll das in Schöningen anders sein?“ Es ist ein langer Weg bis dahin.

Einen Vorgeschmack mit Speerduplikaten gibt es heute. »Vom Steinzeitjäger zum Leistungssportler« heißt der von Lütgert auf die Beine gestellte Wettbewerb, in dessen Rahmen Hecht und Co. jetzt nicht mehr in die Weite schmeißen. Die Jagddistanz mit Speeren betrug ja nur 15 Meter: Jenseits davon, haben die Experimentalarchäologen ermittelt, fehlte es an Durchschlagkraft. Deshalb üben sich die Athleten nun im Zielwerfen auf einen röhrenden Hirsch. Strohballen geben dem tierischen Pappkameraden Halt. Werden die Hominiden im Sportdress ihn erlegen können, so wie damals ihre Vorfahren die frühen Equiden?

Alle treffen wie die Weltmeister! »Die Wurf- und Flugeigenschaften der Speere sind phänomenal«, sagt Rieder. »Wer solche Speere herstellen konnte, musste einen großen technischen Erfahrungsschatz besitzen.« Das bestätigt eindrucksvoll die Relevanz des Fundes. Schon Thieme hatte darauf hingewiesen, dass die Speere unsere Sicht auf den Homo erectus grundlegend verändern: Bisher belegte ihn die Wissenschaft mit Vorliebe mit dem Adjektiv ›tumb‹ und war überzeugt, erst der moderne Mensch sei zur Großwildjagd fähig gewesen. Als Aasfresser schnappte sich Homo erectus bloß ab und an ein Kleinstwild.

Die hölzernen Präzisionswaffen bringen den Archäologen und Archäotechniker Ulrich Stodiek noch auf einen anderen Gedanken. Das organische Material, mit dessen Hilfe Homo erectus seine Grilltafel zu decken pflegte, hat nur in den allerseltensten Fällen die Zeiten überdauert. Sind wir Ignoranten, wenn wir weiterhin von Steinzeit sprechen? Hätten sich alle Materialien gleich gut konserviert, sagt Stodiek, müsste es Holzzeit und nicht Steinzeit heißen.

In der Expertenrunde auf der Sportstätte brodelt wissenschaftliche Unruhe. Das Bild des modernen Menschen als erster Kulturträger steht auf dem Spiel:

Konnte Homo erectus etwa Waffenherstellung und koordinierte Wildpferdjagd ohne sprachliche Kommunikation bewältigen? Was machte der Trupp mit dem Fleisch von zwanzig Pferden – beherrschte er schon die Vorratshaltung? Trocknete er das Fleisch oder räucherte es gar? Thieme fand Feuerplätze und einen Holzstab, der als »Bratspieß« gedient haben könnte. Und: Warum ließ Homo erectus die aufwendig hergestellten Speere zwischen den Resten zurück? Ein Jagdritual? War er ein spirituelles Wesen?

Ein weitläufiger Forschungsbedarf. Doch dafür fehlt das Geld. Nicht einmal die Speere sind wissenschaftlich aufgearbeitet. Deshalb steht Thieme den Museumsplänen Lütgerts auch skeptisch gegenüber. »Für mich haben andere Dinge Priorität.« Es muss weiter gegraben werden. Unter höchstem Zeitdruck, der Bagger ist unerbittlich. Das organische Fundmaterial lagert bis dahin tiefgefroren in einem Lebensmittelkühlhaus.

Im Stadion von Schöningen geht es munter weiter. Jetzt dürfen auch die Besucher Speere schleudern. Die Kinder sind begeistert, durchlöchern erbarmungslos den Papp-Hirsch. Plötzlich geht ein Raunen durch die Menge. Ein Milan fliegt ganz niedrig über den Sportplatz. »Da oben ist das Wild«, schreit jemand. Die Menge johlt wie einst wohl ihre Urahnen drunten am See. Mächtig regt sich der Jagdinstinkt. Der Greifvogel nimmt's gelassen und segelt davon. *9. Juni 2004*

Erste Kunst

Das Geheimnis der Gravuren

Neue Funde stützen die These, schon vor 80 000 Jahren sei die menschliche Kultur aufgekeimt

Von Ulrich Bahnsen

Die Verwunderung der Wissenschaftler galt ihresgleichen: Wie konnte der Mensch so rasch zur herrschenden Spezies aufsteigen?, grübelten die Gelehrten jüngst auf einer Tagung in Stockholm. Warum glückte ihm der Sprung zum Kulturwesen? Erst vor 90 000 Jahren, das zeigen neue Genanalysen, trat ein Trupp afrikanischer Gründerväter seinen planetaren Siegeszug an. Nur um 10 000 Köpfe zählten die Ahnen der heutigen Weltbevölkerung. Doch steckten in den Steinzeitpilgern bereits der schöpferische Geist des Menschen, seine komplexe Sprachbegabung und sein Eroberungsdrang? Und wenn ja, wer waren die rätselhaften Pioniere?

Einige von ihnen saßen einst in den Klippen beim Strand, in einer Höhle, 35 Meter über dem Indischen Ozean. Am Herdfeuer knackten sie Muscheln und Schalentiere, daneben filetierten sie Frischfisch. Während seine Kumpane noch urzeitliches Seafood und Sashimi mampften, saß einer abseits. Sorgsam glättete er ein Stück Ocker, bis die Oberfläche plan war – und zeichnete.

Fast 80 000 Jahre nach dem Paläoschmaus stieß Christopher Henshilwoods Grabungsteam in der heute Blombos Cave genannten Höhle in der südafrikanischen Kap-Provinz auf das Zeichenbrett – und ahnte nicht, welchen Schatz man geborgen hatte. »Wir haben nichts bemerkt«, gesteht Henshilwood, »wir haben das Stück ins Labor getragen und fotografiert, aber zuerst die Unterseite. Doch als wir es umdrehten, sahen wir die Gravur. Ein unglaublicher Moment.« Sieben mit Ornamenten versehene, fingerlange Ockersteine barg die Crew des Museums von Kapstadt aus der vorzeitlichen Behausung. Schon zuvor waren sie in den Höhlensedimenten auf Essensreste gestoßen, berichten die Forscher – Muschelschalen, Fischgräten und Tierknochen.

Flugs revidierten die Wissenschaftler vom Kap auch die Bewertung ihres ersten Fundes in der Blombos-Höhle. Bereits 1992, bei Grabungsbeginn, hatten sie dort einen bearbeiteten Säugetierknochen entdeckt. Nun, nach erneuter Untersuchung, glauben die Forscher, auch in den Knochen seien mit Bedacht abstrakte Muster gefräst worden. Inzwischen haben sie weitere 28 Knochenwerkzeuge entdeckt, »einige davon besonders kunstvoll bearbeitet«, schwärmt Henshilwood. Ebenso wie die Ockersteine seien auch die Knochen vor über 70 000 Jahren von Vorzeitkünstlern bearbeitet worden.

Trifft Henshilwoods Interpretation zu, wäre ein jahrzehntelanger Fachdisput entschieden. Ohne handfeste Belege, aber mit umso mehr Inbrunst stritten die Gelehrten, wie viel Geistesmacht dem Menschen in seiner Geburtsstunde zu Gebote stand. Zwar besteht weithin Konsens, dass die ersten Menschen mit heutiger Anatomie bereits vor über 120 000 Jahren durch Afrika pirschten. Doch hauste schon bei ihrer Entstehung, lange vor dem Aufbruch zu anderen Kontinenten, ein symbolisch arbeitender Verstand in ihren Hirnen?

Malerei aus der jüngeren Altsteinzeit in der Höhle von Lascaux – warum beherrscht ein Geschöpf, das sich genetisch kaum vom Schimpansen unterscheidet, schlagartig Malerei, Kunsthandwerk und fortgeschrittene Waffentechnik?

100563

Keineswegs, beharrt eine Forscherfraktion, angeführt von dem Paläoanthropologen Richard Klein. Der letzte Anstoß zur Kulturrevolution, behauptet der Stanford-Professor, sei erst einer späteren biologischen Umwälzung zu verdanken, womöglich einer Genveränderung, die erst kurz vor der Eroberung Europas, vor rund 50 000 Jahren, das Hirn umkrempelte und das Kulturwesen Mensch hervorzauberte. Aus dem anatomisch modernen Menschen sei mithin erst viele zehntausend Jahre später das intelligente Wesen vom Schlage Einsteins entstanden.

Der bisherige Ermittlungsstand schien Klein Recht zu geben: Erst die Cro-Magnon-Menschen, die von Osten vor 40 000 Jahren bis nach Westeuropa vordrangen, die Neandertaler friedlich verdrängten oder ausrotteten, hinterließen greifbare Zeugnisse schöpferischen Denkens. Doch die Perfektion der 32 000 Jahre alten Tiergemälde in der Höhle von Chauvet bleibt ebenso rätselhaft wie die Kunstfertigkeit, mit der schon vor 28 000 Jahren die Venus von Willendorf gedrechselt oder vor 34 000 Jahren die Venus von Dolní Věstonice aus Lehm und Knochenmehl geformt wurde.

Warum beherrschte ein Geschöpf, das sich genetisch kaum vom Schimpansen unterscheidet, schlagartig Malerei, Kunsthandwerk und fortgeschrittene Waffentechnik? Scheinbar hatten die afrikanischen Auswanderer irgendwann im Verlaufe der Jahrtausende währenden Besiedlung Europas rasch jene geistigen Fähigkeiten entwickelt, die später zu Oper und Internet, Raumfahrt und Rap führen sollten. Urplötzlich habe eine Genmutation die Zivilisation wie ein Feuerwerk gezündet, raunen die Verfechter des Szenarios vom »Bigbang der Kultur«. In der Tat gab es bislang keine Anzeichen dafür, dass dem Höhenflug des modernen Menschen ein allmählicher Aufschwung des symbolischen Denkens vorangegangen wäre.

Fast keine. Für Kathlyn Stewart und John Yellen sind die Funde in der Blombos-Höhle eine lang ersehnte Genugtuung. Die Forscherin vom Canadian Museum of Nature in Ottawa und ihr US-Kollege hatten bereits 1995 bei Katanda, im westlichen Rift Valley von Zaire, eine Aufsehen erregende Entdeckung gemacht. Dort waren sie in alten Sedimenten auf Hinterlassenschaften früher Menschen gestoßen. Prunkstück war ein Arsenal knöcherner Projektile, viele mit Widerhaken, sagenhafte 80000 bis 90000 Jahre alt. Offensichtlich hatten die Steinzeitmenschen die geschärften Knochenspitzen an Schäften befestigt und zum Speeren von Fischen benutzt. Vor allem die ausgefeilte Jagdtechnik mit Widerhaken verblüffte die Fachwelt, solche Tricks galten als Errungenschaft weit späterer Generationen. Schon zu Anbeginn, spätestens vor 90000 Jahren, hätten sich die heutigen kognitiven Fähigkeiten der Menschen in Afrika entwickelt, lautete das Fazit der US-kanadischen Gräbertruppe – mithin sei Afrika auch die Wiege des kulturbegabten Menschen.

Doch die Fachwelt senkte den Daumen. »Es war ein einziger Fund«, sagt Yellen, »und die Interpretation verstieß gegen ein Dogma.« Nun, mit den Entdeckungen in der Blombos-Höhle, wankt die These vom späten Intelligenzschub in der Menschheitsgeschichte. Yellen sieht sich bestätigt: Henshilwood habe »dort einen wundervollen Job gemacht«, schwört er. Auch die Interpretation der Relikte findet, kein Wunder, Yellens Zustimmung. Immerhin steht auf der Sponsorenliste der Südafrikaner auch die amerikanische National Science Foundation (NSF). Und der Direktor des NSF-Archäologie-Programms heißt Yellen. »Die Muster wurden mit einer bestimmten Absicht hergestellt«, sagt er, »ein extrem wichtiger Fund.«

Noch akzeptieren die Verfechter eines Spätaufschwungs des menschlichen Verstandes den Grabungserfolg nicht als Beweis für ein modernes Bewusstsein bei den afrikanischen Ahnen. »Wenn die Zivilisation so früh kam, warum sind solche Entdeckungen so selten?“, stichelt Klein, der selbst in den Höhlen Südafrikas forscht. Auch der Anthropologe Steve Kuhn von der University of Arizona zweifelt an der Interpretation der Ritzzeichnungen: »Das könnte auch Gekritzel sein, ohne jede Bedeutung.«

Doch für Henshilwoods Deutung spricht einiges. Offenbar ging der unbekannte Graveur planmäßig zu Werke: Erst nachdem er die Ockerstücke sorgfältig geglättet hatte, begann er das ornamentale Muster zu ritzen. Mikroskopische Untersuchungen ergaben, dass er dabei präzisen Arbeitsschritten folgte. »Es war keine Krakelei aus reiner Langeweile«, versichert Henshil-

100562

Nicht nur gravierte Ockerstücke, auch durchbohrte Muscheln der Art Nassarius kraussianus, wurden in der Blombos-Höhle in Südafrika gefunden. Insgesamt 41 dieser Muscheln, die vermutlich einst zu einer Kette aufgereiht waren, förderte ein Forscherteam um Professor Christopher Henshilwood ans Licht. Die Schmuckstücke sollen etwa 75 000 Jahre alt sein.

wood, »das Muster besaß eine Bedeutung für den Graveur und seine Leute.« Zudem hatte die Sache System. Fünf weitere Ockerstücke, die noch in Henshilwoods Labor untersucht werden, zeigen ähnliche geometrische Muster. »In Südafrika waren schon vor 77 000 Jahren geistig moderne Menschen am Werk«, folgert Henshilwood. »Die Wiege der Zivilisation stand hier, und die Afrikaner dürfen stolz sein.«

Immerhin liefert sein Szenario auch eine plausible Erklärung für den Fortgang der Prähistorie. Denn inzwischen lässt sich anhand von Kleinstvarianten im Erbgut verschiedener Völker rekonstruieren, wann und auf welchen Routen der Mensch von Afrika aus den Globus besiedelte. Und die Seltenheit solcher Differenzen im Genpool gilt als Beleg für eine Besiedelung im Eiltempo. Tatsächlich scheinen die Nachkommen der Menschen von Blombos Cave kaum 20 000 Jahre später bereits Australien besiedelt zu haben. Und es ist schwer vorstellbar, dass den Steinzeitmenschen die Seepassage ohne moderne Geistesgaben geglückt ist.

Nun hoffen die Experten auf weitere Funde. Erst wenn mehr Relikte vom Kulturschaffen früher Menschen vorliegen, wird sich Henshilwoods These erhärten lassen. Zweifel indes dürften immer bleiben, gesteht Yellen. »Die Paläoanthropologie«, seufzt er, »ist eine Welt, in der gar nichts sicher ist.« *17. Januar 2002*

Frühe Künstler

Der Urknall in Schwaben

Neue Funde steinzeitlicher Schnitzereien zeigen: Die ersten Künstlerateliers der Menschheit waren Höhlen auf der Schwäbischen Alb

Von Urs Willmann

»Vor 20 000 Jahren war hier keine Menschenseele«, sagt Kurt Wehrberger, eingemummt in seine Winterjacke, und blickt in den Nebel. Die schwarz-feuchte Straße am Fuß der Anhöhe, die von Stetten ob Lontal nach Bissingen führt, ist noch zu erahnen, der Horizont nicht mehr. Keine Sicht auf die Lone, die als schmales Rinnsal nach Nordosten zur Donau fließt. Vor 20 000 Jahren fror hier ein eiszeitliches Kältemaximum alles zu: die zweite jungpleistozäne Vereisung. Süddeutschland war menschenleer, die Schwäbische Alb ein unwirtlicher Fleck. »Aber davor!«, sagt Wehrberger. Seine Augen gewinnen an Glanz. Er geht in seiner Erzählung nochmals 15 000 Jahre zurück in eine, zumindest zeitweise, wärmere und rätselhafte Vergangenheit. »Hier war keine Einöde«, sagt er. Eine westsibirische Tundra müsse man sich vorstellen, baumloses Grasland, Büsche und das Tal acht Meter tiefer. Von der Anhöhe, auf der Wehrberger steht, lugten Hominiden auf einen Wildwechsel. Erspähten sie Ren-

Vor 32 000 Jahren streunten noch Löwen durch das Lonetal – Skulptur einer Raubkatze aus Mammutelfenbein, gefunden in der Vogelherd-Höhle.

50

Aus den ersten Kunstateliers der Menschheit stammt auch dieses Löwenköpfchen aus Mammutelfenbein mit hervorragend modellierter Gesichtspartie, das in der Vogelherd-Höhle gefunden wurde (Stuttgart, Württembergisches Landesmuseum).

2730

tiere, Wildpferde oder Hirsche, riefen sie die Kameraden, packten Holzspeere mit Spitzen aus Feuerstein, Knochen oder Geweih und bliesen zum Halali. Streunte hingegen ein hungriger Löwe durchs Tal, gaben sie Fersengeld.

Bevor Kurt Wehrberger, stellvertretender Direktor des Ulmer Museums, weiter von Menschen erzählt, die einst in den Grotten nahe dem heutigen Ulm und Blaubeuren gute Lebensbedingungen, Zeit zur Muße und plötzlich sogar den Weg in die kulturelle Moderne gefunden hatten, dreht er sich um. Er geht noch ein paar Meter hügelan und verschwindet in der Vogelherd-Höhle.

In der Halbfinsternis künden Holzkohlereste von Grillpartys des heißen Sommers 2003. Genau hier, in dieser kleinen Karsthöhle, saßen im Winter und Frühling vor 35 000 Jahren gelegentlich Jäger um eine Feuerstelle und wärmten sich an glimmenden, markreichen Tierknochen, mit denen sie mangels Holz zu heizen pflegten. Wehrberger sagt, es seien keine grobschlächtigen Gesellen gewesen, die hier in Gruppen von höchstens 25 Personen die Höhle als Unterschlupf vor dem unsteten, rauen Klima nutzten. Von Feuersteinknollen schlugen sie scharfe Klingen ab. Damit schufen die begabten Handwerker neben Waffen und Schmuck auch Kunst. Sie schabten, schnitzten und schliffen aus Stoßzähnen erlegter Mammuts winzige Tierfiguren: ein Wildpferd mit überlangem, rund gebogenem Hals, die Miniatur eines wuchtigen Wollnashorns, ein Mammut, einen Bison, das Haupt eines strammen Löwen, einen Schneeleoparden.

Natürlich werden sich Anthropologen, Archäologen und Kunsthistoriker ewig darüber streiten, wo, warum und wann der anatomisch moderne Mensch zum Künstler geworden ist. Ging der ersten schöpferischen Phase ein Entwicklungsprozess von Zehntausenden Jahren voraus? Schuf der Mensch erst simple, dann nach und nach komplexere Werke? Oder ging in jener Zeit, den die Frühkunstgeschichte nach einer Fundstelle in Frankreich Aurignacien nennt, alles Schlag auf Schlag?

Die bisherigen Funde belegen, dass den Menschen vor über 40 000 Jahren nicht mehr gelungen ist, als sich mit abstrakten Kratzern in Knochen, Zähnen oder Gestein zu verewigen. Vor knapp 80 000 Jahren etwa dämmerte im Kopf eines frühen Südafrikaners der Sinn für Ästhetik, als er in der Blombos-Höhle über dem Indischen Ozean geometrische Ornamente in Ockerstücke gravierte. Er schuf die vielleicht ältesten Belege symbolischen Denkens, aber gewiss noch keine Kunst.

Vor über 30 000 Jahren jedoch schnitzten Menschen aus den Stoßzähnen eines haarigen Rüsseltiers plötzlich Kleinode: Millimetergenau formten sie Raubtierkiefer, Nüstern, Öhrchen und Federkleid, werkelten stundenlang an Augen, Bäuchen, Pfoten, Füßen. Das Fachblatt Nature publizierte die drei jüngsten Funde aus der Zeit dieses künstlerischen Urknalls. Parallel dazu präsentierte in Blaubeuren der Archäologe Nicolas J. Conard die aktuellen Grabungsfunde aus der Höhle namens Hohle Fels bei Schelklingen im Achtal der Öffentlichkeit – einen Pferdekopf, einen Wasservogel und ein Figürchen: halb Löwe, halb Mensch.

Insgesamt belegen nun 18 Kunstwerke aus Elfenbein, allesamt vor 30 000 bis 36 000 Jahren entstanden, wo der jagende Mensch vor 1 300 Generationen zum leistungsfähigen Kreativen aufgestiegen ist: auf der Schwäbischen Alb. Nur wenige Kilometer liegen die vier Fundorte Vogelherd, Hohlenstein-Stadel, Geißenklösterle und Hohle Fels auseinander. Hier hatte die Menschheit im Aurignacien ihre ersten Kunstateliers. Riesige Mengen von Spänen als zwangsläufiger Abfall vom Schöpfungsprozess belegen, dass es sich bei den Kleinoden keineswegs um Mitbringsel handelte, sondern um Qualitätsware made in Germany.

»Ohne Zweifel handelt es sich um die älteste Ansammlung figürlicher Kunst auf der Welt«, kommentiert der Archäologe Anthony Sinclair von der Universität Liverpool in Nature die kleinen Statuetten von der Alb. Als große Überraschung wertet er die Qualität der prähistorischen Miniaturen. Die Theorie einer »schrittweisen Entwicklung der Kunstfertigkeit« sei damit über Bord. Stattdessen belege die Urkunst aus Schwaben, dass »die ersten modernen Menschen in Europa erstaunlich frühreife Künstler waren«.
Von den drei neuesten Funden aus Hohle Fels hat das aufrechte Löwenmännchen es Wehrberger besonders angetan. Das 25,5 Millimeter kleine Fragment besteht aus Kopf, Torso, einem Arm, Schulter und gleicht verblüffend dem Löwenmenschen, einer 28 Zentimeter großen Figur, die, ausgeleuchtet und mit Panzerglas gesichert, als Attraktion der archäologischen Sammlung Touristen in das Ulmer Museum lockt. Dessen Fundort war die Höhle Hohlenstein-Stadel. »Gehen wir«, sagt Wehrberger.

Beim Verlassen der Vogelherd-Höhle wirft er schnell einen Blick auf die Spuren eines anderen früheren Bewohners der Stätte. Die Kratzer am Eingang sind »Bärenschliff«. Jahrtausendelang fanden sich Höhlenbären zum Winterschlaf ein und hinterließen mit ihrem zottigen Pelz Scheuerspuren im Fels. Während der kurzen Autofahrt zum Hohlenstein-Massiv erzählt Wehrberger, dass am Anfang allen urgeschichtlichen Forschens in Süddeutschland die Jagd nach den Überresten der ausgestorbenen Petze stand. Ein Fuchs hatte 1861 aus einem Felsloch im Hohlenstein-Massiv Knochen und Zähne gescharrt. Daraufhin machte sich der Geologe Oscar Fraas ans Graben und förderte 80 Schädel zutage – ohne zu merken, was für eine Sensation er auf der Schaufel hatte. Fünf Jahre später holte er Versäumtes nach, wühlte sich erneut tagelang durch den Dreck und musste anschließend bekennen: »Ein Beweis, wie sehr man mit Blindheit geschlagen sein kann.« Im Schädelrausch hatte Fraas alle Spuren menschlicher Präsenz wie künstlich durchbohrte Zähne, Pfrieme, Nadeln aus Bein und Feuersteinklingen glatt übersehen.

Nur wenige Schritte sind es von der Bärenhöhle zum Eingang von Hohlenstein-Stadel. »Heut ist's aber gespenstisch hier«, brummt Wehrberger. Der Nebel will einfach nicht weichen, die Äste der einst von Sturm gefällten Bäume fingern geisterhaft in die Höhe. Auch von dieser Stelle, am Ende des Lonetals, hatten damals die Eiszeitler eine erstklassige Sicht auf äsendes Getier, erklärt er. Lange bevor der anatomisch moderne Mensch aufkreuzte, hatte sich schon ein anderer Urzeitler für diese Jagdloge interessiert. »Hier lag der Oberschenkelknochen eines Neandertalers«, sagt Wehrberger. Und unweit davon barg der Anatom Robert Wetzel 1937 die Überreste des anatomisch modernen Menschen, die gemeinsam bestatteten Schädel eines Mannes, einer Frau, eines Kindes.

Waren sich die zwei Hominidenarten hier gar begegnet? Kaum, lautet die Antwort des Tübinger Archäologen Nicolas Conard. Bislang fand sich in Süddeutschland keine archäologische Schicht, in der sowohl Neandertaler als auch Homo sapiens sapiens ihre Spuren hinterlassen hätten. Gemäß Conards Hypothese vom Donaukorridor sind die modernen Menschen von Osten her eingewandert. Einige der künstlerisch versierten Jäger sind später nach Südfrankreich weitergezogen, wo sie in Höhlen wie derjenigen von Chauvet ihr Werk fortsetzten.

In Schwaben betraten die Ankömmlinge leeres Land. Der Neandertaler hatte sich aus dem Staub gemacht. Zumindest hier erhält die These vom Verdrängungskampf, der dem Menschen einen Kreativitätsschub verpasst habe, keine neue Nahrung. Im Gegenteil. »Es war wohl eine friedliche Zeit«, meint Wehrberger. »Wir haben keine Belege für Auseinandersetzungen zwischen Menschen. Keine.« Vielmehr hätten die Urzeitler Muße gehabt. Und sie fanden Zeit für ein bisschen Kunst.

Der Ulmer Museumsdirektor geht in den hintersten Bereich der Stadel-Höhle, wo ein massives Gitter potenziell buddelwütige Besucher vom Zerstören archäologischer Horizonte abhält. Wehrberger zeigt durch die Stäbe hindurch auf die Stelle, wo am 25. August 1939, dem letzten Grabungstag vor dem Zweiten Weltkrieg, der örtliche Grabungsleiter Otto Völzing den Löwenmenschen barg. Auch er ahnte nicht, dass er auf das heute berühmteste Zeugnis prähistorischer Schnitzkunst gestoßen war. Denn erst drei Jahrzehnte später, 1969, stieß der Tübinger Archäologe Joachim Hahn bei der Inventur auf die in Zigarrenschachteln gehorteten Fundstücke. Er sortierte sie und klebte mit Uhu aus 200 Elfenbeinsplittern das bizarre Mischwesen zu einem Ganzen. Der Schöpfer der Kreatur hatte zwei auf die Zehen gestellte Menschenfüße geschnitzt, mit Knöcheln, darüber die Waden. Das geschlechtslose Wesen verwandelt sich über den Kniekehlen in ein Tier, sieht man von Bauchnabel und Schlüsselbein ab. Die Oberschenkel gehen direkt in den Rücken über. Die »Arme« am lang gestreckten Körper sind unverkennbar Vorderbeine einer Raubkatze. Darüber thront ein massiges Löwenhaupt. Für Wehrberger ist es »viel mehr Tier als Mensch«.

Solch »anthropozoomorphe Figuren« sind für den südafrikanischen Archäologen David Lewis-Williams Wesen aus dem Umfeld des Schamanismus. Nach seiner Auffassung stellt das Ulmer Exponat eine Art Zauberer dar, der sich – durch ekstatische Tänze, Musik oder Drogen – in veränderte Bewusstseinszustände versetzt. Ziel der Übung: Kranke heilen, Zukunft voraussagen, Tiergeistern begegnen, Wetter beeinflussen oder reale tierische Bestien durch übernatürliche Kräfte neutralisieren. Es fällt schwer, sich bei Tag in der winterlich kalten Stadel-Höhle einen durchgeknallten Zauberer vorzustellen, der als Löwe verkleidet die schummrige Stätte zum Kultplatz macht. Wehrberger zeichnet lieber ein gemütlicheres Bild. Die Sippe saß abends am flackernden Feuer. Da schlug die Stunde des Geschichtenerzählers: »Der reichte den Löwenmenschen herum wie eine Puppe, mit der er die Handlung seiner Sage illustrierte.«

Der Nebel hat sich noch immer nicht gelichtet. Steil geht der Pfad bergan. Maria Malina, Mitarbeiterin von Conard, warnt vor dem rutschig nassen Wurzelwerk. Sie geht zackig voraus und betritt den halbrunden Felsenkessel aus Jurakalk, der die Höhle Geißenklösterle im Achtal monumental umrahmt. Auch diese Stätte wurde vornehmlich im Winter aufgesucht. Malina erklärt, woraus man das lesen kann: »Zwischen den Knochen-

100563

Der berühmte, etwa 28 cm hohe »Löwenmensch« aus dem Hohlenstein-Stadel ist als Museumsattraktion inzwischen mit Panzerglas gesichert und lockt jährlich zahlreiche archäologisch interessierte Besucher an (35 000–30 000 v. Chr.; Ulmer Museum).

resten lagen Gebeine von Pferdeföten.« Sie schließt das Gitter auf. Für Aufsehen sorgte der Ort 1995. Seither darf sich das Schwabenland als Epizentrum der schönen Künste betrachten. Denn nicht nur mit vier Frühestwerken der Bildhauerei wartet Geißenklösterle auf. Hier stießen Tübinger Forscher auf gekerbte und gelochte Knochen eines Singschwans. Diesen zwei bislang ältesten Musikinstrumenten der Welt entlockten Älbler vor 35000 Jahren paläolithische Flötentöne. »Der helle Ton ist sofort als Musik zu erkennen. Das war nicht bloß Gepfeife«, sagt Conard.

Malina steuert das Dienstfahrzeug der Tübinger Urgeschichtler durchs Achtal, zum Schauplatz der jüngsten Schlagzeilen: Hohle Fels. Sie macht Licht. Wo Conard und seine Gehilfen im vergangenen Sommer gegraben haben, leuchten hell die Scheinwerfer. »Dort lag der Wasservogel, hier das Pferd und da der kleine Löwenmensch«, sagt Malina, ein wenig stolz, beim Fund der ersten Statuetten in dieser noch wenig erforschten Höhle dabei gewesen zu sein.

Audienz auf dem Schloss, oberhalb Tübingens. Der Professor geht vor. Er stellt eine Stahlkassette auf den Tisch des Fürstenzimmers, schließt sie auf. Seine Finger graben drei Kleinstobjekte aus. Sie sind so leicht, dass man sie kaum spürt auf der Hand. »Man kann nicht behaupten, das sei primitive Kunst. Die hatten das voll im Griff«, sagt Conard und erzählt vom Tag, an dem eine Studentin den 25,5 Millimeter kleinen Löwenmenschen von Hohle Fels nach 33000 Jahren zurück ans Licht

Bei Ausgrabungen im Geißenklösterle, einer Höhle bei Blaubeuren auf der Schwäbischen Alb, wurde diese rund 35 000 Jahre alte Schwanenflügelknochen-Flöte aus der Eiszeit gefunden. Wie die Statuetten aus dem Lonetal war auch sie vermutlich kein Unikat.

100562

brachte: »Da hat mein Herz ein bisschen schneller geschlagen.«

Rasch fiel Conard die Ähnlichkeit auf. Der Löwenmensch von Hohlenstein-Stadel konnte fortan nicht mehr als Einzelobjekt interpretiert werden. Der kleine und vermutlich ältere Bruder von Hohle Fels ist vielmehr Anzeichen dafür, dass die Eiszeitler der Gegend über Jahrtausende eine Religion oder Tradition gepflegt haben, in deren Mittelpunkt dieses tierisch menschliche Geschöpf stand.

»Die Figur muss über lange Zeit Teil der Mythologie dieser Menschen gewesen sein«, sagt Wehrberger vom Ulmer Museum. Er geht davon aus, dass alle Objekte, Mammut, Pferd oder Löwenmensch, nicht nur einmal, sondern viel eher Hunderte, wenn nicht gar Tausende Male angefertigt wurden. Bloß nicht immer als stabile Objekte aus Elfenbein: Die Hölzernen verfaulten, die Tönernen zerbröselten.

Vom spektakulären Löwenmenschen glauben die Forscher gar ein mögliches drittes Exemplar ausgemacht zu haben: den so genannten Adoranten aus Geißenklösterle. Dieses bereits 1979 ausgegrabene Relief mit einer aufrecht stehenden, die Arme hochhaltenden, stark verwitterten Figur hat einen auffallend raubkatzenartigen Körper. »Dann wären es sogar drei, von drei verschiedenen Fundplätzen«, frohlockt Wehrberger.

Bloß, was steckt hinter dem Löwenmythos, welcher Kult? Conard, ein Freund der Theorien von Lewis Williams, vermutet einen Zusammenhang mit »Schamanismus«. Zu Überlegungen in diese Richtung inspiriert ihn auch der Wasservogel. Der US-Amerikaner glaubt, dass die Deutschen beim Formulieren von Hypothesen manchmal etwas gar zurückhaltend sind. Er jedoch hatte den Mut, in dieser Figur bereits einen Vogel zu sehen, als der Kopf noch fehlte. »Die These lehnten viele ab«, sagt er. Dann aber stießen seine Mitarbeiter auf das Stück mit langem Hals und Schnabel. Jetzt dreht sich die Ungewissheit beim Identifizieren bloß noch um die Frage, ob Gans, Taucher oder Kormoran.

Damit ist die Figur aber ein Gegenbeispiel zu einer lange gültigen Theorie: Joachim Hahns These von »Kraft und Aggression«, wonach die Aurignacien-Menschen Schwabens vor allem die kräftigen, schnellen und gefährlichen Tiere dargestellt hätten. »Der Wasservogel passt da weniger rein«, sagt Conard. Vielmehr seien die neuen Funde im Einklang mit dem schamanistischen Erklärungsansatz. Der Schamane pendelt zwischen Bewusstseinszuständen. Zwischen Dies- und Jenseits. Zwischen Mensch- und Tiersein. Fliegende Vögel tauchen im Schamanismus häufig als Hilfszauberer auf, stets in der Lage, in ein anderes Element (Wasser) einzutauchen. »Also könnte es sich doch«, orakelt Conard und dreht die Figur, sodass sie vornüber kippt und fast in den Sturzflug übergeht, »bei diesem gefiederten Tier um einen ins Wasser eintauchenden Vogel handeln.«

Der Link zum ins Jenseits eintauchenden Schamanen klingt kühn, aber plausibel. Der Archäologe Andreas Pastoors vom Neanderthal Museum in Mettmann allerdings warnt davor, sich beim Interpretieren von Details festzulegen. Von der Realität abweichende Darstellungen waren an der Tagesordnung: »Beim Pferdchen aus dem Vogelherd handelt es sich auch nicht um eine realistische Darstellung.« Genauso wenig können wir davon ausgehen, dass der Künstler einen realistisch eintauchenden Vogel schnitzen wollte. So verschonen uns auch die ältesten Objekte nicht vor der allgegenwärtigen Frage: Was hat uns der Künstler wohl sagen wollen?

22. Dezember 2003

Höhlenkunst

Im Wohnzimmer der Feuersteins

Vor 13 700 Jahren hinterließen Menschen in einer französischen Höhle Kunst, Werkzeuge und Fingerabdrücke. Nun rekonstruiert ein deutscher Forscher das Leben der Steinzeit

Von Urs Willmann

Wer bei fremden Leuten zu Besuch ist, weiß, wie er sich zu benehmen hat. Er macht keinen Schmutz und fingert nicht an allem rum. Er betritt nur Räume, die er betreten darf. Und doch stellt der Hausherr Robert Bégouën vor dem Aufbruch klar: Nichts anfassen! Nicht gegen Wände und Decken stoßen! Anweisungen ist unbedingt Folge zu leisten! Ich nicke und ziehe den Gürtel fest, an dem der kiloschwere Akku für die Höhlenlampe hängt. Andreas Pastoors, Archäologe vom Neanderthal Museum in Mettmann, nickt ebenfalls. Er kennt die strengen Regeln, die in den Volp-Höhlen gelten. Er ist regelmäßiger Gast im Heim jener Jäger, die sich vor sehr, sehr langer Zeit auf Robert Bégouëns heutigem Grund und Boden niedergelassen haben. Es war Steinzeit.

Nun paddeln wir in einem wackeligen Boot in Unterwelt und Vergangenheit. Den Volp flussaufwärts. Die Höhle verschluckt alles Tageslicht, die Stirnfunzeln werfen drei schwache Kegel auf das gespenstische Gewölbe über unseren Köpfen. Nach 50 Metern legen wir an. Unter den Stiefeln knirscht der Kies. Ein kurzer Fußmarsch, dann die rostbewachsene Leiter hoch bis zu einem Eisengitter. Robert Bégouën kramt nach den Schlüsseln der prähistorischen Gemächer. Es knackt im Schloss. Hereinspaziert, willkommen vor 13 700 Jahren!

Der Raum öffnet sich zum Entrée, dann zu einer riesigen Halle. Tausende weiße Stalaktiten stängeln von der Decke. »Wir sind im Hochzeitssaal«, sagt Robert Bégouën. Kalkablagerungen zauberten in Jahrzehntausenden die bizarre Kulisse in diese Kaverne. Was mögen

100205

Im Tuc d'Audoubert am Rand der Pyrenäen untersucht das Neanderthal Museum zusammen mit französischen Höhlenkunstexperten, wie der Alltag der Menschen in der Altsteinzeit aussah. Abgebildet ist das Gebäude des Neanderthal Museums in Mettmann.

die Steinzeitler, brennende Fettklumpen auf Sandsteintäfelchen schwenkend, angesichts dieser Pracht empfunden haben? Wie nutzten sie diesen Raum? Und wo überhaupt richteten sie es sich in dem riesigen Labyrinth vom Tuc d'Audoubert gemütlich ein?

Solche Fragen stellte sich lange niemand. Lascaux, Altamira, Chauvet – Höhlen mit herrlicher Eiszeitkunst wurden im 20. Jahrhundert entdeckt. Aber während die Archäologen und Besucher dort die gelungenen Arbeitsproben prähistorischer Schöngeister bewunderten, zertrampelten sie die Spuren unter ihren Füßen. Oder es wurde Bodenmaterial kubikmeterweise aus den Höhlen gekarrt, gesiebt, durchwühlt. Da fanden sich zwar Kleinode wie Knochensplitter und Feuersteinklingen. Der Kontext der Funde jedoch ging verloren.

Nicht so im Tuc d'Audoubert. Die Grotte liegt, wie die beiden anderen Volp-Höhlen Enlène und Les Trois Frères, auf dem Gebiet der südfranzösischen Kommune Montesquieu-Avantès, am Rand der Pyrenäen. Im Jahr

2000 startete das Neanderthal Museum mithilfe der Deutschen Forschungsgemeinschaft ein einzigartiges Projekt. Zusammen mit den französischen Höhlenkunstexperten Jean Clottes, Carole Fritz und Gilles Tosello untersucht Pastoors systematisch alle Spuren, die verraten, wie die Menschen damals hier wohnten. »Der Knochen am Boden hat für mich die gleiche Bedeutung wie das Pferd an der Wand«, sagt er. So ist ihm eine minutiöse Rekonstruktion des steinzeitlichen Höhlenalltags gelungen.

Der 64-jährige Robert Bégouën ist Besitzer, Erforscher und Hausmeister der Höhlen in einer Person. Das Land, unter dem wir uns bewegen, ist Familienbesitz. Sein Vater Louis und seine Onkel Max und Jacques Bégouën entdeckten 1912 die Tuc-Höhle. In den Jahrzehnten danach hat die Sippe jeden Hektar über den unterirdischen Stätten zusammengekauft. Die Volp-Höhlen wurden zur Bégouën'schen Familienangelegenheit und ihr Schutz Ehrensache. Aus idealistischen Gründen entstand eine Stiftung, die Association Louis Bégouën; sie hat sogar die Registrierung als »monument historique« abgelehnt, um jegliche touristische Nutzung zu verhindern. Stattdessen erwirkten die Bégouëns, dass die ganze Gegend demnächst in den Rang eines Naturschutzgebiets erhoben wird.

Das garantiert maximalen Schutz. Der konsequente Kurs der Familie, fast niemanden in die Höhle zu lassen, erweist sich als Glücksfall für die Wissenschaft. Während die meisten anderen Höhlen massiv in Mitleidenschaft gezogen wurden, liegen hier die Utensilien des paläolithischen Alltags noch genau so herum wie zu Familie Feuersteins Tagen.

In der Schlachterei ruht die Arbeit. Hier wurde gehäutet und ausgebeint. Am zentralen Werkplatz demonstriert Pastoors sein Konzept von der ganzheitlichen Raumbetrachtung, indem er mich zu einer Nische in der Wand zieht. Da klemmt noch der Feuerstein-Kratzer, mit dem der paläolithische Fleischer die Fetzen von den Knochen schabte. Genauso ordentlich verstaut ist die scharfe Klinge in der Ablage daneben. »Die Werkzeuge sind so platziert, dass man sie im Dunkeln wieder findet«, sagt Pastoors. Alles ist an seinem Platz. Dort soll es auch bleiben. »Was nützt ein zusätzliches Fundstück in einer Museumssammlung?“, fragt der Mettmanner Wissenschaftler. »Hier am Originalschauplatz sollen Forscher auch in 100 Jahren noch betrachten können, was für ein ordentlicher Hominide hier einst wirkte und wie er den Raum nutzte.«

Die Garderobe ist leer. Die Jäger haben ihre Anzüge mitgenommen

Aus dem unteren Teil der Fleischerhalle dringt Rauschen herauf. Der Blick geht über eine Rampe hinab zum unterirdischen Bett des Volp: der Lieferanteneingang. »Sie schleppten die Beute den Fluss entlang in den Berg. Und dann zerrten sie sie hier herauf«, sagt Bégouën. Es gibt in der ganzen Höhle keinen Platz, der sich besser zum Schlachten eignet.

Wo die Beute anschließend zu Steaks und Hackfleisch verarbeitet wurde, verraten Abfälle im Boden. Pastoors hat (wie nur an ganz wenigen Stellen) ein quadratmetergroßes Loch geöffnet. Unter dem Lehm, den der Volp bei Hochwasser anschwemmte, stieß er auf Klingen und Knochenteile, deren Schnittspuren verraten, wie die damaligen Bewohner an den Beutestücken herumsäbelten. Sie brachen Rippen heraus und trennten mit sauberem Schnitt Wade und Schienbein. Nach der Entfleischung zertrümmerten sie die Knochen, um das Mark herauszupulen. Die Gebeinetrümmer verheizten sie aus Mangel an Holz.

Bei der Hausführung ist nun die Wohnküche dran. Niemand da? Die Jäger haben ihre Anzüge mitgenommen, die Garderobe ist leer. Vier auf den ersten Blick unscheinbare Knochensplitter in der Wand als Aufhängevorrichtung für die Steinzeit-Couture zu interpretieren, ist keineswegs verwegen. Pastoors hat das Arrangement genau vermessen. Die Splitter sind nebeneinander in Höhen zwischen 1,63 und 1,85 Meter über dem Boden in schräge Felsspalten gehämmert und dann so abgebrochen worden, dass die Stummel wenige Zentimeter abstehen.

Die Kleiderhaken taten hier gute Dienste. Wenn Mama Feuerstein in der Mitte des Raums ihre Liebsten bekochte, wurde es schön warm. War der Braten verspachtelt, blieb man in der frostigen Eiszeit gern ein wenig um den heißen Herd herum sitzen - und machte sich nützlich. Nähnadeln aus Knochen wurden zurechtgeschliffen. Während die einen ein Rentier-Wams schneiderten, flickten andere ihre Hightech-Waffen. Sie bestückten ihre Holzpfeile mit kleinen Rückenmessern, die nach dem Eindringen in den Beutekörper einen fiesen Dumdum-Effekt erzeugten.

Vor der Besichtigung des Obergeschosses macht der Hausmeister einen Abstecher ins Atelier. Mit sicherem Schritt führt er uns über einen schmalen, beidseits von Schnüren begrenzten Pfad. Wir zwängen uns in einen schrägen schachtartigen Wurmfortsatz am Westende des Wohnbereichs, setzen uns auf den Höhlenboden - und tun es damit dem Zeichner von damals gleich. Denn anders war es ihm nicht möglich, seinen Verschlag mit Löwe, Pferd und Wisent zu beleben. Wie wir heute, so musste auch er sich mit dem Rücken gegen die Wand lehnen, um die steinerne Arbeitsfläche vor und über seinem Gesicht mit filigranen Tiersujets zu bekratzen. Das zeit-

Weltbekannt ist die Höhlenkunst der Altsteinzeit durch Malereien wie diese Darstellung eines Wisents aus der Höhle von Altamira (21 000 bis 13 000 v. Chr.). Die Popularität kostete jedoch einen hohen Preis.

100264

genössische Auge braucht Zeit, bis es den millimetertiefen Kerben folgen kann und sich die Linien zu einem Rentierkopf mit Geweih verdichten.

Deutlich jüngeren Datums sind feine Kratzer auf der Gravur. Der französische Forscher Henry Breuil hat in den Dreißigerjahren die Kunstwerke kopiert: Er legte Papier auf den Fels und schrammte mit dem Bleistift darüber. Die Lehren aus solchen Schäden hat man gezogen. Robert Bégouëns Hausordnung verbietet das Betatschen der Wände oder das Kratzen an Höhlenbärenschädeln. Vier Generationen seiner Familie achteten darauf, dass die wenigen Besucher artig jenem schmalen Pfad folgen, den schon die drei Jünglinge im Oktober 1912 wählten und den seither kein Besucher verlassen durfte.

Vor dem Aufgang in die obere Galerie passieren wir die Bärenskulptur. Ein Meister der Minimalart hat die Konturen eines hervorstehenden Felsenstücks brillant interpretiert und auf beiden Seiten je einen roten Klecks

Was seit Entdeckung der altsteinzeitlichen Höhlen die Phantasie bewegte, kann dank der Erhaltung des Fundzusammenhangs in den Volp-Höhlen wissenschaftlich erforscht werden (Wiktor Michajlowitsch Wasnezow, »Die Steinzeit – Ein Festgelage«, 1883; Moskau, Tretjakow-Galerie).

4601

hingetupft. Im Farbtopf hatte er Hämatit von einer Eisenerzausfällung. Pünktchen, Pünktchen – fertig war das Bärengesicht.

Eine Leiter erleichtert den Aufstieg durch einen zehn Meter langen Kamin ins Obergeschoss. Bégouën hat von Kinderfußabdrücken erzählt, die er mir zeigen wolle. Sind die Knirpse hier entlang, fast senkrecht hochgekraxelt? »Es gibt nur diesen einen Aufgang«, sagt er. Oben, am Eingang zur Galerie supérieure, empfängt uns eine elegante Hirschkuh. Den Kopf hält sie gesenkt. Mit wenigen gekratzten Linien hat der Künstler ihr präzises Porträt hingeworfen.

Plötzlich verändern sich die Motive. Wir gelangen in die Passage des monstres. Hier (und nirgendwo sonst) haben die Zeichner die animalischen Figuren ausdrucksstark zu fratzenhaft buckligen Monstern verzerrt. Hat Homo sapiens schon vor Jahrtausenden seine Ängste mit einer Maltherapie bewältigt? Tatsächlich beginnt in der Passage das gruseligste Stück des Streifzugs durch die Höhlengefilde; der Tuc d'Audoubert verengt sich zu einem angsteinflößenden dünnen Schlauch. Teils auf allen Vieren, teils auf dem Rücken robbend, zwänge ich mich mit eingezogenen Schultern durch eine lichtlose, 30 Meter lange und an manchen Stellen bloß kürbisdicke Röhre. Schlimme Gedanken queren meinen Kopf: der Berg über mir, dieses Nadelöhr als einziger Fluchtweg, die Knochenreste eines Reporters. Klaustrophobiker sollten sich hier nicht einmieten.

Doch die Mühsal lohnt: Verschwitzt und lehmverschmiert betreten wir einen Bereich, der weltweit einmalig ist. »Das Spielzimmer«, sagt Pastoors und leuchtet einen riesigen Knochen weit hinten im Raum an. »Es sieht aus, als hätten hier die Kinder gespielt und den Oberschenkelknochen eines Höhlenbären nur mal eben an die Wand gestellt«, sagt der Forscher. Gebein zum kreativen Zeitvertreib fanden die Kleinen genug. Schließlich hatten schon die Petze die Hallen als Schlafzimmer genutzt; aber das war Jahrtausende zuvor.

Von den Bengeln könnten auch die Gravuren stammen; mit einer Art Dreizack hat jemand mäandernde Parallelen in den Fels gezogen. Da: der Fersenabdruck eines halbwüchsigen Kindes. Hier ist es gehüpft, links, rechts, links. Und dort: Wer hat das Skelett der Schlange ohne Kopf in die Ecke geworfen?

Zum Glück für die Forscher schafft es das Wasser des Volp auch bei Höchststand nicht in die oberen Räume. Und keine Putztruppe hat dort je sauber gemacht. Reiskorngroße Feuerstein-Abschläge sind einfach liegen geblieben. Im ewig feuchten Lehm der fast staubfreien Grotte sieht man noch heute, wo die Eltern einen Höhlenbärenschädel aus dem Boden stemmten und die Eckzähne herausbrachen, um Schmuck daraus zu machen. »Die haben hier regelrecht rumgestöbert«, sagt Pastoors. Man kann sich die Szenen gut vorstellen. Alles liegt da, als wären die Akteure nur mal schnell einen Happen essen gegangen.

Ein kleines Stück weiter, in der »Galerie der Fußabdrücke«, sind die Zeiten durcheinander geraten. Rund um ihre Schlafkuhlen drückten Höhlenbären mit ihren Pranken breite Spuren in den Lehm. Gleichenorts lümmelten Jahrtausende später die Hominidenkinder herum. So erzählen die Abdrücke scheinbar, dass Mensch und Tier gemeinsam herumtollten.

Weit hinten in der Grotte schufen die Jäger das schöpferische Finale

Die natürliche Klimaanlage der Grotte hat die Momentaufnahmen fixiert. Keine Patina legte sich darüber, kein Lüftchen wehte Staub herein. Je weiter wir in die 800 Meter lange Höhle vordringen, desto deutlicher sind kleinste Details zu erkennen. Auf einem Vorsprung ist ein wohl vierjähriges Kind ausgerutscht, hat wieder festen Tritt gefasst, dann die Zehen fest in den Lehm gedrückt und ist heruntergesprungen. Ein anderes (oder dasselbe?) hat beim Stochern im Dreck den Abdruck eines Fingernagels hinterlassen. Ja, nicht einmal die Spuren der Hautleisten sind verschwunden – dort, wo Finger mehrmals in den Dreck gebohrt wurden. Sogar Robert Bégouën – er hat die Stelle hundertmal betrachtet – schaut ungläubig auf den Fingerabdruck eines modernen Menschen, der 14 Jahrtausende überdauerte.

Kürzlich hat Andreas Pastoors noch eine spannende Entdeckung gemacht. Alle in der Höhle gefundenen Rentierknochen stammen von nur vier männlichen Tieren im Alter zwischen 4,5 und 5,5 Jahren, die ihre Geweihstangen abgestoßen hatten. Das deutet auf eine sorgfältige Auswahl der Beute hin, lässt aber auch Schlüsse darauf zu, mit wem wir es in Tuc d'Audoubert zu tun haben: mit einer kleinen Gruppe, vielleicht nur einer einzigen Familie, die hier Anfang Winter Quartier bezogen hat und spätestens im Frühjahr weitergezogen ist. Danach war Ruhe, 13 700 Jahre lang.

Robert Bégouën ist eigenartig still geworden. Leise gibt er die Anweisung, auf die Knie zu gehen. Im Schein der Lampen leuchten hell zwei Körper aus Lehm auf: die Wisente, les bisons d'argile. Nirgendwo auf der Welt gibt es so gut erhaltene Lehmfiguren aus dem Paläolithikum. Langsam rutschen wir heran. Aufrechter Gang ist verboten. Man könnte im feuchten Lehm ausrutschen und im Fallen das Paar verletzen. Wir sind am Ende der Höhle angekommen und betrachten lange stumm das erstaunliche Paar.

Wer waren die Menschen, die in den wenigen Monaten ihrer Anwesenheit an unzähligen, teils markanten Orten, teils in den verstecktesten Winkeln ihrer Kabinette ein umfangreiches künstlerisches Werk schufen und zuhinterst in der Grotte als ein schöpferisches Finale meisterhafte Skulpturen modellierten? Warum verschwanden sie so plötzlich, wie sie erschienen waren?

Die beiden Tiere wirken so frisch, dass es unbegreiflich erscheint, wie sie die Zeit überdauert haben, seit die Bewohner der Grotte ausgezogen sind. Solange der Hausmeister Acht gibt, wird den Wisenten nichts passieren. »Ich habe sie noch nie berührt«, flüstert er. Er wird es, ganz bestimmt, auch niemals tun.

11. November 2004

Getrennte Gesellschaften

Ghetto im Pfahlbaudorf

In Arbon am Bodensee lebten vor über 5000 Jahren Einheimische und Zuwanderer aus dem Osten Europas Tür an Tür – und doch getrennt

Von Marion Benz

Innerhalb von Sekunden fingen die Schindeln Feuer. Flammen schlugen durch das Dach. Die Bewohner ließen alles stehen und liegen – Webstühle, Fischernetze, Vorräte – und flohen aus ihren Behausungen, bevor über den Köpfen die Balken barsten. Die Feuersbrunst am Bodensee zerstörte 3370 v. Chr. das Pfahlbaudorf von Arbon-Bleiche. Kurz darauf begrub eine Regenflut die verkokelten Reste.

Für die Schweizer Archäologen, die über fünf Jahrtausende später die Trümmer freilegten, ist die Katastrophe ein »Riesenglücksfall«. Urs Leuzinger, Grabungsleiter von »Arbon-Bleiche 3«, gerät ins Schwärmen: »Der Brand, die schnelle Überschwemmung, die meterdicke Sandschicht haben alles konserviert.« Sogar grüne Mistelzweige und Fischschuppen sind erhalten.

Ad hoc taten sich nach der Entdeckung 1983 das Amt für Archäologie des Kantons Thurgau und das Institut für Prähistorische und Naturwissenschaftliche Archäologie (IPNA) der Universität Basel zu einem mehrere Millionen Franken teuren Projekt zusammen. Tausend Quadratmeter des Dorfes gruben die Archäologen in den Neunzigerjahren aus, registrierten minutiös jeden noch so winzigen Fund: hier ein Stück Bauholz, dort eine Tierrippe, Getreide, Schmuckperlen. Sechs Jahre dau-

Blaufelchen aus dem Bodensee wurden schon vor mehr als 5000 Jahren kulinarisch geschätzt.

5694

In Einbäumen ähnlich wie diesem im Prignitz-Museum in Havelberg fuhren die Fischer auf den Bodensee. Der Fang kam jedoch nicht allen Bewohnern der Siedlung Arbon zugute.

erte die Auswertung. Der Bericht bietet verblüffende Einblicke in das Leben am See.

Der Blick in die Gebeinekiste erlaubt Rückschlüsse auf die Speisenfolgen in der Holzbausiedlung. Die Analyse von 70 000 Tierknochen und 48 000 Fischresten zeigte, dass hier zwei unterschiedliche Gemeinschaften Tür an Tür lebten. Grillten die Bewohner auf der seefernen Seite im Norden mit Vorliebe Fleisch vom Rind, ergötzte sich der Süden des Dorfs an Schweinekeulen. »Ein Austausch in größerem Stil hat nicht stattgefunden«, vermutet Jörg Schibler vom IPNA.

Im November und Dezember fuhren die Bewohner der südlichen Dorfhälfte in Einbäumen hinaus und fingen Bodenseefelchen – eine Delikatesse. Den flinken Fisch zu fangen muss für die Pfahlbaugourmets ein enormer Kraftakt gewesen sein. »Das war eine Gemeinschaftsleistung von mehreren Einbäumen aus«, sagt Heide Hüster-Plogmann, die die Fischreste ausgewertet hat. Warum aber verteilten die Fischer ihren Fang nicht im ganzen Dorf? Den Bewohnern im Norden blieb der Genuss weitgehend verwehrt. Dort begnügte man sich mit Getier aus der Flachwasserzone, das mit Reusen, Netzen oder Angeln leicht zu fangen war.

Was aber steckt hinter dem kulinarischen Graben im Pfahlbaudorf? Ein gesellschaftlicher Zwist? Oder hatten die Leute im Norden nur keinen Zugang zu Booten, um auf dem See der zarten Felche nachzujagen?

Die Analyse von Getreideresten brachte Stefanie Jacomet, die mit Jörg Schibler die archäobiologischen Auswertungen leitete, auf die Spur von Emmer, einer primitiven Weizenart, die man in Siedlungen der früheren Pfyner Kultur (3900–3600 v.Chr.) kaum findet. »Der hohe Emmeranteil kommt aus dem Osten«, ist sie überzeugt. Auch andere Indizien sprechen für florierende Ostimporte, etwa der hohe Anteil der Ölpflanze Lein und der schlagartig gewachsene Appetit auf Sauen. Denn in Arbon schnellt der Schweineschnitzelkonsum in die Höhe. »Das riecht nach einem starken Einfluss«, unterstreicht Schibler.

Der erste Einsatz von Zugtieren in Mitteleuropa

Dann legt der Archäozoologe noch ein Indiz für seine Ostthese auf den Tisch: Belastungsspuren an Rinderknochen lassen vermuten, dass Tiere vor Karren oder Pflüge gespannt wurden. Dies ist der bislang älteste direkte Beleg für den Einsatz von Zugtieren in Mitteleuropa. Just in der zeitgleichen Badener Kultur, die über 1 000 Kilometer entfernt im heutigen Ungarn, in der Slowakei und Österreich verbreitet war, fanden sich zahlreiche Tonmodelle von Ochsenkarren.

In dieselbe Richtung weisen die Kochtöpfe. Am Berner Institut für Ur- und Frühgeschichte hat Annick de Capitani die Gefäße aus Arbon untersucht. Alles Rohmaterial stammt aus Tongruben der Bodenseeregion. In Stil und Form aber gleichen sie Töpfen der Badener Kultur. Vielleicht sind Fischereiexperten von dort an den Bodensee gezogen. Hier haben sie ihr gewohntes Kochgeschirr fabriziert. Sie haben, wie es ihr Magen gewohnt war, Schweinefleisch verkocht und Felchen gegrillt – während die einheimischen Bauern bei ihrem Rindfleischeintopf blieben. Die Scherbenstatistik stützt diese These: Im Nordteil der Siedlung lagen kaum Reste des exotischen Keramikstils, im Süden beträgt ihr Anteil bis zu 30 Prozent. Offensichtlich wohnten zwei kulturell verschiedene Gruppen Seite an Seite – hier die begabten Fischer aus dem Osten, dort die einheimischen Ackerbauern und Viehzüchter.

Aller kulturellen Unterschiede zum Trotz lebten Einheimische und Zugewanderte friedlich nebeneinander. Fünfzehn Jahre lang bauten sie ihr Dorf gemeinsam aus. Anhand von 800 jahrgenauen Datierungen von Baumringen können die Archäologen sogar Aufschwung und Stagnation feststellen. 3384 v. Chr. errichteten die Pfahlbauer das erste Haus, ein Jahr später zwei weitere, 3381 setzte ein Bauboom ein. Auf Pfählen wohnten sie über dem Ufer, darunter sammelten sich Abfälle, Speisereste und Exkremente von Mensch und Tier.

So bestialisch der Gestank, so katastrophal die Hygiene. »Es gab ein übles Spektrum an Bandwürmern«, erzählt Jacomet. Fisch- und Fleischbandwürmer plagten die Seebewohner. Sie litten an Durchfall und Leberzirrhose. Als größter Fiesling plagte der Nierenwurm die Anrainer am Bodensee. »30 Prozent der Kotproben von Arbon enthielten diesen Parasiten«, berichtet der Parasitologe Matthieu Le Bailly.

Mensch und Vieh unter einem Dach

Zumindest am Anfang scheint es den Pfahlbauern aber nicht schlecht ergangen zu sein. »Wer Muschelschmuck vom Atlantik, wer kostbaren Feuerstein aus der Champagne und Oberitalien importieren kann, nagt nicht am Hungertuch«, gibt Leuzinger zu bedenken. Die Pfahlbauer nutzten ihre Umwelt auf vielfältigste Weise. Im Sommer trieben sie ihr Vieh in die Alpen. Pflanzenreste im steinzeitlichen Kuhfladen sind die ältesten direkten Belege für alpine Weidewirtschaft. Jahrzehnte vor Ötzi waren die Arboner auf den Hochalmen unterwegs. Im Winter lebten Vieh und Mensch unter einem Dach. Tagsüber wurden die Tiere in den Wald getrieben. Efeu, Misteln und Laub lagerten dort als Winterfutter. Ihren eigenen Speiseplan ergänzten die Steinzeitler mit der Jagd von Hirschen, Singschwänen, Fröschen, Schildkröten, Bären, Bibern, Gämsen und Steinböcken. Und sie sammelten Nüsse, Bucheckern, Beeren, tranken Milch, futterten Käse.

Nach zwei, drei Missernten aber kamen Hunger und Tod an den Bodensee. »Wir haben ein zu idyllisches Bild von der Vorgeschichte«, glaubt Schibler. Bisherige Funde stammen aus klimatisch günstigen Phasen. Nur in

760

Rekonstruierte Pfahlbauten im »Pfahlbaumuseum Deutscher Vorzeit« am Ufer des Bodensees in Unteruhldingen – das romantische Leben am See, das sich viele ausmalten, ist Legende.

Felsspalten oder unter bestimmten Bedingungen hätten sich Funde aus Krisenzeiten erhalten. Doch Wildtieranteile von bis zu 70 Prozent in der Fleischdiät – gefunden in Ausnahmesiedlungen nasskalter Klimaphasen – interpretiert der Archäozoologe als landwirtschaftliche Krise. Das romantische Leben am See, das sich viele ausmalten, nachdem Ferdinand Keller vor 150 Jahren erstmals Pfahlbauten am Zürichsee entdeckt hatte, ist Legende. Pünktlich zum Jubiläum, das in der Schweiz und in Süddeutschland mit Ausstellungen gefeiert wird, entzaubert die Forschung den Mythos von der glücklichen Pfahlbauzeit.

Ein Wildtieranteil von 50 Prozent kündet plötzlich den Anfang vom Ende der Besiedling von Arbon an. Nach 3376 wird keine Immobilie mehr errichtet, im Winter Anfang 3370 das letzte Holz bei Ausbesserungsarbeiten verbaut. Dann kommen die Flammen. *6. Mai 2004*

Ötzi

Unser aller Urahn

Droben in Tirol tragen Forscher den Schnee ab: Man hofft auf neue Sensationen. Drunten in der Innsbrucker Kühlkammer ruht er, der älteste Tote aus dem Eis, der die Archäologen auferweckt hat

Von Klemens Polatschek

Wenn es wahr ist (wie der Volksmund behauptet), dass jeder Bauer mit der Zeit so wird wie seine Kartoffeln, ein jeder Herr wie sein Hund und jeder Wissenschaftler wie sein Fachgebiet, dann steht die Vor- und Urgeschichtsforschung tatsächlich unter einem schlechten Stern.

Das Wesen des Archäologen nämlich ist die Ruhe, innen und außen. Das Licht der Scheinwerfer scheut er, seinen größten Feinden, den Grabräubern, nicht unähnlich. Und hätte nicht Anfang März 1991 eine unerhörte Höhenströmung Sand aus der Sahara auf den Hauptkamm der Alpen getragen, namentlich auf einen vergletscherten Flecken an der Grenze zwischen Österreich und Italien, zwischen Nord- und Südtirol, wo sich Ötztal und Schnalstal treffen, 3 210 Meter über dem Meer – ja, dann würden mindestens hundert namhafte Vertreter der Zunft, vor allem das Häuflein, das an der Universität Innsbruck die Fahnen und Vorlesungen hält, wohl heute noch in Frieden leben.

So aber, dank des körnigen Belages, schmolz das ewige Eis im folgenden Sommer eilig zusammen, dezimeterweise an manchen Tagen. Und es war, als führe ein Lift in die Tiefe der Vergangenheit. Denn zum Vorschein kam, wie man mittlerweile wohl auch in Timbuktu vernommen hat, am Donnerstag, dem 19. September 1991, eine wissenschaftliche Sensation: die mumifizierte Leiche eines jungsteinzeitlichen Menschen, der aus dem Leben gerissen worden war beim Versuch, den Pass zu überqueren. Er war nackt, um ihn lagen Reste von Kleidung und Ausrüstung.

Es dauerte allerdings, bis das erkannt war. Am Freitag kam der Hubschrauber zum ersten Bergungsversuch.

4768

Über die Ötztaler Alpen brach im September 1991 ein Medienrummel ohnegleichen herein. Der Fund der mumifizierten Leiche eines jungsteinzeitlichen Menschen, der beim Versuch der Passüberquerung umgekommen war, beschäftigte Heerscharen von Wissenschaftlern und Journalisten.

Da die Leiche zur Hälfte noch im Eis steckte, war auch ein Schrämhammer dabei. Der dreißig Zentimeter lange Meißel fuhr der Mumie zwar in die linke Hüfte, legte den Oberschenkelknochen bloß und versenkte das Ensemble in einem See aus Eiswasser, doch nach einer Stunde war die Pressluft zu Ende. Obendrein schlug das Wetter um.

Am Wochenende ist der Bergungshubschrauber ausschließlich für neuzeitliche Verkehrsopfer da; so bekamen im Lauf der Zeit insgesamt 22 Menschen Gelegenheit, das ausapernde Wunder in natura zu sehen, manche mehrfach, denn 28-mal wurde die Fundstelle besucht, wie die Urgeschichtler nachträglich recherchierten. Dabei entkamen Fellstücke, das Beil des Toten und ein Gefäß aus Birkenrinde vorderhand in die umliegenden Ortschaften.

Am Montag landeten zwei Helikopter auf dem Gletscher. Während die Besatzung des einen feststellte, dass die Leiche neuerlich festgefroren war und man kein Werkzeug mitgenommen hatte, machte die des anderen nur ihren Job. Deshalb konnte das österreichische Fernsehen wenig später einen Wissenschaftler der Universität Wien ins Studio laden und ihn vor aller Augen mit der Vorführung eines Videobands foltern. Es zeigt, wie das Bergungsteam den unglaublichsten Fund der Archäologiegeschichte mit einem Skistock, den es von einem vorbeikommenden Bergsteiger erbettelt hat, aus dem kalten

Grabe kratzt, nicht ohne an den auskragenden Extremitäten zu zerren. Der Studiogast stöhnte stellvertretend – lebte er doch in einer Welt, in der selbst Keramik mit dem Dachshaarpinsel aus der Erde gefächelt wurde.

Der Tote harrte währenddessen in der Innsbrucker Gerichtsmedizin des Fortgangs des Dramas; am Dienstag früh trat der Leiter des Innsbrucker Instituts für Ur- und Frühgeschichte, Konrad Spindler, vor ihn hin, und im selben Moment war klar, was anlag.

Einem Mediensturm, der zwei Wochen lang Tag und Nacht tobte, folgten die Briefe internationaler Leichenverehrer – solcher, die Kontakt mit dem Toten im Jenseits aufgenommen hatten, und von jener Frau, die sich mit allfälligen steinzeitlichen Spermaresten befruchten lassen wollte. Als das Notwendigste abgeheftet war, im Dezember, sah Professor Spindler den Bedarf, »die Sekretärinnen erst einmal auf Urlaub zu schicken«.

Spindler, gebürtiger Deutscher, der zuvor Professor in Erlangen war und seit 1988 das Innsbrucker Institut leitet, genießt die ehrliche Bewunderung seiner Mitarbeiter. Wenn er nicht in den ersten Wochen wie ein Fels in der Brandung gestanden hätte, sagen sie, wer weiß, was geschehen wäre. Eine bescheidene runde Brille und kurze Krawatte teilen von weitem mit, dass sein Leben Wissenschaft ist; die Frage, ob er nicht selbst irgendwann in Urlaub gehe, bestürzt ihn: Er habe doch seit 1959 keinen Urlaub mehr gemacht, sagt er.

Die Emphase, mit der er die Unterstellung abwehrt, ist für Spindler ungewöhnlich. Wer einmal einen seiner Vorträge über den Jahrhundertfund erlebt hat, weiß das. Die Details der Auffindung konnten hier nur angerissen werden; Spindler kostet sie aus. Sorgsam von Wort zu Wort stakend, doch niemals das Gesicht verziehend, bringt er vollgepackte Hörsäle zur Explosion. Die Leute schreien vor Lachen. Spindlers sachlichste Feststellungen transportieren die tiefsten Leidenserfahrungen. Dass etwa damals die amtliche Ausfuhrgenehmigung für die Beifunde, die eiligst im Römisch-Germanischen Zentralmuseum in Mainz konserviert werden sollten, schon nach sechs Tagen erteilt wurde, lobt er folgendermaßen: »Ich halte das in einem so wohlorganisierten Staat wie Österreich wirklich für eine Spitzenleistung.«

•

Schließlich hatte sich eine Woche nach der Bergung die nationale Krise zusammengebraut: der Grenzstreit. Gendarmen und Carabinieri hatten Anweisung, sich bei der Bewachung des Fundplatzes anzuschweigen, bis herauskam, dass die Leiche 92,56 Meter auf der italienischen Seite lag, amtlich vermessen von einer österreichischen Kommission (die Italiener waren dank Halbschuhen in Vent hängen geblieben).

Doch war das Ganze insofern belanglos, als die Innsbrucker Alma Mater nebenbei Landesuniversität für Südtirol ist. Das wies auch den Ämtern Wege. Seit Februar verleiht ein Vertrag der Universität Innsbruck einstweilen alle Verwertungsrechte; Eingriffe in die Leiche bedürfen der Zustimmung eines Expertenkomitees der Provinz Südtirol, das natürlich mit den Innsbrucker Forschenden einigermaßen identisch ist.

Die Archäologen haben mit sich gerungen und nennen den Toten nun den »Mann vom Hauslabjoch«. Das Tirolervolk sagt einfach »Ötzi« zu ihm.

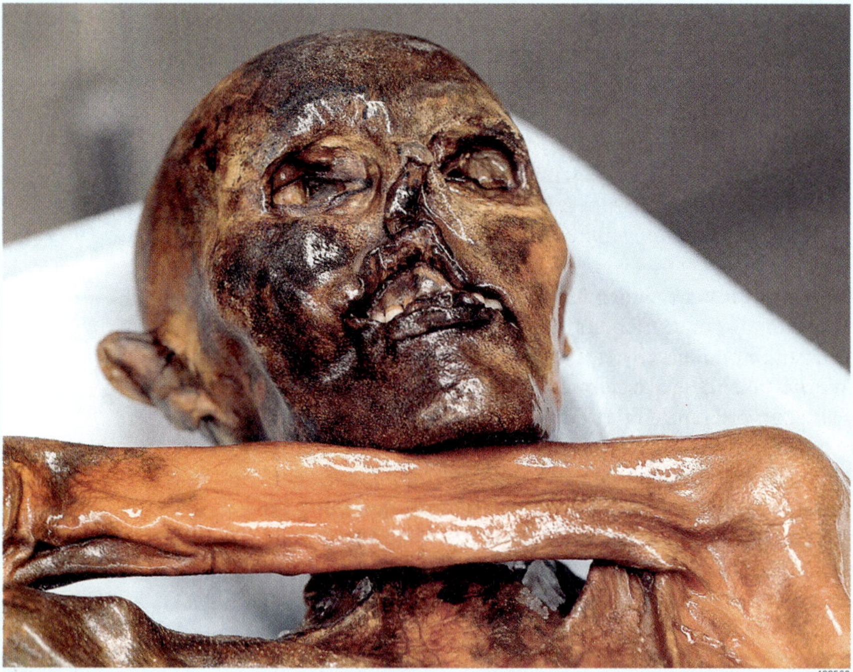

Nahaufnahme des Kopfes des »Mannes vom Hauslabjoch« im archäologischen Museum von Bozen in Südtirol – nur sorgfältige Konservierung kann gewährleisten, dass die Leiche nach 5 000 Jahren nicht doch noch dem Verfall anheim fällt.

100562

Wie Konrad Spindler sagt, »hat uns dieser Fund an die Grenzen unserer Möglichkeiten herangeführt, zum Teil sicher auch überfordert«. Jetzt wird der Sache deshalb erst ein Rahmen gezimmert. Im Mai 1992 trat ein neues Institut ins Leben, das zunächst für drei Jahre die Forschung über den Gletschermenschen lenken wird; allein diese Gründung vertraglich auszuformen, »hat unsere Rechtsabteilung wochenlang zur Hälfte ausgelastet«, erzählt Seine Magnifizenz Hans Moser, Rektor der Universität.

International wirken mehr als hundert Wissenschaftler mit, etwa sechzig zu vierzig verteilt auf die Leiche einerseits und das Drumherum andererseits. Alle Arbeiten gilt es abzustimmen, auch um »mit einem minimalen Eingriff in die Leiche ein maximales Ergebnis zu erhalten«, wie der Koordinator Werner Platzer erläutert, Professor am Institut für Anatomie, der bisher Weltruhm vor allem unter den Innsbrucker Studenten wegen seiner gefinkelten Prüfungsfragen genoss.

Auf den entscheidenden Schnitt also wartet Ötzi immer noch; es fehlt schon mal am Geld. Das neue Institut bekommt grob gerechnet je eine Million Schilling von Nord- und Südtirol, der Bund wirft in ähnlichem Ausmaß um sich, indem er Dienstposten bewilligt: macht in Summe gut 400 000 Mark. Vierzehn Millionen, sagen hingegen die Forscher, brauchten sie eigentlich. Also: würden sie gern bekommen.

Was macht man heutzutage in so einem Fall? Man sucht Sponsoren.

In der heißen Zeit der Auffindung wälzten die Medien weltweit Beträge der gewünschten Höhe um. Über genaue Summen schweigt die Branche ja ebenso gern, wie sie über Ungefähre munkelt; sie ist sich einig, dass die Agentur Gamma dem Reinhold Messner oder seiner Korona für ihre Wochenend-Schnappschüsse fünfstellige D-Mark-Beträge überwiesen hat; was ein Profi und ein Amateur parallel von der montäglichen Bergung ablichteten, kann kaum weniger Gehalt gehabt haben.

Der stern hat zwar kürzlich Anteilnahme in Form einer Titelgeschichte gezeigt und ist, um das erwähnte haltlose Gemunkel fortzusetzen, um einen sechsstelligen Betrag in die Innsbrucker Kühlkammer vorgedrungen, in der die Leiche liegt. Darüber hinaus jedoch ist die Begeisterung abgekühlt.

Mumiensponsoring ist ein zähes Geschäft, und die Medien bereiten diesen Forschern letztlich mehr Mühe als Freude. Da es kaum Neues zu berichten gibt, kochen wir Journalisten das Alte neu und tragen dampfend schmackhafte Mitteilungen auf, die gern den Nachteil haben, nicht zu stimmen.

Was wurde über Ötzis Zeiten nicht alles schon behauptet? Einmal waren die Alpen vor 5000 Jahren eine belebte Gegend, dann wieder die reine Ödnis, aber dafür »als Sitz der Götter angebetet«. Konrad Spindler musste gerichtlich versichern, dass er nicht mehr behaupten werde, Reinhold Messner habe an der Fundstelle das berühmte Birkenrindengefäß zerstampft. Das hatte Spindler zwar auch entfernt nicht gesagt, aber in der Zeitung war es halt so gestanden.

Die Mikrobiologen gingen wie Detektive vor

Die Ursache für das anhaltende Kommunikationsdesaster ist unklar. Da ist der alte Kampf der Journalisten mit ihren stenografischen Notizen, gewiss, da sind die Massen von Augenzeugen und Wichtigtuern. Aber der Menge an Forschern lässt sich auch eine kanonische Darstellung nicht entlocken, schließlich würde sie die jeweilige Einzelleistung nicht angemessen berücksichtigen. Manche gehen zu gern auf Vortragsreisen, während die besonders glaubwürdigen Bescheidenen oft nicht fähig sind, ihr Genuschel zu ganzen Sätzen zusammenzuflicken oder den Unterschied zwischen zwei Balkendiagrammen auf ihren Overheadfolien zu erklären.

Dabei sind sie doch spannenden Fragen auf der Spur. Wie Detektive mussten etwa Mikrobiologen der Universität Innsbruck vorgehen, um nach Wochen die Pilzfragmente aus dem Besitz des Toten einer von 1900 möglichen Baumschwammarten zuzuordnen. Das Ergebnis, der Birkenporling, stellt die erste These der Urgeschichtler in Frage, die auf Lederriemen gezogenen Stücke hätten als Zunderschwämme gedient. »Es ist äußerst unwahrscheinlich, dass dieser Pilz zum Feuermachen eingesetzt wurde«, urteilt der Biologe Reinhard Pöder. Nun steht die Vermutung im Raum, dass der Pilz bei

Verletzungen half; er wirkt antibiotisch. Ein Detail nur, das aber zeigt, wie viel Arbeit in die Untersuchung der Funde gesteckt werden kann, ja muss. Wurde das Gras, mit dem Ötzi seine Schuhe polsterte, geschnitten oder einfach ausgerupft? Was findet sich in seinen Verdauungsorganen? Gibt es noch analysierbare Fragmente seiner Erbsubstanz? In blutreichem Gewebe könnte der Nachweis von Antikörpern gelingen und Rückschlüsse auf damals verbreitete Krankheiten zulassen. Auch das Sterbealter wird präziser anzugeben sein.

Nach anatomischen Richtlinien geurteilt, ist der Tote mit 25 oder 30 Lebensjahren gestorben; seine stark abge-

100562

Sah Uropa so aus? – Im Jagdschloss Granitz auf der Insel Rügen betrachtet Anna aus Bayern eine Nachbildung von »Ötzi«. Da die Zahl seiner potentiellen Nachkommen höher ist als die Zahl aller bisher geborenen Menschen, könnte man schließen, dass er in der Ahnenreihe von jedem von uns ist.

nutzten Schneidezähne deuten auf höheres Alter hin. Die Leiche ist 1,59 Meter groß und weist im statistischen Vergleich mit anderen Skelettfunden aus der Zeit keine Besonderheiten auf. Am Knie und auf dem Rücken finden sich Tätowierungen; ein Oberarm war einmal gebrochen. Den Analysen zufolge hatte der Mann dunkles, gekraustes Haar.

Das Alter der Funde zu bestimmen, wurde der altvertrauten C-14-Methode überlassen. Die Analyse von Pflanzenteilen führte zu Daten zwischen 2600 und 3100 v. Chr. Laboratorien in Oxford und Zürich bekamen Knochen und Gewebe der Leiche und nennen für den Todeszeitpunkt 3350 bis 3300 v. Chr. als wahrscheinlichsten Bereich – zu 56 Prozent.

Damit gehörte Ötzi in die Jungsteinzeit, die im Alpenraum auf die Jahre 5000 bis 2300 v. Chr. angesetzt wird. Der Feuersteindolch passt dazu; andere Details muteten den Wissenschaftlern sogar älter an. Nur ist da noch der markanteste Fund, das Beil aus fast reinem Kupfer, das »normalerweise auf bis zu 2000 v. Chr. herunterdatiert würde«, wie es im Innsbrucker Institut heißt – frühe Bronzezeit eben. Obwohl es kein technisch ausgereiftes Modell ist, scheinen die C-14-Daten übermäßig hoch.

Ötzi ist ein Einzelfund ohne kulturelle Einbettung; aus seiner Zeit gibt es etwa in Nordtirol kaum Hinterlassenschaften, wie Markus Egg vom Römisch-Germanischen Zentralmuseum anmerkt. Das müsse dazu führen, über »die Besiedlungsgeschichte der Region neu nachzudenken«.

Das Innsbrucker Institut für Botanik hat schon vor einiger Zeit ein Moor in Sichtweite des Hauslabjoches untersucht. Die Verteilung der Pollen in den einzelnen Torfschichten lässt Rückschlüsse auf die frühere Vegetation zu. »Um 5200 v. Chr. ist ein markanter Anstieg der Weidezeiger festzustellen«, sagt der Botanikprofessor Sigmar Bortenschlager – sprich: Genau zu Ötzis Zeiten hatten die Menschen mit Brandrodungen begonnen und trieben erstmals Tiere auf die Weiden.

Das wird aber nicht die meistdiskutierte Frage beantworten können: ob der Tote einmal Hirte, Jäger oder gar Schamane war. Das scheint alle seltsamerweise stark zu beschäftigen, so als wären im vierten vorchristlichen

Jahrtausend die Zünfte schon streng getrennt gewesen, oder als könnte man dem Urtiroler, wäre er als Hirte zu entlarven, wegen seiner Jagdwaffen – Dolch, Beil, Pfeil und Bogen – noch einen Wildererprozess anhängen.

Aber er ist womöglich älter als alle Pharaonen, der älteste Mensch, dem wir ein Schicksal zuordnen können; das schafft diese übermächtige Faszination. Der Stockholmer Professor Torstein Sjvold, ein Knochenexperte, präsentierte eine Rechnung: Da seit Ötzi rund 170 Generationen vergangen sind und die Zahl seiner potenziellen Nachkommen um gut vierzig Zehnerpotenzen größer ist als die Zahl aller bisher geborenen Menschen, liege der Schluss nahe, »dass er in der Ahnenreihe von jedem von uns ist«. Kopfwiegen bei manchen Kollegen.

Was Uropa außer Genen noch so hinterlassen hat, wird in einer archäologischen Nachuntersuchung geklärt. Bohrkerne für eine Pollenanalyse werden aus dem Eis gewonnen, der Schnee am Fundort wird abgetragen, die Felssohle mit Dampfstrahlern bloßgelegt; eine sechsköpfige Gruppe der Universität Wien wird sich keinen Krümel von Ötzis letzter Rast entgehen lassen. Sehnlich erwartet werden vor allem Reste, die nicht durch tausend Hände gehen müssen, bevor sie im Labor zur Altersbestimmung landen.

Welche Art von Bergdrama sich da vor 5000 Jahren ereignet hat, ist ja weitgehend unklar, außer, dass der Mann sich wohl »in total erschöpftem Zustand hingelegt hat und dann gestorben ist«, trotz aller bergtauglichen Ausrüstung, wie referiert wird.

Ein bisschen geheimnisvoll bleibt auch die Mumifizierung des Körpers. In den allermeisten Fällen wandelt sich das Körpergewebe von Gletschertoten durch Druck und Feuchtigkeit in eine krümelige weiße Substanz namens Fettwachs um. Eine Mumifizierung hingegen braucht den Fachleuten zufolge gleichzeitig »Temperaturen unter vier Grad plus« – was Fliegen und Bakterien todmüde macht – und »erhebliche Luftzirkulation«, was wir Wind nennen könnten. Na ja, irgendwie haben das die Berge geschafft. Ötzi als Studentenulk? Ist auszuschließen.

Weil das System fünf Jahrtausende funktioniert hat, haben die Anatomen dem Toten hinter Stahltüren eine

Art Kunstgletscher samt Alarmsicherung geschaffen. Es ist das teuerste vorstellbare Grab: rund 15 000 Mark im Monat; so warten sonst nur Multimillionäre in Kalifornien auf bessere Zeiten, auch wenn die Innsbrucker Kühlkammer vergleichsweise an eine Küchenwirtschaft erinnert. Die Mumie ist in ein Operationstuch gehüllt, umgeben von einer Schicht Crash-Eis – wie man es in Cocktails füllt, bereitet von einer eigenen Eismaschine –, dann einer Plastikfolie, dann einer Schicht praktischer Eiswürfelbeutel, wie sie die Hausfrau kennt, zuletzt wieder einer Plastikfolie.

Da herrscht soweit Ruhe, wenn die Mediziner nicht gerade ihre Routinekontrolle vornehmen, wenn sie nicht Persönlichkeiten wie den österreichischen Unterrichtsminister leicht grünlichen Gesichts durch ihr Reich zur Schatzkammer führen, und wenn keine Sponsoren zum Knipsen kommen.

Es hat den Anschein, als wäre den Anatomen diese Ruhe heilig, als möchten sie gar nicht an die erste Zeit erinnert werden, als die Zeitungen ihre Schreckensmeldungen vom Schimmelbefall der Leiche brachten; heute auf das Thema angesprochen, kommen die verschiedensten Begütigungen. Eher wird bekannt, was sich vor 5 000 Jahren abspielte, als dass sich einer jene Tage noch einmal vor Augen führen möchte, an denen der Körper auf dem Seziertisch lag und sich die Weltpresse seinen kräftigen Modergeruch um die Nase wehen ließ. Sogar Pressekonferenzen wurden ja in der Kammer abgehalten, die Scheinwerfer des Fernsehens brachten das Ambiente auf tropische Temperaturen, alle möglichen Leute tappten auf der Leiche herum und ließen noch ein paar Keime da.

Die Frage, was dabei an wissenschaftlichen Erkenntnissen zerschmolzen ist, scheint müßig; was weg ist, ist weg, und was noch drinnen steckt, wird spannend genug. Einstweilen hat der bestuntersuchte Tote aller Zeiten wie gesagt eine gewisse Ruhe gefunden. Es sei weiter kein Verfall festzustellen, versichern die Wissenschaftler, und alle Pilze seien verschwunden.

»Er sieht besser aus als je zuvor«, soll Konrad Spindler vor kurzem gesagt haben. Vermutlich hat er dazu wieder eine besonders unbewegte Miene gemacht.

7. August 1992

Bronzezeit

Der Himmel ist eine Scheibe

Deutsche Forscher haben das Rätsel von Nebra gelöst. Die Menschen der Bronzezeit waren kluge Sterndeuter

Von Kai Michel

Auch Archäologen träumen. Besonders dann, wenn sie den ganzen Tag lang Keramikscherben und Tierknöchelchen aus dem Boden gepult haben, wenn der Rücken schmerzt und der Fundbericht geschrieben werden müsste. »Da wünscht man sich schon mal einen richtigen Bingo-Fund«, erzählt Harald Meller, der Landesarchäologe von Sachsen-Anhalt. Aber was ist ein großer Fund? So etwas wie Ötzi vielleicht oder Tut-ench-Amun. Oder wenigstens ein Neandertaler mit Faustkeil in der Hand. »Aber das hier?“ Meller, der auch Direktor des Landesmuseums für Vorgeschichte in Halle ist, zeigt auf die Bronzescheibe auf seinem Schreibtisch. »So etwas Verrücktes kann man sich nicht ausdenken.« Verrückt? Meller nickt. Die mindestens 3600 Jahre alte Himmelsscheibe von Nebra, 1999 von Raubgräbern entdeckt, ist ja nicht nur die weltweit älteste konkrete Darstellung astronomischer Phänomene. Sie stellt diese auch in völlig rationaler, geradezu moderner Weise dar. Während es auf späteren Himmelsdarstellungen nur so von Walfischen, Zentauren und anderem mythischen Getier wimmelt, sei »das bronzezeitliche Ding nüchtern wie ein Verkehrsschild«, sagt Wolfhard Schlosser, Astronomieprofessor aus Bochum.

Dennoch trägt die Himmelsscheibe sagenhafte Botschaften. »Manche Leute behaupten, die Scheibe verrate, wann die Ufos der Plejadianer kommen, um die Welt zu retten«, sagt Harald Meller. Er lacht. Zumindest die Plejaden seien tatsächlich wichtig. Meller deutet auf das markante Siebengestirn links von der oberen Spitze des Sichelmondes. Astronom Schlosser hat berechnet, dass die Plejaden in der Bronzezeit den 10. März markierten, und zwar dann, wenn sie sich am Westhimmel kurz vor ihrem Verschwinden mit dem Sichelmond zeigten; waren sie gemeinsam mit dem Vollmond zu sehen, dann markierten sie den 17. Oktober.

Diese beiden Ereignisse, die gleichsam Anfang und Ende des bäuerlichen Jahres beschreiben, zeigt die Himmelsscheibe also simultan. »Ein tolles Memogramm«, sagt Meller, »die Botschaft ist klar: Wenn du am Himmel die Plejaden neben dem zunehmenden Mond siehst, kommt der Frühling, und du kannst säen. Wenn sie mit dem Vollmond auftauchen, ist es Herbst, und du solltest mit der Ernte fertig sein.« Diese und andere verblüffende Einsichten in die tiefe Vergangenheit sind im Landesmuseum in Halle zu bestaunen. Die opulente Schau trägt den Titel »Der geschmiedete Himmel« und nimmt sich aus wie ein erstes Forschungsresümee. Doch es steckt mehr dahinter. Genauer besehen, ist sie ein Fanfarenstoß, der Auftakt zur wissenschaftlichen Großoffen-

Von Raubgräbern zunächst mit Spatenstichen und Stahlschwamm beschädigt, wird die kostbare Himmelsscheibe von Nebra heute mit größter Vorsicht auch auf feinste Spuren untersucht, die Aufschluss über die Umstände ihrer Entstehung geben können.

100562

sive auf die Bronzezeit – im Zeichen der Himmelsscheibe von Nebra.

»Unser Wissen über die Bronzezeit ist auf dem Stand der Achtzigerjahre«, beklagt François Bertemes, Direktor des Instituts für Prähistorische Archäologie an der Universität Halle. Obwohl die riesigen Verkehrsprojekte im Zuge der deutschen Einheit Myriaden neuer Funde brachten. Im archäologischen Alltag jedoch, der von Rettungsgrabungen und Stellenabbau bestimmt ist, bleibt für deren Auswertung kaum Zeit.

Die Rätsel der Bronzezeit

Daran soll sich nun etwas ändern. »Der Aufbruch zu neuen Horizonten« heißt denn auch das DFG-Forschungsprojekt, das sich unter Bertemes‹ Ägide der Frühbronzezeit widmen wird, die in Mitteleuropa von 2200 bis 1600 v. Chr. dauerte. Dem Forschungsverbund gehören neben den Universitäten von Halle und Jena die TU Bergakademie Freiberg und Mellers Landesamt für Archäologie an sowie das Institut des Bochumer Astronomen Schlosser. Zu den 3,6 Millionen Euro DFG-Förderung kommt mindestens noch einmal die gleiche Summe an Eigenmitteln. So will man endlich Licht in das Dunkel der Bronzezeit bringen.

100112

Die Plejaden sind auf der Himmelsscheibe von Nebra deutlich zu erkennen. In der Bronzezeit markierten sie den 10. März, wenn sie sich am Westhimmel mit dem Sichelmond zeigten; waren sie mit dem Vollmond zu sehen, markierten sie den 17. Oktober.

Da gibt es Rätsel genug zu lösen: In den letzten Jahren entdeckte man in Sachsen-Anhalt per Luftprospektion zwölf Kreisgrabenanlagen, die frühe Himmelsobservatorien gewesen sein könnten. Bisher galten sie als jungsteinzeitlich, doch eine erste Sondierung zeigt: Sie gehören in die Zeit der Himmelsscheibe. Oder das Rätsel um die frühbronzezeitlichen Höhensiedlungen, von denen man kaum mehr als die Mauern kennt: Waren es erste Burgen? Fürstensitze? Fluchtorte für Notzeiten? Niemand weiß es.

»Vor kurzem glaubte man noch, rund zwanzig Prozent von dem, was im Boden ist, gefunden zu haben«, sagt Bertemes. »Heute schätzt man, es seien allenfalls zwei bis drei Prozent.« Wie viel Erkenntnisgewinn indes schon ein einziges Stück bringen kann, demonstriert eindrucksvoll der mittlerweile weltberühmte Fund von Nebra.

Wenn Harald Meller die Scheibe in seinen weiß behandschuhten Händen dreht, funkeln die Sterne im

Neonlicht. Nach ihrer Restaurierung ist die Scheibe schöner denn je. Für den Landesarchäologen ist dieser Anblick das ganz persönliche Happy End eines Krimis. Wollte man den verfilmen, müsste er so beginnen: Mitten im Wald graben zwei Männer ein Loch. Der eine hebt etwas auf und flucht: »Doofer Eimerdeckel!« Sie hacken und buddeln weiter. Plötzlich ein Schrei: »Gold!« Die beiden ziehen Schwerter und Beile aus der Erde. Schnell stopfen sie alles in einen Sack, auch den Eimerdeckel. Dann verschwinden sie.

»An dieser Stelle hat die Hacke der Raubgräber die Scheibe getroffen.« Meller deutet auf eine Delle am oberen Rand. Auch ein Stück Gold von dem Ornament, das lange für die Sonne, nun aber für den Vollmond gehalten wird, schlugen sie ab. Es wurde rekonstruiert. »Der vermeintliche Eimerdeckel weichte drei Tage in Seifenwasser ein«, erzählt Meller, »und wurde dann von den Räubern mit Akopads geschrubbt.« Das Ergebnis hatte der Landesarchäologe zuerst nur auf unscharfen Bildern zu sehen bekommen. Ein Berliner Museum, dem der Fund zum Kauf angeboten worden war, hatte sich an ihn gewandt. Gemeinsam mit der Polizei machte er sich auf die Suche – geplagt von der Vorstellung, das einmalige Stück könnte in einem amerikanischen Tresor landen.

Endlich fand er die Hehler. In Basel wollten sie ihm die Scheibe für 700 000 Mark verkaufen. Die Schweizer Polizei warnte Meller, die Sache nicht auf die leichte Schulter zu nehmen. »Wir wollen Sie da lebend rausholen«, sagte der Einsatzleiter, »der grüne Pizzateller interessiert uns nicht.« Der Museumsmann machte seine Sache bestens; die Falle schnappte zu. »Es war ein großes Glück, dass die Polizei den gesamten Fund sicherstellen konnte«, sagt er heute. Also auch die Schwerter, zwei Beile, einen Meißel und Armspiralenbruchstücke. Und genauso war es ein Glück, dass die später gefassten Raubgräber den Fundort verrieten und dieser kriminologisch zu verifizieren war: der 252 Meter hohe Mittelberg bei Nebra an der Unstrut.

Harald Meller macht auf eine Schramme an der Rückseite der Himmelsscheibe aufmerksam. Da erprobte der bronzezeitliche Schmied die Schärfe des Meißels. Das für die Bronze benötigte Kupfer, so fand der Archäometallurgie-Professor Ernst Pernicka heraus, stammt aus den Ostalpen, vom Mitterberg bei Bischofshofen. Auf der Rückseite sind auch Schmiedespuren erkennbar, die Scheibe wurde nicht gegossen, sondern aus einem Bronzefladen ausgetrieben. Wann das geschah, ist ungewiss. Die Beifunde deuten darauf hin, dass der Bronzeschatz um 1600 v. Chr. in der Erde vergraben wurde. Da kann die Scheibe schon 100 Jahre alt gewesen sein, meint Bertemes, oder 400, wie Meller glaubt. Spannend ist das, weil die Scheibe nicht in einem Arbeitsgang entstand, sondern im Laufe der Zeit erhebliche Veränderungen erfuhr.

Die Urscheibe zeigte allein die Monde mitsamt Sternen, die Plejaden inklusive. Später kamen links und rechts Horizontbögen hinzu. »Man erkennt, wo dafür Sterne versetzt wurden.« Die Bögen sind aus einem anderen Gold gefertigt als die Himmelskörper. Mit ihnen erhielt die Scheibe eine zweite Botschaft.

Wolfhard Schlosser entdeckte, dass der rechte Bogen – hält man die Scheibe horizontal – den Bereich bezeichnet, in dem die Sonne während eines Jahres aufgeht, die Enden also die Sonnenwenden angeben. Das obere Ende bezeichnet den 21. Juni, das untere den 21. Dezember. Der linke Bogen, der bereits in antiker Zeit verloren ging, markiert die Sonnenuntergänge.

Die Sommersonnenwende ließ sich auch von der in prähistorischen Zeiten unbewaldeten Kuppe des Mittelbergs beobachten: Am 21. Juni geht die Sonne genau hinter dem Brocken unter. Da die prähistorischen Wälle auf dem Mittelberg keinen wehrhaften Charakter besitzen, vermutet man, ein vorgeschichtliches Observatorium gefunden zu haben mit der Himmelsscheibe als passendem Kultgerät. Von der Festlegung kalendarischer Fixpunkte im Jahreszyklus waren die Bauern schließlich auf Gedeih und Verderb abhängig.

Für die Wissenschaft ein Geschenk der Götter

»Wir können in der Archäologie durch die Isotopenanalyse der Zähne mittlerweile genau sagen, wo die Menschen aufgewachsen sind. Wir können sagen, was sie gegessen haben, wie ihre Häuser und Siedlungen aussahen«, erklärt Meller. »Über die geistige Welt jedoch können wir fast nichts in Erfahrung bringen, sie nur mittelbar nachvollziehen.« Und deshalb sei die Himmelsscheibe von Nebra für die Wissenschaft ein Geschenk der Götter.

Es könnte sich um das zweidimensionale Bild eines dreidimensionalen Weltmodells handeln, heißt es in der Ausstellung. Die Scheibe zeige den Blick in den Himmel, der sich über die flache Erde wie eine Kuppel spannt. Und ist die Sonne untergegangen, dann fährt sie auf dem Schiff zu ihrem Ausgangspunkt zurück. Aber mehr als Spekulation kann so eine Weltbild-Rekonstruktion derzeit nicht sein.

Die motivischen Veränderungen erschweren es, die Scheibe auf eine Deutung oder Funktion festzulegen, zumal später ein mythisches Element hinzukam. Unten wurde ein Bogen eingepasst, den die Archäologen für ein Schiff halten: Die kleinen Striche an seinen Rändern deuten die Ruderer an. Man kennt sie von bronzezeitlichen Schiffsdarstellungen aus Griechenland und Skandinavien. Ob die Scheibe in einem vierten Schritt rundum gelocht wurde, um sie aus kultischen Gründen irgendwo aufzuhängen, vermag derzeit niemand zu sagen.

Meller lässt seinen Schatz wieder in den Tresor bringen. Im Museum wird derweil gehämmert und gezimmert. Den Innenhof überwölbt ein golden leuchtendes, monumental vergrößertes Schiff, eine Sonnenbarke. »In der nordischen Welt finden wir überall solche Schiffe«, erklärt der Direktor. »Wir zeigen auch die Flotte kleiner Goldschiffchen aus einem Grabhügel im dänischen Nors.« Oft symbolisiert ein Schiff den Transport der Sonne bei Nacht. Manchmal wird die Sonne aber auch mithilfe von Pferden vom Tages- auf das Nachtschiff umgeladen – wie beim berühmten Sonnenwagen von Trundholm.

Ob die Idee einer Sonnenbarke aus dem Norden vermittelt wurde oder gar aus Ägypten kam – das ist eine zentrale, aber schwer zu klärende Frage. »Nachweisbar ist das wenigste«, sagt François Bertemes, der Koordinator des Bronzezeitprojekts. Umso wichtiger ist es, das Fernhandelsnetz zu rekonstruieren, das sich in der frühen Bronzezeit herausbildete. Denn die Bronzezutaten

In Goseck wurde eine kreisförmige Anlage ausgegraben, die auf systematische astronomische Beobachtungen schließen lässt – Rekonstruktion des ältesten Sonnenobservatoriums Europas, wie es vermutlich zur Wintersonnenwende vor etwa 7000 Jahren ausgesehen hat (Zeichnung: Karol Schauer).

Kupfer und Zinn waren nicht allerorten vorhanden, sondern mussten über weite Entfernungen gehandelt werden.

Nun versucht das DFG-Projekt, Fakten zu schaffen. Die Erzlagerstätten der Region sollen analysiert sowie alle bronzezeitlichen Gegenstände im Museum archäometallurgisch untersucht werden. Die Ergebnisse fließen mit Grabungsbefunden und ökologischen Daten in eine Datenbank. So soll aus Abertausenden Details ein prähistorisches Panorama zusammengepuzzelt werden, das Siedlungen, kultische Orte und Handelswege genauso verzeichnet wie kulturelle Kontakte. Denn Bertemes wie Meller sind überzeugt: »Wo Waren reisen, reisen auch Ideen.«

Wer den Handel kontrollierte, häufte Macht und Reichtum an. An die Stelle der jungsteinzeitlichen, nach Abstammungsgruppen geordneten bäuerlichen Gemeinschaften traten Stämme mit Häuptlingen an der Spitze, erklärt Bertemes. Um diese Elitebildung zu verfolgen, wird nicht nur das Fürstengrab von Leubingen unweit von Nebra neuerlich untersucht, sondern auch das jüngst entdeckte Gräberfeld von Esperstedt, dessen 800 Bestattungen bis in die mittlere Bronzezeit reichen.

Wo Macht akkumuliert wird, reichert sich Wissen an. Wo dasjenige der Himmelsscheibe herkommt, interessiert die Forscher brennend. Klar ist: Es reicht weit zurück. Hinweise auf systematische Himmelsbeobachtungen finden sich schon 3000 Jahre früher, etwa bei der aus Palisaden gebildeten Kreisgrabenanlage von Goseck, die Bertemes kaum zwanzig Kilometer vom Mittelberg entfernt ausgegraben hat. Solche Anlagen machten dann in Westeuropa Karriere; die berühmteste, in Stein ausgeführt, ist Stonehenge. Später tauchen sie wieder in Mitteldeutschland auf. Für Wolfhard Schlosser ist die Himmelsscheibe gewissermaßen die »TÜV-Plakette« für Goseck und Stonehenge, bei denen bisher der Beweis für ihre astronomisch-kalendarische Nutzung fehlte.

Warum aber wurde eine solche Kostbarkeit in der Erde deponiert? So genannte Hortfunde aus der Bronzezeit gibt es zu Tausenden. Lange Zeit hielten Wissenschaftler sie für versteckte Schätze. Mittlerweile wissen sie, es sind Gaben an die Götter, und zwar solche mit Hintersinn: Für das Opfer erhoffte man göttliche Gunst. Da auch Harald Meller seine Botschaften gerne in Bilder kleidet, hängt im Museum eine Waage im Gleichgewicht: Die linke Schale ist gefüllt mit einem gewaltigen Hort bronzener Beile, die rechte mit gleißend göttlichem Licht.

Das sagenhafte Forschungsprogramm zeigt, was für ein Glücksfall die Scheibe von Nebra für die Archäologie ist. Ohne diesen Jahrhundertfund hätten derart fundamentale Untersuchungen nicht angestoßen werden können. Natürlich trägt dazu das große Interesse der Öffentlichkeit bei. »Wir bekommen Geschenke zuhauf«, sagt Meller, »Himmelsscheiben, gebacken oder gehäkelt.« Und die Briefe füllen ganze Aktenordner. Das Museum versucht, sie alle zu beantworten. Einer Frau, die vermutete, bei der Himmelsscheibe handele es sich um eine Zeitmaschine, schrieb Meller zurück, das dürfe er leider nicht überprüfen. Denn beim Zeitreisen verschwinde die Himmelsscheibe – und das verbiete das Denkmalschutzgesetz.

14. Oktober 2004

Ägypten

Sinn für das Angemessene und für Anstand

Die Ägypter liebten gesellige Entspannung – und weil sie das Leben so schön fanden, wollten sie ewig leben

Von Gerhard Prause

Mehr als 5 000 Einzelstücke wurden im Grab des Tut-ench-Amun gefunden; 55 wurden in Berlin gezeigt. Es sind zweifellos sehr schöne, eindrucksvolle, bedeutende Exponate, aber vielleicht gerade deswegen wird hier wieder einmal – wie bei Ägyptenausstellungen so oft – das Fremde, Rätselhafte, ja Abweisende dieser drei, vier, fast fünf Jahrtausende alten Hochkultur betont. Wieder bleibt bei aller Bewunderung ein zu großer Rest des Unbegreiflichen, wie ihn vor 2 000 Jahren schon der Römer Octavian-Augustus in Ägypten empfand und beim Anblick tiergestaltiger Götterstatuen auf brutale Weise zum Ausdruck brachte: »Nur Götter pflege ich zu verehren, nicht Ochsen.«

100563

So traurig die Goldmaske des Tut-ench-Amun auch zu blicken scheint, im Leben waren die Ägypter keine Kinder von Traurigkeit.

Dabei hatte Octavian noch das Glück, einer bei aller Göttlichkeit höchst menschlichen Königin zu begegnen, nämlich Kleopatra. Allerdings war Kleopatra, die letzte Herrscherin auf Ägyptens Königsthron, keine Ägypterin, sondern eine Griechin. Aber auch ihre ägyptischen Vorgänger, auch Tut-ench-Amun, der durch seine vor 3 200 Jahren von Goldschmieden gearbeitete elf Kilogramm schwere Goldmaske traurig aus seinem ewigen Leben herüberzublicken scheint, haben gelebt, waren Menschen. Und viele der 5 000 Fundstücke aus Tut-ench-Amuns Grab, die in Kairo blieben, erinnern mehr an den Lebenden als an den Toten (mögen sie auch nicht gar so spektakulär sein).

Zum Beispiel einige seiner Kleidungsstücke: Roben, Schals, Kragen, die Imitation eines Leopardenfells, Sandalen, Handschuhe. Dann Möbel, die mehr an praktischen Gebrauch als an königliche Repräsentation denken lassen, wie etwa ein dreiteiliges, doppelt faltbares

Klappbett. Sportgeräte, Wurfhölzer, Bumerangs und Gebrauchsgegenstände, wie zum Beispiel ein Feuerzeug. Und drei Dutzend Vorratskrüge mit Rückständen verdunsteter Weine, deren Aufschriften Herkunft, Jahrgang und Winzer angeben.

Wie aus vielen schriftlichen Überlieferungen hervorgeht, haben die Ägypter gern gelebt. Es wäre ganz falsch, ihren aufwendigen Totenkult als Abwendung vom Leben zu verstehen; er war Verlängerung des Diesseits bis in alle Ewigkeit.

Gerade weil sie Freude am Leben hatten, am Fröhlichsein und Festefeiern, am reichlichen Essen und Trinken, am Familienleben mit möglichst vielen Kindern, aber auch im Arbeitsalltag, etwa als gut bezahlte Beamte, als angesehene Priester, als Offiziere, Steuereinnehmer, Goldschmiede, Kunsthandwerker, als Schreiber oder Aufseher, wollten sie ihr Leben immer weiterleben.

Ramses und die Steinbrucharbeiter

Es gab ja viele geachtete Berufe im alten Ägypten, wo alles höchst bürokratisch zuging, allerdings auch solche, in denen die Arbeit hart und anstrengend war, wie etwa in den Steinbrüchen. Aber sogar für die Arbeit in den Steinbrüchen und in den Goldminen gilt ebenso wie für die Arbeit der vielen Bauhandwerker, der Ziegelmacher, ja überhaupt für alle von den Königen geforderten Arbeiten, dass sie entgegen einer längst überholten Meinung »keine Versklavung des Volkes« bedeutete, sondern – so der Ägyptologe Eberhard Otto – »dass ein ... großartiges System der staatlich organisierten und religiös fundierten Fürsorge dahinter stand. Es hat offenbar eine Art staatlicher Arbeitsverpflichtung bestanden, die vor allem die während der Überschwemmungsmonate brachliegenden Arbeitskräfte zu Bauvorhaben heranzog, zu einer Jahreszeit also, wo zugleich der Transport des Baumaterials, der in Ägypten immer zu Schiff erfolgte, am bequemsten durchzuführen war. Die Arbeitsleistung zu dieser Jahreszeit aber bedeutete, da sie gegen Entgelt erfolgte (Abrechnungen darüber sind erhalten), die wirtschaftliche Sicherstellung eines zahlenmäßig großen Teils der Bevölkerung«.

Wie sehr der Pharao um das Wohl der Arbeiter in den Steinbrüchen besorgt war (oder besorgt sein musste), zeigt eine Rede Ramses II., die er nach einem Besuch in den Steinbrüchen in den Roten Bergen auf eine Stele meißeln ließ und in der er seine Fürsorge für die Steinbrucharbeiter auf ewig festhalten wollte. Da heißt es:

»Ich verbessere eure Lage, denn ich sage, wenn ihr mit Liebe für mich arbeitet, werde ich durch euer Wohlergehen gestärkt werden. Reiche Vorräte werden euch übergeben, und ich hoffe, dass ihr leben und die Arbeiten durchführen werdet, ... Ich lasse euch nicht einen Tag ohne Lebensmittel. Außerdem wird jeder von euch für jeden Monat bezahlt. Ich habe für euch Speicher mit Dingen aller Art angefüllt, mit Backwerk, Fleisch und Kuchen, euch zu ernähren, mit Sandalen, Kleidern und verschiedenartigen Duftessenzen, damit ihr eure Häupter alle zehn Tage salben könnt und das ganze Jahr über mit Kleidung versehen seid, dass ihr gutes Schuhwerk an den Füßen habt und keiner von euch die Nacht voll Furcht vor dem Elend zubringe. Ich habe Männer verschiedener Rangstufen dazu bestimmt, euch selbst während der Hungerjahre Nahrungsmittel zu beschaffen, Leuten aus den Sümpfen gab ich den Auftrag, euch Fische und Wildbret zu bringen, andere Männer wieder bestimmte ich zu Gärtnern, damit ihr bekommt, was euch zusteht. Ich habe eine Töpferwerkstatt eingerichtet und lasse Tongefäße herstellen, in denen in der heißen Jahreszeit euer Wasser kühl bleiben wird ... Ich habe alles dies getan, weil ich mir sagte: Solange ihr lebt, werdet ihr den gleichen Eifer zeigen und für mich arbeiten.«

Die Arbeiter drohten mit Streik

In der Praxis sah es freilich nicht immer so rosig aus, wie Ramses es dargestellt hat. Manchmal kamen die Arbeiter mit den monatlich gefassten Rationen nicht aus. Im so genannten Turiner Papyrus ist ein solcher Fall geschildert. »Wir sterben vor Hunger, und es sind noch 18 Tage bis zum nächsten Monat«, klagten dort Arbeiter und drohten: »Wir kehren nicht zurück, sagt dies euren Vorstehern.« Daraufhin prüften Beamte die Lage: »Wir gingen zu den Arbeitern, um sie anzuhören, und sie sagten uns wahre Worte.« Als dennoch nichts für sie getan

100264

Das Fragment einer Wandmalerei aus dem Grab des Nebamun (Theben, um 1350 v. Chr.) zeugt von sehr diesseitigen Freuden. Nebamun steht mit Frau und Sohn in einem Boot und wirft nach einen Vogelschwarm. Die große Ente im Bug scheint als erotisches Symbol ebenso wie die aufwendige Aufmachung der Frau auf eine sexuelle Bedeutung hinzuweisen.

wurde, drohten die Arbeiter, die Vorratsspeicher aufzubrechen, doch hielt einer von ihnen noch eine Ansprache an die Beamten: »Vom Hunger getrieben und vom Durst gequält kommen wir. Wir haben keinen Stoff mehr, wir haben kein Öl, keinen Fisch und kein Gemüse mehr. Schickt zum Pharao, unserem Herrn, damit er uns Lebensmittel liefere.« Die Probleme wurden gelöst, indem sofort zusätzliche Rationen ausgegeben wurden, und die Ausgabe von da an täglich erfolgte.

Zu solchen und ähnlichen Schwierigkeiten wird es immer wieder gekommen sein. Indessen zeigt die Darstellung zugleich, dass die Arbeiter sich nicht alles gefallen ließen. Natürlich war ihr Lebensstandard mit dem höherer Beamter und reicher Leute überhaupt nicht zu vergleichen. Die wohnten in geräumigen, mehrstöckigen Häusern mit schattigen Gärten, zu denen häufig ein von Seerosen bewachsenes Bassin gehörte, auf dem Boot gefahren werden konnte und wo Wasservögel schwammen. Die Ägypter hatten eine große Liebe zu Tieren und hielten deswegen vielerlei Haustiere, vor allem Hunde, Affen, Katzen und Gänse.

Von der Landbevölkerung und von den Handwerkern ist überliefert, dass sie an Herbst- und Winterabenden bei Licht saßen, bei Lampenlicht. In den Lampen brannte Rizinus- oder Olivenöl. Also waren auch diese Schichten keineswegs verarmt. Natürlich hatten auch die wohlhabenderen Leute ihre Häuser abends beleuchtet. Sie nutzten die Abende zum Lesen und zum Schreiben, und ihre Söhne, die möglichst den Posten des Vaters übernehmen sollten, mussten manchmal bis in die Nächte hinein lernen. Wer ein guter Beamter oder auch nur Schreiber werden wollte, musste viele Jahre lang die Schule besuchen.

Das Studium der Grammatik und der Schrift, die Kenntnis der klassischen Texte und Göttergeschichten reichten nicht aus. Ägyptische Beamte mussten vielseitig sein. Von einem ist bekannt, dass er seine Laufbahn im Polizeidienst begann und Richter wurde, dann in die Ferne musste, um wertvolles Gestein zu suchen, sich danach im Schiffbau betätigte und schließlich den Bau von Kanälen beaufsichtigte. Überliefert ist auch ein Fragenkatalog, bei dem es sich wahrscheinlich um Examensfragen für angehende Beamte oder Offiziere handelt:

Wie groß ist die Ration einer Truppe im Krieg? Wie viel Ziegel erfordert der Bau einer Rampe von gegebenen Ausmaßen? Wie viel Menschen sind zum Transport eines Obelisken nötig? Wie wird ein Koloss aufgestellt? Wie wird ein militärisches Unternehmen organisiert? Und abschließend kamen noch mehrere Fragen über die Geographie Syriens.

Überliefert sind Klagen von Lehrern über faule Schüler. Und Drohungen: »Wenn du nur einen Tag nachlässig bist, wirst du geschlagen werden. Das Ohr des jungen Menschen ist auf seinem Rücken, er hört nur auf den, der ihn schlägt.« Und einmal – vor fast vier Jahrtausenden – beklagt ein Lehrer, dass einer seiner Schüler ein lockeres Leben führt und trinkt:

»Ich höre, dass du die Schriften verlässt und dass du dich dem Tanze widmest. Du ziehst von Schenke zu Schenke, und Biergeruch begleitet jeden deiner Schritte. Du bist wie ein Tempel ohne Gott, wie ein Haus ohne Brot. Man sieht dich an den Mauern hintorkeln, die Menschen fliehen vor dir. Ach, könntest du erkennen, dass der Wein ein Gräuel ist, könntest du den Becher vergessen!«

Getrunken wurde viel bei den Ägyptern. Man trank Wein, und zwar Süßwein, der süß wie Honig war, und vor allem Bier, das Nationalgetränk. Bier wurde zu Hause, auf dem Felde, auf den Schiffen, in den Schenken getrunken. Zubereitet wurde es aus Gerste oder Weizen mit Datteln. Sobald der gewonnene Saft in Gärung übergegangen war, wurde er in Krüge gefüllt, die mit einem Deckel aus Gips abgedichtet wurden. Und dann war das Bier versandfertig. Das nahrhafte Bier gab es zu jeder Mahlzeit. Kein Wunder, dass die ägyptischen Männer, wie die vielen Darstellungen in Gräbern und die Statuen der Pharaonen zeigen, offenbar recht rundlich waren; Tut-ench-Amun bildet da eine Ausnahme, aber er wurde ja nur 19 Jahre alt.

Bier war das ägyptische Nationalgetränk. Es wurde aus Gerste oder Weizen mit Datteln zubereitet. Die Grabbeigabe aus Ton zeigt einen Diener beim Bierbrauen (27.–22. Jh. v. Chr.; Paris, Louvre).

100880

100264

Körperpflege wurde in Ägypten groß geschrieben. Eine Vielzahl von Schminkutensilien und Gefäßen sind erhalten geblieben, etwa dieses Salbgefäß (1400–1300 v. Chr.; Turin, Museo Egizio).

Nochmals: Sie haben gern gelebt, die Ägypter. Sie hatten Sinn für gesellige Entspannung und für das liebenswert Unnütze, sie waren elegant und legten viel Wert auf Reinlichkeit und Körperpflege. Sie waren friedlich, und anders als andere Mittelmeervölker, denen wir uns sehr viel näher wissen, haben sie sich trotz ihrer kulturellen Überlegenheit nicht als imperialistisches Herrenvolk aufgespielt. Das ist kein Zufall und war bestimmt nicht die Folge von Bequemlichkeit. Die Ägypter entwickelten einen Sinn für das Angemessene und Rechtliche, für geselligen Anstand und für die Notwendigkeit, Maß zu halten.

Weil die Quellen dies ganz deutlich machen, ist es auch nicht möglich, die Rede Ramses II. an die Arbeiter im Steinbruch als politische Lüge abzutun. Hinzu kommt, dass die Furcht vor dem »Wägen der Taten« bei allen Ägyptern groß war, die Furcht, jene schwere Prüfung, der die Verstorbenen vor dem Eintritt ins Totenreich unterzogen wurden, nicht zu bestehen. Um das ewige Leben zu erreichen, genügte es nicht, sich sein Grab zu bauen, es mit Vorräten zu versehen und seinen Körper mumifizieren zu lassen.

»Rechne nicht darauf, dass die Jahre lang sind«, schrieb ein Pharao seinem Sohn, »das Leben verrinnt wie eine Stunde. Nach dem Tod lebt der Mensch aber weiter, und seine Taten werden neben ihm aufgehäuft. Derjenige, der dann ohne Sünde vor die Richter der Toten tritt, wird dort wie ein Gott sein und frei dahinschreiten wie die Herren der Ewigkeit.«

Um dieses Ziel zu erreichen, ließ man die Schüler in den Schulen Sätze aufschreiben wie diesen: »Willst du, dass dein Zustand gut sei und du dich bewahrst vor allem Bösen, so hüte dich vor der Habgier. Ein Mann besteht, dessen Richtschnur das Recht ist und der den ihm vorgezeichneten Weg geht. Er macht ein Vermögen dabei, aber der Habgierige bleibt ohne Grab ... Wenn du ein Mann in leitender Stelle bist, so sei geduldig, wenn du die Rede eines Bittstellers hörst. Weise ihn nicht ab ..., schon gutes Zuhören glättet das Herz.«

Oder, aus der Lehre des Königs Achthoes II. für seinen Sohn Merkbare, um 2100 v. Chr.: »Tue das Rechte, solange du auf Erden weilst; beruhige den Weinenden, quäle keine Witwe, verdränge keinen Mann aus dem Besitz seines Vaters ... Hüte dich davor, ungerecht zu strafen. Sei nicht böse; freundlich sein ist gut.«

Und vor 3 000 Jahren hieß es in der Lehre des Amenophis: »Wenn du einen großen Schuldenrückstand bei einem Armen findest, so teile ihn in drei Teile, davon lass zwei fallen – das wirst du wie die Wege deines Lebens finden. Als Menschenfreund gelobt zu werden, ist nützlicher als Reichtum im Vorratshause.«

Freilich wird nicht jeder nach solchen Lehren gehandelt haben. Aber mit ihnen war die sittliche Zielsetzung gegeben. Erst später, viel später kamen Zweifel auf und wurden immer größer, Zweifel an der Wirklichkeit des ewigen Lebens. Da wurden dann – wie Herodot erzählt – auf Trinkgelagen Sargbilder der Verstorbenen gezeigt, und der Gastgeber sagte jedem seiner Gäste: »Betrachte diesen und dann trink und sei fröhlich, denn wenn du tot bist, dann wirst du sein wie dieser!« – Und in einem thebanischen Grab endet ein Gedicht mit derselben Skepsis: »Niemand, der fortging, kam wieder.«

29. Februar 1980

Ägypten

Apophis und die Sandbank

Aus der Werkstatt eines Ägyptologen: Wie der Kalender des ibisköpfigen Thoth entschlüsselt wurde

Von Christian Leitz

Auf den Beginn der Ramessidenzeit, etwa um 1310 v. Chr., fiel ein seltenes Ereignis in Ägypten: der Zusammenfall des tatsächlichen und des ideellen Kalenders, eine Erscheinung, die die Griechen später Apokatastasis nannten. Das Neujahr begann bei den Ägyptern, wenn Sirius, der hellste Stern des Himmels, erstmalig wieder nach einer längeren Periode der Unsichtbarkeit am Morgenhimmel sichtbar wurde. So wanderte dieses astronomische Ereignis durch den ägyptischen Kalender, der mit 365 Tagen um einen Vierteltag zu kurz war. Nur alle 1 460 Jahre fiel der Frühaufgang des Sirius tatsächlich für vier Jahre auf den Morgen vor dem Neujahrstag; dann begann die Wanderung erneut.

80662

Sirius ist der hellste Stern am Nachthimmel (links im Bild neben dem Sternbild Orion) und gehört zum Sternbild Großer Hund. In Ägypten wurde er als »Bringer des neuen Jahres und der Überschwemmungen« verehrt.

Für dieses große Ereignis wurde von den Priestern des Re-Tempels in Heliopolis, das wohl das religiöse Zentrum in Ägypten war, ein Kalender entworfen, den angeblich der ibisköpfige Schreibergott Thoth selbst zusammengestellt hat. Dieses Werk ist auf zwei Papyri in London und in Kairo erhalten und erstmalig im Rahmen meiner Habilitationsschrift näher untersucht worden. Auf etwas mehr als fünfzig Kolumnen, unseren Seiten vergleichbar, werden alle 365 Tage des Jahres behandelt. Jeder Tag wird als gut oder schlecht bewertet, darüber hinaus finden sich zumeist detaillierte Angaben über das Geschehen in der Götterwelt an dem betreffenden Tag, in einigen Fällen auch noch Handlungsanweisungen für den Kalenderbenutzer. Die meisten der beschriebenen Handlungen kommen nur in diesem Kalender vor, einige weisen auch Parallelen zu anderen mythologischen Texten auf.

Was man sich bislang nicht erklären konnte, war die Art der kalendarischen Zuordnung. Warum fällt ein bestimmtes Ereignis X genau auf den Tag Y und nicht auf einen anderen? Eine Tradition existierte nach unserem Kenntnisstand nicht; die bis dahin bestehenden Festdaten hätten zahlenmäßig bei weitem nicht ausgereicht, um alle Tage des Jahres zu besetzen. Eine Möglichkeit war es, genaue Naturbeobachtungen anzustellen. Da viele ägyptische Götter gleichzeitig auch Naturphänomene darstellen, wie beispielsweise Re für die Sonne steht oder Thoth für den Mond, war es leicht möglich, in den jahreszeitlich abhängigen Naturereignissen Handlungen von Göttern zu sehen, die jene hervorriefen oder verkörperten.

Mitte Juni, ungefähr zur Zeit der Sommersonnenwende, begann in Ägypten der Nil zu steigen und die Felder zu überfluten. Die Ägypter, die vermutlich keine Kenntnis von den Regenfällen im äthiopischen Hochland hatten, sahen hierin eine Aktivität des Sonnengottes; der Kalender berichtet wenige Tage vor der Sonnenwende, dass Re den Nilgott in seinem Quellloch günstig gestimmt habe. In den meisten Fällen sind die Kalendereinträge jedoch nicht so eindeutig.

Ein Grundprinzip ägyptisch religiöser Literatur ist das Geheimnisvolle, das bei vielen Gelegenheiten aus-

100563

Nur für Insider erschlossen sich ägyptische religiöse Darstellungen. Diese Vorstellung des Sonnenlaufs deutet die als höchste Gottheit verehrte Sonne mythisch aus. Der Ausschnitt eines Deckengemäldes aus dem Grab Ramses' VI. in Theben zeigt rechts das Verschlucken der Sonne am Abend (12. Jh. v. Chr.).

drücklich betont wird. Die Informationen sollen sich nur dem Kundigen erschließen, keinesfalls soll dieser sie an Dritte weitergeben. Der Autor des Kalenders hat sich hierzu einiges einfallen lassen. So hat er beispielsweise Texte mithilfe der Amphibolie, der sprachlichen Doppeldeutigkeit, verschlüsselt. 17 Tage vor dem deutlichen Anstieg der Nilflut liest man den kurzen Eintrag: »Schaffen des Unglücks«. Die beiden ägyptischen Wörter können mit den gleichen Konsonanten – und nur in diesen liegt die Bedeutung bei semitischen Wörtern – auch übersetzt werden als »Sandbänke des Elends«, die tatsächlich zu dieser Jahreszeit Ende Mai entstehen. Auf der mythologischen Ebene ist die Schlange Apophis für die Entstehung der Sandbänke verantwortlich, die das Nilwasser einschlürft und damit den ganzen Kosmos bedroht. Die Ägypter haben hierfür mithilfe eines Wortspiels das Bild von der Schlange gefunden, »die auf ihrem Bauch geht und deren Stärke ihre Rückenwirbel sind«. Das Wort für die Rückenwirbel weist den gleichen Konsonantenbestand auf wie die Sandbänke. Entstehen nun 17 Tage vor dem Beginn der Nilflut die Sandbänke, so wusste der gebildete Leser, wer ihr Urheber ist.

17 Tage nach Beginn der Überschwemmung – in Ägypten herrschte eine große Vorliebe für Symmetrie – wird im Kalender mitgeteilt, dass die Schlange Apophis auf ihren Rücken gefallen sei inmitten der Flut. Soll heißen, ihre Wirbel sind unschädlich, die Sandbänke wieder vom Nil überspült.

Schon dieses Beispiel lässt erkennen, worin das eigentlich Faszinierende jenes Textes liegt. Die einzelnen Kalendertage sind inhaltlich miteinander verknüpft, aber so, dass sich die Art der Verbindung auch dem Ägypter erst durch mehrfaches Lesen und Vergleichen erschließen konnte. Ohne die vorherige Erkenntnis der Amphibolie (der Sandbänke) an dem einen Tag und des symmetrischen Abstands zu einem weiteren Tag musste ihm die Aussage »Apophis ist auf seinen Rücken gefallen« an einem anderen Tag, vom ersten durch mehr als dreißig Kolumnen getrennt, als ein belangloses Detail erschienen sein. Die Kunst des unbekannten Priesters, der diesen Kalender verfasste, lag in einer doppelten Beschränkung. Er musste, auf möglichst engem Raum, gerade so viel Information geben, dass ein Verständnis des Textes dem Eingeweihten noch möglich war, um das Geheimnisvolle des ganzen Traktates zu wahren.

6186

Auch der Nil mit seinen für die Landwirtschaft so wichtigen Überschwemmungen bestimmte den ägyptischen Kalender wesentlich.

Auf der anderen Seite durfte er aber auf dem Weg der Verschlüsselung auch nicht zu weit gehen. Denn ein Text, der keinerlei Möglichkeiten zur Entschlüsselung enthält, ist nicht geheimnisvoll, sondern sinnlos. Der unbekannte Priester war in jedem Fall bestrebt, die Bindung eines Themas an einen Kalendertag möglichst mehrfach zu motivieren. So lässt er die Verwandlung in den Phönix, in ägyptischen Darstellungen ein Grau- oder Purpurreiher, auf den zwölften Tag des vierten Überschwemmungsmonats fallen (ungefähr der 16. Oktober) – im September und Oktober treffen diese Zugvögel in Ägypten ein. Warum aber galt ihm unter gut sechzig möglichen Tagen gerade der zwölfte Tag des vierten Monats als geeignet? Hierauf lassen sich zumindest zwei Antworten geben. Nach einem anderen Ordnungsprinzip sind die einzelnen Kalendertage potenziell Tagesstunden gleichsetzbar, der zwölfte Tag also der zwölften und letzten Tagesstunde, und am Ende dieser Stunde betrat der Sonnengott als Phönix die Unterwelt.

Wollte man auch dieses Prinzip berücksichtigen, schrumpfte die Auswahl von sechzig auf zwei Tage. Die Entscheidung für den einen Tag konnte im einen Fall leicht fallen, begannen doch einer anderen Tradition zufolge am zwölften Tag des vierten Monats die Osiris-Mysterien. An ihrem Anfang stand der Tod des Osiris und seine Verwandlung in den Phönix. Gab es somit für diesen Kalendertag drei unterschiedliche Gründe, gerade auf ihn die Verwandlung in den Phönix zu legen, so gelang es dem Kalenderschöpfer bei anderen Tagen, die Platzierung eines Ereignisses sechs- oder gar siebenfach zu begründen. Insgesamt konnten zehn verschiedene Prinzipien der Kalendersystematik festgestellt werden, mit Hunderten von solchen Begründungen und Verknüpfungen der einzelnen Tage.

Sie alle dienten nur einem Ziel: die ägyptische Welt und ihre bis dahin zeitlosen Mythen mithilfe des Kalenders zu ordnen und alle periodisch wiederkehrenden Naturereignisse in einen vollkommenen und theologisch begründbaren Rahmen einzufügen. Dabei sollten der Zufall und das Unregelmäßige ausgeschaltet werden, wie während der vier Jahre der Apokatastasis, des kurzen Zusammenfalls des idealen und des tatsächlichen Kalenders. *13. Januar 1995*

Nubien

Schwarze Macht am Nil

Nubische Pharaonen regierten einst das mächtigste Reich auf Erden. Doch sie wurden aus der Geschichte Ägyptens verbannt. Jetzt finden Forscher ihre Spuren im Sudan

Von Tobias Hürter

Es war einer der ersten Präventivschläge der Kriegsgeschichte, zu dem der ägyptische Pharao Psammetich II. vor 2 600 Jahren ausholte. Gerade waren ihm aus Nubien Anzeichen von Aufmüpfigkeit zugetragen worden. Also verstärkte er seine Truppen mit griechischen Söldnern und scheuchte sie den Nil hinauf. Die Übermacht aus dem Norden fegte das Heer des Kuschitenkönigs Aspelta hinaus aus der Ebene von Dongola – und es war Ruhe im Reich.

Aber der militärische Triumph genügte dem tobenden Psammetich nicht: Am liebsten hätte der ägyptische Herrscher den Widersacher Aspelta und seine Ahnen, die verfemten schwarzen Pharaonen, aus der Geschichte getilgt. Keine Erinnerung sollte Bestand haben: Aspeltas Palast wurde niedergebrannt, die Insignien seiner Dynastie wurden demoliert. Psammetich II. nutzte die Gelegenheit, um eine 170 Jahre alte Rechnung mit den Kuschiten zu begleichen: Die frechen Nubier, diese »Sandfresser«, hatten sich einst erdreistet, auf dem Pharaonenthron Platz zu nehmen. Ägyptens empfindlicher Nationalstolz war verletzt.

Knapp ein Jahrhundert lang, von 750 bis 660 v. Chr., hatten Schwarzafrikaner das mächtigste Reich der Erde beherrscht – bis die Assyrer sie vom Thron verjagten. Doch erst Psammetichs Vernichtungsfeldzug stoppte den Expansionsdrang der Kuschiten endgültig. Sie trollten sich in die südliche Savanne, zurück zu ihren afrikanischen Wurzeln. Mit ägyptischer Gründlichkeit verbannte Psammetich die schwarzen Pharaonen aus dem Gedächtnis seines Volkes: Er ließ ihre Namen aus königlichen Inschriften brechen und durch seinen ersetzen.

286

Wurde von Psammetich II. hinweggefegt: der napatanische Herrscher Aspelta (Uschebti des Aspelta).

Kulturelle Schätze in Ägyptens staubigem Hinterhof: Zwei rekonstruierte Pyramiden (im Vordergrund) umrahmen einige Original-Pyramiden in Meroe, der Hauptstadt des kuschitischen Königreichs.

Ironischerweise ist es der ägyptische Bildersturm, der Archäologen nach langem Rätselraten auf die Spur der schwarzen Pharaonen brachte. Anfang Januar 2003 ist das Grabungsteam des Schweizers Charles Bonnet in Kerma oberhalb des dritten Nilkataraktes auf das bisher eindrucksvollste Zeugnis der ägyptischen Invasion gestoßen: eine Grube mit sieben tonnenschweren Granitstatuen. Sie zeigen Taharka, den mächtigsten der schwarzen Pharaonen, und seine vier Nachfolger bis hin zu Aspelta. In einem martialischen Ritus hatten Psammetichs Schergen die Steinkolosse geköpft, ihre Gliedmaßen verstümmelt, Nasen und königliche Abzeichen abgeschlagen. »So demonstrierten die Ägypter, dass Taharka und die Seinen für alle Zeiten besiegt waren«, sagt Bonnet. Jahre später sammelten Aspeltas Untergebene die Stücke ein, deponierten sie auf dem Lehmboden einer Grube und verscharrten sie. Aspelta selbst entwischte den ägyptischen Häschern, aber aus Sicht Psammetichs war er erledigt. »Die Ägypter glaubten, mit der Zerstörung seiner Bilder auch den Menschen zu zerstören«, sagt Dietrich Wildung, Direktor des Berliner Ägyptischen Museums.

Bonnets Fund krönt drei Jahrzehnte zäher Geduldsarbeit. Seit 1973 gräbt er in Kerma, 500 Kilometer nördlich von Khartum, die versunkene Hauptstadt des ersten Königreiches Kusch aus. Zwar hatte George Reisner von der Harvard University, ein Pionier der Sudanarchäologie, 1916 am Gebel Barkal (am vierten Katarakt) eine ähnliche Trümmergrube ausgehoben. »Aber die Funde aus Kerma sind von viel höherer künstlerischer Güte und besser konserviert«, sagt Bonnet. Im lehmigen Schoß des Schwemmlandes hat sich sogar der Anstrich auf dem Gestein gehalten. Mit schwarzer Farbe hatten die antiken Bildhauer die weißen Adern des Granits retuschiert. Goldüberzogener Stuck an den Köpfen stammt von Kronen oder Helmen, vermutet Bonnet, vom Ornat sind rote und weiße Farbreste übrig. Sämtliche Granitstücke wurden geborgen, sodass Bonnet und seine Mitarbeiter die Bildnisse komplett rekonstruieren können.

Eine 3 000-jährige Hassliebe

Besondere Bedeutung haben die sieben Statuen für die Kunstgeschichte, denn sie schlagen eine Brücke zwischen ägyptischen und innerafrikanischen Stilen. »Man erkennt deutlich, wie sich die nubischen Bildhauer über hundert Jahre hinweg Schritt für Schritt vom ägyptischen Vorbild lösten«, sagt Bonnet.

Die Psammetich'sche Strafexpedition war die Eskalation einer 3 000-jährigen Hassliebe zwischen Ägypten im Norden und seinem schwarzafrikanischen Nachbarn im Süden. Erst durch ihren Kontakt zu den Ägyptern tauchten die Nubier im späten 4. vorchristlichen Jahrtausend aus dem Dunst der Vorgeschichte auf. Bei den ersten Schritten zur Zivilisation waren die Schwarzafrikaner den Weißen allerdings vorangegangen, wie Funde feiner Keramik aus dem 6. Jahrtausend v. Chr. belegen. »Damals wussten die Ägypter noch nicht einmal, wie ein Topf geht«, sagt Wildung.

Die Nubier selbst scherten sich wenig darum, ihr Image für kommende Generationen zu pflegen: Sie haben nur wenige Aufzeichnungen hinterlassen. Drei Jahrtausende lang entwickelten sie keine Schrift – »einzigartig für Hochkulturen«, sagt der Duisburger Schriftexperte Florian Coulmas. Wildung sieht in solcher Schreibfaulheit einen typisch afrikanischen Zug: »Die mündliche Überlieferung hatte Vorrang vor der schriftlichen.«

Wenn man sich im frühantiken Nubien doch einmal herbeiließ, etwas dauerhaft festzuhalten, dann tat man es in den Hieroglyphen und der Sprache der Ägypter. Erst in der Mitte des 3. vorchristlichen Jahrhunderts, nachdem sie ihre Hauptstadt nach Meroë verlegt hatten, entwickelten die Nubier ihre eigene Schrift: Sie ersetzten die 800 ägyptischen Hieroglyphen durch 23 Kursivbuchstaben – und wurden damit vollends unverständlich für heutige Historiker: Die meroitische Schrift ist erst in Ansätzen entziffert, die Sprache dahinter rätselhaft. Deshalb stammt das meiste Wissen über die damaligen Verhältnisse von den Assyrern, Griechen und Ägyptern. »Wir sahen das antike Nubien lange durch fremde Augen«, sagt Wildung.

Die Ägypter blickten meist mit der gleichen Verachtung nach Süden, die sie auch für die Libyer im Westen und die Assyrer im Osten hegten: Ihre Darstellungen zeigen die Nubier gern mit übertrieben wulstigen Lippen und niedriger Stirn, am liebsten gefesselt vor stolzen Ägyptern im Staub liegend. In der Gruft Tut-ench-Amuns lagen Sandalen, in deren Ledersohlen Bilder von Nubiern geprägt waren. Man trampelte auf seinen Nachbarn herum – nicht nur auf ihren Bildern: Schon die ersten ägyptischen Chronisten um 3000 v. Chr. erzählen von brutalen Raubzügen nach Nubien. Dort deckten sich die Pharaonen mit Vieh, Sklaven, Ebenholz und Elfenbein ein – und stampften nebenbei ganze Königreiche nieder. Die größte Attraktion indes lag in der gehaltvollen nubischen Erde: »Nub« ist die Hieroglyphe für Gold. »Ein großer Teil der ägyptischen Goldschätze stammt aus Nubien«, sagt der Münchner Geologe Dietrich Klemm.

Umgekehrt nutzten Nubiens Herrscher jede Schwäche Ägyptens, um ihren Einfluss nach Norden auszudehnen. Sobald sich Libyer, Assyrer oder andere vorderasiatische Völker mit den Ägyptern anlegten, stießen die Nubier nach Norden vor und nutzten das entstandene Machtvakuum. Nachdem das ägyptische Neue Reich unter der Last seiner wuchernden Bürokratie und schließlich unter dem Ansturm der Seevölker zusammengebrochen war, bezogen die schwarzen Pharaonen sogar Residenz in Theben und Memphis, den Hauptstädten Ober- und Unterägyptens. Sie gingen als Dynastie Nummer 25 in die Liste der ägyptischen Herrscher ein.

Aber Ägypten und Nubien rieben sich nicht nur aneinander auf. »Wohltuende Schübe afrikanischer Lebhaftigkeit« (Wildung) drangen von Süden in das starre Pharaonenreich. Gerade unter den schwarzen Pharaonen erlebte es eine kulturelle Renaissance: Seine Kunst knüpfte nach Jahrhunderten des Niedergangs an den Glanz des Alten Reichs an. Der Gebel Barkal (der »reine Berg«), eines der höchsten Heiligtümer der Ägypter, lag in Nubien. Dort nahm auch Amun, der ägyptische Hauptgott, seine Widdergestalt an – vermutlich nach dem Vorbild einer vergessenen altnubischen Gottheit.

Noch augenscheinlicher war die Ägyptisierung der Nubier. Sie übernahmen Schrift, Kunsthandwerk und die Sitte, stilisierte Hügel über den Toten zu errichten: Der Sudan zählt mehr Pyramiden als Ägypten, mehr als 100 in der Nekropole von Meroë. Dennoch stießen lange Zeit nur wenige Europäer in die Gebiete südlich von Abu Simbel vor. Nicht nur Gluthitze und Gelbfieber bremsten die Entdecker: Sie übernahmen die Missachtung der Äypter für deren staubigen Hinterhof.

Sinfonie für den Pharao

So lockte eher Abenteuerlust als Forschergeist frühe Ausgräber in den Sudan. Als Erster legte 1834 der Italiener Giuseppe Ferlini Hand an die Ruinen. Im Goldfieber schleifte Ferlini die Pyramide der Königin Amanishakheto in Meroë bis auf den Stumpf – um schließlich festzustellen, dass die Meroiten ihre Herrscher nicht in ihren Pyramiden bestattet hatten, sondern darunter. Den prächtigen Grabschatz Amanishakhetos schmuggelte Ferlini nach Europa und verscherbelte ihn unter anderem an Ludwig I. von Bayern. Erst die preußische Expedition von Richard Lepsius zehn Jahre später näherte sich der nubischen Antike mit wissenschaftlichem Interesse.

Heute wacht der Berliner Architekt Friedrich Hinkel über die Pyramiden von Meroë. Seit 1976 löst er die Puzzles, die ihm Ferlini und die Jahrtausende aufgaben: Er trägt die bröckelnden Monumente behutsam ab,

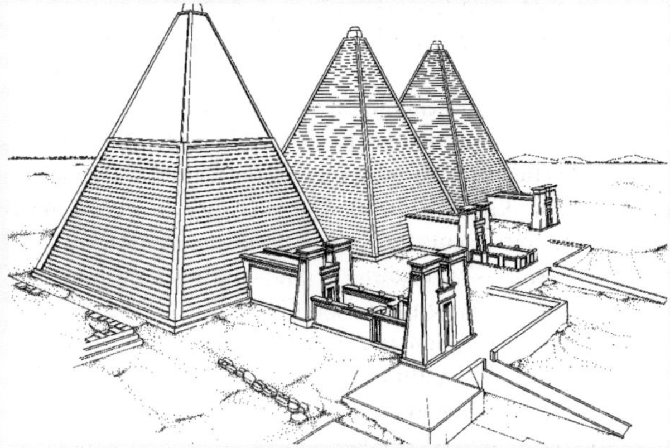

Die zeichnerische Rekonstruktion einer Pyramidengruppe im königlichen Nordfriedhof von Meroe zeigt: Die kuschitischen Pyramiden schlossen oben mit einer Plattform ab, die als Dekoration vermutlich eine Skulptur trug.

zeichnet und nummeriert die Steinquader und setzt sie auf neuen Fundamenten exakt so zusammen, wie sie einst standen.

Wie die ursprünglichen Baumeister arbeitet er mit einem Urkran, dem Schaduf. Die Meroiten verankerten Stämme libanesischer Zedern im Boden und hängten einen Hebelarm an die Spitze des simplen Holzgestells. Mit dieser Konstruktion wuchteten sie die schwarzen Steinblöcke übereinander. Wegen der begrenzten Länge von Stamm und Arm seien die meroitischen Pyramiden kleiner und spitzer als die ägyptischen, die mittels Rampen errichtet wurden, vermutet Hinkel. Er belässt seine Rekonstruktionen im Rohbau: Einst waren die Pyramiden verputzt und – wieder im Kontrast zu Ägypten – mit bunten Ornamenten bemalt.

Bei den Sudanesen erregte Hinkels archäologisches Geduldsspiel bis vor kurzem wenig Aufsehen: Besuch kam überwiegend von ausländischen Touristen. Doch jetzt besinnt sich auch der Sudan auf seine glorreiche Vergangenheit. »Inzwischen kommen sogar Schulklassen«, freut sich Hinkel.

Im Februar 2003 durchbrach gar ein kulturelles Großereignis die Stille der Totenstadt von Meroë: das wohl erste Sinfoniekonzert auf sudanesischem Boden. Staunend verfolgten Hinkel und 300 Gäste, wie die schwarz gewandeten Musiker des Deutschen Akademischen Orchesters zwischen den Pyramiden Platz nahmen, die Partituren mit Wäscheklammern vor dem Wüstenwind schützten und Werke von Mozart, Beethoven und Friedrich dem Großen intonierten. Das Benefizkonzert zur Rettung der maroden Denkmäler, organisiert von der deutschen Botschaft in Khartum und gesponsert von der Lufthansa, war als Weckruf für das sudanesische Geschichtsbewusstsein gedacht – den die aus Khartum angereisten Kabinettsmitglieder auf ihre Art interpretierten: Unter dem Einfluss der fremden Klänge visionierte Tourismusminister Abdulbasit Abdulmajid sogleich Großhotels und Schnellstraßen inmitten der Wüste.

160

Noch heute ist der Sudan von blutigen Konflikten geprägt.

Der sudanesische Staat forciert die Grabungstätigkeit mittlerweile auf breiter Front: 25 internationale Archäologenteams arbeiten im Land, darunter sieben deutsche. Seit 1995 schält das Team von Dietrich Wildung 135 Kilometer nordöstlich von Khartum die Meroiten-Stadt Naga aus dem Savannensand – und hat dabei den südlichsten Außenposten der mediterranen Antike gefunden: einen kleinen Pavillon aus dem 3. Jahrhundert n. Chr., in dem hellenistische, ägyptische und meroitische Elemente kombiniert sind.

Dennoch: Der größte Teil des Sudan ist archäologisches Niemandsland. Zwar haben Wildung und Kollegen auch im Süden antike Stätten gesichtet. Doch graben konnten sie dort bisher nicht – es herrscht Bürgerkrieg. Der dort tobende Konflikt müsste Altertumsforschern bekannt vorkommen: Zwar geht es nicht mehr um Gold, sondern um die riesigen Ölvorkommen, die vor 20 Jahren im Süden des Sudan entdeckt wurden. Aber das Muster ist das gleiche wie vor Jahrtausenden: Eine weiße Regierung im Norden kämpft mit militärischer Gewalt gegen schwarze Rebellen im Süden. Vier Millionen Flüchtlinge irren heute durch den Sudan – mehr als durch jeden anderen Staat der Erde. Es kracht immer noch, wenn der Nil die Kulturen Schwarzafrikas und des Mittelmeers gegeneinander führt. *27. Februar 2003*